지구를 위한다는 착각

마이클 셸런버거Michael Shellenberger

환경 연구와 정책 단체 '환경진보Environmental Progress'의 설립자 겸 대표다. 환경 연구소 '브레이크스루연구소Breakthrough Institute'의 공동 설립자 겸 대표, MIT의 '퓨처 오브 뉴클리어 에너지Future of Nuclear Energy' 태스크 포스의 고문을 역임했다.

"환경 구루" "기후 구루" "환경 휴머니즘 운동의 대제사장"으로 불리는 세계적인 환경, 에너지, 안전 전문가로 2008년 《타임》의 '환경 영웅들Heroes of the Environment'에 선정되고 '그린북어워드Green Book Award'를 수상했다. 2019년 기후변화정부간협의체IPCC의 차기 보고서 전문 검토자로 초빙되었으며, 2020년에는 미국 하원 과학우주기술위원회에 출석해 기후 변화와 관련한 과학, 완화, 적응에 관해 증언했다. 또한 미국, 일본, 타이완, 한국, 필리핀, 오스트레일리아, 영국, 네덜란드, 벨기에 등 전 세계 정책 결정자들에게 자문을 제공하고 있다.

30년 넘게 기후, 환경, 사회 정의 운동가로 활동하면서 1990년대에 캘리포니아의 미국삼나무 원시림 살리기 운동과 나이키의 아시아 공장 환경 개선 운동을 펼쳐 성공시켰다. 2000년대에는 청정 에너지 전환 운동인 '뉴 아폴로 프로젝트new Apollo project'를 주도해 2009~2015년 사이 청정 기술에 1500억 달러의 공공 투자를 이끌어 내고, 오늘날 전 세계적 화두인 '그린 뉴딜Green New Deal' 정책의 토대를 마련하는 데 일조했다.

환경 저널리스트로서 《뉴욕타임스》《워싱턴포스트》《월스트리트저널》《포브스》《하버드로앤드폴리시리뷰》《사이언티픽아메리칸》《네이처에너지》를 비롯한 여러 매체에 기후 변화, 원자력 발전, 아마존 삼림 파괴, 기후 탄력성, 환경불안증, 그리고 주택과 노숙자 문제에 이르기까지 중요한 글을 발표해 왔다. 그의 글과 TED 강연 동영상은 조회 수 500만 뷰 이상을 기록 중이다. 원전에 대한 사고 변화를 다룬 영화 〈판도라의 약속Pandora's Promise〉, 유명 시사 풍자 TV 프로그램 〈콜베르 르포The Colbert Report〉, CNN의 시사 토론 프로그램 〈크로스 파이어Crossfire〉에도 출연했다. 저서로 《지구를 위한다는 착각》 외에 《돌파하라: 환경주의의 죽음에서 가능성의 정책까지Break Through: From the Death of Environmentalism to the Politics of Possibility》(공저), 《에코모더니스트 선언 An Ecomodernist Manifesto》(공저) 등이 있다.

종말론적 환경주의는
어떻게 지구를 망치는가

지구를 위한다는 착각

Apocalypse Never

마이클 셸런버거 지음 | 노정태 옮김

부·키

옮긴이 노정태

작가, 번역가. 《논객시대》《탄탈로스의 신화》를 썼다. 《아웃라이어》를 시작으로 《기적을 이룬 나라, 기쁨을 잃은 나라》《민주주의는 어떻게 망가지는가》《야바위 게임》《밀레니얼 선언》《정념과 이해관계》《그들은 왜 나보다 덜 내는가》 등을 번역했고, 《경향신문》《주간경향》《GQ》 등에 기고했다. 현재 《조선일보》《신동아》에 칼럼을 쓰고 있다.

지구를 위한다는 착각

2021년 4월 27일 초판 1쇄 발행
2024년 5월 24일 초판 53쇄 발행

지은이 마이클 셸런버거
옮긴이 노정태
펴낸곳 부키(주)
펴낸이 박윤우
등록일 2012년 9월 27일 | 등록번호 제312-2012-000045호
주소 서울시 마포구 양화로 125 경남관광빌딩 7층
전화 02) 325 0846 | 팩스 02) 325-0841
홈페이지 www.bookie.co.kr | 이메일 webmaster@bookie.co.kr
제작대행 올인피앤비 bobys1@nate.com
ISBN 978-89-6051-861-2 03330

사랑하는 내 아이들
호아킨과 케스트럴에게
이 책을 바친다.

저자에 대한 찬사

환경 구루.

_《**파이낸셜타임스**Financial Times》

레이첼 카슨의 《침묵의 봄》 이래로 환경주의에서 가장 탁월한 업적.

_《**와이어드**Wired》

분명 유엔 보고서나 노벨상보다 환경에 더 많은 일을 할 것이다.

_《**월스트리트저널**The Wall Street Journal》

환경 운동에 현실주의라는 생명력을 부여했다.

_《**타임**Time》

기후 구루.

_《**더텔레흐라프**De Telegraaf》

환경 휴머니즘 운동의 대제사장.

_《**하이컨트리뉴스**High Country News》

청정 에너지 분야 북아메리카 최고 지식인.

_《**에드먼턴저널**Edmonton Journal》

이 책에 대한 찬사

환경 운동의 역사에는 반복되는 수수께끼가 있다. 환경 운동가들은 왜 인간뿐 아니라 환경에도 해로운 정책을 계속 추진하는 걸까? 마이클 셸런버거는 이 문제를 해결하기로 결심하는데, 그는 그 일을 할 자격이 차고 넘치는 사람이다. 셸런버거는 '환경 식민주의'로 고통받는 가난한 나라 사람들의 이야기와 환경 운동의 역사, 연구 자료와 정책 분석을 명쾌하게 조합해 설득력 넘치는 주장을 펼친다.

《**월스트리트저널**Wall Street Journal》

록다운이 시행된 지난 몇 달 동안 좋은 책들을 읽으며 시간을 보냈는데, 그중에서 미국 출신 환경 운동가인 마이클 셸런버거의 책이 가장 좋았다. 그는 이 책에서 환경 붕괴가 임박했다고 끊임없이 경보를 울리며 우리 모두를 겁에 질리게 만드는 사람들과 맞서 싸운다. 지구를 보존하고 수십억 명의 사람들을 먹여 살리는 가장 좋은 방법은 인류애에 기초해 일하고, 성장을 장려하고, 열린 마음으로 에너지 정책을 생각하는 것이다. 이것이 셸런버거가 전하고자 하는 핵심 메시지다.

《**파이낸셜타임스**Financial Times》

마이클 셔머Michael Shermer와 셸런버거는 이 책과 관련해 다음과 같은 주제를 놓고 토론한다.

- 종말론적 환경주의가 부상한 배경에는 실제로 무엇이 있는가?
- 환경주의 진영 내부의 강력한 경제적 이해관계
- 환경 운동가들 사이의 지위와 권력에 대한 욕구, 그리고 다른 사람들에게 무엇을 해야 한다고 설교하고 도덕화하는 너무나 속물적인 성향
- '환경주의는 주로 초월성을 추구하는 세속인들이 추종하는 가짜 종교다'라는 가설
- 환경 종말론을 대체하는 세계관으로서 환경 휴머니즘
- 기후 컴퓨터 모델의 문제점과 단점
- 얼마나 더 기온이 상승할 것이며, 그 온난화의 결과는 무엇이고, 우리는 그 문제에 어떻게 대응해야 하는가?(힌트: 원자력)
- 원자력에 대한 잘못된 믿음과 사람들이 그것을 두려워하는 이유
- 신재생 에너지, 태양열, 풍력, 지열, 그리고 그것들이 원자력만큼 효율적이지 않은 이유

- 지구의 허파, 아마존은 정말로 불타고 있는가?
- 플라스틱 빨대, 재활용, 전기 자동차 등
- 우리는 여섯 번째 멸종 상태인가?
- 저임금 노동은 어떻게 지구를 구해 왔는가?
- 기술과 자본주의는 어떻게 고래를 살렸는가?
- 육식과 채식, 템플 그랜딘과 동물의 권리, 행복한 농장 대 공장식 농장
- 자연산의 신화: 자연적인 것은 좋은 것이고, 비자연적인 것은 나쁜 것이다
- 환경주의가 선진국에서 교육받은 상위 중산층 엘리트의 지배적인 세속 종교인 이유, 동시에 착한 사람과 나쁜 사람, 영웅과 악당을 나누는 기준인 이유
- 칼뱅주의로서 환경주의: 리처드 로즈는 이렇게 말한다. "이 세상은 악으로 가득한 곳이고 멸망하는 게 낫다, 그래야 신의 왕국이 도래하듯 자연의 왕국이 올 것이다, 이런 거죠."

_《스켑틱Skeptic》

이 책은 여론, 특히 대중을 대상으로 한 환경 관련 정치적 여론몰이에 주목한다. 셸런버거는 언론이 항상 최악의 컴퓨터 예측 시나리오를 불가피한 것으로 제시해 환경 위협을 과장하는 행태에 대해 많은 지면을 할애해 설명한다. 환경 옹호자들이 여론 전략을 수립한 역사는 적어도 1960년대까지 거슬러 올라간다. 초창기에 환경 활동가들은 진실성이 아니라 얼마나 충격적인가를 기준으로 삼아 메시지를 선택했다고 셸런버거는 지적한다. 이는 오늘날에도 마찬가지다. 미래 전망이 더 파괴적일수록 메시지는 더 효과적이다. 그리고 오해를 조장하면 할수록 더 많은 지지를 끌어모을 수 있다.

_〈야후!뉴스Yahoo! News〉

현재 우리가 살아가는 세상에는 주제가 환경, 정치 또는 다른 시사 문제인지 여부에 상관없이 셸런버거와 같은 목소리를 내는 사람이 더 많이 필요하다. 그는 반동적이지 않은 방법, 여러 이해 당사자들에게 가장 이익이 되는 길을 고려해 해결책을 찾는 방법을 보여 준다. 그의 관점은 자연에 대한 사랑과 인류에 대한 사랑이 균형을 이루고 있다. 그의 소망은 과학과 현실에 근거한 이야기로 사람들과 함께하는 것, 사람들을 나누고 비난하는 것이 아니라 하나로

모으는 것이다. 여전히 환경에 대한 나쁜 소식이 담겨 있긴 하지만 이런 책을 읽는다는 것은 대단히 신선하고 상쾌한 경험이다. 그가 사람들에게 요청하는 방식의 협력을 통해 이루어 내는, 계속 업데이트되는 고무적인 성공담이 그런 안 좋은 소식을 상쇄해 주기 때문이다.

부디 시간을 내어 이 책을 읽어 보기 바란다. 환경에 관한 다른 영화나 책과 달리 여러분은 결코 절망감에 사로잡히거나 죄책감에 시달리지 않을 것이다.

_〈미디엄Medium〉

코로나바이러스 팬데믹에서 배운 교훈이 있다면 과격한 열정과 양극화된 정치가 과학 왜곡, 나쁜 정책, 막대하고 불필요한 고통으로 이어진다는 사실이다. 우리는 환경 정책에서 똑같은 실수를 범하고 있지 않은가? 나는 마이클 셸런버거가 대담하고 혁신적이며 당파를 초월한 실용주의자라는 사실을 오래전부터 알고 있었다. 그는 자연을 사랑하는 사람으로서, 자연을 보호하려면 실제로 무엇이 가장 효과적인지 알아내는 일에 평생 헌신해 왔다. 그 일에 동참하고 싶은가. 그렇다면 이 책을 읽어라.

_조너선 하이트Jonathan Haidt, 뉴욕대학교 스턴경영대학원 교수, 《바른 마음》《나쁜 교육》 저자

우리는 지구를 보호해야 한다. 하지만 어떻게? 환경 운동의 일부 진영은 비생산적이고 반인간적이며 대단히 비과학적인, 죄와 파멸이란 담론에 스스로를 가두어 왔다. 셸런버거는 오늘날 우리의 가장 큰 시련인 환경 문제의 진실을 똑바로 꿰뚫어 보는 대단히 유익하고 현실적인 환경주의를 주창하면서, 이 문제를 해결하기 위해 우리가 정말로 무엇을 해야 하는지 깨우쳐 준다.

_스티븐 핑커Steven Pinker, 하버드대학교 심리학 교수, 《우리 본성의 선한 천사》《빈 서판》 저자

더할 나위 없이 중요한 책이다. 이 생동감 넘치는 책에서 마이클 셸런버거는 과학과 생생한 경험에 근거해 기후 변화와 환경이란 주제를 오해와 당파성의 늪에서 구해 낸다. 그의 메시지는 우리에게 힘을 불어넣어 준다. 지구의 미래에 대한 막연한 두려움 따위는 떨쳐 버리고 용기를 내어 앞으로 나아가라고.

_리처드 로즈Richard Rhodes, 저널리스트, 역사가, 퓰리처상 수상자, 《원자폭탄 만들기》 저자

최근에 읽은 가장 강력하고 영향력 있는 책이다. 오늘날 세상에 만연한 종말론적 환경주의에 맞서 탁월하고 낙관적인 목소리를 들려준다. 우리 시대의 가장 민감한 주제에 대해 제대로 알고 싶다면 이 책을 꼭 읽어 보기 바란다.

_올리버 스톤 Oliver Stone, **영화감독, 아카데미 감독상·각본상 수상자, 〈7월 4일생〉〈월스트리트〉〈플래툰〉 감독**

제대로다. 세상에서 가장 중요한 책 중 하나로 꼽힐 만하다.

_스콧 애덤스 Scott Adams, **만화가, 작가, 《딜버트》《더 시스템》 저자**

환경 문제는 흔히 상충하는 극단적인 견해로 인해 혼란스러울 때가 많은데, 어느 정도는 양쪽 모두 이데올로기적 편견과 무지, 오해가 그런 태도를 부추긴다. 셸런버거의 신선하고 균형 잡힌 이 책은 다양한 환경 문제를 심도 깊게 다루면서 학자들의 허위 진술, 환경 단체들의 일방적인 왜곡, 경제적 이해관계 따른 편견을 폭로한다. 그가 내리는 결론들은 각종 사례, 적절하고 설득력 있는 주장, 사실과 연구 자료로 뒷받침된다. 지금까지 나온 환경 관련 도서 중 가장 중요한 책일 것이다.

_톰 위글리 Tom Wigley, **기후학자, 애들레이드대학교 교수**

눈을 뜨게 만드는 책이다. 사실에 근거한 이 책의 접근 방식은 환경에 대한 광신적 열성이 기후 변화의 진정한 해결책을 어떻게 가로막는지, 가난한 사람들에게 어떻게 이차 피해를 입히는지 진실을 밝힌다.

마이클 셸런버거는 환경 정의를 위한 기본서이자 필독서를 썼다.

_존 갬보아 John Gamboa, **시민 운동가, 라틴문제포럼**Latino Issues Forum, **투헌드레드**The Two Hundred, **그린라이닝연구소**Greenlining Institute **설립자**

이 흥미롭고 잘 연구된 책에서 마이클 셸런버거는, 기후 변화를 종말론적 용어들로 덧칠하면서 정작 최악의 기후 위험을 피할 수 있는 청정 에너지원인 원자력에 대해서는 한사코 반대하는 환경 운동의 위선을 폭로한다. 그러면서 기후 변화 완화에 가장 큰 장애물이 우파의 속

임수에서 좌파의 잘못된 정보로 대체되어 왔음을 입증해 보인다.
_케리 이매뉴얼Kerry Emanuel, 매사추세츠공과대학교 대기과학 교수

위기를 소리 높여 주장한다고 지구를 구할 수 있을까? 환경 문제는 리스크가 크지만 마이클 셸런버거는 현실에 근거한 솔루션이야말로 자연뿐 아니라 인류에게도 바람직하다는 사실을 설득력 있게 보여 준다. 인간이 지구 환경에 큰 영향을 미치고 있는 인류세에서 더 나은 미래를 만들 매우 실질적인 사회적 도전과 기회에 대한 더 깊은 이해를 촉구하는, 이 생생하고 감동적이고 잘 연구된 책을 외면할 수 있는 사람은 아무도 없다.
_얼 엘리스Erle Ellis, 메릴랜드대학교 볼티모어카운티캠퍼스 지구환경시스템 교수

마이클 셸런버거는 환경 사상에서 흔히 볼 수 있는 종말 사고의 교리를 체계적으로 해체한다. 아마존 열대우림 화재에서부터 해양 플라스틱에 이르기까지 이 책은 최신 과학, 명쾌한 주장, 사랑 넘치는 휴머니즘, 그리고 고삐 풀린 패닉 증후군에 대한 강력한 대안을 제시한다. 우리는 이 책의 모든 내용에 동의하지는 않을 것이다. 바로 그것이야말로 우리가 이 책을 읽어야만 하는 너무나 시급한 이유다.
_폴 로빈스Paul Robbins, 위스콘신대학교 매디슨캠퍼스 넬슨환경연구소Nelson Institute for Environmental Studies 소장

세상 종말을 부르짖는 선정주의에 맞서 마이클 셸런버거는 과학과 이성을 지키고자 한다. 반드시 읽어야 할 책이다. _마이클 린드Michael Lind, 텍사스대학교 공공정책대학원 교수

부정과 무관심은 기후 변화에 맞선 싸움을 가로막는 요인이 확실하지만, 잘못된 정보로 인한 패닉 역시 마찬가지 역할을 한다. 마이클 셸런버거의 시기적절하고 깊이 있는 정보에 근거한 이 책은 그런 쓸데없는 불안과 걱정을 예방해 주는 백신이다.
_크리스토프 포먼Christopher H. Foreman, 메릴랜드대학교 공공정책대학원 교수

이 책은 환경 진보주의자들을 분노케 할 것이다. 그러나 나는 이 책이 나를 포함한 일부 활동

가와 저널리스트가 경고하는 환경 위험에 대한 유용하고 심지어 꼭 필요한 대항마라고 생각한다. 논쟁을 시작하자!

_존 호건John Horgan, **과학 저널리스트, 스티븐스공과대학교 과학저술센터**Center for Science Writings **소장**

마이클 셸런버거의 이 책은 종말론적 환경 종교가들의 지하 세계와 그들의 현대 기술과 인간 독창성에 대한 디스토피아적 비전을 통찰해 진실에 눈을 뜨게 만드는 여정을 선물한다. 그는 우선순위를 왜곡하는 환경 공포주의의 위험을 꼼꼼히 기술하면서, 그런 행태가 원자력 에너지처럼 생산적이고 탄소 제로인 에너지 생산 사업 그리고 해결 가능한 글로벌 건강 및 환경 문제와는 거리가 먼 일에 막대한 자원을 낭비하도록 조장한다고 지적한다. 신선하고, 아주 쉽고 흥미로우며, 현실에 근거한 환경 책이다.

_존 엔틴Jon Entine, **과학 저널리스트, 유전자바로알기프로젝트**Genetic Literacy Project **상임이사**

환경 문제에 대한 모든 답과 최선의 해결책을 알고 있다고 믿는다면 이 책을 읽지 마라. 그러나 그런 믿음에 의문을 제기할 생각이 있다면 이 책을 읽어라. 결코 실망시키지 않을 것이다. 때로는 읽기 불편한 대목도 있겠지만, 환경주의의 가정이 진짜인지 가짜인지 따져 보지 않기에는 우리 행성의 미래가 너무나 중요하다.

_미셸 마비어Michelle Marvier, **샌타클래라대학교 환경학 교수**

이 과학 저널리즘의 걸작에서 마이클 셸런버거는 인터뷰, 개인 경험, 일화, 역사 사례를 통해 환경학이 히스테리에서 벗어나 휴머니즘으로 가는 길을 제시할 수 있음을 깨우쳐 준다. 이 훌륭한 책은 삼림 파괴, 기후 변화, 멸종, 자연 보호, 석유나 가스 채굴, 산업형 농업 등 각종 환경 문제 뒤에 숨은 사실과 힘을 속속들이 설명하고 그 문제들을 개선하고 해결할 방법을 알려 준다.

_마크 서고프Mark Sagoff, **조지메이슨대학교 철학 교수**

마이클 셸런버거는 지구를 너무나 사랑하기에 환경주의의 잘못된 통념을 용납하지 못한다.

그런 그의 열정에서 탄생한 이 책은 경이롭다. 연구 중심이되 흥미 만점인 책, 우리가 세상을 보는 방식을 바꿔 놓는 책이기 때문이다.

내가 이런 책을 쓸 수 있을 만큼 용감하면 좋겠다고 늘 생각했는데, 셸런버거가 그 일을 해냈다. 참으로 고맙다.

_**앤드루 맥아피**Andrew McAfee, **매사추세츠공과대학교 수석 과학자,** MIT**디지털경제연구소**MIT Initiative on the Digital Economy **공동 소장,《포스트 피크 거대한 역전의 시작》《머신 플랫폼 크라우드》저자**

우리 환경주의자들은 과학에 무지하고 선입견에 잘 빠지는 우리와 반대 견해를 가진 사람들을 비난한다. 그러나 우리 역시 너무나 흔히 그런 사람들과 똑같은 잘못을 범한다. 셸런버거는 우리에게 '엄한 사랑'을 베푼다. 우리의 완고한 통념과 경직되고 자멸적인 사고방식에 이의를 제기하는 것이다. 이 책은 때로는 몹시 신랄하지만, 희망적이면서 달성 가능한 미래를 구상하고 설계하는 데 필요한 '정신 근육'을 기르도록 도와주는 정교한 증거 기반 관점을 일관되게 제시한다.

_**스티브 매코믹**Steve McCormick, **전 국제자연보호협회**The Nature Conservancy **의장**

종말론적 충동은 억누를 수 없기에 그것의 파괴적인 영향을 막으려면 끊임없는 노력이 필요하다. 마이클 셸런버거는 오늘날 환경 논의가 주정주의의 온상이 되어 버린 이유를 멋지게 밝혀내는데, 그보다 이 작업을 더 잘 수행할 수 있는 사람은 드물다. 이 책은 환경주의에 대한 진지한 교정 작업에서 정전 자리를 차지하기에 부족함이 없는 업적이다.

_**스티븐 헤이워드**Steven F. Hayward, **정치 평론가, 캘리포니아대학교 버클리캠퍼스 정부학연구소** Institute of Governmental Affairs **상주 학자**

이 참신한 연대기에서 마이클 셸런버거는 환경 운동을 선정주의와 당파주의로부터 구해 낸다. 풍부하고 생생한 개인 경험과 데이터 그리고 기초 과학으로 가득한 이 책은 우리의 생태 미래에 대한 실용적 솔루션을 찾는 정책 결정자를 포함해 모든 사람이 반드시 읽어야 할 필독서다.

_**사미르 사란**Samir Saran, **옵서버연구재단**Observer Research Foundation **대표**

환경 운동에는 지적인 자기비판이 절실하다. 마이클 셸런버거는 핵심 환경 교리들을 과학과 이성의 빛에 비추어 그것들이 현실을 제대로 반영하지 못하고 있음을 조목조목 밝혀 보인다. 자연과 인류를 사랑하는 열린 마음을 가진 사람이라면 반드시 읽어야 할 책이다.
_**마틴 루이스**Martin W. Lewis, **스탠퍼드대학교 역사학 교수**

열정적인 투사지만 또한 진정한 실용주의자인 마이클 셸런버거는 인간의 번영과 환경 보호가 함께 달성되는 낙관적인 미래 비전을 제시한다. 자연 세계에 대한 깊은 사랑과 합리적이고 휴머니즘적인 전망을 결합해 환경을 고민하는 리더들에게 새로운 길을 열어 준다.
_**클레어 레이먼**Claire Lehmann, **저널리스트, 온라인 매거진 〈퀼렛**Quillette〉 **설립자**

이 책을 통해 마이클 셸런버거는 엄밀한 보고, 견실한 과학, 정정당당한 휴머니즘에 근거한 마스터 클래스 수업을 제공한다. 그는 일관되고 시기적절하고 중요한 이 책에서 기후 변화, 노동 착취 현장, 고래, "에너지 도약"의 신화, 에너지 밀도의 중요성 등 온갖 사안을 하나로 조화롭게 엮어 낸다. 이 책을 읽고 나면 인류와 지구의 미래를 낙관하게 될 것이다.
_**로버트 브라이스**Robert Bryce, **저널리스트, 작가, 전 맨해튼정책연구소**Manhattan Institute for Policy Research **수석 연구원**

획기적인 책이다. 쓸데없는 걱정이나 현실 부정을 넘어서서, 마이클 셸런버거는 기후 변화와 환경에 대한 논의를 확장하고 우리의 사고방식을 바꾼다. 안전을 중시하는 환경 운동가로서 나는 그가 안전하고 신뢰할 수 있는 에너지원 창출을 촉진하는 일에서 대단히 귀하고 소중한 작업을 하고 있다고 생각한다.
_**찰스 캐스토**Dr. Charles A. Casto, **원자력 전문가, 전 미국원자력규제위원회**Nuclear Regulatory Commission **지역 책임자**

마이클 셸런버거는 가장 통찰력 있고 도발적인 환경 사상가 중 한 사람이다. 이 책에서 그는 설득력 있게 관습적인 통념에 의문을 제기하면서 21세기 새로운 환경 운동을 위한 필수적이고 파격적인 사고를 제안한다. 개인적인 드라마와 놀라울 정도로 반직관적인 정보로 가득한

이 책은 더 나은 미래 만들기를 향한 희망과 영감, 열망을 불러일으켜 줄 것이다.
_로버트 스톤Robert Stone, 다큐멘터리 영화감독, 〈판도라의 약속〉 〈어스 데이즈〉 〈라디오 비키니〉
감독

환경 종말론은 선의에서 나온 것일 수 있지만 많은 경우 실제 환경 문제를 해결하는 데는 방해가 된다. 이 책에서 마이클 셸런버거는 환경 문제를 둘러싼 상투적인 주장들을 비판하면서 편협한 이데올로기적 비전이나 생태적 공포 조장보다 실용적 현실주의가 이 문제를 더 잘 해결할 수 있음을 입증해 보인다. 인간 복지와 환경 보전에 관심 있는 사람들이라면 반드시 읽어야 할 책이다.
_조너선 애들러Jonathan Adler, 케이스웨스턴리저브대학교 법학 교수

세상 종말 환경 시나리오의 문제는 증거 기반 진단을 은폐하고 실용적 솔루션을 추방한다는 것이다. 이 책을 좋아하든 싫어하든, 이 책은 종말론적 뉴스들이 정말로 자연과 인간을 번성하게 해 줄지 잘 생각해 보라고 촉구한다.
_피터 커리버Peter Kareiva, 캘리포니아대학교 로스앤젤레스캠퍼스 환경지속가능성연구소UCLA Institute for the Environment and Sustainability 소장

기후 변화의 진실을 찾아서

2019년 10월 초 영국 《스카이뉴스Sky News》는 두 기후 활동가의 인터뷰를 방송했다. '멸종저항Extinction Rebellion'이라는 조직에 속한 그들은 런던을 비롯한 세계 여러 도시에서 2주간에 걸쳐 시민 불복종 운동을 시작할 참이었다. 기후 변화에 맞서 행동하지 않는 것에 항의하기 위해서였다.

멸종저항은 2018년 봄 과학자와 박사 과정 연구원이 공동 창립했다. 그들은 대의명분을 위해 기꺼이 체포당할 준비가 되어 있는 환경주의자들을 불러 모았다. 2019년 가을 6000명이 넘는 멸종저항 활동가들이 런던을 가로질러 흐르는 템스강의 주요 다리 5개를 모두 가로막았다. 사람들은 오도 가도 못 하게 되었다.¹

멸종저항의 핵심 대변인은 영국 전역으로 방송되는 카메라 앞에서 경고의 목소리를 높였다. "수십억 명이 죽게 될 겁니다." "지구의 생명이 죽어 가고 있어요." 이 말도 빠뜨리지 않았다. "정부는 제대로 대응하지 않고 있습니다."[2]

2019년 멸종저항은 잘나가는 셀레브리티들의 지지를 이끌어 내는 데 성공했다. 배우 베니딕트 컴버배치와 스티븐 프라이, 대중음악계의 스타 엘리 골딩과 톰 요크, 2019년 오스카 여우주연상 수상자인 올리비아 콜먼, '라이브 에이드Live Aid' 공연 프로듀서였던 밥 겔도프, 스파이스 걸스 멤버인 멜라니 브라운까지 화려한 이름들이 동참했다.

멸종저항이 모든 환경 운동가를 대변한다고 볼 수야 없겠지만, 한 설문 조사에 따르면 영국인 중 거의 절반가량이 멸종저항을 지지한다고 응답했다.[3]

영국인들만 그런 것이 아니다. 2019년 9월 전 세계 3만 명을 대상으로 실시한 설문 조사에 따르면 응답자 중 48퍼센트가 기후 변화로 인해 인류가 멸종할 수 있다고 믿었다.[4]

하지만 그해 가을부터 멸종저항에 대한 언론의 호의적 태도와 대중의 지지가 급락하기 시작했다. 런던 거리 전체와 대중교통을 마비시킨 후폭풍이었다. 《스카이뉴스》의 기자가 멸종저항 대변인에게 질문을 던졌다. "사람들이 가족에게 돌아가야 할 텐데 어떡할 거죠? 지난 7월에 누군가는 브리스톨에서 벌어진 시위 때문에 아버지의 임종을 지키지 못했다던데요."[5]

지구를 위한다는 착각

멸종저항의 세라 러넌Sarah Lunnon이 대답했다. "정말, 정말 불행한 일이에요. 내 마음이 찢어지는 기분입니다." 자연스럽게 자기 가슴에 손을 얹으며 말하는 모습을 보면, 왜 멸종저항 지도자들이 러넌을 대변인으로 택했는지 모를 수가 없다. 시민들에게 불편을 끼쳐 죄송하다는 러넌의 사과 발언에는 진심이 가득했다.

"그리고 그 일을 생각하면 너무나 참담할 수밖에 없을 거예요." 러넌은 《스카이뉴스》 기자에게 말했다. 이제 화제를 전환할 참이었다. "아버지가 세상을 뜰 때 작별 인사를 할 수 없었던 그분의 고통과 분노, 그것은 지금 우리가 아이들의 미래에 대해 생각할 때 느끼는 고통과 분노와 똑같습니다. 대단히, 대단히 심각한 일이기 때문이죠."

《스카이뉴스》와 인터뷰를 하기 사흘 전 멸종저항은 낡은 소방차 한 대를 런던에 있는 영국 재무부 건물 앞에 대 놓았다. 소방차에는 "기후 악당의 돈줄을 끊어라"라는 플래카드가 걸려 있었다.

멸종저항 활동가들은 소방펌프를 작동시켜 재무부 건물에 가짜 피를 뿌렸다. 비트beet 주스로 만든 가짜 피였다. 하지만 그들은 곧 소방 호스를 제대로 다루지 못해 가짜 피가 인도에 흥건히 넘쳐흘러 적어도 1명 이상의 행인이 젖고 말았다.[6]

《스카이뉴스》와 인터뷰를 한 지 11일 후 러넌은 영국에서 가장 인기 있는 아침 시간대 뉴스 쇼인 ITV 〈디스 모닝This Morning〉에 출연했다.

2000여 명에 달하는 멸종저항 활동가가 체포된 시점이었다. 불과 몇 시간 전 어느 지하철역에 모여든 멸종저항 활동가들이 열차 지붕에 올라가 기관사가 차량을 운행하지 못하게 만들고 승객들이 대피하는 소동을 빚으면서 급기야 폭력 사태로까지 이어졌기 때문이다.

"왜 지하철을 공격했죠?" 〈디스 모닝〉의 진행자 중 한 사람이 화를 내며 물었다. "영국의 수도에서 가장 깨끗한 교통수단을 공격할 이유가 있나요?" 사실이다. 지하철의 동력은 전기로 공급되며, 그 덕분에 영국의 탄소 배출량은 2000년에 비해 절반 이하로 줄어들었다.[7]

자료 영상이 나왔다. 멸종저항 활동가 2명이 열차 위로 기어 올라가 검은 바탕에 흰 글씨로 "하던 대로 한다＝죽음"이라고 쓴 플래카드를 펼치는 모습이었다.[8]

러넌은 설명했다. "이 활동의 한 가지 목적은 현재 작동하고 있는 시스템의 취약함을 드러내 보여 주기 위한 것입니다. 우리 대중교통 시스템이 얼마나 취약한가 하면⋯."

"하지만 그건 이미 다들 알고 있는 사실이잖아요." 진행자가 러넌의 말을 끊고 들어왔다. "정전 사고라도 일어나면 시스템이 얼마나 취약한지 알죠. 우리도 안다고요. 그걸 우리에게 증명해 보일 필요는 없어요. 당신들은 그저 평범한 사람들이 출근하러 가는 길을 방해했을 뿐이에요. 저 승객들 중에는 시급으로 벌어 오는 돈에 온 가족의 생계가 걸려 있는 사람도 있을 거라고요."

분노한 승객 수백 명이 열차에서 빠져나오는 장면이 계속 방송되었다. 불굴의 영웅이라도 되는 양 차량 위에 서 있는 멸종저항 활동가들을 향해 승객들은 고함을 지르고 있었다. 출근하던 사람들은 두 젊은이에게 내려오라고 소리쳤다. "난 그냥 출근하고 있을 뿐이에요." 한 승객이 카메라를 향해 말했다. "우리 가족을 먹여 살리러 가고 있을 뿐이라고요."[9]

상황은 급격하게 혼란으로 치달았다. 몇몇 군중이 테이크아웃 커피잔을 던지기 시작하더니, 유리병으로 추정되는 무언가가 깨지는 소리가 들렸다. 한 여성이 울부짖기 시작했다. 사람들은 혼란 속에서 대피할 곳을 찾기 시작했다. 당시 현장을 취재했던 기자 한 사람은 이렇게 회고했다. "상당히 무서운 상황이었죠. 일부 사람들은 엄청 겁에 질렸습니다."[10]

〈디스 모닝〉 진행자 한 사람이 새로운 설문 조사 결과를 보여 주었다. 응답자 중 95퍼센트가 멸종저항이 자신들의 대의명분 달성을 오히려 방해하고 있다고 답했다. 멸종저항은 대체 무슨 생각으로 이런 일을 벌인 걸까?[11]

지하철 시위 영상이 계속 방송되었다. 출근하던 사람 중 누군가가 멸종저항 활동가를 끌어내리기 위해 열차 지붕으로 올라가려고 했다. 활동가는 그 사람의 얼굴과 가슴을 걷어차는 것으로 대응했다. 그러자 그 남자는 활동가의 다리를 잡아서 땅으로 끌어내렸다. 분노한 승객들이 달려들어 활동가를 걷어차기 시작했다.

화면이 스튜디오로 돌아왔다. 러넌은 이 시위 영상을 통해 기후 변화가 어떤 파탄을 낳을지 잘 알 수 있다고 목소리를 높였다. "교통만이 아닙니다." 러넌이 말했다. "전기와 식량 공급 역시 중단될 겁니다. 슈퍼마켓은 텅 비게 될 거예요. 스위치를 켜도 전기가 들어오지 않을 거고요.

대중교통 시스템도 마비될 겁니다."

지하철역에 갇힌 분노한 통근자들은 점점 폭력적인 성향을 드러냈다. 사건 현장을 찍은 다른 영상에서는 누군가가 현장을 촬영하고 있는 멸종저항 활동가를 구타해 쓰러뜨리고 걷어차는 모습을 볼 수 있다.[12] 사건 종료 후 진행된 인터뷰에서 한 승객이 방송 기자에게 말했다. "빨간 재킷을 입은 남자가 어떤 여자의 얼굴에 주먹을 날렸습니다. 그 여자는 남자에게 폭력을 멈추라고 외쳤고요."

〈디스 모닝〉은 막바지로 접어들고 있었다. 그런데 진행자들의 발언이 이상한 방향으로 흘러갔다. 멸종저항의 세라 러넌이 기후 변화에 대해 하는 말에 동조하는 듯한 모습을 보인 것이다.

진행자 중 한 사람이 말했다. "우리는 기후 변화를 크게 우려하고 있고, 돕고 싶습니다." 다른 진행자는 이렇게 말했다. "의심할 나위 없이 심대한 위기니까요."

잠깐, 뭐라고? 방송을 보던 나는 귀를 의심할 수밖에 없었다. 만약 저 진행자들이 기후 변화가 실로 "심대한 위기"라는 데 동의한다면, 그래서 "수십억 명이 죽을 것"이라는 말을 인정한다면, 출근하는 사람들이 좀 늦었기로서니 화를 내는 게 말이 될 일인가?

《스카이뉴스》진행자도 비슷한 반응을 보였다. "기후 변화에 대해 깊이 우려하고 있지 않다는 건 아니에요. 환경 문제는 중요합니다. 그렇지만 아버지의 임종을 지키지 못한 사람이 겪었을 고통은 어떡할까요. 그 사람 입장에서는 비교 가능한 사안이 아니겠죠." 하지만 진정 "떼

지구를 위한다는 착각

죽음과 대대적인 기아와 기근"이 벌어질 참이라면, 한 사람이 겪은 내적 고통이 그렇게 큰 문제일 수는 없지 않을까?

만약 "지구의 생명들이 죽어 가고" 있다면, 누군가의 몸에 비트 주스가 좀 튀었기로서니 그런 사소한 일에 신경 쓸 필요가 있을까?

설령 기후 변화로 인해 죽게 될 사람이 수십억 명이 아니라 "고작" 수백만 명에 지나지 않는다 할지라도, 그런 재난이 닥칠 거라면 멸종저항의 시위 전술에 대해 너무 급진적이고 과격하다고 결론 내리는 건 전혀 타당하지 않은 일일 것이다.

공정한 논의를 위해 말해 두자면, ITV와 《스카이뉴스》 진행자들은 러넌의 극단적인 주장에 동의한 것이 아니다. 그들은 단지 기후 변화에 대한 러넌의 우려에 공감했을 뿐이다.

하지만 그들은 자기네 입으로 기후 변화를 '심대한 위기'라고 했다. 그들은 대체 무슨 뜻으로 이 말을 했을까? 기후 변화가 러넌이 말한 실존적 위기, 다시 말해 인류의 존재 자체나 적어도 문명을 뒤흔들 정도의 위협이 아니라면, '심대한 위기'는 구체적으로 어떤 위기란 말인가?

당시 현장 분위기에서는 시위를 하거나 시위 장면을 찍는 멸종저항 활동가가 폭력적인 대중에게 목숨을 잃는 일마저 충분히 벌어질 수 있었다. 그러니 아무도 '심대한 위기'가 대체 뭔지 제대로 대답하지 않는다는 사실이 너무나 충격적으로 느껴졌다.

지난 몇 년간 기후 변화와 환경에 대한 담론은 통제 불능 상태로 걷잡을 수 없이 치달았다. 마치 멸종저항이 소방 호스로 비트 주스를 뿌려

대던 것과 다를 바 없는 모습이었다. 그래서 나는 이 책을 쓰기로 마음 먹었다.

나는 지난 30여 년을 환경 운동가로서 살아왔다. 그중 20여 년은 기후 변화를 비롯한 환경 문제에 관해 조사하고 글을 쓰는 데 바쳤다. 내 목표는 자연환경을 보호하는 것만이 아니라 모든 사람이 보편적 풍요를 누리게끔 하는 것이다. 그 목표를 이루기 위해 나는 이 책을 썼다.

사실과 과학을 올바로 전달하는 것 또한 나의 관심사 중 하나다. 과학자, 언론인, 활동가는 환경 문제를 정직하고 정확하게 전달해야 할 의무가 있다고 생각한다. 설령 대중의 관심과 열광을 이끌어 내지 못할까 봐 걱정이 될지라도 정직해야 한다.

환경과 기후 문제에 관해 사람들이 주고받는 이야기 중 상당수는 잘못되었다. 우리는 최선을 다해 그 잘못된 정보를 바로잡아야 한다. 환경 문제를 과장하고, 잘못된 경고를 남발하고, 극단적인 생각과 행동을 조장하는 이들은 긍정적이고, 휴머니즘적이며, 이성적인 환경주의의 적이다. 그런 주장에 신물이 났기에 나는 이 책을 쓰기로 했다.

이 책에서 다루는 모든 사실, 주장, 논증은 현재 이용 가능한 최고의 과학 지식에 근거하고 있다. 기후변화정부간협의체Intergovernmental Panel on Climate Change, IPCC, 유엔식량농업기구Food and Agriculture Organization of the United Nations, FAO를 비롯해 여러 과학 단체가 내놓은 탁월한 연구 결과들이다. 이 책에서 나는 정치적 좌파나 우파 쪽으로 편향된 사람들이 배척하는 주류 과학을 옹호하고자 한다.

우리가 직면한 환경 문제는 중요하지만 관리 가능하다. 그런데 우리는 이것을 세계의 종말처럼 받아들이고 있다. 이 책은 우리가 그런 시각을 갖게 된 이유는 무엇인지, 환경을 가장 걱정한다고 자처하며 지구 종말을 경고하는 이들이 현존하는 최고이자 최선의 해법에 반대하는 이유는 무엇인지 살펴본다.

그 과정에서 우리는 인류가 자연을 파괴하는 대신 구할 수 있는 방법이 무엇인지 올바로 이해하게 될 것이다. 세계 각지에는 다양한 사람들이 생물종과 환경을 보호해 낸 사례들이 존재한다. 현실 세계에서 환경, 에너지, 경제의 발전은 함께 이루어진다. 우리는 그 과정에 대해 살펴보게 될 것이다.

마지막으로 이야기해야 할 것이 있다. 이 책은 보편적으로 통용되는 윤리관을 옹호하는 입장을 취한다. 혹자는 그것을 주류 윤리관이라 할 수도 있을 것이다. 이 책은 세속적 형태건 종교적 형태건 휴머니즘을 옹호한다. 종말론적 환경주의자들이 곧잘 취하는 반인간주의에 반대하는 것이다.

기후 변화를 비롯한 환경 문제에 대한 논의는 흔히 혼란스럽고 혼돈에 빠지기 일쑤다. 대중은 과학의 탈을 쓴 공상이 아니라 진정한 과학적 사실을 구분해 알고 싶어 한다고, 또한 인류가 가진 긍정적인 잠재력에 대해 이해하고 싶어 한다고 나는 믿는다. 이 책이 그러한 지적 허기를 달래 줄 수 있기를 희망한다.

1

세계는
멸망하지 않는다

Apocalypse Never

종말이 다가오고 있다

2018년 10월 7일, 세계는 곧 멸망할 예정이었다. 미국에서 가장 인정받는 두 신문의 웹사이트를 훑어본다면 누구나 그런 결론에 도달하고 말았을 것이다. 《뉴욕타임스》에는 이런 제목의 기사가 실렸다. 〈기후 변화 주요 보고서, 빠르면 2040년 큰 위기 닥친다고 밝히다〉. 제목 바로 밑에는 여섯 살 난 소년이 죽은 동물의 뼈를 가지고 노는 사진이 붙어 있었다.[1] 같은 날 《워싱턴포스트》에 실린 기사의 제목은 이랬다. 〈유엔 과학자들, 기후 변화 통제 가능 시간 10여 년밖에 남지 않았다고 말하다〉.[2]

《뉴욕타임스》《워싱턴포스트》와 전 세계 언론이 일제히 쏟아낸 이러한 기사에는 출처가 있었다. 전 세계 195명의 과학자와 그 밖의 인원을 규합해 기후 변화와 관련된 과학적 연구를 집대성하는 유엔 산하 기구인 기후변화정부간협의체의 특별 보고서가 바로 그 출처였다.

2019년 기후변화정부간협의체는 2편의 보고서를 추가로 발행했다. 이전 보고서와 마찬가지로 기후 변화로 인해 발생할 수 있는 결과에 대한 우려를 담고 있었다. 자연재해는 더욱 심각해지고, 해수면은 높아지며, 사막화와 토지 황폐화가 가속화된다. 평균 기온이 1.5도 상승하는 것은 최악의 경우가 아니지만, 그것만으로도 "장기간 지속되거나 돌이킬 수 없는" 피해가 발생할 수 있다고 기후변화정부간협의체는 말했다. 또한 기후 변화는 식량 생산에 악영향을 초래하며 풍광에 큰 피해를 야기할 수 있다. 지구 전체 온도가 높아지면서 자원 부족은 더욱 심각해질 것이고, "홍수, 가뭄, 폭풍을 포함한 여러 종류의 기상 이변이 세계적으로 식량 공급을 방해하고 장기적으로 위축시킬 것"[3]이라고《뉴욕타임스》는 보도했다.

여러 대륙에서 동시에 식량 공급 체계가 무너질 수 있다는 한 나사 NASA 과학자의 말 또한 인용되었다. 이 과학자는《뉴욕타임스》에 이렇게 말했다. "여러 곡창 지대가 식량 생산에 실패할 위험이 늘어나고 있으며, 이 모든 일이 현실에서 동시다발적으로 벌어지고 있습니다."

2019년 8월 기후변화정부간협의체가 발표한 보고서에는 52개국 출신 100여 명 이상의 전문가가 참여했다. 이 보고서는 "문제에 대응하기 위한 기회의 창은 급속도로 닫히고 있으며" "토양이 퇴적되는 속도보다 침식되는 속도가 최소 10배에서 100배 이상 빠르다"라고 경고했다.[4]

농업으로 인류 전체 인구를 부양할 만큼 많은 식량을 생산하는 일은 불가능해질 것이라고 과학자들은 경고했다. "80억 인류 또는 그 절반이나마 우리가 감당할 수 있을지 가늠하기는 매우 어렵다"라고 농학자들은 말했다.[5]

"우리는 변화한 기후에 어느 정도 적응할 수 있습니다." 기후변화정부간협의체에 참여하고 있는 프린스턴대학교의 마이클 오펜하이머 Michael Oppenheimer 교수가 말했다. "하지만 그 변화의 수위는 우리가 온실가스 배출을 얼마나 강력하게 억제하느냐에 따라 좌우될 겁니다." 만약 2050년까지 온실가스 배출이 증가한다면 2100년에는 해수면이 83센

티미터 이상 상승할 수 있고, 그 정도의 변화는 "우리가 감당하기에 너무나 큰 문제가 될 수" 있다.[6]

지구 온난화가 심해지면 돌이킬 수 없는 티핑 포인트tipping point(초과할 경우 거대한 변화를 초래할 수 있는 한계점-옮긴이)들을 연쇄적으로 촉발할 수 있다고 전문가들은 말한다. 예컨대 해수면이 높아지면 대서양의 해류 순환 속도가 느려질 수 있고, 그 결과 지구 표면 온도를 변화시킬 수 있다.[7] 거의 오스트레일리아 정도 면적을 차지하는 북극 만년설이 녹는다면 탄소 1400기가톤이 대기 중으로 방출될 수 있다.[8] 남극 대륙 빙하가 녹아 바다로 무너져 내리면 해수면은 4미터가량 높아질 수 있다.[9]

대기 중 이산화탄소 농도가 높아지면 바닷물의 화학적 구성 역시 달라진다. 과학자들은 그로 인해 해양 생물들이 위험에 처할 수 있고 결과적으로 대량 멸종을 야기할 수 있다고 경고한다. 2016년 《네이처》에 발표된 연구에 따르면 바닷물 속 이산화탄소가 높아지면 산호초에 서식하는 어류들은 포식자에게 더욱 쉽게 노출될 위험에 빠질 수 있다.[10]

캘리포니아주를 뒤덮은 산불 역시 기후 변화 때문이라고 많은 이들이 입을 모은다. 2013년만 해도 산불로 목숨을 잃은 사람은 단 1명뿐이었으나 2018년이 되자 100여 명이 사망하는 등 피해가 폭증하고 있다. 캘리포니아 산불 중 가장 피해가 컸던 20건 가운데 절반이 2015년 이후 발생했다.[11] 오늘날 캘리포니아는 50여 년 전보다 2~3개월 더 긴 산불 기간을 겪고 있다.[12] 기후 변화로 가뭄이 심각해지고 있으며 나무들은 전염병과 기생충에 시달리고 있다.

"이렇게 산불이 심해지는 건 기후 변화 때문이다." 배우 리어나도 디캐프리오가 말했다.[13] "기후 변화는 이런 모습일 수밖에 없다." 연방 하원 의원 알렉산드리아 오카시오-코르테스Alexandria Ocasio-Cortez의 말이다.[14] "우리가 알고 있던 캘리포니아는 끝났다"라고《뉴욕타임스》의 한 칼럼니스트는 결론 지었다.[15]

2020년 초 오스트레일리아에서는 135건이 넘는 산불이 발생했다. 34명의 인명 피해가 났고, 10억 마리 이상의 동물이 목숨을 잃은 것으로 추정되며, 3000채 이상의 주택이 완전히 불타 버렸다.[16]

《2050 거주불능 지구The Uninhabitable Earth》의 저자인 데이비드 월러스-웰스David Wallace-Wells는 지구 평균 기온이 2도 올라간 상황을 다음과 같이 묘사하며 경고한다. "빙상이 녹아 무너지고, 4억 명 이상이 물 부족으로 고통받게 되며, 적도 인근 주요 도시들은 거주 불가능한 곳이 된다. 북반구에서는 위도가 높은 지역이라 해도 여름마다 살인적인 고온에 시달리게 될 것이다."[17]

"과연 우리 문명이 쓸려 나가지 않을 정도로 우리가 기후 변화를 막아 낼 수 있을지 귀추가 주목됩니다." 환경 저술가이자 기후 운동가인 빌 매키번Bill McKibben의 말이다. "지금 이 순간 우리는 제대로 된 방향으로 향하지 못하고 있습니다."[18]

기후변화정부간협의체 보고서 저자 중 한 사람은 이렇게 말한다. "세계 어떤 곳에서는 국경선이 무의미해질 수 있다. 1만여 명 정도라면 벽을 세워 막을 수 있다. 100만 명까지도 어떻게든 할 수 있을지 모른다. 하지만 1000만 명을 벽으로 막을 수는 없다."[19]

"지금으로부터 10년, 250일, 10시간이 흐른 시점인 2030년쯤 되면, 우리는 인간의 힘으로는 막을 수 없는 비가역적 연쇄 작용으로 인해 우리가 알던 문명이 종말로 향하는 것을 목격할 가능성이 매우 큽니다." 10대 학생이자 유명한 환경 운동가인 그레타 툰베리Greta Thunberg가 2019년에 한 연설 중 일부다. "여러분이 희망을 갖기를 나는 원치 않습니다. 나는 여러분이 패닉에 빠지기를 바랍니다."[20]

자연은 회복하고
인간은 적응한다

2019년 초 갓 연방 의회에 입성한 29세 하원 의원 알렉산드리아 오카시오-코르테스(흔히 AOC라는 애칭으로 불린다)는 《디애틀랜틱The Atlantic》과 인터뷰를 앞두고 있었다. AOC는 바로 기후 변화에 맞서면서 동시에 가난과 사회적 불평등을 해결할 수 있다는 '그린 뉴딜Green New Deal' 정책을 강력히 주창한 장본인이었다. AOC는 그린 뉴딜에 지나친 비용이 든다는 비평가들의 말을 일축했다. "우리가 기후 변화에 대응하지 못한다면 세상은 12년 안에 멸망하게 될 겁니다. 그런데 여기서 비용이 얼마나

드는지가 가장 중요한 문제인가요?"[21]

　다음 날 뉴스 웹사이트인 〈액시오스Axios〉의 기자는 여러 기후학자에게 연락을 돌렸다. 세계가 12년 내로 종말을 맞이할 거라는 AOC의 말에 대한 반응을 듣기 위해서였다. "시간을 정해 두고 하는 모든 이야기는 다 헛소리입니다." 나사의 기후학자 개빈 슈밋Gavin Schmidt이 말했다. "'탄소 예산'이 고갈된다거나 기후 변화 목표를 지키지 못한다고 해서 무슨 특별한 일이 벌어지지는 않습니다. 그저 탄소 배출 비용이 점진적으로 증가할 뿐이죠."[22]

　위스콘신대학교 매디슨캠퍼스의 고기후학자 앤드리아 더턴Andrea Dutton은 이런 답변을 들려주었다. "무슨 이유에서인지 언론은 2030년까지 향후 12년에 모든 게 걸렸다는 이야기에 꽂힌 것 같아요. 아마 그런 식으로 이야기하면 이 문제가 시급하다는 걸 사람들이 빨리 알아들을 거라 기대하기 때문이겠죠. 긴급한 행동이 필요하다고 말이에요. 하지만 유감스럽게도 그렇게 말하면 기후변화정부간협의체 보고서를 완전히 잘못 전달하게 되고 맙니다."[23]

　기후변화정부간협의체의 2018년 보고서와 언론용 보도자료에 진짜 적혀 있던 내용은 이것이다. 만약 우리가 산업혁명 이전 수준에 비해 평균 기온 상승을 1.5도 이하로 묶어 두고자 한다면 탄소 배출량을 2030년까지 45퍼센트 줄여야 한다는 것이다. 평균 기온 상승이 1.5도를 넘어서면 세상이 멸망한다거나 문명이 붕괴할 거라는 이야기를 기후변화정부간협의체는 한 적이 없다.[24]

멸종저항이 내놓는 극단적인 주장에 대해서도 과학자들은 부정적인 반응을 보인다. 스탠퍼드대학교 기후학자 켄 칼데이라Ken Caldeira는 해양 산성화를 최초로 경고한 과학자 중 한 사람이다. 그 역시 "비록 많은 종이 멸종 위기로 몰리고 있지만 기후 변화는 인류를 멸종 위기로 내몰지 않는다"[25]라고 강조했다. MIT의 기후학자 케리 이매뉴얼Kerry Emanuel은 내게 말했다. "그렇게 종말론을 부르짖는 사람들을 보면 참아주기가 어려워요. 기후 변화를 세계 종말처럼 묘사하는 게 도움이 된다고 생각하지 않아요."[26]

AOC의 대변인이 〈액시오스〉 측에 내놓은 답변은 이렇다. "그 표현을 두고 실존적이냐 종말론적이냐 왈가왈부할 수는 있습니다." 하지만 그는 설명을 덧붙였다. "우리는 이미 삶에 영향을 미치는 [기후 변화로 인한] 수많은 문제를 경험하고 있습니다."[27]

그러나 사실 기후 변화의 악영향은 이전에 비해 대폭 감소했다. 10년 기준 자연재해 사망자 수는 1920년대에 정점을 찍은 뒤로 92퍼센트나 줄었기 때문이다. 1920년대에 자연재해로 목숨을 잃은 사람은 540만 명이었던 반면 2010년대는 40만 명에 불과하다.[28] 게다가 이 사망자 수 감소는 세계 인구가 거의 4배로 폭증한 시기의 현상이라는 점을 주목할 필요가 있다.

기상 이변으로 피해를 입는 정도는 지난 수십 년간 급격히 줄어들었다. 이는 부유한 나라와 가난한 나라 모두에서 발견되는 현상이다. 2019년 학술지 《지구환경변화Global Environmental Change》에 실린 중요한

지구를 위한다는 착각

연구에 따르면, 1980년대부터 최근까지 지난 40여 년간 기상 현상으로 인한 사망과 경제 피해는 80~90퍼센트가량 급감했다.[29]

1901년부터 2010년까지 해수면은 19센티미터 상승했다.[30] 기후변화정부간협의체는 2100년까지 해수면은 중간 수준 시나리오를 적용하면 66센티미터, 심각한 시나리오를 적용하면 83센티미터 높아질 것이라 경고했다. 설령 이런 예측들마저 기후 변화의 영향을 상당히 과소평가한 수치라 할지라도, 해수면 상승은 느린 속도로 이루어지기에 각 사회는 적응할 시간을 벌 수 있다.

해수면 상승에 잘 적응한 모범적인 사례가 있다. 가령 네덜란드는 국토 3분의 1이 해수면보다 낮지만 부유한 국가를 이루었다. 땅이 점점 낮아졌기에 네덜란드에는 해수면보다 무려 7미터나 낮은 지역까지 존재한다.[31]

게다가 오늘날 환경을 개선할 수 있는 우리의 능력은 과거에 비해 전례 없이 높아진 상태다. 이미 네덜란드의 전문가들은 방글라데시 정부와 협업해 해수면 상승에 대한 대비책을 마련하고 있다.[32]

한편 지구가 불타고 있다는데 그 실상은 어떨까? 미국지질조사국 U.S. Geological Survey 소속 과학자 존 킬리Jon Keeley 박사는 캘리포니아에서 40년 넘게 화재 문제를 연구해 온 사람이다. 그가 내게 한 말은 이렇다. "우리는 캘리포니아주 전체의 화재와 기후 역사를 살펴봐 왔습니다. 그런데 주 대부분, 특히 캘리포니아주 서쪽을 놓고 보면 기후와 화재 사이에 연관이 있는 해는 단 한 해도 없었습니다."[33]

2017년 킬리가 꾸린 과학 연구팀은 미국 전역의 37개 지역을 대상으로 모델링을 수행했다. 그렇게 확인된 결과에 따르면 "인간은 산불에 영향을 미칠 뿐 아니라, 인간 존재가 미치는 영향은 기후 변화로 인한 영향을 능가하거나 무의미하게 만들 정도로 강력하다." 킬리 연구팀에 따르면 화재의 빈도와 심각도에 영향을 미친다고 통계적으로 확인되는 유일한 지표는 인근에 거주하는 인구수와 개발 진행 정도였다.[34]

아마존 열대우림도 마찬가지다. 《뉴욕타임스》에서 올바로 보도했듯이 "[2019년] 화재는 기후 변화로 인한 것이 아니었다."[35]

2020년 초 과학자들은 바다의 이산화탄소 농도가 높아지면 산호초와 그 일대에 사는 생명체가 포식자에게 쉽게 노출된다는 주장에 대해서도 반론을 제기했다. 그 주장은 한 해양생물학자가 2016년 《사이언스》에 발표한 것이었는데, 2017년 7명의 과학자가 그 내용에 의문을 표하는 논문을 《네이처》에 게재한 것이 시작이었다. 자체 조사 끝에 오스트레일리아의 제임스쿡대학교는 《사이언스》에 논문을 게재한 생물학자가 자료를 임의로 취사 편집했다고 결론 내렸다.[36]

그럼 식량 생산은 정말 급감할까? 유엔식량농업기구는 다양한 기후 변화 시나리오를 놓고 볼 때 식량 생산량은 확연히 증가할 것이라고 발표했다.[37] 오늘날 인류는 현재 인구수보다 25퍼센트 많은 100억 명을 부양하기에 충분한 식량을 생산하고 있다. 그리고 전문가들은 기후 변화에도 불구하고 식량 생산량은 더 늘어날 것으로 전망한다.[38]

유엔식량농업기구는 식량 생산량 증가는 기후 변화보다는 트랙터,

관개 시설 개선, 비료 등의 요소에 더 크게 좌우된다고 밝혔다. 이는 지난 20세기에 우리가 경험했던 것과 같은 내용이다. 가령 사하라 이남 아프리카처럼 세계에서 가장 가난한 지역에 사는 농부라도 기술 발전이라는 단 한 가지 요인으로 40퍼센트의 식량 생산 증가를 경험할 수 있을 것이라고 유엔식량농업기구는 전망했다.[39]

기후변화정부간협의체의 4차 평가 보고서에 따르면 2100년대 세계 경제는 지금보다 3~6배 성장할 것으로 예상된다. 한편 노벨 경제학상 수상자인 윌리엄 노드하우스William Nordhaus는 높은 기온 상승(4도)에 적응하는 데 드는 비용은 GDP의 단 2.9퍼센트 감소를 불러올 뿐이라고 본다.[40]

여기에 세계 멸망 같은 이야기가 대체 어디 있는가?

진짜 지옥은 이런 곳이다

세계 종말의 모습을 직접 보고 싶은 사람이라면 중앙아프리카에 위치한 콩고민주공화국Democratic Republic of the Congo(이하 '콩고')[41]을 방문해볼 것을 권한다. 지옥보다는 조금 나은 곳이 바로 그곳이니 말이다. 콩고는 1세계에 거주하는 기후 종말 예언자들이 말하는 참상이 모두 벌어지고 있는 나라다. 나는 2014년 12월 그곳에 방문했다. 사람들이 가장 흔한 연료로 목재를 사용하는 탓에 야생 동물, 특히 그 유명한 마운틴고릴라mountain gorilla(산악고릴라)에게 미치는 영향에 대해 살펴보기 위해서였다.

인접국 르완다의 국경을 넘어 콩고의 도시 고마Goma에 발을 디딘 순간 나는 극심한 가난과 혼돈 속으로 들어왔다는 사실을 알 수 있었다. 사람들은 오토바이 핸들에 부착한 바구니에 두 살이나 됐을까 싶은 어린아이를 태우고 어지럽게 돌아다니고 있었다. 도로는 울퉁불퉁하고 여기저기 웅덩이가 파였다. 사람들은 양철 지붕을 얹은 판잣집에 살았다. 승객들을 꾸역꾸역 싣기 위해 버스 창문에는 쇠창살이 채워져 있었는데 창살 밖으로 팔이 비어져 나온 모습이 흡사 감옥을 연상시켰다. 어디에나 쓰레기가 넘쳐났고, 길 양편으로는 식어서 굳은 용암이 엄청나게 쌓여 있었다. 우리가 사는 지표면 아래에는 화산의 힘이 들끓고 있다. 콩고에서는 그 힘을 눈으로 볼 수 있다.

콩고는 2차 콩고전쟁Great African War의 참상이 집중된 곳이다. 1990년대 말부터 2000년대 초까지 2차 세계대전 이후 가장 많은 사상자를 낸 전쟁이 벌어진 땅이다. 아프리카 9개국이 연루된 가운데 300만~500만 명이 죽었는데 대부분은 질병이나 기아가 사망 원인이었다. 그 외에 200만여 명이 고향을 떠나 피난을 가거나 외국에서 난민 생활을 하게 되었다. 남녀노소 할 것 없이 수십만 명이 각기 다른 무장 집단에 의해 때로는 한 차례 이상 강간당했다.[42]

오늘날에도 콩고의 현실은 나아지지 않았다. 무장한 사병 집단이 교외 지역을 돌아다니며 어린이를 포함한 민간인을 마체테machete(정글도)로 살해한다. 일각에서는 우간다에서 온 알샤바브Al-Shabaab 테러 조직에 비난을 돌리지만, 자신들이 민간인을 죽이고 다닌다고 대놓고 말하는 집단은 없다. 콩고에서 벌어지는 폭력 사태에서 일관된 군사적 또는 전략적 목적을 찾기는 불가능해 보인다. 콩고의 군대와 경찰, 그리고 6000여 명에 달하는 유엔평화유지군마저 테러리스트들의 공격을 막기 위해 아무것도 할 수 없거나 할 생각이 없다.

"여행하지 말 것." 미국 국무부 웹사이트에서 콩고를 찾아보면 단도직입적으로 나오는 조언이다. "무장 강도, 무장 가택 침입, 습격 등 폭력 범죄가 빈번하며 그보다 높은 빈도로 사소한 범죄가 만연해 있다. 지역 경찰은 중범죄에 효과적으로 대응할 능력을 갖추고 있지 못하다. 폭력 단체가 경찰이나 보안 업체로 위장하는 경우도 있다."[43]

하지만 나는 콩고 동부 지역으로 여행을 떠나기로 마음먹었다. 심지어 아내 헬렌과 함께 갈 계획이었다. 충분히 안전할 거라 생각했다. 배우 벤 애플렉 또한 콩고 동부를 여러 차례 여행했고 심지어 경제 발전을 돕기 위한 자선 단체까지 설립했기 때문이다. 콩고 동부가 할리우드 스타에게 안전한 곳이라면 헬렌과 나도 충분히 안전할 터였다.

그래도 혹시 모를 일이니 나는 칼레브 카반다Caleb Kabanda를 고용했다. 그는 벤 애플렉의 가이드, 통역자, "해결사" 역할을 해 온 콩고 현지인으로, 클라이언트의 안전을 보장하는 것으로 명성이 높다. 나는 도착하기 전부터 그와 전화 통화를 나누었다. 나는 에너지 부족과 환경 보호 사이 관계에 대해 연구하고 싶다고 말했다. 그러자 칼레브는 북키부 Nord-Kivu주의 주도인 고마를 언급했다. 고마는 콩고에서 여섯 번째로 인구가 많은 도시다. 칼레브는 내게 물었다. "인구가 200만 명에 달하는 도시가 나무를 연료로 쓰고 있는 상황을 상상하실 수 있겠습니까? 미친 짓이죠!"

콩고 동부 주민 중 98퍼센트가 요리를 할 때 나무나 숯을 주요 연료로 사용한다. 콩고 전체로 시야를 넓혀 봐도 마찬가지다. 콩고 인구는 거의 9200만 명에 달하지만 그들 중 열에 아홉은 나무나 숯으로 요리를 한다. 어떤 식으로건 전기를 사용할 수 있는 사람은 5분의 1에 지나지 않는다.[44, 45] 콩고 전체 전력 사용량은 고작 1500메가와트 정도인데, 이는 선진국을 기준으로 할 때 100만 명이 사는 도시 하나에서 사용하는 전력량과 비슷하다.[46]

칼레브와 나는 고마에 숙소를 잡고 비룽가국립공원Virunga National Park 근처 마을을 돌아다녔다. 큰길은 최근에 포장되어 있었지만 그 외의 기반 시설은 찾아보기 어려웠다. 대부분의 길은 그냥 흙바닥이었다. 그나마도 비가 오면 포장도로건 비포장도로건 인근 집이건 모두 물에 잠겼다. 홍수 처리 시설이 갖춰져 있지 않기 때문이다. 선진국 사람들이 당연하게 생각하는 많은 것들을 떠올리지 않을 수 없었다. 하수구나 배수로처럼 심한 비나 오수를 모아 주거지에서 먼 곳으로 처리해 주는 시설에 대해 우리는 그 존재 자체를 잊고 산다.

콩고가 겪고 있는 이 불안정에 기후 변화 역시 한몫하고 있을까?

지구를 위한다는 착각

설령 그렇더라도 다른 요인들이 더 크게 작용하고 있다. 2019년 수행된 대규모 연구에 따르면, 기후 변화는 "콩고 내 무장 집단들의 분쟁에 영향을 미쳤다. 하지만 낮은 경제와 사회 발전 수준, 정부 역량 부족 등 다른 요소가 지속적으로 더 큰 영향을 미치는 것으로 파악된다."[47]

콩고에서 정부는 간신히 명맥만 유지하고 있을 뿐이다. 안전과 경제 발전이라는 면에서 콩고인은 모든 걸 스스로 해 나갈 수밖에 없다. 매년 농부들은 비가 너무 많이 오거나 적게 와서 고통을 받는다. 최근에는 2, 3년마다 한 번씩 홍수가 났다. 주기적으로 발생하는 홍수는 집과 농토를 파괴한다.

오슬로국제평화연구소Peace Research Institute Oslo 연구자들에 따르면 "인구와 환경 변수는 내전의 위험에 극히 온건한 영향만 미친다."[48] 기후변화정부간협의체 또한 같은 관점을 보여 준다. "재난 때문에 사람들이 이주하는 사례는 전 세계적으로 광범위하게 발견되지만, 기후 변화나 해수면 상승이 직접적 원인이라는 주장을 뒷받침하는 근거는 제한적이다."[49]

질병이 퍼지는 원인은 따로 있다. 기반 시설이 부족하고 깨끗한 물이 부족하기 때문이다. 콜레라, 말라리아, 황열병을 비롯해 예방 가능한 질병이 콩고에서 세계 최고 수준으로 만연한 이유가 여기에 있다.

오슬로국제평화연구소 연구자들은 지적한다. "낮은 GDP는 무장 분쟁을 예견하는 가장 중요한 선행 지표다." 그리고 이렇게 덧붙인다. "우리 연구에 따르면 자원 부족은 부유한 국가보다 저소득 국가에서 분쟁 위험에 더 작게 영향을 미친다. 그리고 가난한 나라에서 정치 불안은 분쟁을 유발하는 강한 요인인 반면, 인구와 기후 요인은 분쟁 위험 증가와 무관해 보인다."[50]

천연자원이 국가의 운명을 결정짓는다면 자원 부족 국가인 일본은 가난한 나라여야 하고 콩고는 부유하고 평화로운 나라가 되었어야 마땅하다. 토지, 광물, 삼림, 석유, 가스까지 콩고는 천연자원 면에서 대단한 부국이니 말이다.[51]

콩고가 제 기능을 못 하는 원인은 많다. 일단 콩고는 엄청나게 큰 나라다. 아프리카에서 알제리 다음으로 큰 영토를 지니고 있다. 단일 국가 기능을 유지하며 다스리기 어려울 수밖에 없다. 콩고는 1960년대 초까지 벨기에 식민지였는데, 벨기에는 독립적인 사법부나 군대 같은 강력한 정부 기구를 갖춰 놓지 않은 채 그냥 손을 놓아 버렸다.

인구가 너무 많은 탓도 있을까? 콩고 동부의 인구는 1950년대와 1960년대 이래로 2배로 늘어났다. 그러나 주된 요인은 기술적인 문제다. 도로, 비료, 농기구와 기계가 제공된다면 같은 면적의 농토에서 훨씬 많은 식량을 생산할 수 있고 그에 따라 많은 인구를 부양할 수 있을 테니 말이다.

콩고는 지리적 불리함, 식민 통치, 해방 이후 끔찍하리만치 무능한 정부 탓에 피해를 입었다. 콩고 전체 GDP는 2001년 74억 달러에서 2017년 380억 달러로 성장했지만[52] 1인당 국민소득은 561달러로 여전히 세계 최빈국 중 하나에 속한다.[53] 국민에게 돌아가야 할 많은 돈을 누군가가 가로채고 있다고 생각할 수밖에 없다.

지난 20여 년간 르완다 정부는 이웃 나라 콩고의 광물을 가져와 마치 자기네 것인 양 해외에 수출해 왔다. 이런 약탈을 용이하게 하고자 르완다는 콩고 동부에서 지속적으로 낮은 수준의 무장 분쟁이 벌어지도록 무장 집단에 재정 지원을 하고 관리해 왔다고 전문가들은 지적한다.[54]

2006년 자유롭게 치러진 대통령 선거로 당선된 조제프 카빌라Joseph Kabila에게 많은 이들은 기대를 걸었으나, 다른 지도자들과 마찬가지로 부패한 인물임이 곧 드러나고 말았다. 카빌라는 2011년 재선된 후 2018년까지 권좌를 지켰다. 그리고 이어진 대통령 선거에서 그는 선거 결과를 조작해 59퍼센트를 득표한 후보자 대신 고작 19퍼센트를 득표한 후보자를 당선시켰다. 그런 식으로 카빌라와 그의 편을 드는 입법부 의원들은 지금도 여전히 막후에서 정권을 주무르고 있다.[55]

수십억 명이 죽는다고?

2019년 10월 BBC Two의 시사 프로그램 〈뉴스나이트Newsnight〉에서 진행자인 저널리스트 에마 바넷Emma Barnett은 공감 능력 넘치는 멸종저항의 대변인 세라 러넌에게 질문을 던졌다. 런던에서 사람들의 일상생활을 이토록 방해하고 있는 걸 어떤 식으로 정당화할 수 있느냐고.

"이런 사건들의 원인을 제공해 대단히, 대단히 마음이 아픕니다."
자신의 가슴에 손을 얹으며 러넌이 말했다. "내가 사람들의 생활을 방해하고 있다는 걸 생각하면 정말이지 기분이 좋지 않아요. 지난 30여 년간 우리가 아무런 행동도 하지 않았다는 걸 생각하면 정말 큰 분노가 치밀어 오르고 그래서 기후 변화를 의제로 끌어올리려면 이런 행동을 할 수밖에 없다는 것도 마음이 아픕니다. 만약 우리가 행동하지 않고 저항하지 않는다면 아무도 주목하지 않을 테니까요."[56]

러넌의 옆에는 기후변화정부간협의체 보고서의 저자 중 한 사람이기도 한 기후학자 마일스 앨런Myles Allen이 앉아 있었다. 바넷은 앨런을 향해 말했다.

"멸종저항이라는 이름은 '우리가 멸종을 향해 가고 있다'는 뜻을 포함하고 있을 텐데요, 멸종저항의 세 창립자 중 한 사람인 로저 핼럼Roger Hallam은 이렇게 말했습니다. '이번 세기에 60억 명의 사람들이 대량 학살, 죽음, 굶주림을 겪을 것이다.' 이 주장을 뒷받침할 과학적 근거는 없지 않나요?"

앨런이 대답했다. "만약 우리가 현 상태를 지속하면 대단히 우려할 만한 위험이 있다는 것을 뒷받침해 주는 많은 증거가…."

바넷은 말을 끝까지 듣지 않고 되물었다. "하지만 60억 명은 아니잖아요. 그런 수준의 결과가 나온다는 주장을 뒷받침하는 과학 연구는 없죠, 있나요?"

멸종저항의 러넌은 과학자가 직접 말하도록 내버려 두지 않고 대신 대답하기 시작했다.

"평균 기온이 4도 오르면 지구는 10억 명이 아니라 5억 명의 인구도 부양할 수 없을 지경이 될 거라고 말하는 과학자들이 여럿 있어요. 그리고 지금 우리는 그런 길로 향하고 있고요. 60억 명, 그리고 5억 명이 더 죽어 가는 거라고요!"

짜증이 난 듯한 기색으로 바넷이 다시 끼어들어서 앨런에게 질문했다. "죄송한데요, 그렇다면 앨런 씨는 과학자로서 금세기 안에 60억 명이 대량 학살, 죽음, 굶주림을 겪으리라는 예상에 과학적 근거가 있다고 보는 건가요. 그런 거라면 우리가 알아야 하지 않겠습니까."

앨런이 답했다. "아니에요. 우리 과학자들은 그저 우리가 당면한 위험에 대해 이야기할 수 있을 뿐입니다. 우리는 온실가스 배출이 많아지면 기후 체계에 어떤 영향이 생길지 예측하죠. 솔직히 말하자면 그런 예측은 쉽습니다. 하지만 사람들이 어린 시절 알고 자랐던 기후가 달라지는 걸 경험할 때 어떻게 대응할지, 그로 인해 발생할 위험이 무엇일지 예측하는 건 어려운 일이에요. 내 생각에 저쪽 분들은 기후 변화 그 자체의 위험보다는 사람들이 기후 변화에 대응하면서 발생하게 될 위험에 대해 이야기하고 있는 것 같습니다."

바넷은 물러나지 않았다. "그런데 여기서 요점은 과학적 근거가 없다는 거잖아요. 앨런 씨가 동조하고 있는 저 사람들은 공포 분위기 조성에 한창인데, 저들이 왜 그렇게 행동하는지 설명이 가능할까요? 가령 [멸종저항의 공동 창립자인] 로저 핼럼 씨도 우리 아이들이 앞으로 10년에서 15년 안에 죽게 될 거라고 말했는데요."

"우리가 알고 있는 기후가 사라지고 있다고요!" 러넌이 끼어들었다. "모든 농업과 식량은 지난 1만 년 동안 우리에게 친숙했던 기후에 기반을 두고 있어요! 날씨가 예측 가능하지 않다면 식량 자원도 예측할 수 없게 됩니다. 세계의 곳간을 채워 넣어야 할 수확량에 대대적인 손실이 발생할 위험이 생겨요. 먹을 게 사라진다고요!"

"로저 핼럼 씨는 이렇게 말했죠." 바넷이 대답했다. "우리 아이들이 10년이나 15년 안에 죽게 된다고."

러넌은 계속 이야기했다. "식량뿐 아니라 에너지 공급에도 차질이 생길 가능성이 명백히 존재합니다. 그때면 캘리포니아에서는 수백만 명이 전기 없이 지내야 할 거예요."

2019년 11월 말 나는 러넌을 인터뷰했다. 우리는 1시간에 걸쳐 대화를 나누었고, 러넌의 입장을 명확히 하기 위해 나중에 이메일도 교환했다.

"수십억 명이 죽는다는 말을 하는 건 내가 아닙니다." 러넌은 내게 말했다. "'세라 러넌은 수십억 명이 죽게 될 것이라고 말한다'는 건 사실이 아닙니다. 과학이 그렇게 말하고 있으니까요. 우리는 평균 기온 4도 상승을 향해 가고 있고, 틴들기후변화연구소Tyndall Centre for Climate Change Research의 케빈 앤더슨Kevin Anderson과 포츠담기후영향연구소 Potsdam-Institut für Klimafolgenforschung의 요한 록스트룀Johan Rockström 같은 과학자들에 따르면 그런 높은 기온 상승은 문명화된 삶과 양립 불가능합니다. 지구 평균 기온이 4도 높아진 상태라면 10억 명, 아니 5억 명의 인구를 유지하는 것도 가능할 것 같지 않다고 요한은 말했죠."[57]

러넌은 2019년 5월 《가디언》에 실린 기사를 보여 주었다. 기사에는 러넌이 한 말이 이렇게 인용되어 있었다. 평균 기온이 4도 상승할 경우 "우리가 어떻게 10억 명 또는 5억 명의 인구를 부양할 수 있을지 가늠하기란 쉽지 않은 일이다."[58] 하지만 러넌이 앤더슨이나 록스트룀의 이름을 거론하며 꺼낸 종말론적 이야기를 지지할 만한 내용은 기후변화정부간협의체 보고서에 전혀 등장하지 않는다. 나는 그 점을 지적했다.

게다가 우리가 기후변화정부간협의체가 아닌 과학자 2명의 예측에 더 힘을 실어 줄 이유가 있을까? "입맛에 맞는 과학을 택하자는 게 아닙니다." 러넌은 말했다. "우리가 직면한 위험을 똑바로 바라보자는 거죠. 기후변화정부간협의체 보고서는 현재부터 진행될 수 있는 여러 가지 기후 변화 시나리오를 보여 주고 있으며 그중 일부는 대단히, 대단히 위태로워요."[59]

"수십억 명이 죽는다"는 주장의 근거를 파헤쳐 보기 위해 나는 록스트룀에게 전화를 걸어 인터뷰를 했다. 록스트룀은 《가디언》 기자가 본인의 말을 오해했다고 말했다. 록스트룀에 따르면 그가 말한 내용은 이렇다. "우리가 80억 명의 인구를 또는 그 절반만이라도 부양할 수 있을지 가늠하기란 쉽지 않습니다." 즉 10억 명의 절반인 "5억 명"은 잘못된 인용이었다.

록스트룀은 내가 이 사실을 지적하고 이메일로 알려 주기 전까지는 자기 말이 잘못 인용된 줄 몰랐다고 이야기했다. 그래서 정정을 요구했고, 《가디언》 홈페이지에는 2019년 11월 말 정정 보도가 실렸다. 하지만 설령 그렇다 해도 록스트룀은 앞으로 40억 명이 죽으리라고 예측하는 것 아닌가.[60]

"평균 기온이 4도 오른 지구가 80억 명의 인구를 감당할 수 있다는 과학적 근거를 나는 찾지 못했습니다." 록스트룀이 말했다. "이건 내 판단에 과학적으로 타당한 주장입니다. 평균 기온이 4도 오른 지구에서 우리가 지금과 같은 인구 또는 더 늘어난 80억 인구에게 깨끗한 물이나 식량이나 거주지를 제공할 수 있다고 볼 근거가 없습니다. 전문가로서 판단하건대 심지어 우리가 그 절반, 그러니까 40억의 인구라도 제대로 부양할 수 있을지 의문스럽습니다."[61]

하지만 기후변화정부간협의체 보고서에는 식량 생산이 줄어들 것이라는 내용이 없지 않은가? 록스트룀의 말을 들어 보자.

"내가 아는 한 기후변화정부간협의체는 각기 다른 평균 기온 상승에 따라 부양 가능한 인구가 어떻게 달라질지에 대해 그 어떤 이야기도 하지 않았습니다."[62]

평균 기온 4도 상승 때 식량 생산이 어떻게 달라질지에 대한 선행 연구가 있을까? 나는 궁금했다. "좋은 질문이군요. 그런 연구를 본 적 없다고 인정할 수밖에 없네요." 농학자인 록스트룀의 답변이었다. "대단히 흥미롭고 중요한 질문인 것 같습니다."[63]

사실 과학자들은 이미 그런 연구를 수행했다. 그중 하나는 포츠담

기후영향연구소에서 일하는 록스트룀의 동료 2명이 쓴 것이다. 그 논문에 따르면 지구 평균 기온이 산업화 이전보다 4~5도 상승한다 해도 식량 생산량은 오히려 더 늘어날 수 있다.[64] 다시 한 번 등장하는 요소들, 즉 비료나 관개 시설, 농업의 기계화 같은 것들이 기후 변화보다 더 큰 영향을 미치는 것으로 파악된다.

더 흥미로운 사실이 있다. 해당 논문에 따르면 기후 변화 대응 정책들이 식량 생산을 저해하고 농촌의 빈곤을 심화시킬 우려가 있다는 것이다. 논문의 저자들이 말하는 "기후 정책"이란 더 많은 비용을 들여 에너지를 생산하거나 바이오 에너지(바이오 연료와 바이오매스biomass 등)의 사용을 늘리는 것을 말한다. 그러한 정책으로 인해 토지는 더욱 부족해지며 식량 가격은 더욱 높아지게 된다. 기후변화정부간협의체 또한 동일한 결론에 도달했다.[65]

유엔식량농업기구 역시 비슷한 결론을 내놓았다. 2050년까지 식량 생산은 30퍼센트 늘어날 것이고, 유엔식량농업기구가 제안하는 '지속가능한 방식Sustainable Practices'이 도입될 경우에도 20퍼센트 증가한다.[66] 유엔식량농업기구가 예측하는 모든 시나리오에서 기술 발전의 힘은 기후 변화의 영향력을 명백히 압도하고 있다.

자연재해 피해 규모를
좌우하는 진정한 요인

2006년 콜로라도대학교 볼더캠퍼스에서 근무하는 37세의 정치학 및 환경학 교수가 워크숍을 꾸렸다. 인간 활동으로 인한 기후 변화가 자연재해를 더욱 심각하고 빈번하게 만들며 대응 비용을 상승시키는지 32개국의 전문가와 함께 연구하기 위해서였다. 그 교수의 이름은 로저 펠키 주니어Roger Pielke, Jr.로, 그는 동료인 페터 회페Peter Höppe와 함께 워크숍을 이끌어 나갔다. 회페는 당시 뮌헨 리Munich Re(뮌헨 재보험)에서 '지오 리스크Geo Risk' 분과를 운영하고 있었다. 뮌헨 리는 보험 회사들이 보험을 가입하는 재보험 회사로 지구 온난화가 자연재해를 악화시킬지 여부에 경제적인 관심을 기울일 수밖에 없는 회사다.

　콜로라도대학교 볼더캠퍼스에서 일하는 환경학자에 대한 고정관념이 있을 텐데 펠키는 그 고정관념에 딱 맞는 사람이다. 등산화에 체크무늬 셔츠 차림으로 다니는 그는 열렬한 등산 애호가며, 스키를 즐기고, 축구 선수로도 활약한다. 진보주의자에 종교가 없는 세속주의자며 민주당 지지자다. "나는 탄소세를 도입하자는 책을 썼다." 펠키는 말한다. "오바마 대통령이 제안했던 미국환경보호청Environmental Protection Agency의 탄소 규제를 공개적으로 지지했다. 기후 변화와 재난에 대한 기후변화정부간협의체의 입장을 과학적 관점에서 강하게 옹호하는 또 다른 책을 최근 막 출간했다."[67]

펠키가 꾸린 워크숍은 뮌헨 외곽의 호헨카머에서 모임을 가졌다. 펠키는 이 모임에서 어떤 합의가 도출되리라는 낙관적 기대 따위는 품고 있지 않았다. 기후 운동가와 기후 변화 회의론자가 한자리에 모여 있었으니 말이다. "하지만 우리 스스로 놀랍고 기쁘게도 워크숍에 모인 32명 모두 기후 변화와 재난에 대한 20개 선언에 합의할 수 있었다. 학계, 민간 부문, 운동권 사람들이 모두 모였는데 말이다."[68]

전문가들은 기후 변화가 사실이며 인간이 기후 변화에 큰 영향을 미치고 있다는 '호헨카머 선언Hohenkammer Statement'에 실명으로 동의했다.[69] 하지만 전문가들이 동의한 내용은 그것만이 아니었다. 자연재해 자체가 심각해져서가 아니라, 인력과 자원이 유익하지 못한 방향으로 사용되어서 자연재해로 인한 비용이 증가한다는 데도 동의한 것이다.

학생들에게 강의할 때 펠키가 드는 사례가 있다. 1926년과 2006년 마이애미 해변 사진을 비교하는 것이다. 1926년 마이애미 해변에는 허리케인에 취약하기 마련인 고층 건물이 단 1채밖에 없었는데 2006년에는 12채의 고층 빌딩이 들어서 있었다. 인플레이션을 감안해 계산했을 때 미국에서 허리케인으로 인한 피해는 1900년 거의 0달러에 가까웠던 반면 허리케인 카트리나가 뉴올리언스를 강타한 2005년에는 1300억 달러까지 치솟았다.[70]

그런 다음 펠키는 같은 기간 동안 허리케인으로 입은 피해를 표준화한normalized 값을 보여 주었다. 표준화란 1900년 이후 마이애미 같은 미국 해안 지역에서 이루어진 대대적인 개발 성과로 피해 데이터를 보정하는 것을 의미한다. 펠키와 그의 동료들이 표준화한 값을 놓고 볼 때 기후 변화로 인한 피해가 상승하는 추세는 발견되지 않는다.[71]

표준화한 허리케인 피해액은 늘어나지 않았다. 이는 허리케인 상륙에 대한 역사적 기록과 상응하는 결과였기에 펠키와 그의 동료들은 자신들의 계산에 확신을 얻을 수 있었다. 그들의 연구에 따르면 역사적으로 몇 차례에 걸쳐 엄청난 피해가 발생한 적이 있었다. 가령 물가상승률과 해안 지역 개발 표준화를 통해 보정해 볼 때, 1926년 4개의 허리케인이 미국에 상륙하면서 2000억 달러가량의 피해를 발생시켰다. 이는 2005년 카트리나로 인한 피해액인 1450억 달러를 뛰어넘는다.[72] 그런데 1900년부터 1959년까지 플로리다에 상륙한 대규모 허리케인은 18건이었던 반면, 1960년부터 2018년까지는 11건에 지나지 않는 것 또한 사실이다.[73]

미국의 경우는 예외적인 사례일까? 그렇지 않다. "학자들은 이미 라틴아메리카, 카리브해 유역, 오스트레일리아, 중국, 인도 안드라프라데시주에서 발생한 태풍 피해액을 표준화한 후 비교하는 연구를 수행했는데, 표준화한 피해액에서 기후 변화에 따른 일관된 추세를 발견할 수는 없었다"라고 펠키는 지적한다.[74]

이는 허리케인에만 해당하는 문제가 아니다. "미국 또는 전 세계에서 허리케인, 홍수, 토네이도, 가뭄이 더욱 빈번하게 고강도로 발생하고 있다고 볼 수 있는 근거는 희박하다"라고 펠키는 이후 다른 글에서 언급했다. "실상을 놓고 보면 우리는 기상 이변의 피해를 크게 보지 않는 시대를 살고 있다."[75]

이는 기후변화정부간협의체 보고서에서도 마찬가지로 지적하는 내용이다. "부와 인구 증가를 감안해 조정한 값을 놓고 볼 때 기후 변화로 인한 경제적 손실이 늘어나고 있다고 볼 수는 없다." 기상 이변에 대해 기후변화정부간협의체가 내놓은 보고서 중 한 대목이다. "그러나 기후 변화가 영향을 미치고 있음을 배제할 수는 없다."[76]

기후 변화가 몇몇 기상 이변에 영향을 줄 수도 있다고 펠키는 강조한다. "가령 최근 일부 연구는 미국 서부 지역의 평균 기온이 상승함으로써 그 지역에서 산불 발생 빈도가 높아졌을 수 있다고 시사한다."[77]

하지만 이는 기후 변화가 수많은 기상 이변의 발생 빈도나 강도를 높이는 결과를 낳았다는 말과 상당히 거리가 있다. 펠키의 설명에 따르면 기후변화정부간협의체는 "홍수, 가뭄, 허리케인, 토네이도의 빈도나 강도가 치솟았다는 주장을 뒷받침하는 근거는 희박하다"라고 결론 내렸다. "폭염과 강수량이 늘어난 것은 사실이지만 이러한 현상은 재난 피해 규모를 높이는 중요한 원인이 아니다."[78]

어떤 나라가 홍수에 얼마나 취약한지를 결정짓는 가장 중요한 요소는 그 나라에 현대적인 물 관리 시스템이 갖춰져 있느냐다. 내가 사는 캘리포니아 버클리는 그런 시스템을 갖추고 있고, 콩고는 그렇지 않다.[79]

허리케인이 플로리다를 강타해도 사망자가 전혀 안 나올 수 있다. 하지만 같은 허리케인이 아이티에 상륙하면 수많은 사람이 홍수로 익사하며, 허리케인이 지나간 뒤에는 콜레라 같은 전염병의 창궐로 고통받게 된다. 부유한 지역인 플로리다는 튼튼한 건물과 도로, 날씨 예보 시스템을 잘 갖추고 있어 비상사태를 효과적으로 관리할 수 있기 때문이다. 반면 가난한 국가인 아이티는 현대적인 기반 시설과 사회 시스템을 갖추고 있지 못하다.[80]

그 차이에 대해 펠키는 이렇게 말한다. "1940년 이래 미국에 상륙한 허리케인은 총 118개, 그로 인한 사망자는 3322명이다. 하지만 2004년 12월 26일 쓰나미가 동남아시아를 강타하자 22만 5000명 이상이 목숨을 잃었다."[81]

기후 변화가 수십억 명을 죽음으로 몰아넣고 문명을 붕괴시킬 수 있다고 믿는 사람이라면, 기후변화정부간협의체의 어떤 보고서에도 그와 같은 종말론적인 이야기가 단 한 줄도 나오지 않는다는 사실을 알고 깜짝 놀랄 것이다. 기후변화정부간협의체는 미국 같은 선진국이 콩고 같은 "기후 지옥"이 되리라는 식의 묘사를 한 적이 없다. 가장 극심한 기후 변화가 닥쳐온다 해도 우리가 갖추고 있는 홍수 관리 체계, 전력 공급망, 도로 체계 등은 여전히 잘 작동할 것이다.

기후변화정부간협의체 보고서 참여자인 마이클 오펜하이머의 주장은 어떨까? 그는 해수면이 83센티미터(2피트 9인치) 상승하면 "관리 불가능한 문제"가 될 것이라고 말한 바 있다.[82] 어떤 근거에서 나온 논리인지 알아보려고 나는 그와 전화 인터뷰를 진행했다.

"그 기사는 기자가 실수한 대목이 있습니다." 오펜하이머가 말했다.

"기자는 83센티미터라고 적었죠. 하지만 [온실가스 배출이 21세기 내내 계속 증가한다는 최악의 시나리오인] 대표농도경로Representative Concentration Pathway 8.5(RCP8.5)에 근거해 기후변화정부간협의체가 《해양과 빙권 기후 변화 특별 보고서Special Report on the Ocean and Cryosphere in a Changing Climate》에서 제시하고 있는 해수면 상승은 달라요. 3피트 7인치, 그러니까 1.1미터라고 말하고 있습니다."[83]

방글라데시 같은 나라들은 네덜란드처럼 해수면 상승에 대응할 수 없는 걸까? 오펜하이머는 이렇게 답했다. "네덜란드는 두 번의 세계대전과 대공황을 겪는 동안 제방 강화 사업을 하지 않았습니다. 1953년 홍수로 큰 재난을 겪기 전까지 관개 시설의 현대화도 하지 않았죠."[84]

1953년 홍수는 2500명 이상의 목숨을 앗아갔다. 그 후 네덜란드인들은 자극을 받아 제방과 운하를 새로 건설했다. "인류는 대부분 네덜란드처럼 막대한 돈을 들여 가며 홍수에 대비하지 않습니다." 오펜하이머의 말이다. "홍수가 잦은 대부분의 지역에서 사람들은 집을 높게 짓거나 홍수에 쓸려가도 괜찮은 건물을 짓고 삽니다. 아니면 아예 그 지역을 떠나 버리거나요."[85]

2012년에 있었던 일에 대한 오펜하이머의 설명을 들어 보자. "허리케인 샌디 때문에 사람들은 뉴욕을 떠났죠. 나는 그런 건 관리 불가능한 일이라고 보지 않습니다. 한시적 관리 불가능 상태일 뿐이죠. 말하자면 해수면이 4피트, 그러니까 1.2미터가량 높아진다 해도 인류 사회가 제 기능을 잃고 유지되지 못하는 일은 벌어지지 않습니다. 방글라데시 사람들이라면 해안가에서 더는 살 수 없거나 인도로 넘어가야 할지도 모르지만 말이에요."[86]

그러나 가령 방글라데시의 저지대 해안가에 사는 사람들처럼 가난한 농민들이 대단히 많지 않은가. 그런 사람들이 매년 엄청난 속도로 도시를 향해 몰려드는 것은 사회가 영원히 제 기능을 상실하게 하는 "관리 불가능한" 상황이라고 봐야 하지 않을까?

오펜하이머의 설명은 이렇다. "사람들이 근본적으로 어쩔 수 없이 어떤 결정을 내려야만 하는 때가 있죠. 그런 상황이 내가 말하는 '관리 불가능한 상황'에 해당합니다. 경제가 붕괴하고, 삶이 무너지고, 스스로 운명을 통제할 수 있는 힘을 잃고, 사람들이 죽어 갈 때 말이에요. 물론 그런 상황도 관리 가능한 상황이라고 말할 수 있습니다. 어떤 재난을 겪건 회복하고 되살아날 수 있으니까요. 하지만 죽은 사람들은 되살릴 수 없죠."[87]

달리 말하자면, 해수면 상승과 같이 오펜하이머가 "관리 불가능"하다고 말하는 문제는 이미 어딘가에서 발생해 온 문제들이다. 인간 사회는 그런 문제를 겪고, 회복했으며, 적응해 나갔다.

기후 변화 대책보다
발전이 더 절실한 사람들

콩고가 지금과 같은 저개발 상태에 머물러 있는 건 세계에서 가장 부패한 정부 때문이기도 하다.[88] 콩고에 방문했을 때 한번은 경찰이 우리 차를 세웠다. 칼레브가 운전을 하고 나는 뒷좌석에 앉아 있었다. 경찰이 차 안을 훑어보자 칼레브는 그를 향해 약간 고개를 들이밀며 마주 쏘아보았다. 경찰은 운전면허증을 확인하더니 우리를 보내 주었다.

"무슨 일이 벌어진 건가요?" 나는 물었다.

"뭔가 트집 잡을 게 없나 살펴본 거예요. 뇌물을 뜯어내려고요." 칼레브의 설명이었다. "하지만 내가 눈싸움에서 이겼죠."

칼레브는 다른 콩고 사람들과 마찬가지로 미국의 TV 드라마 〈24〉에 푹 빠져 있었다. 2001년부터 2010년까지 방영된 그 작품은 테러리스트와 싸우는 CIA 요원의 이야기를 다루고 있다. "콩고 사람이라면 모두 잭 바우어를 좋아해요." 캐나다 배우 키퍼 서덜랜드가 연기한 CIA 요원의 인기가 그렇게 좋다는 말이었다. 나는 문득 궁금해졌다. 키퍼 서덜랜드의 인기가 그 정도라면, 서덜랜드만큼 유명할 뿐 아니라 콩고를 돕기 위해 직접 발 벗고 나서는 벤 애플렉은 더 인기 있어야 하지 않을까? 칼레브는 잠시 생각을 더듬어 보더니 대답했다. "아니죠! 콩고에서는 잭 바우어가 훨씬 더 인기 있죠. 만약 키퍼 서덜랜드가 콩고에 와 기자회견장에서 모든 무장 집단들에 24시간 동안 싸움을 멈춰 달라고 하면 온 나라의 총성이 잠잠해질걸요!" 생각만 해도 즐거운 상황인지 칼레브는 웃음을 터뜨렸다.

차를 타고 교외로 나간 우리는 대상을 정해 놓지 않고 닥치는 대로 인터뷰를 했다. 갑자기 나타난 외국인이 그들의 생활에 대해 이것저것 물어보면 당연히 의심스러울 수밖에 없었을 것이다. 칼레브는 본인의 매력을 십분 발휘해 지역 주민들을 안심시켰다. 우리가 만난 주민 중 많은 이들은 개코원숭이와 코끼리가 농작물을 망치는 데 분노하고 있었다. 이 유해 짐승들은 야생 동물 보호 지역인 인근 비룽가국립공원에 살면서 인가로 넘어왔다. 굶주림과 가난이 만연해 있기에 야생 동물에게 작물 피해를 당하는 것은 심각한 일일 수밖에 없었다. 코끼리에게 농작물을 빼앗긴 게 너무 원통해 다음 날 심장마비로 죽은 여성의 이야기를 전해 들었다. 최근 두 살짜리 소년이 침팬지에게 살해당한 이야기도 들을 수 있었다.

한 주민은 야생 동물이 넘어오지 못하게 전기 철조망을 설치하도록 비룽가국립공원 관리자들을 설득해 달라고 내게 부탁했다. 이전에도 사람들은 국립공원 측에 숱하게 불만을 제기해 왔다. 하지만 관리자들이 하는 말은 늘 똑같았다. 동물을 생포해 국립공원으로 돌려보내라고 했다. 그런 불가능한 답변을 들을 때마다 마을 사람들은 모욕당하는 기분을 느꼈다.

내가 콩고에 도착하기 몇 주 전, 젊은 사람들 일부가 모여 비룽가국립공원 관리 본부를 향해 항의 시위를 벌였다. 국립공원 측이 야생 동물의 농작물 침해에 대해 수수방관하는 것을 규탄하는 집회였다. 그에 대한 응답으로 국립공원은 몇몇 젊은이를 개코원숭이 쫓아내는 일에 고용했다.

비룽가국립공원 입구 근처에서 나는 칼레브와 함께 인근 지역 주민들을 인터뷰했다. 20~30명 정도 되는 사람들이 우리 주변에 모여들었다. 다들 야생 동물의 작물 피해에 대해 울분을 토했다. "여러분의 농작물을 먹어 치우는 개코원숭이를 총으로 쏴 죽이면 안 됩니까?" 내가 이런 질문을 던지자 사람들은 일제히 비통한 신음을 내뱉었다. 그럴 수가 없다고 했다. 설령 개코원숭이가 국립공원을 벗어나 농지에 들어와 있다 해도 개코원숭이를 죽이면 감옥에 가게 된다.

갓난아기에게 젖을 물린 젊은 엄마가 그들 중에 있었다. 간단하게 내 소개를 하고 이름을 물어보았다. 마미 베르나데테 세무타가Mamy Bernadette Semutaga라고 했다. 스물다섯 살 난 엄마 베르나데테가 안고 온 여자 아기의 이름은 비비셰 세비라로Bibiche Sebiraro였는데 일곱 번째 자식이었다.

베르나데테는 간밤에 개코원숭이들이 고구마를 모두 훔쳐 먹었다고 말했다. 그 현장으로 우리를 안내해 줄 수 있겠느냐고 나는 물었다. 어떤 일이 벌어졌는지 직접 확인하고 싶어서였다. 베르나데테는 동의했고, 우리는 같은 차에 올라 목적지로 향했다.

어린 시절 가장 즐거웠던 일이 뭐냐고 베르나데테에게 물어보았다.

"열네 살 때였어요. 고마에 사는 사촌 집에 방문했죠. 나한테 새 옷을 사줬어요. 그리고 우리 마을로 돌아올 때가 되자 버스표를 끊어 주고 집에 빵과 양배추를 사 들고 가라며 돈까지 주었어요. 집에 올 때 정말 행복한 기분이었죠."

하지만 베르나데테의 인생 대부분은 힘겨웠다. "열다섯 살에 결혼했어요. 남편은 고아였죠. 가진 게 아무것도 없었어요. 우리는 늘 힘들게 살았죠. 살면서 행복했던 때는 없었던 것 같아요."

자기가 농사짓는 작은 밭에 도착하자 베르나데테는 고구마가 자라고 있어야 할 땅을 가리켜 보였다. 구멍들만 숭숭 뚫려 있었다. 나는 사진을 찍어도 되겠느냐고 물어보았다. 괜찮다는 답변이 돌아왔다. 사진 속 베르나데테는 표정이 그리 밝지 않다. 하지만 자신감이 느껴진다. 비록 작지만 내 것이라고 말할 수 있는 밭을 가지고 있으니 말이다.

우리는 베르나데테를 마을까지 데려다주었다. 번거로운 인터뷰에 응해 준 데 감사하며, 도둑맞은 고구마에 대한 보상이 되기를 바라며, 칼레브는 베르나데테에게 약간의 돈을 건넸다.

기후 변화에 사람들이 자동으로 적응하는 일은 발생하지 않을 것이다. 의심의 여지 없는 사실이다. 기후 변화에 더 취약한 사람들이 있고, 우리는 그런 이들의 처지에 더 신경 써야 한다. 나나 아내 헬렌 같은 사람보다는 베르나데테 같은 사람이 기후 변화에 더 큰 타격을 입을 것이 분명하다.

하지만 베르나데테를 괴롭히는 것은 앞으로 닥칠 기후 변화만이 아니다. 지금 발생하는 기상재해와 자연재해에 더 취약한 상태다. 살아남기 위해 베르나데테는 농사를 지어야만 한다. 하루에 몇 시간씩 나무를 베고, 땔감을 마련하고, 불을 피우고, 매운 연기를 마시며 부채질을 하고, 그 불로 요리를 해야 한다. 야생 동물들은 베르나데테의 농작물을 훔쳐 간다. 베르나데테와 가족들은 기본적인 의료 서비스조차 제공받지 못하며 아이들은 자주 굶주리고 병에 걸린다. 중무장한 민병대는 이곳저곳 돌아다니며 강탈, 강간, 납치, 살해를 일삼는다. 베르나데테에게 기후 변화는 우선순위로 고민할 문제가 아닌 것이다.

그런 면에서 환경 운동가들이 베르나데테 같은 처지의 사람들을 들먹이는 건 잘못된 일이다. 베르나데테 본인의 삶뿐 아니라 자녀와 손주의 미래 또한 콩고의 경제적 낙후성 때문에 위태롭다는 사실을 외면하는 짓이기 때문이다. 물론 기후 변화로 인한 위험에 직면해 있기는 하지만 그 영향은 지금뿐 아니라 앞으로도 그리 크지 않다.

다음번에 또 홍수가 날 때 베르나데테의 집이 무사할지는 콩고에 제대로 된 댐이 건설되고 수력 발전소가 돌아가느냐, 농경지 관개 시설과 홍수 처리 시스템이 갖춰지느냐에 따라 판가름 난다. 기후 변화 예측 모델 중 어떤 것이 맞고 틀리는지는 문제가 아닌 것이다. 베르나데테의 집이 안전할지는 그런 여건을 갖출 수 있는 돈이 베르나데테에게 있느냐 없느냐에 따라 결정된다. 베르나데테가 안전을 확보하기에 충분한 돈을 벌 수 있는 방법은 단 하나뿐이다. 경제가 성장해 높은 소득을 올리는 것이다.

누가 위기를 부풀리는가

부유한 국가에서도 경제 발전의 영향은 기후 변화의 영향을 압도한다. 그 자체만으로 세계 5위 부자 나라에 해당하는 캘리포니아주 사례를 살펴보자.

캘리포니아가 겪고 있는 화재는 크게 두 종류로 나뉜다. 첫째, 흔히 섀퍼랠chaparral이라 부르는 해안 관목 지대에서 발생해 바람을 타고 번지는 화재가 있다. 맬러부나 오클랜드 같은 곳을 생각하면 되는데 대부분의 주택이 섀퍼랠에 자리 잡고 있다. 인명과 재산 손실을 기준으로 볼 때 캘리포니아에서 발생한 최악의 화재 20건 중 19건이 섀퍼랠에서 난 화재였다.[89] 둘째, 시에라네바다산맥처럼 훨씬 적은 인구가 거주하는 지역에서 발생하는 산불이 있다.

산악 지역과 해안 지역 생태계는 정반대 문제를 안고 있다. 해안 관목 지대는 너무 잦은 화재에 시달리는 반면 시에라네바다산맥은 화재 발생 건수가 너무 부족하다. 미국지질조사국의 존 킬리 박사는 시에라네바다산맥의 화재가 "연료 중심"이라면 해안 관목 지대의 화재는 "바람 중심"이라고 묘사한다.[90] 해안 관목 지대 화재에 대한 유일한 해법은 철저히 예방 조치를 취하고 집과 건물을 화재에 더 잘 버티도록 짓는 것뿐이다.

유럽인들이 북아메리카대륙에 도착하기 전 시에라네바다산맥의

지구를 위한다는 착각

숲에서는 10년에서 20년 주기로 산불이 났다. 숲에서 생성되는 가연성 물질에 불이 나면서 어느 수준 이상으로 가연성 물질이 축적되지 않는 현상이 반복된 것이다. 해안 관목 지대에는 50년에서 120년마다 산불이 번졌다. 하지만 지난 100여 년에 걸쳐 사정이 달라졌다. 미국삼림국 United States Forest Service과 여러 정부 기관이 달려들어 대부분의 불을 일찍 꺼 버렸기 때문이다. 결국 연료가 될 수 있는 나무들이 축적되는 결과를 낳았다.

2008년 존 킬리는 그간 캘리포니아에서 발생한 모든 화재의 원인을 추적한 논문을 발표했다. 연구 결과 전선 때문에 발생한 화재를 제외하면 실제 화재 발생 건수는 줄어든 것으로 나타났다.[91] "2000년 이래로 2000제곱킬로미터 이상 번졌던 화재를 추려 보면 상당수가 전깃줄에서 발화한 것들이죠. 1980년부터 2000년까지 20년간에 비해 5배나 늘어난 수치입니다." 킬리는 말했다. "어떤 사람들은 이렇게 말할 거예요. '글쎄, 그것도 기후 변화와 관련이 있겠지.' 하지만 기후 변화와 그런 큰 화재 사이에는 아무런 관련이 없습니다."[92]

그럼 대체 화재 발생 건수가 왜 이렇게 늘어난 걸까? 킬리는 말했다. "이런 [해안 관목 지대의] 화재는 100퍼센트 사람에 의해 발생한다는 점, 그리고 [2000년 이후] 인구가 600만 명 늘어났다는 점, 이 두 가지를 합치면 화재 발생 건수가 점점 더 늘어나는 이유에 대한 설명이 되지 않을까요."[93]

시에라네바다산맥에서 발생하는 화재들은 어떻게 설명할 수 있을까? "1910년부터 1960년까지 기간을 살펴보면 화재 발생 건수와 가장 밀접한 관련을 보이는 건 강수량입니다. 하지만 1960년 이후로는 그 핵심 지표의 자리를 기온이 차지하게 되죠. 그러니 지난 50여 년 동안 봄과 여름 기온은 매년 발생하는 화재의 50퍼센트를 설명해 주는 지표가 되었다고 볼 수 있습니다. 그런 면에서 기온은 중요하다고 할 수 있죠."[94]

하지만 1960년대 이후로는 작은 산불까지 원천 차단해 큰 산불이 날 만큼 가연성 물질이 쌓이게 된 것 또한 사실 아닐까? 내가 이런 질문을 던지자 킬리는 답했다. "정확해요. 화재의 원인은 여러 가지가 혼재되어 있는데 연료는 그중 하나죠. 기후학자들이 내놓는 몇몇 논문들이 문제인 건 그 때문입니다. 기후학자들은 기후에 대해서는 잘 알지만 화재와 관련된 작은 원인들까지 잘 안다고 볼 수는 없으니까요."[95]

만약 우리가 20세기 중반부터 산에 낙엽과 나뭇가지 등이 쌓이도록 내버려 두지 않았다면 시에라네바다산맥에 이렇게 큰 산불이 발생하는 일도 없지 않았을까? "좋은 질문이네요." 킬리가 대답했다. "어쩌면 산불이 안 났을지도 몰라요." 킬리는 그 점에 대해 좀 더 연구해 봐야겠다면서 덧붙였다. "시에라네바다산맥의 분수령 몇 곳을 선별해 정기적으로 산불이 나도록 하거든요. 그렇게 연료가 쌓이지 않은 지역의 자료를 모아 보면 시에라네바다산맥의 화재가 기후 변화와 관련이 있는지, 그리고 관계가 있다면 어느 정도인지 알 수 있을 거예요."[96]

오스트레일리아에서 발생하는 산불 역시 비슷한 측면이 있다. 캘리포니아처럼 오스트레일리아의 화재 피해가 커지는 건 불이 잘 나는 지

지구를 위한다는 착각

역이 더 개발되는 것과 무관하지 않다. 또한 가연성 물질이 축적되는 것도 영향을 미친다. 한 과학자의 추산에 따르면 오늘날 오스트레일리아 숲에는 유럽인들이 도착했을 때보다 10배가 넘는 나무 연료들이 축적되어 있다. 그 이유 또한 캘리포니아와 마찬가지다. 오스트레일리아 정부는 환경 보호 차원에서 그리고 사람들의 건강을 해칠 수 있다는 우려에서, 적당한 수준의 화재 발생을 용인하며 관리하는 식으로 접근하지 않았기 때문이다. 그 결과 평균 기온이 높아지지 않았을 때조차 산불 발생 빈도는 증가하는 현상이 나타났다.[97]

언론은 2019년부터 2020년까지 이어진 화재를 오스트레일리아 역사상 가장 큰 화재로 묘사했지만 실상은 그렇지 않다. 화재 면적 기준으로 볼 때 피해는 전체 5위에 머문다. 2002년 화재로 소실된 면적의 절반에 지나지 않는데, 2002년 화재 또한 전체 화재 순위에서 4위에 머문다. 1974년부터 1975년까지 이어진 최악의 화재로 소실된 면적의 6분의 1에 불과하다. 사상자 기준에서도 2019~2020년 화재는 6위다. 5위인 1926년 화재에 비하면 절반, 최악의 사상자를 낸 2009년 화재에 비하면 5분의 1에 불과하다. 주택 피해 기준에서는 역사상 두 번째이긴 하나 가장 많은 집을 불태운 1938~1939년 화재에 비하면 피해 가옥 수는 절반에도 미치지 못한다. 최근 우리가 목격한 2019~2020년 화재는 주택이 아닌 건물에 끼친 피해를 기준으로 놓고 볼 때만 역사상 최악의 화재로 꼽을 수 있다.[98]

'기후 양치기climate alarmist'들이 있다. 환경 문제를 떠들며 관심이 쏠리는 것을 즐기는 양치기 소년 같은 이들이다. 또한 환경 저널리스트들 사이에 현재 오스트레일리아의 집권 여당인 자유당에 대한 반감이 깔려 있다는 것도 무시할 수 없다. 거기다 통상적으로 화재가 발생해도 인구 밀집 지역에서는 아예 관측이 안 되는데 이번에는 짙은 연기가 발생해 쉽게 눈에 띨 수 있었다. 2019~2020년 오스트레일리아 화재에 쏟아진 언론의 과장된 관심은 아마 이런 이유들 때문일 것이다.

여기서 우리가 알 수 있는 사실이 있다. 숲에서 발생하는 화재에 영향을 미치는 인간 활동은 매우 다양하며, 몇몇 인간 활동은 온실가스 배출보다 더 큰 영향을 미친다는 점이다. 이것은 좋은 소식이다. 오스트레일리아, 캘리포니아, 브라질 등 산불에 시달리는 곳에서 그들의 미래를 위해 택할 수 있는 유의미한 선택지가 그만큼 많다는 뜻이기 때문이다. 기후 종말을 이야기하는 언론 보도와 달리 미래에 대한 결정권은 우리 손에 있다.

2019년 7월 로런 제프리Lauren Jeffrey는 수업 시간에 과학 선생님에게 이런 말을 들었다. "기후 변화가 종말로 이어질 수 있어요." 당시 열일곱 살이던 제프리는 런던에서 북서쪽으로 80킬로미터 떨어진 밀턴킨스라는 도시의 고등학교에 다니고 있었다.

"그 말을 듣고 조사를 해 봤죠. 두 달 동안 큰 불안감에 사로잡혀 있었어요." 제프리가 내게 말했다. "내 친구들도 다들 설득돼서 비슷하게 말하고 있었거든요. 이제 세상은 끝장날 거고 우리는 다 죽게 될 거라고 말이에요."[99]

지구를 위한다는 착각

'기후 양치기'들이 특히 어린이들 사이에서 불안과 우울증을 불러 일으키고 있다는 연구가 나오고 있다.[100] 2017년 미국심리학회American Psychological Association는 "환경 재앙에 대한 만성 공포"를 환경불안증eco-anxiety이라 명명한 후, 이 증상이 날로 늘어나고 있다고 진단 내렸다.[101] 2019년 9월 영국 심리학자들은 기후 변화에 대한 종말론적인 담론이 아이들에게 나쁜 영향을 미칠 수 있다고 경고했다. 2020년 영국에서 수행된 대규모 설문 조사에 따르면 영국 어린이 5명 가운데 1명은 기후 변화와 관련된 악몽을 꾼 적이 있다.[102]

"어린이들이 정서적 충격을 받고 있다는 사실은 의심할 여지가 없다"라고 한 전문가는 말한다.[103] "앞으로 사회가 붕괴하면서 우리가 멸종할 거라고, 2030년이나 2035년 같은 다양한 날짜를 들이대면서 이야기하는 블로그나 비디오를 많이 보게 되었어요." 제프리가 내게 말했다. "그때부터 엄청 걱정을 하게 됐죠. 처음에는 그냥 잊어버리려고 했지만 계속 머릿속에 떠오르는 건 어쩔 수 없었어요."

"내 친구 중에는 2030년에 사회가 붕괴할 거고 2050년에는 '근미래 인류 멸종'이 닥쳐올 거라고 믿게 된 애도 있었어요." 제프리의 말은 계속되었다. "우리가 앞으로 살날이 10년 정도밖에 안 남았다고 결론 내리게 된 거죠."

멸종저항 활동가들은 그런 공포의 불길에 기름을 퍼붓는다. 멸종저항 활동가들은 영국 학생들에게 끔찍하고 종말론적인 이야기를 하고 다녔다. 지난 8월에 있었던 학교 방문 강연에서 멸종저항의 어떤 활동가는 교실 앞 책상 위로 올라가 아이들에게 무시무시한 이야기를 들려주었다. 그 교실 아이들의 나이는 열 살도 채 되지 않았다.[104]

멸종저항의 기후 양치기들에게 반기를 든 언론인들도 더러 있다. BBC의 앤드루 닐Andrew Neil은 멸종저항의 대변인 중 한 사람인 30대 중반 여성 자이언 라이츠Zion Lights를 인터뷰했다.[105] 라이츠는 불편한 기색이 역력했다. "당신네 단체 설립자 중 한 사람인 로저 햄럼은 '우리 아이들이 앞으로 10년에서 20년 사이에 죽게 될 것이다'라고 말했는데요." 방송에서 닐이 라이츠를 향해 물었다. "그런 주장의 과학적 근거는 무엇입니까?"

"물론 논란이 되고 있는 주장입니다." 라이츠가 말했다. "어떤 과학자들은 이 주장에 동의하고 다른 과학자들은 그냥 사실이 아니라고 말하죠. 그러나 사안을 종합적으로 보면 그런 죽음은 일어나게 될 겁니다."

"하지만 대부분의 과학자는 그런 주장에 동의하지 않고 있습니다." 닐이 말했다. "나도 [기후변화정부간협의체의 최근 보고서를] 살펴보았는데 수십억 명이 죽는다는 주장을 뒷받침하는 내용은 전혀 찾아볼 수 없었습니다. 20년 내로 아이들이 모두 죽게 될 거라는 내용도 없었고요. … 대체 아이들이 어떻게 죽게 된다는 겁니까?"

라이츠는 대답했다. "전 세계적으로 지속되는 오랜 가뭄으로 대량 난민이 발생하는 중입니다. 특히 남아시아에서 그렇죠. 인도네시아, 아마존 열대우림, 시베리아, 북극에는 산불이 나고 있고요."

"그건 모두 중요한 문제들입니다." 닐이 말했다. "그로 인해 사상자가 날 수도 있고요. 하지만 수십억 명이 죽는 일은 아니지 않습니까. 현재 젊은이들과 어린이들이 20년 내로 모두 죽게 되는 것도 아니고요."

"어쩌면 20년 내로는 그런 일이 벌어지지 않을지도 모르죠." 라이츠도 수긍했다.

그러자 닐이 말했다. "내가 TV에서 본 바로는 라이츠 씨가 속해 있는 단체의 소녀가 울고 있던데요. 앞으로 5, 6년 내에 죽게 될 거라고, 그래서 어른이 되어 보지도 못할 거라면서 말이죠. 그런데 라이츠 씨는 본인이 속한 단체의 주장에 과학적 근거를 대지 못하지 않습니까."

라이츠는 이렇게 대답했다. "나는 아이들의 경각심을 일깨워 주는 사람일 뿐이라서 과학적 근거에 대해서는 이야기하지 않습니다. 아이들에게는 벌어지게 될 일의 결과만 말해 줄 뿐이죠."

다행히 영국 학생들 모두가 멸종저항을 믿고 있지는 않다. 멸종저항이 정직하지 않으며 기후 변화로 어떤 결과가 초래될지 정확하게 설명하지 못한다고 보는 아이들도 있다. "조사를 해 보니까 잘못된 정보가 무척 많더라고요. 기후 변화를 부정하는 쪽도 그렇지만 종말을 주장하는 사람들 쪽도 마찬가지였어요"라고 말하던 로런 제프리처럼. 퍽 안심이 되는 일이다.

2019년 10월과 11월에 제프리는 영상 몇 개를 유튜브에 올리고 홍보하기 위해 트위터에 가입했다. 멸종저항 측에 보내는 공개 영상 편지에서 제프리는 이렇게 말했다. "여러분의 대의명분이 중요한 만큼, 여러분이 계속 사실관계를 과장하고 있는 건 주장의 과학적 신뢰도를 떨어뜨리고 결과적으로 여러분의 대의명분에 해를 끼치고 있습니다. 우리 어린 세대의 정신 건강에도 큰 해를 끼치고 있고요."[106]

기후 종말은 없다

2019년 11월과 12월에 나는 기후 양치기들을 비판하는 두 편의 긴 칼럼을 썼다. 앞서 살펴본 것과 비슷한 내용이 담겨 있었다. 내가 비판하는 사람들을 포함해 여러 과학자들과 활동가들로부터 대답을 듣거나 오류를 지적받아, 지금 여러분이 보고 있는 이 책을 쓸 때 도움을 받고자 하는 의도가 어느 정도 깔려 있었다. 두 편 모두 널리 읽혔고 큰 호응을 얻었으며, 내가 인터뷰하고 인용한 과학자들과 활동가들 역시 그 칼럼들을 읽었다. 그런데 아무도 내용이 잘못되었다며 수정을 요청해 오지 않았다. 오히려 과학자들과 활동가들은 내게 감사의 메일을 보내왔다. 과학적 사실을 분명히 밝혀 줘서 고맙다고.

사람들은 내게 질문을 해 오기도 했는데 그중 눈에 띄는 것이 있었다. 일부 기후 양치기들의 행동은 정책을 변화시키기 위한 것인 만큼 정당화될 수 있지 않겠느냐는 것이었다. 그런 질문을 한 사람 중에는 BBC 기자도 포함되어 있었는데, 그 말은 언론 매체들만큼은 기후 변화라는 사안을 과장하지 않고 전달해 왔다는 전제를 깔고 있는 셈이다.

지구를 위한다는 착각

그런데 여기서 잠시 어느 해 6월 AP에 게재된 기사 한 편을 살펴보자. 〈유엔, 지구 온난화 점검 않으면 재앙 닥칠 것이라 예고하다〉라는 제목을 달고 있다. 그해 여름 쏟아져 나온 기후 변화에 대한 종말론적 기사 중 하나였다.

이 기사에서 "한 유엔 고위 환경 담당관"은 지구 온난화가 2030년까지 반전되지 않으면 해수면 상승으로 인해 "모든 국가가 지표면 위에서 쓸려 나가 버릴 수 있다"라고 주장했다.

그 유엔 고위 관료에 따르면 해안 주변 토지가 침수되면서 "환경 난민의 대량 탈출"이 야기될 수 있고, 그리하여 전 세계에 정치적 혼란이 촉발될 우려가 있다. 빙하가 모두 녹아내리고, 열대우림이 불타 없어지며, 전 세계가 견디기 어려울 정도로 무더운 날씨가 되는 것 역시 피할 수 없다.

세계 각국 정부가 "인간이 통제 가능한 범위를 넘어서기 전에 온난화 문제를 해결할 수 있는 기회의 창은 10년 후면 닫혀 버릴 것"이라고 그 유엔 고위 관료는 말했다.

AP에 이 기사가 실린 날짜는 언제일까? 그 유엔 고위 관료가 종말론적 예견을 내놓은 것은 2019년 6월일까? 아니다. 1989년 6월이었다. 그가 말한 세계 종말 날짜는 2030년이 아닌 2000년이었던 것이다.[107]

2019년 초 콜로라도대학교 교수 로저 펠키 주니어는 종말론적 관점에서 기후 문제를 바라보는 책인 《2050 거주불능 지구》의 서평을 《파이낸셜타임스》에 썼다. 이 서평에서 펠키는 언론인들이 자의적인 필터

링을 통해 과학을 왜곡하는 과정을 보여 주었는데 그 책 역시 마찬가지였다.

펠키는 서평에서 이렇게 말한다. "과학자들은 섬세하게 조율된 미래 예측 시나리오를 제시한다. 비현실적인 낙관론부터 매우 비관적인 시나리오까지 포함한다." 반면에 "언론은 가장 비관적인 시나리오만을 강조하는 경향이 있다. 그러면서 은연중에 가장 나쁜 시나리오를 우리의 미래가 될 것처럼 전달하게 된다."

《2050 거주불능 지구》의 저자는 다른 활동가 언론인들처럼 과장에 과장을 덧붙인다. 펠키에 따르면 그는 "'낙관적인 사고방식을 지닌 이들조차 공포에 떨게 할 만큼 무시무시한' 과학적 내용들을 선별해 그중에서도 가장 나쁜 이야기들만 끌어모았다."[108]

그렇다면 이른바 '티핑 포인트'는 어떻게 바라봐야 할까? 그린란드와 서남극의 빙상이 갈수록 급격하게 사라지고, 아마존 열대우림이 말라 가고, 대서양 해류 순환이 달라지는 등의 문제 말이다. 이 현상들 각각은 불확실성이 매우 높다. 그리고 개별적인 현상을 합칠 때 복잡성은 더욱 커진다. 그러므로 티핑 포인트 시나리오는 많은 경우 비과학적일 수밖에 없다. 인류와 지구를 멸망으로 이끄는 티핑 포인트 시나리오가 불가능하다는 건 아니다. 그러나 개별 티핑 포인트 멸망 시나리오를 나열한 후 어떤 시나리오가 다른 시나리오에 비해 더 가능성이 큰지 과학적으로 따져 묻는 것은 가능하지 않다. 소행성이 날아와 지구를 멸망시킬지, 엄청난 화산이 폭발할지, 상식을 벗어날 만큼 치명적인 인플루엔자 바이러스가 퍼질지 과학적으로 예측할 수는 없다.

최근에 인류가 맞닥뜨린 다른 가공할 위험들을 살펴보자. 가령 2019년 7월 나사는 흔히 "도시 파괴자city-killer"라 부르는 근지구 소행성이 지구와 달 사이 거리의 고작 5분의 1 정도까지 근접해 지구 옆을 통과했다고 발표해 사람들을 깜짝 놀라게 했다.[109] 2019년 12월에는 뉴질랜드에서 갑자기 화산이 폭발해 21명이 사망했다.[110] 그리고 2020년 초에는 전 세계 정부들이 이례적으로 치명적인 코로나바이러스의 확산으로 수백만 명이 죽을 수 있는 위기와 맞닥뜨렸다.[111]

소행성 충돌, 초화산super-volcano 폭발, 치명적인 바이러스 확산을 조기에 발견하고 예방하기 위해 각국 정부는 충분한 예산을 투입해 왔을까? 어쩌면 그럴지 모르지만 아닐 수도 있다. 국가는 이런 재앙을 감지하고 피하기 위해 합리적인 수준의 조치는 취하는 반면, 극단적인 수준의 조치는 대개 취하지 않는다. 이유는 간단하다. 그런 문제들에 극단적인 수준으로 대처하다 보면 사회는 더 가난해질 것이고, 가난해지면 거대한 재난에 더 취약해질 수밖에 없기 때문이다. 그러면 결국 소행성, 초화산, 전염병을 막아내지 못하게 된다.

"부유한 국가일수록 재난 앞에서 회복탄력성이 더 뛰어납니다." MIT의 기후학자 케리 이매뉴얼이 말했다. "그러니 사람들을 더 잘살게 만들어서 회복탄력성을 높이는 데 초점을 맞춰야 해요."

돌이킬 수 없는 티핑 포인트를 넘게 될 위험은 지구의 평균 기온이 높아질수록 커진다. 그러므로 우리는 경제 발전을 저해하지 않으면서 온실가스 배출을 최대한 줄이고 평균 기온 상승을 최대한 억누르는 것을 목표로 삼아야 한다. 이매뉴얼은 이렇게 설명했다. "우리는 양쪽의 중간 어딘가에서 절충안을 마련하는 쪽으로 나아가야 할 겁니다. 경제 성장을 추구해 많은 이들을 가난에서 건져 내는 일, 기후 변화에 맞서는 일, 이 두 가지는 양자택일해야 할 문제가 아닙니다."[112]

좋은 소식이 있다. 선진국의 탄소 배출량은 10년 넘게 감소해 왔다. 유럽의 2018년 온실가스 배출량은 1990년보다 23퍼센트 낮다. 미국의 온실가스 배출량은 2005년부터 2016년까지 15퍼센트 줄어들었다.[113]

특히 미국과 영국은 전력 생산 과정에서 발생하는 탄소 배출량을 획기적으로 줄였다. 2007년에서 2018년 사이 미국은 27퍼센트, 영국은 63퍼센트나 낮추었다.[114]

대부분의 에너지 전문가들은 개발도상국의 탄소 배출 역시 어느 시점에 도달하면 정점을 찍고 내려갈 것으로 예상한다. 이는 선진국에서 벌어진 것과 같은 현상이다. 선진국과 비슷한 수준의 풍요를 이루고 나면 개발도상국의 탄소 배출량은 줄어들 것이다.

결론적으로 오늘날 지구 평균 기온은 산업화 이전에 비해 평균 2~3도 상승하는 선에서 머물 가능성이 높다. 티핑 포인트를 넘길 위험이 생기는 4도보다 확연히 낮은 수준이다. 현재 국제에너지기구 International Energy Agency, IEA는 2040년 탄소 배출 현황을 기후변화정부간협의체의 모든 시나리오보다 낮은 수준으로 예상하고 있다.[115]

지난 30여 년간 온실가스 배출이 줄어들게 된 변화는 기후 양치기들의 활약 덕분에 일어난 일일까? 그렇지 않다. 독일, 영국, 프랑스 등 유럽에서 가장 경제 규모가 큰 국가에서 탄소 배출량이 1970년대에 정점을 찍고 내려오게 된 가장 큰 원인은 석탄에서 천연가스와 원자력으로 에너지 전환energy transition을 이룬 덕분이다. 빌 매키번, 그레타 툰베리, 알렉산드리아 오카시오-코르테스 등 많은 기후 활동가들이 맹목적으로 반대하는 기술의 힘으로 우리는 기후 변화를 막아 내고 있다.

2

지구의 허파는
불타고 있지 않다

Apocalypse Never

지구의 허파를 구하자

2019년 8월 리어나도 디캐프리오, 마돈나, 축구 스타 크리스티아누 호날두가 사진을 올렸다. 아마존의 푸른 열대우림이 불길에 휩싸인 채 연기가 치솟고 있는 사진이었다. 디캐프리오는 인스타그램에 이렇게 썼다. "지구의 허파가 불타고 있다." 호날두는 8200만 명의 트위터 팔로어를 향해 트윗을 날렸다. "아마존 열대우림은 전 세계 산소의 20퍼센트 이상을 생산한다."[1]

《뉴욕타임스》의 설명에 따르면 "아마존은 흔히 지구의 '허파'로 불린다. 광대한 열대우림이 산소를 배출할 뿐 아니라 지구 온난화의 주요 원인을 제공하는 온실가스인 이산화탄소를 저장하기 때문이다."[2] 550만 제곱미터에 달하는 아마존은 브라질, 콜롬비아, 페루 등 여러 남아메리카 국가에 걸쳐 있다. 이 아마존이 머잖아 "스스로 파괴될" 우려가 있다고 《뉴욕타임스》는 보도했다. 그런 일이 벌어진다면 "세계에서 가장 큰 열대우림이 지구에서 사라지는 악몽과도 같은 시나리오가 될 것이다. … 아마존 생태계를 연구하는 몇몇 과학자들은 그런 일이 곧 닥칠 수 있다고 말한다."[3]

《뉴욕타임스》에 실린 다른 기사에 따르면 "만약 [아마존] 열대우림이 일정 수준 이상 파괴되고 복구되지 못한다면 그 지역은 초원으로 바뀌게 된다. 숲처럼 많은 탄소를 저장할 수 없기 때문에 지구 행성의 '허

지구를 위한다는 착각

파 기능'이 저하된다는 뜻이다."[4]

아마존에서 발생한 화재를 원자폭탄 투하에 비유하는 사람까지 등장했다. "아마존의 파괴는 실로 막대한 결과를 초래할 수 있기에 어쩌면 대량 살상 무기보다 훨씬 더 위험할지 모른다."《디애틀랜틱》의 한 기자가 쓴 기사 내용이다. 온라인 신문 〈디인터셉트The Intercept〉의 기자는 아마존 열대우림의 20퍼센트가 사라질 경우 "열대우림에 저장된 이산화탄소가 세계 멸망을 부르는 폭탄"이 될 수 있다고 썼다.[5]

언론들과 셀레브리티들, 유럽 지도자들은 브라질의 신임 대통령인 자이르 보우소나루Jair Bolsonaro에게 비난의 화살을 돌렸다. 유럽 지도자들은 브라질과 주요 무역 협정을 체결하지 않겠다고 위협했다. "우리의 집이 불타고 있다. 문자 그대로." 에마뉘엘 마크롱 프랑스 대통령이 트위터에 쓴 내용이다. 그로부터 며칠 뒤 그는 프랑스에서 세계 7대 경제 대국의 모임인 G7 정상회담을 주최했다.[6]

아마존만이 아니다. 《뉴욕타임스》에 따르면 "중앙아프리카의 대초원 지대가 불길에 휩싸여 사라지고 있다. 시베리아와 맞닿은 북극 지대역시 역사상 유례가 없는 속도로 불타고 있다."[7]

한 달 뒤 그레타 툰베리를 포함한 학생 기후 활동가들은 브라질을 고소했다. 기후 변화에 맞서기 위해 충분한 행동을 취하지 않는다는 이유에서였다. "브라질이 아마존 보호 정책을 철회하면서 이미 그 악영향이 미치고 있다." 학생들의 변호사들이 발표한 성명에 따르면 그렇다. "아마존은 그 자체만으로 거대한 탄소 저장고로 기능한다. 매년 전 세계가 생산해 내는 탄소 중 4분의 1을 흡수해 저장하고 있다."[8]

많은 X세대가 그렇듯이 나 또한 1980년대 말부터 열대우림의 파괴를 걱정하기 시작했다. 1985년 샌프란시스코에서 결성된 환경 단체 열대우림행동네트워크Rainforest Action Network는 패스트푸드 업계의 큰손 버거킹을 상대로 불매 운동을 시작했다. 버거킹에서 햄버거 패티를 만들기 위해 코스타리카의 열대우림이었던 곳에서 사육된 소고기를 구입했기 때문이다.

소고기를 생산하기 위해 라틴아메리카를 비롯한 여러 지역의 농부들은 열대우림을 걷어 내고 소를 방목하고 있다. CNN 등 뉴스 매체들은 목축을 위해 숲에 불을 지르고 원주민을 쫓아내는 자극적인 화면을 내보냈다.

그런 끔찍한 모습에 분개한 나는 우리 집 뒷마당에서 열린 내 열여섯 살 생일 파티를 환경 운동에 바쳤다. 열대우림행동네트워크를 위한 기부금 모금 행사로 바꾼 것이다. 나는 생일 파티에 오는 사람들마다 5달러씩 받고 나머지 액수를 채워 넣어 약 100달러의 성금을 보냈다.

그때나 지금이나 소고기를 생산하기 위한 목초지는 대단히 넓다. 인류가 지표면을 사용하는 여러 방식 중 가장 많은 면적을 차지한다. 소고기와 우유를 생산하기 위한 목초지는 심지어 2위인 농경지 면적보다 2배나 넓다. 지구 전체 농업 용지 중 거의 절반이 소, 양, 염소, 버펄로 같은 되새김질동물 가축을 기르기 위한 용도로 사용되고 있다.[9]

아마존을 착취할 때 가장 먼저 들어가는 이들은 벌목공이다. 벌목

지구를 위한다는 착각

공들은 값진 나무를 베어 간다. 그다음은 목장 주인들 차례다. 숲을 베어 내고 불을 지른 다음 그 땅이 자기 목장임을 입증이라도 하듯 소를 풀어 놓는다.

이렇듯 소고기 생산 과정에서 열대우림이 파괴된다는 사실을 알게 된 나는 고기를 그만 먹기로 하고 완전 채식주의자의 길로 접어들었다. 1989년 가을 대학에 입학할 무렵이었다.

열대우림이 파괴되고 있다는 악몽은 성공의 쾌감으로 어느 정도 중화되었다. 1987년 10월 열대우림행동네트워크의 버거킹 불매 운동이 성공으로 끝났기 때문이다. 버거킹은 코스타리카산 소고기를 수입하지 않겠다고 발표했다. 비록 소소한 수준이긴 해도 열대우림을 지키는 데 한몫했다는 기분이 들었다.[10]

"그 말에는 과학적 근거가 없어요"

열다섯 살 고등학생 때 나는 국제사면위원회Amnesty International 소모임에 들어갔다. 그 모임은 상담교사 한 분이 관리하고 있었는데, 어떤 선생님이 찾아와 내가 공산주의자가 아닌지 물어보기도 했다고 한다. 2년 후 나는 교장실로 찾아가 졸업 연도의 가을 학기 동안 니카라과에 가서 스페인어를 배우며 산디니스타민족해방전선Frente Sandinista de Liberación Nacional이 일으킨 사회주의 혁명을 직접 목격하며 보내고 싶다고 말했다. 그 선생님의 의심은 합당했던 것으로 판명된 셈이다. 이후 나는 중앙아메리카 지역을 가로질러 여행을 하며 소규모 농민협동조합들과 인연을 맺었다.

그런 다음 브라질에서 머물며(대학에 다니는 동안 포르투갈어를 배워 두었다) '땅 없는 농민 운동Movimento dos Trabalhadores Sem Terra'에 참여하고, 아마존 열대우림과 반쯤 포개지는 마라냥주의 노동자당과 협업했다. 1992년부터 1995년까지 여러 차례 집과 브라질을 오갔다. 나는 브라질을 사랑했다. 영구 정착해 '땅 없는 농민 운동'과 노동자당에 헌신할까 하는 생각까지 했다.

1992년 나는 리우데자네이루에서 열린 유엔환경개발회의United Nations Conference on Environment and Development에 참석했다. 리우회의에서는 열대우림 파괴가 중요한 의제로 다루어졌다. 5년 전 버거킹의 항복을 이끌어 냈던 열대우림행동네트워크의 대표는 다시 한 번 떠들썩한 시위를 벌였다. 수십 년에 걸친 군사 독재를 막 떨쳐 내고 일어서는 나라의 흥분과 희열에 나 또한 휩쓸려 들어갔다.

나는 브라질에 여러 차례 다시 방문했다. 아마존 열대우림 인근에는 큰 농지를 가진 농부들이 작은 농지를 가진 농부들의 땅을 빼앗으려 드는 일이 빈번했고 나는 그런 곳에서 현장 조사를 실시했다. 그러면서 리우데자네이루에서 노동자당 및 좌파 NGO와 연계해 활동하던 다큐멘

지구를 위한다는 착각

터리 영화 제작자를 만나 사귀기도 했다. 1995년에는 브라질 최초로 아프리카계 혼혈이면서 상원 의원이 된 빈민 출신 정치인을 인터뷰했다. 브라질 진보 정치 운동의 등대처럼 빛나던 그의 이름은 루이스 이나시우 룰라 다 시우바, 흔히 '룰라'라고 알려진 그 사람이었다. 그는 2002년 브라질 대통령으로 선출되었다.

그 후로 오랫동안 나는 꾸준히 아마존에 대한 글을 썼다. 그러던 중 2019년 늦여름 아마존 열대우림 화재가 대중적 관심을 끌기 시작했고, 나는 댄 넵스태드Dan Nepstad에게 전화를 걸어 기본적인 사실 관계를 확인하기로 했다. 넵스태드는 기후변화정부간협의체가 최근 발표한 아마존에 대한 보고서의 주저자로 잘 알려진 인물이었다. 나는 그에게 아마존이 지구 전체 산소의 주요 공급원이라는 말이 사실이냐고 물었다.

"헛소리예요." 넵스태드가 말했다. "그 말에는 과학적 근거가 없어요. 아마존이 생산하는 산소가 엄청나게 많은 건 맞지만 호흡하는 과정에서 산소를 빨아들이니까 결국 마찬가지입니다."[11]

그 주제에 대해 연구한 옥스퍼드대학교 생태학자들에 따르면, 아마존의 식물들은 스스로 생산해 내는 산소의 60퍼센트가량을 호흡 과정에서 소비한다(식물은 낮에는 광합성이 호흡보다 활발해 산소를 방출하고 이산화탄소를 흡수하지만 밤에는 호흡만 해서 산소를 흡수하고 이산화탄소를 방출한다. 이 생화학적 과정으로 식물들은 필요한 에너지를 얻는다). 나머지 40퍼센트는 열대우림의 바이오매스를 분해하는 미생물의 몫이다(바이오매스는 생태학에서는 단위 시공간 내에 존재하는 생물의 총체를 뜻하지만, 에너지 분야에서는 각종 유기물과 유기체 가스, 땔나무와 숯에서부터 화학적으로 추출한 메탄 같은 바이오가스, 에탄올 같은 바이오알코올, 바이오디젤에 이르기까지 에너지원으로 사용되는 모든 생물 자원을 가리킨다-옮긴이). "따라서 (식물만이 아닌) 아마존 '생태계' 전체를 놓고 볼 때 아마존이 세계 산소에 기여하는 양은 사실상 제로다." 옥스퍼드대학교 생태학자들은 이렇게 지적한다. "인간의 관점에서 유의미한 시간 단위(100만 년 미만)에서 보자면 이는 지구상의 어떤 생태계든 마찬가지라고 할 수 있다."[12]

허파는 산소를 흡수하고 이산화탄소를 배출하는 기관이다. 반면에 브라질을 향해 소송을 건 그레타 툰베리와 학생들의 주장과 달리, 아마존과 모든 식물이 흡수하고 저장하는 탄소는 지구 전체의 25퍼센트가 아닌 5퍼센트에 지나지 않는다.[13]

셀레브리티들이 소셜 미디어에 올렸던 사진들은 어떨까. 그건 실제로 아마존 열대우림에 불이 난 모습이 아니었다. 그중 상당수는 심지어 아마존을 찍은 것조차 아니었다.[14] 호날두가 트위터에 올린 사진은 아마존에서 한참 떨어진 브라질 남부 어딘가에서 찍은 것이며, 촬영 날짜 역시 2019년이 아닌 2013년이었다.[15] 마돈나가 공유한 사진은 무려 30년도 더 된 옛날 사진이었다.[16]

이런 사정은 2019년 여름 아마존 화재를 둘러싼 언론 보도 전체에 해당하는 이야기다. 사실 당시 언론 보도 내용은 거의 대부분 틀렸거나 진실을 상당히 호도하고 있었다.

삼림 파괴가 심해지고 있었던 것은 맞다. 하지만 그런 추세는 보우

지구를 위한다는 착각

소나루 대통령이 취임하기 6년 전인 2013년부터 시작된 일이었다. 2019년 파괴된 아마존 삼림 면적은 2004년 파괴된 면적의 4분의 1에 지나지 않았다.[17] 2019년 발생한 화재 건수가 그 전해보다 50퍼센트 높아진 것은 사실이지만 과거 10년간 평균과 비교하면 2퍼센트 증가한 데 그쳤다.[18]

아마존 열대우림이 당장 사라질 위기에 처해 있다는 소름 끼치는 상상과 달리 그중 80퍼센트는 온전히 건재하다. 그 나머지에 해당하는 18~20퍼센트만이 "개발 가능한 땅"으로 여겨지며 삼림 개간의 대상이 될 위험에 놓여 있다.[19]

하지만 삼림 개간으로 인해 아마존이 분할(파편화)되고 있으며 보존 가치가 높은 생물종의 서식지가 파괴되고 있는 것은 분명한 사실이다. 재규어, 퓨마, 오실롯ocelot 등 대형 포유류는 생존과 번식을 위해 넓을 뿐 아니라 나뉘어 있지 않은 서식지가 필요하다. 아마존을 비롯한 열대우림에서 살아가는 수많은 토착종에게는 오래된 "원시림"이 필수 불가결하다. 포유류는 자연재해나 벌목으로 훼손되었다가 되살아난 숲인 이차림에서 다시 거주할 수 있지만, 숲이 원래의 풍요로운 환경을 회복하려면 대개 수십 년에서 몇 세기까지 걸린다.[20]

환경 식민주의자의 모순된 눈물

아마존뿐 아니라 세계 어디에서건 열대우림을 지키려면 경제 개발의 필요성을 인정하고, 존중하고, 받아들여야만 한다. 그러나 많은 환경 단체들과 유럽 정부들, 자선 활동가들은 아마존의 경제를 발전시키기 위한 다양한 경제 개발 방식을 거부한다. 특히 가장 생산성 높은 방식들에 반기를 든다. 이 탓에 상황은 더욱 악화 일로를 걷고 있다.

2016년 브라질이 낳은 세계적인 모델 지젤 번천은 그린피스 브라질 지부장과 함께 비행기를 타고 아마존 열대우림 위를 날고 있었다. 《내셔널지오그래픽》의 다큐멘터리 시리즈 중 하나인 〈기후 변화: 위기의 시대Years of Living Dangerously〉의 일부가 될 내용이다. 영상은 두 사람이 탄 비행기가 끝도 없이 펼쳐진 녹색 숲 위를 날아가는 모습으로 시작된다. "이 아름다운 풍경이 영원히 이어질 것 같았습니다." 번천의 내레이션이 흘렀다. "하지만 곧 [그린피스의 파울루] 아다리우Paulo Adario가 내게 말했습니다. 마음의 준비를 하라고요." 이어서 등장하는 광경에 번천은 몸서리를 친다. 숲이 끝나고 소 목장이 시작된 것이다. "저렇게 온통 기하학 도형 모양으로 숲을 깎아 낸 게 소를 키우기 위해서라고요?" 번천은 아다리우를 향해 질문을 던진다.

"벌목꾼들이 내는 작은 길에서 모든 일이 시작되죠." 아다리우가 설명한다. "한번 길이 뚫리면 소 목장이 들어서고 목동들이 다른 나무들을 베어 냅니다."

"그런데 소는 원래 아마존에 사는 동물이 아니잖아요!" 번천이 말한다. "소가 여기 있으면 안 되는 거잖아요!"

"그렇죠, 여기 사는 동물이 절대 아니죠." 아다리우가 확신에 차서 말한다. "소를 치기 위해 이 아름다운 숲을 파괴한다고 상상해 보세요. 햄버거를 먹을 때 그 패티가 바로 이렇게 파괴된 열대우림에서 나온다는 걸 사람들은 전혀 깨닫지 못하고 있죠." 번천의 눈에 눈물이 고이기 시작한다. "충격적이죠. 그렇죠?" 아다리우의 질문으로 장면이 마무리된다.[21]

잠깐, 오늘날 브라질에서 농경을 위해 숲을 개간하는 일이 그렇게 충격적인가? 다 떠나서, 그건 수백 년 전 유럽에서 벌어진 일이기도 한데 말이다.

500년 무렵 서유럽과 중유럽의 80퍼센트가량은 숲으로 덮여 있었다. 1350년이 되자 그 비율은 50퍼센트로 줄어들었다. 역사가들은 800년에서 1300년 사이 프랑스 숲이 3000만 헥타르(30만 제곱킬로미터)에서 1300만 헥타르(13만 제곱킬로미터)로 줄어들었다고 추산한다. 900년에 독일은 70퍼센트가 숲으로 덮여 있었지만 1900년에는 고작 25퍼센트만 남아 있었을 뿐이다.[22]

그런데 삼림을 개간하고 화석 연료를 사용한 덕분에 부를 쌓을 수 있었던 선진국들, 특히 유럽 국가들은 브라질이나 콩고 같은 열대 지방 국가들이 그들과 같은 방식으로 경제 개발의 길을 걷도록 내버려 두지 않는다. 바이오매스를 소각할 때 나오는 탄소를 포함시켜 보면 독일을 비롯한 선진국 대부분의 1인당 탄소 배출량은 브라질보다 많다. 브라질에서 아마존 삼림 개간으로 배출하는 탄소량을 포함해도 그렇다.[23]

좋은 소식이 있다. 세계적으로 볼 때 숲이 차지하는 면적은 점점 넓어지는 중이다. 화재 발생 빈도도 낮아지고 있다. 1998년부터 2015년까지 매년 화재로 소실되는 숲의 면적은 25퍼센트나 줄어들었는데, 그 이유는 대부분 경제 성장 덕분이다. 경제 성장은 도시 일자리를 만들고, 도시로 몰려든 사람들은 화전민 생활을 청산하게 된다. 경제 성장은 농부가 불을 지르는 대신 기계를 이용해 숲을 개간할 수 있게 해 준다.[24]

전 세계적으로 지난 35년간 사라진 것보다 더 많은 숲이 새로 생겼다. 그 면적을 합치면 텍사스와 알래스카를 합친 정도가 된다. 1995년부터 2015년까지 유럽에는 벨기에, 네덜란드, 스위스, 덴마크를 합친 것과 비슷한 면적의 숲이 새로 생겨났다.[25] 그레타 툰베리의 나라인 스웨덴에서는 지난 100년간 숲이 2배로 늘어났다.[26]

1981년부터 2016년까지 지구 행성의 40퍼센트가량은 "녹화"되었다. 상대적으로 숲이 넓어지고 바이오매스가 증가했다는 뜻이다. 일부는 기존 농경지를 목초지나 숲으로 되돌리는 식으로 녹화되었고, 일부는 특히 중국처럼 의도적으로 나무를 심어 녹화했다.[27] 브라질도 의도적 식수에 따른 녹화가 활발한 경우에 해당한다. 세상은 브라질 하면 아마존에만 관심을 기울이는 경향이 있지만, 브라질에서 경제적으로 가장 발전한 남동부 지역에서는 숲 면적이 오히려 넓어지고 있다. 이는 농업

생산성 증가와 더불어 환경 보호 노력이 동시에 높아진 덕분이다.[28]

대기 중 이산화탄소 농도가 높아지고 평균 기온이 상승한 것 역시 지구가 다시 녹음을 되찾아 가는 원인 중 일부라고 볼 수 있다.[29] 대기 중 이산화탄소 농도가 짙어질수록 식물이 빨리 자란다는 것은 과학자들이 이미 밝혀낸 사실이다. 1981년부터 2016년까지 식물이 흡수한 탄소량은 4배 증가했는데, 이는 지표면 위의 바이오매스가 늘어나서라기보다 높은 이산화탄소 농도가 식물의 생장을 촉진했기 때문이다.[30]

지구상의 숲이 생장에 최적화된 온도와 이산화탄소 농도에 이미 도달했다고 볼 근거는 거의 없다. 기온이 너무 높아지면 광합성 효율은 떨어지는데, 이산화탄소 농도가 높아지면서 광합성 효율이 상승해 기온 상승의 부작용을 반감시키는 효과를 낳을 수 있음을 과학자들은 발견했다.[31] 온대 기후의 숲에 대한 주요 연구 결과에 따르면 평균 기온 상승으로 생장 기간이 길어지고 이산화탄소 농도가 짙어진 덕분에 예상보다 식물 생장이 더 활발히 이루어지고 있다.[32] 그리고 식물이 더 빨리 자란다는 것은 대기 중 이산화탄소 축적 속도가 느려진다는 말과 같다.

탄소 배출 증가와 기후 변화가 전혀 위험하지 않은 일이라는 말이 아니다. 탄소 배출과 기후 변화는 위험하다. 하지만 우리는 기후 변화가 불러올 모든 영향이 자연환경과 인간 사회에 나쁜 방향으로만 작동하지 않는다는 것을 이해할 필요가 있다.

오랜 세월 그 자리를 지켜 온 아마존이나 다른 지역의 원시림이 사라지는 걸 걱정할 필요가 없다는 말을 하려는 것도 아니다. 우리는 그런 문제에 신경을 써야 한다. 오래된 원시림은 다양한 생물종이 살아가는 대체 불가능한 서식지다. 지난 100년간 스웨덴의 숲은 면적으로는 2배가량 늘어났지만 새롭게 조림된 숲은 단일 품종의 나무로 이루어진 일종의 나무 농장 같은 경우가 많다.[33]

그럼 우리가 진정으로 원시림을 지키고자 한다면 어떻게 해야 할까. 무엇보다 우리는 환경 식민주의environmental colonialism를 물리쳐야 한다. 또한 오래된 원시림을 가진 국가의 경제 발전을 지지해야 한다.

하늘에서 내려다본 낭만과 가난한 땅의 현실

선진국 환경주의자들의 둔감한 태도에 내가 이렇게 민감하게 반응하는 이유가 있다. 나는 번천이 비행기를 타고 가며 내려다본 가난한 농부들과 함께 그 밑에서 살아 봤기 때문이다. 그들의 삶은 상상을 초월할 정도로 힘들다.

나는 미국 중산층 가정 출신이다. 니카라과에 갔을 때 나는 가난을 처음으로 겪어 보았다. 경험해 본 적도 마음의 준비를 해 본 적도 없었다. 당연하게 여기던 따뜻한 샤워와 수세식 화장실 대신 찬물을 머리 위로 끼얹으며 덜덜 떨어야 했고 다른 사람들이 다들 그러듯 집 밖에 세

지구를 위한다는 착각

워진 재래식 화장실을 이용해야 했다. 깨끗하지 못한 물 때문에 탈이 난 적도 여러 차례였다.

니카라과는 9년에 걸쳐 내전을 겪고 있었다. 사람들의 삶은 점점 더 비참해져만 갔다. 어느 날 밤 스페인어 선생님이 저녁 식사에 학생들을 초대했다. 선생님이 사는 집은 가로 9미터 세로 3미터 넓이에 움막이라고 표현할 수밖에 없는 낡은 곳이었다. 나는 스파게티 만드는 일에 손을 보탰다. 우리는 학생이지만 맥주도 마시고 담배도 피웠다. 나는 무신경하게도 이런 집을 사려면 얼마를 줘야 하느냐고 선생님에게 물어보았다. 선생님은 내게 100달러를 주면 그 집을 팔겠다고 답했다. 캘리포니아로 돌아오는 내 배 속에는 기생충이 들끓었고 가슴속에는 니카라과의 가난한 사람들을 돕고 싶다는 열망이 불타올랐다.

아마존에서 삶은 중앙아메리카에서 삶보다 훨씬 고달프다. 사람들이 모여 사는 마을 간 거리가 훨씬 멀기 때문이다. 나는 화전민 생활을 하며 연명하는 브라질의 마을들을 돌아다니며 그들과 함께 살았다. 화전 농사는 숲에서 나무를 베는 것에서 시작한다. 나무들과 바이오매스가 마를 때까지 기다린 후 불을 붙인다. 타고 남은 재가 비료 역할을 한다. 그리고 작물을 심는데 그렇게 해서 얻는 수확량은 매우 미미하다.

내가 살았던 마을 사람들은 너무 가난해 가축을 키울 여력이 없었다. 가축을 키워야 경제적으로 다음 단계의 풍요를 누릴 수 있지만 선택의 여지가 없었다. 화전 농사는 대단히 힘들고 거친 작업이다. 그 일을 하면서 남자들은 많은 양의 럼주를 물처럼 들이켰다. 오후에 강에서 물고기를 잡을 때는 좀 더 시원하고 즐겁게 일할 수 있었다.

아마존 일대와 거기서 가까운 브라질 북서부 및 중부는 콩고만큼이나 덥다. 매년 평균 섭씨 32도를 오르내린다. 기온이 높으면 노동 생산성이 떨어질 수밖에 없다. 이것이 열대 기후 지역 나라들이 온대 기후 나라들보다 경제 발전이 뒤처진 한 가지 이유다. 하루 중 많은 시간이 노동에 부적합할 만큼 덥다.[34]

니카라과에서와 마찬가지로 브라질에서도 나는 사회주의식 협동조합의 이상을 앞세웠다. 때로는 그 이상을 내가 도우려던 영세 농민들이 처한 현실보다 더 앞세웠다. 그렇지만 내가 만나고 인터뷰한 소농들 대부분은 자기 소유의 땅 한 조각을 가지고 싶어 했다. 그들은 이웃과 사이좋게 지냈고 결혼과 출산까지 함께 치러 냈지만, 같이 농사를 짓는 일만큼은 절대 원치 않았다. 나는 열심히 일하는데 그러지 않는 다른 사람이 무임승차하는 것은 원치 않는다는 게 농부들의 설명이었다.

또한 고향에 남아 부모와 함께 농사지으며 살고 싶다고 말한 젊은 사람은 한 손으로 꼽을 정도였다. 젊은이들 대부분은 도시로 가서 공부하고 거기서 일자리를 얻고 싶어 했다. 소득이 변변찮은 농사꾼보다 더 나은 삶을 원하고 있었다. 한마디로 그들은 나와 같은 인생을 살고 싶어 했다. 그리고 나 또한 알고 있었다. 나도 그들처럼 영세한 농민이 되고 싶지는 않았다. 가난한 농민으로 살고 싶어 할 사람이 대체 어디 있겠는가? 나는 직접 몸으로 겪으며 그 삶을 배웠고, 그리하여 더 이상 낭만적인 환상을 품을 수 없게 되었다.

2019년 8월로 돌아와 보자. 언론은 탐욕스러운 대기업들. 자연을 혐오하는 농부들, 부패한 정치인들이 열대우림에 불을 지른다고 묘사하고 있었다. 나는 짜증이 났다. 내가 25년 넘게 알고 있던 아마존의 현실과 너무나 동떨어진 이야기였다. 삼림 파괴와 화재 증가는 근본적으로 경제 성장을 원하는 대중의 요구에 정치인이 부응한 결과다. 자연환경에 대한 관심 부족 탓이 아니다.

2013년부터 브라질에서 삼림 개간이 다시 늘어난 원인은 바로 거기에 있었다. 심각한 경기 불황이 닥치면서 법 집행이 느슨해졌던 것이다. 2018년 보우소나루가 당선되면서 자신의 땅을 원하는 농민들의 요구는 더욱 높아졌고 그에 따라 삼림 개간 역시 늘어났다. 브라질 인구 2억 1000만 명 가운데 5500만 명이 빈곤 속에서 살아간다. 2016년에서 2017년 사이 200만 명의 브라질인이 빈곤선 아래로 떨어졌다.[35]

아마존 인구 대부분을 원주민이 차지하고 있으며 그들이 외부인들에게 희생당하고 있다는 사고방식 또한 사실과는 거리가 멀다. 아마존 지대에 사는 브라질 사람 3000만 명 중 원주민은 100만 명가량에 지나지 않으며, 몇몇 부족은 대단히 넓은 자연 보호 지역을 차지하고 있다.[36] 브라질 전체 국토 가운데 무려 13퍼센트가 690개 원주민 보호 구역으로 나뉘어 있고 그 대부분은 아마존 내에 있다. 고작 1만 9000여 명에 지나지 않는 야노마미족은 헝가리와 거의 맞먹는 넓이의 땅을 사실상 소유하고 있다.[37] 그들 중 일부는 벌목업에 종사하기도 한다.[38]

왜 브라질은 수출용 콩과 고기를 생산하기 위해 열대우림을 베어 내는 걸까. 그 이유를 알고 싶은 사람은 우선 브라질의 현실을 똑바로 보아야 할 것이다. 브라질은 인구 중 4분의 1이 빈곤에 허덕이는 나라다. 내가 콩고에서 만난 여성 베르나데테와 다를 바 없는 가난 속에서 산다. 그런 사람들의 고통을 유럽과 북아메리카의 환경주의자들은 간과하거나, 때로는 아예 무시해 버리는 것이다.

인류 발전의 밑거름이 된 불과 삼림 개간

900년에서 950년 사이 수렵 채집 생활을 하던 마오리족이 긴 항해 끝에 어딘가에 상륙했다. 오늘날 뉴질랜드, 그중에서 아마 북섬에 먼저 도착한 것으로 여겨진다. 그들은 타조처럼 생기고 키가 3.5미터에 달하는 날지 못하는 새 모아moa가 수두룩하게 돌아다니는 광경을 보고 환호성을 질렀을 것이다. 모아는 날 수 없었을 뿐 아니라 마오리족 사냥꾼들로부터 스스로를 보호할 만한 수단이 전혀 없었다.[39]

모아를 잡기 위해 마오리족은 숲에 불을 질렀는데 그렇게 모아를 숲 가장자리로 몰아가면 훨씬 쉽게 잡을 수 있었다. 마오리족은 식량뿐 아니라 도구와 장신구 재료도 모아에 의존했다. 그러다 보니 모아를 "원재료"라고 부르게 되었다. 바람이 많이 부는 건기에 모아 사냥을 하려고 불을 놓으면 불은 멀리까지 번져 갔다. 자연환경에 심각한 타격을 주었고 모아뿐 아니라 다른 생물종의 서식지까지 파괴되었다.

뉴질랜드의 덥고 건조한 여름 날씨 속에서 침엽수림에 화재가 나면 불은 빠르게 번진다. 침엽수림은 재생 불가능하다. 그 자리는 고사리와 양치식물, 이끼 등이 차지한다. 하지만 마오리족은 이런 사실에 개의치 않고 숲에 불을 질렀다. 1769년 뉴질랜드에 상륙했던 영국 탐험가 제임스 쿡 선장은 이렇게 기록했다. "뉴질랜드의 모든 곳에서 낮에는 연기가 보였고 밤에는 불빛이 보였다."[40]

300년 만에 뉴질랜드의 숲 가운데 절반이 파괴되었고 모아는 멸종 위기에 놓였다. 마오리족 스스로도 급격한 환경과 사회 변화에 맞닥뜨리게 되었다. 제임스 쿡이 뉴질랜드에 도착한 무렵 모아를 거의 멸종시킨 마오리족은 화전민이 될 수밖에 없는 처지에 몰리고 말았다.

뉴질랜드에서 벌어진 일은 지금으로부터 1만 년 전 세계 각지에서 벌어졌던 일을 전형적으로 반복한 것이었다. 고작 몇백 만 명에 지나지 않던 인류가 매년 수백만 마리 이상의 대형 포유류를 사냥해 결국 멸종시켜 나갔다.[41]

오늘날 우리는 숲으로 둘러싸인 탁 트인 초원과 초원을 가로질러 흐르는 강물을 보며 아름다운 자연 경관이라고 생각한다. 하지만 그런 환경은 물을 마시러 온 사냥감을 쉽게 잡기 위해 인간이 인위적으로 만들어 낸 것일 때가 많다.[42] 사냥을 위해 숲에 불을 질러 초원을 만드는 것은 전 세계 어디서나 수렵 채집인이 즐겨 사용하던 불 사용법이라고 할 수 있다. 북아메리카 동부의 숲 너머로 초원이 펼쳐져 있는 것 또한 마찬가지다. 아메리카 원주민이 5000년 동안 매년 주기적으로 불을 지르지 않았다면 그 초원은 진작 숲으로 돌아갔을 것이다. 아마존에서도 수렵 채집인들은 숲에 불을 지르고 새로운 생물종을 들여왔다.

사냥할 때 사냥감을 몰아가는 것은 사냥감을 쫓아가는 것보다 에너지 효율이 높다. 시간이 흐르면서 야생 동물을 폐쇄된 공간에 몰아 가두다가 가축화해 기르는 쪽으로 발전했다.[43]

불은 인간을 다른 인간과 동물 포식자로부터 지켜 주었고 그 덕분에 인간은 전 세계로 퍼져나갈 수 있었다. 불을 다루게 된 인간은 이전과는 다른 방식으로 먹고, 사회를 이루고, 번식하는 존재가 되었다. 불을 이용한 사냥은 또한 우리가 아는 국가와 시장의 탄생에서 중대한 기점이 되었다. 식량을 놓고 다투는 개인이나 집단끼리 경계를 구분할 필요성이 생겼기 때문이다. 실로 불은 안전, 농경, 사냥의 영역에서 다양한 방식으로 사용되어 왔다.[44]

불은 인류가 일부일처제에 근거한 가족 단위를 꾸릴 수 있게 해 주었다. 불을 피운 화덕 앞에서 인류는 여가를 즐기고 생각에 잠기고 토론을 하며 사회 지능과 집단 지성을 확장해 나갈 수 있었다.

전 지구적으로 진행된 불을 이용한 삼림 파괴는 토양을 비옥하게 만들어 농업 발전에 일조했다. 블루베리, 헤이즐넛, 곡식 등 유용한 작물을 기를 수 있게 된 것이다. 놀랍게도 현재는 많은 나무의 씨앗이 불이 나야 발아가 되도록 진화한 상태다. 불은 또한 앞서 캘리포니아나 오스트레일리아 사례에서 살펴본 것처럼 숲에 쌓인 나무 바이오매스를 청소해 주는 기능도 한다.

정리하자면 고기를 얻기 위한 불 이용과 삼림 파괴는 우리를 오늘날의 인간으로 만들어 준 중요한 행동 양식이다.[45] 아다리우와 번천 같은 낭만적 환경주의자들이 아마존의 육류 생산 방식을 보고 충격에 빠지는 건 그들이 인류의 역사에 대해 아무것도 모른다는 뜻일 뿐이다.

21세기 환경주의자들은 '야생wildness'이라는 말을 긍정적인 뜻으로 받아들인다. 하지만 과거에는 야생이란 공포의 대상이었다. '야수들이 사는 곳'이 야생이니 말이다. 유럽 농부들에게 숲은 위험한 곳이었다. 늑대 같은 위험한 동물뿐 아니라 인간 사회의 법과 질서를 무시하는 무법자들이 사는 곳이 바로 숲이었다. 동화 《헨젤과 그레텔》에서 두 아이는 숲에서 길을 잃고 마녀의 손아귀에 떨어진다. 《빨간 모자》는 늑대의 영역인 숲을 통과하는 소녀가 겪는 위험에 관한 이야기다.[46]

그래서 초기 기독교인들은 숲을 없애는 일을 악이 아니라 선으로 여겼다. 성 아우구스티누스를 비롯한 초기 교회 성인들은 인간에게 신의 창조 과업을 완결 짓고 신과 가까운 존재로 성장해야 할 과제가 있다고 보았다. 숲과 야생의 땅은 죄악이 꿈틀대는 곳이었다. 농장과 목장을 만들기 위해 숲을 개간하는 것은 신의 과업을 이행하는 일이었다.

인간에게는 환경을 바꿀 수 있는 힘이 있다. 그것은 축복이며 인간을 동물과 구분 짓는 요소다. 유럽인은 그렇게 믿었다. 수도사들은 숲을 개간해 농경지로 만드는 일을 문자 그대로 지상의 악을 정화하는 활동이라고 받아들였다. 그들이 만들고자 했던 것은 에덴동산이 아니라 새로운 예루살렘이었다. 도시와 시골, 신성함과 속됨, 돈벌이와 믿음이 함께하는 그런 문명을 건설하고자 한 것이다.

인간은 도시를 건설해 살면서 더 많은 부를 쌓기 시작한 다음에야 자연을 아끼고 배려하고 돌보아야 할 무언가로 여기기 시작했다.[47] 유럽인은 19세기만 해도 아마존을 위험과 혼란이 가득한 "정글"이라고 여겼다. 하지만 20세기 후반이 되자 같은 곳을 조화롭고 매혹적인 "열대우림"으로 여기게 되었다.

그린피스와 파편화된 숲

그린피스를 비롯한 환경 단체들은 브라질의 경제 개발 필요성에 둔감하다. 그 결과 그들은 오히려 목장과 농장을 불필요하게 확장하고 열대우림을 파편화하는 정책 편에 서게 된다. 환경 정책은 궁극적으로 "집약화(고밀화)intensification"로 향해야 한다. 땅은 더 적게 쓰고 식량은 더 많이 생산해야 한다는 말이다. 그러나 환경주의자들이 옹호하는 정책은 농업을 조방화(저밀화)extensification해 농부들이 정치적으로 반발하거나 풀뿌리 저항을 일으키게 만들어 결과적으로 삼림 파괴를 부추기게 된다.

"브라질의 콩 모라토리엄soy moratorium을 주도한 사람이 바로 그린피스 브라질 지부의 파울루 아다리우입니다." 기후변화정부간협의체의 아마존 보고서 저자인 댄 넵스태드가 말했다. 아다리우는 지젤 번천의 눈물을 뽑아낸 바로 그 사람이다. "그린피스의 운동에서 시작되었거든요. 닭 분장을 한 사람들이 유럽 곳곳의 맥도날드를 돌아다녔죠. 전 세계 언론이 주목하는 큰 사건이 되었어요."[48]

그린피스는 기존보다 훨씬 강화된 삼림법Forest Code을 제정하라고 브라질 정부에 압력을 넣었다.[49] 그린피스 등 환경 단체들은 소유 토지 중 50~80퍼센트에 달하는 넓은 면적을 숲으로 보존할 의무를 토지 소유주들에게 부과하는 새로운 삼림법이 제정되어야 한다고 주장했다.

넵스태드에 따르면 엄격한 삼림법은 손실 및 삼림 복구 비용 보전 차원에서 농부들에게 100억 달러를 지원하기로 되어 있었다. "아마존펀드Amazon Fund가 2010년에 발족해 노르웨이와 독일 정부로부터 10억 달러의 기금을 받았습니다. 하지만 중간 규모나 큰 규모로 농사를 짓는 농민에게는 한 푼도 돌아가지 않았죠." 넵스태드가 말했다.

"농업은 브라질 GDP의 25퍼센트를 차지합니다. 브라질이 불경기를 견딜 수 있게 해 준 게 바로 농업이에요." 넵스태드의 말은 계속됐다. "어떤 지역에 콩 농사가 도입되면 화전이 줄어듭니다. 작은 마을들에 돈이 들어와 학교를 짓고, GDP가 상승하고, 불평등은 감소합니다. 농업은 쫓아내야 할 분야가 아니라 공통의 합의점을 찾아야만 하는 분야입니다."[50]

그린피스는 흔히 '세라두Cerrado'라 불리는 사바나 삼림 지대에 농장 짓는 일을 더욱 엄격하게 금지하고자 한다. 그 지역은 브라질산 콩 상당수가 생산되는 곳이다. "여러 나라 정부가 브라질산 콩에 대해 또 다른 수입 제한 조치를 내릴까 봐 농부들은 신경이 예민해졌죠." 넵스태 드의 설명이다. "세라두는 브라질 전체 콩 생산의 60퍼센트를 담당합니 다. 아마존은 10퍼센트고요. 세라두에서 콩 농사를 못 짓는 건 훨씬 심 각한 문제죠."[51]

그린피스의 운동은 언론인, 정책 결정자, 대중이 세라두 사바나와 아마존 열대우림을 혼동하게 만들었다. 그 결과 대부분의 사람들은 세 라두의 콩 농사 확대와 아마존 열대우림의 벌목을 동일한 것으로 믿게 되었다.

하지만 세라두의 삼림 파괴는 경제와 생태 면에서 볼 때 아마존 삼 림 파괴보다 정당하다고 볼 여지가 크다. 세라두는 열대우림보다 생물 다양성이 그리 높지 않을 뿐 아니라 토양 역시 콩 농사에 훨씬 적합하기 때문이다. 그린피스와 언론은 두 지역을 혼동하면서 문제의 심각성을 부풀리고 있다. 세라두와 아마존이 생태와 경제 측면에서 동등한 가치 를 지닌다는 잘못된 인상을 심어 주고 있는 것이다.

브라질 농업의 현대화와 집약화를 막으려 든 것은 그린피스가 처음 이 아니었다. 2008년 세계은행에서 펴낸 보고서의 한 대목이다. "근본적 으로 말하자면 작은 것이 아름답다. 현대화된, 기술 중심적으로 고도화 된 농업(특히 GMO[유전자변형작물]의 사용)은 나쁘다." 이 보고서는 브라 질의 농업에 대해 "소규모 유기농 지역 영농의 길을 추구해야 한다"라고

　　　　　　　　지구를 위한다는 착각

언급했다.[52]

세계은행 보고서를 접한 브라질 농무부 장관은 격분했다. 세계은행 브라질 지부장에게 전화해 따졌다. "어떻게 세계은행이 그렇게 말도 안 되는 보고서를 만들 수가 있습니까. 그 '잘못된 길'을 간 덕분에 브라질은 세계 농업 강대국이 되었습니다. 30년 전과 비교하면 생산량은 3배 높아졌고, 생산량 증가의 90퍼센트는 생산성 향상 덕분이란 말이오!"[53]

세계은행 보고서는 상처 위에 소금을 뿌리는 짓이었다. 이미 세계은행은 브라질이 다른 부유한 국가와 같은 방식으로 농사를 짓는다는 이유로 농업 연구 개발 지원금을 90퍼센트나 삭감한 바 있었기 때문이다.[54]

브라질은 세계은행이 삭감한 농업 연구 예산을 자체 재원으로 조달했다. 그랬더니 그린피스가 끼어들어 유럽 식품 회사들에 압력을 넣었다. 브라질산 콩을 구매하지 말라고 말이다.[55] "이 터무니없는 확신, 이 오만함을 좀 보세요." 넵스태드가 말했다. "농부 처지에서는 눈곱만큼도 생각하지 않고 규제 위에 또 규제를 가하고 있습니다."[56]

농사와 목축을 막는 이유 중 대부분은 이념적인 것이라고 넵스태드는 지적했다. "이건 정말 반개발주의, 그러니까 반자본주의예요. 농업 비즈니스를 증오하는 마음으로 가득 차 있죠. 최소한 브라질 농업만큼은 증오하는 게 확실합니다. 같은 기준을 프랑스나 독일에 적용하고 있지는 않으니까요."[57]

2019년 들어서 삼림 개간이 늘어난 것은 보우소나루의 대선 공약

이행과 어느 정도 관련이 있다. 넵스태드에 따르면 보우소나루는 "폭력, 불황, 환경주의 정책에 질려 버린" 농부들에게 했던 공약을 지켰다. "다들 이렇게 말했어요. '알잖아, 이런 삼림 정책이라면 저 사람[보우소나루]이 당선될 수밖에 없어. 우린 전부 저 사람을 찍을 거니까.' 그 말대로 농부들은 보우소나루에게 몰표를 줬죠. 어떻게 된 상황인지 이제 이해가 가요. 보우소나루의 당선은 [환경주의자들의] 전략적 대실패가 낳은 결과인 겁니다."[58]

브라질 민심 이반에 더 큰 영향을 끼친 건 정부의 환경 관련 법 집행이었을까, 아니면 그린피스 같은 NGO의 활동이었을까? 나는 넵스태드에게 물어보았다. "내 생각에는 NGO의 외곬 사고방식이 대부분의 역풍을 불러왔다고 봐요. 2012년부터 2014년까지는 상황이 진짜 흥미진진했죠. 보상을 제공하기로 한 삼림법에 농부들이 만족스러워했거든요. 하지만 일이 그렇게 흘러가지 않았죠."[59]

브라질의 콩 재배 농부들은 합리적인 환경 정책에 따를 의향이 있었다. 물론 그린피스가 더 극단적인 요구를 하기 전까지만. "기본적으로 농부들에게 필요했던 건 2008년까지 벌어진 불법 삼림 파괴 행위 일체에 대한 사면이었어요. 그 조건이 충족되었다면 농부들은 '좋아, 이제 새 법을 따르면 되겠어'라고 생각했을 거예요. 나는 그 면에서 농부들의 입장에 동의합니다."[60]

원시림을 지키기 위해 정부가 할 수 있는 최선의 정책은 농부들을 특정 지역으로 몰아서 집중시키는 것이다. 그러면 비교적 온전히 야생 상태로 생물다양성을 보존하며 원시림을 지킬 수 있다. 그린피스와 NGO들의 전략은 반대 결과를 낳았다. 소유 토지 중 엄청난 면적을 숲으로 남겨 둬야 한다고 하자 땅 주인들은 최대한 토지 면적을 넓히려고 숲 이곳저곳을 닥치는 대로 걷어 내며 농사를 짓기 시작했다. 넵스테드는 이렇게 말했다. "나는 새로운 삼림법이 열대우림을 파편화했다고 생각합니다."[61]

환경 단체들은 지구 곳곳에서 비슷한 결과를 낳고 있다. 환경주의자들은 야생 환경을 지키겠다며 동남아시아의 팜유 농장 규모를 늘리지 못하게 입법 로비를 했는데, 그 결과 중요한 조류 생물종이 60퍼센트가량 감소했다고 과학자들은 지적한다.[62]

"아마존 기부금 따위 도로 들고 가시오"

그린피스의 환경 운동은 값싼 브라질산 농산물을 유럽 시장에서 몰아내고픈 유럽 농부들의 목적의식과 잘 맞아떨어졌다. 아마존의 화재와 삼림 파괴에 가장 비판적이던 두 유럽 국가, 그리고 자국 농민 보호를 이유로 유럽연합EU과 브라질이 속한 메르코수르Mercosur(남미공동시장) 간 FTA(자유무역협정)에 가장 심하게 반대한 두 유럽 국가가 프랑스와 아일랜드인 것은 과연 우연일까.

"브라질 농부들은 유럽연합-메르코수르 FTA가 성사되기를 원하고 있었죠." 넵스태드가 지적했다. "하지만 프랑스의 마크롱 대통령은 FTA를 하지 않는 쪽으로 기울었습니다. 프랑스의 농업 분야에서는 브라질산 식품이 자국으로 유입되는 걸 원치 않는 분위기였으니까요."[63]

실제로 그랬다. 2019년 8월 프랑스에서 열린 G7 정상회담을 며칠 앞둔 시점에서 아마존 삼림 파괴를 비판해 세계 언론의 관심을 촉발한 장본인이 바로 마크롱 대통령이다. 마크롱은 브라질 대통령이 삼림 파괴를 줄이기 위한 노력을 하지 않는다면 유럽과 브라질 간 대규모 무역 거래에 조인하지 않겠다고 발표했다.

벨기에 브뤼셀에 소재한 유럽연합집행위원회European Commission는 프랑스와 아일랜드가 브라질을 때리는 걸 보고 "화들짝 놀랐다"고 《포브스》의 경제 기자 데이브 키팅Dave Keating은 전했다. "브라질에 대한 공격은 보호주의적 태도를 취하며 메르코수르 FTA에 반대 목소리를 가장 높이고 있는 두 나라에서 나오고 있다."[64]

키팅의 기사에 따르면 "프랑스와 아일랜드는 자국 농민들이 남아메리카산 소고기, 설탕, 에탄올, 닭고기 등과 경쟁에서 압도당할까 봐 우려한다. 브라질과 아르헨티나 농산물 수출의 핵심이라 할 수 있는 소고기는 이 무역 협상에서 가장 민감한 주제로 떠올랐다. 특히 아일랜드 농민들은 수입 소고기와 경쟁이 매우 힘겨울 것이라고 예상하고 있다."[65]

"나는 마크롱이 파리 협정Paris Agreement(2015년 유엔기후변화회의에서

　　　　　　　　　　　지구를 위한다는 착각

채택한 지구 온난화 대책 조약-옮긴이)을 지키고 싶어 한다는 진심을 의심하지는 않습니다." 한 유럽연합 무역 전문가가 키팅에게 한 말이다. "그런데 이 두 나라가 이의를 제기하는 모습을 보니 의혹이 들 수밖에 없습니다. 아마존 화재 연기를 연막탄 삼아 보호무역주의를 휘두르려는 게 아닌가 싶은 거죠."[66]

마크롱의 공격은 브라질 대통령을 격분케 했다. "아마존 삼림 개간에 대해 왈가왈부할 수 있는 도덕적 권위를 지닌 나라가 얼마나 되겠는가." 보우소나루 브라질 대통령의 말이다. "친애하는 독일 총리 앙겔라 메르켈에게 이 말을 전하고자 한다. '아마존 기부금 따위 도로 들고 가서 독일에나 나무를 심으시오, 알겠소? 그 돈은 여기보다 그 나라에 훨씬 더 필요할 거요.'"[67]

외국의 위선 앞에 분노한 건 브라질의 "우익" 대통령만이 아니었다. 브라질 전 대통령이며 사회주의자인 룰라 역시 이미 10년도 더 전에 외국 정부의 위선과 신제국주의에 대해 분노를 표했다. "부자 나라들은 아주 고상하고 그럴싸한 조약을 들이밀며 아마존 삼림 파괴를 막자고 웅변을 늘어놓는다. 하지만 그들은 이미 자기네 나라에서는 모든 숲을 몽땅 파괴하지 않았던가." 룰라 대통령의 2007년 연설 중 일부다.[68]

환경 양치기를 넘어서

아마존 삼림 파괴가 늘어나는 상황 속에서 환경 보호 단체들은 브라질 농부들과 유대를 되찾아야 한다. 그리고 한층 현실적인 해법을 찾아야 한다. 농부들이 몇몇 지역, 특히 세라두에서 농업과 목축의 집약도를 높일 수 있도록 허용해야 한다. 그래야 다른 지역의 개발 압력을 줄이고 특히 열대우림의 파편화를 막을 수 있다.

공원과 보호 지역을 만드는 것은 농업 집약도를 높이는 것과 동전의 양면을 이룬다. 개발과 보호는 함께 가는 것이다. 농경과 목축을 더 효율적이고 수익성 높게 만드는 것만으로 원시림을 보호하기 위한 다른 노력은 불필요해진다. 특정 구역을 지정해 이미 존재하는 농장과 목장의 집약도를 높이기만 해도, 브라질 농부들과 목장주들은 더 좁은 땅에서 더 많은 식량을 생산해 낼 수 있고, 따라서 자연환경을 보호하는 결과를 낳게 된다.[69]

전문가들은 브라질의 육류 생산이 지금보다 적어도 2배 늘어날 수 있는 잠재력을 지니고 있다고 지적한다. 거꾸로 말하면 현재 목축에 사용되는 토지 면적을 대폭 줄이면서 같은 양을 생산할 수 있다는 뜻이다. 아마존보다 훨씬 덜 유명하지만 브라질에는 대서양림Atlantic Forest이라는 거대한 숲이 존재하는데, 브라질 목축업이 발전하면 대서양림의 보존에 큰 도움이 될 수 있다. "대서양림은 '뜨거운 감자 중 가장 뜨거운 지점'이라 할 수 있다. 그곳에는 대규모로 숲을 재생할 수 있을 만한 여지가 있다." 해당 주제를 다룬 과학자들의 글에서 지적하는 대목이다. "브라질의 농업 용지가 더 늘어나지 않게 하면서도 18만 제곱킬로미터[포르투갈 전체 면적의 2배] 넓이의 숲을 복원할 수 있다. 이는 다양한 생물종이 서식하는 영역을 2배 이상 늘리고, 대량 멸종을 완화하고, 75억 톤의 이산화탄소 배출 감소 효과를 가져올 것이다."[70]

댄 넵스태드 또한 이 분석에 동의한다. "한 해에 1만 제곱킬로미터당 50킬로그램의 소고기조차 생산하지 못하는 비생산적인 토지가 매우 많습니다. 그런 땅은 숲으로 회복시켜야죠." 세라두 지역에서 생산성을 늘릴 수 있는 방법은 간단하다. 빨리 자라는 품종의 풀을 심고 비료를 쓰면 소의 체중이 빨리 늘고 우유 생산량이 증가한다. 그렇게 생산성을 높이면 소고기 1킬로그램당 소가 배출하는 온실가스인 메탄 배출량이 절반 가까이 줄어들 수 있다. 그만큼 필요한 토지 면적이 줄어드는 것은 물론이다.[71]

"아마존 지역 내 도시들의 근교 농업 또한 허용할 필요가 있어요. 그래야 토마토나 당근 같은 야채와 과일을 가까운 곳에서 재배하고 소비할 수 있죠. 지금처럼 상파울루에서 공수해 오지 않도록 말이에요." 넵스태드가 말했다.[72]

세계은행과 다른 기구들이 해야 할 일은 분명하다. 집약적으로 농사를 짓고자 하는 농부들을 후원해야 한다. 한 연구에 따르면 기술적 보조 여부에 따라 브라질 농부들의 생산성 향상이 좌우되었다.[73]

언론을 무대로 삼는 활동가와 TV 다큐멘터리 연출가 등은 아마존 삼림 파괴를 세계의 종말처럼 묘사하고 있다. 이것은 부정확할 뿐 아니라 불공정하다. 더 나쁜 건 그들의 보도로 인해 브라질 내부 갈등이 더욱 양극화된다는 점이다. 농부와 환경 운동가 양쪽 입장이 극단으로 갈린 가운데 실용적인 해법을 찾는 일은 더욱더 어려워지고 있다.

아마존이 "지구 산소의 20퍼센트를 공급"한다는 환상은 1966년 코넬대학교의 어떤 과학자가 내놓은 논문에서 비롯한 것으로 보인다. 4년 후 한 기후학자는 《사이언스》에 발표한 논문에서 왜 우리가 그 문제를 걱정할 필요 없는지 설명했다. "인간이 초래하는 환경 문제에 대한 고민거리 목록 중 빠지지 않는 게 있다면 바로 산소 공급에 대한 것이다. 그러나 산소 공급은 일각에서 주장하는 것처럼 부족해지지 않을 것이며, 이는 인류의 행운이라 할 수 있다."[74]

그러나 환경 양치기들 역시 공급 부족에 빠지지 않는 듯하다. 이는 인류의 불행일 것이다.

지구를 위한다는 착각

3

플라스틱 탓은
이제 그만하자

Apocalypse Never

"정말 미안해, 거북아"

2015년 여름, 해양생물학을 전공하는 박사 과정 학생이 보트를 타고 코스타리카 해안을 둘러보고 있었다. 바다거북 한 마리를 보트 위에 올려놓고 등딱지에 붙은 따개비나 해조류 같은 기생 생물을 떼어 주고 있는데 거북 코에 뭔가 끼어 있는 게 눈에 띄었다. 당시 31세였던 크리스티네 피게너Christine Figgener는 비디오카메라를 꺼내 촬영을 시작하며 동료들에게 거북 코에 낀 것을 빼 달라고 부탁했다. "자, 찍기 시작했어요. 이제 빼면 돼." 피게너가 말했다. "이 녀석 이제 행복해질 수 있을 거야."[1]

동료 한 사람이 플라이어를 들고 콧속에 있는 무언가를 빼내기 시작하자 거북은 재채기를 했다. "거북이가 재채기하는 소리 들어 본 적 있어요?" 피게너가 동료들에게 물었다.

"이게 뭔지 알아요?" 거북 코에서 뭔가를 빼내던 동료가 물었다.

"뇌?" 다른 누군가가 말했다.

"벌레예요." 그 동료가 답했다.

"세상에." 피게너가 말했다. "아, 정말 끔찍해."

피게너의 동료 연구자가 플라이어로 코에서 회색 물체를 뽑아내는 동안 거북은 고통으로 몸부림쳤다.

"대체 뭐야?" 피게너가 말했다.

거북 코에서 피가 흘러나왔다.

"이런, 피가 나잖아." 피게너가 말했다. "구충이에요?"

"내가 볼 땐 갯지렁이 같아요." 동료가 말했다.

거북은 누군가를 물려는 듯 입을 뻐끔거리며 신음 소리를 냈다. "미 안해, 거북아, 조금만 참으면 편해질 거야." 피게너가 말했다.

"힘을 많이 주면 안 될 것 같은데. 이게 어디에 걸려 있는지 모르잖 아요." 동료가 말했다.

"무슨 말인지 알겠어요." 피게너가 말했다. "벌써 피가 나고 있잖아 요. 어쩌면 뇌까지 닿아 있을지 몰라요."

선원 중 누군가가 스페인어로 말했다. "벌레군요."

피게너가 스페인어로 "시"라고 긍정의 뜻으로 답했다.

그러자 그 선원은 스페인어로 "이상한 껍질을 가진 벌레네요"라고 말했다.

물체 일부를 뽑아낸 뒤, 보트 바닥에 피가 떨어지는 상황에서 얼마 나 더 힘을 줘 나머지를 빼야 할지 논쟁이 오갔다.

선원이 스페인어로 "에스 플라스티코"라고 했다. "플라스틱이에요" 라는 소리였다.

"빨대예요? 제발 빌어먹을 빨대라고 하지 말아 줘요." 피게너가 말 했다. "우리 독일에서 저런 검은 줄무늬가 있는 빨대를 쓰거든요…."

선원이 끼어들어 스페인어로 말했다. "플라스틱 빨대 맞네요."

"빨대라니! 플라스틱 빨대라니!" 피게너가 외쳤다.

"내가 말했잖아요, 플라스틱이라고." 스페인어로 답변이 돌아왔다.

"우리 지난번에 플라스틱 빨대가 얼마나 백해무익한 물건인지 토론한 적 있었잖아요?" 피게너가 물었다. "플라스틱 빨대를 쓰지 말아야 할 이유가 바로 이거예요."

그들은 다시 거북에게 돌아가 빨대를 뽑기 시작했다.

"정말 미안해, 거북아." 피게너가 거북에게 말했다. "이런 망할 것을 몸속에 넣고 어떻게 제대로 숨을 쉴 수나 있었을지 모르겠어요."

거북은 고통에 비명을 지르며 몸부림쳤다. 8분간 이어지는 영상을 보면 우리는 마침내 거북 코에서 빨대가 제거되고 콧구멍으로 시원하게 공기가 빨려 들어가는 소리를 들을 수 있다.

"그래, 거북아! 할 수 있다는 걸 보여 줘." 피게너가 거북에게 말한다. 마지막 몇 초 동안 코에서 피가 흐르는 거북의 모습을 비추면서 영상은 마무리된다.[2]

피게너는 집에 돌아와 이 영상을 유튜브에 올렸다.[3] 이틀 만에 조회 수가 수백만 뷰를 넘겼다. 2020년 현재 이 영상의 조회 수는 6000만 뷰를 넘어섰다.

피게너의 동영상이 화제를 끈 지 얼마 되지 않아 시애틀시는 플라스틱 빨대를 금지하는 조례를 통과시켰다. 스타벅스, 아메리칸 에어라인, 샌프란시스코의 뒤를 잇는 정책이었다.[4]

그 후로 몇 년 동안 사람들은 피게너에게 플라스틱, 특히 플라스틱 빨대의 사용을 줄이게 되었다고 전해 왔다. "물론 그런 말을 들으면 행복하죠." 훗날 피게너가 한 말이다. "누구나 집에서 실천할 수 있어요. 아

지구를 위한다는 착각

주 사소한 일이지만."⁵

어쩌면 그럴지도 모르겠다. 하지만 매년 바다로 흘러들어 가는 900만 톤의 플라스틱 쓰레기 중 0.03퍼센트만이 빨대라는 사실을 생각해보자. 플라스틱 빨대 사용을 금지하는 것은 정말이지 너무나 작은 변화일 뿐이다.⁶

플라스틱의 끈질긴 위협

나는 2019년 말 피게너와 전화로 대화를 나누었다. 플라스틱 빨대 사용금지에 대해 피게너는 이렇게 말했다. "아주 중요한 환경 논의의 출발점이자 첫걸음이 되었죠. 하지만 그걸로는 문제를 해결할 수 없어요. 내가바다에서 본 물건들은 일회용 컵, 스티로폼, 테이크아웃 컵, 비닐봉투 등엄청 다양했거든요."⁷

"이 [거북 구조] 영상을 찍었던 건 내가 13년 동안 거북을 연구해 왔기 때문이었죠. 그리고 플라스틱은 내 연구에서 언제나 중요한 주제 중하나였어요." 피게너는 2019년 텍사스A&M대학교에서 해양생물학 박사 학위를 받았다.

플라스틱 쓰레기가 바다거북의 사망률을 크게 증가시킬 수 있음은분명하다. 모든 바다거북 중 절반 정도는 플라스틱 쓰레기를 먹은 적이 있고, 일부 지역에서는 80~100퍼센트에 달하는 바다거북이 플라스틱 쓰레기를 먹는다. 플라스틱은 소화되지 않기 때문에 거북의 소화 능력을 떨어뜨리고 위장을 파열시켜 죽음에 이르게 한다.[8]

"거북이들은 비닐봉투를 통째로 삼키곤 하죠." 피게너의 설명을 들어 보자. "그런데 5에서 10센티미터짜리 작은 플라스틱 조각을 삼킬 때도 있어요. 그것들이 위장을 막거나 구멍을 내서 먹이를 못 먹게 하거나 내출혈을 일으켜요."[9]

2001년 과학자들은 브라질 해안가를 대상으로 한 연구에서 죽어 있는 푸른바다거북green turtle 중 13퍼센트의 배 속에 대부분 플라스틱으로 이루어진 쓰레기가 들어 있다는 사실을 발견했다.[10] 2017년 과학자들은 배 속에 플라스틱 조각 14개가 들어간 거북은 50퍼센트의 확률로 죽는다는 사실을 알아냈다.[11]

이는 거북만의 문제가 아니다. 2019년 봄 이탈리아에서 발견된 죽은 향유고래sperm whale의 배 속에는 21킬로그램의 플라스틱 튜브와 접시, 비닐봉투 등이 발견됐다. 대부분의 플라스틱은 소화되지 않고 원형 그대로 보존되어 있었다. 그 향유고래의 자궁에는 "거의 완전히 부패한" 태아 고래가 들어 있었는데 역시 플라스틱 쓰레기의 영향을 받아 죽은 것으로 추정되었다.

그보다 한 달 전 과학자들은 필리핀 해변에 떠밀려 온 죽은 고래의 배 속에서 40킬로그램의 플라스틱을 발견했다. 2018년 과학자들은 스페인에서 발견된 죽은 향유고래의 배 속에서 27킬로그램이 넘는 플라스틱을 찾았다.[12] 한 해양과학자에 따르면 "우리는 바다에서 1킬로그램의 참치를 잡을 때마다 2킬로그램의 플라스틱을 버리고 있다."[13]

1950년에서 2010년 사이 바닷새의 개체 수는 70퍼센트 감소했다.[14] "결국 바닷새들은 멸종될 겁니다." 해당 분야의 주요 과학자 중 한 사람이 한 말이다. "내일 당장은 아니겠죠. 하지만 멸종을 향해 빠르게 치닫고 있어요. 플라스틱은 바닷새들이 맞닥뜨린 위험 중 하나입니다."[15] 다른 과학자에 따르면 바닷새들은 체중의 8퍼센트까지 플라스틱을 삼킨 채 살아가기도 하는데, 이는 "평균적인 여성이 두 아이를 임신한 상태를 유지하는 것과 같다."[16]

플라스틱을 삼킨 채 살아가는 바닷새는 2015년 현재 90퍼센트에 달하는 것으로 추정된다. 이 주제를 연구하는 과학자들은 2050년 무렵이면 99퍼센트의 바닷새가 플라스틱을 삼킨 상태일 것이라고 예측한다.[17]

우리가 플라스틱에 대해 걱정하는 한 가지 이유는 플라스틱이 분해될 때까지 너무나 오랜 시간이 걸린다는 점이다. 2018년 유엔환경계획 United Nations Environment Programme은 스티로폼이 분해될 때까지 수천 년이 걸릴 것으로 추산했다.[18]

말뿐인 재활용

플라스틱 소비는 지난 수십 년간 하늘 높은 줄 모르고 치솟았다. 현재 미국인은 1960년에 비해 한 사람당 플라스틱을 10배가량 더 쓴다.[19] 1950년 200만 톤의 플라스틱을 만들던 인류는 2015년이 되자 거의 4억 톤의 플라스틱을 생산해 냈다.[20] 과학자들은 2015년에서 2025년 사이 플라스틱 쓰레기가 10배로 늘어날 수 있다고 추산한다.[21]

한 연구에 따르면 잘못 처리되어 바다로 흘러들어 갈 위험이 있는 플라스틱 쓰레기 중 절반가량은 중국, 인도네시아, 필리핀, 베트남이라는 네 개발도상국의 책임이다. 바다로 흘러들어 갈 수 있는 전체 플라스틱 쓰레기 중 4분의 1이 중국에서 나온다.[22]

해양 생태계에서 발견되는 플라스틱 쓰레기 중 대다수는 육지에서 나온 것이다. 사람들이 버린 일반 쓰레기, 산업 폐기물, 해변 레저 활동과 관련된 쓰레기 등이다. 나머지는 그물이나 부표, 낚싯줄처럼 바다 관련 활동에서 비롯된다.[23]

고기 그물과 낚싯줄은 저 악명 높은 '태평양 거대 쓰레기 지대Great Pacific Garbage Patch'의 쓰레기 중 절반을 차지한다.[24] 피게너에 따르면 "바다 위에 떠돌아다니는 버려진 그물", 쌀 포대, 그리고 "거북이들이 걸려들 수 있는 다른 큰 쓰레기들"을 흔히 목격한다.[25]

"재활용은 제 역할을 못 하고 있어요." 피게너는 설명했다. "우리가

지구를 위한다는 착각

하는 건 실은 재활용이 아니죠. 우리가 하는 재활용은 질과 가치가 떨어지는 다운사이클링downcycling이지 높아지는 업사이클링upcycling이 아니니까요. 아시다시피 결국 플라스틱은 알루미늄이나 유리처럼 재활용되지 않아요. 재활용되더라도 기껏해야 몇 번 더 쓰다가 매립장에 묻히는 건 마찬가지죠."[26]

2017년 미국 현황을 살펴보자. 플라스틱 쓰레기 중 300만 톤은 재활용되고, 570만 톤은 소각장으로 향하고, 2700만 톤은 매립지로 보내졌다.[27] 2017년과 1990년 상황을 비교해 보면 매립과 소각은 2배 늘어난 반면 재활용은 8배 증가했다. 2014년 기준으로 유럽에서는 2500만 톤 이상의 플라스틱 쓰레기가 나왔는데 그중 39퍼센트는 소각되었고, 31퍼센트는 매립되었으며, 30퍼센트는 재활용되었다.[28]

"재활용 분리함에 플라스틱을 버린다고 해서 그게 미국 땅에 남아서 다시 쓰일 거라고 생각하면 오산이에요." 피게너가 말했다. "실은 재활용 플라스틱은 중국이나 인도네시아, 말레이시아 같은 나라로 가죠. 그런데 이런 나라들에는 그 쓰레기를 전부 처리할 수 있을 만한 기반 시설이 갖춰져 있지 않아요."[29]

2017년 중국은 갑자기 더 이상 미국 같은 부자 나라들의 쓰레기를 대량으로 받아 주지 않겠다고 발표했다. 당시 중국은 180억 달러어치의 고체 쓰레기를 수입하고 있었다. 중국은 국민 건강과 환경 증진을 달성하기 위한 일환으로 외국 쓰레기를 받지 않기로 결정했다.[30]

몇 달 후 말레이시아는 중국을 대신해 세계의 고체 쓰레기 매립지로 거듭났다. 하지만 고체 쓰레기 수입량이 6배로 늘자 1년도 채 지나지 않아 국내에서 반발이 빗발치기 시작했다. "이렇게 쓰레기를 들여오는 게 불법이라는 거 다들 알아요."《뉴욕타임스》와 인터뷰에서 어떤 도축업자가 한 말이다. "우리는 이런 걸 원치 않습니다."[31] 다른 나라들은 쓰레기 수입에 훨씬 덜 적극적인 것으로 보인다. 베트남은 2025년부터 폐플라스틱 쓰레기 수입을 중단하겠다고 발표했다. 필리핀은 오스트레일리아로부터 플라스틱 쓰레기 기반 연료를 수입하고 있었는데 2019년 봄부터는 그런 해상 화물을 받지 않겠다고 발표했다. 지독한 냄새가 난다는 것이 수입 중단의 이유였다.[32]

선진국이라고 쓰레기 문제에서 자유로울 수는 없다. 쓰레기를 깐깐하게 처리하는 나라인 일본 역시 마찬가지다. 일본은 플라스틱병, 비닐봉투, 포장 용기 등의 70~80퍼센트를 수거해 소각하거나 재활용하지만, 그럼에도 일본에서 버린 플라스틱 중 2만~6만 톤이 바다로 흘러들어 간다.[33]

20년에 걸쳐 재활용 비율을 늘려 왔는데도 불구하고 선진국에서조차 재활용되는 플라스틱 쓰레기는 3분의 1에 미치지 못한다.[34] 독일은 쓰레기의 상당량을 소각하는 국가다. 독일 출신인 피게너는 이렇게 말했다. "독일은 여전히 흔히 아는 '재활용'을 하고 있어요. 말만 재활용이지 실상은 그렇지 않죠. 게다가 독일은 여전히 그 재활용 쓰레기를 아시아와 아프리카 국가로 보내 버려요. 재활용 쓰레기 시장에 내놓아 봤자 가치가 없는 것들만 모아 소각장으로 보내고 있죠."[35]

지구를 위한다는 착각

해당 국가에 강력한 쓰레기 수거 및 관리 체계가 갖추어져 있느냐에 따라 쓰레기가 결국 바다로 흘러들어 갈지 여부가 결정된다. 그것이 가장 중요한 변수다. 그러니 만약 플라스틱이 바다로 향하는 것을 막는 일이 가장 중요한 과제라면 국가로서는 매립지 관리를 철저히 하거나 확실한 소각 방법을 모색하는 데 초점을 맞추어야 할 것이다.

1980년대와 1990년대 사이 미국 각 도시에서 재활용 시스템을 갖추기 시작했을 때 벌어진 일은 우리에게 여전히 시사하는 바가 크다. 쓰레기를 모으고 수거하는 시스템을 갖추고 운영해 보니, 이전처럼 재활용을 하지 않고 쓰레기를 버릴 때에 비해 쓰레기 1톤당 14배까지 비용이 늘어났던 것이다.[36] 결국 문제의 핵심은 플라스틱 수지의 가격이다. 재활용된 플라스틱에서 추출하는 것보다 원유에서 추출하는 게 훨씬 저렴하기 때문이다.[37]

쓰레기 수거율 자체가 50퍼센트에 미치지 못하는 저소득 국가의 경우 쓰레기 문제의 우선순위는 단순 매립이 아닌 효율적인 수거 체계와 위생적인 매립지를 갖추는 것이다. 잘 돌아가는 쓰레기 처리 시스템은 단순 매립보다 10배 이상 비용이 들 수 있지만 그런 체계를 갖추는 것은 강과 바다의 오염을 막는 데 필수적이다.[38]

부유한 국가들이 바다에 버려지는 플라스틱 쓰레기를 줄이고 싶다면 가난한 국가들의 쓰레기 처리 시스템 개선을 도와야 한다고 많은 전문가들은 생각한다. 2015년 이 분야 전문가 중 한 사람에 따르면 "개발도상국의 쓰레기 관리 기반 시설을 확충하는 것이 가장 중요하다." 그러기 위해서는 "저소득, 중소득 국가의 기반 시설에 확실한 투자가 요구된다."[39]

그 많은 플라스틱은
다 어디로 갔을까

2007년에서 2013년 사이 9명의 과학자가 팀을 꾸려 각기 다른 장소에서 총 24회의 탐사를 진행했다. 바다로 흘러든 쓰레기의 총량을 파악하기 위해서였다. 바닷물은 큰 흐름을 이루며 돈다. 그것을 환류라고 하는데 쓰레기는 그 흐름 속에 갇히게 된다. 지구상에는 총 5개의 환류가 존재한다. 과학자들은 모든 환류를 탐사했다. 보트 꽁무니에 그물을 걸고 총 680회에 걸쳐 쓰레기를 건져 올린 후 현미경을 이용해 자연적으로 생성된 물질을 분리했다. 그리하여 0.01밀리그램에 근접한 단위로 개수를 세고 무게를 쟀다. 과학자들은 891차례에 걸쳐 쓰레기를 직접 눈으로 조사했다. 또한 그들은 바람 때문에 플라스틱이 물속에서 수직으로 섞이는 것까지 감안해 플라스틱이 바다에서 퍼져 나가는 방식에 대한 모델을 만들어 냈다.

그런데 과학자들은 스스로 발견한 사실에 놀라 할 말을 잃고 말았다. "전 세계 해수면에 떠 있는 모든 크기의 플라스틱 쓰레기 총량은 매년 생산되는 플라스틱의 0.1퍼센트에 지나지 않는다."[40] 더 충격적인 사실도 있었다. 미세플라스틱이 그들이 애초 예상했던 것보다 100분의 1 수준으로 적었다.

대체 그 모든 미세플라스틱은 어디로 갔단 말인가? 과학자들은 여러 가능성을 제시했다.

첫째, 크기가 작아지면 작아질수록 플라스틱은 더 빠른 속도로 분해되기 시작한다. "주변의 분해 요소와 작용하는 속도가 극적으로 빨라지면서 플라스틱이 산화되는 정도가 커질수록 생분해의 가능성 또한 커지기 때문이다."[41]

둘째, 플라스틱 쓰레기를 먹는 해양 생물들이 "미세플라스틱을 배설물 덩어리로 뭉쳐서 가라앉게 하는" 것으로 보인다. 플라스틱을 먹는 것은 바닷새나 포유류의 건강에 부정적인 영향을 줄 수 있지만, 동시에 "바다 표면에서 미세플라스틱을 제거하는" 역할을 하는 듯하다.[42]

결국 과학자들은 우리가 여전히 모르는 게 많다고 강조한다. "'그 모든 플라스틱은 어디에 있는가?'라는 질문에 대한 답은 많은 부분 공란으로 남아 있다"라고 그들은 결론 내린다. "바다에서 대형, 중형, 미세플라스틱이 어떠한 동역학으로 움직이는지 그 과정을 탐구해야 할 필요가 있다."[43]

5년 후 다른 과학자 집단이 폴리스티렌polystyrene(폴리스타이렌)에서 또 다른 가능성을 제시했다. 스티로폼, 플라스틱 식기 등 수많은 제품에 사용되고 있는 폴리스티렌은 가장 성가신 플라스틱 폐기물 중 하나라

할 수 있다.

2019년 매사추세츠의 우즈홀해양학연구소Woods Hole Oceanographic Institution와 MIT의 과학자들은 공동 연구 결과를 발표했다. 바닷물 속의 폴리스티렌은 수십 년 정도의 짧은 기간 안에 햇빛에 의해 분해된다는 사실을 발견한 것이다.[44]

햇빛이 폴리스티렌을 분해한다는 것은 오래전부터 알려진 사실이다. 한 과학자는 이렇게 설명했다. "플라스틱 장난감, 공원 벤치, 잔디밭에 놓인 의자 같은 것들을 봐요. 햇볕에 노출된 플라스틱들은 아주 빨리 색이 바래죠."[45]

그러나 환경주의자들의 주장은 다르다. 그들은 폴리스티렌이 바다에서 수천 년 또는 그 이상 남아 있을 것이라고 주장한다. 박테리아가 분해할 수 없는 물질이라는 것이 그 이유다.

폴리스티렌은 전체 플라스틱 쓰레기 중 적은 비중을 차지할 뿐이지만 환경주의자들은 오래도록 분해되지 않는 폴리스티렌을 매우 큰 환경 위험으로 포장해 왔다. 파도를 타고 해변으로 떠밀려 온 스티로폼 조각은 워낙 눈에 잘 띄니 그럴 만도 하다.

실상은 다르다. 한 실험실에서 진행한 연구를 살펴보자. 과학자들은 5개의 폴리스티렌 샘플을 마련해 바닷물에 넣은 후 태양광과 유사한 인공조명에 노출시켰다. 그 결과 햇빛은 폴리스티렌을 유기탄소organic carbon와 이산화탄소로 분해한다는 사실이 확인됐다. 유기탄소는 해수에 용해되고 이산화탄소는 대기 중으로 흩어진다. 이 과정을 통해 플라스틱은 결국 사라지게 된다. "우리는 다양한 방법을 시도했고, 모두 같은 결과를 도출했다"라고 연구진 중 한 사람은 언급했다.

폴리스티렌은 미생물이 소화하기 힘든 분자 구조를 가지고 있다. 그런데 바로 그 분자 구조 때문에 햇빛에 쉽게 분해된다. 햇볕에 노출된 폴리스티렌은 미세플라스틱으로 쪼개지고, 이후 개별 입자로 나누어지며, 결국 기본 입자로 분해되고 만다. 앞서 말한 연구를 진행한 과학자들은 이 과정이 어떻게, 얼마나 빨리 진행되는지 자신들이 직접 입증했다고 말한다.[46]

폴리스티렌을 유연하게 만들고, 색을 들이고, 다른 속성을 갖게 하기 위해 넣는 여러 첨가물이 태양광으로 인한 수중 분해 속도를 높이거나 낮출 수 있다는 것은 이 연구가 전해 주는 희소식 중 가장 반가운 소식이다. 이 발견을 응용하면 한층 빨리 분해되는 플라스틱 생산의 가능성을 열 수 있을 것이다.[47]

거북과 코끼리의
목숨을 구한 발명품

수천 년 동안 전 세계 인류는 매부리바다거북hawksbill sea turtle(대모, 대모거북)의 껍질을 이용해 정교한 보석을 비롯한 다양한 사치품을 만들어

왔다. 피게너와 그의 동료들이 코스타리카 해상에서 구조한 거북들이 바로 사치품의 재료였다. 장인들은 거북을 (때로는 산 채로) 불 위에 얹어 "거북 껍질"을 몸에서 떼어 냈다. 껍질을 벗겨 낸 거북을 다시 바다에 내던지는 일도 종종 있었다.

과학자들이 추산한 바에 따르면 1844년 이래로 인류는 900만 마리의 매부리바다거북을 잡았다. 매년 6만 마리를 잡은 셈이다. 사람들이 하도 매부리바다거북을 잡아 댄 탓에 개체 수 급감으로 전 세계 산호초와 해초의 생태계와 기능까지 달라졌다는 사실이 확인되고 있다.[48]

전 세계 예술가들과 장인들은 거북 껍질을 가열해 평평하게 편 다음 안경, 빗, 리라(하프처럼 생긴 악기), 보석, 각종 상자 등 다양한 사치품을 만들었다. 일본에서는 남자 성기에 끼우는 고리와 콘돔을 만들기도 했다.

거북 껍질은 고대 로마 시절부터 값어치 있는 물건으로 여겨졌다. 율리우스 카이사르가 이집트 알렉산드리아를 침공해 점령한 후 거북 껍질로 가득한 창고를 발견하고는 환호했던 것도 무리는 아니다. 그는 그 거북 껍질을 승전 기념품으로 삼았다.[49]

바다거북의 껍질은 표면이 매끄럽고 아름다웠지만 그게 전부가 아니었다. 원하는 대로 모양을 바꿀 수 있을 만큼 부드러웠다. '플라스틱'이란 본래 쉽게 다듬거나 틀에 넣어 성형할 수 있는 성질을 의미하는 표현인데, 바다거북 껍질은 '플라스틱했던' 것이다.

거북 껍질은 케라틴으로 이루어져 있다. 케라틴은 압력과 충격으로부터 세포를 보호해 주는 단단한 단백질이다. 사람이나 다른 동물의 손톱, 뿔, 깃털, 부리 등도 케라틴이다. 하지만 거북 껍질은 특별하다. 얇은 막처럼 벗겨 낼 수 있으면서도 단단함을 유지할 뿐 아니라 방수까지 되기 때문이다. 심지어 부러져도 열과 압력을 가해 수리할 수 있다.[50]

코끼리의 어금니인 상아 역시 거북 껍질처럼 아름답고 성형 가능한 속성을 가지고 있었기 때문에 빗, 피아노 건반, 당구공 등 사치품과 공예품 소재로 각광받았다. 고대 그리스의 조각가 페이디아스는 제우스의 딸이자 전쟁의 여신인 아테나 여신상을 만들었다. 황금과 상아로 만든 9미터 높이의 이 여신상은 오랜 세월 파르테논 신전을 지키고 있었다고 전한다.[51]

중세에는 상아를 이용해 장식함, 잔, 검과 트럼펫의 손잡이 등을 만들었다. 19세기 들어 산업이 발전하면서 상아 수요가 급증했다. 특히 미국인은 상아에 푹 빠졌다. 1830년대부터 1980년대까지 코네티컷주 에식스에는 세계 최대 규모의 상아 가공 공장이 자리 잡고 있었다. 그 공장은 미국으로 수입되는 모든 상아의 90퍼센트를 처리했다.[52]

남북전쟁이 끝난 후 상아 공급이 부족해질 수 있다는 우려의 목소리가 높아지기 시작했다. "상아 매매업자들은 몇 년 내로 코끼리 공급이 부족해져 그들의 사업이 지속불가능해질 수도 있다고 상당히 우려를 표하고 있다." 1866년 《뉴욕타임스》에 실린 기사의 한 대목이다. 기사에 따르면 매년 2만 2000여 마리가 포획되고 있는데 "영국 셰필드에서 생산하는 포크와 나이프 등 식기류의 손잡이를 장식하기 위해서"였다.[53]

당구공 제작을 위한 상아 수요 역시 공급을 초과한 지 오래였다. "가령 당구공 같은 몇몇 물품도 상아로 만드는데 상아를 대체할 만한 재료는 없다." 앞서 인용한 《뉴욕타임스》의 기사 내용이다. "당구용품을 취급하는 한 대형 업체에서는 당구공 제작에 상아 대신 쓸 수 있는 내구성 있고 저렴한 소재를 만드는 이에게 몇백 달러의 상금을 주겠다고 내걸었다. 그러나 현재로서는 소득이 없다."[54]

그로부터 몇 년 후인 1873년 《뉴욕타임스》 기자는 상아의 유의미한 대체제를 찾는 일이 지지부진하자 낙담하는 기사를 내보냈다. "생각해 보라. 피아노 건반을 만들기 위해 상아를 재료로 쓰다 보면 대지는 침묵에 잠길 것이다!" 그 기자는 미국의 상아 수요로 인해 1만 5000마리의 코끼리가 죽었을 것이라고 보았다.[55] 그 후 《뉴욕타임스》의 한 기자는 영국의 상아 수입으로 인해 매년 8만 마리의 코끼리가 죽어 간다고 추산했다.[56]

상아 가격이 상승하면서 사업가들은 대체제를 찾기 위해 발 벗고 나섰다. "가격이 상승하고 수급이 불안정해지면서 상아를 대체할 만한 좋은 소재를 찾기 위한 노력이 뒤따르고 있다." 호두나무, 하마 이빨, 안데스산맥에서 자라는 야자나무에서 추출하는 단백질인 알부민 등이 거론되었는데 이 재료들은 이미 묵주, 장난감, 십자가 등을 만드는 데 사용되고 있었다.

1863년 뉴욕주 북부에 살던 존 웨슬리 하이엇John Wesley Hyatt이라는 청년은 당구공 제작자들이 1만 달러의 상금을 지급한다는 사실을 알

지구를 위한다는 착각

고 상아를 대체할 재료를 찾기 위한 실험을 시작했다. 그는 자기 집 뒷마당에서 다양한 재료를 놓고 실험을 거듭했다. 6년 후 그는 목화의 셀룰로오스에서 셀룰로이드를 발명해 냈다.

1882년 《뉴욕타임스》는 여전히 상아 가격의 상승을 걱정하고 있었다. "지난 25년간 상아 가격은 꾸준히 상승해 왔고 지금은 20년 전 가격의 2배가 넘는다."[57] 유럽과 미국은 매년 900톤 이상 상아를 소비하고 있었는데 이는 코끼리 16만 마리에 해당했다.

"어떤 유명한 상아 수입상은 상아의 희소성이 날로 더욱 커질 것이라고 확신한다. 그는 수십 년 내로 상아가 너무나 희귀해진 나머지 부유한 약혼자가 약혼녀에게 청혼 예물로 내놓을 수 있는 가장 값비싼 반지의 재료가 될 것이라고 예상할 지경이다."[58]

거북 껍질에도 비슷한 원리가 작동했다. 1859년 일본이 대외 교역을 개방한 후 일본에는 유럽산 대량 생산 제품들이 쏟아져 들어오기 시작했다. 한 역사가는 이후의 일을 이렇게 정리한다. "일본이 서구를 따라 산업화의 길을 걸으면서 머리 장신구 등의 제품을 만들 때 플라스틱은 거북 껍질을 대체하는 재료로 널리 사용되기 시작했다."[59]

셀룰로이드를 가장 먼저 가장 널리 도입한 제품은 빗이었다. 수천 년간 인류는 거북 껍질, 상아, 뼈, 고무, 철, 양철, 금, 은, 납, 갈대, 나무, 유리, 도자기 등을 이용해 빗을 만들어 왔다. 셀룰로이드는 이 모든 재료를 대체했다.[60]

1970년대 말쯤 되자 피아노 건반에 상아를 쓰는 일은 없어졌다. 일부 음악가들은 상아 건반에 집착하는 모습을 보이기도 했지만, 대부분은 플라스틱이 더 우월한 재료라는 것을 납득했다. "나는 이런 변화가 아주 마음에 듭니다." 피아노와 건반을 만드는 업체에서 일하는 한 품질 관리 담당자가 《뉴욕타임스》와 나눈 인터뷰 중 일부다. "상아는 썩거나 상할 수 있어서 아주 조심해서 다루어야 하죠. 우리가 지금 쓰는 플라스틱 건반은 지속성이라는 측면에서 볼 때 훨씬 우월한 제품입니다."

게다가 플라스틱이 미적으로 열등하다고 볼 수도 없었다. "가장 좋은 상아 건반은 아무런 얼룩이 없는 상아예요. 결국 플라스틱 건반처럼 생긴 거죠."[61]

셀룰로이드는 다양한 색상을 첨가할 수 있다는 장점도 있었다. 적절한 기술을 발휘하면 거북 껍질 특유의 무늬를 흉내 내는 게 가능했다. 셀룰로이드의 발명자 하이엇은 본인의 발명품이 지니는 환경적인 이점을 설명하는 팸플릿을 제작했다. "점점 더 희귀해지는 원료를 채취하기 위해 지구를 헤집고 다닐 필요가 없다."[62]

피게너와 나누었던 대화로 돌아가 보자. 나는 피게너에게 플라스틱이 수많은 매부리바다거북의 목숨을 구했다는 사실을 언급했다. 피게너는 웃음을 터뜨렸다. "플라스틱은 기적의 물건이에요. 그죠? 그러니까 셸런버거 씨가 아는 그런 기술 발전이 환경에 도움이 됐죠. 플라스틱이 없었다면 거북이들의 생명을 지킬 수 없었을 거예요. 그걸 부정하면 거짓말일 텐데 난 거짓말을 하고 싶지 않아요. 내가 그렇게까지 외곬은 아니니까요."[63]

지구를 위한다는 착각

사람이 문제다

2019년 9월 헬렌과 나는 휴가차 뉴질랜드 남섬을 여행했다. 남섬의 명물인 반딧불이와 펭귄을 둘 다 보기에는 시간이 모자랐다. 우리의 선택은? 당연히 펭귄이었다.

방문자 센터로 향하기에 앞서 우리는 가이드북에서 추천해 주는 식당에 점심을 먹으러 들어갔다. 메뉴에 피시 앤드 칩스가 있었다. 장담하건대 미국인들은 제대로 된 피시 앤드 칩스를 만들 줄 모른다. 나는 그 사실을 몇 년 전 영국을 방문했을 때 비로소 알게 되었다. 그전까지 단 한 번도 맛있게 먹어 본 적 없었던 그 음식을 내가 즐기고 있었던 것이다. "여기 피시 앤드 칩스는 맛있을 거야, 두고보라고." 이렇게 말하며 나는 아내를 쳐다봤다. 아내는 좋다며 고개를 끄덕였고 나는 그 요리를 주문했다.

역시 그랬다. 푸른대구blue cod로 만든 생선 튀김은 훌륭했다. 얇은 튀김옷을 입혀 완벽하게 튀겨 냈다. 헬렌이 생선 스튜를 먹는 동안 나는 생선 튀김을 쉴 새 없이 먹어 치웠다.

곧 우리는 펭귄플레이스Penguin Place에 도착했다. 펭귄플레이스는 노란눈펭귄yellow-eyed penguin의 서식지를 보호하고 있는 개인 농장이다. 농장주는 방문객들이 펭귄을 놀라게 하지 않으면서 관찰할 수 있게 하려고 펭귄 서식지 주변에 긴 참호를 파고 블라인드를 쳐서 가려 놓았다.

참호는 거의 1킬로미터 길이로 언덕 위에서 해안까지 이어진다. 1.5미터 깊이의 참호 양쪽으로는 녹색 블라인드가 둘러쳐져 있다.

나는 노란눈펭귄에 대해 아무것도 모르는 채로 그곳에 갔다. 사전 정보를 전혀 공부하지 않았다. 휴가 중인 데다 펭귄을 처음 봤을 때의 신선한 기분을 만끽하고 싶었기 때문이다. 그런데 투어를 앞두고 가이드가 노란눈펭귄이 어떤 위험에 빠진 생물종인지 설명해 주었다. 가이드의 등 뒤 벽에 붙어 있는 그래프는 이 섬에 살고 있는 노란눈펭귄의 현황을 잘 보여 주었다. 개체 수가 300~400마리 선을 오가고 있었다.

관광객들은 일순 조용해졌고 나는 오싹한 기분이 들었다. "이유는 여러 가지입니다." 가이드가 말했다. "족제비의 일종인 담비라던가 개나 고양이 같은 외래종이 펭귄을 잡아먹는 게 원인이기도 하죠. 하지만 개체 수 감소를 불러오는 가장 큰 원인은 펭귄들이 저체중이라는 거예요. 먹이를 충분히 공급받지 못하는 겁니다."

'아니야, 아니야.' 나는 생각했다. '안 돼, 안 돼.' 가이드의 이야기가 어느 방향으로 흘러갈지 짐작하고도 남았기에 나는 마음속으로 절규했다. "정말 큰 문제는 말이죠, 펭귄들이 물고기를 사냥하는 곳에서 사람들이 지나치게 어획을 하고 있다는 겁니다. 그렇다면 이 펭귄들이 좋아하는 생선은 뭘까요?" 나는 가이드가 입을 열기 전에 이미 답을 들은 기분이었다. 푸른대구. 그랬다. 이 얼마나 우울한 일인가. 우리는 방금 문자 그대로 불쌍한 펭귄의 도시락을 빼앗아 먹은 것이다.

펭귄플레이스는 펭귄들을 잠시 붙잡아 두는 공간으로 출발했다. 목

지구를 위한다는 착각

적은 단 하나, 펭귄에게 먹이를 주기 위해서였다. 가이드의 설명에 따르면 그랬다. "펭귄은 석 달 정도만 여기 머물 수 있어요. 그 이상 붙들려 있으면 병에 걸리거나 죽기 때문이죠."

"구체적으로 어떤 문제가 생기나요?" 나는 물어보았다. 가이드에 따르면 펭귄은 사람이 주변에 얼씬거리면 엄청난 스트레스를 받는다고 한다. 그 스트레스로 인해 이미 몸에 지니고 있던 몇몇 박테리아가 번식해 쉽게 병에 걸릴 수 있다는 것이다.

세계자연보전연맹International Union for Conservation of Nature, IUCN에서 제공하는 생물 보호 상태에 관한 권위 있는 목록인 '적색 목록Red List'은 노란눈펭귄을 위기종으로 분류하고 있다. 개체 수가 감소 중인 위기종이다. 세계자연보전연맹에 따르면 노란눈펭귄의 야생 개체는 2328~3480마리 사이로 추산된다.

노란눈펭귄을 위협하는 또 다른 중요한 요인은 서식지 부족이다. 펭귄이 둥지를 틀 만한 곳 대부분은 이미 농장과 목장으로 가득 차 있다. 외래종 포식자와 어획도 위협 요인이다. 세계자연보전연맹은 이렇게 언급한다. "노란눈펭귄의 개체 수는 극심한 타격을 입어 왔다. 지난 세 세대(21년)에 걸쳐 급격한 개체 수 감소를 겪었는데 외래종 포식자 또는 어부의 혼획 때문이다." 여기서 혼획이란 어부가 의도치 않게 펭귄을 잡아 펭귄이 죽는 경우를 의미한다.[64]

기후 변화로 바다가 따뜻해지는 것 역시 다소 영향을 미칠 수 있다. 바다가 따뜻해지면서 물고기가 더 깊은 곳으로 들어가 물고기를 잡으려면 펭귄 역시 깊게 잠수해야 하는데, 결과적으로 더 많은 에너지를 소비하면서 영양실조가 심해진다. 우리가 처음 본 노란눈펭귄은 포획된 개체였다. 물고기를 먹으며 살이 오르는 중이었다. 가이드는 펭귄이 놀랄 수 있다면서 우리에게 절대 침묵하라고 강조했다. 펭귄은 뜰 안에 마련된 나무토막 위에서 쉬고 있었다. 펭귄은 눈에 확 띄는 아름다움을 지니고 있었다. 이름처럼 눈가에 노란 무늬가 있고 마치 마스크를 쓴 것 같았다. 우리는 약 30명 정도로 이루어진 관광객 무리에 속해 있었는데 그들이 찍어 대는 카메라에서 온갖 소리가 났다. 펭귄에 대해서는 문외한이었지만 나는 스트레스를 받는 것 같다고 생각했다.

관광객들은 스쿨버스 2대에 나눠 타고 참호 입구로 향했다. 참호 속으로 들어온 우리 머리 위로는 녹색 A자 프레임이 덮여 있었다. 양쪽으로 참호 벽을 더듬고 있자니 지하 세계로 들어가는 듯한 기분마저 들었다. 참호를 따라 500미터 정도 걸었을 때 가이드가 180미터쯤 떨어진 곳에 펭귄 한 마리가 서 있다고 우리에게 알려 주었다. 그 반대편 45미터쯤 되는 곳에는 펭귄 한 쌍이 있었다. 노란눈펭귄은 사람만이 아니라 서로를 겁내고 있었다.

한 쌍의 펭귄은 알을 보호하기 위해 거의 움직이지 않았다. 우리가 펭귄을 보고 있자 가이드가 펭귄플레이스는 모든 개체에 이름을 붙여 주고 태그를 달아 관리한다고 알려 주었다. 참호 벽에는 과학자들이 각각의 펭귄에 대해 설명하고 구별해 알아볼 수 있게 사진을 실은 종이를 코팅해 붙여 놓았다.

　　　　　　　　　　　지구를 위한다는 착각

노란눈펭귄이 멸종 위기종이라는 점을 감안할 때 펭귄플레이스는 개체 재생산이라는 측면에서 상당한 성공을 거두고 있다. 15세 암컷인 타시는 성공리에 새끼 7마리를 낳아 길렀다. 27세 수컷인 짐은 21마리를 길렀다. 하지만 토시는 16세나 된 수컷임에도 지금까지 한 마리의 새끼도 기르지 못했다. 토시의 식별용 사진을 보면 고개를 왼쪽 아래로 떨군, 어쩌면 약간 풀죽은 듯한 모습이 찍혀 있었다. 가이드에 따르면 노란눈펭귄 중에는 게이 커플도 있다고 한다. 한 과학자가 그 커플에게 알을 하나 줬더니 성공리에 부화시켜서 자신들의 새끼로 길러 냈다.

참호 방문이 끝난 후 우리는 관광객 무리에 섞여 근처 방문자 센터로 갔다. 그곳에서 비디오를 보고 전시물을 관람했다. 벽에는 썩어 가는 앨버트로스의 사체가 담긴 이미지가 전시되어 있었다. 앨버트로스의 배 속은 플라스틱 쓰레기로 가득 차 있었다. 하지만 영상 중 어떤 것을 보니 다른 이야기를 하고 있었다. 앨버트로스가 죽는 주된 원인은 어선과 외래종 침입자지 플라스틱이 아니라고 말이다.

그 영상의 설명이 옳다. 1970~1980년대까지 어부들은 끝에 낚싯바늘이 달린 목줄 수천 개를 긴 중심 낚싯줄 하나에다 줄줄이 매달아 바다에 넣었다. 그러면 미끼를 노리고 달려든 앨버트로스들이 그 낚싯바늘에 꿰여 죽었다. 토끼, 소, 돼지, 고양이 같은 외래종 역시 앨버트로스의 개체 수에 부정적인 영향을 미쳤다. 특히 고양이와 돼지는 오클랜드섬 토착종이던 서던로열앨버트로스southern royal albatross의 지역 멸절을 불러왔다고 과학자들은 보고 있다. 게다가 그런 외래종 때문에 서던로열앨

버트로스는 다시 그곳으로 돌아가지도 못한다.[65]

기후 변화는 어떨까? 만약 다른 문제 없이 오직 기후 변화만 벌어지고 있다면 적어도 펭귄들은 별문제 없을 것이고, 앨버트로스 가운데 한 종류는 오히려 따뜻해진 수온 때문에 혜택을 볼 수 있다고 과학자들은 말한다. 펭귄을 연구하는 한 과학자는 "기후 변화와 달리 어선이나 외래종 같은 요인은 지역 규모에서 관리 가능하다"라고 지적한다.[66] 2017년 과학자들은 "기후 변화보다 불법 혼획이 [검은눈썹]앨버트로스의 개체 수 감소에 더 큰 영향을 미친다"는 사실을 확인했다. 그리고 바다거북과는 달리, 해수면 온도 상승은 앨버트로스의 "번식 성공률을 높이는 데 도움이 된다."[67]

브라질 남부 해안을 중심으로 대규모 조사를 수행한 결과 플라스틱 쓰레기만큼이나 어획으로 죽는 거북의 숫자가 많은 것으로 밝혀졌다.[68] "상업 어로나 밀렵으로 죽는 바다거북의 숫자는 정말 엄청나죠." 피게너가 설명했다.[69] "지난 10여 년간 고기 그물에 걸려 죽은 올리브각시바다거북olive ridley turtle은 50만 마리가 넘어요. 게다가 경제 수역에서 확인된 숫자만 놓고 봤을 때 그래요. 공해상에서 벌어지는 일까지 다 합치면 얼마나 많은 거북이들이 죽는지 알 길이 없어요. 아마 수백만 마리가 매년 어선 때문에 목숨을 잃을 거예요."

또한 해변 개발, 해안 양식장, 인구 증가로 인한 압력 등으로 인해 올리브각시바다거북의 서식지가 소실되고 있다고 세계자연보전연맹은 지적한다.[70]

이런 상황에서 언론의 관심이 플라스틱에만 쏠리는 것은 그만큼, 어쩌면 그보다 훨씬 더 중대한 문제로부터 눈을 돌리게 만드는 결과를 낳을 수 있다. 이는 기후 변화도 마찬가지다. 플라스틱 쓰레기나 기후 변화보다 훨씬 더 쉽게 바로잡을 수 있는 요인들이 해양 생물의 생명을 크게 위협하고 있는 것이 현실이다.

가령 남획은 "기후 변화를 제외한 영역에서 어류의 지속성을 위협하는 가장 중요한 요인 중 하나"라고 기후변화정부간협의체는 지적하고 있다.[71]

인류가 소비하는 생선 양은 1976년 11퍼센트에서 2016년 27퍼센트로 크게 늘어났다. 2030년이 되면 거기에서 20퍼센트가 더 증가할 것으로 예상된다. 유엔식량농업기구에 따르면 "1961년 이래 생선 식품류의 명목 소비량apparent consumption은 세계적으로 3.2퍼센트씩 늘어났는데, 이는 인구 증가율인 1.6퍼센트를 크게 앞지르는 것이며, 육상 생물로부터 얻는 육류 전체 명목 소비량 증가율인 2.8퍼센트도 넘어서는 것이다."[72]

세계자연보전연맹에 따르면 42종의 상어가 치명적인 멸종 위기에 놓여 있다. 직접적 요인은 어획이다. 게다가 돌고래나 상어 같은 상위 포식자들은 재생산 속도가 느리다. 개체 수가 줄어든 만큼 빠르게 회복할 수가 없다.[73]

바다거북의 경우에도 사람 그 자체가 직접적인 생존의 위협으로 다가온다. "여전히 거북 고기, 껍질, 지방을 소비하는 나라들이 세계 곳곳에 있어요." 피게너가 말했다. "어떤 해변에서는 바다거북이 낳은 알을 사람들이 말 그대로 100퍼센트 다 가져가 버립니다. 그러면 다음 세대가 태어나는 것 자체가 불가능해지죠. 아예 둥지를 털어 가 버리기도 하고요."[74]

플라스틱은 진보다

피게너는 요즘 걱정이 많다. 플라스틱 빨대 타령을 하다가 우리가 진짜 문제를 놓치고 있다는 생각 때문이다. "기업들이 플라스틱 빨대를 안 쓴다는 걸로 쉽게 면죄부를 얻으려 하지 않기를 바라고 있어요." 피게너는 말했다. "5년 내로 우리가 플라스틱 빨대 같은 건 아예 논의할 필요조차 없어지기를 고대합니다. 많은 대안이 나와 주기를요."[75] 독일에서는 플라스틱 제품 대신 유리를 사용하는 경우가 많아졌다고 피게너는 덧붙였다.[76]

하지만 화석 연료 기반 플라스틱을 대체하는 것들이 실제로 환경에 더 좋을까?

대기 오염 관점에서 보자면 분명히 그렇지 않다. 캘리포니아는 비닐봉투를 금지했고 그 결과 종이봉투와 두툼한 가방인 '에코백'의 사용이 늘어났다. 문제는 이런 제품을 생산하면서 발생하는 탄소와 소비되는 에너지 양이 비닐봉투보다 더 많다는 데 있다.[77] 종이봉투가 비닐봉투보다 환경에 긍정적인 영향을 미치려면 버리기 전까지 44회 이상 재사용해야 한다.[78] 비닐봉투는 해양에서 발견되는 플라스틱 쓰레기 중 고작 0.8퍼센트를 차지할 뿐이다.[79]

유리병은 음료를 마실 때 느낌이 더 좋을 수는 있지만 유리병을 생산하고 재활용하기 위해서는 더 많은 에너지가 필요하다. 유리병은 플라스틱병에 비해 생산 과정에서 170~250퍼센트의 에너지를 더 소비하며 200~400퍼센트의 이산화탄소를 추가 발생시킨다. 제작 공정상 들어가는 열에너지가 훨씬 많기 때문이다.[80]

물론 유리병 생산에 들어가는 추가 에너지가 탄소 배출 없는 에너지라면 유리병 생산과 유통 과정에서 더 많은 에너지가 소비되는 것은 그리 큰 문제가 아닐 수 있다. "원자력이나 신재생 에너지를 활용한다면 환경에 미치는 영향이 줄어들 수 있겠죠"라고 피게너는 지적했다.[81]

재생 가능한 재료로 만들어지는 바이오플라스틱이 화석 연료로 만든 일반 플라스틱보다 더 빨리 분해되리라고 장담할 수는 없다. 셀룰로오스를 비롯한 일부 바이오플라스틱은 원유를 소재로 한 플라스틱 제품만큼이나 지속성이 강하다. 바이오플라스틱이 화석 연료 플라스틱보다 빠르게 생분해된다 해도 잘 재사용되지 않는 것은 일반 플라스틱과 마찬가지며 재활용 과정은 훨씬 더 까다롭다.[82] 재사용 및 재활용 기반이 부족한 관계로 바이오플라스틱은 환경에 미치는 영향과 경제적 비용 모두에서 경쟁력이 떨어질 수밖에 없다.[83]

"사람들은 '바이오'라는 말이 붙으면 그냥 더 좋은 거라고 여기곤 하죠." 피게너는 말했다. "그렇지가 않아요. 그러니까 '바이오'라는 말은 그저 원자재를 어디서 얻는지 표현하는 말일 뿐이잖아요. 사탕수수를 원재료로 썼다고 해서 그 플라스틱이 생분해된다고 장담할 수는 없는 거죠."[84]

사탕수수로 만들어지는 바이오플라스틱의 생애 주기를 살펴보면 호흡기 건강, 스모그, 토양 산성화, 암 유발, 오존층 파괴 등에서 화석 연료 플라스틱보다 부정적인 영향이 더 크다는 사실을 알 수 있다. 사탕수수 기반 바이오플라스틱은 분해되는 과정에서 강력한 온실가스인 메탄을 화석 연료 기반 플라스틱보다 더 많이 배출한다. 이처럼 종종 바이오플라스틱은 분해되면서 일반 플라스틱을 매립할 때보다 더 많은 대기 오염 물질을 발생시킨다.[85]

일반 플라스틱은 석유와 가스 산업의 부산물인 수지를 재료로 삼는 반면 바이오플라스틱의 원료는 작물이다. 재배하는 땅이 필요하다. 바이오 연료가 미국의 옥수수 에탄올이나 인도네시아와 말레이시아의 팜유를 원료로 생산되는 것과 마찬가지다. 인도네시아와 말레이시아는 바이오 연료용 팜유를 생산하기 위해 멸종 위기종인 오랑우탄의 서식지를 파괴하고 있다.[86]

플라스틱은 석유와 가스를 정제하는 과정에서 나오는 부산물로 만들기 때문에 추가로 농경지나 삼림이 필요하지 않다. 반면 화석 연료 플라스틱을 바이오플라스틱으로 대체할 경우 미국 농경지는 5~15퍼센트가 더 늘어나야만 한다. 화석 연료 플라스틱을 옥수수 원료 바이오플라스틱으로 대체하려면 18만 제곱킬로미터의 옥수수 재배지(미국 전체 옥수수 수확량의 40퍼센트에 해당한다), 또는 12만 제곱킬로미터의 스위치그래스switchgrass 목초지를 추가 확보해야 한다.[87]

피게너는 기업들이 5년 내로 지금보다 나은 대안을 찾아내기를 희망한다고 말했다. 내가 회의적인 시각을 드러내자 피게너 역시 인정했다. "기업들이 변화를 꾀하는 속도는 너무 느려요. 나와 거북이들로서는 실망스러운 일이죠. 어쩌면 내가 참을성이 부족한 건지 모르겠지만 말이에요."[88]

자연을 지키려면
인공을 받아들여야 한다

플라스틱을 둘러싼 이 모든 이야기를 통해 우리가 얻을 수 있는 교훈이 있다. 환경을 지키고 싶다면 자연물을 사용하지 말아야 하고, 자연물 사용을 피하려면 인공물로 대체해야 한다는 것이다. 이는 환경주의자들이 추구하는 환경 보호 방식과는 정반대다. 그들은 더 지속가능한 방식으로 자연자원을 사용하자고, 바이오 연료와 바이오플라스틱 같은 천연소재 쪽으로 나아가자고 주장한다.

우리는 본능적으로 천연 재료를 인공 재료보다 자연 친화적이라고 여긴다. 그런 관념은 극복될 필요가 있다. 인류는 인공 재료로 바다거북과 코끼리를 멸종에서 구했다. 만약 우리가 그런 본능에 집착했다면 거북들이 얼마나 더 큰 위기에 처했을지 상상해 보자.

일본 중산층은 세계적으로 그리고 역사적으로 유례를 찾아보기 힘든 급격한 경제 성장을 이루어 냈다. 당연히 사치품 수요 또한 증가했다. 그런 사치품 중에는 자연산 거북 껍질이 포함되어 있었고 일본은 이 거북 껍질을 대부분 인도네시아에서 수입했다.

결국 멸종위기야생동식물국제거래협약Convention on International Trade in Endangered Species of Wild Fauna and Flora, CITES에 따라 1977년 매부리바다거북의 거래는 금지되었다.

일본은 이 금지 조치에 즉각 반발했고 1992년에 와서야 받아들였다.[89] 과학자들은 거북 껍질이 매매되어 온 150년간의 기록을 추적한 결과, 그중 75퍼센트가 1970년부터 1985년까지 고작 15년 사이에 벌어졌다는 사실을 확인하고 큰 충격에 빠졌다. 그 폭발적인 수요 증가의 책임 대부분은 일본에 있었다.[90]

이 사례에서 보듯 인공 소재의 출현은 매부리바다거북이나 아프리카코끼리 같은 야생 동물을 지키기 위한 필요조건일 뿐 충분조건은 되지 못한다. 그러므로 우리는 인공 소재를 천연 소재만큼이나 멋지고 훌륭한 것으로 바라보도록 우리 스스로 미감과 취향을 재조정할 필요가 있다.

이러한 변화는 이미 어느 정도 벌어지고 있다. 좋은 일이다. 많은 선진국 소비자들은 이제 상아, 모피, 산호초, 거북 껍질 같은 천연 소재 제품들을 곱지 않은 시선으로 바라보고 있다.

자연을 지키기 위해서는 인공을 받아들여야만 한다. 이 실로 중대한 역설을 인류는 비로소 이해하기 시작했다.

어떤 이들은 쓰레기 문제보다 더 속상한 일이 훨씬 많다

대화가 서서히 끝을 향해 가는 가운데 크리스티네 피게너와 나의 의견이 엇갈렸다. 피게너는 코카콜라 같은 대기업이 니카라과 같은 가난한 나라의 쓰레기 관리를 책임져야 한다고 주장했다.

피게너가 내게 물었다. "정치 상황이 불안정한 나라에서 누가 쓰레기 관리를 책임지고 할 수 있겠어요?"

나는 말했다. "글쎄요, 제 기능을 하는 정부가 필요하다는 건 분명하죠."

피게너의 설명이 이어졌다. "니카라과를 보면 정말 잘 이해할 수 있어요. 그러니까 정권이 대체 몇 번이 바뀐 거냔 말이에요. 아프리카 국가들도 수없이 정권이 바뀌잖아요. 셸런버거 씨는 언제나 정부 역할을 강조하는 쪽으로 논의를 이끄는데 가난한 나라들은 대개 정치 상황이 불안정하죠."

나는 궁금했다. "그렇다면 개별 기업들이 각각 쓰레기를 관리해야 한단 말인가요? 단일한 쓰레기 처리 시스템을 갖추는 대신?"

"그런 나라들에서는 선택의 여지가 별로 없어요. 대부분의 쓰레기가 코카콜라나 펩시콜라, 아니면 네슬레 같은 회사에서 나옵니다. 기껏해야 두세 기업인 거죠. 그러니 그런 회사들은 책임을 져야 합니다. 첫 단계로 기업들이 힘을 합쳐서 정부를 피해 일해야 할 거예요. 정부는 대부분 부패했으니까."

나는 되물었다. "그러니까 지금 그 나라 사람들에게, 당신네 나라 정부는 너무 부패했으니까 기업들에 맡겨서 처리해야 한다고 말하자는…."

그러자 피게녀가 물었다. "기업이 만든 쓰레기 처리 비용을 정부가 부담하는 게 정당하다고 진심으로 믿나요?"

"전 세계 모든 곳에서 같은 방식으로 쓰레기를 처리하잖아요." 내가 답했다. "지금 피게녀 씨는 가난한 나라에서만은 다른 방식으로 플라스틱 쓰레기를 처리해야 한다는 입장이고요. 정부가 부패했다고 보는 것과 쓰레기 처리를 기업이 해야 한다는 것이 어떻게 연결되는지 난 잘 이해를 못 하겠어요."

피게녀는 대답했다. "그렇지만 이건 여전히 소비자들에게 달린 문제예요. 생각해 보면 미친 거죠. 그러니까 소비자들은 기업이 만들어 내

지구를 위한다는 착각

는 쓰레기를 돈 주고 사는 거나 다를 바 없어요. 대부분 다른 대안이 없기 때문에 쓰레기가 생기는 걸 피할 수조차 없다고요."

나는 질문했다. "코카콜라에 니카라과 같은 나라의 쓰레기 처리 비용을 내도록 하면 코카콜라는 가격을 높여서 그 비용을 소비자에게 전가하지 않을까요?"

"물론이죠! 그래서 사람들이 코카콜라를 덜 마시게 된다면? 그게 과연 그렇게 나쁜 일일까요?" 피게너가 반문했다.

나는 되물었다. "사람들이 코카콜라를 덜 마시게 하고 싶은가요? 코카콜라가 가난한 나라의 쓰레기 처리 비용을 내게 만드는 게 피게너 씨 생각이잖아요."

"글쎄요, 그건 좀 다른 문제죠." 피게너가 대답했다. "그건 단순히 편하냐 불편하냐 차원을 떠난 문제일 수 있으니까요, 그렇지 않나요?"

"우리는 플라스틱 쓰레기 문제를 해결하고자 하는 게 아니었나요?"

"난 언제나 플라스틱 쓰레기의 발생 자체를 줄여야 한다고 말했어요. 그리고 생산되는 쓰레기는 뭐든 책임 있는 관리가 필요하다는 거고요." 피게너의 설명이었다.

"하지만 결국 그 문제에서 관건은 쓰레기를 모으고 관리하는 체계가 갖춰져 있느냐 아니냐 아닌가요." 내가 말했다. "내 생각에는 피게너 씨가 초조한 마음에 본인 생각에 쉽고 빠른 해법만 바라보고 있는 게 아닌가 싶어요."

"아프리카, 중앙아메리카, 아시아의 여러 국가들은 가난과 부패가 너무 심해서 좋은 해법을 도입할 수가 없어요. 정부가 너무 불안정하다고요." 피게너가 말했다. "그러니 유럽에서 통하는 해법을 그쪽에서 도입할 순 없는 거잖아요."[91]

비록 서로 제시하는 해법은 다르지만 나는 피게너가 어째서 그런 생각을 하게 되었는지 짐작이 갔다. 1980년대 초 처음 니카라과에 갔을 때 사방에 널려 있는 쓰레기들을 보며 나는 질겁했다. 또 가난한 나라를 방문할 때마다 보게 되는 플라스틱 쓰레기에 마음이 몹시 불편했다.

대자연의 아름다움을 만끽하며 하이킹을 하거나 수영을 하다 보면 나보다 앞서 다녀간 사람들이 생각 없이 버린 쓰레기 또는 강물이나 바닷물에 떠밀려 온 쓰레기를 보게 된다. 그런 일을 겪으면 한 사람의 환경 보호론자로서 속이 상한다.

하지만 가난한 개발도상국에서 살아가는 이들에게는 속상할 일이 훨씬 많다. 그들을 힘겹게 하는 건 쓰레기 문제만이 아니기 때문이다. 2016년 나는 인도 델리에서 주요 쓰레기 하치장 중 한 곳에 인접한 동네를 방문했다. 마스크와 고글까지 쓰고 있었지만 나는 거기서 풍기는 역겨운 냄새를 도저히 참아 낼 수 없었다. 하지만 내가 인터뷰한 사람들은 그 악취를 견디며 고철과 다른 쓸 만한 재료들을 찾아 쓰레기 더미를 뒤지는 데 열중하고 있었다. 그래야 그날 저녁거리를 살 수 있을 테니까.

경제가 발전해야 쓰레기 관리 시스템이 도입된다. 2020년 초 중국 국무원 산하 국가발전개혁위원회는 플라스틱의 생산과 사용을 줄이기 위한 5개년 계획을 발표했다. 2020년 말부터 중국 대도시의 슈퍼마켓,

쇼핑몰, 음식 배달 업체는 비닐봉투를 사용할 수 없다. 중국이 쓰레기 수거 및 관리 체계를 만들기까지 오랜 시간이 걸리고 있다는 점은 지적해 둘 만하다.[92]

가난한 나라는 우선순위가 다르다. 상하수도, 홍수, 에너지 관리 기반 시설을 갖추는 일이 플라스틱 쓰레기 수거 처리보다 훨씬 높은 순위를 차지할 수밖에 없다. 이는 미국이나 중국 같은 나라가 진작에 겪어 온 경로다. 파이프, 하수도, 정화조 등을 통해 사람들이 배출하는 배설물을 수거하고 처리하는 체계를 갖추지 못하면 건강에 훨씬 크고 치명적인 악영향을 미친다. 또 콩고 사례에서 알 수 있듯이 홍수 관리 시스템이 없으면 쓰레기 처리 시스템이 없을 때보다 집, 농장, 공중 보건이 훨씬 큰 위험에 노출된다. 그리고 다음 장에서 살펴보겠지만, 현대식 에너지 시스템의 부재는 가난한 나라 사람들과 멸종 위기종 모두를 위협하는 가장 심각한 위험 요인 중 하나다.

4

여섯 번째 멸종은
취소되었다

Apocalypse Never

우리는 스스로를
위험에 빠뜨리고 있다

매년 600만 명 이상의 관광객이 뉴욕에 있는 미국자연사박물관을 찾는다. 관람객들은 박물관에 들어서면 선사 시대의 모습을 상상으로 복원한 모형을 보게 된다. 포식자인 알로사우루스의 공격에 맞서 초식 동물인 거대한 바로사우루스가 새끼를 보호하고 있는 광경이 연출되어 있다.

박물관의 중앙 로비라 할 수 있는 시어도어 루스벨트 로툰다 Theodore Roosevelt Rotunda 홀에는 한층 더 음산한 문구가 동판에 새겨진 채 관람객을 맞이한다. "5억 3500만여 년 전 복잡한 생명체가 처음 출현한 이래 지금까지 총 다섯 번의 대멸종 사태가 발생해 생물다양성을 크게 위협했다." 동판의 문구는 계속 이어진다. "지난 다섯 번의 대멸종은 전 지구적 기후 변화, 외계 물체의 지구 충돌을 비롯한 여러 요인 때문으로 추정된다. 지금 우리는 여섯 번째 대멸종의 한복판에 서 있다. 현재의 대멸종은 오직 인간에 의한 생태계의 지평 변화 때문이다."[1]

2019년 생물다양성과학기구Intergovernmental Science-Policy Platform on Biodiversity and Ecosystem Services, IPBES에서 내놓은 보고서에 따르면 1만여 종의 동식물이 인간 때문에 멸종 위기에 몰려 있다. 이 보고서 요약을 보면 현재 생물종의 멸종률은 "지난 1000만 년 평균에 비해 최소 10배에서 100배 정도 높다."[2] 양서류의 40퍼센트, 해양 포유류의 30퍼센트,

지구를 위한다는 착각

육상 포유류의 25퍼센트, 파충류의 20퍼센트가 사라질 수 있다고 생물다양성과학기구는 경고한다.[3]

1500쪽에 달하는 보고서를 준비하기 위해 세계 최고 전문가 150명이 50개국 정부를 대표해 참여했다. 이는 전 지구적 생물다양성 감소와 그 사태가 인류에게 가할 위협에 대해 현재까지 나온 모든 보고서 중 가장 포괄적인 결과물이었다.[4]

"생물종 소멸과 생태계 파괴, 그리고 생물다양성 감소는 이미 벌어지고 있는 지구적 위기며 인류의 복리에 지속적 위협이 될 것"이라고 생물다양성과학기구의 의장은 말했다.

궁극적으로는 우리 스스로가 피해자가 될 수밖에 없다고 많은 이들이 입을 모아 경고하고 있다. 엘리자베스 콜버트Elizabeth Kolbert는 2014년 출간한 《여섯 번째 대멸종The Sixth Extinction: An Unnatural History》에서 이렇게 말한다. "우리는 열대우림을 베어 내고, 대기의 구성 성분을 바꾸고, 바다를 산성화하는 등 생태계를 교란하면서 우리 스스로의 생존을 위기로 몰아넣고 있다." 그런데 《제6의 멸종The Sixth Extinctionn: Patterns of Life and the Future of Humankind》이라는 제목의 책은 1995년에도 출간된 바 있다. 그 책의 공저자 중 한 사람인 리처드 리키Richard Leakey의 말을 들어 보자. "호모사피엔스는 여섯 번째 멸종의 원인을 제공할 뿐 아니라 스스로 희생양이 될 위기에 처해 있다."[5]

생물종이 사라지는 속도가 갈수록 빨라지고 있으며 "육상 생물 50만여 종이 … 이미 멸종 위기에 처해 있을 수 있다"라는 주장은 이른바

'종-면적 모델species area model'에 근거한 것이다. 보전생물학자conservation biologist들인 로버트 매카서Robert H. MacArthur와 에드워드 윌슨Edward O. Wilson이 1967년 만든 종-면적 모델은, 어떤 섬이 있다고 가정할 때 그 섬에 들어오는 새로운 생물종의 숫자는 시간이 지나면서 점점 줄어들 것이라고 가정한다. 줄어드는 자원을 두고 더 많은 종이 경쟁을 벌이면 소수만이 살아남게 된다는 것이다.[6]

다행히 종-면적 모델의 가정은 틀린 것으로 판명 났다. 2011년 영국의 과학 학술지 《네이처》에 〈종-면적 관계 이론은 서식지 상실에 따른 멸종률을 언제나 과대 추산한다〉라는 제목의 논문이 실렸다. 이 논문에서 저자들은 멸종이 벌어지기 위해서는 "이전에 생각했던 것보다 훨씬 큰 서식지 상실이 필요하다"는 것을 보여 준다.[7]

실제로 전 세계 도서 지역의 생물다양성은 평균 2배가량 상승했다. 이는 역설적이게도 "외래종"이 들어온 덕분이다. 식물의 경우 한 종이 멸종할 때마다 대략 100여 종의 새로운 종이 유입된다.[8] 윌슨과 매카서가 걱정했던 것처럼 "외래종"이 "토착종"을 몰아내는 일은 흔치 않다.

한 영국 생물학자의 연구에 따르면 "지난 3세기 동안 유럽에서는 같은 기간에 멸종한 것으로 기록된 종보다 더 많은 새로운 식물 종이 유입되었다."[9]

엘리자베스 콜버트는 종-면적 모델이 실패했다는 사실을 인정한다. "25년이 지난 지금 윌슨의 예상은 관찰된 사실과 부합하지 않는다는 … 전반적인 합의가 이루어져 있다"라고 콜버트는 쓴다.[10] 그리고 종-면적 모델의 실패가 "과학자들보다 오히려 과학 저술가들에게 끔찍한 형벌과도 같은 일"이라고 말한다.[11] 그렇다면 본인부터 책 제목을 바꿨어야 하지 않을까? 하지만 콜버트는 꿋꿋하게 책 제목을 고수했다.

사실 그 모델이 잘못되었음을 알아차리는 데는 대단히 어렵고 엄밀한 검증 절차가 필요하지도 않았다. 만약 종-면적 모델이 옳다면 지난 200여 년간 세계의 모든 생물종 중 절반이 멸종했어야 한다고 한 환경학자가 지적하고 있으니 말이다.[12]

부풀려진 멸종 위기

생물다양성과학기구는 종, 멸종, 생물다양성 연구를 주요 목표로 삼는 과학 기구가 아니라 세계자연보전연맹 산하 단체다. 이 기구는 전체 생물종 가운데 6퍼센트가 멸종 위급critically endanger, 9퍼센트가 멸종 위기endanger, 12퍼센트가 멸종 취약vulnerable to becoming endangered 상태에 놓여 있다고 주장한다.[13]

반면 세계자연보전연맹은 1500년대 이후 식물, 동물, 곤충 11만 2432종 가운데 0.8퍼센트가 절멸한 것으로 추산한다. 비율로 환산해 보면 매년 2종 미만, 0.001퍼센트만이 멸종하는 셈이다.[14]

지난 1억 년간 생물다양성은 크게 증가했다. 이 다양성 증가는 지난 대멸종의 여파를 크게 뛰어넘는 수준이다. 생물다양성을 측정하기 위해서는 개별 종의 숫자를 세는 것보다 속genera, 屬의 숫자를 따지는 것이 더욱 정확한데, 지난 1억 년간 생물속의 숫자는 거의 3배로 늘어났다.[15] 과거 다섯 차례 대멸종을 화석 자료로 검토해 보면 생물다양성이 15~20퍼센트 정도 크게 낮아지지만 곧 그보다 더 큰 성장이 뒤를 잇는다는 사실을 알 수 있다.[16]

일각에서는 여섯 번째 대멸종에 대한 과장 섞인 주장이 오히려 생태 보존에 도움이 되지 않는다는 비판이 제기되고 있다. "그런 주장을 하는 사람들은 자신들의 말이 사실과 다소 차이가 있더라도 사람들의 경각심을 불러일으켜 도움이 된다고 하지만, 만약 우리가 진정 여섯 번째 멸종을 경험하고 있다면 생태계를 보호하고자 노력해야 할 이유가 없다." 한 과학자의 지적이다. "우리가 여섯 번째 대멸종을 겪고 있다고 주장하는 사람들은 대멸종에 대해 충분히 이해하고 있지 못하며 자신들의 주장에 무슨 논리적 결함이 있는지도 모르는 듯하다."[17]

환경 보호 운동가들은 작은 규모의 동물을 보호하고 관리하는 일에 어느 정도 숙달되어 있다. 뉴질랜드의 노란눈펭귄이나 중앙아프리카의 마운틴고릴라 등이 그렇다. 진짜 어려운 건 그 보호받는 생물의 개체 수를 늘리는 일이다.

인류가 생물의 서식지를 보호하는 데 실패하고 있다는 말은 사실이 아니다. 2019년 현재 지구상의 보호 지역 면적을 전부 더하면 아프리카 대륙보다 크다. 지구 전체 면적 가운데 15퍼센트가 보호 지역이다.[18] 1962년만 해도 보호 지역은 모두 9214개였으나 2003년에는 10만 2102개로 늘어났고, 2020년에는 24만 4869개에 달한다.[19]

콩고, 우간다, 르완다에 두루 걸친 이른바 앨버틴지구대Albertine Rift(동아프리카지구대 중 서쪽 지구대-옮긴이)의 사정도 비슷하다. 2000년에는 앨버틴지구대 중 49퍼센트가 보호 지역이었으나 2016년에는 60퍼센트가 보호 지역으로 지정되었다.[20]

진짜 문제는 보호 지역이 아니다. 동물의 개체 수가 줄고 있고 그들의 전체 서식지도 줄어들고 있다는 게 문제다. 1970년부터 2010년까지 야생 포유류, 조류, 어류, 파충류, 양서류의 개체 수는 대략 절반으로 줄어들었다. 최악의 타격을 입은 곳은 라틴아메리카인데 야생 동물의 83퍼센트가 줄어든 것으로 보인다. 또한 남아시아와 동남아시아에서는 67퍼센트 감소했다.[21]

일부 환경 운동가들은 이런 상황을 두고 화석 연료와 경제 성장이 야생 동물을 위기로 몰아넣고 있다고 주장한다. 2014년 개봉해 오스카상 후보에 오른 다큐멘터리 영화 〈비룽가Virunga〉도 그런 내용을 담고 있다. 비룽가국립공원에서 벌어지는 석유 채굴과 생태관광ecotourism이 마운틴고릴라의 개체 수를 감소시키는 주된 원인이라는 것이다.

그러나 〈비룽가〉는 잘못된 정보를 담고 있다. 야생동물보호협회 Wildlife Conservation Society, WCS의 영장류학자인 앨러스테어 맥닐리지 Alastair McNeilage가 내게 한 말에 따르면 "고릴라가 서식하는 지역은 석유가 나올 가능성이 전혀 없는 곳"이기 때문이다. 맥닐리지가 우간다에 처음 발을 디딘 것은 1987년, 나비를 연구하기 위해서였다.

"고릴라 서식지는 앨버틴지구대의 급경사면이라서 위협받거나 하지 않습니다. 아무도 그 땅을 탐내지 않아요. 우르르 몰려와 방해하거나 석유를 시추하기 위해 땅을 뚫지 않으니까요." 그는 말했다. "그런데 그 점을 제대로 말하는 사람이 없어요. 사람들은 그저 고릴라를 보호하자며 석유 회사를 공격할 뿐입니다. 하지만 석유 회사는 그 지역에 아무 흥미를 느끼지 않습니다."

고릴라와 다른 야생 동물들을 진정 위협하는 건 석유 회사나 경제 성장이 아니다. 2014년 12월 그 지역을 방문했을 때 나는 확실히 알게 되었다. 가난하기 때문에 나무를 연료로 쓰는 것이 진정한 문제였다. 콩고에서는 취사용 연료의 90퍼센트 이상이 나무 또는 숯으로 충당된다. 콩고 여행 가이드였던 칼레브와 통화하자 그가 지적해 준 내용이기도 하다. "고릴라 서식지 가까운 곳에 마을이 있죠. 그 마을 사람들은 요리를 하기 위해 숯이 필요하고요."[22]

사실이 그랬다. 헬렌과 내가 비룽가국립공원 숙소에 도착했을 때 우리는 먼 곳에서 피어오르는 검은 연기와 불꽃을 볼 수 있었다. 공원 내에서 누군가 나무를 베고 불을 피우는 중이었던 것이다.

숲이 야생 동물을 위협한다

체중이 226킬로그램에 달하는 센퀘퀘Senkwekwe는 실버백silverback 고릴라 (등에 은빛 털이 난 다 자란 수컷 고릴라-옮긴이)였다. 2008년 7월 센퀘퀘는 암컷 고릴라 4마리와 함께 살해당한 채 발견되었다. 죽기 전 센퀘퀘가 공격자의 냄새를 맡거나, 움직이는 소리를 듣거나, 기척을 느꼈을지 우리는 알 수 없다. 설령 낌새를 차렸다 해도 센퀘퀘로서는 긴장할 이유가 없었을 것이다. 센퀘퀘와 그가 이끄는 12마리의 고릴라 식구들은 언제나 찾아오는 생태학자와 공원 경비대 그리고 관광객 때문에 인간에게 친숙한 상태였으니 말이다.

비룽가국립공원 경비대가 센퀘퀘의 사체를 발견한 것은 다음 날이었다. 고릴라의 손이나 머리가 잘려 나가지 않은 것으로 봐서 사체를 얻기 위한 목적으로 사냥한 것은 아니라는 걸 알 수 있었다. 외국 동물원에 팔기 위해 고릴라 새끼를 납치하는 것 또한 목적이 아니었다. 트라우마에 빠진 고릴라 갓난아기가 그대로 남아 있다가 정글로 도망치는 모습을 경비대가 목격했기 때문이다. 센퀘퀘가 죽은 현장은 마치 마피아가 상대 조직을 보복 습격한 듯한 인상을 주었다.

이런 일이 처음은 아니었다. 한 달 전 공원 경비대는 머리에 총을 맞고 죽은 암컷 고릴라를 발견했다. 암컷 품에는 아직 살아 있는 새끼가 안겨 젖을 빨고 있었다. 또 다른 암컷 고릴라는 실종되었는데 죽은 것으로 추정되었다. 누군가가 모두 7마리의 마운틴고릴라를 죽였던 것이다.

인근 마을 주민들은 우두머리였던 센퀘퀘와 다른 고릴라 사체를 거두어 날랐다. 급조한 들것에 신고 걷는 길에 누군가는 눈물을 흘리기도 했다.[23]

몇 달 후 비룽가국립공원의 소장이 뇌물을 받고 공원 내에서 숯 만드는 행위를 눈감아 줬다는 혐의로 기소되었다. 이후 진행된 조사에 따르면 고릴라를 죽인 것 역시 같은 자들의 소행이었다. 소장은 유럽 환경주의자들의 압력에 못 이겨 숲에서 숯을 만들어 파는 행위를 용납하지 않고 있었는데, 그러자 숯 장사를 하는 범죄 조직, 말하자면 숯 마피아가 고릴라를 죽여서 복수했고 소장은 그런 협박과 회유에 무릎을 꿇었던 것이다.[24]

사람들은 대체로 나무보다는 숯을 연료로 선호한다. 숯은 더 가볍고 연소할 때 그을음 또한 덜 날리며 나무와 달리 벌레 같은 게 붙어 있지 않기 때문이다. 게다가 숯을 쓰면 일거리도 줄어든다. 가령 콩을 한 바구니 삶는다고 해 보자. 나무로 불을 땐다면 계속 입으로 불거나 부채질을 해서 바람을 불어 넣어야 하지만 숯은 불을 피워 놓은 후 그냥 다른 일을 봐도 꺼지지 않는다.

비룽가국립공원의 거의 모든 영역은 숯 제조 업자들에게 점령당한 상태다. 그 업자들은 인구 200만의 도시에서 소비하는 숯을 만들어 내고 있다. 숯을 만들려면 나무를 땅속에 묻고 낮은 온도로 사흘간 천천히 구워야 한다. 숯 제조 업자들이 고릴라를 죽인 2008년 무렵의 시세를 놓고 보자면 숯 제조업은 연간 3000만 달러의 매출을 올리는 사업이 었다. 반면 고릴라를 구경하러 오는 관광업의 매출은 30만 달러에 지나지 않는다. 비룽가국립공원 남단에는 숯으로 만들 수 있는 오래된 견목 hardwood 숲이 있는데, 2000년 초 그중 25퍼센트가 숯 제조 업자에 의해 벌목된 상태였다.[25] 2016년 숯 제조업의 매출은 연간 3500만 달러까지 올라갔다.[26]

콩고분지에서 벌목되는 나무 가운데 90퍼센트가 연료용으로 소비된다. "'통상적인 경제 활동이 지속된다'고 가정했을 때, 숯 제조업은 향후 수십 년간 콩고분지를 위협하는 가장 큰 단일 요인이 될 것으로 보인다"라고 해당 주제 연구자들은 2013년 보고서에서 결론지었다.[27]

칼레브 또한 같은 생각이었다. "사람들이 나무를 하러 갈 곳은 비룽가국립공원밖에 없죠." 2014년 그가 내게 한 말이다. "이런 상황에서 고릴라들이 안전하기를 바라는 건 말이 안 되는 거예요."

누가 왜 댐 건설에 총부리를 겨누는가

콩고 정부는 에마뉘엘 드 메로데Emmanuel de Merode를 비룽가국립공원의 새 소장으로 임명했다. 숯 마피아가 센퀘퀘를 죽인 지 몇 달 뒤 일이었다. 메로데는 당시 30대 후반에 접어든 벨기에인 영장류학자였다. 그 자리를 수락한 메로데는 콩고 정부에 경제 개발의 비전을 제시했다. 유럽 정부, 그리고 전설적인 투자자 워런 버핏의 아들로 자선 사업가인 하워드 버핏의 투자를 받아 비룽가국립공원 일대에서 살아가는 공동체 주민의 경제 수준을 높이고자 했던 것이다.[28]

메로데는 작은 수력 발전소를 세우고, 학교를 짓고, 팜유로 비누를 만드는 시설을 건설하는 일에 집중했다. 버핏재단과 다른 기부자들은 메로데의 비전을 실현하기 위해 2010년에서 2015년 사이 4000만 달러 이상을 기부했다.[29]

"에마뉘엘이 하고 있는 일은 인상적일 뿐 아니라 존경받을 만합니다." 오랜 세월 콩고에 살며 콩고의 문제를 알려 온 미국인 저널리스트 마이클 캐버너Michael Kavanagh의 설명을 들어 보자. "발전량이 4메가와트인 댐이라고 하면 그게 무슨 대수냐 싶습니다만 콩고에서는 사정이 다르죠. 대단한 겁니다. 지금 우리는 콩고에서 수확한 팜유 원료를 우간다로 보내서 처리하고 다시 돌려받고 있는데, 에마뉘엘은 늘 그걸 미친 짓이라고 지적해 왔어요. 만약 콩고에 발전 시설이 제대로 갖춰져 있다면 그 공장을 콩고에 직접 지어서 일자리를 창출할 수 있을 겁니다."[30]

댐을 건설하면 생기는 이점이 또 하나 있었다. 콩고 정부가 굳이 비룽가국립공원에 구멍을 뚫어서 석유를 파내야 할 이윤 동기가 줄어드는 것이다. 캐버너는 이렇게 설명한다. "콩고는 소수 엘리트 집단에 의해 운영되는 국가입니다. 그들에게 석유 채굴을 하지 않을 만한 이윤 동기를 제공하면 그들은 석유를 파내려 들지 않을 겁니다."

칼레브와 나는 어느 날 건설 중이던 그 수력 발전 댐을 방문했다. 마테베라는 마을 인근이었다. 스페인에서 온 29세 엔지니어 다니엘이 댐 건설을 총감독하고 있었다. 그 야심 찬 광경 앞에 칼레브는 어린아이처럼 들떴다. "이 프로젝트가 완성되기만 하면 버핏은 콩고의 예수가 된다고 봐야죠." 댐에 위치한 다니엘의 사무실로 걸어가는 길에 칼레브는 다니엘의 손을 잡았다. 콩고인들은 누군가를 자신의 친구라고 생각하면 손을 잡는다. 나는 다니엘에게 기혼이냐고 물어보았다. "네, 일과 결혼했어요." 이렇게 대답하며 다니엘은 웃음을 터뜨렸다. "이 건설 현장이 내 아내고 애인이고 자식이에요!" 다니엘은 예산과 기간 내에 이 프로젝트를 끝내고야 말겠다고 다짐했다.

우리가 비룽가국립공원에서 만나 인터뷰한 사람들은 하나같이 댐이 건설되어 전기가 들어올 미래에 대해 밝은 꿈을 꾸고 있었다. 전등을 밝히고, 휴대폰을 충전하고, 옷을 다려 입고, 전기 취사도구를 쓸 수 있는 그날을 고대했다.

그러나 폭력으로 위협하는 세력은 여전히 남아 있었다. 심지어 헬렌과 내가 콩고를 방문했던 2014년에도 그랬다. 그해 초 메로데는 고마시 청사를 나서 홀로 랜드로버 SUV를 몰고 비룽가국립공원으로 돌아가고 있었다. 그의 옆자리에는 AK-47 소총 한 자루가 놓여 있었다. 공원 사무실까지 절반 정도 갔을 무렵 코너를 돈 메로데는 200미터 전방에 총을 든 남자가 서 있는 걸 발견했다. "내가 다가가자 그 사람은 총을 들어서 겨눴습니다. 다른 2명이 숲속에 웅크리고 숨어 있는 것도 보였죠." 기자와 가진 인터뷰에서 메로데는 말했다. "그 순간 차를 향해 총탄이 쏟아지기 시작했고 난 얼른 머리를 숙였습니다."[31]

메로데는 총에 맞았다. 그나마 랜드로버의 엔진과 기판이 나머지 총알을 막아 주었으니 망정이었다. 메로데는 AK-47 소총을 집어 들고 고장 나 멈춰 선 차 밖으로 나갔다. 수풀 속에 몸을 감춘 뒤 일단 총알이 날아오는 방향으로 응사했다. 자신을 암살하려던 자들이 보이지 않는다는 것을 확인한 후 메로데는 길 위로 되돌아가 손을 흔들어 도움을 청했다. 총에 맞아 피를 뒤집어쓴 사람이 도움을 요청하는데 구호 단체 차량들은 그런 그를 지나쳐 버렸다.

오토바이를 탄 두 농부가 멈춰 섰다. 그들은 농작물을 옆으로 옮기고 메로데를 뒤에 태운 다음 줄로 묶었다. 당시 일을 메로데는 이렇게 회상했다. "콩고의 길이 좀 거칠어야 말이죠. 오토바이 뒷자리에 묶인 채로 실려 가는데 덜컹거릴 때마다 정말 아프더라고요. 총에 맞은 것보다 그게 더 아팠습니다."[32]

농부들은 그를 군 검문소에 데려가 트럭에 옮겨 실었다. 그런데 곧 트럭의 연료가 바닥나 버렸다. "나는 주머니를 뒤져서 20달러를 줬습니다." 메로데가 말했다.[33] 피 묻은 돈을 건네준 메로데를 실은 트럭마저 곧 고장 나 버리자 농부들은 어디선가 다른 군용 차량을 구해 왔다. 그걸 타고 가다가 공원 관리 차량으로 갈아탔다. 마침내 메로데는 병원에 도착할 수 있었다. 당시 44세였던 메로데는 응급 수술을 받았고 어찌어찌

　　　　　　　　　　　　　　지구를 위한다는 착각

목숨을 건졌다.

이쯤 되면 의문이 생길 것이다. 메로데는 비룽가국립공원 인근 주민을 위해 그토록 많은 일을 하고 있다. 누가 왜 그를 죽이려 드는 걸까?

환경 보호의 탈을 쓴
새로운 식민주의

기원전 470년 카르타고(오늘날 북아프리카 튀니지)의 탐험가인 '항해사 한노Hanno the Navigator'는 한 무리의 고릴라를 만났다. 그는 고릴라를 사람이라고 착각했다. 아프리카 서쪽 시에라리온에 해당하는 어느 산기슭에 도착했을 때 현지 길잡이가 한노를 호수 한가운데 있는 섬으로 안내했다. 그곳에는 "야만스러운 사람들이 살고 있었다"라고 한노는 기록했다. "야만인들은 여자가 남자보다 훨씬 많았고 피부는 거칠었다. 통역자는 그들을 '고릴라'라고 불렀다."

한노는 그들 중 일부를 표본으로 사로잡기로 하고 부하들에게 잡아오라고 시켰다.

우리는 추격을 벌였지만 남자들은 모두 절벽 위로 도망치는 바람에 1명도 잡지 못했다. 그들은 거기로 쉽게 올라가더니 우리를 향해 돌을 던졌다. 대신에 여자 3명을 잡았는데 할퀴고 물어뜯으며 대단히 거칠게 저항했다. 결국 우리는 그들을 죽인 후 가죽을 벗겨 카르타고로 가져왔다. 식량이 부족해 그 너머까지 원정을 진행하지는 못했다.[34]

카르타고인들은 자신들이 발견한 피조물에 퍽 매료되었던 것 같다. 300여 년 후 카르타고가 로마에 점령당했을 때 카르타고 궁궐에는 여전히 고릴라 가죽이 전시되어 있었다.

19세기와 20세기 유럽 제국주의자들 역시 마운틴고릴라에 매료됐다. 중앙아프리카에 사는 마운틴고릴라의 학명은 '고릴라 고릴라 베린게이Gorilla gorilla Beringei'인데, 여기서 '베린게이'는 1902년 그 고릴라 종을 발견하고 2마리를 쏘아 죽인 독일군 장교 프리드리히 로베르트 폰 베링에Friedrich Robert von Beringe의 이름에서 따왔다. 1921년에는 스웨덴의 한 왕자가 마운틴고릴라를 14마리나 쏘아 죽였다. 어떤 미국인은 1922년부터 1924년까지 9마리를 죽이거나 포획했다. 그 후 25년간 사냥꾼들은 매년 최소 2마리씩 고릴라를 죽였다. 과학 연구 목적이라는 미명 아래 벌어진 일이었다.[35]

고릴라에 푹 빠졌다는 사람들이 고릴라를 죽여 대는 이 모순은 1921년 미국자연사박물관의 박물학자 칼 에이클리Carl Akeley 덕분에 일대 전환점을 맞는다. 그는 고릴라 5마리를 죽이고 나서 비탄에 사로잡혔다. "고릴라가 나무 아래 쓰러져 있는 모습을 보고 있노라니 과학을 향한 애정이 모두 사라지고 내가 살인자가 되었다는 기분만 남았다. 따스한 거인의 얼굴을 지닌 저 거대한 피조물은 자기 자신이나 친구들의 생명을 지켜야 할 때가 아니면 누구도 해치지 않을 것이다."

에이클리는 당시 콩고를 식민 지배하던 벨기에로 가 국왕 알베르 1세Albert I를 알현했다. 마침 왕은 미국에서 얼마 전 개장한 옐로스톤국립공원을 방문했던 터라 고릴라를 지키기 위해 공원을 만들어 주자는 에이클리의 주장에 귀를 열었다. 그렇게 생긴 곳이 바로 비룽가국립공원이다.[36]

그러나 고릴라 사냥은 멈추지 않았다. 유럽, 미국 등 여러 나라 동물원에서 전시용 고릴라를 원하고 있었기 때문이다. 에이클리는 고릴라에 대해 제대로 알고 있었다. 고릴라는 새끼와 가족을 지키기 위해서라면 목숨 걸고 싸운다. 1948년만 해도 고릴라 6마리가 목숨을 잃었다. 해외 동물원에 팔기 위해 새끼 11마리를 훔쳐 가려던 사냥꾼과 싸우다 벌어진 일이었다.

마운틴고릴라를 사냥한 건 외국인들이지 현지인들이 아니었다. 그런데 유럽 식민주의자들은 고릴라를 지키겠다며 공원 예정 부지에 살고 있던 현지인들을 쫓아냈다. 벨기에의 알베르 1세는 자신의 이름을 따 그 땅에 앨버틴지구대라고 이름을 붙이더니, 수많은 사람이 이미 살고 있었을 뿐 아니라 20만 년 전 인류가 처음 태어난 그곳에서 원주민을 몰아내기 시작했다. 이미 1860년대와 1890년대에 시에라클럽Sierra Club의 창립자인 존 뮤어John Muir를 비롯한 미국 환경주의자들은 정부를 설득해 옐로스톤국립공원과 요세미티국립공원의 원주민을 쫓아내는 데 성공한 바 있었다.

앨버틴지구대는 입이 떡 벌어질 만큼 아름다울 뿐 아니라 다양한 생물종이 살아가는 곳이다. 숲, 화산, 늪, 식곡(침식 작용으로 인한 골짜기), 만년설이 쌓인 산까지 한데 모여 있다. 1757종의 육상 척추동물, 아프리카의 조류 종 중 절반, 포유류 종 중 40퍼센트가 그곳에 모여 산다.[37] 오늘날 마운틴고릴라는 콩고의 비룽가국립공원, 르완다의 화산국립공원Volcanoes National Park, 우간다의 브윈디천연국립공원Bwindi Impenetrable National Park에서 만나볼 수 있다.

그러나 이처럼 공원을 만드는 과정에서 지역 공동체는 추방당했고 그 과정은 갈등과 폭력으로 점철되었다. 아커스재단Arcus Foundation의 '대형 유인원류 프로그램Great Ape and Gibbon Program'을 이끌고 있는 환경 보호 활동가 헬가 레이너Helga Rainer의 말을 들어 보자. "비룽가국립공원은 식민지 시대에 만들어졌는데 땅이 갈등의 핵심이었죠. 유럽 식민주의자들은 국립공원을 만드는 과정에서 토지 보유권 제도를 제멋대로 바꾸거나 망가뜨렸어요."[38]

1864년 캘리포니아에 요세미티국립공원을 만든 후 500만~1000만 명에 달하는 원주민이 환경 보호 활동가들에게 쫓겨난 것으로 과학자들은 추정한다. 코넬대학교의 한 사회학자는 유럽인 때문에 생겨난 환경 보호 난민이 아프리카에서만 최소 1400만 명에 이를 것으로 추산한다.[39]

원주민을 내쫓는 것은 환경 보호 정책의 부수적인 피해 같은 게 아니었다. 환경 보호 정책의 핵심이 바로 원주민 내쫓기였다. 두 학자는 이

주제를 다룬 논문에서 이렇게 지적했다. "가축을 기르고, 산림에서 나는 것들을 채집하고, 농사를 짓던 사람들을 추방하는 것은 20세기에 아프리카 남부와 동부 그리고 인도에서 수행된 환경 보호 정책의 핵심이었다."[40]

우간다 정부와 환경 보호 활동가들은 1990년대 초 우간다의 브윈디천연국립공원에서 이른바 '피그미' 중 한 종족인 바트와족(트와족)을 쫓아냈다. 바트와족은 고기를 얻기 위해 야생 동물을 사냥하는데 환경 보호 활동가들은 그것이 고릴라에게 위협이 된다고 생각했다.[41] 이 문제에 대해 마크 다위Mark Dowie는 2009년 출간한 《환경 보호 난민 Conservation Refugees》에서 이렇게 언급한다. "우간다의 바트와족 같은 공동체는 모두 독립적이고 자족적인 집단이었으나 그 후 가난하고 의존적인 집단이 되어 버렸다."[42]

환경 보호 난민은 극도의 스트레스와 건강 악화에 시달릴 수 있다. 과학자들은 인도 정부가 사자 보호 지역을 만든다고 본래 살던 마을에서 쫓아낸 8000여 명의 타액 샘플을 채취해 조사했다. 이 난민들은 텔로미어telomere가 짧아져 있었는데, 이는 스트레스로 인한 노화 현상이 일어났음을 보여 주는 표시였다. 보상금과 새로운 주거지를 받았지만 본래 터전을 빼앗긴 스트레스를 피할 수는 없었다.[43]

우간다의 바트와족에게도 비슷한 일이 벌어졌다. 그들은 수 세기 동안 브윈디천연국립공원에서 고기를 얻고, 꿀을 모으고, 과일을 따 먹으면서 살아온 사람들이다. 농사를 짓는 새로운 생활방식 같은 것은 생각해 본 적도 없었다. 10년 후 바트와족에 대한 연구를 보면 "결과적으로 다른 부족 사람들은 취약한 상태에 놓인 바트와족을 학대하고 착취하게 되었다."[44]

콩고에서 미국으로 돌아오는 길에 나는 프랜신 매든Francine Madden을 인터뷰했다. 매든은 2000년대 초 우간다에서 인간과 자연 간 갈등을 줄이는 일을 해 온 환경 보호 활동가다. 나는 베르나데테의 고구마를 먹어 치우던 개코원숭이 이야기를 꺼내며, 그처럼 야생 동물이 농사를 망치는 현상에 대한 불만이 두루 퍼져 있다고 지적했다.

매든의 답을 들어 보자. "지역 주민들이 국립공원에 찾아가 동물이 농작물을 망친다고 보상을 요구하는 일은 흔히 벌어지죠. 여러모로 따져볼 때 합리적인 요구라고 할 수 있어요. 만약 옆집 소가 넘어와 우리 집 작물을 먹어 치운다면 우리는 옆집에 손해 배상 청구를 할 거 아니겠어요. 하지만 그런 보상 체계를 갖추고 유지하는 국립공원은 극소수에 불과합니다."

다른 환경 보호 활동가들 역시 야생 동물의 작물 피해 행위를 큰 문제로 바라보고 있다. "우간다에서 작물 피해는 환경 보호 활동가가 다루어야 할 가장 중요한 사안 중 하나입니다." 영장류학자 앨러스테어 맥닐리지가 말했다. "게다가 환경 보호 활동가와 지역 공동체의 갈등이 가장 자주 불거지는 문제기도 하죠. 어느 지역 공동체에 지원을 해 주느냐 하는 문제와 더불어서 말이에요. 셸런버거 씨가 그런 이야기를 전해 들은 건 전혀 놀랄 일이 아닙니다."[45]

2004년 야생동물보호협회의 연구자들은 비룽가국립공원 인근 주민을 대상으로 설문 조사를 실시했다. 조사 대상자 가운데 3분의 2가 매주 한 번 정도씩 개코원숭이에게 작물 피해를 당한다고 응답했다. 고릴라, 코끼리, 버펄로에게 작물 피해를 입는다고 응답한 이들도 상당히 많았다.[46]

우간다와 카메룬에서 고릴라를 연구하는 영장류학자 세라 소여 Sarah Sawyer는 콩고처럼 심하게 낙후된 나라는 생태관광의 혜택을 받기도 어렵다고 지적한다. "[카메룬 같은 나라에서] 현지인들은 환경 보호란 말을 들으면 돈 한 푼 못 받고 살던 땅에서 쫓겨난다고 생각하죠. 카메룬이나 다른 나라에서 그저 '백인'으로 불리곤 했던 나는 현지인들이 우리가 연구하는 곳을 '보호 지역'이라고 부르곤 할 때 그 말 속에 독기가 서려 있는 걸 느낄 수 있었습니다. 정말 마음 아픈 일이에요. '우리는 이곳이 보호 지역이 되는 걸 원치 않아요'라고 현지인들은 말하죠."[47]

"현지에서 환경 보호 운운하면 정말 뭔가 잘못되었다는 기분이 들어요. 그 사람들에게 환경 보호란 그저 자신들을 쫓아내고 자원을 강탈한다는 뜻으로 받아들여지거든요. 그 사람들에게 고릴라 보호 같은 이야기가 귀에 들어올까요. 그런 상황에 놓일 때마다 나는 대학원에서 읽었던 어떤 글을 떠올리곤 합니다. 환경 보호의 탈을 쓴 새로운 식민주의에 관한 글 말이에요."[48]

원주민의
우선순위는 다르다

1990년대가 되자 환경 보호 활동가들 사이에는 "원주민과 싸워서 이길 수는 없다"는 교훈이 확고하게 자리 잡은 듯 보였다. 환경 운동 NGO들은 원주민 보호를 지지한다는 뜻을 담은 강력한 성명을 여럿 내놓았다. 보호 지역 내에 또는 인근에 사는 원주민의 처우를 개선하기 위한 다양한 방안을 시행했다. 이들을 보호하기 위해 미국국제개발처United States Agency for International Development 같은 기구들이 수백만 달러를 원조하기 시작했다.

1999년 마침내 세계자연보전연맹은 원주민에게 그들의 땅을 "지속가능하며 전통적인 방식으로 사용할 수 있는" 권리가 있음을 공식적으로 인정했다. 2003년 세계자연보전연맹이 주최한 세계공원총회World Parks Congress에서는 비룽가국립공원처럼 보호 가치가 있는 지역을 포함하고 있는 빈국과 개발도상국에 재정 지원을 하기로 약속하며 원주민의 삶에 "해를 끼치지 않는" 것을 원칙으로 통과시켰다. 2007년에는 유엔 역시 환경 보호로 인해 타격을 받는 원주민의 권리를 지지하는 강력한 성명을 채택했다.

오늘날 환경 보호 활동가들은 많은 NGO들이 발 벗고 나서서 숲 사용을 대체할 방안을 마련해 주거나 고릴라 관광을 활성화해 현지인에게 경제적 보상을 제공해 주는 등 자연 보호 지역 주민의 피해를 최소화하기 위해 노력하고 있다고 강조한다.[49]

그러나 영장류학자인 소여의 생각은 좀 다르다. "상대적으로 부유한 외국인들이 기꺼이 찾아와서 수천 달러의 비용을 내 가며 구경하고 싶어 하는 동물이 그렇게 많지는 않아요. 마운틴고릴라 정도라면 모를까." 가령 오늘날 르완다에서 고릴라를 1시간 정도 구경하려면 1500달러를 내야 한다.[50] "게다가 그런 인기 있는 동물이 있다 한들 기반 시설도 없고, 안전이 보장되지도 않고, 경제 개발 수준이 낙후되어 있다면 생태관광으로 돈을 벌 기회는 더욱 줄어들죠."[51]

2000년대 초에 야생동물보호협회의 앤드루 J. 플럼프터Andrew J. Plumptre와 동료들은 앨버틴지구대의 국립공원 주변 원주민 3907가구를 대상으로 인터뷰를 진행했다. 이 연구에 따르면 생태관광의 혜택을 보고 있는 이들은 극소수에 지나지 않았다. "본인 또는 공동체가 숲에서 얻을 수 있는 혜택이 무엇이냐는 질문에서 생태관광이 가능하다는 것은 매우 순위가 낮은 장점으로 여겨졌다." 플럼프터 팀이 작성한 보고서 내용이다. "생태관광은 그들 자신이 아니라 국가 전체에 도움이 되는 것으로 여겨지고 있었다."[52]

한편 목재 펠릿wood pellet과 펠릿용 풍로를 보급해 숯 사용을 대체하려던 NGO들의 시도는 실패로 돌아갔다. 영장류학자 앨러스테어 맥닐리지는 이렇게 말한다. "목재 펠릿은 아무 곳에서도 별 성공을 거두지 못했어요. 내가 아는 한 어디에서도 호응을 받아 인기를 끌지는 못했습

니다."[53] (펠릿은 유기물이나 바이오매스를 압축해 작은 조각 모양으로 만든 바이오 연료다-옮긴이)

플럼프터 또한 같은 생각이다. "세계자연기금World Wildlife Fund, WWF은 지속가능한 사용을 위해 나무를 심는 프로그램을 오래도록 전개해 왔습니다. 하지만 그게 숯을 만들기 위한 벌목을 종식시키는 데 별 영향을 주지는 못했어요." 나와 인터뷰하면서 그가 말했다. 이유는 간단했다. 현지인들은 곧게 잘 자란 계획 식수를 건축용 자재로 쓰고 싶어 했기 때문이다. 그런 좋은 나무를 연료용 숯으로 만들 수는 없었다.[54]

"더 현대적인 연료로 넘어가야 한다는 게 내 지론입니다." 대형 유인원류 프로그램의 헬가 레이너 박사가 말했다. "우리는 아직도 에너지 효율이 높은 풍로를 운운하고 있는데 실망스러운 일이죠."[55]

상황은 점점 더 꼬여만 간다. 플럼프터가 비룽가국립공원 일대 주민들을 대상으로 수행한 연구에 따르면 충분한 연료용 목재를 구하지 못하는 사람이 전체 주민 중 절반에 달한다.[56]

환경 보호 활동가들이 환영받지 못하는 곳에서 일하는 경험을 통해, 환경 보존 과학자 세라 소여는 자신이 하는 일의 가치에 대해 고민하기 시작했다. 소여는 내게 말했다. "처음 생태 보존이라는 분야에 발을 디뎠을 때 내 생각은 단순했어요. '가장 취약해진 곳에 가서 취약한 생물종을 보호하면 되겠지.' 지금도 그 목적 자체가 틀렸다고 생각되지는 않아요. 하지만 환경 보호의 우선순위가 한참 낮은 지역이 참 많죠. 자신이 지키고자 하는 환경이라는 게 뭔지 신중하게 생각할 필요가 있어요."

"어떤 지역을 보호하기 위해 예산을 가장 많이 따낼 수 있다고 해서 그 지역이 꼭 가장 많은 관심이 필요한 곳이냐 하면 그렇지는 않아요. 한때는 이렇게 생각했죠. '지구 위에서 이 생물종이 사라지게 할 수는 없어.' 그런데 생각을 해 봐야죠. '이렇게 큰 사회, 정치, 경제 비용을 인간 쪽에서 감당하면서까지 이 종들을 지켜야 하는 걸까?' 아니면 이렇게 말해 볼 수도 있어요. '우리는 이 종을 지키고 싶어. 하지만 이 지역에서 우선 처리해야 할 일이 과연 그것뿐일까?'"[57]

플럼프터는 비룽가국립공원을 외국인이 관리하는 것 자체에 우려를 표한다. 현지인과 유대 관계가 약해질 수밖에 없기 때문이다. "외부인이 와서 모든 걸 관리하는 것처럼 보이면 문제가 있죠. 국립공원이 외국인들의 놀이터로 보일 위험이 있으니까요. 그런 식으로 보이면 실제로 위험에 처했을 때 도움을 받기가 어려워질 테고요."

비룽가국립공원 소장 에마뉘엘 드 메로데는 그런 외부인 중에서도 '왕족'이라 할 수 있다. 일단 그는 실제로 벨기에 왕자다. 게다가 그의 아내 루이즈 리키Louise Leakey는 리처드 리키의 딸이다. 리처드 리키는《제6의 멸종》을 쓴 사람이며, 루이즈의 할아버지이자 리처드의 아버지인 루이스 리키Louis Leakey는 앨버틴지구대를 탐사해 인류 진화의 기원을 밝혀낸 고인류학자다.[58]

"야생 동물이 우리보다
더 소중해?"

메로데가 비룽가국립공원의 소장이 된 후 가장 처음 벌인 대규모 사업
은 비룽가국립공원 내에서 농사짓는 이들을 쫓아내는 것이었다. 콩고에
는 비료, 도로, 관개 시설 등이 부족했던 탓에 농사를 지을 만한 땅을 찾
아 들어온 사람들이었다. "메로데는 공원 관리 인원을 650명에서 150명
으로 줄이고는 사람들에게 총구를 들이대며 싸웠죠. 그렇게 강제로 쫓
아냈어요." 야생동물보호협회의 앤드루 플럼프터가 말했다.[59]

강경 노선을 취하는 메로데를 보며 환경 보호 활동가들은 놀랄 수
밖에 없었다. 플럼프터의 말을 들어 보자. "메로데는 박사 과정 전체를
지역 공동체와 함께하는 환경 보존 연구에 바쳤던 사람이었어요. 그러
니 군대식으로 무장한 공원 경비대를 거느리고 총을 겨누며 사람들을
몰아냈다는 건 그야말로 충격이었죠. 실제로 그는 그전까지 지역 공동
체와 함께 일해 왔으니까요."[60]

메로데의 강경한 태도는 역풍을 불러왔다. 플럼프터는 이렇게 말한
다. "메로데와 함께 일하는 사람들은 공원 내의 수많은 이들과 반목하게
되었습니다. 아주 큰 실수였죠. 메로데는 한정된 예산으로 소수에게 많
은 급여를 줘서 동기를 부여할 생각이었을 테지만, 공원 경비 인력을 그
렇게까지 줄이자 공원을 관리할 수조차 없게 되고 말았어요."[61]

야생 동물의 작물 피해를 연구해 온 과학자 프랜신 매든에 따르면 환경 보호 활동가들의 공격적인 태도는 현지인들이 야생 동물을 죽이는 결과를 낳았다. "사람들은 인정과 존중을 받지 못한다는 느낌이 들면 어딘가에 화풀이를 하죠. 우리가 선뜻 동의할 수 없는 방향으로 화풀이를 하려고 드는 거예요." 저널리스트들과 과학자들은 수십 년에 걸쳐 그런 사태를 기록해 왔다.[62]

플럼프터에 따르면 메로데는 지역 주민의 공분을 샀고, 그리하여 250마리가량의 코끼리가 죽는 결과를 낳았다. "우리가 조사한 결과에 따르면 비룽가국립공원에 남은 코끼리는 35마리였습니다. 2010년 300마리에서 그만큼 줄어든 거죠. 그중 일부는 우간다의 퀸엘리자베스국립공원Queen Elizabeth National Park으로 갔을 거예요. 하지만 우간다에서 240~250마리의 새 코끼리는 발견되지 않았습니다. 양쪽 숫자를 집계해 보면 결국 나머지는 죽었다고 봐야 합니다."[63]

매든도 같은 생각이다. "사람들이 정부를 상대로 복수를 할 수야 없죠. 하지만 정부에서 보호하려는 야생 동물을 상대로 분풀이하는 건 가능하잖아요. 상징적인 복수 행위가 되는 거죠. '이게 그렇게 대단해? 우리보다 더 소중해?'라는 심리 상태에서 벌이는 행위예요."

왜 메로데는 현지인을 상대로 강경 노선을 택했던 걸까? 내 질문에 플럼프터는 이렇게 답했다. "공원 내에 그렇게 많은 사람이 살고 있으면 안 된다고 생각했던 것 같아요. 그리고 공원 통제권을 확실히 못 박는 게 본인이 해야 할 일 중 하나라고 느꼈겠죠. 현지 전통 지도자들의 도움을 얻는 게 얼마나 절실한지 제대로 알아차리지 못한 것 같습니다. 그런데 그 지도자들은 대개 불법 활동과 연루되어 있거든요. 그러니 그들을 상대하는 까다로운 짓을 하느니 그냥 쫓아내는 게 훨씬 쉽다고 느꼈을 수도 있겠죠."[64]

매튼은 많은 환경 보존 과학자들이 현지인과 관계 형성을 과소평가하는 성향을 지녔다고 믿는다. 환경 보존 과학자들은 "대단히 내향적이고 분석적인 사람들이죠. 과학자들은 자기들끼리만 모여 있는 어느 연구실 구석에서 대단히 큰 결정을 내려요. 현지인들로서는 억압적이고 부담스럽다고 느낄 만한 그런 결정을 말이죠. 과학자들에게 악의가 있다고 할 수는 없어요. 세상을 더 나은 곳으로 만들겠다는 거죠. 하지만 과학자와 현지인의 우선순위는 다를 수밖에 없고, 현지인은 존중받지 못한다는 생각에 분통이 터지는 거죠."

2015년에서 2019년 사이 비룽가국립공원 내 야생 동물의 작물 피해 행위는 더욱 심해져만 갔다. 2019년 말 현지 농부 한 사람은 칼레브에게 말했다. "우리는 국립공원 측에서 야생 동물이 넘어오는 걸 막기 위해 전기 울타리를 쳐 줘야 한다고 생각합니다."

매튼의 말을 들어 보자. "동물들이 현지인의 농사를 망치지 못하게 막아 줄 책임은 국립공원 측에 있습니다. 내가 카메룬에서 현지 조사를 할 때 야생 동물의 작물 피해에 분노한 사람들이 대규모 반란을 일으켰어요. 사람들은 고릴라를 사냥해 바비큐용으로 콩고에다 보냈습니다. 그 와중에 사람들도 부상을 입었죠. 허벅지가 반 이상 날아갈 정도로요.

거의 무정부 상태의 아수라장이 펼쳐지기 직전까지 갔죠."

카메룬에서 벌어진 일을 보면 콩고 상황은 더욱 나쁜 쪽으로 향할 수 있다. 영장류학자인 세라 소여는 말한다. "내가 카메룬 보호 지역에 도착했을 때는 추가 보호 조치가 마땅히 필요하다는 논의가 이루어지고 있었습니다. 내가 떠날 때쯤에는 잠재적으로 벌목을 허용하자는 논의가 한창이었고요."

《제6의 멸종》같은 책, 생물다양성과학기구의 2019년 보고서 같은 문서, 또는 〈비룽가〉같은 영화를 봤거나 그런 분위기에 익숙한 사람이라면, 야생 환경을 보호하기 위해 경제 성장을 억눌러야 한다는 사고방식에 암묵적으로 동의하고 있을 가능성이 크다. 공원 일대 경계는 더욱 강화되어야 하며, 석유 회사를 악마화하고 쫓아내야 한다는 식으로 말이다. 게다가 그런 주장을 담은 책과 영화와 보고서 등은 아프리카의 야생 공원이 유럽인 손에 운영되어야 마땅하다는 인상을 선진국 소비자들이 갖게 만든다.

플럼프터는 이렇게 이야기했다. "비룽가국립공원은 콩고인이 운영할 때가 더 나았던 것 같아요. 더 많은 대형 포유류가 살았고, 정치적 문제는 더 적었고, 공원을 침략하는 사람 숫자도 더 적었죠. 심지어 지금과는 비교할 수 없을 만큼 적은 비용으로 운영되었죠. 지금은 기반 시설이 갖춰졌지만 포유류 숫자는 대폭 줄어들고 공원 내에 농사짓는 사람은 훨씬 늘어났어요. 불과 5, 6년 전만 해도 이렇지 않았습니다."

무장 집단이 날뛰는
무법천지

2018년 비룽가국립공원은 잠시 문을 닫았다. 무장 집단이 25세 공원 경비대원을 살해하고 세 사람을 납치하는 사건이 벌어졌기 때문이다. 납치당한 3명 중 2명은 영국인 관광객이었다. 무장 집단은 관광객과 콩고인 운전기사를 이틀 뒤 석방했지만 이미 살해당한 공원 경비대원은 돌아올 수 없었다. 희생자는 당시 26명뿐이던 여성 경비대원 중 한 사람이었다.[65]

비룽가국립공원은 여덟 달 동안 여행 프로그램을 중단한 후 2019년 초 다시 문을 열었다. 하지만 몇 주 지나지 않아 현지 무장 집단이 공원 경비대원을 살해하는 사건이 또 발생했다.[66]

베르나데테 역시 그런 일을 당할 뻔했다. 무장한 남자들이 남편을 납치하거나 살해하려고 찾아왔고 그들은 도망가지 않을 수 없었다. 나는 2019년 말 다시 콩고에 가서 칼레브를 고용해 베르나데테의 후일담을 인터뷰하려다가 그 사실을 알게 되었다. 내 부탁을 받은 칼레브는 베르나데테의 행적을 추적해 소재를 파악할 수 있었다.

칼레브는 베르나데테를 직접 만나 이야기를 들었다. 베르나데테에 따르면 남편은 정치적 이유로 공격 목표가 되었다고 한다. "남편은 족장의 손자예요. 무장 집단은 족장을 숲으로 끌고 가 죽였죠." 족장 아들은

지구를 위한다는 착각

어찌어찌 위기를 모면했지만 결국 무장 집단의 손에 목숨을 잃고 말았다. 살해당한 족장의 동생이 복수를 꾀했지만 역시 살해당했다. 다음번 족장직 계승자인 남편은 고마시로 도망쳤고 무장 집단은 그를 뒤쫓아 온 것이었다.[67]

"누군가 집 안으로 들어오려는 소리에 잠에서 깼어요. 남편은 겁에 질렸고 난 아직 잠에서 덜 깬 상태였어요. 남편은 일어나 천천히 딸 방으로 갔어요. 나도 일어나서 남편을 불렀죠. '잭슨 아빠, 잭슨 아빠!' 아무 대답이 없었죠. 겁이 덜컥 났어요."

"그때 무장 집단 사람들이 문을 열려는 소리가 들렸어요. 나는 속으로 생각했죠. '얼마 전에 남편이 쫓기는 와중에 죽은 아내가 있었다고 했지. 어쩌면 나도 머리에 총을 맞고 죽는 신세가 될지 몰라.'"

"난 천천히 일어나 울기 시작한 아기를 끌어안았죠. 내가 딸 방으로 가는 소리를 무장 집단은 들었을 테죠. 딸 방에 가니 남편이 서 있더라고요. 나도 남편 옆에 섰어요. 천만다행으로 남편이 꾀를 내서 전화기를 들고 알람을 맞추더라고요. 전화벨 울리는 소리가 들리자 무장 집단은 겁을 먹고 물러갔어요."

"그들은 현관에서 벗어나 집 뒤쪽으로 갔는데 우리는 그들이 서로 대화하는 소리를 엿들었어요. 우리는 아무 소리 내지 않고 가만히 있었죠. 너무 무서워서 아침이 될 때까지 그냥 조용히 앉아 있기만 했어요."

"사흘 후 우리는 또 잠에서 깼어요. 누군가 문을 억지로 열려고 하는 소리를 들었거든요. 우리는 일어나서 딸 침실로 들어가 서 있었죠. 그들이 안방에 총을 쏠지 모른다고 생각했거든요. 남편은 또 전화기를 꺼내 누군가와 통화하는 척했고 침입자들이 떠나가는 소리가 들렸죠."

다음 날 베르나데테의 시어머니는 아들과 며느리에게 도망가라고 했다. "남편은 이러더라고요. '싫어요. 아버지도 돌아가셨잖아요. 어떻게 어머니만 두고 떠날 수 있어요? 어머니 곁에 있어 줄 사람이 누가 있나요?' 시어머니는 이러셨고요. '네 형제들이 머리에 총을 맞고 죽은 걸 보는 것도 한두 번이지. 이제 충분하다. 일단 떠나렴. 내 운명은 신께서 돌봐 주실 거야.'"

베르나데테는 아이들 중 일곱을 시어머니에게 맡겼다. 그리고 남편과 함께 세 아이를 데리고 다른 사람의 농장에 가서 일하기 시작했다.

칼레브를 만나 인터뷰하던 베르나데테는 풀이 죽은 모습이었다고 한다. "여기서 살아남으려면 남 밑에서 일해야 해요." 칼레브에게 베르나데테는 말했다. "먹고살려면 청소를 하거나 농사를 짓거나 해야 하죠. 인생이 고달파요. 이 상황을 이겨 낼 수 있을지 모르겠어요."

베르나데테가 납치당했다면 무슨 일이 생겼을까? 내가 묻자 칼레브는 이렇게 대답했다. "여자를 납치하면 강간하죠. 남자는 두들겨 패고요. 가족이나 친척에게 전화를 걸고 스피커폰을 켜 놓아요. 고문당하는 소리가 다 들리도록."

하지만 이 가난한 사람들이 무슨 돈으로 몸값을 낸단 말인가? 칼레브는 말했다. "땅을 팔고 친척들에게 돈을 빌릴 수밖에요."

　　　　　　　　　　　　지구를 위한다는 착각

그들에게는
석유가 필요하다

사람들이 나무나 숯을 연료로 쓰지 않게 하는 궁극적인 해법은 LPG(액화석유가스)나 석유 또는 저렴한 전기를 공급하는 것이다. 인도 연구자들은 히말라야산맥에 사는 현지인들을 대상으로 LPG 사용 보조금을 지급한 결과 삼림 파괴가 줄어들고 숲의 생태계가 회복되었다는 사실을 확인했다.[68]

야생동물보호협회의 맥닐리지를 비롯한 일부 환경 보호 활동가들은 콩고 정부가 언젠가는 비룽가국립공원 내 석유 채굴을 허용할 수밖에 없을 것이라고 생각한다. 그리고 그 결과는 긍정적일 것이라고 본다. "콩고 정부가 석유를 영원히 땅속에 내버려 둘 가능성은 아주 적다고 생각해요. 우간다 정부만큼 적극적으로 석유 채굴에 나서고 있지는 않은데 유가가 낮아져서 경제성이 없기 때문이죠. 콩고의 원유 매장량은 20억에서 30억 배럴 정도로 추정합니다. 물론 전량 채굴 가능하진 않을 거예요. 하지만 하루에 3만에서 6만 배럴, 어쩌면 25만 배럴까지 채굴할수 있을 테고, 그것만 해도 이 나라의 연료 수급에 큰 변화를 가져다줄겁니다."[69]

맥닐리지의 동료인 플럼프터 역시 같은 생각이다. "만약 콩고에 수력 발전소와 석유 공급 시스템이 갖춰져 있다면 사람들은 숯 대신 전기와 가스를 쓸 테고, 에너지 수급이 그렇게 깨끗한 방식으로 이루어질 수 있다면 환경에 좋을 겁니다."

이런 관점은 환경 보호 활동가들 사이에서 논란을 불러일으킨다. 맥닐리지 역시 잘 알고 있다. "두 가지 관점이 있는 거죠. 어떤 사람들은 이래요. '그건 불법이야. 비룽가국립공원은 유네스코 세계 유산이라고.' 이상적인 세계라면 그런 논리가 통할 겁니다. 하지 말아야 할 일을 하지 말라고 하면 되는 그런 세상 말이죠."[70]

"하지만 다른 관점에서 볼 수도 있어요. 나는 이쪽에 가까운데요, 일이 그런 식으로 진행되는 경우를 생각해 보자는 거죠. BP가 됐건 다른 실력 있는 석유 회사가 됐건, 그들이 최선을 다해 환경 파괴를 막으면서 석유 채굴을 하고, 이 나라 사람들에게 최대한 혜택을 돌려주면서 외부인이 볼 때도 투명하게 사업을 진행한다면 지금보다 훨씬 낫다는 겁니다."[71]

원래 비룽가국립공원의 석유 채굴은 소코Soco라는 회사가 진행하게 되어 있었다. 런던에 본사를 둔 나름 명성 있는 곳이었다. "만약 소코를 쫓아낸다고 해 봐요. 그러면 그보다 더 나쁜 결과가 벌어질 수도 있어요. 내가 그 업계를 잘 모르긴 하지만 경험이 부족한 아시아 어느 회사가 손을 댄다면? 또는 환경 단체가 잘 알지 못할 만큼 규모가 작아서 환경을 보호하며 채굴하는 건 염두에 두지 않는 회사가 끼어든다면? 그런 기업들은 온갖 위험 요소를 덜 꺼릴 겁니다. 그럴 때 일은 종종 더 나쁜 방향으로 흘러가죠."[72]

맥닐리지는 프랑스 석유 회사인 토탈 SATotal SA가 지속가능한 방식으로 석유를 채굴할 수 있도록 협력한 적 있었다. 채굴 장소는 비룽가 국립공원 북동쪽에 위치한 우간다의 머치슨폭포국립공원Murchison Falls National Park으로 앨버틴지구대의 주요 국립공원 중 한 곳이다. "나는 언제나 내가 일하는 나라의 역량을 키우고, 그 나라의 일을 그 나라 사람들이 스스로 해 나갈 수 있게 돕는 쪽을 택해 왔어요. 그게 궁극적으로는 올바른 접근법이라고 믿고 있습니다."[73]

환경 보호 활동가 맥닐리지를 석유 회사와 함께 일하도록 이끄는 것은 현실주의에 입각한 휴머니즘이다. "우리가 처한 문제는 생각보다 훨씬 더 심각하다는 걸 깨달았습니다. 석유 업계는 경제적 역량이 있어요. 문제 해결에 도움을 줄 여력이 됩니다. 석유 채굴로 벌어들이는 수익으로 국립공원 유지비 정도는 거뜬히 충당할 수 있죠. 석유 회사들이 채굴 지역을 보호하게끔 할 수 있다면 현지인들에게 더 높은 소득을 가져다줄 가능성이 열리는 겁니다. 석유 회사들로서는 자신들의 평판이 달린 일이죠. 제대로 해낸다면 명성을 얻겠지만 뭔가 잘못된다면 스스로 얼굴에 먹칠을 하는 셈이니까요."[74]

석유 채굴이 환경에 미치는 영향은 놀라우리만치 미미하다. 맥닐리지는 이렇게 설명한다. "어느 정도의 진동과 혼란은 있죠. 동물들은 채굴이 시작되면 곧장 그 지역을 떠나려 들 테니까요. 하지만 공원 전체를 놓고 볼 때 매우 좁은 지역에 국한되는 일입니다. 게다가 충격을 덜기 위해 석유 회사가 주의를 기울인다면 더욱 그렇고요. 그런 목적 아래 할 수 있는 충격 대비 활동이 많습니다. 동물에게 미치는 영향은 한시적이라고 봐요."[75]

물론 그게 쉬운 일은 아니라는 걸 맥닐리지 역시 인정한다. "기업들에 뭔가를 강제하는 것 자체가 실제로는 쉬운 일이 아니죠. 토탈 SA와 같이 일하는 건 정말이지 만만치 않은 일이었어요. 기업 내 관료주의가 극심했고 그들이 지켜야 할 것을 지키게 만드는 것 역시 간단한 일은 아니었으니까요."

맥닐리지는 25년 전 나비를 연구하기 위해 처음 콩고에 발을 디뎠다. 그간의 경험은 그를 어떻게 바꿔 놓았을까. 내 질문에 그는 이렇게 답했다. "내가 근본적으로 다른 사람이 된 것 같지는 않아요. 하지만 예전처럼 무턱대고 그럴싸한 소리만 하지는 않죠."

발전을 위한 동력 갖추기

에마뉘엘 드 메로데가 하워드 버핏과 유럽연합의 자금 지원을 받아 비룽가국립공원에 댐을 짓기 시작하자 대부분의 전문가들은 회의적인 태도를 보였다. 댐 규모가 제한될 수밖에 없었기 때문이다. 저널리스트인 마이클 캐버너는 이렇게 말했다. "그건 지속가능한 프로젝트가 아닐 뿐더러 콩고 전체로 확산되기도 어렵습니다. 부유한 기부자들의 돈을 끌어올 수는 있죠. 비룽가와 고릴라에다 에마뉘엘 메로데라는 인물까지 특별한 조건을 갖췄으니까요. 비룽가국립공원은 콩고자연보호협회 L'Institut Congolais pour la Conservation de la Nature에 속해 있는 일종의 영지고 에마뉘엘은 그 영주라고 볼 수 있습니다. 그러니 평범한 조직으로서는 불가능한 일을 할 수 있는 거죠."[76]

결국 댐은 2만여 명에게 전기를 공급하게 될 것이다. 하지만 그것은 코끼리에게 비스킷 한 조각을 주는 일에 지나지 않는다. 고마시만 놓고 봐도 200만 명이 전기 없이 살아가고 있기 때문이다.[77] 게다가 비룽가국립공원 댐에서 생산되는 전기는 가격이 몹시 비싸다. 다시 말해 상당히 부유한 사람들만 그 혜택을 누릴 수 있다. 전력망에 연결하기 위해서는 292달러의 설치 비용이 드는데 이것은 지역 주민 대부분에게 언감생심이다.[78] 연평균 소득이 561달러라는 점을 놓고 볼 때 턱없는 가격이다.[79]

"그 댐 덕분에 공장, 자동차 정비소, 기계는 돌릴 수 있을 겁니다. 하지만 저소득층은 전기를 쓰지 못할 거예요." 누군가가 칼레브에게 한 이야기다. "그러니 국립공원의 나무를 베어 숯 만드는 일을 막을 수가 없습니다. 여전히 사람들은 국립공원에서 숯을 만들 거예요. 댐을 건설하는 목적은 사람들이 숯을 만들 필요가 없게 해서 나무를 지키는 건데 지금 전기는 너무 비싸요. 전기가 그렇게 비싼 한 사람들은 계속 국립공원에 들어가 나무를 베어 숯을 만들겠죠."

콩고에 풍족한 전력을 공급하는 가장 저렴하고 쉬운 방법은 따로 있다. 모든 전문가가 동의하는 그 해법은 콩고강에 그랜드잉가댐Grand Inga Dam을 건설하는 것이다. 이는 오래전부터 논의되어 온 사안이기도 하다. 캐버너는 이렇게 지적한다. "잉가댐을 건설하면 10만 메가와트급 발전이 가능합니다. 아프리카 전체 전력 수요를 충당할 수 있죠."

잉가댐은 캘리포니아, 애리조나, 네바다의 800만 명에게 전력을 공급하는 후버댐보다 50배나 큰 발전 용량이다.[80]

누구나 이용할 수 있는 값싼 전기와 LPG를 공급하기 위해, 또 유럽연합과 미국 자선 사업가의 원조금에 의존하지 않기 위해, 콩고는 치안과 평화 그리고 무엇보다 산업화를 이루어야 한다. 수많은 나라가 과거에 그런 방식으로 가난에서 벗어났다는 것을 우리는 잘 알고 있다.

지구를 위한다는 착각

5

저임금 노동이
자연을 구한다

Apocalypse Never

패션과의 전쟁

2019년 가을 런던 패션 위크가 한창이었다. 멸종저항 활동가들이 시위를 시작했다. 패션 산업이 기후 변화에 미치는 영향에 대해 항의하기 위해서였다. 시위대 중 일부는 가짜 피를 뒤집어쓴 채 거리에 누워 있기도 했다. 빅토리아 베컴의 패션쇼 행사장 앞에서 멸종저항 활동가들은 이런 구호가 적힌 푯말을 들고 서 있었다. "패션＝환경 살인." "지금처럼 살면 지구 생명 다 죽는다."[1] 멸종저항 대변인 중 한 사람은 이렇게 말했다. "우리 인류는 문자 그대로 최후의 날을 향하고 있습니다."[2]

약 200명의 멸종저항 활동가들은 거대한 관을 운반하고 음악을 연주하며 가짜 장례 행렬을 벌였다. 시위대는 런던 중심가인 스트랜드 대로를 도보로 행진하며 교통을 막았다. 그들은 구호를 외치며 유인물을 배포했다. 시위대는 패션 산업이 전체 탄소 배출의 10퍼센트에 책임이 있다고 주장했다.[3]

한편 런던에 모인 또 다른 예닐곱 명의 시위대는 피처럼 붉은색 옷을 입고 얼굴에는 하얀 칠을 한 후 저렴한 옷을 판매하는 패스트패션 업체인 H&M 앞에서 항의 시위를 벌였다.[4] 멸종저항의 페이스북 페이지에 올라온 한 게시물에 따르면 "패션 산업은 여전히 계절별 신상품 출시라는 낡은 체계를 고수하고 있다. 새로운 소재로 새로운 패션을 만들어 내라는 끝없는 압력을 행사한다."[5]

지구를 위한다는 착각

멸종저항 홈페이지에는 이런 내용이 실려 있다. "인류는 세계적으로 매년 1000억 벌 이상의 의류를 생산한다. 그리하여 지구뿐 아니라 옷을 만드는 이들에게도 끔찍한 고통을 가하고 있다. 더 나쁜 소식이 있다. 최신 연구에 따르면 의류 및 제화 산업은 2030년까지 81퍼센트 성장할 것이라고 한다. 이미 고갈되고 있는 지구 자원을 전례 없이 소진하게 된다는 뜻이다."

멸종저항의 시위는 반향을 불러일으킨 것으로 보인다. 최근 설문 조사에 따르면 소비자 중 33퍼센트는 더 친환경적이고 지속가능한 브랜드의 옷을 소비하겠다고 응답했다. 또 의류를 구입할 때 환경과 지속가능성을 중요하게 여긴다고 응답한 이들이 75퍼센트에 달했다.[6]

패션과 기타 소비재 산업은 태생적으로 지속가능하지 않다고 주장하는 이들도 있다. 소비재 산업이 소비를 늘린다는 점에 초점을 맞춘 비판이다. "사람들이 소비를 멈추는 것만이 이 시점에서 유의미한 방법입니다. 사람들에게 이런 주장을 하면 동의를 얻기가 참 어렵지만 말이죠." 한 멸종저항 활동가가 말했다. 다른 활동가가 덧붙였다. "패션은 영향력이 매우 강한 의사소통 수단입니다. 우리는 모두 옷을 입어야 하기에 패션은 힘이 셀 수밖에 없죠."[7]

환경주의자들이 투쟁 대상으로 삼는 소비재는 신발과 옷만이 아니다. 2011년 그린피스 활동가들은 캘리포니아에서 바비 인형을 만드는 마텔Mattel을 향해 시위를 벌였다. 《워싱턴포스트》와 여러 언론에서 보도한 그린피스의 성명에 따르면, 마텔은 아시아 펄프 앤드 페이퍼Asia

Pulp & Paper라는 회사에 하청을 주고 있었는데 그 회사는 인도네시아 열대우림을 베어 만든 펄프를 원료로 사용하고 있었다.[8]

시위 현장에서 바비 인형처럼 차려입은 그린피스 활동가가 핑크색 불도저를 몰고 다녔다. 그 활동가는 구경꾼들을 향해 질문을 던졌다. "과연 저들이 내가 쇼핑몰에 주차를 하도록 내버려 둘까요?" 또 다른 활동가는 캘리포니아주 엘세군도에 소재한 마텔 본사 건물의 지붕에 올라가더니 바비의 남자친구 켄의 슬프고 낙심한 얼굴이 그려진 팻말을 꺼내 들었다. 팻말 속 켄은 이렇게 말하고 있었다. "바비, 우리 사이는 끝났어. 나는 삼림 파괴에 일조하는 여자랑은 데이트 안 해."[9]

그러나 마텔은 어떤 면에서건 삼림 파괴를 불러오는 주범이라 보기 어려웠다. 일간지와 비교해 보면 마텔에서 사용하는 종이의 양은 하찮은 수준이다. 그린피스가 마텔을 표적으로 삼은 건 마텔이 종이를 많이 사용하기 때문이 아니라 바비 인형이 너무나 잘 알려진 브랜드기 때문이었다. 장난감 회사를 공격하는 것은 언론의 관심을 끌기에도 안성맞춤이었다.

가난한 개발도상국의 의류 공장과 다른 여러 소비재 공장이 하는 일은 멸종저항이나 그린피스가 주장하는 것과는 정반대라고 할 수 있다. 공장은 삼림 파괴를 불러오는 주범으로 지목받고 있지만 실은 숲을 지키는 원동력이다. 지금까지 그래 왔고 앞으로도 그럴 것이다.

고향을 떠나 도시로

1996년 나는 글로벌익스체인지Global Exchange, 열대우림행동네트워크를 비롯한 여러 진보적인 환경 단체들과 함께 일하기 위해 캘리포니아 샌터크루스의 대학원을 떠나 샌프란시스코로 향했다.

그 무렵 사람들은 의류와 기타 여러 제품을 생산하는 공장이 노동과 환경에 미치는 영향에 대해 근심하고 있었다. 바비 인형부터 초콜릿까지 우리가 신경 써야 할 것처럼 보이는 대상은 한둘이 아니었다. 그래서 세계에서 가장 크고 많은 이윤을 내는 다국적 기업 중 하나를 골라 싸우는 "기업 캠페인"을 벌이기로 했다. 우리는 열대우림행동네트워크의 버거킹 불매 운동을 모델로 삼았다. 내가 고등학생 시절 모금 활동을 벌였던 바로 그 운동이었다. 우리는 크고 잘 알려진 브랜드를 목표로 삼기로 했다. 나이키를 때리자는 합의에 도달하기까지는 그리 오랜 시간이 걸리지 않았다.

당시 나이키는 여성들의 스포츠 활동이 여성 권리 강화women's empowerment를 돕는다는 새로운 브랜드 마케팅을 막 시작하던 참이었다. 나와 글로벌익스체인지의 동료들은 여성 인권에 초점을 맞추기로 했다. 글로벌익스체인지 활동가들은 발 빠르게 움직였다. 인도네시아의 나이키 공장에서 일하는 노동자들을 미국으로 초청해 공장 생활이 실제로 어떠한지 기자 회견을 통해 알리도록 판을 짜 두었다. 전 세계의 이목을 끌 수 있을 만한 행사였다.

우리는 나이키의 창업자이며 당시 회장이던 필 나이트Phil Knight에게 보내는 공개서한 원고를 마련했다. 페미니즘 운동의 지도자급 인물들에게 편지를 먼저 보여 주고 《뉴욕타임스》에도 미리 보내 두었다. 독립적인 감시 기구가 나이키의 아시아 공장을 시찰할 수 있어야 하며, 노동자의 임금도 높여야 한다는 것이 우리의 요구 사항이었다. 가령 당시 나이키의 베트남 공장에서 일하는 사람들은 하루에 고작 1.6달러를 받고 있었다.

1997년 가을 《뉴욕타임스》에 〈나이키, 광고에서는 여성을 옹호하지만 공장에서는 딴판, NGO 주장〉이란 제목으로 기사가 실렸다. 기사 내용은 이랬다. "여성 단체들이 여성 운동 선수를 내세운 나이키의 새로운 TV 광고에 대해 위선적이라는 비판을 내놓았다. 이들은 나이키가 미국 여성들의 권리 강화를 촉구하면서 해외 여성 노동자에게는 열악한 임금을 지급하고 있는 건 크게 잘못된 일이라고 주장했다."[10]

우리의 캠페인은 성공을 거둔 듯했다. 우리가 불러일으킨 부정적인 이미지는 나이키의 브랜드에 큰 타격을 주었다. 우리는 다른 기업들에도 해외 공장을 제대로 관리하지 않으면 나이키처럼 될 것이라는 경고의 메시지를 보낸 셈이었고 이 또한 마찬가지로 중요한 의미를 지녔다. 컬럼비아대학교 경영대학원 교수인 제프리 힐Geoffrey Heal은 이렇게 설명했다. "기업의 사회적 책임을 분명히 요구한 첫 번째 사례를 꼽으라면 1997년의 나이키 불매 운동을 들 수 있다. 그 일은 나이키에 실로 중대한 영향을 미쳤다."[11]

모든 사람이 나이키를 상대로 한 그 캠페인이 성공했다고 생각하는 것은 아니다. 가령 1988년부터 인도네시아 공장 노동자들과 함께 활동해 온 제프 볼린저Jeff Ballinger는 나이키가 "지속가능한 환경"을 홍보 수단으로 활용해 노동력 착취 문제를 덮어 버렸다고 본다. "하청을 통해 임금을 쥐어짜는 수법은 여전히 저숙련 생산직을 지배하고 있다"라고 볼린저는 썼다.[12]

한편 환경 전문가들과 활동가들은 소비재 생산 기업들이 환경 보호를 위해 뚜렷한 움직임을 보이지 않아 왔다고 이야기한다. 한 활동가가 2019년에 한 말을 들어 보자. "지속가능한 패션이란 목표는 완전히 실패했다. 모든 작고 점진적인 변화는 약탈, 소비, 낭비, 지속적인 노동 착취로 얼룩진 폭발적인 경제 앞에 그저 묻혀 버리고 말았다."[13]

콩고, 르완다, 우간다를 방문하기 몇 달 전인 2015년 6월 나는 인도네시아로 향했다. 그곳의 공장 노동자들이 어떤 환경에 처해 있는지 내 눈으로 직접 확인하기 위해서였다. 나는 24세의 인도네시아인 기자인 샤리파 누르 아이다Syarifah Nur Aida를 가이드로 고용했다. 아이다는 자신을 이페Ipeh라고 불러 달라고 했다. 이페는 인도네시아 공장의 노동 문제를 여러 차례 보도해 왔으며 최근에는 군 비리 문제로 특종을 터뜨린 열혈 기자였다.[14]

"작년에 군 장교들이 토지를 헐값으로 구매했다는 걸 밝혀낸 다음 두들겨 맞은 일이 있었어요." 이페가 말했다. "부모님은 정말 걱정하셨지만 그만두라는 말씀은 절대 하지 않으셨죠."

이폐를 통해 나는 다양한 공장 노동자들과 인터뷰를 할 수 있었다. 그중에는 25세 여성 수파르티Suparti도 있었다. 작은 해안 마을 출신인 수파르티는 처음에는 바비 인형 공장에서 일했고 그다음으로 초콜릿 공장에서 일하고 있다. 인터뷰는 총 두 차례로 먼저 수파르티가 속한 노동조합 사무실에서, 이어서 수파르티의 집에서 이루어졌다. 밝은 분홍색 히잡을 두르고 큼지막한 브로치로 고정한 모습이 이채로웠다.

수파르티의 경험담이 시작됐다. "일요일마다 우리는 물놀이를 했지만 나는 수영하는 법을 배운 적이 없었어요. 물에 완전히 풍덩 들어가 본 적도 없었고요. 내가 살던 마을은 이슬람 율법을 엄격하게 지키는 곳이었거든요. 모임 같은 데서 남자와 만난다는 건 상상도 할 수 없죠."

해변까지 놀러 나가는 일은 그리 많지 않았다. "해변으로 가는 일은 거의 없었어요. 해야 할 일이 너무 많으니까요."[15]

학교를 졸업한 후 수파르티는 부모 형제와 함께 농사일을 했다. "같은 동네 다른 집들보다 우리 집은 못사는 축에 속했죠. 방 4개짜리 대나무 집에서 살았어요. 전기나 TV 같은 건 당연히 없었죠. 볏짚으로 밥을 지었고요."

수파르티의 가족은 쌀농사를 지었고 가지, 고추, 완두콩을 조금 키웠다. 지력을 회복하기 위해 가끔 논에 콩을 번갈아 심었다. 부모가 시장에 내다 팔기 위해 시금치를 묶을 때 돕는 것도 수파르티가 하던 일 중 하나였다.

야생 동물, 질병, 자연재해 등이 수파르티 가족을 위협하는 가장 큰 요인들이었다. 한번은 야생 들개들이 마을에 들어와 돌아다닌 적이 있었다. "부모님은 들개가 우리 집 토끼를 물고 갈까 봐 걱정하셨어요. 조류독감이 퍼질 때는 우리 닭이 병에 걸리면 어쩌나 싶었는데 다행히 별일 없이 지나갔죠."

"사람들은 다들 쓰나미와 지진 걱정이 많았어요. 바닷가에서 가까운 곳에 살았으니까요." 수파르티의 말은 계속됐다. "어떤 사람들은 쓰나미가 닥칠까 봐 무서워서 살림을 모두 산 위로 옮기기도 했어요. 하지만 그러자 메라피Merapi 화산이 폭발했죠. 재산을 산 위로 옮겨 놓은 부자들은 흘러넘치는 용암에 재산을 몽땅 잃고 말았어요. 우린 자연재해 앞에 정말 나약할 수밖에 없다는 걸 느꼈어요."

결국 수파르티는 도시로 향했다. "어릴 때 고모한테 공장에서 일하면서 생활하는 게 어떤지 많은 이야기를 들었어요. 언젠가 나도 공장에서 일하면 좋겠다는 생각을 했죠. 부모님은 내가 집을 떠나는 걸 원치 않으셨어요. '여기서 살아. 집안일을 도우면서 좋은 신랑감을 찾아 결혼해'라고 하셨죠. 특히 엄마는 내가 도시로 나가 사는 걸 원치 않으셨어요. 도시에서 돈 벌어서 많이 부쳐 드리겠다고 설득했죠."

그리하여 열일곱 살이 되던 해에 수파르티는 집을 떠나 도시로 향했다.[16]

산업화와 농업 생산성 향상이
숲을 회복시킨다

수파르티처럼 시골을 떠나 도시로 온 젊은이들은 자신이 먹을 것을 직접 기를 수 없다. 돈을 주고 사야 한다. 결과적으로 가난한 개발도상국에서 농촌 인구는 감소하는데, 이는 적은 수의 농부가 더 많은 식량을 생산해야 한다는 말과 같다.

우간다에서 나는 친환경 숙박 시설ecolodge에서 일하는 한 중년 여성과 대화를 나눈 적이 있었다. 거기 묵으면서 우리는 두 번째로 고릴라 관찰에 나선 참이었다. 나는 그 여성에게 미국인 100명 가운데 농사짓는 사람은 2명 정도에 지나지 않는 반면 우간다인은 3명 중 2명이 농부라는 이야기를 꺼내 보았다.

그러자 이런 반문이 돌아왔다. "어떻게 그렇게 적은 사람들이 그 많은 농사를 지어요?" 나는 대답했다. "아주 큰 기계들을 쓰니까요."

산업화와 농업 생산성 향상을 통해 전 세계의 여러 국가가 눈부신 경제 성장을 이루기 시작한 것이 벌써 250년도 더 되었다. 수파르티처럼 공장에서 일하는 노동자들은 그렇게 번 돈으로 식량, 의복, 기타 소비재와 서비스를 구입한다. 그 결과 노동자와 사회 모두 더 부유해지고 전에 비해 엄청나게 다양한 직업을 갖고 살게 된다. 현대적인 에너지와 기계 사용에 힘입어 식량과 에너지 생산에 투입되는 노동력은 대폭 줄어들고 이는 생산성 향상과 경제 성장 그리고 노동력 분화로 이어진다.

사우디아라비아 같은 극소수 산유국은 제조업을 도입하지 않고도 높은 생활 수준을 이룰 수 있었으나 그 외 대부분의 선진국은 농업에서 공업으로 경제 구조를 바꾸면서 부유한 국가가 됐다. 영국, 미국, 일본, 한국, 중국 등이 모두 그런 경로를 거쳤다.

제조업은 부의 증가를 가져온다. 국가는 그 부를 기반으로 도로를 건설하고, 발전소를 짓고, 송전 시설을 확충하고, 홍수 통제 체제를 갖추고, 상하수도를 건설하고, 쓰레기 관리 시스템을 마련할 수 있다. 이런 것들이 콩고 같은 가난한 나라와 미국 같은 부유한 나라를 구별 짓는 요소다.

게다가 도시는 인구 집중을 불러온다. 반대로 말하면 더 많은 교외 지역이 야생의 품으로 돌아간다는 뜻이다. 도시는 얼어붙지 않은 지표면 중 고작 0.5퍼센트만을 차지할 뿐이다.[17] 지구 전체를 놓고 볼 때 포장도로와 건물이 차지하는 면적 또한 0.5퍼센트 미만에 지나지 않는다.[18]

농업 생산성이 높아지면 높아질수록 초원, 숲, 야생의 영역은 넓어진다. 세계적으로 보자면 삼림 회복 속도가 느린 삼림 파괴 속도를 따라잡고 있는 것이 현실이다.[19]

인류 전체의 목재 사용량은 정점을 찍었다. 곧 확연한 감소세로 돌아설 예정이다.[20] 인류의 농경지 사용 역시 곧 정점에 도달할 것이며 조만간 감소하리라는 예상이 지배적이다.[21] 인류 보편의 풍요와 환경 보호를 걱정하는 모든 이들에게 이는 대단한 희소식이다.

환경 문제의 해법은 더 적은 땅에서 더 많은 식량을 생산하는 것이다. 1961년 이래 농경지의 총면적은 고작 6퍼센트 늘어났지만 전체 식량 생산량은 놀랍게도 300퍼센트나 증가했다.[22]

비록 1961년부터 2017년까지 목초지는 5퍼센트, 농경지는 16퍼센트 증가했지만, 1990년대에 이르면 전체 농업 용지의 면적이 정점을 찍고 그 이후로는 확연한 감소세를 보여 주었다. 2000년 이후로 목초지는 4.5퍼센트 줄어든 상태다.[23] 2000년에서 2017년 사이 소고기와 우유의 생산량은 각각 19퍼센트와 38퍼센트 늘어났는데, 이는 지구 전체를 놓고 볼 때 목초지가 줄어드는 가운데 이루어 낸 생산성 향상의 성과다.[24]

농사에 가축 대신 기계를 쓰기 시작한 것은 식량 생산에 필요한 토지 면적을 줄이는 결과를 불러왔다. 말과 노새 대신 트랙터와 콤바인을 쓰다 보니 가축에게 먹이로 주어야 할 곡물을 기르지 않아도 되었다. 그리하여 미국에서는 캘리포니아주 전체 면적에 해당하는 농경지를 아낄 수 있게 되었다. 그렇게 절약한 땅을 전부 더해 보면 놀랍게도 미국 전체 농경지의 4분의 1에 해당하는 면적이다.[25]

하지만 여전히 아시아, 아프리카, 라틴아메리카에서는 동물을 이용해 농사를 짓는다. 수억 마리의 말, 소를 비롯한 여러 동물을 기르고 있다. 이 동물들에게 줄 먹이를 기르는 땅을 아끼는 것만으로도 취약한 상태에 놓인 생물종의 서식지를 보호하는 효과를 가져올 수 있다. 마치 유럽이나 북아메리카에서 농업 현대화로 자연을 보호할 수 있었던 것처럼 말이다.

신기술이 더 널리 보급됨에 따라 수확량은 꾸준히 높아질 것이다.

지구를 위한다는 착각

심지어 더 더운 지역에서도 마찬가지다. 현대화된 농경 기술과 생산 요소 투입은 사하라 이남 아프리카와 인도, 여러 개발도상국의 쌀, 밀, 옥수수 수확량을 5배 증가시킬 수 있다.[26] 사하라 이남 아프리카의 경우 비료, 관개 시설, 농업 기계화를 도입하는 것만으로 2050년까지 수확량을 2배까지 증가시킬 수 있을 것이라고 전문가들은 말한다.[27]

세계 각국이 가장 성과가 뛰어난 농부들 수준으로 자국의 농업 생산성을 높인다면 전 세계 식량 생산량은 70퍼센트까지 더 향상될 것이다.[28] 모든 국가가 연간 재배 작물 수를 최대한으로 늘린다면 식량 생산량은 50퍼센트 더 늘어날 수 있을 것이다.[29]

세상은 올바른 방향으로 향하고 있다. 환경을 평가하는 다른 잣대를 놓고 보더라도 그렇다. 농업 생산 과정에서 발생하는 물 오염 역시 상대적으로 줄어들고 있으며, 몇몇 국가에서는 절대적인 지표가 개선되는 것을 알 수 있다. 농업 생산물당 물 사용량 역시 줄어들고 있는데 이는 농부들이 더 나은 관개 시설을 건설하고 정교한 물 관리 기법을 사용하기 때문이다.

농업 생산성이 높아질수록 강과 바다로 흘러들어 가는 질소 폐기물의 양은 줄어든다. 선진국의 수확량은 개발도상국보다 70퍼센트 많지만 사용하는 질소 비료는 54퍼센트 더 많을 뿐이다.[30] 질소 비료의 효과적인 사용법을 점점 더 잘 익혀 온 결과다. 1960년대 이후 네덜란드는 수확량을 2배 늘렸지만 사용하는 비료의 양은 그때나 지금이나 거의 같다.[31]

농업 생산성 향상은 토양 보호에도 도움이 된다. 토질이 악화된 토지 중 80퍼센트가 아시아, 라틴아메리카, 아프리카의 가난한 개발도상국의 농토다. 개발도상국의 토양 유실률은 선진국의 2배 가까이 된다. 비료를 사용한 덕분에 유럽과 미국처럼 부유한 국가들은 토양의 유실을 막는 토양 보호 기법을 적용할 수 있었다. 미국의 경우 1982년부터 1997년까지 15년간 수확량은 30퍼센트 증가했지만 토양 유실은 40퍼센트 감소했다.[32]

지금까지 살펴본 것처럼 저임금 노동자들이 생산한 저렴한 의류를 사 입는 것, 그리하여 가난한 개발도상국의 농업 생산성을 향상시키는 것은 우리가 인도네시아의 수파르티나 콩고의 베르나데테 같은 이들을 돕기 위해 할 수 있는 가장 중요한 일 가운데 하나다. 동시에 우리는 그런 과정을 통해 열대우림을 비롯한 자연환경의 보호와 회복을 도울 수 있다.

"위대한 탈출"이 가져다준 혜택

고향을 떠나 대도시로 향하던 수파르티는 행복하면서도 불안했다. 수파르티의 회고를 들어 보자. "내 손으로 표를 끊고 버스를 탈 때의 흥분을 아직도 잊지 못하겠어요. 버스는 오후 5시에 출발했고 다음 날 오전 8시가 되어서야 목적지에 도착했죠. 잠은 겨우 2시간밖에 자지 못했어요.

너무 흥분했거든요. 터미널에 도착하니 고모와 사촌들이 마중 나와 있었어요. 터미널에서 30분 떨어진 곳에 살면서 공장에서 일하고 있었죠."

"첫 면접은 고작 2시간 후인 오전 10시였어요. 첫 면접은 완전히 망쳤어요. 내 주소를 물어봤는데 새로 살 집 주소가 어디인지 알아야 말이죠! 고모 댁에 일주일간 머물면서 일자리를 알아보다가 드디어 마텔 공장에 면접을 보러 갔어요."

새벽 5시부터 수백 명의 젊은 여성들이 줄을 서기 시작했다. 일자리를 얻는 것이 아니라 단지 일자리를 얻기 위한 면접을 볼 수 있는 번호표를 받기 위해서였다. 수파르티는 2시간 늦게 도착했고 번호표는 이미 남아 있지 않았다. 하지만 경비가 한눈을 파는 사이에 친구의 손을 잡고 마텔 공장 안으로 들어갈 수 있었다.

"면접 중 한 가지는 바비 인형에 옷을 입히고 장신구를 붙이는 거였죠. 손이 얼마나 빠른지를 봤어요. 난 어릴 때부터 가짜 바비 인형을 가지고 놀았어요. 게다가 면접이 그거라는 걸 미리 알고 있었기 때문에 마음의 준비가 되어 있었죠. 바비 인형의 머리를 땋거나 신발을 신기는 다른 시험도 있었죠." 면접은 오전 10시에 시작했다. 5시간 후 합격자가 발표되었다. "난 다른 사람들보다 손이 빨랐어요. 결국 일자리를 따냈죠." 수파르티는 여전히 뿌듯한 듯했다. "기뻤지만 내가 될 줄 알았기 때문에 놀라거나 하지는 않았어요."

하지만 마텔 공장에서 일하는 건 상상했던 것과는 달랐다. 직장 내 문화 역시 마음에 들지 않았다. "신체적인 학대는 없었지만 계속 소리를 질러 댔어요. 살면서 누가 나한테 그렇게 소리를 지른 적은 없었거든요."

"자바섬 사람들은 느리고 조용히 말해요. 수마트라섬 사람들은 목소리가 크죠. 딱히 고함을 지르려는 건 아니지만 원래 말하는 방식 자체가 그래요. 그런데 그게 견디기가 힘들더라고요. 원래 나는 저녁 7시면 잠자리에 들었는데 이제는 늦게까지 일해야 했어요. 한번은 공장에서 일하다가 깜빡 졸았는데 반장이 와서 내 의자를 들어 올리면서 '일어나!'라고 소리를 치더라고요. 일 끝나고 매일 울고 그랬죠."

"식구들한테 이야기하면 이러더라고요. '괜찮아. 세상에는 별사람 다 있어. 참고 새 일자리를 알아봐.'" 수파르티는 가족들의 태도가 달라진 걸 느꼈다. "아무도 '거 봐, 우리가 뭐라고 했니'라고 말하지는 않더라고요."

열여덟 살이 된 수파르티의 눈에 초콜릿 공장 채용 공고가 눈에 띄었다. 새 직장에서 처음 맡은 일은 녹은 초콜릿을 틀에 부어 모양을 만든 다음 포장하는 것이었다. 이후 승진해 초콜릿과 자재를 수레에 싣고 공장 이곳저곳으로 나르는 일을 하다가, 마침내 책상 앞에 앉아서 하는 일을 하게 되었다. 지금 수파르티는 제품 라벨, 포장지, 유통 기한, 바코드 등을 인쇄하는 일을 하고 있다.[33]

지난 수백 년간 전 세계 젊은 여성들은 기존의 삶을 거부하고 떠나는 길을 택해 왔다. 시골에서 도시로 이주해 온 것이다. 이는 도시가 지상낙원이기 때문이 아니라 시골에 비해 더 나은 삶의 기회를 더 많이 제공하는 곳이기 때문이다.

지구를 위한다는 착각

도시화, 산업화, 에너지 소비가 가져다준 긍정적 효과는 압도적이라 할 수 있다. 인류 전체를 놓고 볼 때 실로 그렇다. 산업화 이전까지 인류의 평균 수명은 30세였으나 지금은 73세에 달한다.[34] 영아 사망률은 43퍼센트에서 4퍼센트까지 줄어들었다.[35]

하버드대학교 심리학과 교수 스티븐 핑커Steven Pinker에 따르면 1800년 이전에 살았던 대부분의 사람들은 지극히 가난한 상태에 머물러 있었다. "평균 소득은 오늘날 아프리카 최빈국의 수준(연평균 500달러)과 같았다"라고 그는 이야기한다. "게다가 세계 인구 중 거의 95퍼센트가 오늘날 기준에서 볼 때 '절대 빈곤'(하루 1.9달러 이하 소득) 상태로 살았다." 핑커에 따르면 산업혁명 덕분에 인류는 가난으로부터 "위대한 탈출"을 하게 되었다.[36]

그 위대한 탈출은 오늘날까지 계속되고 있다. 1981년부터 2015년까지 절대 빈곤에 시달리는 사람은 전체 인류의 44퍼센트에서 10퍼센트까지 줄어들었다.[37]

이러한 진보의 결과 우리는 식량, 에너지, 소비재 등을 생산하기 위해 이전보다 훨씬 적은 자원과 노동력을 투입하며 살아간다. 대신에 우리의 정신을 투입하는 일, 우리 삶에 의미와 목적을 부여하는 일에 더 많은 자원을 투입하고 있다.

도시로 이주한 여성들은 원하는 상대와 결혼하는 자유를 얻는다. 수파르티도 그랬다. "부모님은 내게 타루프ta'aruf를 하라고 하셨어요. 무슬림식 결혼이죠. 종교 지도자를 통해 이루어지는 맞선 같은 거라고 보면 돼요. 종교 지도자가 볼 때 좋은 짝이 되겠다 싶은 사람들을 맺어 주는 거죠. 하지만 최종 결정은 본인이 내릴 수 있어요. 난 여전히 반항아라서 상대방에 대해 충분히 알고 나서 결혼하고 싶어요."

도시화와 산업화가 불러오는 또 다른 긍정적인 효과가 있다. 평균 수명이 높아지고 영아 사망률이 낮아짐과 동시에 인구 증가율 역시 1960년대 초에 정점을 찍고 더 오르지 않는다.[38] 인류는 곧 인구 정점을 맞이하게 될 것이다.[39] 아울러 농업 생산성이 증가한 덕분에 영양실조에 시달리는 인구 비율 역시 1990년에는 20퍼센트였지만 오늘날은 11퍼센트에 머물고 있다. 8200만 명이 영양실조에서 벗어난 것이다.[40]

베르나데테, 수파르티, 그리고 내 아내의 삶은 어떤 면에서 어떻게 다른 걸까. 베르나데테는 자신이 먹는 식량과 소비하는 연료 대부분을 스스로 생산한다. 반면 수파르티와 헬렌은 남이 만든 식량과 연료를 구입해 사용한다. 여전히 수파르티는 자신이 먹을 음식을 자기 손으로 요리하는 반면, 전문직 종사자인 헬렌은 미리 준비된 음식을 구입하고 심지어 집으로 배달을 시켜서 해결하기도 한다.

베르나데테는 먹고살기 위해 농사를 지어야 한다. 반면 헬렌은 생계가 아니라 즐거움을 누리기 위해 정원을 가꾸며 풍족하게 살고 있다. 물론 헬렌 또한 야생과 싸워야 한다. 정원을 망치는 두더지를 쫓아내야 하니 말이다. 하지만 그 두더지들이 헬렌의 정원을 망쳐 놓고 몇몇 식용 작물들을 뜯어 먹는다 해도 헬렌이나 내가 굶주릴 일은 없다. 반면 베르나데테는 개코원숭이의 습격 앞에 당장 내일의 생계를 걱정해야 한다.

지구를 위한다는 착각

기계는 여성을 고된 가사 노동으로부터 해방시킨다. 내 어머니의 고향 집은 인디애나의 농장이었다. 한번은 큰이모에게 어린 시절에 가장 행복했던 추억이 뭔지 물어보았다. 큰이모는 잠시 기억을 더듬더니 외할머니가 시어스에 주문한 탈수기가 집에 도착했을 때 그렇게 기뻤다는 대답을 들려주었다. 탈수기라고 해 봐야 기다란 롤러 2개에 손으로 돌리는 크랭크가 달려 있고, 크랭크를 돌리면 롤러가 돌면서 그 사이로 통과하는 세탁물의 물을 짜 주는 게 다였다. 하지만 그것만으로도 외할머니는 빨래를 잡아당겨서 비틀어 쥐어짜는 고된 노동을 덜 수 있었다. 이후 전기로 작동하는 세탁기와 건조기가 등장하면서 여성들은 가족의 옷을 빨고, 물을 쥐어짜고, 말리기 위해 너는 모든 일에서 완전히 해방될 수 있었다.[41]

하버드대학교의 경제학 교수 벤저민 프리드먼Benjamin Friedman과 스티븐 핑커 같은 학자들은 물질적 풍요 증진과 자유 증가 사이에 강력한 상관관계가 있음을 밝혀냈다. 또한 물질적 풍요는 폭력을 감소시키고 여성, 인종, 종교적 소수자, 동성애자에 대한 관용은 더 키운다. 인도네시아에서도 사정은 비슷했다.[42]

"내가 가장 좋아하는 가수는 모리시Steven Patrick Morrissey예요." 이페가 내게 말했다. "작년에 모리시가 콘서트를 할 때 보러 갔었죠. [이슬람] 극단주의자들이 폭탄 테러를 하겠다고 협박해 콘서트가 취소될까 봐 걱정이 많았어요. 레이디 가가 콘서트 때 그랬거든요. 결국 레이디 가가 콘서트는 취소됐고요."

나는 문득 궁금해졌다. "왜 그런 협박을 하지 않았을까요?"

"어쩌면 극단주의자들은 모리시가 게이라는 걸 모르지 않았을까요?" 이페의 현답이었다.

나는 이페에게 동성애에 대해 어떻게 생각하느냐고 물었다. "그게 죄라고 생각하냐고요? 네, 그래요. 누군가가 완전 꽉 끼는 옷을 입고 있으면 게이라고 할 수도 있겠죠. 하지만 난 동성애자들에게 유감이 없어요. 그건 그 사람들의 일인 거고 나와는 상관없으니까요."[43]

부는 힘이 세다

18세기에 영국은 공장제 생산 양식을 개척했다. 노동력과 기계와 에너지를 하나로 결합해 이전 시대의 가내 수공업보다 훨씬 빠르고 저렴하게 의복, 신발, 소비재 등을 생산해 낼 수 있게 된 것이다. 애덤 스미스가 1776년에 출간한 《국부론The Wealth of Nations》은 분업에 대한 논의로 출발한다. 핀 공장의 노동자가 핀을 처음부터 끝까지 혼자서 만드는 대신 한 사람이 하나의 작업에만 집중하면 생산성이 50배나 향상된다고 스미스는 설명한다.[44]

공장을 가동하려면 기계를 작동시키기 위한 에너지가 필요했다. 공장 소유주들은 강가에 공장을 짓고 수차의 힘을 이용했다. 시간이 흐르면서 공장은 석탄을 때서 나오는 증기의 힘을 이용하기 시작했고 결국 전기를 주요 동력으로 쓰기에 이르렀다.[45]

오늘날 경제학자들은 경제의 다양한 분야 중 왜 제조업이 가난한 국가를 부유한 국가로 끌어올리는 역할을 하는지, 세 가지 이유를 제시한다.

첫째, 물건을 제조하면서 가난한 국가는 부유한 국가처럼 자원을 효율적으로 다루는 방법을 터득하게 된다. 때로는 생산성에서 선진국을 앞지르기도 한다. 가난한 나라가 부유한 나라의 제조업 비밀을 훔치는 일은 상대적으로 어렵지 않으며 현실에서 자주 발생한다. 미국은 18세기와 19세기에 걸쳐 영국 공장의 "노하우"를 훔쳐 냈다. 이는 최근 중국이 미국을 비롯한 여러 나라의 지적 재산권을 도둑질하는 것과 흡사하다.[46]

둘째, 공장에서 만들어 내는 제품은 외국으로 수출하기 용이하다. 따라서 개발도상국은 자국 경제 수준에서 소비하지 못하는 물건을 만들어 외국에 팔아 돈을 벌고, 그 돈으로 아직 자신들이 만들지 못하는 물건을 수입해 올 수 있다. 부패한 정부나 다른 여러 요인으로 나머지 경제 부문이 제대로 굴러가지 않더라도 개발도상국의 몇몇 공장은 효율적으로 작동할 수 있고, 실제로 경제 성장을 견인하기까지 할 수 있다.

마지막 셋째, 공장은 노동 집약적이어서 많은 비숙련 노동자를 농촌으로부터 흡수할 수 있다. 수파르티처럼 이전에 농사만 짓던 사람들도 공장에서 일할 수 있다. 새로운 언어나 특별한 기술을 배울 필요가 없다. "쌀농사를 짓던 농부가 봉제 공장 노동자가 되는 건 비교적 쉬운 일이다"라고 하버드대학교 경제학자 대니 로드릭Dani Rodrik은 지적한다.[47]

지난 200여 년에 걸쳐 확인된 사실이 있다. 가난한 국가가 발전을 이루기 위해 모든 부패를 근절하거나 모든 이를 교육해야 할 필요는 없다. 공장이 자유롭게 잘 돌아가고, 정치인들이 기업을 지나치게 쥐어짜서 망하게 하지만 않는다면, 완전한 조건이 갖춰지지 않은 상태에서도 제조업은 경제 발전을 견인해 낼 수 있다. 그렇게 시간이 흐르면서 국가가 점점 부유해지면 부패도 줄어든다. 최소한 미국 같은 나라에서는 그랬다.

로드릭의 설명을 들어 보자. "초기 조건은 매우 열악할 수 있다. 하지만 몇몇 노동 집약적인 분야에서 국내 생산을 늘릴 수 있는 방법을 몇 가지 제대로 찾기만 하면, '짠!' 하고 경제 성장이라는 기계가 작동한다."[48] 인도네시아도 이런 식으로 성장했다. 1960년대 인도네시아는 오늘날의 사하라 이남 아프리카 국가들만큼이나 가난했다. 최근 연구에 따르면 1965년부터 1966년까지 벌어진 내전과 대량 학살로 최소 100만 명 이상이 목숨을 잃었다.[49] 인도네시아 정부는 부패한 것으로 악명 높았고 그건 지금도 마찬가지다.[50] 앞서 이페가 인도네시아 군 장교들의 부동산 거래에서 구린 구석을 파헤쳤다가 구타당했다고 했던 것을 떠올려 보라.

인도네시아는 부패하고 망가진 나라였고, 여러모로 지금도 그렇다.

지구를 위한다는 착각

하지만 인도네시아는 제조업을 적극 도입했고 그 힘으로 경제 성장을 이루어 냈다. 1967년부터 2017년까지 인도네시아의 1인당 연평균 소득은 54달러에서 3800달러까지 높아졌다.[51]

수파르티에게 인도네시아의 제조업과 경제 성장은 시골을 떠나 버스를 타고 도시에 도착하자마자 소득이 3배로 늘어난다는 것을 뜻했다. 공장 노동자가 된 후 수파르티는 평면 TV, 오토바이, 심지어 집까지 살 수 있었다. 고작 스물다섯 살 때 일이었다.

2000년대 초 석유 회사 쉘Royal Dutch Shell의 헤이그 본사에서 일하던 젊은 네덜란드 경제학자 아르튀르 판 벤텀Arthur van Benthem은 향후 에너지 수요와 공급을 예측하기 위한 시나리오 개발에 착수했다.

1960년대만 해도 쉘은 시나리오 플래닝scenario planning 분야의 선구 업체였다. 시나리오 플래닝은 창의적이고 그럴듯하면서 각기 구분되는 미래의 여러 가능성들을 분석하고 예측하는 것이다. 쉘은 이런 기법을 통해 1970년대의 유가 상승과 1980년대의 유가 정체를 예측했으며 위험을 피하기 위한 다양한 방법을 시도할 수 있었다. 쉘의 시나리오 플래닝은 직관에 의존하지 않는다. 역발상을 이용하고, 가정에 기대기보다는 끊임없이 새로운 증거를 찾는다.[52]

당시 에너지 분야의 많은 분석가들과 마찬가지로 판 벤텀은 더 효율적인 전구, 냉장고, 컴퓨터를 포함해 사실상 거의 모든 기술의 발전에 주목했다. 그런 기술은 가난한 국가들이 부유한 나라보다 훨씬 적은 에너지를 쓰면서 경제 발전을 이룰 수 있도록 해 줄 터였다. 판 벤텀의 말을 들어 보자. "이런 에너지 효율 기술은 이제 중국이나 아시아 곳곳에서도 쓰이고 있으니까요. 후발 주자들은 미국이나 유럽 국가들보다 적은 에너지를 사용하면서 비슷한 GDP 규모에 도달하리라고 예측할 수 있죠."[53]

판 벤팀은 이른바 이런 에너지 "도약leapfrogging"이 과연 실제로 벌어지는지 확인해 보기로 했다. 76개국을 대상으로 GDP, 에너지 가격, 에너지 소비 정보를 모아 데이터베이스를 만들었다. 판 벤팀은 컴퓨터에 그 수치들을 넣고 계산해 보았다. 그러나 에너지 도약의 증거를 전혀 찾을 수 없었다.

판 벤팀은 내게 말했다. "내가 뭔가 찾아낸 게 있다면 그건 에너지 도약의 정반대라고 해야 할 거예요. 오늘날 개발도상국들은 선진국들이 같은 수준의 GDP에 도달했을 때보다 더 많은 에너지를 소비하는 경향을 보이니까요."[54]

에너지 효율 기술 덕분에 전등, 냉장고, 에어컨 등의 전력 소모는 분명히 줄어들었다. 하지만 전기 요금이 덜 나오면 사람들은 전기 기구를 더 쓰기 마련이다. 기기가 소비하는 에너지가 줄어들었다고 해서 사회 전체의 에너지 소비가 줄어들지는 않는다.[55]

더 크고 비싸고 에너지를 많이 소비하는 제품인 자동차에서도 같은 현상이 발생했다. 판 벤팀은 그 상황을 이렇게 설명했다. "요즘 인도에서 가장 잘 팔리는 차 중 하나인 3500달러짜리 마루티 스즈키 알토는 연비가 1갤런당 40마일(1리터당 17킬로미터)로 에너지 효율이 매우 높습니다.

지구를 위한다는 착각

100년 전 미국 차와 비교하면 거의 논의가 불가능할 정도죠."[56]

1800년에 비해 오늘날 조명에 들어가는 비용은 5000배 저렴해졌다. 그 결과 우리는 집, 직장, 야외의 곳곳을 전등으로 밝힌다. 저렴한 LED(발광 다이오드) 조명이 보급된 덕분에 수파르티는 할아버지 세대에서는 같은 소득 수준에서 꿈도 꿀 수 없었을 만큼 풍족한 인공조명을 누리며 살 수 있다.[57]

이렇게 자동차도 조명도 저렴해지면 더 많은 사람들이 구입할 수 있고, 그러면 더 많은 에너지 소비가 발생한다. 이 역설을 판 벤텀은 이렇게 설명한다. "마루티 스즈키 알토는 가격도 싸고 연비도 대단해요. 그러니 더 많은 가난한 인도인들이 구입해 타고 다니는 거죠."[58]

판 벤텀이 대단히 새로운 사실을 발견한 건 아니다. 에너지 효율을 높이면, 즉 자원의 효율성을 높이면 가격이 낮아진다. 가격이 낮아지면 수요가 창출된다. 이것은 경제학의 기본이다. 경제학자들은 조명 비용이 낮아지면 소비가 늘어난다는 사실을 1996년과 2006년 두 차례나 입증해 보였다.[59]

우리가 누리는 부와 풍요는 우리가 소비하는 에너지와 정비례한다. 평균적인 콩고인은 하루에 석유 1.1킬로그램에 해당하는 에너지를 소비한다. 평균적인 인도네시아인은 하루에 석유 2.5킬로그램에 해당하는 에너지를 소비한다. 평균적인 미국인은? 하루에 석유 19킬로그램에 해당하는 에너지를 소비한다.[60]

하지만 이런 숫자만으로는 부와 에너지의 관계를 정확히 파악할 수 없다. 에너지의 질적 측면이 빠져 있기 때문이다. 콩고 사람들 대부분이 개인적으로 소비하는 에너지는 거의 나무나 숯 같은 바이오매스에서 나온다. 인도네시아 사람들이 쓰는 에너지 중 24퍼센트도 바이오매스다. 하지만 평균적인 미국인은 바이오매스 연소 에너지를 거의 쓰지 않는다. 나와 헬렌도 마찬가지다. 우리는 새집을 산 지 7년이 되도록 뒷마당 바비큐 화덕에 불을 피워 본 적이 없다. 앞으로도 그럴 생각은 없다. 이산화탄소와 다른 오염 물질을 배출하기 때문이다.

독일, 영국, 일본처럼 인구 밀도가 높은 나라는 캘리포니아 같은 인구 분산 지역보다 1인당 에너지 소비가 낮다. 자동차를 덜 타고 다니기 때문이다. 하지만 수파르티가 사는 인도네시아나 베르나데테가 사는 콩고의 에너지 소비 수준은 그보다 훨씬 더 낮아서 비교 자체가 불가능할 정도다.

인도네시아 같은 나라가 산업화를 경험하면 우선 경제 성장에 따라 단위당 에너지 소비가 늘어난다. 하지만 이후 미국처럼 탈산업화 단계에 이르면 경제 성장 대비 에너지 소비가 줄어들게 된다.

이는 세계적으로 보편적인 현상이다. 인류 진화와 발전의 역사는 다양한 방식으로 끊임없이 더 많은 양의 에너지를 확보해 부와 힘을 쌓아 온 과정이다. 그리고 바로 이 부강함 덕분에 인간 사회는 더욱더 다채롭게 성장할 수 있는 것이다.

나무 연료 사용을
끝내야 한다

나무를 때서 식사 준비를 하는 것에 대해 후진국 여성을 인터뷰한다고 해 보자. 선진국에서 온 인터뷰어는 숨을 쉴 때마다 들이마시는 매캐한 연기가 그 여성의 최대 불만 사항일 거라고 짐작할지 모른다. 세계보건 기구WHO에 따르면 실내 공기 오염으로 매년 400만 명의 생명이 단축되고 있다고 하니 그런 추측은 전혀 근거 없는 게 아니다.[61] 하지만 실제로 인터뷰를 해 보면 그렇지 않다. 나무를 베고, 장작을 패서, 불을 붙이고, 꺼지지 않게 유지하는 데 너무 많은 시간이 든다는 것이 진정한 불만 사항이기 때문이다.

수파르티의 경험도 그랬다. 도시로 이주한 후 수파르티는 볏짚이 아니라 LPG를 이용해 요리를 하기 시작했다. LPG는 볏짚에 비해 탄소 배출량이 3분의 1에 지나지 않는 상대적으로 깨끗한 연료다.[62] 하지만 그보다 중요한 것은 LPG라는 연료가 주부의 가사 노동 시간을 대폭 절약해 준다는 점이다.

저 먼 곳에 있는 화력 발전소에서 석탄을 태워 전기를 만들면 연기가 집에 들어올 일은 전혀 없다. 천연가스를 이용해 요리를 하고 난방을 해도 상황은 마찬가지다. 심지어 석탄을 실내에서 태운다 해도 제대로 된 화덕과 배기 시설을 갖춘다면 나무를 때는 것보다 훨씬 더 깨끗한 실

내 공기를 유지할 수 있다.[63]

인류는 수백 년에 걸쳐 나무에서 화석 연료로 이행해 왔다. 1850년만 해도 나무는 전 세계에서 소요되는 1차 연료의 거의 대부분을 차지했지만 1920년대에는 비중이 50퍼센트로 줄어들었고 오늘날에는 7퍼센트에 머문다.[64]

우리가 더 이상 나무를 연료로 사용하지 않으면 우리는 초원과 숲이 되살아나고 야생 동물이 되돌아오게 할 수 있다. 1700년대 말 영국인들은 나무를 때서 요리를 하고 난방을 했다. 그것이 영국의 삼림 파괴를 불러온 주된 이유였다. 미국에서 연료용 목재의 소비가 정점에 도달한 것은 1840년대였다. 1인당 소득에서 연료비가 차지하는 비중은 오늘날에 비해 14배나 높았다.

화석 연료를 사용하면서 18세기와 19세기 미국과 영국의 숲은 남아날 수 있었다. 1860년대만 해도 나무는 미국에서 사용하는 전체 연료 중 80퍼센트를 차지했지만 1900년이 되면 20퍼센트로 급감했고 1920년에는 7.5퍼센트까지 하락했다.[65]

화석 연료는 에너지 밀도가 높고 열량이 풍부하다. 그러한 특성으로 인해 환경과 경제에 모두 긍정적 영향을 미친다. 석탄 1킬로그램은 나무 1킬로그램보다 약 2배의 열을 낸다. 수파르티가 도시에서 요리할 때 쓰는 LPG 1킬로그램은 농촌에서 밥을 지을 때 불을 피우던 볏짚에 비해 3배나 많은 열량을 뿜어낸다.[66]

에너지 생산을 집중화, 고도화하는 것은 지구 행성의 더 많은 부분

지구를 위한다는 착각

을 야생 동물에게 넘겨주기 위해 반드시 필요한 과정이다. 오늘날 지구 상에 세워진 모든 수력 발전 댐과 모든 화석 연료 발전소 그리고 모든 원자력 발전소를 합쳐도 얼어붙은 땅을 제외한 전체 면적의 0.2퍼센트 에 지나지 않는다. 에너지 생산을 위한 토지 사용 면적은 식량 생산을 위한 토지 사용 면적의 고작 200분의 1에 불과하다.[67]

석탄의 에너지 밀도는 나무에 비해 2배나 높다. 그렇다 보니 석탄 광산의 에너지 밀도는 숲에 비해 2만 5000배나 높을 수밖에 없다.[68] 심 지어 18세기에 개발해 채굴하던 영국의 석탄 광산들 역시 에너지 밀도 가 매우 높았다. 동시대의 숲에 비하면 4000배, 수파르티의 가족들이 시 골에서 불을 피울 때 쓰는 볏짚 같은 바이오매스에 비해서는 1만 6000 배나 에너지 밀도가 높았다.[69]

에너지 밀도가 높아지는 것은 인구 밀도가 높아지고 부가 축적되는 것과 궤를 같이한다. 맨해튼의 에너지 밀도는 뉴욕시의 다른 곳에 비해 20배나 높다. 부유한 섬나라인 싱가포르의 에너지 밀도는 다른 세계 도 시 전체의 평균보다 7배나 높은 수준이다.[70]

비료, 관개 시설, 내연 기관을 이용한 트랙터 등의 농기계 덕분에 농장의 에너지 밀도 역시 크게 높아졌다. 수파르티의 부모처럼 노동 집 약적인 농업을 할 때에 비해 지금 캘리포니아처럼 기계화된 농업을 할 경우 에너지 밀도는 10배가량 높은 것으로 추산된다.[71]

공장과 도시는 에너지 밀도가 높다. 따라서 에너지 밀도가 높은 연 료가 필요하다. 연료의 에너지 밀도가 높을수록 저장과 운송이 편리하며 오염 물질을 덜 배출하기 때문이다. 자동차가 등장하기 전 뉴욕의 모습은 어땠을까. 마차를 끌고 다니는 말 때문에 사람이 살 수가 없는 곳이었다. 거리는 온통 말의 똥과 오줌으로 뒤덮여 있었고, 자연스럽게 파리 모기가 꼬였으며, 질병이 창궐했다. 내연 기관을 장착한 차량이 등장하면서 에너지 밀도가 훨씬 높은 석유를 연료로 사용하게 되었고 오염 물질 배출은 확연히 줄어들었다.[72]

지난 250년간 공장의 에너지 밀도는 극적으로 상승했다. 1920년대 헨리 포드가 디트로이트 인근에 지었던 리버 루지 콤플렉스River Rouge Complex 공장의 에너지 밀도만 해도 그렇다. 1820년대에 세워진 미국 최초의 통합형 의류 공장이던 메리맥 매뉴팩처링 컴퍼니Merrimack Manufacturing Company에 비해 무려 50배나 높은 에너지 밀도를 보였다.[73]

메리맥 공장에 비해 리버 루지 공장의 에너지 밀도가 50배나 높을 수 있었던 것은 전기가 보급되었기 때문이다. 전류는 전하의 흐름으로, 전하를 가진 아원자입자들인 전자(음전하)와 양성자(양전하)는 엄밀히 말하면 물질이지만 물질이 아닌 순수한 에너지처럼 작용한다. 전기는 엄격히 말해 연료 또는 1차 에너지원이 아닌 "에너지 전달자"일 뿐이지만, 전기 보급 증가로 물질 밀도 중심 연료에서 에너지 밀도 중심 연료로 이동하면서 인류의 진화는 한 걸음 더 나아갔다.

전기의 혜택을 누리기 위해서라면 높은 수준의 대기 오염을 기꺼이 감수하겠노라는 사람들이 지금도 세상에는 많다. 2016년 나는 인도를 방문해 낡고 지저분한 석탄 화력 발전소 주변에서 살아가는 사람들을 인터뷰했다. 발전소는 인근 주민들에게 공짜로 전기를 쓸 수 있게 해 주었다. 하지만 발전소에서 종종 유독한 재가 날아와 피부 발진과 화상을 유발했다. 물론 그곳 주민들은 공해 물질을 좋아하지 않았지만, 지저분하긴 해도 공짜인 전기를 포기하려는 사람도 없었다. 돈을 내고 더 깨끗한 전기를 쓰느니 그 정도는 감수하겠다는 것이었다.

지난 200년간 기술 발전은 석탄을 태우는 과정 자체를 훨씬 깨끗하게 바꿔 놓았다. 1950년대에 도입된 아주 간단한 기술적 해법은 선진국의 석탄 화력 발전소에서 배출되는 위험한 입자를 99퍼센트 감소시켰다. 고온 석탄 화력 발전소가 그것인데 천연가스 발전소만큼이나 깨끗하고 탄소 배출량도 적다. 연료 자체의 물리적 속성 때문에 대체로 천연가스는 여전히 석탄보다 우월하다. 그렇지만 대기 오염 문제 해결에서 석탄 발전소가 이루어 낸 기술적 진보는 눈여겨볼 만하다.[74]

석탄을 태우는 것 자체가 "좋다"고 말할 사람은 아무도 없다. 다만 나무를 태우는 것과 비교한다면 인간과 환경 양쪽을 어떤 각도에서 놓고 보든 석탄이 더 좋다. 앞으로 살펴보겠지만 천연가스는 대부분의 측면에서 석탄과 유사한 좋은 점들을 지니고 있다. 천연가스가 있는데 석탄을 쓰고 석탄이 있는데 나무를 쓰는 사람들이 있다면, 그것은 석탄이 천연가스보다 좋거나 나무가 석탄보다 좋아서가 아니다. 에너지 밀도가 높은 연료 비용을 충당할 수 없기 때문이다.[75]

석탄 화력 발전소의 연소 과정이 더욱 깨끗해지고, 가정에서 직접 사용하는 연료가 천연가스로 바뀌고, 내연 기관의 효율이 좋아져 오염 물질을 덜 배출하게 되는 등 다양한 기술 발전이 있었기에 선진국의 대기 질이 개선될 수 있었다. 1980년부터 2018년까지 미국의 대기 중 농도에서 일산화탄소는 83퍼센트, 납은 99퍼센트, 이산화질소는 61퍼센트, 오존은 31퍼센트, 이산화황은 91퍼센트 감소했다. 산업화가 시작되면 대기 오염으로 인한 사망자가 늘어나지만, 소득이 증가하고 의료 서비스가 개선되고 오염 물질 배출이 줄어들면 사망률은 다시 감소한다.[76]

이런 긍정적인 추세에도 불구하고 바이오매스에서 화석 연료로의 이행은 아직 끝나지 않았다. 완성과는 거리가 멀다. 전체 에너지 중에서 나무가 차지하는 비중은 낮아졌지만 오늘날 인류가 연료로 사용하는 나무의 양만 놓고 보자면 역사상 최대 수준이다. 나무 연료의 사용을 종식시켜야 한다. 이것은 인류 보편의 복지와 환경 진보를 위해 달성해야 할 최우선 과제다.[77]

공장이 떠나면
숲이 위험해진다

그린피스나 멸종저항의 주장은 틀렸다. 가난한 나라에 에너지 밀도 높은 공장이 들어서는 것은 숲을 위협하지 않는다. 공장이 떠나 버릴 때 숲은 진짜 위기에 빠진다.

지구를 위한다는 착각

잘 알려지지 않은 사실이 있다. 아프리카는 지난 50여 년간 선진국 환경주의자들이 말하는 '진정한 진보'를 경험했다. 농업 생산성은 지금도 높아지고 있다. 하지만 1970년대 이후 제조업 비율은 점점 더 낮아지고 있다. 대니 로드릭에 따르면 "아프리카 대부분의 국가는 탈산업화를 경험하기에는 너무나 가난하다. 하지만 아프리카에서는 실제로 그런 일이 벌어지고 있는 것처럼 보인다."[78]

그중 예외적인 나라가 바로 에티오피아다. 에티오피아는 캘빈 클라인, 토미 힐피거, 패스트패션의 선두주자인 H&M의 공장을 유치했다.[79] 이는 중국이나 인도네시아 등의 임금이 높아지면서 경쟁력이 생겼을 뿐 아니라 수력 발전소와 송전 시설, 도로 등에 투자해 이루어 낸 기반 시설이 존재한 덕분이었다.[80] 로드릭은 지적한다. "에티오피아는 지난 10년간 매년 10퍼센트 이상의 GDP 성장률을 기록했다. 여기에는 GDP의 5퍼센트에서 19퍼센트까지 늘어난 공공 투자가 큰 몫을 했다."[81]

에티오피아는 17년간 참혹한 내전을 겪은 나라다. 최소 140만 명이 죽었고 그중 100만 명은 굶어 죽은 것으로 추산된다. 정부는 국가적 회복을 위해 인프라 투자에 나섰다. "도로나 수력 발전소 같은 기본적인 인프라에 투자된 비용은 제값을 하고 있는 것으로 보인다. 그 기반 시설들은 경제 전체의 생산성을 높이고 있으며 도시 외 지역의 빈곤 퇴치에도 기여하고 있다"라고 로드릭은 설명한다.[82]

정치적 리더십이 중요하다. 세계은행 소속으로 에티오피아 정부에 자문을 제공했던 경제학자 힌 딘Hinh Dinh은 내게 이렇게 말했다. "산업화가 성공을 거두려면 위에서 아래로 이루어질 수밖에 없어요. 에티오피아가 좋은 성과를 거둘 수 있었던 건 작고한 멜레스 제나위Meles Zenawi 총리가 중국에 직접 방문해 의류와 신발 공장들을 유치해 왔기 때문이었죠." 지난 20여 년간 가난한 국가와 제조업에 대해 연구해 온 딘이 내린 결론이다.[83]

대니 로드릭은 가난한 국가들이 제조업 외의 다른 성장 루트를 찾을 필요가 있을지 모른다는 입장을 가지고 있다. 나는 힌 딘에게 그에 대해 어떻게 생각하는지 물어보았다. "미국 제조업은 고용 측면에서 1978년에 최고조에 달했어요. 1200만 명을 고용했으니까요. 그 이후로 미국은 낮은 수준의 제조업을 버리고 고도화된, 전문적인 기술이 필요한 제조업으로 이행합니다. 이건 나이지리아 같은 나라가 제조업이 전체 GDP 중 고작 7퍼센트나 8퍼센트를 차지할 때 탈산업화를 하는 것과는 다른 일이죠. 나이지리아는 제조업이 충분히 성숙하기도 전에 버린 셈이니까요."

딘의 설명이 이어졌다. "많은 개발도상국에서 탈산업화는 잘못된 정책과 나쁜 행정, 아니면 제조업에 대한 반감 때문에 벌어져요. 미국이나 유럽처럼 자연스럽게 정점을 찍고 내려오는 현상이 아닌 겁니다."

중국의 생산력이 높아지면서 아프리카의 제조업을 몰아내게 되었다는 주장이 있지만 딘은 수긍하지 않는다. "개발도상국에서는 부자건 가난한 사람이건 의자나 신발 같은 단순한 물건들이 필요하죠. 그런데 잠비아에 있을 때 신발을 사러 갔는데 잠비아에서 만든 제품이 단 하나도 없는 거예요!"

딘은 그 현상이 무슨 뜻인지 설명해 주었다. "어떤 나라가 부유하건 가난하건 그 나라에서 만들어야 할 최소한의 소비재 품목이 있기 마련입니다. 몇몇 소비재들은 소득이 늘어나면서 소비가 늘어날 수밖에 없다는 거죠. 옷, 신발, 집에서 쓰는 생활용품 같은 것들이 그렇죠."

딘은 판 벤텀과 유사한 이야기를 한다. "우리 할아버지 대에서 쓰던 물건은 우리가 쓰는 것과 완전히 다르죠. 그리고 우리는 더 많은 물건을 생산하고 소비할 겁니다. 나는 산업화가 언젠가 멈출 거라는 걱정 따위 하지 않아요. 소비 수준과 수요가 영원히 높아질 테니까요."

브라질처럼 농업을 통해 가난한 나라가 부국으로 성장할 수는 없을까? 내 질문에 딘은 이렇게 대답했다.

"농업을 통해 경제 성장을 하겠다는 발상 자체가 잘못되었다고 할 수는 없죠. 하지만 역사적으로 볼 때 그런 식으로 성공한 나라는 없었습니다. 농업을 혁신할 수 있는 가능성은 매우 좁거든요. 50년 전과 비교하면 우리는 단위 면적당 훨씬 더 많은 밀을 수확하죠. 하지만 밀 자체는 옛날에 먹던 그 밀과 다르지 않습니다. 반면 오늘날 우리가 보는 TV는 30년 전에 TV라고 부르던 것과 완전히 다른 물건이에요."

딘은 설명을 위해 1인당 국민소득이 3만 달러에 달하는 한국과 1만 4000달러에 머물고 있는 아르헨티나를 비교했다. "아르헨티나는 1920년대에 이탈리아보다 1인당 국민소득이 높았던 나라입니다. 한국과는 비교할 수도 없었고요. 하지만 지금은 어떨까요. 다양한 요소가 개입해 있겠지만 제조업을 택한 한국과 다른 길을, 특히 농업을 택한 아르헨티나의 발전 경로가 달라졌다는 건 부정할 수 없는 사실일 거예요."

콩고가 뭔가 하려고 한다면 대체 뭘 해야 할까? 딘은 이렇게 대답했다. "나는 나이지리아의 오순Osun주에 자문을 제공했습니다. 해외 직접 투자를 개방하고 최대한 많은 일자리를 만들라고 말이죠. 지금으로서는 공장이 누구 공장이냐를 묻고 따지는 게 무의미하다, 그저 공장을 끌어오고 일자리를 만들어라, 이게 내 조언이었어요. 중국이나 베트남 또는 말레이시아 정부와 접촉해 그 나라의 제조업 일자리를 나이지리아로 가져오라는 거였죠."

딘은 힘주어 강조했다. 경제 성장의 지름길은 없다고.

"한번은 하버드 경영대학원 아프리카 비즈니스 클럽에서 강연을 했는데 누군가 이러더군요. '우리는 의류 같은 싸구려 제조업을 하고 싶지 않습니다. 중국이 했던 길을 반복하고 싶지는 않아요. 부가가치가 높은 상품을 만드는 일에 곧장 뛰어들고 싶습니다.' 하지만 자전거를 만들던 사람들이 곧장 인공위성을 만들 순 없는 노릇입니다. 지금 자전거를 만들고 있다면 다음에는 오토바이를 만들어야죠. 오토바이에서 자동차로 넘어가고, 자동차를 만들다가 인공위성을 만들게 되는 겁니다."

"에티오피아의 목표는 최대한 많은 일자리를 만들고, 공장에서 일할 수 있는 노동력을 길러 내는 교육 시스템을 갖추는 것이죠. 내가 경공업을 강력하게 추천했던 건 그 때문이었습니다. 경공업을 통해 사람들은 기술뿐 아니라 자기 통제를 익히게 되거든요. 그러다가 어느 시점

지구를 위한다는 착각

에 도달하면 에티오피아의 교육 체계가 변화해야 할 겁니다. 더욱 숙련된 기술을 가진 노동력을 제공해 중간 수준의 기술력이 필요한 제품을 만들어 내야 할 테니까요."

농촌 인력을 공장 노동자로 탈바꿈시키는 것이 바로 정부의 몫이라고 딘은 주장했다. "1990년대 초 베트남이 산업화의 첫발을 내디딜 무렵 시골 지역에 가 보면 아주머니들과 소녀들이 임시 옷 공장에서 일하는 걸 흔히 볼 수 있었어요. 국내에서 소비되거나 해외로 수출하는 옷을 그런 식으로 만들었던 거죠. 그런데 베트남에는 그전부터 옷이 낡으면 바늘과 실을 들고 가서 수선해 주고 돈을 받는 문화가 있었어요. 그런 문화가 산업화에 큰 도움이 되었습니다."

가난한 나라 사람들이 만든 옷을 입자

나를 포함해 환경 운동가들은 제조업에 대해 부정적인 시각을 갖고 있었다. 하지만 그 오랜 편견과 달리 제조업의 긍정적 영향은 부정적 영향을 훨씬 뛰어넘는다. 수파르티 같은 개발도상국 노동자가 만든 옷을 입을 때 우리가 느껴야 할 감정은 죄책감이 아니다. 자부심을 느껴야 한다. 환경 운동가와 언론은 H&M 같은 패스트패션 브랜드가 가난한 국가에서 옷을 생산하는 것이 비윤리적이라고 비난하지만 그건 옳지 않다. 그런 비난을 멈춰야 한다.

마텔, 나이키, H&M 같은 회사들이 노동자의 근로 조건을 개선하지 않아도 된다는 이야기가 아니다. 소비자들은 기업이 올바른 행동을 하도록 압력을 넣음으로써 세상을 좀 더 나은 곳으로 바꿀 수 있다. 하지만 그러려면 개발도상국에서 만들어 낸 저렴한 상품을 소비자가 구입하는 행위 자체를 악마화하지 말아야 한다.

인류가 인구 정점을 찍고 인구 감소로 돌아서게 될 시점은 언제일까. 많은 인구학자들이 동의하는 바에 따르면 그 시점은 콩고 같은 사하라 이남 아프리카 국가들이 산업화를 언제 이루느냐에 따라 달라진다. 베르나데테 같은 시골 지역 거주민이 도시로 이주해 공장에서 일하고, 돈을 벌고, 아이를 적게 낳을 때 비로소 지구의 인구 폭발은 멈추게 된다.

이 과정을 이해하기는 쉽지 않다. 우리의 직관과 반대되기 때문이다. MIT의 기후학자인 케리 이매뉴얼의 설명을 들어 보자. "2070년까지 대기 중 이산화탄소 농도를 최소화하고 싶다면 인도의 석탄 화력 발전을 더욱 늘려야 해요. 말도 안 되는 소리처럼 들리죠. 석탄은 끔찍한 탄소 배출원이니까. 하지만 석탄을 더 많이 땐다는 것은 인도 사람들이 더 부유해진다는 말과 같아요. 더 부유해지면 아이를 덜 낳겠죠. 아이를 덜 낳으면 인구 성장이 멈추고, 인구가 줄어들면 탄소 배출량이 낮아집니다. 그럼 2070년쯤에는 사정이 훨씬 나아질 거예요."[84]

콩고는 경제 개발 경쟁의 후발 주자다. 국제 시장에서 미국이나 유

지구를 위한다는 착각

럼 같은 선발 주자에 비해 훨씬 더 어려운 싸움을 해 나갈 수밖에 없다. 반대로 말하자면 오늘날의 선진국, 즉 산업화의 선발 주자는 가난한 후발 주자가 산업화를 이룰 수 있도록 다각도로 도와야 마땅하다. 하지만 현실은 정반대다. 앞으로 살펴보겠지만 선진국은 정반대로 행동하고 있다. 후진국의 가난을 과거의 일로 만들기는커녕 계속 가난한 상태에 묶어 두려 든다.

인도네시아를 떠나기 전 나는 수파르티를 다시 만났다. 노동조합 활동가로서 스스로 해낸 일에 대해 어떻게 생각하느냐고 물었다.

"생리 휴가를 얻어 낸 게 가장 뿌듯한 일이에요." 수파르티가 말했다. "생리할 때면 이틀을 쉴 수 있어요. 이건 공장에도 좋은 일이에요. 생리통이 너무 심해 울거나 실신하는 사람들까지 있었어요. 그럼 생산성이 떨어지죠."

도시에서 일하다 보면 외롭지는 않은지, 고향 생각이 나지는 않는지 물어보았다. "집 생각이 정말 많이 나요. 엄마와 요리를 하면서 수다 떨던 생각을 하면 정말 그립죠. 하지만 돌아갈 생각은 전혀 없어요. 내가 하는 일에 만족하며 살고 있는걸요."

부모님이 어떻게 사시는지 걱정되지는 않을까. "부모님이 연로하셔서 일을 더 못 하게 되실 날을 미리 걱정해 본 적은 없어요. 하지만 그럴 때를 대비해 돈을 모으고 있죠. 언젠가 부모님을 메카에 순례 여행 보내 드리기 위해 저금도 하고 있고요."

수파르티는 결혼하고 나면 전업주부가 되고 싶다고 말했다. 아이는 넷 정도가 좋겠다고 한다. "원래는 둘만 낳을 생각이었는데 지금 보니까 집이 너무 조용할 것 같아요. 집에 혼자 있는 기분이 들 것 같고요."

작별을 앞두고 나는 수파르티의 사진을 한 장 찍어 간직하고 싶었다. 사진을 찍어도 좋으냐고 묻자 "어디서 찍을까요?"라는 반문이 돌아왔다.

우리는 수파르티의 집에서 대화하고 있었으므로 집에서 가장 좋아하는 장소를 택해 보라고 했다. 수파르티는 거의 사용하지 않는 재봉틀 옆에 섰다. 재봉틀 위에는 액자에 넣은 가족사진과 친구들 사진, 플라스틱 조화, 작은 장난감 전자 기타가 놓여 있었다.

나는 셔터를 눌렀다. 사진 속 수파르티는 왼손을 출퇴근할 때 타는 오토바이 헬멧 위에 올리고 있었다. 뒤로는 무슬림이 기도할 때 까는 양탄자가 걸려 있었다. 수파르티는 자부심 넘치는 미소를 지으며 나를 바라보고 있었다.[85]

지구를 위한다는 착각

6

석유가
고래를 춤추게 한다

Apocalypse Never

고래의 위기와
그린피스의 등장

자연의 기적을 한 마리의 동물로 형상화하자면 대왕고래blue whale(흰긴수염고래, 청고래)가 아닐까. 아기 대왕고래는 엄마 젖을 먹으며 1시간에 4.5킬로그램씩 체중을 불려 나간다. 한 마리가 성년이 될 때까지는 10년이 걸린다. 대왕고래는 지구에 생명이 시작된 이래 가장 큰 동물로 성장한다. 심지어 가장 큰 공룡보다 거의 3배는 크다.[1] 길이는 10층 건물 높이, 무게는 프로미식축구 선수들 전체 몸무게와 같다.[2]

　고래에 대한 인류의 지식은 지난 50여 년간 많이 늘어났지만 여전히 고래는 신비의 동물이다. 우리는 혹등고래humpback whale들이 함께 숨을 내쉬어서 청어 또는 다른 물고기 떼를 가두는 기포 구름을 만든다는 것을 알고 있다. 물이 없어서 헤엄칠 수 없는 물고기 떼를 향해 입을 벌리고 달려들어 삼켜 버리는 것이다. 하지만 혹등고래가 하와이에서 알래스카까지 매년 이동할 때 음파로 방향을 가늠하는지, 별을 보는지, 지구의 자기장이나 다른 방법을 이용하는지 우리는 아직 모른다.[3]

　고래와 함께 오래 살아온 지역의 현지인들은 고래에 대해 경외감을 드러내곤 한다. 베트남 사람들은 예로부터 고래를 '왕'이라는 뜻의 '응가이ngai'라고 부르며 바다를 지배하는 동물로 여기고 숭배해 왔다.[4] 해변으로 고래 사체가 떠밀려 오면 어부들은 장례식을 치른다. 마치 임금의 장례식을 치를 때처럼 장엄하고 숭고하다.[5] 이누이트족의 창세 설화 중에는 해변에 밀려온 고래를 발견한 어부가 위대한 영혼의 명령에 따라 마법 버섯을 먹고 힘을 내서 고래를 바다로 돌려보낸 후 세상이 질서를 되찾았다는 이야기가 전한다.

그러나 20세기 중반 인류는 거대한 산업형 포경선을 이용해 고래를 거의 멸종에 가깝게 몰아갔다.

과학자들은 고래의 개체 수가 급감하고 있다며 경고했다. 소수의 젊은 활동가들이 고래를 구하기 위해 나섰다. 그 활동가들은 포경선의 잔인한 행태를 고발하고 고래가 풍부한 감수성을 지닌 동물임을 보여주는 기록물을 제작했다.

1975년 여름에 분위기가 뜨겁게 달아오르기 시작했다. 포경 반대 운동을 하는 소규모 활동가들이 20미터 크기의 넙치잡이 배를 타고 밴쿠버 항구를 출발했다. 그들은 북태평양의 고래 사냥터로 향했다. 러시아 포경선과 맞서 싸우기 위해서였다.

목적지에 도착한 그들은 조디액Zodiac이라는 이름의 고속정을 띄우고 향유고래 무리를 사냥하고 있던 소련의 포경선 블라스트니Vlastny를 막아섰다. 한 활동가가 슈퍼 8밀리미터 필름 카메라를 꺼내 영상을 찍기 시작했다. 블라스트니호의 대포가 250파운드의 힘으로 포경 작살을 쏘았다. 작살은 턱수염 난 그 활동가의 옆을 스쳐 지나가 작은 암컷 혹등고래의 등에 꽂혔다.

1975년 밴쿠버 사건에 참여했던 한 젊은이는 훗날 포경선과 벌인 싸움을 이렇게 회고했다.

> 고래는 미동도 없이 우리를 내려다보고 있었다. 단검처럼 늘어선 15센
> 티미터 길이 이빨들 위로 커다란 눈이 보였다. 내 주먹만 한 그 눈 속에
> 는 지성과 공감의 능력이 엿보였다. 말 한마디 없이 전달되고 있었다.
> 고래는 우리가 무엇을 하려 했는지 알아채고 이해하고 있었던 것이다.
> … 그날 나는 정서적으로 그리고 영적으로 고래와 한편이 되었다. 고래
> 를 죽이려 드는 사람들의 이익보다는 고래와의 유대감이 더 앞설 수밖
> 에 없었다.[6]

며칠 뒤 유명 앵커 월터 크런카이트Walter Cronkite는 조디액호에 탄
활동가가 슈퍼 8밀리미터 카메라로 찍은 영상을 〈CBS 이브닝 뉴스CBS
Evening News〉에 내보냈다. 그리하여 수백만 명의 시청자가 그 새로운 조
직의 이름을 알게 되었다. 그린피스의 등장이었다.

그 후 7년간 그린피스는 언론 홍보 활동을 하고, 풀뿌리 조직을 꾸
리고, 정치적 압력을 넣었다. 그 결과 1982년 환경 운동가들은 전 세계
적으로 상업적 포경 행위를 완전히 금지하는 국제 협약을 이끌어 내기
에 이르렀다. 대단한 성공이었다. 오늘날 고래는 돌아오고 있다. 저 커다
란 대왕고래를 비롯한 모든 종의 개체 수가 회복되고 있다.

유전이 발견되고
고래는 목숨을 구했다

소수의 헌신적인 자연 애호가들이 환경을 구해 냈다는 이야기는 우리에게 큰 감명을 준다. 우리는 이런 이야기에 익숙하다. TV와 다큐멘터리 영화, 책, 뉴스 등을 통해 흔히 접한다. 영웅과 악당이 뚜렷하게 구분되는 흥미진진한 드라마이기도 하다. 한쪽에는 자연을 파괴하는 탐욕스러운 겁쟁이들이 있고, 다른 쪽에는 이상을 좇는 젊은 영웅들이 있다. 수백만 명의 젊은이들이 이런 이야기에 감명받아 자신이 할 수 있는 일을 실천하기 시작한다.

이 환경 보호 전사들의 영웅담이 가진 유일한 결함은 그 내용이 거의 다 틀렸다는 것이다.

몇몇 지역에서 고래를 숭배해 온 전통이 있긴 하지만 대부분의 인류는 고래를 사냥감으로 여기고 잡아먹었다. 숭배의 대상이 아니었다. 해변에 떠밀려 온 고래를 되돌려 보내 준 전설을 가진 이누이트족 역시 고래를 사냥하고 잡아먹으며 생존해 왔다.

1600년대 초 한 영국 탐험가는 북아메리카 원주민들의 고래 사냥을 관찰하고 기록으로 남겼다. 현재 매사추세츠주 코드곶Cape Cod에서 벌어진 고래 사냥 광경은 이와 같았다. "그들은 족장과 함께 무리를 지어 사냥에 나섰다. 여러 척에 나눠 탄 사냥꾼들은 밧줄에 묶은 작살로 고래를 공격했다. 화살을 쏴서 고래가 질식하거나 과다 출혈로 죽으면 인디언들은 고래를 끌고 해안으로 돌아가 '기쁨의 노래'를 불렀다."[7]

스페인에서 온 예수회 탐험가 역시 비슷한 광경을 목격했다. 오늘날의 플로리다에서 토착민 전사들이 고래를 사냥하는 모습이었다. 전사들은 카누를 타고 고래와 나란히 따라붙었다. 고래 등에 뛰어올라 타고는 숨구멍에 창을 찔러 넣었다. 그 순간 고래는 바닷속으로 잠수를 시작했다. 하지만 결국 고래는 수면 위로 떠올랐고 사냥꾼은 목숨을 건졌다. 대신 고래는 목숨을 잃었다.[8]

조직화된 포경의 역사는 적어도 8세기까지 거슬러 올라간다. 지금은 스페인에 합병된 바스크 지방 사람들은 고래를 발견하기 위해 탑을 건설했다. 고래가 보이면 바다로 나가서 잡았다.[9] 17세기 일본에는 고래 사냥을 위해 6개 회사가 협력한 기록이 남아 있다. 10~12척의 배를 동원해 반원을 그리며 고래를 해안가 가까이 몰아가 그물을 던져 고래를 가두었다. "고래 사냥꾼 중 한 사람이 긴 칼을 빼 들고 영광의 일격을 가할 때 고래잡이는 절정에 이르렀다"라고 한 역사가는 쓴다. "마치 투우사들처럼 이 포경선 작살잡이들은 국가적 영웅으로 추앙받는다."[10]

18세기와 19세기에 미국에서는 범선을 띄워 고래를 잡았다. 고래를 발견하면 6명씩 한 조를 이룬 두 무리가 보트를 내려 다가갔다. 고래잡이들은 조용히 노를 저어 고래 옆으로 접근했다. 보트가 고래에 닿을 만큼 가까워지면 그들 중 누군가가 작살을 던졌다. 작살에 찔린 고래는 대체로 앞을 향해 뛰쳐나가기 마련이었고 끌려가는 보트에 탄 사람들은 목숨을 건 질주를 해야 했다. 결국 고래는 지쳐 나가떨어지고 그러면 사냥꾼들은 고래 바로 옆에 보트를 댄 후 날카로운 철창을 폐에 찔러 넣고 비틀어 숨통을 끊었다. 어떤 때는 고래가 사냥꾼들을 깊은 바다로 끌고 들어가 죽음을 선사했다.[11]

때로는 고래 사냥이 손쉽게 이루어졌다. 하지만 그렇지 않을 때면 "고래는 창이 꽂힌 채로 고래잡이들을 한나절씩이나 끌고 다녔다." 1725년에 한 자연학자가 남긴 기록이다. "때로는 몸에 창이 꽂히고 피를 흘리면서도 살아서 도망쳤다." 고래의 숨구멍에서 솟구쳐 나오는 피의 분수는 사람들을 몹시 흥분시켰을 것이다. 사냥꾼들은 이렇게 소리치곤 했다. "굴뚝 불길 같아!"[12]

1830년에 미국은 세계 포경 시장의 선두주자였다.[13] 고래기름은 사치품이었다. 촛불보다 더 밝고 나무보다 깨끗하게 타올랐기 때문이다. 고래기름 외에도 고래를 잡으면 많은 걸 얻을 수 있었다. 식품, 비누, 기계 윤활유, 향수의 베이스 오일 등이었다. 고래수염은 코르셋, 우산 살, 낚싯대를 만드는 재료로 활용됐다.[14]

고래기름의 수요가 높아지다 보니 사업가들은 대체품을 찾게 되었다.[15] 그런 사업가 중 한 사람으로 새뮤얼 키어Samuel Kier가 있었다. 1849년 키어의 아내는 의사로부터 "미국식 의료 기름"을 처방받았다. 그 약의 성분은 퍼트롤리엄petroleum, 즉 석유였다. 의사가 전에 없던 처방을 만들어 낸 것은 아니었다. 아메리카 원주민인 이로쿼이족은 벌레를 쫓고, 상처에 바르고, 음료에 넣는 용도로 수백 년 전부터 석유를 사용해

왔으니 말이다.[16]

아내가 석유 처방을 받고 호전되는 모습을 본 키어는 이걸로 사업을 할 수 있겠다고 생각했다. 그는 일단 브랜드를 만들었다. "키어스 퍼트롤리엄, 일명 바위 기름". 그리고 제품을 수레에 실은 후 이곳저곳을 돌아다니며 1병에 50센트씩 받고 팔았다.

키어는 야심 찬 사람이었다. 자신이 만든 제품의 용도를 확장하고자 했다. 그를 만난 어떤 화학자가 석유를 정제해 맑은 액체로 만들어 보라고 권했다. 당시는 키어 말고도 석유 사업에 뛰어든 이들이 많았지만, 키어는 피츠버그 시내에 사상 최초로 산업적인 규모의 석유 정제 공장을 만들었다. 이로써 키어는 석유 산업의 발전에 큰 공헌을 하게 되었다.[17]

뉴욕의 한 투자자 무리가 키어의 사업을 보고 새로운 비즈니스 영역이 시작될 조짐을 느꼈다. 이 투자자들은 떠돌이 신세에 장애인이었던 엔지니어를 고용해 펜실베이니아에서 석유 시추 작업에 착수했다. 암염 채굴 전문가로 명성이 높던 그 남자의 이름은 에드윈 드레이크Edwin Drake로, 그는 기어이 펜실베이니아 타이터스빌에서 세계 최초의 유전 개발에 성공했다.

드레이크 유전이 개발되면서 석유를 정제한 케러신kerosene, 즉 등유가 급속도로 보급되기 시작했다. 등유는 미국의 조명용 액체 연료 시장을 빠르게 잠식해 나가 고래기름의 자리를 빼앗았다. 그리하여 고래들은 목숨을 건질 수 있었다. 고래기름이 더는 필요가 없어졌기 때문이다.

고래 사냥이 정점에 달했을 무렵 포경 산업에서 생산해 내는 고래기름은 매년 60만 배럴에 달했다.[18] 드레이크가 유전을 개발한 후 석유 산업은 3년도 되지 않아 같은 양의 기름을 생산해 냈다.[19] 펜실베이니아의 유전 하나에서 하루에 생산하는 석유 양이나, 포경선 한 척이 3~4년에 걸친 항해 끝에 잡은 고래에서 얻는 고래기름 양이나 차이가 없었다. 석유의 에너지 밀도는 실로 대단했다.[20]

드레이크가 유전 개발에 성공한 지 2년 후인 1861년 잡지《배너티 페어Vanity Fair》에 인상적인 만평이 실렸다. 턱시도와 드레스를 빼입은 향유고래들이 지느러미로 서서 무도회장에서 춤을 추고 샴페인을 마시며 축하하는 모습이 담겨 있었다. 만평 아래 붙은 글 내용은 이랬다. "펜실베이니아 유전 발견을 축하하며 고래들이 무도회를 열었다."[21]

고래잡이들이 고래를 너무 많이 잡아 멸종 위기로 몰고 갔지만 역사학자들의 시각은 냉정하다. "고래가 심각하게 줄어들어서 미국 포경 산업이 위축되었다는 증거는 없다." 더 높은 에너지 효율을 지니는 대체 물질 개발만이 그들을 막아설 수 있었다. 이 사례는 우리에게 중요한 교훈을 안겨 준다. 환경 면에서든 또 다른 면에서든 안 좋은 제품이 있다면 그것이 사라지기까지 기다릴 필요가 없다는 것이다.[22]

포경을 사양 산업으로 만든
기술 발전

이 무슨 얄궂은 운명의 장난일까. 자본주의는 고래의 생명을 한 번만 구하지 않았다. 두 번이나 살려냈다. 1900년 무렵 포경업은 사양 산업이 된 듯했다. 미국 포경업의 생산 규모는 한창때의 10퍼센트에도 미치지 못했다.[23] 포경업이 완전히 사라지지 않은 건 몇몇 종의 고래를 염가에 제공하는 노르웨이 어부들 때문이었다. 게다가 고래수염에 대한 수요가 여전히 존재했기 때문이기도 했다.[24] 아직 세상에는 고래수염을 대체할 만한 석유 화합물 플라스틱 소재가 존재하지 않았기에 사람들은 고래를 잡아 입속에서 수염을 뽑아 썼다.

그런데 불현듯 포경업이 되살아났다. 그것도 퍽 큰 규모로 되살아났다. 1904년에서 1978년 사이 포경업자들은 100만 마리의 고래를 사냥했는데 이는 19세기 전체에 잡은 고래의 3배에 육박하는 숫자다.[25]

다양한 혁신이 일어나면서 고래기름의 새로운 용도가 발견된 것이 원인이었다. 1905년 유럽 화학자들은 액체 기름을 고체 기름으로 굳혀 비누를 만드는 방법을 찾아냈다. 니켈을 촉매로 사용해 기름에 수소 가스를 불어넣는 과정이 들어갔기에 이와 같은 공법을 수소화hydrogenation 라 부르게 되었다.[26] 1918년에는 고래기름을 고체화하면서 역한 냄새와 맛을 제거하는 방법이 발견되었다. 고래기름으로 버터 대신 마가린을

지구를 위한다는 착각

생산할 수 있게 된 것이다.[27]

하지만 얼마 지나지 않아 업계의 화학자들은 거의 전적으로 팜유만을 이용해 마가린을 생산하는 데 성공했다. 고래를 잡으러 나갈 필요가 없어진 것이다. 1940년 무렵 팜유 대부분은 고래기름보다 저렴한 가격으로 콩고에서 생산되고 있었다. 1938년부터 1951년 사이 식물성 기름을 원료로 사용한 마가린의 소비는 4배로 뛰었다. 반면 고래와 생선 기름으로 만든 마가린의 수요는 3분의 2로 떨어졌다. 같은 기간 비누의 원료로 고래기름이 사용되는 비율은 13퍼센트에서 고작 1퍼센트로 낮아졌다.[28] 1930년대만 해도 세계에서 유통되는 지방 중 고래기름이 차지하는 비중은 9.4퍼센트였으나 1958년에는 1.7퍼센트까지 낮아졌고, 1950년대 내내 고래기름의 가격은 꾸준히 하락했다.[29]

무슨 일이 벌어지고 있는지 언론에서 알아채기 시작했다. 1959년 《뉴욕타임스》의 기사를 보자. "식물성 기름의 생산량이 늘어나면서 … 고래기름의 시장 가격은 떨어지게 되었고, 결과적으로 고래의 목숨을 구했다."[30] 1968년이 되면 노르웨이의 포경업자들은 고래를 잡아도 그저 고기를 반려동물 먹이 제조업자에게 파는 것 외에 판로를 찾지 못했다. 그러한 상황을 《뉴욕타임스》는 다음과 같이 언급하고 있다. "한때 1톤당 238달러까지 기록하며 시장을 지배했던 고래기름의 가격은 1966년 현재 101달러 50센트까지 떨어졌다. 페루산 생선 기름과 아프리카산 식물성 기름에 자리를 빼앗기고 만 것이다."[31]

가격이 낮아진 까닭에 고래기름의 생산이 줄고 고래기름 자체가 희귀해졌다. 그러니 고래기름을 식물성 기름으로 대체하는 속도는 더 빨라질 수밖에 없었다. 경제학자들이 내린 결론은 다음과 같다. "경제 성장으로 인해 고래기름을 원료로 쓰는 제품의 수요가 하락했고, 고래의 개체 수가 줄어들다 보니 고래를 잡는 데 들어가는 비용 역시 날로 늘어만 갔다."[32]

포경업은 1962년에 정점을 찍었다. 그린피스가 밴쿠버에서 전 세계의 이목을 집중시키기 13년 전이었다. 1962년 이후 포경업은 급속도로 하향세에 접어들었다. 유엔은 1972년 포경업을 10년간 중단할 것을 요구했고, 미국은 해양포유류보호법Marine Mammal Protection Act을 제정해 포경업을 금지했다. 그린피스가 밴쿠버를 기반으로 활동하며 세계적 찬사를 불러일으켰던 1975년, 이미 세계 46개국은 모든 혹등고래, 대왕고래, 귀신고래, 그리고 참고래와 큰고래, 보리고래의 일부 종에 대한 포경을 금지하고 있었다.[33]

고래를 구한 것은 국제 조약이 아니라 식물성 기름이었다. 국제포경위원회International Whaling Commission가 1982년 포경 행위를 금지했을 때 이미 포경 산업은 사실상 끝난 상태였다. 국제포경위원회의 포경 금지 이후 사냥당한 고래는 20세기에 사냥당한 전체 고래 중 1퍼센트에 불과하다.[34] 국제포경위원회가 1980년대에 시행한 포경 금지는 "이미 벌어지고 있는 현상을 추인한 것에 불과했다. … 고래 개체 수의 안정화에 해당 조치는 별 영향을 주지 못했다"라고 이 문제를 연구한 경제학자들은 언급한다.

국제포경위원회가 고래 사냥에 쿼터제를 도입한 것은 맞다. 하지만 쿼터가 너무 높았기 때문에 고래의 남획을 막지 못했다. "이론적으로 국제포경위원회는 고래 사냥을 규제하는 기능을 수행했어야 한다. 하지만 실제로는 포경업자들의 국제 클럽처럼 돌아가고 있었다." 이 시기를 연구했던 한 주요 역사학자는 이렇게 기록하고 있다. "국제포경위원회의 30년간에 걸친 작업은 난장판으로 귀결되고 말았다."[35]

그린피스의 활동에 장단을 맞추며 목청을 높이는 나라들이 있었지만 그 나라들 스스로가 포경업을 막기 위해 큰 노력을 기울였던 것은 아니었다. "포경에 반대하는 입장을 강경하게 내세우는 것은 자국의 친환경 이미지를 내세울 수 있는 아주 손쉬운 방법으로 여겨졌다. 포경업과 무관한 국가들이 실질적 비용 투입 없이 환경주의를 들이밀었다."[36]

사회가 점점 더 풍요로워짐에 따라 고래를 대체할 수 있는 소재에 대한 수요가 늘어났고 그 수요가 고래를 살렸다. 사람들이 고래를 살린 것은 더는 고래를 물건의 재료로 원하지 않게 되었기 때문이다. 더 풍부하고, 저렴하고, 질적으로 우수한 대안을 찾았으니 말이다.

사람들은 특히 대왕고래, 혹등고래, 북극고래, 이 세 종의 미래를 염려했다. 덩치가 크고 번식 주기가 느리기 때문이었다. 하지만 비록 느려도 꾸준히 회복하고 있다.[37] 현재 멸종 위기에 몰린 고래는 북대서양참고래 단 한 종이다. 전 세계적으로 사냥당하는 고래의 숫자는 매년 총 2000마리를 넘지 않는다. 1960년에는 매년 3만 5000마리가 사냥당하고 있었으니 거의 97퍼센트나 떨어진 셈이다.[38]

여기서 우리가 얻을 수 있는 교훈은 무엇일까. 식물성 기름이 고래의 목숨을 구한 이야기를 파헤친 경제학자들은 이렇게 말한다. "어떤 면에서 보자면 경제는 심각한 환경 파괴를 '벗어나' 성장할 수 있다."[39]

에너지 전환은
어떻게 일어날까

1970년대 초의 일이었다. 명랑한 성격을 지닌 40대의 이탈리아 핵물리학자 체사레 마르케티Cesare Marchetti는 제너럴 일렉트릭GE에 자문을 제공하고 있었다. 그는 제너럴 일렉트릭에 고용된 한 경제학자와 친구가 되었는데 그 사람이 그즈음 이런 공동 논문을 썼다. 〈기술 변화의 단순한 대체 모델〉.[40] 시장에 나온 새로운 제품이 과거의 제품을 얼마나 빨리 대체할 수 있을지 계산하는 모델을 다룬 것이었다. 다양한 기술 제품을 보유하고 있는 제너럴 일렉트릭으로서는 그 모델이 퍽 요긴할 터였다.

마르케티는 평소에 경제학 모델을 그리 진지하게 생각하지 않는 편이었다. "구시대의 물리학자로서 나는 경제학자 친구들을 만나면 곧잘 농담을 하며 놀려 댔다. 자네들은 대단히 아름답고 추상적인 모델을 만들어 내는 데는 엄청난 능력을 보여 주지만, 그 모델은 너무나 고고한 나머지 현실의 진흙탕에는 아예 발을 들여놓지도 않는 그런 것 아니냐

지구를 위한다는 착각

고 말이다."⁴¹

　이번에는 달랐다. 제너럴 일렉트릭의 경제학자들은 자신들의 모델이 잘 작동하는지 알아보기 위해 실제 데이터를 넣고 검증해 보았다. 마르케티는 그 소감을 이렇게 적고 있다. "나는 깜짝 놀랐다. 경제학자들의 모델이 현실의 진흙탕을 텀벙거리며 신나게 걷고 있는 게 아닌가."⁴²

1974년 마르케티는 제너럴 일렉트릭의 자문 역에서 물러난 후 국제응용시스템분석연구소International Institute for Applied Systems Analysis, IIASA로 자리를 옮겼다. OECD(경제협력개발기구)의 자금으로 운영되는 몇 안 되는 연구 기관이었다. 마르케티의 손에는 제너럴 일렉트릭에서 만든 모델이 들려 있었다.

　국제응용시스템분석연구소는 미국과 소련의 협업으로 만들어진 과학 연구 기관이었다. 공산주의 진영과 자본주의 진영 간 거리를 좁히고 함께 과학 발전을 이루는 것을 목적으로 삼았다. 설립 취지가 그렇다 보니 국가와 진영의 장벽뿐 아니라 분과 학문의 장벽 역시 대수롭지 않게 넘나드는 분위기가 조성되었다. 이 연구소는 '시스템 분석'을 위한 학제간 연구를 선도해 나갔다. 그들의 연구 방식은 훗날 기후변화정부간협의체에 의해 차용되었다.

　진화는 새로운 생물종이 기존의 종을 대체하는 과정이다. 마르케티는 그 관점에서 큰 영감을 받았다. 그는 타자기 수집가이기도 했다. 어떤 모델은 얼마 가지 않아 단종되는 반면 어떤 모델은 오래도록 살아남았다. 마르케티는 기술의 변화를 이해하기 위해 다윈의 진화론을 대입해 볼 수 있다는 아이디어에 도달했다.

국제응용시스템분석연구소에서 마르케티는 1차 에너지원의 변화 또는 대체에 대한 연구에 돌입했다. 에너지원을 "시장에서 경쟁하는 상품"으로 바라보는 것이었다.[43] 마르케티가 말한 1차 에너지원이란 나무, 석탄, 석유, 천연가스, 우라늄처럼 자연에서 채취해 다방면으로 활용되는 에너지원을 뜻한다(반면 2차 에너지원이란 전기, 등유, 수소, LPG, 가솔린 등 1차 에너지원을 가공해 얻는 에너지원을 뜻한다).

새 직장에 온 후 이듬해 여름까지 마르케티와 동료들은 전 세계에서 벌어진 300여 건의 에너지 전환 사례를 수집한 후 그 자료를 모델에 투입하는 작업을 수행했다. 나무에서 석탄으로, 고래기름에서 석유로, 석탄에서 석유로. 그 밖에 다양한 에너지 전환의 조합이 가능했다. 마르케티는 이렇게 회상한다. "내 눈을 믿기 힘들었지만 모델이 제대로 작동했다."[44] 연구 내용을 한마디로 요약하면 이런 것이었다. "에너지원의 운명은 태어날 때부터 결정되어 있다."[45] 오늘날 우리가 '에너지 전환'이라 부르는 연구 분야가 탄생한 순간이었다.

전쟁, 에너지 가격의 큰 변동, 심지어 불황마저 에너지 전환 속도에 영향을 미치지 못했음을 마르케티는 발견했다. "마치 에너지 시스템 내부에 일정, 의지, 시계가 내장되어 있는 것만 같다"라고 그는 썼다.[46]

지금까지 역사가들은 에너지 전환이 이루어지는 과정을 이렇게 바라보았다. 특정 에너지원이 희귀해져 가격이 오르자 혁신이 촉진되었다는 것이다. 예컨대 유럽인들이 나무가 부족해져 갈수록 먼 지역에서 수

지구를 위한다는 착각

입해야 하는 바람에 나무가 비싸지자 상대적으로 저렴한 연료인 석탄이 쓰이기 시작했다는 식이다.[47] 하지만 마체르티가 발견한 사실은 퍽 달랐다. "시장은 주기적으로 특정 1차 에너지원에서 다른 1차 에너지원으로 이행했다. 적어도 전 세계적으로 볼 때 그러한 이행은 특정 1차 에너지원이 고갈되기 훨씬 전에 일어났다."[48]

드레이크가 유전을 개발할 때 투자자들이 달라붙었던 것처럼 특정 에너지가 희소해지면 대안을 찾는 경향이 커지기는 한다. 하지만 많은 경우 에너지 전환은 경제 성장과 더불어 새로운 에너지 수요가 증가하기 때문에 벌어진다. 가령 조명, 교통, 난방, 산업 등에서 발생한 수요를 감당하기 위해서는 바이오매스 대신 화석 연료를, 그리고 석탄 대신 석유나 가스를 써야 했던 것이다.

고래에게도 같은 일이 벌어졌다. 펜실베이니아 유전이 개발되고 석유를 등유로 정제하는 기술이 발전하기 전까지는 돼지기름과 에탄올이 고래기름의 대체제로 여겨졌다. 석유가 생물에서 추출하는 그런 바이오 연료와 벌인 경쟁에서 승리를 거둘 수 있었던 것은 양이 풍부할 뿐 아니라 궁극적으로 에너지 밀도가 대단히 높았기 때문이다.[49]

전체 에너지 수요 중 석탄이 차지하는 비중은 1차 세계대전을 전후로 낮아지기 시작했다. 석유나 천연가스로 대체되기 시작했을 때 "석탄의 매장량은 무한대에 가깝다고 볼 수 있었는데"도 그랬다.[50]

에너지 전환은 마르케티가 예견한 것과 같은 방식으로 이루어졌다. 에너지 밀도가 낮고 탄소 밀도가 높은 연료에서 에너지 밀도와 수소 밀도가 높은 연료 쪽으로 움직여 온 것이다. 석탄은 나무보다 에너지 밀도가 2배 높고, 석유는 액체 형태로 전환 가능한 천연가스와 마찬가지로 석탄보다 에너지 밀도가 높다.[51]

화학적 관점에서 보면 이해하기 쉽다. 석탄은 대략 수소 원자 하나당 탄소 원자 하나로 이루어져 있다. 반면 석유는 탄소 원자 하나당 2개의 수소 원자를 갖고 있다. 천연가스 또는 천연가스의 주요 구성물인 메탄은 탄소 원자 하나에 수소 원자가 4개다. 그래서 화학식이 CH_4다.[52]

이러한 에너지 전환의 결과 탄소 함량이 높은 연료는 지난 150년간 사양길을 걸어 왔다. 1860년부터 1990년대 중반까지 1차 에너지원의 탄소 밀도는 매년 0.3퍼센트씩 줄어들었다.[53]

인간 사회는 에너지 밀도가 낮은 연료를 버리고 에너지 밀도가 높은 연료를 사용하는 경향이 있다. 여기까지는 마르케티가 옳았다. 하지만 에너지 시스템 내부에 일정과 시계가 내장되어 있다는 말은 틀렸다. 에너지 전환에 대해 그가 내놓은 예측은 전반적인 방향 면에서는 옳았지만 그가 예측한 시기에 맞춰 에너지 전환이 이루어지지는 않았다. 가령 미국은 2010년에도 석탄이 전체 에너지의 45퍼센트 이상을 차지했으며 2019년에야 25퍼센트 이하로 떨어졌다.[54] 지난 20여 년간 유럽 역시 석탄 발전 비중이 낮아지는 대신 천연가스 비중이 높아지는 모습을 보여 주었다.[55] 반면 마르케티는 석탄에서 천연가스로 이행이 1980년대와 1990년대에 이루어질 것이라고 보았으니 실제 변화는 20년이나 늦은 셈이다. 또한 그는 오늘날에 이르면 나무를 비롯한 바이오매스를 연

료로 삼는 사람은 거의 없을 것이라고 예상했다. 하지만 아직도 25억 명이 그렇게 살고 있다.[56]

이러한 에너지 전환의 속도를 결정하는 것은 바로 정치다. 그리고 앞으로 살펴보겠지만 때로는 정치가 에너지 전환의 발목을 잡는다. 에너지 밀도가 높은 연료를 버리고 에너지 밀도가 낮은 연료를 택하는 정치적 결정이 이루어지는 것이다.

〈가스랜드〉의
'불타는 물' 사기극

2010년 봄 신작 다큐멘터리의 예고편이 공개되었다. 제목은 〈가스랜드Gasland〉. 미국의 천연가스 개발 붐을 다룬 작품이었다. 예고편에는 호러 영화를 연상시키는 배경 음악이 흘렀다. 흔히 '프래킹fracking'이라 부르는 수압파쇄법hydraulic fracturing으로 지층 내의 셰일shale층을 부수면 수질 오염이 발생하고 사람의 신경과 두뇌에 손상을 입힐 수 있다는 내용이었다. 프래킹이 폐 질환과 암을 유발한다는 문서도 예고편에 언급되고 있다.

예고편의 4분의 3 지점에 도달하면 마치 용이 하늘을 나는 장면을 보여 줄 때나 쓸 법한 웅장한 합창이 들려온다. "이 물을 마시지 마시오"

라고 손으로 쓴 종이가 붙어 있는 싱크대 앞에 어떤 남자가 서 있다. 그리고 화면은 곧장 미국 남부 억양을 쓰는 하원 의원이 발언하는 모습으로 넘어간다. 그는 당황하고 분노한 목소리로 이렇게 말한다. "우리는 지금 있지도 않은 문제의 답을 찾고 있단 말입니다!"

〈가스랜드〉의 예고편은 다시 문제의 싱크대로 되돌아온다. 싱크대 앞에 선 남자는 라이터에 불을 붙인 채 수도꼭지를 튼다. 그러자 수도꼭지를 중심으로 큰 불꽃이 터지고 남자는 깜짝 놀라 뒷걸음질 친다.[57]

《뉴욕타임스》와 여러 주요 매체들은 이 이야기를 크게 다루었다. 천연가스 채굴을 위한 프래킹 공법이 미국의 자연환경에 심각한 악영향을 미치고 있다는 내용이었다. 이를 계기로 프래킹을 중단해야 한다는 풀뿌리 운동이 퍼져 나갔다.[58]

하지만 〈가스랜드〉에 등장한 '불타는 물' 장면은 사실과 달랐다. 〈가스랜드〉에 출연한 주민과 다른 두 콜로라도 주민은 2008년과 2009년 콜로라도주의 석유 및 가스 산업을 규제하는 주요 기관인 콜로라도 석유가스보존위원회Colorado Oil and Gas Conservation Commission에 공식 진정서를 제출했다. 위원회는 세 사람의 집을 방문해 채취한 수질 샘플을 민간 연구 기관에 보냈다. 그 사람과 다른 한 사람 집 수도꼭지에서 가스 섞인 물이 나오고 있던 것은 사실이었다. 하지만 그 가스는 100퍼센트 "생물기원biogenic" 메탄 또는 자연스러운 메탄이었다. 해당 지역 주민들이 수십 년간 겪어 온 현상으로 안전하게 대처하는 방법 역시 잘 알려져 있었다. '불타는 물'은 프래킹이 아니라 대자연의 산물이었던 것이다.

나머지 한 사람의 집에서는 생물기원 메탄뿐 아니라 열기원thermogenic 메탄이 포함되어 있었기에 집주인은 가스 회사와 합의를 볼 수 있었다.[59](생물기원 메탄은 미생물의 발효, 열기원 메탄은 지층 속 열과 압력 때문에 생겨난다-옮긴이)

콜로라도석유가스보존위원회는 〈가스랜드〉의 개봉을 두고 강력히 항의했다. 감독 조시 폭스Josh Fox는 영화 제작에 앞서 해당 지역 수돗물에 생물기원 가스가 들었다는 사실을 알고 있었다. 위원회에서 정보를 제공했기 때문이다. 하지만 그런 사실은 영화에 포함되지 않았다.[60]

'불타는 물'에 대한 기록은 여러 세기를 거슬러 올라간다. 고대 그리스, 인도, 페르시아 등의 기록에서도 찾아볼 수 있다. 오늘날 우리는 메탄이 자연스럽게 땅에서 새어 나온다는 것을 안다. 1889년 한 남자는 우물을 파다가 휴식을 취하던 중 담배에 불을 붙였는데 불꽃이 일어 수염을 다 태워 먹었다. 루이지애나주 콜팩스에서 있었던 일이다. 이 특이한 우물은 역사적 구경거리가 되었고, 특이한 현상을 다루는 매체 〈리플리의 믿거나 말거나Ripley's Believe It or Not〉에서 소개하기도 했다.[61]

2011년 아일랜드의 다큐멘터리 영화감독 펠림 매컬리어Phelim McAleer는 조시 폭스에게 연락해 〈가스랜드〉에서 프래킹을 왜곡한 것 아니냐고 물었다. 두 사람의 대화는 이렇게 진행되었다.

매컬리어: 1976년에도 [불타는 물에 대한] 보고서가 있는데요….

폭스: 1976년 보고서는 모르겠고요. 1936년 뉴욕주에 살던 사람들이

물에 불이 붙는다고 했다는 보고서는 본 적 있습니다.

매컬리어: 감독님이 왜 1976년이 됐건 1936년이 됐건 불타는 물에 대한 보고서들을 작품에서 언급하지 않았는지 궁금하군요. 영화를 본 사람들 대부분은 불타는 물이 프래킹 때문에 생긴다고 생각하지 않겠습니까? 그런데 방금 감독님은 프래킹이 발명되기 훨씬 전부터 불타는 물 현상을 경험한 사람들이 있다고 했고요. 내 말이 맞죠?

폭스: 맞습니다. 하지만 내 다큐멘터리와 상관없어요.[62]

매컬리어는 이 대화를 유튜브에 올렸다. 폭스는 매컬리어가 저작권을 침해했다며 유튜브에 신고했다. 유튜브는 처음에는 폭스의 요구를 받아들여 매컬리어의 동영상을 지웠지만 결국 그 동영상은 다시 업로드되었다.[63]

프래킹의 기후정치학

벌써 10년 넘게 벌어지고 있는 일이다. 국제 환경 단체 350.org의 빌 매키번이 이끄는 환경 운동가들은 천연가스가 석탄보다 기후에 악영향을 더 크게 미친다고 주장하고 있다.[64]

지구를 위한다는 착각

물론 그렇지 않다. 그 어떤 각도에서 보더라도 천연가스는 석탄보다 깨끗하다. 천연가스는 석탄보다 17~40배나 적은 이산화황을 배출한다. 일산화황은 석탄이 배출하는 양과 비교하면 소량에 지나지 않고, 수은은 거의 배출하지 않는다.[65] 대기 오염 유발과 사망의 관계를 놓고 볼 때 석탄은 천연가스에 비해 8배나 많은 인명 손실을 야기한다.[66] 석탄이 아닌 천연가스로 발전을 하면 물 소비 역시 25~50퍼센트까지 절감할 수 있다.[67]

기술 발전으로 기업들은 셰일층과 바다에서 더 많은 천연가스를 채굴할 수 있게 되었다. 이것이 2005년부터 2018년까지 미국이 사용하는 에너지에서 배출하는 탄소량이 13퍼센트 줄어들게 된 주요 원인이다. 또한 같은 이유에서 우리는 지구 평균 기온이 산업화 이전보다 3도 이상 상승할 가능성이 희박하다고 말할 수 있다.[68]

매키번은 무슨 근거에서 석탄이 천연가스보다 낫다고 주장하는 것일까. 그는 지난 20년간의 지구 온난화 추세를 근거로 삼는데 이는 기후 변화를 다루기에는 너무 짧은 기간이다. 미국 정부와 대부분의 전문가들은 기후 변화에 대해 제대로 논의하려면 최소 100년이란 기간이 필요하다는 데 동의한다. 이 점에서 매키번은 천연가스가 열을 잡아 두는 온실가스로서 미치는 영향력을 과장하고 있다.[69]

1990년 이래 천연가스 생산량은 거의 40퍼센트 가까이 증가했다. 그런데 미국환경보호청 보고서에 따르면 메탄가스 오염 발생은 2013년 오히려 20퍼센트가량 줄어들었다. 가스 누출 방지 설비, 관리 감독과 유

지 보수 방식이 개선된 덕분이다.[70]

천연가스 프래킹으로 인해 2008년부터 2014년까지 노천 석탄 광산 역시 62퍼센트 줄어들었다.[71]

셰일층을 고압의 물로 파쇄해 천연가스를 채굴하는 것과 산을 통째로 깎아 석탄을 채굴하는 것, 양자의 환경 피해 차이는 비교가 불가능한 수준이다. 노천 광산 개발로 인해 애팔래치아산맥 중부와 남부에서는 500개 이상의 산이 송두리째 깎여 나가 생태계에 막대한 타격을 입혔다. 그 면적을 모두 합치면 4000제곱킬로미터가 넘는다.[72] 석탄을 채굴하기 위해 광업 회사가 산을 깎는 과정은 이렇다. 숲을 밀어 버리고 산에 다이너마이트를 꽂아서 수백만 톤의 바위를 폭파한 후 발파한 암석을 인근 계곡에 갖다 버린다. 깨진 바위에서는 중금속과 기타 유독성 물질이 유출되어 야생 동물과 곤충, 사람에게 해를 끼친다. 작업 과정에서 날리는 먼지는 광부들뿐 아니라 인근 지역 주민들의 건강에도 악영향을 준다.[73]

그 어떤 에너지 전환이든 인간과 자연에 영향을 미칠 수밖에 없다. 프래킹은 파이프와 석유, 가스 저장소, 트럭 등을 끌어들인다. 평화로웠던 풍경에 가스 채굴 시설이 들어서면 사람들이 불만을 느끼는 것은 당연하다. 프래킹 과정에서 미세한 지진이 발생하기도 하며 프래킹에 사용한 오염수를 무단으로 방류하기도 한다. 이런 문제들은 사소한 일이 아니며 반드시 해결되어야 한다. 하지만 석탄 채굴에서 발생하는 문제와는 비할 바가 못 된다. 노천 광산 개발로 산이 깎여 사라지고 강 생태

계가 파괴되는 일은 지난 수십 년간 계속 악화되어 왔을 뿐 전혀 개선되지 않았다.[74]

천연가스 프래킹이 석탄 채굴보다 환경에 부담을 덜 준다는 것은 두 에너지원의 에너지 밀도를 보면 확실히 알 수 있다. 네덜란드의 천연가스 매장 층은 세계에서 가장 생산성 높은 석탄 광산과 비교해도 에너지 밀도가 3배나 높다.[75]

오늘날 다수의, 아니 대부분의 과학자와 환경주의자는 천연가스로 석탄을 대체해야 한다는 견해를 지지한다. "사람들은 천연가스 채굴 과정에서 나오는 메탄의 악영향을 너무 강조하는 경향이 있습니다." 《워싱턴포스트》와 가진 인터뷰에서 기후학자 레이먼드 피어험버트Raymond Pierrehumbert는 말했다. "석탄에서 천연가스로 넘어가면 이산화탄소 배출량을 확실히 줄일 수 있습니다. 그 점을 먼저 말해야죠. 메탄 발생을 줄여야 한다는 논의는 그다음에 해야 할 테고요."[76]

석탄 발전소의 건설과 운영 비용은 공해 규제 때문에 더욱 높아지고 있다. 하지만 에너지 전환이 이루어지는 진정한 이유는 더 에너지 밀도가 높고 풍부하고 저렴한 대안이 출현했기 때문이다. 여기까지는 마르케티가 예견했던 바와 같다. 하지만 이후의 역사는 마르케티가 예상하지 못한 방향으로 흐르고 있다. 사회가, 특히 상류 계급이 새로운 기술과 에너지 전환을 가로막고 있는 것이다.

야생 물고기 대 양식 물고기

2015년 말 미국식품의약국FDA은 유전자 조작 연어의 안전성을 인증했다. 이는 연어 양식뿐 아니라 환경 측면에서도 큰 의미를 지니는 결정이었다. 음식 평론가들 역시 환영하는 분위기였다. 한 음식 작가는 이렇게 썼다. "유전자 조작 연어는 감미롭다. 기름지고 부드럽고 육즙이 풍부하다. 대서양연어에 기대할 수 있는 모든 것을 갖추고 있다."[77]

'아쿠어드밴티지 새먼AquAdvantage salmon'은 생명공학기술 기업인 아쿠아바운티 테크놀로지스AquaBounty Technologies가 1989년 개발한 유전자 조작 연어로 대서양연어에 비해 사료는 20퍼센트 덜 먹으면서 2배나 빨리 성장한다. 소고기 1킬로그램을 얻기 위해서는 사료 8킬로그램을 먹여야 하지만 아쿠어드밴티지 새먼은 1킬로그램의 먹이를 주면 1킬로그램씩 불어난다. 대부분의 양식 연어는 해안가의 개방형 양식장에서 사육되지만 아쿠어드밴티지 새먼은 내륙에 건설된 창고 시설 내의 양어장에서 기른다. 이는 해양 생태계를 보호할 때 큰 도움이 된다. 해안가 양식장이 주변의 야생 동식물에게 미치는 영향과 야생종이 양식 어류에게 미치는 질병 같은 해로운 영향 모두를 최소화할 수 있기 때문이다. 아쿠아바운티 테크놀로지스는 GMO(유전자변형생물) 연어를 양식하는 이 새로운 방식이 기존 방식에 비해 탄소 배출 역시 23~25퍼센트 줄일 것이라고 추산한다.[78]

대서양연어는 세계에서 가장 건강한 식품 중 하나로 손꼽힌다. 열량과 포화지방, 트랜스지방의 함량은 낮은 반면 단백질과 오메가3가 풍부하다. 유전자 조작 연어를 통제된 환경에서 기르면 항생제를 쓸 필요도 없다. 양식 어류에 잔존하는 항생제가 항생제 저항성을 높일 것이라는 보건 당국의 우려를 덜어 줄 수 있는 것이다. 미국식품의약국은 이렇게 발표했다. "아쿠어드밴티지 새먼은 유전자 조작이 되지 않은 대서양연어와 마찬가지로 섭취하기에 안전하며 영양 면에서도 문제가 없다."[79]

낚시와 어업에 희생되는 노란눈펭귄과 앨버트로스를 떠올려 보자. 물고기 양식은 이런 해양 생물과 야생 어류 보호에 필수적이다. 1970년대 이래로 야생 해양 어류 전체의 개체 수가 40퍼센트가량 감소했다. 사람들이 잡아먹었기 때문이다. 과도한 어획은 상어를 포함해 많은 어종의 지역 멸종을 불러온 원인이다.

오늘날 어류 자원 중 90퍼센트가 남획되거나 이미 한계에 도달했다. 어종 전체가 절멸하거나 그 직전 상황에 몰리도록 잡아 대고 있는 것이다.[80] 지표면 중 15퍼센트가 보호 지역으로 지정되어 있는 반면 바다는 오직 8퍼센트만이 보호 수역이다.[81]

1974년 이래 인류가 먹어 치우는 생선 양은 3배나 늘어 이미 지속 불가능한 수준에 도달해 있다.[82] 야생 어류의 위기는 날로 커지는 중이다. 2020년부터 2050년까지 세계 생선 수요는 2배 오를 것으로 보인다. 인구와 소득의 증가로 인한 현상이다.[83]

희소식은 물고기 양식이 빠른 속도로 늘고 있으며 방법 또한 개선되고 있다는 것이다. 양식 물고기 생산량은 2000년에서 2014년 사이 2배로 늘어났다. 현재 인간이 소비하는 모든 생선 중 절반가량이 양식으로 생산되고 있다.[84] 유엔식량농업기구는 2018년 보고서에서 물고기 양식이 "다른 주요 식품 생산 부문보다 빠르게 성장하는 추세를 이어가고 있으며" 2030년에는 "세계 물고기 소비량이 2016년에 비해 20퍼센트 늘어날 것"이라고 전망했다.[85]

물고기 양식장을 바다에서 내륙으로 옮기는 것은 환경에 매우 긍정적인 결과를 낳는다. 양식장이 해양 환경에 미치는 영향을 줄일 수 있고, 물고기 양식에 쓰인 물을 정화하는 설비와 최대한 인접해 양식장을 지을 수 있기 때문이다. 버리는 물을 최소화하고 최대한 많은 물을 재사용할 수 있다는 뜻이다.[86]

유전자 조작으로 개량된 물고기를 양식하는 기술에는 또 다른 부가적 이점이 있다. 과학자들은 유전자 조작 기술을 통해 치명적인 조류독감을 박멸할 가능성이 있다고 말한다.[87]

그런데 의외의 집단이 야생 어류 소비를 양식 어류 소비로 대체하는 일에 가장 노골적으로 반대하고 있다. 바로 천연자원보호협회Natural Resources Defense Council, NRDC와 시에라클럽을 비롯한 환경 단체들이다. 그들은 아쿠어드밴티지 새먼이 야생 연어를 오염시킬 수 있다고 주장했다.[88] 미국식품의약국이 아쿠어드밴티지 새먼을 승인하자 또 다른 환경 단체인 식품안전센터Center for Food Safety의 대표는 소송을 하겠다고 발표했다. "이 위험한 오염체가 등장하는 것"을 막겠다는 취지였다.[89]

지구를 위한다는 착각

그러자 트레이더조스Trader Joe's와 홀푸즈Whole Foods 같은 대형 슈퍼마켓 체인들이 아쿠아바운티 테크놀로지스의 물고기를 취급하지 않겠다고 발표했다. 심지어 이 유통 업체들은 다른 GMO 식품이나 GMO 작물을 먹여 키운 동물의 고기는 여전히 유통하면서 아쿠어드밴티지 새먼만은 안 된다고 했다.[90]

물고기 양식에 문제가 없는 것은 아니다. 초창기 물고기 양식장은 환경에 퍽 심각한 악영향을 미쳤다. 가령 새우 양식장은 맹그로브 숲을 파괴하고 화학 물질과 새우 먹이를 방류해 바다를 오염시켰다.[91] 하지만 시간이 흐르면서 그와 같은 부정적 영향은 확연히 줄어들었다. 더 나은 장소로 물고기와 새우 양식장을 이전하고, 새우나 물고기가 다 먹지 못한 먹이를 처리하는 가리비나 홍합, 해조류 등을 함께 양식하는 식으로 발전했다.

한때 유전자 조작 물고기가 야생 물고기의 유전풀gene pool을 더럽힐 것이라고 가장 크게 우려했던 과학자가 있다. 지금 그 사람은 가장 열렬히 GMO 물고기 양식을 옹호하는 쪽에 속한다. 그 과학자의 말을 들어보자. "유전자 조작 연어가 양식장을 탈출해 바다로 빠져나갈 가능성이 제로라고 할 수는 없습니다. 하지만 GMO 물고기는 야생 환경에 적합하지 않기 때문에 다음 세대까지 번식해 살아남을 수가 없습니다."[92]

아쿠아바운티 테크놀로지스의 CEO였던 론 스토티시Ron Stotish는 트레이더조스와 홀푸즈의 마음을 돌려놓을 수 있다고 자신했다. "시간이 흐르면 그 업체들이 우리 제품을 받아들일 것이라고 낙관합니다."[93]

그러나 5년이 지났어도 마찬가지였다. 야생 물고기의 미래를 걱정한다며 물고기 양식의 혁신에 반대하는 환경 단체들뿐 아니라 트레이더 조스, 홀푸즈, 코스트코, 크루거, 타깃 등 유통 업체들 역시 아쿠어드밴티지 새먼을 받아들이지 않았다.[94]

계층과 정치에 좌우되는 에너지 전환

체사레 마르케티는 90대 초반에 접어들었다. 그의 친구이자 공저자인 제시 오스벨Jesse Ausubel에 따르면 "올리브 가지, 포도 넝쿨, 염소, 검은 고양이와 어울려 신사다운 농부로서 피렌체 인근에서" 살고 있다. 물론 타자기 수집도 여전하다.[95]

우즈홀해양학연구소와 록펠러대학교에서 근무했던 오스벨은 1970년대에 국제응용시스템분석연구소에서 마르케티를 만난 후 줄곧 친구로 지내 왔다. 지금 이 두 노학자는 레오나르도 다빈치의 게놈 시퀀싱 genome sequencing(DNA 염기 서열 분석)에 한창이다. 그 위대한 르네상스 시대 예술가가 남긴 책과 소유품에서 DNA를 추출해 분석하고 있는 것이다. "다빈치가 구름과 폭풍을 그린 그림을 보면 알 수 있죠. 다빈치는 인간이 기획해서 하는 일과 자연이 하는 일 사이의 엄청난 차이를 잘 이해

지구를 위한다는 착각

하고 있었습니다." 오스벨이 말했다.

나는 오스벨에게 묻고 싶었다. 비록 큰 방향은 제대로 보았지만 마르케티의 에너지 전환 모델은 시기를 올바로 예측하지 못했다. 이유가 뭘까? 오스벨은 답했다. "장기적으로 보면 결국 에너지 전환의 동역학이 승리합니다. 하지만 어떤 현상이건 들여다보면 방해, 중단, 우회, 일탈 등이 있기 마련이죠. 에너지 문제에서도 그랬던 겁니다."

새로운 연료에 반대하는 이들은 대개 부유층이다. 영국 엘리트들은 석탄을 "악마의 배설물"이라 불렀다. 석탄을 태울 때 유황 냄새가 나니 많은 사람이 정말로 그 말을 믿었다.[96] 석탄 연기에서는 고약한 냄새가 나는 반면 나무를 태울 때는 달콤한 향이 난다. 빅토리아 시대 영국 상류층은 나무에서 석탄으로 이행을 최대한 미루며 버틸 수 있을 때까지 버텼다.[97]

프래킹에 대한 전쟁을 선포한 이들 역시 비슷했다. 《뉴욕타임스》, 빌 매키번, 시에라클럽과 천연자원보호협회 같은 자금줄이 넉넉한 환경 단체 등, 모두 배울 만큼 배운 엘리트들이었다.

오스벨은 1970년대에 석탄 산업 이해관계자들이 천연가스 개발에 반대해 어떻게 싸웠는지 이야기해 주었다. "사람들은 자신의 위치를 지키기 위해 완강하게 싸우죠. 미국 석탄 산업 역시 마찬가지였습니다. 서쪽으로는 와이오밍의 [공화당] 상원 의원 앨런 심슨과 손잡고, 동쪽으로는 웨스트버지니아의 [민주당] 상원 의원 로버트 버드와 손잡았죠. 그 정치인들은 노쇠한 석탄 산업을 위해 전국 정치 무대에서 많은 일을 처리해 주었어요."

오스벨은 1976년 대통령에 당선된 지미 카터의 역할에 대해서도 지적했다. 주요 환경 단체의 지지를 받고 있던 카터는 원자력과 천연가스를 뒷전으로 밀어놓으면서 석탄에 더 힘을 실어 주었다.

오스벨이 볼 때 1970년대 미국을 강타했던 에너지 자립에 대한 근심 역시 번지수를 잘못 찾은 것이었다. 그는 이렇게 말했다. "가스를 수출하면 미국의 국가 안보를 해칠 거란 우려는 제정신이 아닌 생각이었죠. 실제로는 건강한 대형 산업을 육성하는 게 국력에 훨씬 도움이 되니까요."

당시에 과학자들은 천연가스가 특히 바다에 풍부하다는 사실을 이미 알고 있었다고 오스벨은 지적했다. "미국석유지리학자협회American Association of Petroleum Geologists 회원 모두는 1980년대 초중반에 알고 있었습니다. 대륙붕 연안에 막대한 양의 천연가스와 고체 상태인 메탄 하이드레이트가 매장되어 있다는 걸 말이죠. 1983년 미국국립과학원National Academy of Sciences에 내가 보고서를 썼으니 잘 알죠."

"그때는 천연가스 매장량이 많지 않으므로 함부로 채굴하지 말고 아껴야 한다는 생각이 널리 퍼져 있었는데 지리학자들은 그런 생각을 반박하기 위해 특별한 노력을 기울이지 않았습니다. 그런데 오늘날 석유 가스 메이저 기업들은 자신들의 미래가 석유보다는 천연가스에 있다고 믿고 있어요. 하지만 20~30년 전만 해도 많은 사람들은 그런 생각을 전혀 하지 않았죠."[98]

지구를 위한다는 착각

다행히 프래킹에 대한 전쟁은 실패로 끝났다. 다른 나라들에 비해 미국은 셰일층을 수압파쇄해 천연가스를 채굴하는 기술의 발전과 적용에 대해 그리 큰 규제를 하지 않았고, 지금 그 혜택을 톡톡히 보고 있다. 미국은 부동산 소유주에게 지하자원에 대한 개발 권리를 온전히 인정하는 나라다. 다른 국가 대부분은 지하자원 개발 권리가 정부에 귀속된다. 그래서 프래킹은 미국 외에 그 어떤 나라에서도 발전할 수 없었다.

정치 논리는 고래를 구하는 일에서도 늘 개입해 왔다. 환경주의자들은 입버릇처럼 자본주의가 환경 문제를 낳는다고 말한다. 하지만 고래를 필요 이상으로 남획해 심각한 문제로 만든 것은 공산주의였다. 공산권이 허물어지고 난 후 역사가들은 소련이 스스로 발표했던 것보다 훨씬 많은 고래를 잡아 왔다는 자료를 확보했다. 소련의 고래 남획은 고래잡이가 더 이상 돈벌이가 되지 않던 시절까지 계속되었다. 공산주의의 중앙 계획 경제 때문에 벌어진 일이었다. 한 역사가는 이렇게 썼다. "1966년 포경 금지 이후 세계적으로 포획된 대왕고래 중 98퍼센트가 소련 포경선에 의해 살해되었다. 1967년부터 1978년까지 상업적으로 포획된 1201마리의 혹등고래 중 92퍼센트 역시 소련에 책임이 있다."[99]

반면 자유 시장 체제였던 일본과 노르웨이 같은 국가들은 더 빨리 고래기름을 버리고 식물성 기름으로 전환했다. 1959년《뉴욕타임스》에 실린 기사에 따르면 "포경을 하는 국가들이 식물성 기름의 확산을 막고 포경 산업을 계속 유지하는 것은 외환 보유고를 보존하려는 속셈이라고 볼 수 있다. 대체로 이런 국가들은 자국의 수요를 감당할 수 있을 만큼 충분한 식물성 기름을 생산하고 있지 않다. 그러니 외국에서 식물성 기름을 수입하거나 포경을 해야만 하는 것이다."[100]

경제 성장과 더 좋은 식품, 조명, 에너지에 대한 수요 증가는 에너지의 생산과 전환을 이끄는 원동력이다. 하지만 정치가 발목을 잡을 수 있다. 에너지 전환은 사람들이 그것을 원할 때 이루어지기 때문이다. 그러므로 더 나은 대안을 택함으로써 환경을 보호하는 일에서 대중이 어떤 태도를 취하고 정치가 어떤 행동을 하느냐는 실로 중요한 문제다.

지구를 위한다는 착각

7

고기를 먹으면서
환경을 지키는 법

Apocalypse Never

동물을 먹는다는 것

미국 작가 조너선 사프란 포어Jonathan Safran Foer는 아홉 살 때 자신을 돌봐 주러 온 베이비시터가 닭고기를 안 먹는 모습을 보고 궁금해서 물어보았다. 자신과 형인 프랭크에게는 먹으라고 주면서 닭고기를 왜 안 먹느냐고.

"난 아무것도 해치고 싶지 않아." 베이비시터가 대답했다.

"해친다고?" 포어가 물었다.

"닭고기가 닭인 건 알잖아, 그렇지?" 베이비시터가 말했다.

"나는 포크를 내려놓았다." 2009년 출간한 채식주의자 회고록이자 선언문인《동물을 먹는다는 것에 대하여Eating Animals》에서 포어는 이렇게 회고하고 있다.

형은 어땠을까? "형은 밥을 끝까지 다 먹었다. 어쩌면 내가 이 글을 쓰고 있는 순간에도 닭고기를 먹고 있을지 모른다."[1]

채식주의자로 살아온 사람들이라면 대부분 비슷하다. 나는 네 살 때 부모님에게 더는 돼지고기를 먹지 않겠다고 선언했다. 방금 살아 있는 돼지를 만나고 온 다음이었다.

환경주의 관점에서 채식을 옹호하는 목소리는 날로 커져만 가고 있다. 2019년 기후변화정부간협의체는 식량과 농업에 대한 특별 보고서를 제출했다. 그 보고서를 CNN은 다음과 같이 보도했다. "과학자들은 기후

지구를 위한다는 착각

위기를 막기 위해 우리가 땅을 관리하고 식량을 생산하는 방식을 즉시 변경하고 고기를 덜 먹어야 한다고 말한다."[2]

2050년이 되면 식량에 대한 수요가 인구 증가를 50퍼센트 이상 초과할 것이라고 기후변화정부간협의체의 과학자들은 예측한다. 이 경우 미국인과 유럽인은 소고기와 돼지고기 소비를 각각 40퍼센트와 22퍼센트 줄여야 한다. 그래야 100억 명의 인류가 먹고살 수 있다.[3]

"우리는 사람들에게 뭘 먹어라. 먹지 마라 같은 말을 하고 싶지 않습니다." 기후변화정부간협의체의 기후 변화와 적응에 대한 워킹 그룹 공동 대표를 맡고 있던 과학자는 이렇게 말했다. "하지만 부유한 나라 사람들이 고기를 덜 먹는다면 기후와 건강 모두에 정말 큰 도움이 될 겁니다. 그런 움직임에 도움을 주는 정치적 변화가 있다면 더 좋겠고요."[4]

환경 문제를 다루는 한 자선 단체의 대표는 이렇게 말했다. "지금 우리에게 필요한 건 근본적인 변화입니다. 점진적인 이행이 아닌 거죠. 기후 변화에 대응하기 위해서는 식량 생산과 토지 사용 체계를 전 지구 차원에서 재검토해야 합니다. 기후변화정부간협의체가 이렇게 강력한 메시지를 내놓는다는 건 실로 반가운 일이죠."[5]

기후변화정부간협의체에 따르면 전 세계인이 고기뿐 아니라 달걀과 유제품도 먹지 않는 비건 식단vegan diet을 따를 경우 농사로 인한 탄소 배출은 2050년경 70퍼센트까지 절감될 수 있다고 한다.[6]

육류 소비를 줄이기 위한 최선의 방법은 고기를 비싸게 만드는 것이라고 일부 환경 단체는 입을 모은다.[7] 만약 기후 변화에 미칠 영향을 고려해 가격을 책정한다면 소고기와 유제품의 소비자가는 30퍼센트까지 더 높아져야 할 것이라고 어떤 사람은 추산한다.[8]

육류 소비를 줄이는 것은 기후뿐 아니라 건강에도 유익하다고 많은 과학자들은 언급하고 있다. 미국 농무부에 따르면 2018년 미국인은 1인당 약 100킬로그램의 붉은 고기와 가금류를 먹어 치운 것으로 추산된다. 2017년에는 98킬로그램을 먹었으므로 신기록을 세운 셈이다. 실제로 미국인은 매일 283그램의 고기를 먹는데 1일 권장 섭취량의 2배다.[9]

"붉은 고기를 덜 먹으면 지구에 도움이 될 뿐 아니라 건강에도 유익할 수 있습니다." CNN에 따르면 그렇다. "지금까지 연구에 따르면 붉은 고기 섭취가 당뇨, 심장병, 일부 암의 발병률 상승과 관련이 있다고 합니다."[10]

육류 섭취를 기후 변화와 결부시킨 이러한 연구에 힘입어 그레타 툰베리를 비롯한 몇몇 기후 활동가들은 채식주의를 선언했다. 그리고 부모까지 설득해 채식주의자로 만들었고, 심지어는 동물성 식품이나 제품은 어떤 것도 소비하지 않는 비건으로 만들었다.

고기 섭취를 줄이고, 산업화된 농업을 중단하고, 자유롭게 풀어 길러 풀을 뜯고 자란 고기만을 먹는다면 우리는 지구를 대자연의 품으로 돌려보낼 수 있을 것이다. 많은 과학자와 환경주의자는 그렇게 이야기하고 있다.[11]

그런데, 정말 그럴까?

지구를 위한다는 착각

채식주의와 리바운드 효과

나는 기후, 환경, 에너지 정책 등에 대해 20년 가까이 연구하고 글을 써온 사람이다. 그런 나조차 2019년 기후변화정부간협의체 보고서에 등장한 숫자를 봤을 때 퍽 의아한 기분이 들었다. 농업에서 배출되는 탄소를 줄이는 것만으로 2050년까지 탄소 배출량의 70퍼센트를 절감할 수 있다는 말은 금시초문이었다. 농업이 전체 온실 효과에 미치는 영향은 일부에 지나지 않는다. 농업 분야만이 아니라 모든 분야에서 줄였을 경우 아니냐고, 나와 비슷한 의구심을 품은 사람들이 많았으리라 생각한다.[12]

한 연구에 따르면 전 세계인이 채식주의자가 될 경우 음식 분야만 놓고 보면 개인별 에너지 소비는 16퍼센트 줄어들고 온실가스 배출은 20퍼센트 낮아질 수 있다. 하지만 '전체' 분야 개인별 에너지 소비는 고작 2퍼센트 줄어들 뿐이며 '전체' 온실가스 배출 역시 4퍼센트 감소하는 데 그칠 뿐이다.[13]

기후변화정부간협의체가 내놓은 전 세계인이 비건이 되는 "가장 극단적인" 시나리오 역시 마찬가지다. 2050년까지 인류가 동물성 식품과 제품을 완전히 끊고 목초지를 전부 숲으로 되돌린다 해도 그 효과는 전체 탄소 배출량 가운데 10퍼센트를 절감하는 데 머물 것이다.[14]

모든 미국인이 육류 소비를 4분의 1가량 줄인다 한들 온실가스 배출량은 1퍼센트 줄어들 뿐이다. 모든 미국인이 채식주의자가 된다 한들

미국의 탄소 배출량은 고작 5퍼센트 정도 줄어들 것이다.[15]

이와 같은 결과를 보여 주는 연구는 끝없이 이어진다. 한 연구에 따르면 선진국 시민이 모두 채식주의자가 된다 해도 줄어드는 탄소 배출량은 평균 4.3퍼센트 정도에 머문다.[16] 또 다른 연구에 따르면 설령 모든 미국인이 비건으로 전향한다 해도 탄소 배출량은 고작 2.6퍼센트 감소할 뿐이다.[17]

식물 기반 식단은 육류를 포함하는 식단에 비해 저렴하다. 그 결과 사람들은 오히려 생산, 유통, 소비 과정에서 에너지를 사용하는 소비재 등에 돈을 더 많이 쓰게 된다고 연구자들은 지적한다. 이 현상은 흔히 '리바운드 효과rebound effect'로 알려져 있다. 소비자들이 채식을 하면서 아낀 돈을 소비재에 쓸 경우 그에 따른 소비가 늘어나게 되므로 순 에너지 사용량 감소는 0.07퍼센트, 순 탄소 배출량 감소는 2퍼센트에 지나지 않는 것은 그래서다.[18]

여기서 우리는 한 가지 중요한 사실을 알 수 있다. 식품이나 토지 사용 같은 분야가 아니라 '에너지' 분야에서 탄소 배출 절감이 이루어져야 한다는 것이다. 에너지 분야가 가장 중요하다. 전기, 수송, 요리, 난방 같은 에너지 분야가 세계 화석 연료 소비의 거의 90퍼센트를 차지하고 있다.

게다가 선진국 시민들이 자기네 식단에 신경을 쓰지 않았다고 말할 수도 없다. 1970년대 이래 미국과 다른 선진국에서는 닭고기 소비가 늘어나고 소고기 소비는 줄어들었다. 1961년부터 2017년까지 전 세계의

닭고기 생산량은 8메가톤에서 109메가톤으로 거의 14배 증가했다.[19]

닭고기는 소고기보다 생산 과정에서 환경에 부담을 훨씬 덜 끼친다. 문제는 그 이유가 어린 시절 조너선 사프란 포어를 서글프게 만든 바로 그것이라는 점이다. 공장식 축산을 통한 집약(고밀도) 목축과 양계장이 환경을 지키고 있다. 반면 양계장을 방문했던 포어는 소감을 이렇게 적어 놓았다. "3만 3000마리의 새가 한 공간에 있음으로써 만들어 내는 중압감에 고개를 들 수 없을 지경이었다."[20]

방목형 축산 대 공장식 축산

육류 생산이 기후 변화에 미치는 영향이 상대적으로 크지 않은 것과는 별도로, 자연 경관에 가장 큰 영향을 미치는 인간 활동을 단 하나만 꼽으라고 한다면 그것은 단연 목축업일 수밖에 없다. 오늘날 인류는 고기를 생산하기 위해 지표면 중 4분의 1 이상을 쓰고 있다. 더구나 젖소 등 여러 가축을 키우기 위한 목초지는 날로 늘어나고 있다. 그에 따라 마운틴고릴라나 노란눈펭귄 같은 취약한 생물종은 더욱 위기로 몰리고 있는 중이다.

지난 300여 년간 거의 북아메리카대륙 넓이에 해당하는 숲과 초원이 목초지로 바뀌었다. 즉 다양한 야생 동물이 살아가는 막대한 서식지가 파괴되었다는 뜻이다. 이는 야생 동물 개체 수의 급감으로 이어졌다. 1961년부터 2016년 사이만 해도 알래스카주 넓이에 육박하는 목초지가 새로 만들어졌다.[21]

좋은 소식이 있다. 인류가 고기를 생산하기 위해 사용하는 토지의 총면적은 2000년에 정점을 찍었다는 것이다. 그 이후로 가축용 목초지의 넓이는 줄어들고 있다. 유엔식량농업기구에 따르면 2000년 이후 140만 제곱킬로미터 이상의 목초지가 사라졌는데, 이는 알래스카주 총면적의 80퍼센트 정도에 해당한다.[22]

이 모든 현상은 채식주의 혁명과 무관하게 벌어진 일이다. 오늘날 미국인 중 채식주의자 또는 비건인 사람은 고작 2~4퍼센트에 지나지 않기 때문이다. 채식주의자 또는 비건이 되려고 시도하는 사람 중 80퍼센트는 결국 그 식단을 포기한다. 그리고 그중 절반 이상이 1년 내에 포기한다.[23]

미국과 같은 선진국에서는 이미 1960년대부터 육류 생산을 위한 토지 사용이 정점을 찍고 하락하고 있었다. 인도나 브라질 같은 개발도상국 역시 목초지 면적이 정점을 찍고 줄어드는 현상을 겪는 중이다.[24]

이러한 변화의 원인 중 하나는 사람들이 소고기 대신 닭고기를 먹는다는 것이다. 소를 키워 1그램의 단백질을 얻으려면 같은 방식으로 돼지를 키울 때보다 2배의 먹이가 필요하다. 닭을 키울 때와 비교하면 8배가 더 든다.[25]

하지만 가장 중요한 원인은 사육의 효율성이 증가했다는 것이다.

미국에서 실내 양계업이 처음 시작된 것은 1925년이었다. 그 후 2017년이 되자 양계업자들은 절반 정도의 시간에 2배나 무거운 닭을 내놓을 수 있게 되었다.[26]

1960년대 초와 비교해 보면 미국의 고기 생산량은 2배로 늘었다. 하지만 같은 기간 가축이 배출하는 온실가스는 11퍼센트 줄어든 것으로 나타났다.[27]

《동물을 먹는다는 것에 대하여》에서 포어는 공장식 축산이 방목형 축산보다 자연환경에 더 나쁜 영향을 미친다는 주장을 편다. "만약 우리 소비자들이 주어진 땅이 제공하는 만큼만 돼지와 닭을 먹게끔 스스로 욕망을 조절할 수 있다면 방목형 축산에 제대로 반박할 방법은 없을 것이다."[28] 하지만 포어가 말한 것처럼 우리가 "인구 과잉" 시대를 살고 있다면 어떻게 방목형 축산이 자연에 더 이로울 수 있단 말인가?[29]

축산업에 대한 15건의 연구를 종합해 보면 공장식 축산 대신 방목형 축산을 택할 경우 소고기 1킬로그램당 14배에서 19배의 땅이 더 필요해진다.[30] 땅뿐 아니라 물과 같은 다른 요소 역시 마찬가지로 더 필요할 수밖에 없다. 효율성이 극대화된 선진국의 공장식 축산은 가난한 나라의 소농보다 적은 양의 물을 소비한다.[31] 방목형 축산은 공장식 축산에 비해 소고기 1킬로그램당 300~400퍼센트 더 많은 탄소를 배출하는 것 또한 사실이다.[32]

이 차이는 소가 무엇을 먹고 얼마나 오래 사느냐에 따라 달라진다. 공장식 축산 체계 속에서 소는 9개월까지 목초지에서 크다가 그 후로는 사육장으로 들어간다. 그리고 14개월에서 18개월 사이가 되면 도축된다. 반면 풀을 뜯고 자라는 목장의 소들은 평생을 목초지에서 살아가며 18개월에서 24개월이 되어서야 도축된다. 이렇듯 목장에서 풀을 뜯고 자란 소들은 천천히 살이 찌면서 오래 살기 때문에 배설물과 메탄가스를 더 많이 배출할 수밖에 없다.[33]

더 오래 살 뿐 아니라 섬유질 중심의 먹이를 먹는 결과로 방목해 기른 소는 더 많은 메탄가스를 배출한다. 이러한 사실을 종합해 볼 때 사료를 먹여 키운 소는 들판에서 풀을 먹고 자란 소보다 4~28퍼센트가량 기후 변화 방지에 도움을 준다고 할 수 있다.[34]

공장식 축산을 버리고 동물을 자유롭게 풀어 놓는 방목형 축산으로 이행하고자 한다면 훨씬 더 넓은 땅이 필요하다. 결과적으로 마운틴고릴라나 노란눈펭귄 같은 위기에 빠진 야생 동물의 서식지는 줄어들 수밖에 없다. 포어는 의도치 않게 19세기에나 통용되었던 농업 방식을 옹호하고 있지만, 만약 그가 원하는 방향으로 세상이 굴러간다면 비룽가 국립공원 같은 자연 보호 지역은 모두 거대한 소 목장이 되어 버리고 말 것이다.

《동물을 먹는다는 것에 대하여》를 보면 이미 농부들은 포어에게 그 점을 지적하고 있다. "수십억 명의 사람들이 모두 자유롭게 풀어 키운 닭이 낳은 계란을 먹고 사는 건 그냥 불가능한 일이에요. … 큰 헛간에다 닭장을 설치해 암탉을 가두어 놓고 계란을 생산하면 훨씬 저렴합니다." 한 농부는 이렇게 지적했다. "값이 쌀 뿐 아니라 지속가능성 면에서

지구를 위한다는 착각

도 더 낫다고 할 수 있어요. … 작가 양반은 가족이 운영하는 작은 농장이 100억 명을 먹여 살릴 수 있다고 생각하시오?"[35]

고지방 식단의 진실

2000년 니나 타이숄스Nina Teicholz라는 저널리스트가 뉴욕의 작은 신문에 레스토랑 리뷰를 쓰기 시작했다. 타이숄스는 2014년 출간한 책에서 이렇게 썼다. "그 신문사는 내 식비를 내줄 만한 예산이 없었다. 그래서 나는 셰프가 주는 대로 먹어야만 했다." 그러다 보니 타이숄스는 평소에 피해 왔던 소고기, 크림, 푸아그라 등을 먹게 되었다.[36]

그전까지 20여 년간 타이숄스는 거의 채식주의자에 가까운 식단을 유지해 왔다. "지중해식 식단이 1990년대에 소개되자 나는 붉은 고기 섭취를 줄이고 대신 올리브유와 생선 섭취를 늘렸다. 동물성 식품에서 나오는 포화지방을 피하는 것은 그 사람이 건강에 신경을 쓰는지 아닌지 판단하는 바로미터로 여겨질 정도였다."[37]

하지만 타이숄스는 지난 2년간 여전히 체중 감량에 곤란을 겪고 있었다. 흔히 추천하는 대로 야채, 과일, 곡식으로 구성된 식단을 매일 유지하고 있었지만 체중은 요지부동이었다. 그러던 중 셰프들이 내놓는 대로 고지방 식단을 먹다 보니 예상치 못한 일이 벌어졌다. 고작 두 달

만에 4.5킬로그램이 빠진 것이다. 포화지방이 가득한 동물성 식품을 먹는데 도리어 살이 빠지다니. 게다가 타이숄스는 그 고지방 식단을 너무나 즐기고 있었다. 그동안 지켜 왔던 고탄수화물 지중해식 식단과 비교할 때 "동물성 고지방 식품은 복잡하고도 풍부한 맛으로 나를 만족시켰다."[38]

2004년에 요리 전문지《구어메이Gourmet》에서 타이숄스에게 식물을 원료로 삼은 트랜스지방을 둘러싼 논란에 대한 원고를 청탁했다. 타이숄스는 그 주제를 탐구할수록 "이 사안이 단지 트랜스지방에 대한 것보다 훨씬 더 크고 복잡하다는 확신이 생겼다."[39] 그래서 이 문제를 더 파고들어 보기로 했다.

9년간 진실을 규명하기 위해 매달린 끝에 2014년 타이숄스는 사이먼 앤드 슈스터 출판사에서 책을 출간했다.《지방의 역설: 비만과 콜레스테롤의 주범 포화지방, 억울한 누명을 벗다The Big Fat Surprise: Why Butter, Meat and Cheese Belong in a Healthy Diet》라는 제목의 이 책은 베스트셀러에 올랐다. 타이숄스는 특히 1950년대와 1960년대에 수행된 임상 실험 자료를 중심으로 증거를 수집했다. 동물성 지방이 심장 질환과 비만을 높인다는 오늘날의 영양학적 통념에 도전한 것이다. 타이숄스가 모은 증거에 따르면 동물성 지방과 그런 질병 사이에는 아무 상관이 없었다. 포화지방산에 대해서도 우리는 잘못 알고 있었다.

"포화지방이 사망률에 영향을 미치지 않는다는 결론에 도달한 연구와 그러한 임상 실험을 검토한 논문이 현재 최소 17편 존재하고 있다"라

지구를 위한다는 착각

고 타이숄스는 설명한다.

타이숄스의 책은 저널리스트 게리 타우브스Gary Taubes의 2007년 책 《굿 칼로리 배드 칼로리Good Calories, Bad Calories》에서 밝혀낸 과학적 연구에 크게 기대고 있다. 타우브스의 책은 지방을 문제시하는 통념에 최초로 도전한 작업으로 기억될 만하다.

2000년대 초 《사이언스》와 《뉴욕타임스매거진》에 글을 기고하던 타우브스는 고지방 식단이 저지방 채식 기반 식단보다 체중 감소와 심장 질환 예방에 더 효과적일 수 있다는 일련의 연구를 발견해 대중에게 소개했다. 저지방 채식 중심 식단은 미국심장학회American Heart Association와 미국 정부가 각각 1960년대와 1980년대부터 권장해 온 바로 그 식단이었다.

타우브스는 이렇게 적고 있다. "1960년대에 인슐린이 지방 축적을 좌우한다는 사실이 발견되기 수십 년 전부터 비만을 연구하는 학자들은 비만이 호르몬 작용에 의한 것이라고 이야기해 왔다. 인슐린과 지방 축적에 대한 연구는 노벨상 수상으로 이어졌다. 그 연구에 참여했던 이들 중 한 사람이 말했다. '만약 비만이 당뇨병으로 이어진다기보다 인슐린이 지방 축적을 좌우한다는 것이 더 사실에 가깝다면 경미한 당뇨 증상이 비만으로 이어지는 것은 아닐까?'"

하지만 그 후로도 수십 년간 학계는 고지방 식단이 위험하다는 기존의 합의를 바꾸지 않았다. 그로 인해 정부 역시 탄수화물 함량이 높고, 동물성 단백질 함량이 낮으며, 동물성 지방 함량은 매우 낮은 식단을 권장해 왔던 것이다.

타이숄스와 타우브스는 영양소 종류와 상관없이 "칼로리는 다 똑같다A calorie is a calorie"라는 에너지 균형 이론에 입각한 기존 통념이 틀렸다고 믿는다. 우리 몸은 탄수화물을 분해할 때와 지방을 분해할 때 전혀 다른 방식으로 작동하기 때문이다. 탄수화물을 섭취하면 몸은 지방을 분해하지 않고 간직해 두는 쪽으로 작동한다고 그들은 생각한다. 비만과 당뇨는 몸이 다룰 수 있는 것보다 더 많은 탄수화물을 섭취해 발생한 호르몬 불균형의 결과라고 타이숄스와 타우브스는 주장한다.

영양학의 통념에 도전하고 있는 사람들은 소수 집단에 속하지만 그렇다고 그들이 비주류 과학자인 것은 아니다. "20세기 중반에 이미 아동 비만의 최고 권위자들, 그리고 그 시대 일류 내분비학자들 모두가 같은 주장을 하고 있었다"라고 타우브스는 지적한다. "영국 연구자들은 서구식 식단을 도입해 설탕과 정제된 탄수화물을 먹기 시작하자 각기 다른 인구 집단이 동시에 비만, 심장 질환, 암에 걸리기 시작했다는 것을 확인했다. 이는 인슐린 분비의 독특한 효과를 보여 주는 것이다."

"체중이 오르고 혈압이 높아지는 등 미국의 중년 남녀 절반 이상이 겪고 있는 비정상적인 대사 질환은 식단에 포함된 지방이 아니라 탄수화물에 의한 것임을 알 수 있다. 대사 질환 증후군은 곧장 비만과 당뇨로 이어진다."

지구를 위한다는 착각

동물의 죽음에 생명을 빚진 우리

고기를 날로 먹는 대신 불을 사용해 요리하기 시작하면서 우리의 유인원 조상들은 훨씬 더 많은 양의 단백질을 섭취할 수 있게 되었다. 그 결과 유인원 조상들의 내장 기관은 이전에 비해 작아졌다. 소화에 들어가는 시간과 에너지가 줄어들었기 때문이다. 대신 뇌가 커졌다. 최근 지지를 얻고 있는 인류 진화 이론에 따르면 그렇다.

우리 조상들의 뇌가 너무 커진 탓에 다른 유인원과 달리 조상들은 열두 달이 아니라 아홉 달의 임신 기간 이후 아이를 낳아야만 했다. 다른 유인원의 새끼와 비교한다면 우리 조상들의 아기는 모두 "미숙아"였다. 산모는 아기를 동물 가죽과 털로 만든 포대기에 넣고 돌보았다. 이런 식으로 우리 조상들의 아기는 자궁 밖에서 "임신 4기fourth trimester"를 거치며 성장을 마무리 지을 수 있었다. 그리하여 지금 우리가 가지고 있는 인류의 뇌가 탄생했다. 인류의 뇌는 다른 유인원의 뇌보다 2~3배나 많은 에너지를 소비한다.[40]

수렵 채집 단계의 인류는 200만 년 전부터 단백질이나 탄수화물보다 동물성 지방에 더 높은 가치를 부여해 왔다. 그 이유는 분명하다. 동물성 지방은 같은 부피의 단백질보다 2배에서 5배까지 많은 에너지를 함유하고 있기 때문이다. 과일이나 야채와 비교하면 10배에서 40배나 열량이 높다. 탄수화물에 비해 지방이 지닌 높은 에너지 밀도는 초기 인

류가 덜 먹고도 많은 에너지를 얻을 수 있는 원동력이었다.[41]

타이숄스의 설명을 들어 보자. "육류 섭취는 언제나 남성적 힘, 육욕, 남성 호르몬, 섹슈얼리티와 결부되어 있었다. 고기는 힘의 연료가 된다. 고기를 통해 단백질과 강해지는 데 필요한 영양을 얻는다. 그러니 성적이고 남성적인 욕망과 고기 소비를 연결 짓는 것은 당연한 일이다."

수렵 채집하던 인류는 정착 생활을 시작했다. 동시에 가축화한 동물을 빠르고 효율적인 방식으로 기르기 시작했다. 인류는 가장 먼저 사람이 먹을 수 없는 것을 먹는 되새김질동물을 가축화했다. 소화 기관 내에 있는 특수한 미생물 덕분에 사람이 소화할 수 없는 섬유질을 먹는 동물을 기른 후 잡아먹었던 것이다.[42]

심지어 오늘날까지도 고기는 대부분의 사람들에게 핵심적인 에너지 공급원으로 남아 있다. "나의 신진대사에는 고기와 계란이 필요하다." 세계에서 가장 권위 있는 동물 복지 학자인 템플 그랜딘Temple Grandin이 한 말이다. "동물성 단백질을 섭취하지 않으면 나는 현기증이 나고 생각하기가 힘들어진다. 비건 식단을 시도해 본 적이 있지만 그랬을 때 내몸은 제 기능을 발휘하지 못했다."[43]

나도 같은 경험을 했다. 10년간 채식주의자로 살면서 나는 탄수화물로 가득한 점심을 아무리 먹어도 오후가 되면 피로를 느꼈다. 간밤에 얼마나 많이 잤건 계속 졸렸다. 고기를 다시 먹기 시작한 다음에야 오후에 졸음을 느끼지 않고 일할 수 있었다.

채식주의자와 비건이 더 많은 염증, 두통, 어지러움을 겪는다는 연

구도 존재한다. 붉은 고기에 함유된 비타민 B12와 철분 부족이 원인으로 지목되고 있다.[44]

무엇이 동물에게 가장 인도적인가

사람들은 다양한 이유와 방식으로 채식의 길을 택한다. 어떤 이는 윤리적 이유에서, 다른 이들은 건강을 이유로, 또 다른 사람들은 환경을 위해, 그리고 베르나데테처럼 가난한 이들은 고기를 살 돈이 없어서 채식을 한다.[45]

많은 채식주의자가 그렇듯이 내 채식의 동기 역시 시간에 따라 달라졌다. 일단 나는 열대우림 파괴를 막기 위해 채식을 했다. 하지만 사람들이 내게 왜 채식을 하느냐고 물어보면 건강을 위해서라고 둘러대곤 했다. 윤리적인 이유를 대면 논쟁이 벌어질 수 있어서 그걸 피하고 싶었기 때문이다.

내 채식 경험은 특별한 사례가 아니다. 진보주의자와 환경주의자는 보수주의자보다 훨씬 높은 확률로 채식을 한다. 채식주의자 비율은 남성보다 여성이 훨씬 높고, 남성이건 여성이건 다른 어떤 연령대보다 사춘기나 20대 초반에 채식주의자가 될 가능성이 크다.[46]

일하다 친해진 40대 중반의 내 지인 에릭 역시 채식주의자다. "열

넷인가 열다섯인가에 고기 먹기를 그만두었죠. 그때 스트레이트 에지 straight edge 밴드에 속해 있었거든요. 스트레이트 에지라는 장르 알아요? 푸가지Fugazi란 밴드 이름은 들어 봤어요?"

나는 안다고 했다. 푸가지는 1990년대에 포스트하드코어post-hardcore 신에서 큰 영향력을 발휘한 밴드였다. "스트레이트 에지가 그런 장르였잖아요. 음악은 하드코어인데 여자 문제 안 일으키고, 대마초 안 피우고, 맥주 안 마시고, 채식하는 장르." 에릭이 설명했다. "하지만 우리 밴드는 곧 스트레이트 에지를 그만뒀어요. 대마초 딜러랑 친해지면서 장르를 스카ska로 바꿨죠. 하지만 난 여전히 채식주의자로 살고 있어요. 채식 덕분에 내 인생이 더 나아졌거든요."

에릭은 고기의 질감이 싫다고 했다. 역겹다는 것이다. "한 요리사가 나한테 그러더라고요. 내 문제는 뭔가를 씹는 걸 싫어하는 거라고. 나는 토마토를 날로 먹는 것도 역겨워요. 한번은 고기를 구워서 집어 들었는데 꼭 갓난아기를 손에 든 것 같았죠. 또 한번은 [고기 대신 식물성 단백질 패티를 넣은] '임파서블 버거'를 주문했는데 그것마저 역겨웠어요. 내가 고기를 보면서 싫어하는 온갖 것들이 마구 떠오르는 거예요."

심리학자들은 채식주의와 역겨움이란 감정 사이의 관계에 대해 수십 년간 관심을 기울여 왔다. 영국 사춘기 소녀들을 대상으로 한 연구에 따르면 채식주의자들은 고기를 잔인함, 살해, 혈액 섭취 그리고 역겨움과 결부시켰다.[47]

에릭도 같은 생각이다. "그래요, 그건 역겹죠. 난 오염 회피 채식주

지구를 위한다는 착각

의자contamination vegitarian예요. 가령 반은 치즈고 반은 페퍼로니인 피자가 있다고 한다면 나는 안 먹어요. 어쩌면 치즈 쪽에 페퍼로니가 닿았을지 모르니까요."

최근 한 이탈리아 심리학 연구팀은 채식주의자들이 고기를 "오염의 본성을 지닌 죽음의 표상"으로 바라본다는 사실을 발견했다.[48] 역겨움. 이것은 채식주의 작품에서 거듭 반복되는 주제다. 포어가 쓴 책만 봐도 그렇다. "공장식 축산으로 생산한 고기를 먹을 때 우리는 문자 그대로 고문당한 살점을 삼키는 것이다. 그렇게 고문당한 살점은 점점 더 우리의 살이 되어 간다."[49]

나는 1989년 대학에 입학했다. 대학에 들어가 보니 동물권animal rights 운동가들이 공장식 축산의 끔찍한 현실을 다룬 비디오를 보여 주려고 열심이었다. 포어가 책에서 썼듯이 "누군가가 우리에게 고기 생산 과정을 담은 영상을 보여 준다면 그것은 호러 영화와 다를 바 없음을 우리는 이미 잘 알고 있다."[50]

페타PETA, People for the Ethical Treatment of Animals(동물을 인도적으로 사랑하는 사람들) 같은 단체는 인터넷이 출현하기 전부터 그런 비디오를 만들어 유통하고 있었다. 그런 영상을 본 후 나와 내 대학 시절 여자친구 그리고 우리 주변의 많은 친구들이 고기를 먹지 않게 되었다. 인디애나주에 퀘이커교도들이 설립한 대학가에서 1980년대 말 벌어지고 있던 풍경이었다.

그런 영상은 지금도 젊은이들을 채식의 길로 인도하고 있다. "초등학교 5학년 때 채식주의자가 됐죠." 2020년 25세가 된 내 젊은 동료 매디슨의 말을 들어 보자. "난 학교에서 채식주의에 대해 토론을 벌였는데 목표는 반 친구들을 설득하는 거였죠. 동물 학대와 공장식 축산의 잔인함에 대해 다룬 영상들을 잔뜩 봤죠. 정말 심란했어요. 그게 내가 채식주의자가 되는 데 가장 컸던 것 같아요. 그 후로 12년이 지났지만 고기가 필요하다고 생각했던 적은 없어요."

1990년대에 이르러 동물권 보호 단체 페타는 유명 브랜드를 공략하는 게 매우 효과적인 전술임을 알게 되었다. 그들은 맥도날드에 육류를 공급하는 농장들이 동물을 학대하고 있다는 내용의 영상을 만들어 배포했다.

1999년 맥도날드는 동물 복지 전문가인 템플 그랜딘을 고용해 자사에 육류를 공급하는 농장들을 감사해 달라고 요청했다. 현장 상황을 확인한 그랜딘은 질겁했다. 그랜딘은 훗날 이렇게 회고했다. "끔찍했죠. 머리에 씌워 전기 충격으로 소를 기절시키는 장비는 망가져 있었고, 소를 때리면서 지르는 고함 소리와 소들이 울부짖는 소리가 사방에서 울려 퍼졌어요. 전기 충격봉으로 소들을 찔러 대는 것이 일상이었죠."[51]

그랜딘은 동물에 대한 인도적 처우와 개선 분야에서 이미 최고 권위자였다. 그랜딘은 1970년대에 도축당하는 동물이 받는 스트레스를 덜어 주는 장비를 디자인했다. 1993년에는 가축을 다루는 최선의 방법에 관한 교과서를 출간했다.

그랜딘은 본인이 자폐증 환자기 때문에 소가 느끼는 기분을 쉽게 상상할 수 있다고 이야기한다. "내 신경 체계는 극히 예민합니다. 가령 천장의 물자국처럼 조금이라도 이상하고 낯선 게 눈에 띄면 발작 증상을 일으킬 수 있죠. 소들 역시 마찬가지로 쉽게 겁에 질립니다."[52]

과학자들은 자폐증을 일종의 발달 장애로 규정한다. 사회적 소통과 상호 작용에 지장을 겪으며 몇몇 제한된 생각과 행동을 계속 되풀이하는 것이 특징이다.

하지만 그랜딘은 자신의 자폐증 덕분에 독특한 통찰력을 갖게 되었다고 말한다. 육우를 포함한 동물들과 같은 방식으로 소음과 시각적 자극에 민감해진 것이다. "동물들은 언어로 생각하지 않아요. 그림으로 생각하죠."[53]

《동물을 먹는다는 것에 대하여》에서 포어는 이런 주장을 펼친다. "공장식 축산이나 양식으로 길러진 돼지나 가금류, 해산물을 먹는 것은 한마디로 잘못된 일이다. … 사육장에서 기른 소고기는 내게 덜 불편하게 느껴진다(그리고 100퍼센트 초원에서 기른 소의 고기는, 도살하는 순간의 짧은 고통과 잔인함을 제외한다면, 모든 고기 중에서 가장 덜 껄끄럽다고 할 수 있겠다)."[54]

하지만 그랜딘의 생각은 다르다. 소의 마음을 평온하게 해 주기 위해 푸른 초원에 놓아 길러야 할 필요는 없다는 것이다. 그랜딘이 발견한 바에 따르면 축사가 깨끗하고 모든 것이 예측 가능한지 여부가 가장 중요하다. "우리가 습하지 않도록 하고 소를 깨끗하게 돌보는 것, 그것이 정말 중요합니다"라고 그랜딘은 언급한다.[55]

소는 시각과 청각 자극에 놀랄 때 쉽게 신경을 곤두세운다. 그간 대수롭지 않게 여겼던 쇠사슬이 흔들리는 소리, 시끄럽게 문 닫히는 소리 따위로부터 큰 스트레스를 받는 것이다. 우리 눈에는 평범하게 보이는 것들이 소들에게는 위험 신호로 여겨지고 스트레스의 원천이 된다.[56]

"윤리적인 이유를 제시하는 것만으로는 축산업자들이 관행을 바꾸도록 설득하기에 충분치 않으므로" 그랜딘은 소를 인도적으로 다루면서 동시에 비용을 낮추는 방법을 찾아야 했다. 그랜딘은 제자와 함께 연구를 거듭한 끝에 사육 과정에서 평온함을 유지한 소가 스트레스를 받은 소보다 무게가 더 많이 나간다는 것을 밝혀냈다. 스트레스 호르몬은 근육에 악영향을 미친다. 그러니 농장주들로서는 가축이 겁을 내지 않도록 주의를 기울여야 할 필요가 있다.[57]

맥도날드의 의뢰를 받아 그랜딘이 감사를 벌인 끝에 50개 이상의 농장들은 더욱 인도적이며 효율적인 곳으로 탈바꿈했다.[58] 물론 모든 문제가 해결된 것은 아니었다. 그랜딘이 첫 감사에 나선 지 10년이 지난 2009년 현장을 다시 찾은 그랜딘은 소와 닭을 도축하는 시설 중 4분의 1이 기준 미달이라는 사실을 알게 되었다.[59] 하지만 그랜딘이 이루어 낸 성과는 분명하다. 그랜딘은 말했다. "지난날의 악습과 비교하면 이건 대단한 진보예요. 진심으로 더 나아졌다고요."[60]

교조적 채식주의자들이
저지르는 오류

사람들이 채식주의자에게 흔히 하는 질문 중 하나가 이것이다. 동물이 동물을 잡아먹는 것은 비윤리적이라고 하지 않는데, 왜 사람이 동물을 먹는 것은 비윤리적이라고 주장하는가?

"고기를 먹는 것은 '자연스러운' 일일 수 있어요. 그리고 대부분의 사람들은 고기 먹는 것을 거부하지 않죠. 인류는 매우 오랜 세월 동안 그렇게 살아왔습니다. 하지만 그런 사실과 윤리적 논증은 무관합니다." 페타의 대변인이 한 말이다. "사실 인간 사회의 발전과 윤리적 진보는 모두 '자연스러운' 것으로부터 전적으로 초월해 있는 무언가라고 할 수 있습니다."[61]

대학생 시절 채식주의에 대해 알아 가면서 나는 이런 논증을 접했고 설득력이 있다고 생각했다. 강간과 살인은 자연스럽지 않기 때문이 아니라 윤리적이지 않기 때문에 인류는 강간과 살인을 금한다.

그런데 아무리 강경하게 보일지언정 동물권에 대한 도덕적 논증은 '권리'에 대한 것이 아니라 동물의 '처우 개선'에 대한 주장일 뿐이다.

흔히 동물권 운동가들은 육식을 노예 제도에 비유하곤 한다. 노예제가 비윤리적이라는 사회적 합의가 이루어지면 그 결과로 사람들은 자유를 얻게 된다. 반면 육식이 비윤리적이라는 사회적 합의가 이루어지면 가축들은 '자유'를 얻는 게 아니다. '존재' 자체가 사라지고 만다.

생명을 가진 존재를 만든 후 생명을 앗아가는 것보다 아예 생명을 태어나지 않게 하는 것이 더 윤리적인가? 포어 또한 이 난제를 알고 있지만 질문 자체에 대해 옳다 그르다 단정적으로 말하지는 않는다. 대신 그는 잔인함의 문제로 돌아간다.

포어는 그랜딘이 경력 초기에 작성했던 보고서를 인용한다. 그랜딘은 공장식 축산 현장을 방문해 그 잔인함에 대해 기록했다. "의도적인 잔인함"이 있었다는 표현을 인용한 후 포어는 자신의 해석을 덧붙인다. "'의도적인' 잔인함이 '규제 아래' 벌어지고 있다."[62]

그러나 자연에서는 도살장보다 훨씬 잔인한 일이 훨씬 자주 벌어지고 있다.

"서부의 어느 목장 바깥에서 나는 송아지 한 마리를 발견했다. 코요테들에게 습격을 당한 듯했다. 코요테들은 그 송아지의 가죽을 몽땅 벗겨 놓았다." 그랜딘이 쓴 글의 한 대목이다. "송아지의 목숨은 여전히 붙어 있었다. 송아지를 고통에서 구하기 위해 카우보이들은 총으로 쏴 죽였다. 만약 내게 선택권이 주어진다면 나는 차라리 현대적인 도살장에서 당하는 죽음을 택할 것이다. 산 채로 껍질이 벗겨지는 고통은 절대 경험하고 싶지 않다."[63]

송아지의 관점에서 보더라도 의도적으로, 규제 아래, 고통 없이 목숨을 끊는 도살장이 나을 것이다. 예측 불가능하고, 고통스러우며, 말할 수 없이 잔인한 자연과 비교한다면 분명 그렇다. 어찌 됐건 육식의 윤리학은 불가피하게 주관적일 수밖에 없다. 그 누구도 자신의 관점을 교조적으로 남에게 강요할 수 없다.

하지만 채식주의를 옹호하는 일부 저널리스트, 활동가, 과학자는 환경 보호라는 미명 아래 자신들의 개인적인 선호를 따르도록 다른 이들에게 요구한다. 특히 기후 변화 문제와 관련해서, 그리고 흔히 겉으로는 아닌 척하면서 사람들에게 부담을 주고 강요한다.

2019년 《허핑턴포스트》와 가진 인터뷰에서 포어가 한 말을 들어 보자. "내가 아는 기후학자와 환경 운동가 중 90퍼센트는 채식주의자예요. 채식주의가 아니면 고기를 아주 조금만 먹죠. 특별히 말할 필요도 없이 하고 있는 일이에요. 나는 그런 사람들이 좀 더 적극적으로 목소리를 내주기 바라지만 눈에 띄지 않으려고 하는 것 같더라고요."[64]

하지만 과학자들이 채식을 적극적으로 옹호하지 않는 이유는 다를 수 있다. 채식주의를 내세우면 그들의 과학적 객관성이 편향되었다고 사람들이 당장 의심할 것이기 때문일지 모른다. 그리고 그런 우려는 근거가 없지 않다. 나는 이 책을 쓰기 위해 조사하는 과정에서 속내를 감춘 채로 일을 꾸미는 채식주의자의 사례를 여럿 접할 수 있었다.

한 농부가 포어에게 들려준 이야기다. "내 친구가 몇 년 전에 겪은 일입니다. 두 젊은이가 오더니 농장 생활에 대해 영상을 찍고 싶다면서 허락을 구했다더군요. 괜찮은 친구들 같았대요. 하지만 그들은 찍은 영상을 편집해 마치 친구네 닭들이 학대당하는 양 꾸몄다는 겁니다. … 어떻게 그렇게 엉터리로 편집을 했는지 원."[65]

과학 저널리스트 게리 타우브스는 이렇게 회고한다. "나는 1990년 대에 이 연구를 하기 시작했는데 소금의 섭취에 관심을 가졌죠. 그래서 하버드대학교의 영양학자를 인터뷰했습니다. 그 사람은 채식주의자였는데 1960년대 후반에 캘리포니아대학교 버클리캠퍼스에 들어가 영양학을 공부하기 시작했답니다. 사람들에게 자신의 식단이 옳다는 걸 증명하고 싶어서 그런 진로를 선택한 거였죠."[66]

포어가 지적하듯이 페타의 활동가들은 기후변화정부간협의체 의장이었던 라젠드라 파차우리Rajendra Pachauri의 과학적 권위를 빌려 기후 변화에 대해 이야기해 왔다. "파차우리는 순전히 환경적인 이유로 선진국의 모든 사람이 채식주의를 택해야 한다고 주장하는 사람이기" 때문이다.[67] (파차우리는 인도인으로 본인 스스로가 채식주의자였다-옮긴이)

때로 포어는 환경주의라기보다 반자본주의 이데올로기와 더 관련 있어 보이는 이유를 들어 공장식 축산에 반대하기도 한다. 가령 "시장 경제는 필연적으로 불안정성을 초래한다" 같은 구절이 그렇다.[68]

이런 논리를 가지고 있기에 포어는 양식 연어가 야생 연어보다 환경에 해롭다고 비판하게 된다. 하지만 우리가 살펴본 것처럼 양식 연어는 야생 연어와 영양 면에서 동등할 뿐 아니라 야생 연어의 완벽한 대체제가 될 수 있다. 또한 물고기 양식이 늘어나면 물고기 남획을 줄일 수 있다. 남획은 인류가 야생 동물에게 저지르고 있는 최악의 행동이지만 그 심각성에 대한 논의는 턱없이 부족한 상태다.[69]

캘리포니아대학교 버클리캠퍼스 저널리즘대학원 교수인 마이클

지구를 위한다는 착각

폴란Michael Pollan은 2007년 출간한 《잡식동물의 딜레마The Omnivore's Dilemma》에서 이렇게 말하고 있다. "나는 채식주의자의 윤리적 명료함을 보면 내 안에서 질투심이 끓어오른다는 것을 인정할 수밖에 없다. 하지만 어떤 면에서는 측은한 기분도 든다. 순수한 존재가 되고 싶은 마음이란 그런 것이다. 그들의 사고방식은 대체로 현실 부정에 입각해 있고 일종의 오만을 내포하고 있다."[70]

교조적 채식주의자들은 교조적 환경주의자와 같은 문제를 지니고 있다. 그들은 동물들의 여건을 개선하고 농업이 환경에 미치는 악영향을 줄이는 일에 정말로 필요한 이들을 소외시킨다.

한 농부가 포어에게 한 말이다. "1980년대에 농업 관계자들은 동물 보호 운동가들과 접촉했어요. 대화를 좀 해 보려는 거였죠. 그리고 크게 데이고 말았습니다. 칠면조를 키우는 농부들은 그들을 더는 상대하지 않겠다고 했죠. 우리는 동물 운동가들과 담을 쌓았고 그걸로 끝이었어요. 우리는 이제 대화하지 않고, 그 사람들이 농장에 와서 둘러보게 하지도 않습니다. 표준 관행이 되었어요. 페타는 농업에 대해 이야기하고 싶어 하는 게 아니에요. 농업을 끝장내고 싶어 합니다. 세상이 어떻게 돌아가는지 전혀 알지도 못하는 사람들이에요."[71]

'프렌치 패러독스'가
알려 주는 과학

타우브스와 타이숄스의 노력은 2019년 어느 정도 인정을 받은 듯했다. 《브리티시메디컬저널British Medical Journal》에 수십 년간 이어져 온 통설을 깨는 영양학 논문이 게재된 것이다.

논문의 저자들은 이렇게 말하고 있다. "포화지방을 고도불포화지방으로 대체하는 식단이 심장 질환이나 사망률 감소에 유의미한 기여를 한다고 볼 수 있는 근거는 없다." 우리는 "식단과 심장 질환 사이에 관련이 있다는 가설이 잘못되었거나 수정이 필요하다고 보아야 한다."

논문 저자 중 한 사람은 이른바 '프렌치 패러독스French paradox'로 불리는 의문을 제기한 사람이다. 왜 프랑스인은 훨씬 기름진 식단을 먹는데 비만율은 더 낮은가? 《브리티시메디컬저널》에 실린 논문, 타우브스와 타이숄스가 수집한 연구들이 그 답을 제시하고 있다. 지방을 먹는다고 살이 찌지 않는 것은 역설이 아니라 과학인 것이다.[72]

한 달 후 채식주의자들은 《브리티시메디컬저널》에 실린 논문을 비판하는 의견을 내놓기 시작했다. 마침 그때 미국의 저명한 의학지 《내과학연보Annals of Internal Medicine》에 2편의 논문이 실렸다. 육류 섭취에 대해 오늘날까지 나온 논문 중 가장 결정적인 연구라 할 수 있었다. 두 논문 모두 붉은 고기 섭취가 건강에 미치는 부정적인 영향을 확인할 수 없

으며, 설령 부정적 효과를 미친다 해도 너무 미미하기 때문에 별 상관이 없다고 결론 내렸다.[73]

《뉴욕타임스》의 의학 전문 기자는 그 논문을 보도하면서 "이는 고기를 먹고 싶은 만큼 먹어도 된다는 허락으로 여겨져서는 안 될 것"이라는 말을 덧붙였다. 《뉴욕타임스》는 50여 년 동안 포화지방 섭취를 줄여야 한다는 주장을 옹호해 왔다. "하지만 이 연구의 함의는 매우 크다. 육식이 건강에 해롭다는 기존 주장은 그리 튼튼한 근거에 바탕을 둔 것이 아님을 확인시켜 준다."[74]

탄수화물 섭취를 옹호하고 지방에 반대하는 십자군 운동은 환경뿐 아니라 사람들의 건강에도 유익하지 못했다. 돼지를 더 살찌우는 대신 덜 살찌우는 비효율적 방식으로 기르도록 분위기를 몰아갔기 때문이다. 가축을 기르는 이들은 곡물 먹이를 더 많이 먹일 수밖에 없었고, 이것은 더 많은 땅이 필요해진다는 말과 같았다. 사람들이 저지방 식단을 택해 비효율적으로 가축을 기르면 결국 필요한 땅은 더 넓어진다.[75]

고기에 대해 사람들이 걱정하는 내용 중 상당수는 틀렸다. 소비자들은 소고기에 포함되어 있을지 모를 성장 호르몬에 대해 끊임없이 근심한다. 하지만 미국식품의약국이나 세계보건기구, 유엔식량농업기구 등은 모두 입을 모아 현재 생산되고 있는 고기는 인체에 해롭지 않다고 말한다. 근거에 기반해 세상을 보자. 우리는 고기에 들어 있을지 모르는 성장 호르몬이 아니라 고기에 지방이 부족하다는 것을 걱정해야 한다.[76]

가축 혁명과 야생 동물 고기
집착에서 벗어나기

가난한 개발도상국에서 야생 동물의 개체 수가 줄어드는 이유 중 눈에
띄는 것이 있다. 바로 야생 동물 사냥이다. 1960년부터 2010년까지 전
세계 야생 동물의 개체 수가 절반으로 줄어들었다는 점을 되새길 필요
가 있다. 아프리카, 아시아, 라틴아메리카의 숲에는 한때 야생 동물이 가
득했다. 하지만 지금은 너무 많은 야생 동물이 사냥당한 나머지 "텅 빈
숲 증후군empty forest syndrome"까지 발생하고 있는 것이 현실이다.[77] 콩고
분지에 사는 모든 포유류 분류군 가운데 절반 이상이 현재 지속불가능
한 수준으로 남획되고 있다.[78]

콩고 같은 가난한 나라 사람들 역시 단백질 섭취를 원한다. 그런데
고기 생산을 늘리려면 마운틴고릴라, 노란눈펭귄을 포함해 위기에 처한
생물종의 서식지를 빼앗고 밀어내는 결과를 초래하게 된다.

1964년부터 1990년까지 개발도상국 사람들의 1인당 육류 소비는
연간 10킬로그램에서 26킬로그램으로 늘었다. 하지만 콩고 등 사하라
이남 아프리카의 거주민들은 그와 같은 1인당 육류 소비량 증가를 경험
하지 못했다.[79] 베르나데테에게 나는 한 해에 몇 번이나 고기를 먹는지
물어보았다. 베르나데테는 씁쓸한 표정을 지으며 말했다. "아마 1년에
한 번, 크리스마스 때나 먹을까 싶어요."

지구를 위한다는 착각

콩고 사람들이 마운틴고릴라를 사냥해 잡아먹거나 하지는 않지만 다른 야생 동물들은 사냥의 대상이다. 놀랍게도 매년 220만 톤의 야생 동물을 잡아먹고 있다. 원인은 간단하다. 가축을 길러 생산하는 저렴한 육류가 없기 때문이다.[80]

그러므로 환경주의자라면 사람들이 고기를 쉽게 접할 수 있도록 가축을 길러 제공하는 일을 꺼리지 말아야 한다. 이는 높은 우선순위를 차지하는 과제다. 가축을 기르는 데 소요되는 땅을 줄일수록 사람과 야생 동물이 살아갈 수 있는 터전이 넓어진다.

네덜란드 출신 영장류학자 아네터 란야우Annette Lanjouw는 내게 이렇게 말했다. "콩고 동부 일부 지역에서는 사람들이 야생 동물을 잡아먹는 걸 줄이기 위해 물고기 양식 같은 대안을 도입하려고 노력해 왔어요. 당근과 양배추만 먹고 살아도 행복한 이 사람들에게 유일하게 내다 팔수 있는, 그래서 현금을 손에 쥘 수 있는 값비싼 상품이 바로 고기예요. 고기를 훈제하면 멀리 떨어진 도시까지 가져가 팔 수 있죠."[81]

북아메리카에서 가장 효율적인 목장은 아프리카에서 가장 효율적인 목장에 비해 20분의 1 면적에서 같은 양의 고기를 생산해 낼 수 있다. 그러니 전 세계 농업 용지 면적의 채 1퍼센트가 안 되는 땅만 있으며 아프리카 사람들은 야생 동물 고기 대신 현대식으로 기르는 닭, 돼지, 소 같은 가축 고기를 먹을 수 있을 것이다.[82]

전문가들은 이런 변화를 "가축 혁명"이라 부른다. 가축 혁명을 이루기 위한 기술적 조건은 어렵지 않다. 농부들은 동물들의 번식법과 사료를 개선하고 먹이용 목초의 생산성을 높여야 한다. 고기 생산량 증가는 같은 면적의 토지에서 더 질 좋고 더 양 많은 사료를 생산하는 역량의 증가와 함께 이루어져야 한다. 그래야 농지 소비가 늘어나지 않는다.

아르헨티나 북부에서는 실제로 그러한 변화가 이루어지고 있다. 그곳 농부들은 기존의 방목을 포기하고 현대화된 산업식 목축을 도입했다. 그러자 소를 키우는 데 투입되는 토지 면적이 99.7퍼센트나 줄어들었다.[83]

바꾸어야 할 것은 농업 기술만이 아니다. 우리의 생각 또한 달라져야 한다. 이는 마치 우리 인류가 자연산 모피, 상아, 거북 껍질 등에 대한 애착을 버림으로써 야생 동물을 지킬 수 있었던 것과 마찬가지다. 물고기를 포함해 야생 동물의 고기에 대한 집착을 버리고 인간이 길러낸 동물의 고기를 선호하는 쪽으로 돌아서야 한다. 그래야 야생 동물들이 다시 번창할 수 있다.

선악을 넘어 공감으로

채식주의의 심리적 기원은 무엇일까. 뭐가 됐건 근거에 기반한 이성적 고찰보다는 동물을 죽이는 것에 대한 감정적 반발에서 비롯한 것으로 보인다. 포어 역시 그 점을 인정한다. "우리는 어떤 식단을 택해야 가장 물을 적게 쓸 수 있는지, 또는 가장 덜 고통을 줄 수 있는지 등을 계산해 음식을 먹지 않는다."[84]

실제로 내가 다시 고기를 먹기 시작했을 때도 그랬다. 나는 거의 본능적으로 다시 고기를 먹기 시작했다. 어떤 지적인 심사숙고를 통해 한 행동이 아니었다. 뭔가 대단한 논문을 읽거나 엄청나게 설득력 있는 윤리적 논증을 접해서가 아니라 임신 중인 아내가 굽고 있던 생선 토막의 냄새를 맡았을 뿐이다. 너무나 환상적인 냄새가 나서 조금 먹어 보았다.

한편 어떤 사람들은 자신의 육식 욕구를 정당화하기도 한다. 가령 내 동료인 매디슨이 그렇다. "샌프란시스코베이에어리어로 이사를 왔더니 듣던 대로 끝내주는 식당이 가득하더라고요. 그런데 채식을 하느라 그걸 다 놓친다고 생각하니 엄청 우울해졌죠. 그래서 생각해 봤어요. '해산물은 분명히 다르잖아, 윤리적으로 보더라도, 그러니까 해산물은 먹자.' 그런데 한번은 파리에 가서 어쩌다가 파테Pâté를 먹었는데 이런 기분이 들었어요. '아, 몰라, 채식이고 뭐고 다 집어치워.'"

"하지만 그 요리를 위해 동물을 죽인다는 건 여전히 불편하게 느껴지지 않나요?" 나는 물었다. "네, 불편하죠. 그래서 그건 생각하지 않으려고 해요."

나는 더 물어보았다. "하지만 육식이 윤리적으로 괜찮다고 결정해야 하잖아요, 안 그래요?"

"나이를 좀 먹다 보니까 세상사가 그렇게 흑백으로 나누어지는 것 같지는 않더라고요. 어릴 때는 그렇게 생각했는데." 매디슨이 말했다.

"채식이 기후 변화와 맞서 싸우는 데 별 도움이 되지 않는다는 걸 알고 나니까 굳이 채식을 해야 할 필요가 있을까 싶어졌어요. 채식이 실제로 환경에 도움이 되지 않는다면 내 생각도 달라질 수밖에 없죠. 그리고 이 제는 사람과 동물 사이에 확실한 구분이 있다는 걸 더 분명히 알죠. 닭을 잡는 게 사람을 죽이는 것과는 같을 수가 없죠. 둘 사이에는 중요한 차이가 있는 거예요."

포어 역시 그 점을 인정한다. 동물을 먹는 것이 윤리적이냐 아니냐 하는 근본적인 질문에서 모든 사람에게 해당하는 단 하나의 윤리적 답은 있을 수 없다는 것 또한 받아들인다. "만약 우리가 동물을 먹지 않아서 건강을 해친다면 그건 채식주의자가 되지 말아야 할 이유라고 할 수 있다. … 당연히 내가 기꺼이 고기를 먹을 수 있는 상황이 존재한다. 심지어 어떤 상황에서라면 개를 잡아먹기조차 할 것이다. 하지만 다행히 나는 그런 상황에 처할 가능성이 거의 없다."[85]

그런 것이다. 우리는 각자 상황에 맞게 행동하면 된다. 그리고 대부분의 세상에서 대부분의 사람들은 고기를 먹는 쪽을 택하고 있다.

심지어 대부분의 채식주의자들마저 그렇다. 그들은 실제로는 채식주의자가 아니다. 설문 조사에 따르면 서구권에 사는 대부분의 채식주의자들은 상황에 따라 생선, 닭고기, 심지어 붉은 고기도 섭취하고 있다.[86]

포어 부부 역시 마찬가지다. 그들은 결혼식을 치른 바로 그 주에 채식주의자가 되겠다고 선언했다. 하지만 "우리는 가끔 햄버거와 치킨 수

지구를 위한다는 착각

프와 훈제 연어와 참치 스테이크를 먹는다. 하지만 언제나 그때뿐이다. 우리가 필요하다고 느낄 때만 먹는다."[87]

포어는 더 열린 마음으로 공감하는 입장에 설 때 가장 빛을 발한다. "동물을 먹느냐 마느냐 하는 문제는 궁극적으로 '인간성'이라는, 어쩌면 잘못 이름 붙여진 그 이상에 도달하는 것이 어떤 의미인지에 관한 우리의 직관에 따라 좌우된다."[88]

공감할 때 빛나는 건 동물권 보호 단체 페타 또한 마찬가지다. 페타의 창립자 잉그리드 뉴커크Ingrid Newkirk의 말을 들어 보자. "그랜딘 박사는 평생을 우리에 갇혀 살다가 죽는 동물에게 약간의 편안함과 안도감을 주는 것 역시 추구할 만한 가치가 있는 목표임을 보여 주었다. 물론 어떤 사람들은 동물을 그런 우리에서 해방시켜야 한다고 요구하지만 말이다."[89]

결국 포어는 자신의 글이 도덕주의자의 설교가 아니라 한 개인이 털어놓는 자기 이야기로 이해되기를 바란다. "동물을 먹지 않겠다는 결단은 내게 꼭 필요한 것이었지만 그건 어디까지나 나 개인에게 한정된 것이다. 그 약속은 다른 그 누구도 아닌 내 삶의 맥락 속에서만 의미를 갖는다."

8

지구를 지키는
원자력

Apocalypse Never

원자력 에너지 최후의 날

2011년 3월 11일 동일본대지진으로 발생한 쓰나미가 일본 동부 해안에 건설되어 있는 후쿠시마 제1 원자력 발전소를 강타했다. 15미터 높이의 파도에 발전소의 전기 공급이 끊겼고 비상용 디젤 발전기 역시 침수되어 버렸다. 전기가 없으니 발전소의 펌프가 작동할 수 없었다. 가동 중이던 3개의 원자로 속 뜨거운 우라늄 연료 위에 지속적으로 차가운 냉각수가 공급되어야 하는데 그 흐름이 끊기고 말았다. 과열된 우라늄 연료봉은 몇 시간 만에 녹아 버렸다. 1986년 체르노빌 원전 사고 이후 최악의 원자력 사고가 발생한 것이다.

하지만 원자력 에너지는 후쿠시마 사고 이전부터 사양길에 접어들어 있었다. 1979년 스리마일섬Three Mile Island 원자력 발전소 사고 이후 미국에서는 신규 원전이 단 한 곳도 건설되지 않았다. 미국의 원자력 항공모함 역시 가시적인 대체 계획 없이 노후화하던 중이었다.

그런 와중이었으니 후쿠시마 사고는 설상가상이었다. 당장 신규 원전 건설에 제동이 걸렸다. 이미 허가가 난 원전은 건설이 늦춰졌고 독일, 타이완, 한국은 탈원전을 선언하기에 이르렀다. 후쿠시마 사고로 인해 대중 여론 역시 원자력 반대로 돌아섰다.

원자력 발전을 안전하게 만들려고 할수록 원자력 발전소의 전력 생산 비용은 높아진다고 전문가들은 말한다. 그리고 원자력 발전소가 비

지구를 위한다는 착각

용 대비 효율을 확보하려면 정부 보조금이 많이 필요하다. 일본의 한 민간 싱크 탱크는 후쿠시마와 같은 사고가 발생했을 때 들어갈 금융 비용까지 합하면 그 보조금이 35조~81조 엔(3150억~7280억 달러)에 달할 것이라고 추산했다. 이렇게 계산하면 원자력은 전력 생산 방식 중 가장 비싼 방식이다.[1]

한편 핀란드와 프랑스, 영국과 미국 등에서는 원자력 발전소 건설이 계속 늦춰지고 있으며 예산 또한 당초 금액을 초과하고 있다. 영국의 힝클리포인트C 원자력 발전소에는 새 원자로 2기가 들어설 예정인데 처음에는 전체 비용을 260억 달러로 잡았지만 지금은 290억 달러에 달한다.[2] 미국 조지아주 어거스터 인근의 원자력 발전소를 확장하려는 계획 역시 처음에는 건설 기간 4년에 비용은 140억 달러를 예상했으나 지금은 건설 기간 10년에 비용은 275억 달러에 달할 것으로 추정된다.[3] 이 때문에 원자력은 기후 변화 대응책으로 삼기에는 너무나 느리고 비싼 에너지라고 많은 전문가들은 지적한다.[4]

에너지 전문가들은 원자력이 "네거티브 학습 곡선"을 갖는 에너지라고 부르곤 한다. 더 많은 원전을 지을수록 실력이 쌓이기는커녕 떨어진다는 소리다. 대부분의 기술이 포지티브 학습 곡선을 가지는 것과 정반대다. 태양광 패널과 풍력 터빈 건설을 예로 들어 보자. 2011년 이래 태양광 패널의 건설 비용은 75퍼센트, 풍력 터빈의 건설 비용은 25퍼센트 낮아졌다.[5] 이런 발전 시설은 더 많이 만들수록 더 잘하게 되면서 비용이 낮아진다. 반면 미국과 프랑스에서 2000년 이후 건설 중이거나 완공한 원자력 발전소의 평균 건설 기간은 12년이었다. 1979년 스리마일 섬 원전 사고가 날 당시만 해도 6년이면 충분했는데 지금은 2배의 시간이 필요하다.[6]

오늘날 선진국들은 원자력 발전을 버리는 추세다. 독일의 탈원전은 거의 완료되었다. 프랑스는 전력 생산에서 원자력이 차지하는 비중을 80퍼센트에서 71퍼센트로 낮추었고 앞으로 50퍼센트까지 줄이겠다고 공언한 상태다. 미국의 원자력 발전 비중은 현재 20퍼센트에서 2030년에는 10퍼센트까지 낮아질 예정이다. 벨기에, 스페인, 한국, 타이완 등도 모두 원자력 발전소를 걷어 내는 중이다. 원자력 업계는 소형 모듈 원자로Small Modular Reactor, SMR(전기 출력 300메가와트 이하 원자로-옮긴이)를 홍보하고 있지만 아직 역부족이다. 가령 한국이 아랍에미리트에 지어 주는 원전은 4기의 대형 원자로가 들어가는데, 이 원전 하나를 대체하려면 미국이 현재 설계상 가장 앞서 있는 소형 모듈 원자로라 해도 100여기가 필요하다. 12기의 소형 원자로를 가진 발전소를 8곳 지어야 한다는 소리와 같다.

미래 세대의 관점에서 보자면 원자력의 절정기는 1996년일 것이다. 당시에는 전 세계 발전량의 18퍼센트를 원자력이 차지하고 있었다. 2018년에는 고작 10퍼센트로 줄어들었으며 몇 년 내로 5퍼센트까지 내려앉을 예정이다.

사람들이 깨닫기도 전에 원자력 에너지는 아득한 추억이 되어 버릴 수 있다. 또는 원자폭탄을 발명해 낸, 통째로 폐기해야 마땅한 끔찍한 기

지구를 위한다는 착각

술을 인류가 다시 구해 내고자 했던 시절의 집단적인 악몽으로 기억될지도 모른다.

이것이 원자력에 대해 흔히 알려진 이야기다. 지금까지 말한 내용이 틀렸다고 할 수는 없다. 하지만 나는 중요한 사실들 몇 가지는 빼고 이야기했는데, 물론 일부러 그렇게 했다. 바로 그런 방식으로 반핵 운동가들이 지난 수십 년간 원자력을 매도해 왔다는 걸 있는 그대로 보여 주기 위해서였다. 이제 그 실상을 알아보자.

체르노빌 원전 사고의
오해와 진실

"커서 과학자가 될 거라는 건 너무 당연한 일이었죠. 한 번도 의심해 본 적 없어요." 제리 토머스Gerry Thomas가 내게 말했다.[7] 2018년 7월 말 보스턴광역권 근처 도시인 매사추세츠주 브루클라인에 있는 내 여동생 집 뒷마당에 앉아 우리는 대화를 나누고 있었다.

제리(제럴딘Geraldine의 애칭)는 방사능과 건강 전반, 특히 후쿠시마와 체르노빌 사고에 대한 전문가였다. 임페리얼칼리지런던의 분자병리학molecular pathology 교수인 제리는 체르노빌생체조직은행Chernobyl Tissue Bank을 만든 사람이기도 했다.

"우리 부모님은 병원에서 만났어요." 제리가 말했다. "엄마는 조직학, 그러니까 생체 조직을 연구하고 있었죠. 아빠는 혈액학자였고요. 그러니 두 분이 어디 다른 곳에서 만날 수 있었겠어요?" 제리는 웃음을 터뜨렸다.

나는 제리와 이미 여러 차례 통화한 사이였다. 글을 쓰고 강연을 다니면서 원자력 사고에 대해 궁금할 때 전화해 여러 번 도움을 받았다. 마침 제리와 나는 동시에 보스턴에 와 있어서 동선이 겹쳤다. 그래서 만나 제리의 인생과 연구에 대해 인터뷰를 하고 싶다고 요청했다.

제리는 열한 살 때 일찌감치 삶의 비극을 경험했다. "수영 수업이 끝나 탈의실에서 옷을 갈아입는데 같은 반 애 하나가 그러는 거예요. '너희 엄마는 백혈병에 걸렸고 곧 죽을 거야.' 내가 '아냐, 엄마는 암에 걸린 게 아니야, 이차 빈혈일 뿐이야.' 그랬더니 그 애가 이러더라고요. '맞아, 암이야!' 그러고는 달아나 버렸죠."

몇 달 뒤 제리는 아빠가 모는 차를 타고 4시간 거리의 여름 캠프 장소로 향하고 있었다. 차 안에서 아빠는 하늘이 무너지는 것 같은 소식을 전해 주었다. 엄마는 정말 백혈병에 걸렸고 머잖아 세상을 떠난다고.

"1시간 정도 울었어요. 그런 다음 아빠가 나를 캠프 장소에 내려 주었죠. 지금 와서 생각해 보면 아빠는 우는 아이를 어떻게 달래야 할지 몰랐던 것 같아요."

그해 9월 새 학기가 시작되었다. 제리는 엄마의 상태가 호전되었다고 생각했다. 하지만 실제로는 생의 막바지를 향해 가고 있었다.

"마지막으로 엄마를 찾아갔을 때 엄마는 내가 누군지 알아보지 못했어요. 뼈만 남아 앙상해진 엄마는 내 몸 크기 정도로 줄어들어 있었죠. 나는 엄마가 화장실 가는 걸 도와드렸어요. 며칠 뒤 돌아가셨죠."

어린 시절 겪은 이 비극을 통해 제리는 인생에서 중요한 게 무엇인지 고민하게 되었다.

"어릴 때 그런 일을 겪은 터라 평생을 바칠 만한 일을 찾게 된 것 같아요. 인생이 짧다는 걸, 시간은 기다려 주지 않는다는 걸 실감하게 되었으니까요. 같은 반 애들이 나를 보는 시선이 곱지 않을 거라는 걸 알고 있었지만 두 살 어린 남동생을 생각해서라도 약해질 수 없었어요. 남동생은 중증 발달 장애를 겪고 있었고 지금 어떤 상황인지 이해하지 못하고 있었거든요. 그리고 아빠는 매일 늦게까지 일하면서 우리를 먹여 살려야 했고요."

제리는 의학을 공부하기로 결심했다. 대학에서 제리는 대기 오염의 위험에 대해 알게 되었죠. "의대 과정 중에는 검시가 포함되어 있죠. 병원에서 우리는 조를 짜서 검시실로 갔어요. 내가 처음 본 시신은 나이 많은 남성이었죠. 폐를 절개해 들어내고 갈라 내부를 관찰했어요. 시커먼 노폐물이 폐에 끈적하게 들어차 있더라고요."

제리는 수업을 진행하던 병리학 교수에게 질문했다. "이 사람은 흡연자였나요?" 교수가 답했다. "아니, 대기 오염의 결과일 뿐이지." "나와 같은 조 학생들 모두 정말 놀랐어요. 당연히 엄청난 골초일 거라고 생각했거든요. 그런데 단지 움푹 들어간 지형이어서 매연이 잘 빠져나가지 않는 도시 어딘가에 사는 것만으로 그렇게 된다니."

1984년 제리는 갑상선암과 유방암을 진단할 수 있는 기법을 개발했다. 지도 교수는 제리에게 갑상선암에 대해 더 연구해 보자고 했다.

"우리는 살충제가 동물 세포에 미치는 영향을 연구했어요. 동물에 미치는 부작용에 대해 좀 더 자세히 알아보려고 했죠. 단일 세포에 미치는 영향이 어떤지, 인간의 건강과는 어떤 관계가 있는지 등 연구할 게 많았습니다. 그리고 동물에게 암을 유발하려면 높은 강도의 방사능에 장기간 노출시켜야 한다는 것도 확인했죠."

이윽고 1986년 26세가 된 해에 제리는 TV에서 체르노빌 원전 사고 소식을 전하는 뉴스를 접했다.

"그때 무슨 생각을 했는지 기억나요. '이거 상당히 끔찍한 일이 벌어질 수 있겠어.' 하지만 깊게 생각하지는 않았죠. 그리고 이탈리아 출신으로 내분비병리학의 권위자고 임상의로 정평이 나 있던 지도 교수님이 1989년에 초청을 받아 벨라루스에 다녀오셨어요. 그분은 큰 충격을 받으신 모습이었죠. 얼마나 많은 아이들이 갑상선암에 걸렸는지 목격하셨거든요."

1986년 체르노빌 원전 사고는 역사상 최악의 원전 사고로 기록되어 있다. 현재는 우크라이나에 속해 있지만 당시는 소련의 일부였던 그곳에서 발전소 관리자들은 공인되지 않은 실험을 하다가 통제 불능 상태에 빠졌다. 그 결과 원자로가 폭발하고 화재가 발생했다. 폭발로 콘크리트 격납 지붕이 날아갔고, 방사성 물질들이 치솟는 불길을 타고 대기 중으로 퍼져 나갔다.

제리는 벨라루스와 우크라이나를 주기적으로 오가며 환자들의 갑상선암을 연구했다. 그런 노력은 체르노빌생체조직은행의 설립으로 이어졌다. 환자에게서 떼어낸 감상선 조직 샘플을 보존하고 방사능의 영향을 연구하는 학자들이 그것을 두루 이용할 수 있도록 하는 것을 목표로 만든 기관이었다.

유엔에 따르면 체르노빌 화재 진압 과정에서 28명의 소방관이 사망했다. 초기 대응팀 중 19명이 사고 발생 후 25년 안에 결핵, 간경변, 심장마비, 트라우마 등 "다양한 이유"로 사망했다.[8] 유엔은 "이와 같은 사인에 방사능이 미친 영향은 명확하지 않다"라고 결론 내렸다.

소방관의 희생은 비극적인 일이다. 하지만 그 숫자를 넓은 관점에서 검토해 볼 필요도 분명히 있다. 2018년 미국에서 사망한 소방관은 총 84명이었다. 2001년 9·11 테러 수습 과정에서 사망한 소방관은 343명에 이른다.[9]

현장에 투입된 초기 대응팀을 제외하고 나면 체르노빌 참사로 인한 공중 보건 피해는 대중적 인식과 달랐다. 제리는 사고 발생 당시 18세 이하였던 사람들 중에서 보고된 2000여 건의 갑상선암 발병 사례가 체르노빌 사고에 직접 영향받은 공중 보건 피해의 전부라고 말한다.

2017년 유엔은 체르노빌 원전 사고로 방사능 피해를 입었을 가능성이 있는 사람은 25퍼센트, 5000명이라고 결론 내렸다.[10] 그보다 앞서 진행된 연구에서 유엔은 2065년까지 1만 6000여 명의 체르노빌 방사능 피해자가 나올 것이라 보았지만 후속 연구에서 그 규모는 5000명으로 줄어들었다.

갑상선암 사망률은 1퍼센트에 불과하다. 따라서 평균 수명을 80세로 본다면 체르노빌 사고로 인해 갑상선암에 걸린 사람이 사망한 경우는 50건에서 160건 사이가 될 것이다.[11]

"사람들은 대부분 갑상선암을 암이라고 생각하지도 않죠." 제리가 말했다. "제대로 치료만 한다면 사망률이 워낙 낮으니까요. 언젠가부터 별로 겁낼 필요 없는 암이 됐어요. 갑상선암에 걸렸다고 해서 사형 선고를 받았다고 생각하는 사람은 없죠. 환자의 여생을 줄이는 그런 암이 아니에요. 갑상선 제거 수술을 받고 나서 호르몬을 평생 복용하면 되는데, 대체 갑상선 호르몬인 티록신의 가격이 무지 싸서 아무 문제가 되지 않죠."

갑상선암이 아닌 다른 암은 없었을까? 2019년 HBO에서 방영한 드라마 〈체르노빌Chernobyl〉에는 "우크라이나와 벨라루스의 암 발생률이 치솟았다"라는 내용이 나온다.[12] 이 주장은 거짓이다. 세계보건기구의 발표에 따르면 두 국가 주민들은 "자연 방사능보다 미세하게 높은 수준의 방사능에 노출되었다." 그로 인한 추가 암 발병 및 사망이 뒤따랐다 해도 "다른 요인을 감안할 때 해당 지역 주민들의 암 사망 기대치는 0.6퍼센트 높아진 것으로 보인다."[13]

세계보건기구 홈페이지에는 체르노빌 사고 이후 해체 작업에 투입된 인원 중 4000여 명이 평균 수명보다 일찍 사망했을 수 있다는 내용

지구를 위한다는 착각

이 실려 있다. 하지만 제리는 동의하지 않는다. 그 숫자는 검증되지 않은 기법에 근거한 것이기 때문이다. "세계보건기구에서 제시하는 숫자는 LNT를 전제하고 있죠." 제리가 말했다. LNT는 '문턱값 없는 선형 모델linear no-threshold model'의 줄임말로 방사능 노출이 생명에 미치는 영향을 계산하는 모델 중 하나다.

LNT는 아무리 적은 양의 방사능에 노출되어도 위험하다고 가정하는 모델이다. 일정 기준치 이하면 안전하다는 '문턱값'이 없다. 하지만 내 고향 콜로라도 같은 곳을 보면 이 모델은 맞지 않는다. 콜로라도는 고도가 높고 지질학적으로 우라늄 함량이 높은 관계로 자연 방사능 수치가 미국의 다른 어떤 곳보다 높다. 하지만 암 발생률을 놓고 보면 미국에서 가장 건강한 지역 중 하나다.[14]

후쿠시마에서도 원전 사고로 누출된 방사능에 노출되어 죽을 사람은 아무도 없을 것이라고 제리는 이야기한다. 일본 정부는 후쿠시마의 한 노동자 가족이 암 발생에 대한 책임을 요구했을 때 금전적 합의를 해주었다. 하지만 제리는 그 노동자의 암이 후쿠시마 원전과 유관할 가능성이 거의 없다고 생각한다. 그 노동자가 노출된 방사선의 양은 암을 일으킬 만한 수준에 전혀 못 미쳤기 때문이다.

원자력이 정말 더 위험할까

펜실베이니아주 스리마일섬 원전 사고 역시 후쿠시마 원전 사고와 비슷한 경우라고 할 수 있다. 스리마일섬 원전 사고는 미국 전역에 공포의 물결을 불러일으켰고 추후 원자력 발전소 건설을 가로막는 요인이 되었다. 하지만 실제로는 그 사고로 죽거나 암에 걸릴 위험이 높아진 사람은 아무도 없었다.

다른 에너지 산업 분야에서 대형 사고가 났는데 아무도 죽지 않은 경우는 거의 없다. 2010년 미국 멕시코만 원유 시추 현장에서 발생한 딥워터 허라이즌Deepwater Horizon 폭발 사고의 경우 11명의 사망자를 냈고 멕시코만은 약 5억 리터의 원유로 뒤덮였으며 그로 인한 오염은 수개월 넘게 지속되었다.[15] 그로부터 4개월 뒤에는 샌프란시스코 남부에서 퍼시픽 가스 앤드 일렉트릭 컴퍼니Pacific Gas and Electric Company의 천연가스 파이프라인이 폭발하는 사고가 발생해 8명이 사망했다.[16]

1975년 발생한 중국 허난성의 반차오板橋댐 붕괴는 에너지 분야에서 역사상 최악의 사고로 꼽힌다. 댐이 무너지면서 17만 명에서 23만 명이 사망했다.[17]

원자력 에너지로 인해 사망한 사람이 전혀 없다는 말은 아니다. 하지만 사망 사고 발생 건수를 놓고 보면 황당하리만치 사고가 적다. 그만큼 안전하다는 말이다. 연간 사망자 수를 놓고 비교해 보자. 27만 명이 걷다가 죽고 135만 명은 운전하다가 죽는다. 230만 명이 일하다가 죽으며 420만 명은 대기 오염으로 죽는다.[18] 반면 원자력으로 인한 사망자 수는 모두 합쳐 100명을 겨우 넘는다.[19]

앞서 살펴본 최악의 원자력 사고들을 통해 우리는 원자력이 안전할 뿐 아니라 환경에 미치는 영향 또한 매우 낮은 본질적인 이유를 알 수 있다. 바로 연료의 에너지 밀도가 대단히 높기 때문이다. 원자를 쪼개서 열을 발생시키는 핵분열 방식은 불을 붙여 분자를 화학적으로 분해하는 방식보다 연료가 훨씬 적게 든다. 코카콜라 캔 하나 분량의 우라늄만 있으면 한 사람이 평생 펑펑 쓰고 남을 에너지를 제공할 수 있다.[20]

그래서 최악의 원자력 사고가 벌어진다 해도, 설령 연료봉이 노출되는 지경에 이르러도 발전소를 넘어 사람들에게 직접 영향을 미치는 미세 물질의 양은 매우 적을 수밖에 없다. 반면 가정과 자동차, 발전소에서 화석 연료와 바이오매스를 연소시키면서 발생하는 미세 물질은 2016년 800만 명의 목숨을 앗아갔다.[21]

그러므로 전기를 안정적으로 생산하는 가장 안전한 방법은 원자력이다.[22] 대기 오염으로 수명이 단축되는 사람이 연간 700만 명이라는 점을 고려하면 실제로 원자력은 지금까지 200만 명이 넘는 목숨을 구해왔다.[23]

그렇기 때문에 원자력 발전소를 없애고 화석 연료 발전소를 늘리는 것은 사람의 목숨을 대가로 지불하는 것과 다름없다. 2019년 말 발표된 한 연구에 따르면 독일의 탈원전 정책은 독일인에게 매년 120억 달러에 달하는 손실을 발생시키고 있다. 그리고 그 손실 비용 가운데 70퍼센트 이상이 "폐쇄된 원전을 대체하기 위해 가동하는 석탄 화력 발전소에서 발생하는 대기 오염의 결과로" 1100명이 넘는 사람이 사망하면서 발생한다.[24]

대단히 싸고 안전하고 효율 높은 에너지원

프랑스와 독일을 비교해 보자. 프랑스는 세계 6위, 독일은 세계 4위의 경제 대국이다. 지리적으로 맞닿아 있을뿐더러 지난 수십 년간의 높은 경제 발전 수준 역시 비슷하다.[25]

하지만 전력 생산 측면에서는 사뭇 다르다. 프랑스의 전력 생산 비용은 독일의 절반 정도밖에 되지 않으며, 그러면서도 전력 생산 과정에서 배출하는 탄소 폐기물은 독일의 10분의 1 수준에 머물고 있다.[26] 이 차이는 원자력 때문이다. 독일은 탈원전 정책을 추진하면서 신재생 에너지를 도입하고 있는 반면 프랑스는 대부분의 원전을 그대로 활용하고 있다.

만약 독일이 5800억 달러에 달하는 예산을 태양광이나 풍력 발전소 같은 신재생 에너지 대신 신규 원전 건설에 투자했다면 지금쯤 독일

지구를 위한다는 착각

은 발전 분야에서 100퍼센트 탄소 중립을 달성했을 것이다. 또한 모든 승용차와 상용차를 탄소 중립적인 전기차로 대체하고 충전할 수 있을 만한 전기를 확보했을 것이다.[27]

원자력은 세상에 존재하는 가장 저렴한 전력 생산 방식 중 하나로 오래도록 그 자리를 유지해 왔다. 유럽과 아시아를 비롯한 세계 대부분의 지역에서 원자력 발전 전기는 천연가스나 석탄 발전 전기보다 더 싼 가격으로 공급되고 있다.[28]

1965년 이래 글로벌 에너지 정책 분야에서는 일종의 의도치 않은 대규모 실험이 진행되어 왔다. 1965년부터 2018년까지 전 세계적으로 원자력에는 2조 달러, 태양광과 풍력에는 2조 3000억 달러의 투자가 이루어졌다. 그런데 그 결과를 보면 원자력은 태양광과 풍력을 합친 것보다 2배나 많은 전기를 생산해 냈다.[29]

신규 원전 건설 프로젝트의 일정이 지연되고 비용이 늘어나는 것은 사실이다. 하지만 그건 대규모 건설 프로젝트에서 곧잘 벌어지는 일이다. 심지어 지금은 잘 작동하면서 높은 수익을 내는 원자력 발전소들 역시 건설 과정에서는 일정 지연과 비용 증가를 겪곤 했다. 원전 가동 비용은 상대적으로 저렴하기 때문에 시간이 지남에 따라 건설 비용 부담은 점점 낮아질 수밖에 없다. 원자력 발전소의 수명은 50년에서 80년까지 연장 가능하다는 점을 놓고 볼 때 더욱 그렇다.

방사능 폐기물은 어떨까. 통념과는 정반대다. 전력 생산 과정에서 나오는 폐기물 중 가장 안전한 최선의 폐기물이 바로 방사능 폐기물이다. 지금껏 원전에서 나온 방사능 폐기물 때문에 사람이 죽거나 다친 일은 단 한 건도 없었고 앞으로도 그런 일은 벌어지지 않을 것이다.

사람들이 원전 폐기물이라고 할 때 그것은 대부분 사용 후 핵연료를 의미한다. 사용 후 핵연료는 물이 담긴 저장조에서 2, 3년간 식힌 후 강철과 콘크리트로 된 저장 용기에 넣어서 흔히 건식 저장고라 불리는 곳에 보관하게 된다. 원자력은 현존하는 전력 생산 방식 중에서 배출되는 폐기물을 전량 밀폐해 처리할 수 있는 유일한 발전 방식이다. 그 외의 모든 발전 방식은 폐기물을 자연환경에 배출할 수밖에 없다.

배출량이 턱없이 적다는 것은 핵폐기물이 가진 최고의 장점 중 하나다. 지금까지 미국에서 나온 사용 후 핵연료를 다 합쳐도 미식축구장 넓이에 22미터가 안 되는 높이의 단일한 공간에 보관할 수 있다.[30]

만약 비행기가 사용 후 핵연료 저장 용기를 들이받는다면 어떻게 될까? 비행기는 폭발하겠지만 시멘트로 봉인된 강철 저장 용기는 아무 타격을 입지 않을 것이다. 설령 사용 후 핵연료가 대기 중에 다소 노출된다 한들 세상이 멸망하거나 하지 않는다. 그런 일에 대응할 수 있는 인원들이 늘 대기 중이다.

사용 후 핵연료의 연료봉에 담긴 방사성 물질이 강이나 지하수를 오염시킬 가능성은 현실적으로 제로에 가깝다. 사용 후 핵연료 저장 용기는 경비가 삼엄한 원자력 발전소 내 부지에서 상시 엄밀한 감시와 보호를 받고 있다. 그러니 강물에 빠질 가능성을 상상하는 일 자체가 어렵다. 설령 어쩌다 그런 일이 벌어진다 해도 사용 후 핵연료가 물속으로 새어나갈 일은 거의 없다. 심지어 물속으로 누출되더라도 발생할 수 있는 해악은 거의 없다고 봐도 무방하다. 사용 후 핵연료를 저장조에 보관하는 것 자체가 그렇다. 원자력 발전소 근무자들은 때때로 사용 후 핵연료가 잔뜩 담긴 수조에 잠수복과 물갈퀴를 착용하고 들어간다. 그래도 안전하다. 물 자체가 방사선의 차폐물이기 때문이다. 위험한 수준의 방사능에 노출될 수가 없다.

나는 종종 방사능 폐기물이 걱정된다는 사람들과 이야기를 나눈다. 그런데 그중에서 그게 왜 위험한지 정확하게 설명하는 사람은 별로 찾아볼 수가 없다. 그들은 원자력 발전에 대해 이야기하면서 의식적이건 무의식적이건 핵무기의 이미지에 사로잡혀 있는 것이다. 하지만 사용 후 핵연료의 연료봉을 폭탄으로 만드는 일은 그리 간단하지 않다. 거대한 저장 용기의 내용물을 크고 복잡한 설비에 넣어 처리해야 하는데 그런 설비와 시설을 갖춘 나라는 전 세계에 몇 나라밖에 없다.

그러니 상상해 보자. 테러리스트들이 원자력 발전소에 침입해, 크레인으로 개당 100톤이 넘는 사용 후 핵연료 저장 용기를 거대한 운송 차량에 싣고, 고속도로를 따라 달려 항구에 도착한 후, 배에 실어서 재처리 공장이 있는 어딘가로 보내고, 하역하고, 재처리하는 일이 과연 가능하기나 한 것일까. 현실 세계라면 그 테러리스트들은 원자력 발전소의 입구를 통과하기도 전에 무장한 경비원들에게 사살당할 것이다.

원전 폐쇄가 초래한 결과

1995년부터 2018년까지 전례 없는 보조금이 태양광과 풍력 발전에 대대적으로 투입되었다. 하지만 탄소 배출 제로 에너지가 전 세계 에너지 공급에서 차지하는 비중은 13퍼센트에서 15퍼센트로 고작 2퍼센트포인트 상승했을 뿐이다. 태양광과 풍력 발전을 늘리면서 원자력을 줄였기 때문이다. 그 두 에너지로는 원자력의 빈자리를 대체할 수 없다.[31]

전 세계에서 사용되는 에너지 중 전기는 3분의 1에 불과하다. 나머지 3분의 2는 1차 에너지원을 직접 소비하는 식으로 사용되는데 대부분은 화석 연료를 태우는 것이다. 난방, 취사, 수송 등의 분야가 그렇다.

태양광 및 풍력과 달리 원자력은 전기뿐 아니라 열도 공급할 수 있다. 탄소 배출 제로 에너지 가운데 풍부하고, 지속적이며, 저렴한 열 공급원 역할까지 할 수 있는 것은 오직 원자력뿐이다. 오직 원자력만이 저렴하게 수소 가스와 전기를 생산해 난방, 취사, 수송 같은 분야에서도 화석 연료를 떨쳐 낼 수 있는 잠재력을 가지고 있다.

에너지가 필요한 영역은 그뿐만이 아니다. 비료 생산, 물고기 양식, 공장식 농업 등 다양한 분야의 발전도 에너지 소비를 늘릴 것이다(이러한 기술 발전은 사람과 자연 모두에 큰 이득을 가져다준다). 그런 수요에 맞출 수 있는 것 또한 원자력뿐이다.

그런데 자칭 기후 변화를 가장 걱정한다는 이들이 우리에게 원자력

지구를 위한다는 착각

이 필요하지 않다는 소리만 되풀이하고 있다.

기후 활동가 빌 매키번의 경우를 살펴보자. 2005년 그는 버몬트주 상원 의원이며 2020년 민주당 대선 후보로 경선에 나왔던 버니 샌더스Bernie Sanders와 손잡고 버몬트주 의회에 압력을 넣었다. 2012년까지 버몬트주의 탄소 배출을 1990년보다 25퍼센트 낮은 수준으로 줄이고, 2028년에는 1990년 대비 50퍼센트 이하로 낮추는 법을 제정하자고 했다. 신재생 에너지를 보급하고 에너지 효율을 높이면 그 목표를 이룰 수 있다는 것이 그의 주장이었다.[32] 버몬트의 주요 전력 회사들은 고객들이 자기 집에 태양광 패널과 배터리를 설치해 공공 전력 공급망 이용에서 벗어날 수 있도록 도왔다.[33] 새롭게 만들어진 법에 힘입어 버몬트주는 5년 연속 미국에서 가장 에너지 효율이 높은 5개 주 가운데 하나로 꼽힐 수 있었다.[34] 하지만 버몬트주의 탄소 배출량은 25퍼센트 줄어들기는커녕 2015년에 1990년 대비 16퍼센트나 늘어났다.[35]

원자력 발전소를 폐쇄한 것이 버몬트주의 탄소 배출이 늘어난 이유 중 하나다. 그리고 매키번은 원전 폐쇄를 강력하게 주장한 사람이다. 그는 이렇게 썼다. "나는 버몬트가 전력 생산을 신재생 에너지로 완전히 대체할 수 있다고(그리고 그 이상까지 가능하다고) 믿는다. 그래서 우리 집 지붕 역시 태양광 패널로 덮여 있다."[36]

2019년 초 나는 매키번에게 이메일을 보냈다. 버몬트양키Vermont Yankee 원자력 발전소의 폐쇄를 주장했던 것에 대해 혹시 후회하는지 묻기 위해서였다. 그는 동의하지 않았다. "나는 원전 폐쇄가 버몬트 전력 생산 체계에서 탄소 발생을 크게 늘리는 결과를 낳았다고 생각하지 않습니다." 그가 제시한 자료는《뉴욕타임스》에서 만든 데이터 도구였다. 매키번은 그것을 근거로 주장했다. "버몬트는 원자력 발전소를 폐쇄한 대신 인근의 캐나다 퀘벡주에서 수력 발전으로 생산한 전기를 구입해 왔습니다."[37]

하지만 그는 데이터를 잘못 해석하고 있었다. 현실은 달랐다. 버몬트의 발전 시설들은 버몬트양키 원전의 전력 생산량을 벌충할 수 없었고 캐나다 뉴잉글랜드주에서 전기를 수입해 올 수밖에 없었는데, 뉴잉글랜드주의 주요 발전 수단은 천연가스였다.[38]

매키번이 원자력에 반대하는 것은 예외적인 일이 아니다. 환경주의자들은 다들 그런다. 2019년 초 뉴욕주의 연방 하원 의원 알렉산드리아 오카시오-코르테스는 그린 뉴딜을 언급하면서 이렇게 말했다. "우리의 계획은 원자력에서 … 가능한 한 빨리 벗어나는 것이다."[39]

몇 주 후 환경 운동가 그레타 툰베리는 페이스북에 이런 게시물을 올렸다. 원자력은 "극히 위험하고, 비싸고, 오래 걸린다."[40] 물론 이는 앞서 우리가 확인한 원자력의 과학적 실상과 정반대다.

이러한 환경주의자들의 원자력 반대를 두고 MIT의 기후학자 케리 이매뉴얼은 이렇게 지적한다. "둘 다 주장할 수는 없는 거죠. 만약 그들이 기후 변화가 세계의 종말을 불러온다고 또는 용납해서는 안 될 위험이라고 말하면서, 동시에 그것을 피할 수 있는 가장 분명한 방법 중 하나[원자력]를 배제하려 든다면, 그들은 일관성이 없을뿐더러 정직하지도 않은 거예요."[41]

이 모든 상황을 보고 있노라면 한 가지 의문이 든다. 원자력이 환경에 이토록 도움이 되고 화석 연료를 대체하는 데서 필수적이라면, 기후변화를 가장 걱정한다고 주장하는 사람들은 왜들 이렇게 원자력에 반대하는 것일까?

"원자력은 자연 보호의 희망이다"

1960년대 초 캘리포니아 센트럴코스트에 살고 있던 예술가 캐슬린 존스Kathleen Jones는 인근의 과달루페-니포모사구Guadalupe-Nipomo Dunes를 지키기 위한 운동을 시작했다. 캘리포니아에서 가장 영향력 있는 인물들을 데려와 사구를 직접 보고 아름다움을 느끼게 하는 것이 존스의 운동 전략이었다. 그렇게 초대받은 인물들 중에 윌 시리Will Siri가 포함되어 있었다. 윌 시리는 캘리포니아대학교 버클리캠퍼스의 생물학자로 당시 시에라클럽의 회장이었다. 1965년 과달루페-니포모사구를 본 시리는 존스에게 말했다. "이런 모습일 거라고는 생각하지 못했어요. 경이로워요."[42]

시리는 환경 보호 활동가들 사이에서 세계 최고 수준의 등산가로 유명했다. 그는 1954년 미국 최초의 히말라야 원정대를 이끈 장본인이었다. 원정대는 세계에서 다섯 번째로 높은 봉우리인 마칼루Makalu에 도전했다. 그 원정을 위해 시리는 바로 전해에 세계에서 가장 높은 에베레스트산을 인류 최초로 등정한 에드먼드 힐러리 경의 원정대에 함께했던 대원과 셰르파를 고용했다. 등반 과정에서 대원 한 사람이 크레바스로 떨어졌을 때 시리는 손수 구조해 냈다.[43]

시에라클럽은 본래 샌프란시스코에 기반을 둔 신사들의 등산 모임이었다. 하지만 시리가 이사회에서 활동한 18년간 시에라클럽은 미국에서 가장 영향력이 큰 환경 단체 중 하나로 거듭났다. 시리는 그 변화를 이렇게 회상한다. "우리는 신사적이고 점잖은 태도만 유지할 수가 없었다. 우리는 활동가였고 많은 싸움을 했으며 이겨야만 했다. 정부 관료들과 친분을 유지하려고 때려야 할 때 때리지 않을 수는 없었다."[44]

시리의 지도 아래 시에라클럽이 거둔 승리의 면면은 화려하다. 레드우드국립공원, 그랜드캐니언의 원시림을 지켜 냈다. 월트 디즈니에서 구입해 스키장으로 개발하려 했던 북캘리포니아 계곡의 숲도 시에라클럽의 활동으로 보존할 수 있었다.[45]

과달루페-니포모사구의 대부분은 개발되지 않은 상태였다. 하지만 경제적으로 뒤처진 샌루이스어비스포카운티San Luis Obispo County는 사구 일대를 산업 지구로 지정했다. 그리고 적극적으로 개발 방법을 모색했다. 시리의 생각은 달랐다. 그는 훗날 이렇게 회고했다. "사구를 둘러보고 나니 이곳이 보존되어야 한다는 것은 분명해 보였다. 희귀한 동식물

지구를 위한다는 착각

들이 눈에 띄었다. 다른 곳에서는 볼 수 없는 것들이었다."[46] 그런데 퍼시픽 가스 앤드 일렉트릭이 그곳에 원자력 발전소를 짓겠다고 했다.

퍼시픽 가스 앤드 일렉트릭의 책임자들은 시리와 존스를 만난 자리에서 타협안을 제시했다. 물가에서 약 1.6킬로미터 떨어진 지점에 발전소를 건설하겠다는 것이었다. 원자력 발전소는 냉각수가 필요하므로 물가에서 떨어진 곳에 발전소를 짓는 것은 경제적으로 손해를 보는 일이다. 하지만 시리는 요지부동이었다. "우리는 사구가 보존되기를 원합니다. 다른 곳에 가서 지으세요."[47]

그러자 퍼시픽 가스 앤드 일렉트릭 측은 새로운 제안을 들고 왔다. 애빌러비치Avila Beach 해안에 발전소를 하나만 짓되 6기의 원자로를 놓겠다는 것이었다. 그렇게 하면 해안에 더 많은 발전소를 지을 필요가 없었다. 시리는 수긍했다. 훗날 그는 이렇게 설명했다. "원전을 지어서 해안을 망가뜨리려 든다면 원자로가 1기건 2기건 차이는 없습니다. 우리 목표는 퍼시픽 가스 앤드 일렉트릭이 여러 기의 원자로를 설치할 수 있는 입지를 찾는 것이었죠."[48]

시리와 존스는 이 협상안을 들고 시에라클럽으로 향했다. 과달루페-니포모사구를 지키는 대신 다른 해안에 원전을 짓게 하자는 타협안을 두고 시에라클럽 이사회는 하루 하고도 반나절에 걸쳐 격론을 벌였다. 시리의 입장은 분명했다. 고밀도 에너지로 이행하는 것이야말로 자연을 지키고 벗 삼으며 살아가기 위한 필수 조건이라는 것이었다.

"원자력은 자연 보호의 희망이다. 비용이 저렴하고 장기적으로 사용 가능하다. 원자력의 활용을 늘리는 것은 인구 억제만큼이나 중요할 수 있다. 양적으로 제한이 없는 저렴한 에너지원은 급격히 늘어나는 인구가 야생을 침범하지 않고 살아갈 수 있게 해 주는 핵심 요소 중 하나다. 대단히 아름다운 풍광을 지닌 공간과 대지를 미개발 상태 그대로 남아 있게 해 준다. … 심지어 우리가 이렇게 자연을 즐길 수 있는 능력과 여유도 저렴한 에너지의 사용 가능성과 결부되어 있다."[49]

시리는 원자폭탄을 개발하는 극비 사업인 맨해튼프로젝트의 일원이었다. 또한 그는 생물학자였기에 석탄에 비해 원자력 발전소가 가진 건강상의 이득 역시 잘 알고 있었다. 원자력에 대한 그의 긍정적 태도는 어쩌면 이 때문일지 모른다.

하지만 원자력을 긍정적으로 바라본 것은 시리 혼자만이 아니었다. 1960년대에는 그랬다. 대부분의 환경 보호 활동가들이 원자력을 석탄이나 수력 발전보다 더 깨끗한 에너지원으로 선호했다. 대부분의 민주당원과 진보주의자 역시 마찬가지였다. 미국, 유럽을 비롯해 세계 각지에서 원자력을 깨끗하고, 에너지 밀도가 높으며, 사실상 무제한의 에너지를 공급하는 원천으로 바라보는 시각이 널리 호응을 얻고 있었다.

"[유명한 자연 사진작가이자 시에라클럽의 이사회 구성원이었던] 앤설 애덤스Ansel Adams는 퍼시픽 가스 앤드 일렉트릭의 제안에 분명한 찬성의 뜻을 밝혔죠." 시리가 어떤 인터뷰에서 한 말이다. "그는 원자력이 어려운 문제에 대한 합리적인 해법으로 매우 적절하다고 생각했어요."[50]

시리의 주장은 설득력 있었다. 1966년 시에라클럽 이사회는 9 대 1

로 퍼시픽 가스 앤드 일렉트릭의 제안을 받아들이기로 결정했다. 원자력 발전소는 캘리포니아에서 가장 영향력 있는 NGO로부터 비록 전략적인 축복이긴 하나 축복을 받았던 것이다. 발전소 이름은 스페인 탐험가들이 처음 그 지역에 붙인 이름을 따 디아블로캐니언Diablo Canyon으로 지어졌다.[51]

평화를 위한 원자력

1953년 초 원자폭탄의 아버지 로버트 오펜하이머Robert Oppenheimer는 미국의 비영리 싱크 탱크인 외교협회Council on Foreign Relations에서 연설을 했다. 비록 그 자리에 대통령 당선자인 드와이트 D. 아이젠하워 장군은 참석하지 않았지만 오펜하이머는 아이젠하워를 겨냥해 연설을 하고 있었다.

오펜하이머는 원자폭탄이 외교 정책을 혁명적으로 뒤흔들어 놓았다고 설명했다. 원자폭탄에 대항한 방어는 불가능했다. 오직 억지만이, 다시 말해 상대방에게 보복하면 서로 회복 불가능한 타격을 입을 것이라는 우려 때문에 공격하지 않는 것만이 가능했다.

"우리는 두 초강대국이 타국의 문명과 생명을 끝장내지만 자국 역시 똑같은 위험을 감수해야 하는 그런 사태를 예상할 수 있을 것입니다.” 오펜하이머는 말했다. “자신의 목숨을 내걸어야 상대를 죽일 수 있는 두 마리의 전갈이 한 병 안에 갇혀 있는 것과 같습니다.”[52] 아이젠하워 대통령은 이 무서운 새로운 현실을 미국 국민에게 솔직하게 이야기해야 한다는 것이 오펜하이머의 주장이었다.[53]

아이젠하워는 오펜하이머의 견해를 존중하고 그에 따라 행동했다. 대통령은 자신의 연설문작가speechwriter에게 미국 국민을 상대로 한 긴 연설문을 준비하라고 요청했다.[54] 하지만 초고를 보니 너무나 암울했다. 핵전쟁에 대한 생생한 묘사로 가득했다. 핵전쟁은 “양편 모두에게 죽음을 안겨줄 것이며 어디에도 희망은 없다는 식”이어서 아이젠하워는 불만스러웠다. 대통령 보좌관들은 농담 삼아 그 연설문을 “쾅! 쾅!Bang! Bang!”이라고 불렀다.

연설문이 이런 식이어서는 안 될 일이었다. 아이젠하워는 군비 지출을 줄이고자 했는데 이래서는 그 노력에 도움이 되지 않을 터였다. 오펜하이머는 공포에 질린 미국인들이 선제적 방어를 위해 예방 전쟁preventative war을 요구하고 나서지 않을까 걱정했는데 그 우려가 현실화될 가능성도 없지 않아 보였다.[55]

아이젠하워는 원자력 에너지의 혁명적인 힘을 두고 고민하면 할수록 그저 “솔직한” 태도를 보이는 것 말고 뭔가 더 큰 이야기를 하고 싶다는 마음이 강해졌다. 그가 진정으로 원했던 것은 소련을 향해 상호 비무장을 위한 “공정한 제안”을 내놓는 것이었다. “전 세계 모든 사람이 희망으로 가득 차게 할 수 있는 무언가”를 제시하고 싶었다.[56]

문제의 해법을 찾기 위해 아이젠하워는 보좌관들과 저녁 식사 후 대화 자리를 마련했다. 원자폭탄으로 인한 대학살 가능성이 현실임을 대중에게 알릴 필요가 있을지 논의했다.[57] 그 자리에 참석했던 한 보좌관이 증언한 바에 따르면, 아이젠하워의 과학 보좌관은 "사람들을 겁에 질리게 만들어 원자폭탄 방어 체계를 갖추기 위한 대규모 증세안을 이끌어 내자고 조언했다." 그 제안은 아이젠하워를 비탄에 빠뜨렸다. 그는 보좌관들에게 물었다. "이게 우리가 우리 아이들을 위해 해 줄 수 있는 최선이란 말이오?"[58]

훗날 한 회의 참석자는 대통령을 애칭으로 부르며 이렇게 썼다. 그때 "아이크는 대단히 의욕에 넘쳐 있었다. 그리고 우리가 가진 가장 큰 장점은 영적인 힘이라고, 그것이 우리가 가진 최선의 공격 무기이자 방어 무기라고 말했다."[59] 하지만 대통령의 열정은 보좌관들에게 온전히 전달되지 못했다. 그는 다른 설득의 대상을 찾아야만 했다.

아이젠하워는 개신교 중 재세례파의 일부인 메노파Mennonite 집안에서 성장했다. 메노파는 평화주의자로 전쟁을 거부했다. 그러니 핵전쟁에 대한 그의 태도는 신앙심의 발로라고 볼 수도 있다. 어쩌면 《성경》〈이사야서〉에 등장하는 저 유명한 대목을 떠올렸을지도 모른다. "그가 민족 간의 분쟁을 심판하시고 나라 사이의 분규를 조정하시리니, 나라마다 칼을 쳐서 보습을 만들고 창을 쳐서 낫을 만들리라. 민족들은 칼을 들고 서로 싸우지 않을 것이며 다시는 군사 훈련도 하지 아니하리라."[60]

핵무장 경쟁은 국가 차원을 넘어 세계 차원에서 중요한 문제였다.

아이젠하워와 보좌관들에게 그 사실은 점점 더 분명해졌다. 아이젠하워는 유엔 총회에서 연설할 기회를 갖고자 했다. 하지만 연설을 하기에 앞서 유럽 동맹국들을 만나 그들을 설득하는 과정이 먼저 필요하다고 느꼈다. 영국 총리 처칠을 만난 것은 그 때문이었다. 아이젠하워는 처칠을 만나 말했다. "긴장이 완화된다면, 그래서 전에는 이용할 수 없었던 힘[원자력]이 주어진다면 다른 여러 나라들은 자기네도 지분이 있다고 느낄 겁니다. 사람들은 어디에서건 힘을 필요로 합니다. 우리가 희망을 줄 수 있다면 그 나라들은 동서 갈등 문제에 더 강한 참여 의식을 느끼게 될 겁니다. 그리고 그런 의식은 우리 편에 도움이 될 것입니다. 때로 희망은 아주 사소한 것에서부터 시작될 수도 있습니다."[61] 처칠은 열정적으로 화답했다.[62]

다음 날인 1953년 12월 8일 아이젠하워는 희망의 메시지를 가슴에 품고 유엔 총회 연단에 섰다. 약 23미터에 달하는 높은 천장과 늘어선 의자들 때문에 유엔 총회장은 마치 교회 예배당 같은 인상을 주었다. 하지만 연단에 선 미국 대통령 뒤에는 십자가 대신 평화의 상징인 올리브 가지가 지구 전체 지도를 감싸고 있는 유엔 인장이 걸려 있었다.

참석자들이 조용해지자 군인 출신 대통령은 20세기 역사상 가장 중요한 연설 중 하나를 시작했다. 그는 자신이 "상투적인 미사여구"를 늘어놓기 위해 온 게 아니라며 말문을 열었다. 보편적인 중요성을 지니는 주제에 대해 논의하고자 그 자리에 섰다고 했다. "세상에 위험이 존재한다면 그 위험은 우리 모두가 함께 지고 있는 것입니다." 전직 장군

지구를 위한다는 착각

은 인류가 스스로를 파괴하고도 남을 만한 원자폭탄을 지니고 있다는 "끔찍한 계산"을 거론하며 말문을 열었다. 아이젠하워에 따르면 그리하여 게임의 규칙은 바뀌었고 이제는 돌이킬 수 없게 되었다.

오직 미국만이 그 무서운 힘을 독점하고 있던 시기는 이제 지났다. "원자력의 비밀은 우리의 우방국들과 동맹국들이 함께 지니고 있습니다"라고 그는 말했다. 그리고 "지금은 고작 몇 나라만이 가지고 있지만 그 지식은 결국 다른 이들에게 공유될 것이며, 어쩌면 모든 나라가 알게 될 것입니다." 재래식 군사력에서 우위를 점한다 해도 국가 안보를 장담할 수 없는 시대가 되었다. "무기와 안보 체계에 막대한 지출을 퍼붓는다 한들 그 어떤 나라와 국민도 절대적인 안보를 장담할 수 없게 되고 말았습니다."[63]

아이젠하워는 연설의 가장 어두운 대목에 도달했다. 인류는 핵전쟁으로 절멸할 수도 있다. 하지만 그의 연설은 거기서 끝나지 않았다. "여기서 멈춘다면 우리는 문명이 파괴될 가능성을 속절없이 받아들이고 말 뿐입니다." 아이젠하워는 덧붙였다. "미국은 이 어두운 방에서 벗어나 빛으로 향할 수 있는 길을 제시하고자 합니다." 문제는 방법이다. 군축만으로는 충분치 않다고 아이젠하워는 말했다. 수십억 명이 여전히 가난과 굶주림 속에 살아간다면 평화가 대체 무슨 의미란 말인가?[64]

인류가 핵무기의 고통으로부터 스스로를 구원할 수 있는 방법은 단 하나뿐이다. 보편적인 풍요의 꿈을 이루는 것이다. 그러기 위해서는 저렴하고 풍부한 에너지가 필요하다. "농업, 의료, 그리고 다른 평화 활동

의 필요에 부합하도록 원자력 에너지를 적용하기 위해 전문가들이 동원
될 것입니다." 아이젠하워는 말했다. "특히 에너지가 부족한 세계 각지에
풍부한 전력을 공급하는 것을 목표로 삼고 있습니다. 이렇게 원자력의
힘은 인류가 두려워해야 할 대상이 아닌 인류의 필요에 부합하는 무언
가로서 기여하게 되는 것입니다."[65]

아이젠하워는 유리병 속에 갇혀 있는 다른 전갈을 향해 올리브 가
지를 흔들며 연설을 마무리 지었다. "물론 이와 같은 길에 소련 역시 '원
칙적으로 함께하기를' 바랍니다."

아이젠하워의 시각은 물질적이면서 정신적이고, 애국적이면서 국
제주의적이고, 이타적이면서 이기적이었다. "미국은 인류가 만들어 낸
이 경이로운 발명이 죽음만이 아니라 삶에도 기여할 수 있게끔 하기 위
해 전심전력으로 헌신할 것임을 선언합니다."[66]

연설이 끝났다. 잠시 정적이 감돌던 유엔 총회장에는 이례적인 일
이 벌어졌다. 10분 동안 기립박수가 이어진 것이다. 공산주의와 자본주
의, 무슬림과 기독교인, 백인과 흑인, 가난한 나라와 부자 나라를 넘어
모든 나라 대표들이 한마음으로 갈채를 보냈다.

이 연설은 〈평화를 위한 원자력Atoms for Peace〉이라는 제목으로 불리
고 있다. 휴머니즘에 기초한 거대한 기획이 탄생한 순간이었다.

미국인들은 그토록 끔찍한 무기를 만들어 낸 원자력 에너지를 긍정
적인 방향으로 사용하자는 아이젠하워의 낙관적이고 밝은 관점에 점점
더 호감을 느꼈다. 아이젠하워는 평화를 위한 원자력에 동의하는 전 세

계 사람들을 보며 대통령으로서 행복과 성취감을 만끽했다.

하지만 원자력의 희망은 오래 지속되지 못했다. 10년도 채 되지 않아 원자력을 향한 전쟁이 시작된 것이다.

원자력을 향한 전쟁

1962년 시에라클럽의 젊은 회원인 데이비드 페서넌David Pesonen이 캘리포니아 북부의 보데가헤드Bodega Head를 방문했다. 보데가헤드는 퍼시픽 가스 앤드 일렉트릭이 새 원자력 발전소를 짓고자 하던 바로 그곳이었다. 불과 몇 년 전 캘리포니아주 의회는 그 해안을 공원으로 만드는 결의안을 채택했었다. 캘리포니아대학교는 인근에 해양 연구 시설을 짓겠다고 발표하기도 했다. 하지만 퍼시픽 가스 앤드 일렉트릭은 그 모든 계획을 물리치고 발전소 건설에 나섰고, 일부 지역 주민들은 심기가 편치 못했다.

페서넌은 시에라클럽 이사진을 향해 말했다. 본인이 나서서 원전 건설을 막는 것이 불가능하지는 않지만, 일반적으로 환경주의자들이 주장하는 것처럼 아름다운 풍경이 훼손된다는 식의 주장으로는 충분치 않다고 했다. 원자력 발전소를 짓는다면 그 일대가 방사능에 오염되고 말 것이라는 공포를 지역 주민들에게 불어넣을 필요가 있다고 페서넌은 주

장했다.[67]

페서닌은 1961년《사이언스》에 발표된 연구에서 일정 부분 영감을 얻었다. 그 연구에 따르면 대기 중 핵폭발 실험이 벌어지던 시절에 태어난 아이들의 치아를 분석해 본 결과 암을 유발하는 방사성 동위원소인 스트론튬-90의 비중이 그렇지 않은 아이들에 비해 50배가량 높았다.[68] 하지만 그래 봐야 실제로 암 발생을 유발할 수 있는 방사선량에 비하면 200배나 낮은 수치였다. 그렇다 한들 상관없었다. 언론의 헤드라인을 장식하기에는 충분했다. 부모들은 존 F. 케네디 대통령에게 미국과 소련의 핵실험을 중단하라고 요구하기 시작했다. 케네디는 1963년 협상에 임했다.[69]

배리 커머너Barry Commoner는 핵실험에서 발생하는 방사성 낙진에 대한 관심을 불러 모은 사람 중 하나였다. 그는 2차 세계대전 참전 용사이며 사회주의자였고 세인트루이스의 워싱턴대학교 식물학자였다. 커머너는 1950년대 초 노벨 화학상 수상자이자 평화 운동가인 라이너스 폴링Linus Pauling과 함께 핵실험을 중단해 달라는 청원에 앞장서면서 명성을 얻었다. 핵실험이 대중에게 오염 물질을 전파할 우려가 있다는 것이 그들의 주장이었다.[70]

커머너에게 원자력 발전소란 "전쟁용 무기가 아닌 척 원자력 에너지의 개발을 지속하게 해 주는 핑계 … 정치적으로 눈 가리고 아웅 하는 것"이었다. 커머너는 원자력 에너지가 아이젠하워 대통령의 핵무기 실험을 정당화하기 위해 동원되고 있다고 보았다. "역사상 가장 비싼 돈을

들여 벌이는 가면극"이라는 게 그의 주장이었다.[71]

한편 시에라클럽 이사회는 페서넌의 제안을 지지하지 않았다. 이사 중 한 사람은 페서넌에게 이렇게 말했다. "공공 안전 같은 말은 꺼내지도 말아요. 시에라클럽은 아름다운 풍광에 대해 말할 수 있죠. 그것의 상실에 대해서도 이야기할 수 있을지 모르고. 하지만 공공 안전은 아니에요. 그건 우리의 일이 아닙니다."[72]

당시만 해도 이사회는 원자력 에너지에 대해 그다지 유감이 없었다. 윌 시리를 비롯한 몇몇 사람들은 원자력 에너지의 옹호자이기도 했다. 이사 중 한 사람은 페서넌을 "극단주의자"라고 불렀다.[73]

페서넌은 시에라클럽을 탈퇴하고 새로운 모임을 만들었다. 그는 건설 예정인 원자력 발전소가 마치 핵무기의 낙진처럼 "죽음의 재"를 뿜어낼 것이며 인근 낙농업자들이 생산하는 우유를 오염시킬 것이라고 주장하는 보고서를 작성해 배포했다.[74]

페서넌과 동조자들은 수백 개의 헬륨 풍선을 마련한 후 보데가헤드에 올라가 띄워 보냈다. 풍선에는 쪽지가 붙어 있었다. "이 풍선이 닿는 곳은 스트론튬-90과 요오드-131이라는 방사성 물질이 도달하는 구역입니다. 지역 신문에 알려 주세요."[75] 낙농업에 종사하는 농부들은 화들짝 놀라 페서넌에게 후원금을 보내기 시작했다.[76]

페서넌과 커머너의 공략 대상은 확실했다. 어린 시절 학교에서 원자폭탄 방공 훈련을 받았던 베이비부머들이었다. 정부와 할리우드에서 만든 반공 선동 영화를 보며 자란, 고개 숙이고 책상 밑에 숨으라는 지시를 받으며 성장기를 보낸 베이비부머들에게 원자력 공포 선동은 매우 효과적이었다.

결국 반핵 운동의 조류가 바뀌기 시작했다. 이전까지 핵무기에 집중하던 반핵 운동가 중 일부가 핵무기에 대한 불안감을 원자력 발전으로 전이시키기 시작한 것이다.[77] 전이란 심리학 개념으로 어떤 대상 대신 다른 대상을 희생양으로 삼는 결과를 낳는다. 강력한 상대에게는 감히 두려워서 덤비지 못하는 상황에서 더 약한 상대를 찾아 부정적인 감정을 쏟아붓는 것이다. 직장에서 상사에게 혼났지만 상사가 두려워 아무 말도 못 한 채 집에 와서 개를 걷어차는 남자를 떠올리면 된다. 여기서 직장 상사가 핵무기라면 원자력 발전소는 불쌍한 개 신세다.

1970년대 동안 핵무장에 반대하던 단체들은 원자력 발전소 건설을 반대하기 시작했다. 참여과학자모임Union of Concerned Scientists, 지구의 벗 Friends of the Earth, 천연자원보호협회, 시에라클럽, 그린피스 등이 힘을 합쳤다. 이 단체들은 원자력 발전소 건설을 막는 데 집중했다. 1970년대 환경 운동의 주요 과제 중 그 무엇보다 원전 건설 반대에 집중했다. 가령 당시에는 원자력 발전소를 짓지 않으면 석탄 발전소를 짓는 것이 대안이었는데, 석탄 발전소보다 원자력 발전소를 더욱 반대하고 나섰다.[78]

2019년 글로벌익스체인지에서 일했던 한 친구가 연락을 해 왔다. 자신이 기후 변화에 대응하기 위해 1970년대에 반대했던 원자력 발전에 찬성하는 입장으로 돌아섰고 그 입장을 밝히고 싶다고 했다. 나보다 열 살쯤 많은 그는 내게 1970년대의 핵무기 반대 운동에 대해 이야기해

지구를 위한다는 착각

주었다. 그에 따르면 핵무기 반대 운동은 아주 자연스럽게 원자력 발전 반대 운동으로 전환되었다고 했다.

"그때 무슨 생각들이었죠?" 나는 궁금했다. "원자력 발전소를 없애면 핵무기가 사라진다는 논리가 어떻게 나온 건가요?"

그는 몇 초쯤 먼 산을 보더니 웃으며 말했다.

"사실 우리는 별로 많이 생각하지 않았던 것 같아요."

원자력 발전소 반대 운동은 1960년대 중반부터 치솟기 시작했다. 1962년부터 1966년까지는 새로 건설되는 원자력 발전소 중 12퍼센트만이 항의 대상이 되었던 반면 1970년대 초에 이르자 73퍼센트가 항의에 부딪혔다.[79]

이런 곡절을 겪으면서도 1970년대 초까지 원자력 발전은 여전히 희망찬 기대를 받고 있었다. 산업 시설이 많은 오하이오 같은 주의 대기 오염 문제를 해결할 수 있는 대안으로 여겨지고 있었던 것이다. 당시 대기 오염은 정말 심각했다. 때로는 낮에도 운전을 하려면 헤드라이트를 켜야만 할 지경이었다.[80] 굉장히 공기가 나쁜 날에는 세차한 차를 또 닦고 빨래한 옷을 또 빠는 일이 벌어지곤 했다.

뭔가 수를 내긴 해야 한다는 결론에 도달한 사람들은 오하이오의 전력 공급망을 살펴본 후 원자력 발전소 4곳을 신설하고 8기의 원자로를 배치하기로 했다.[81]

1970년 오하이오 주민들은 깨끗한 공기를 원한다면 원자력이 필요하다는 것을 알았다. 그해 신규 원전 건설 과정에서 진행된 공청회 자료를 살펴보면 원자력에 대한 대중적 우려가 지지로 바뀌어 있었음을 알수 있다. 어떤 주유소 직원은 《피츠버그프레스》와 한 인터뷰에서 이렇게 말했다. "사람들은 이제 더는 원자력을 겁내지 않아요."[82]

1971년 원자력 반대론자들이 시에라클럽의 주도권을 차지했다. 이제 시에라클럽은 오하이오의 원자력 발전소 건설 계획을 뒤엎기 위해 총력을 기울이기 시작했다. 로비스트를 고용하고, 소송을 걸고, 사용 후 연료봉의 처리 문제를 놓고 발전소 주변 주민들에게 겁을 주었다.[83]

시에라클럽이 고용한 변호사들은 비밀리에 움직였다. "우리는 소송을 계속할 것이고, 우리가 세운 몇몇 계획은 현재로서는 공개할 수 없습니다." 오하이오의 지역 신문 《이브닝리뷰》 인터뷰에서 어느 변호사가 한 말이다.[84]

시에라클럽에 새로운 회원이 들어왔다. 카리스마 넘치고 적극적인 성격의 젊은 변호사 랠프 네이더Ralph Nader였다. 그는 미국 자동차 업계가 간과하던 안전 문제를 공론화하면서 1960년대 중반부터 미국 대중의 신뢰와 인지도를 쌓은 인물이었다. 대중이 원자력 에너지를 적대시하게 된 역사에서 네이더의 영향은 실로 막대했다. "원전 사고는 클리블랜드를 쓸어 버릴 수도 있습니다." 1974년 네이더가 오하이오주 지역 신문과 나눈 인터뷰의 한 대목이다. "살아남은 사람들은 죽은 이를 부러워하게 될 겁니다."[85]

반핵 운동 그룹은 피츠버그대학교 교수의 명의로 보고서를 발표했다. 핵무기 실험에서 발생한 방사성 낙진으로 40만 명의 영아가 사망했

다는 내용이었다.[86]

네이더를 비롯한 반핵 활동가들은 원자력이 화석 연료보다 환경에 더 해롭다고 주장했다. 원자력 발전소에서 배출되는 냉각수는 깨끗하지만 온도가 높아 환경과 동물에 영향을 줄 수 있다는 식이었다. 원자력 발전소는 대기 중으로 오염 물질을 배출하지 않지만 과열되어 멜트다운이 일어나면 핵폭탄처럼 수많은 이들을 죽일 수 있다고도 했다. 방사성 폐기물이란 발전소 내에 안전하게 보관되어 있는 사용 후 핵연료일 뿐이지만 네이더 등 반핵 활동가들은 아랑곳하지 않았다. 사용 후 핵연료가 물을 오염시키거나 폭탄으로 쓰일 수 있다는 주장을 줄기차게 이어 나갔다.

반핵 운동가라고 하면 흔히 무능하고 앞뒤가 안 맞는 소리를 늘어놓는 히피를 떠올리기 쉽지만 실제로는 아이비리그 출신의 변호사, 높은 연봉을 받는 로비스트, 막강한 영향력을 지닌 할리우드 셀레브리티 등이 포함되어 있었다. 그렇게 반핵 운동은 많은 후원금을 끌어모았고 그 돈은 시위, 로비, 소송, 공포 조장 활동에 투입되었다.

배우 제인 폰다만큼 원자력 에너지에 대한 대중적 공포를 끌어올리는 데 기여한 사람은 거의 없다. 제인 폰다는 원자력 재난을 다룬 1979년 영화 〈차이나 신드롬The China Syndrome〉의 주연을 맡았을 뿐 아니라 제작 과정을 주도했다. 〈차이나 신드롬〉에 등장하는 과학자는 원자력 발전소에서 사고가 나면 "펜실베이니아주 넓이의 땅이 영원히 거주 불가능한 곳이 된다"라고 말했다. 그런데 공교롭게도 영화가 개봉한 지 12일

후 펜실베이니아주 스리마일섬에서 원자력 발전소 사고가 발생했다.[87]

원자력 발전에 대한 공포는 할리우드 영화 산업이 이끌었다고 해도 전혀 과장이 아니다. 대중에게 공포를 불러일으키고자 하는 영화나 드라마 제작자는 아주 편리하게 원자력을 소재로 동원했다. 핵폭탄이나 발전소 같은 거대한 무언가가 아니라 거의 무해하다 볼 수 있는 연료봉 하나로 엄청난 재앙이 벌어지는 것처럼 묘사해 댔다. 1990년대 초 방영되기 시작한 애니메이션 시리즈 〈심슨 가족〉은 핵폐기물을 드럼통 속에 담긴 녹색 점액질로 묘사하는데 그 폐기물은 늘 새어 나오고 있다. 1990년에 방영된 한 에피소드에서 리사와 바트는 원자력 발전소 근처에서 눈이 3개 달린 물고기를 잡는다.[88] 당시 그 장면을 본 나는 웃음을 터뜨리면서도 만화에 묘사되는 내용이 어느 정도는 사실이라고 믿었다.

서구권 국가, 특히 선진국에서 원자력 발전소를 건설하고 운영하는 기업들은 반핵 운동의 문화적 열기 속에서 회복할 수 없는 타격을 입었다. 거의 속수무책으로 당해 버렸다. 원자력 산업은 윌 시리처럼 인간미 넘치는 환경주의자의 옹호를 받았어야 했다. 하지만 원자력을 지키기 위해 나섰던 이들은 원자력 공학자와 발전 업계의 경영진이었다. 이들은 대중을 가르치려 들었고 대중의 감정에 무지했다. 원자력 업계는 대중의 폭넓은 공감을 이끌어 내는 일은 포기한 채 원전 인근 주민 공동체의 지지를 유지하는 데만 골몰했다. 그렇게 40여 년이 흘렀다. 원자력에 대한 과학적 연구와 기술적 탐구는 대학과 정부가 운영하는 연구실을 벗어나지 못했다.

이미 20여 년간 핵무기의 공포를 학습하며 커 온 세대가 원자력 발전과 원자력 폐기물이 대중의 건강에 큰 위험 요소가 된다고 불안에 떨면서, 구체적으로 그 위험이 무엇인지 묻고 따지지도 않은 채 잘못된 정보를 계속해서 퍼뜨리게 된 것은 그러므로 전혀 놀랄 일이 아니다.

네이더와 시에라클럽 등 환경주의자들은 에너지 효율을 높이고 절약하는 것만으로 전기 소비를 줄일 수 있다고 생각했다. 그들은 그런 이유로 원자력이 필요하지 않다고 보았다. 시에라클럽 초대 사무총장을 지낸 데이비드 브라워David Brower는 1974년 이렇게 주장했다. "우리는 모두 절약을 해야 합니다. 그 바탕 위에 대안적인 기술을 조금 추가하는 거죠. 절약하는 가운데 태양광과 풍력을 도입한다면 20세기가 끝날 무렵 우리는 꽤 좋은 세상에서 살 수 있을 겁니다."[89]

하지만 에너지 효율을 높인다고 해서 에너지에 대한 수요가 줄어들지는 않는다. 1970년대 미국의 1인당 전기 소비는 1960년대와 거의 비슷한 비율로 상승했다. 1970년에서 1980년 사이 미국 인구는 14퍼센트 늘어났다. 그 결과 원자력 발전소의 추가 건설이 멈춘 탓에 석탄 화력 발전소가 더욱 늘어날 수밖에 없었다.[90]

반핵 환경주의자들은 원자력보다 석탄이나 다른 화석 연료가 낫다는 말을 공개적으로 늘어놓았다. 네이더는 이렇게 말했다. "우리는 원자력이 필요 없습니다. 이 나라에는 우리에게 필요한 것보다 훨씬 많은 화석 연료가 있습니다. … 타르 샌드 … 셰일층에서 추출하는 석유 … 석탄층의 메탄."[91] 시에라클럽에 에너지 관련 자문을 제공하던 에이머리 로빈스Amory Lovins는 이렇게 썼다. "석탄 채굴을 일시적으로 적절히(현재 최대 산출량의 2배 이하로) 늘린다면 미국에 필요한 에너지의 수요를 충당할 수 있다."[92]

시에라클럽은 원자력 발전의 가격을 비싸게 만들기 위해 의도적으로 노력했다. 시에라클럽의 회장은 1976년 이사진에게 이런 메모를 보냈다. "우리는 원자력 산업에 대한 규제를 강화하기 위해 노력해야 합니다. 규제가 엄격해질 것이 예상되면 원자력의 비용이 증가할 것이고 원자력 발전의 경제적 매력 또한 줄어들 것입니다."[93]

그해 얼마 지나지 않아 지미 카터가 대통령에 당선되었다. 시에라클럽과 랠프 네이더 등이 이끈 반핵 운동은 카터 대통령이 새 원자력 발전소보다 새 석탄 발전소를 짓는 쪽을 지지하도록 동기를 부여했다.[94]

석탄 화력 발전이 가진 위험성을 몰라서 그랬을까? 그렇지 않다. 1979년 《뉴욕타임스》는 1면 기사에서 원자력 발전소 대신 석탄 화력 발전소를 건설하면 그로 인한 사망자 수가 5만 6000명에 달할 것이라고 경고했다.[95]

반핵 운동 단체들은 원자력 발전에 추가 규제를 요구하고 소송을 걸어 신규 발전소의 건설을 막거나 지연시켰다. 이 전략은 먹혀들었다. 새로운 규제가 도입되거나 새로운 규제가 도입되리란 우려로 인해 공사가 지연되고 불확실성이 커질수록 비용은 늘어나 새로운 발전소 건설은 장애에 부딪치게 되었다.

1979년 데이비스-베시Davis-Besse 원자력 발전소에 원자로 2기를 추가 건설하려던 계획을 포기하면서 발전 업체의 대표는 이렇게 말했다. "여전히 경제성은 충분합니다. 하지만 온갖 규제가 쏟아지고 일정이 지연되는 위험 부담을 진다면 상당히 불확실해질 수밖에 없습니다."[96]

그리하여 반핵 운동가들은 오하이오에 건설될 예정이던 원자로 6기를 모두 백지로 돌려 버렸다. 심지어 그중 짐머Zimmer 발전소는 97퍼센트까지 건설이 완료되어 있었지만 석탄 화력 발전소로 전환해야만 했다. 시에라클럽, 천연자원보호협회, 환경보호기금Environmental Defense Fund 등의 환경 단체는 짐머 발전소가 원자력에서 화력으로 변경되는 것에 대해 그 어떤 항의나 불만도 표하지 않았다.[97]

그런 일이 오하이오에서만 벌어진 것은 아니었다. 위스콘신주 헤이븐에서 시에라클럽은 건설 중인 원자력 발전소를 석탄 발전소로 바꾸라고 강요했다. 종합해 보면 반핵 운동가들은 당시 건설 중이거나 완공된 모든 원자력 발전소 중 절반가량을 취소 또는 변경시켰다. 원자력 발전소를 짓다가 다른 발전소로 바꾼다면 석탄 화력일 수밖에 없음을 그들뿐 아니라 온 세상이 다 알고 있었지만 반핵 운동가들은 한결같았다.[98]

그렇다면 이 반핵 운동가들은 진심으로 원자력에 대해 걱정하고 있었을까? 꼭 그렇지는 않은 것 같다. 의심할 만한 이유가 있다. 디아블로 캐니언 원자력 발전소 계획을 포기하게 만든 시에라클럽 회원 중 한 사람이 고백한 말을 들어 보자. "나는 [원자력 발전의 안전성에 대해] 실은 신경조차 쓰지 않았습니다. 세상에는 아무튼 너무 많은 인구가 살고 있으니까요…. 이런 생각이었죠. 고귀한 목적을 달성하기 위해서라면 좀 지저분한 수단을 써도 괜찮다고."[99]

목적은 수단을 정당화한다. 마키아벨리식 사고방식이다. 페서넌이 그랬다. 그는 동료들이 거짓말을 하지 않는다고 꾸짖었다. "우리도 저들처럼 뻔뻔하게 굴어야죠. 그러면 우리는 전에 없이 확고한 입지를 차지할 겁니다."[100]

페서넌과 반핵 운동을 함께했던 한 동료는 이렇게 말했다. "사람들을 최대한 끌어모으고 흥분시키고 싶다면 가장 감정적인 요소들을 찾아내 동원해야 합니다."[101]

시에라클럽 이사회를 떠난 풍경 사진작가 앤설 애덤스는 그 시절을 씁쓸하게 회고했다. "사람들이 근본적으로 정직과 담을 쌓을 수 있다는 걸 그때 보게 되었습니다."[102]

원전 반대로 치르는
값비싼 대가

반핵 운동 단체는 승리를 거두었다. 그들은 승리를 거두자마자 원전 건설 비용을 끌어올린 소송, 지연, 시위, 규제 등이 자신들과 무관한 일인 것처럼 행동했다. 반핵 운동가 에이머리 로빈스는 원자력이 "시장의 힘에 치명타를 입고" 죽었다고 말했다.[103] 반핵 운동가들의 활약에 힘입어

1970년대 이후 오하이오주의 에너지 효율은 1960년대 수준으로 떨어졌다. 물론 전기 수요는 1970년대에도 꾸준히 상승했다.[104]

오늘날 반핵 운동가들은 여전히 대중을 기만하면서 공포심을 조장하고 있다. 미국, 유럽 그리고 전 세계에 지어진 원자력 발전소를 폐쇄하려는 목적 아래 말이다. 원자력으로 인해 대재앙이 발생할까 봐 대중이 두려워하게 만드는 것이 그들의 전략이다. 그들은 신재생 에너지가 존재하므로 원자력은 필요하지 않다고 주장한다. 현실은 정반대다. 원자력 발전소가 없으면 화석 연료 발전소가 반드시 필요해진다. 반핵 운동가들은 핵 연료봉과 원자력 발전소가 테러리스트의 공격 목표가 될 수 있다고 주장하지만, 실제로는 테러리스트가 아니라 반핵 운동가들이 원자력 발전소를 공격했다. 그들이 말하는 방사능 공포라는 것은 만화에나 나오는 과장된 이야기일 뿐이다.[105]

여전히 대중은 원자력 기술에 대한 공포를 가지고 있다. 그것이 원자력의 활용을 가로막는 가장 큰 장애물이다. 전 세계적으로 보더라도 그렇다. 원자력은 여전히 석탄보다 약간 더 인기가 없고, 천연가스보다는 더 인기가 낮으며, 태양광과 풍력보다는 훨씬 선호도가 떨어지는 에너지원이다.[106]

원자력에 대한 전쟁, 기술에 대한 공포로 인해 인간과 자연은 값비싼 대가를 치르고 있다. 석탄 화력 발전소가 일으키는 대기 오염은 수백만 명의 건강을 해치고 수명을 단축하고 있다. 원자력 발전소를 지었다면 아예 발생할 일이 없었던 손실이다.

소련과 일본에서 벌어진 일을 살펴보면 원자력에 대한 공포가 사람들의 정신 건강에 부정적인 영향을 끼친다는 것을 알 수 있다. 방사능에 노출된 사람들을 무언가에 오염된 존재로 여기는 것부터가 잘못이다. 그런 사고방식은 히로시마와 나가사키 생존자들에게 부당한 낙인을 찍었다.[107] 체르노빌에서도 같은 역사가 반복되었다. 서유럽처럼 사고 발생 지역에서 먼 곳에 사는 이들조차 자신들이 방사능에 오염되었다고 생각했고, 그래서 그 무렵 겁에 질린 10만에서 20만 명에 달하는 임산부가 임신 중절을 택한 것으로 알려져 있다.[108] 사고 발생 당시 체르노빌 인근에 살던 성인들 사이에는 "외상 후 스트레스 장애와 기분 장애, 불안 장애 등"의 발병률이 2배가량 높아진 것으로 확인된다.[109]

후쿠시마 사고의 여파로 일본 정부는 원자력 발전소를 폐쇄하고 대신 화석 연료의 사용을 늘렸다. 그 결과 전력 가격이 상승했다. 결국 2011년부터 2014년까지 최소 1280명이 추위로 사망했다.[110] 더구나 대기 오염의 피해도 늘어났다. 과학자들은 (불필요한) 피난으로 인해 1600여 명이 죽고, (발생하지 않을 수 있었던) 대기 오염으로 인해 매년 4000명 이상이 목숨을 잃은 것으로 보고 있다.[111]

후쿠시마 원전 사고 발생 지역에서 무리하게 사람들을 피난시킨 것이 문제의 시발점이었다. 무려 15만여 명이 고향을 떠났고 아직도 2만여 명이 집으로 돌아가지 못하고 있다. 일부 지역의 경우 일시적인 피난이 필요했을 것이다. 하지만 그렇게 많은 사람을 이렇게 오래도록 고향 밖으로 내모는 것은 어떤 각도에서 보더라도 합리적인 설명이 불가능하다. 피난으로 인해 1000명 이상이 목숨을 잃었고 생존자들 역시 알코올 중독, 우울증, 외상 후 스트레스 증후군, 불안증 등에 시달리고 있다.[112]

브리스톨대학교에서 위험 관리에 대해 가르치는 필립 토머스Philip Thomas 교수의 말을 들어 보자. 2018년 여러 원자력 사고에 대한 대규모 조사를 수행했던 그는 "돌이켜 볼 때 후쿠시마 사고 이후의 피난은 실수였습니다"라고 지적한다. "그 누구도 피난을 가지 말라고 조언하는 편이 나았을 겁니다."[113]

놀랍지만 사실이다. 사고 발생 이후에도 후쿠시마는 방사능 청정지역이다. 미국 콜로라도 평원의 자연 방사선량보다 방사선량이 낮다.[114] 임페리얼칼리지런던 교수인 제리 토머스 역시 같은 생각이다. "세상에는 콜로라도보다 자연 방사선량이 높은 곳이 많죠. 사람들이 멀쩡히 살고 있고요. 그런 곳에 산다고 해서 암 발생률이 더 높거나 하지는 않습니다." 게다가 후쿠시마의 방사선량 수준은 급격히 낮아지고 있다. "방사선량이 낮아지지 않는 곳도 있지만 그런 곳은 원전 사고 때문이 아니라 원래 자연 방사선량이 높은 곳이라고 볼 수 있습니다."

후쿠시마에서 원전 사고로 인한 방사선에 가장 크게 노출된 지역 사람들조차 방사능에 건강의 영향을 받지 않았다. 사고 발생 후 3년간 거의 8000여 명의 주민을 대상으로 수행한 연구에 따르면 그렇다.[115]

원자력 발전은 비싸다?

2017년 여름 나는 한국을 방문했다. 그리고 원전 관리자들의 초청을 받아 가장 최근에 지어진 신고리 3호기와 4호기, 건설 중인 신고리 5호기와 6호기를 답사했다. 전문 통역가의 도움을 받아 나는 현장에서 오래 일해 온 원전 건설 관리자 3명을 인터뷰했다. 그들은 1980년대 이래로 매우 유사한 형태의 원전을 계속 건설해 왔다. 총 35년 근무 기간 동안 모두 8기의 원전을 건설했다. 이제 다들 60대 중반에 접어들었다.

미국과 프랑스에서 원전 건설 비용이 한없이 치솟은 이유는 무엇일까. 2015년 프랑스 경제학자들인 미셸 베르텔레미Michel Berthélemy와 리나 에스코바르 랑엘Lina Escobar Rangel은 상관관계와 인과관계를 구분하는 계량경제학 모델과 포괄적인 데이터 집합을 이용해 원인을 찾아보았다. 그들은 같은 디자인의 원전을 같은 팀이 계속해서 만들면 시간이 흐를수록 더 짧은 시간에 더 낮은 비용으로 원전을 지을 수 있다는 사실을 확인했다.[116]

나는 그 점을 확인하고 싶었다. 원전 건설 관리자들에게 질문을 던졌다. 한국에서 건설된 앞선 원전과 최근 원전의 디자인은 어떻게 달라졌을까? 그들이 내놓은 답은 점진적인 변화에 가까웠다. 격납 돔이 더 두꺼워졌고, 반응로 용기의 강철 구조물이 더 강해졌으며, 원전의 문에 방수 설비가 들어갔고, 이동식 발전기를 추가했고, 가끔 물고기가 빨려

들어오는 일이 있어서 그걸 막기 위해 냉각수 흡입 시설도 개량했다고 했다.

최근 건설 중인 원전 2기의 건설 방식에 어떤 차이가 있느냐고 물어보았다. 건설 공법에서 어떤 혁신적인 돌파구가 마련되었을까? 그렇지 않았다. 그들은 같은 방식으로 원전을 짓고 있었다.

나는 순순히 수긍하지 않고 되물었다. "그래도 뭔가 다른 방식으로 하는 게 있지 않을까요?"

세 사람 중 한 사람이 고심하더니 이렇게 답했다. "지금은 좀 더 작은 크레인을 쓰죠."

원자력 발전소 건설에는 '마이너스 학습 곡선'이 적용된다는 말은 옳지 않다. 한국의 반례가 잘 보여 주고 있다. 원전 건설 방식을 표준화함으로써 한국은 "일하면서 배우는" 기회를 누리고 있다. 그래서 원전을 지을 때마다 조금씩 가격이 낮아지고 공기가 단축된다. 상호 검증을 통과한 최신 연구에 따르면 가장 저렴하게 지어진 원전은 가장 경험 많고 숙달된 이들이 지은 발전소였다.[117]

퍼시픽 가스 앤드 일렉트릭이 디아블로캐니언에 짓고자 했던 원전 역시 같은 이점을 누릴 수 있었다. 한 장소에 여러 기의 원자로를 건설함으로써 확실한 비용 절감 효과를 가져올 수 있었다. 베르텔레미와 랑엘의 연구는 건설 비용뿐 아니라 운영 비용 역시 그렇게 절감될 수 있음을 시사한다.

서구의 원자력 전문가들은 원자로의 큰 부품이나 전체 원자력 발전소를 공장에서 제작한 후 현장에서 조립하는 "모듈" 방식을 통해 비용을 훨씬 낮출 수 있을 것으로 보고 있다. 나는 한국의 원전 기술자들에게 모듈 방식을 도입하고 있는지 물어보았다. 한국은 이미 그런 방식을 택하고 있었다. 원자로 용기, 증기 발생기, 냉매 파이프 등 수많은 핵심 부품이 공장에서 생산되어 현장으로 이송된다. 오히려 그들은 발전소를 다른 방식으로 지을 수도 있느냐고 내게 되물었다.

한국은 원자로의 출력을 40퍼센트 키우는 데 성공했다. 기존에 1000메가와트의 전력을 생산하던 원자로에서 이제는 1400메가와트를 생산한다(아랍에미리트에 4기를 수출한 한국형 표준 원자로인 APR-1400을 가리킨다. APR-1400은 미국 외 국가에서 설계한 원전 중 최초로 미국원자력규제위원회Nuclear Regulatory Commission, NRC의 설계 인증을 획득했다-옮긴이). 엄청난 효율 향상일 뿐 아니라 경제적으로도 큰 이익이다. 원자로의 크기를 늘리면서 끔찍한 일정 지연을 겪고 있는 프랑스와 비교하면 더욱 그렇다. 베르텔레미와 랑엘에 따르면 미국이나 프랑스에서는 원자로의 크기를 늘리는 것이 곧잘 건설 기간의 지연으로 이어져 왔다. 하지만 더 큰 원전을 지으면 "건설 기간은 더 오래 걸리지만 결국 더 저렴해진다"라고 두 사람은 이야기한다. 이후 생산할 전기를 놓고 보면 그렇다는 것이다. 40퍼센트 더 많은 전력을 생산하지만 그 과정에서 40퍼센트 더 많은 일손이 필요하지는 않기에 궁극적으로는 더 큰 원전을 짓는 것이 이익이다.[118]

건설뿐 아니라 운영 면에서도 원자력 발전 기술은 극적인 향상을 거듭해 왔다. 수십 년에 걸쳐 축적된 경험과 기술 덕분에 오늘날 건설되는 원자력 발전소는 연료 재주입과 관리를 거듭하며 훨씬 오랜 기간 동안 많은 에너지를 생산할 수 있다. 1960년대에 지어진 발전소와 비교하면 확연한 차이가 있다.

원전 관리 기술의 발전은 현존하는 원전의 평균 수명 역시 향상시켰다. 1960년대만 해도 정부는 원자력 발전소가 고작 40년 정도의 수명을 가질 것으로 예상했다. 하지만 오늘날에는 적어도 80년 정도는 너끈히 사용할 수 있을 것으로 예상한다.[119]

핵전쟁을 막는 핵무기

앞서 살펴보았듯 원자력 발전에 대한 공포는 원자폭탄에 대한 공포에 영향받은 것이다. HBO에서 2019년 방영한 드라마 〈체르노빌〉의 하이라이트에서 주인공은 이렇게 말한다. "체르노빌 원전 4호기는 이제 원자폭탄이 되어 버렸습니다."[120] 이건 정말이지 허무맹랑한 거짓말이지만 드라마를 본 대부분의 사람들은 사실이라고 믿을 것이다. 심지어 나도 그랬으니 말이다. 어른이 되기 전까지 나는 원자력 발전소가 원자폭탄처럼 터질 수 있다고 생각했다.

여기서 훨씬 본질적인 질문을 던져 보자. 사람들이 흔히 생각하는 것처럼 원자폭탄의 발명은 인류를 종말로 몰고 갈 그런 끔찍한 일이었을까?

나는 《원자폭탄 만들기The Making of the Atomic Bomb》로 퓰리처상을 받은 리처드 로즈Richard Rhodes를 만났다. 원자폭탄의 발명이 인류에게 회복할 수 없는 상처를 남겼는지 묻기 위해서였다. 로즈와 나는 2013년 로버트 스톤Robert Stone 감독의 다큐멘터리 영화 〈판도라의 약속Pandora's Promise〉에 출연하면서 친구가 되었다. 그 또한 나처럼 원자력 발전을 옹호하는 쪽으로 입장을 바꾼 환경주의자였다.

로즈는 말했다. "빅토어 바이스코프Victor Weisskopf와 주고받은 대화가 생각나네요. 오스트리아 출신으로 나치 독일을 피해서 탈출한 유대인 물리학자였죠. 바이스코프는 말했어요. '거기 로스앨러모스국립연구소Los Alamos National Laboratory에 모인 우리는 물리학의 가장 어두운 역사를 쓰고 있었죠.' 나는 바이스코프가 대량 살상 무기를 만드는 걸 염두에 두고 그런 말을 했다고 생각했습니다. 원자폭탄을 개발하는 건 그런 일이니까요. 바이스코프는 이렇게 계속 말을 이어 가더군요. '그런데 [덴마크 물리학자] 닐스 보어Niels Bohr가 왔어요. 보어는 우리가 하는 일이 궁극적으로는 희망으로 향할 가능성을 열어 주었습니다.'"

"보어는 어떻게 그 가능성을 열어 준 걸까요? 보어가 볼 때 원자력은 우리가 자연과 맺는 관계를 근본적으로 뒤바꾸는 것이었습니다. 국가가 서로 맺는 관계 역시 그에 따라 불가피하게 달라질 수밖에 없었죠. 이제는 그 어떤 나라도 다른 나라를 지배할 수 없게 되어 버리는 겁니다. 큰 나라가 작은 나라를 지배하려 해도 작은 나라가 그 의지에 맞설 수 있게 되는 거죠. 물론 어두운 면이 없다고 할 수는 없어요. 하지만 1945년 이후 [핵무기를 동원한] 전쟁이 벌어지지 않았다는 건 보어가 옳았음을 보여 줍니다."

세계가 핵전쟁에 가장 가까이 다가섰던 사건은 1962년에 벌어졌다. 소련이 핵무기 개발에 성공한 지 13년이 흐른 뒤 미국은 소련이 쿠바에 미사일 기지를 건설하고 있다는 사실을 밝혀냈다. 존 F. 케네디 대통령은 쿠바를 해상 봉쇄한 후 소련의 니키타 흐루쇼프 공산당 서기장에게 미사일 기지 건설을 중단하라고 요구했다. 커티스 르메이Curtis LeMay 미 공군 참모총장은 쿠바를 폭격해야 한다고 케네디에게 압력을 넣었다. "직접적인 군사 행동 말고 다른 선택의 여지가 없습니다. 다른 해법은 찾을 수 없습니다." 케네디는 르메이의 제안을 거부했다. 르메이가 1년 뒤 스탠리 큐브릭 감독의 영화 〈닥터 스트레인지러브Dr. Strangelove〉에서 전쟁광 장군으로 등장한 것은 놀랄 일이 아니다.

케네디와 흐루쇼프는 소련이 쿠바의 미사일을 철수하는 대신 터키에 설치되어 있는 미국의 미사일 기지를 빼는 것으로 합의를 보았다. 그 사건에 대한 새로운 연구에 따르면 케네디는 흐루쇼프가 주장했다면 터키의 미사일 기지 철수를 공개적으로 약속했을 것이라고 한다.[121] 이 점을 놓고 볼 때 당시의 핵전쟁 위기가 흔히 생각하는 것보다 그렇게까지 심각한 것은 아니었을지 모른다는 해석이 일각에서는 제기되기도 한다.[122]

아무튼 미소 간 핵 대립은 양국의 대화와 화해 국면으로 이어졌다. 또한 중국을 비롯한 다른 나라들과 대화를 열어 갈 계기를 제공하기도 했다.

미국의 냉전 연구 대표자 중 한 사람인 존 루이스 개디스John Lewis Gaddis에 따르면 원자폭탄은 미국과 소련 사이에 수십 년간 전쟁이 터지지 않게 한 일등공신이다. 그는 1986년 한 강연에서 이렇게 말했다. "각국이 전에 없이 조심스러운 태도를 취하게 되었다는 것, 그렇게 핵 억지nuclear deterrent가 작동했다는 것, 그것이 진정한 차이를 불러왔다는 건 부정할 수 없는 사실입니다."[123]

원자폭탄의 발명 이전까지 전쟁은 날로 뜨겁고 치열해져만 갔다. 이런 경향은 1400년대에 화기와 대포가 널리 보급되기 시작한 이래 500년이 넘도록 지속되었다. 전쟁으로 인한 사망자가 정점에 달했던 2차 세계대전은 군인과 민간인을 합쳐 수천만 명의 사망자를 낳았다. 1950년 발발한 한국전쟁의 사망자 또한 50만 명이 넘었다. 하지만 2016년 전 세계의 전사자는 당시에 비해 84퍼센트나 줄어들었다. 세계 인구가 3배 넘게 늘었다는 점을 고려하면 더욱 놀라운 수치다.[124]

그 누구도 핵무기가 "기나긴 평화"의 시기를 낳았다고 추켜세우지는 않는다. 하지만 우리는 알고 있을 필요가 있다. 핵무기로 인해 인류 종말이 올 것이라는 공포는 과장된 것이며, 지금 우리는 70여 년 전 핵무기가 발명된 이래 핵전쟁이 벌어질 가능성이 가장 낮은 시대를 살고 있다.

지구를 위한다는 착각

냉전이 끝난 후 서구의 전문가 중 다수는 인도와 파키스탄이 핵전쟁을 벌이지 않을까 우려했다. 전쟁 위기는 2002년에 최고조에 달했다. 양국은 100만 명에 달하는 군대를 움직였다. 장기간에 걸쳐 영토 분쟁이 계속되고 있는 카슈미르 지역에서 긴장이 고조되었다. 한 미국 외교 안보 전문가는 이런 논평을 내놓았다. "미국과 소련 사이에 장기간에 걸쳐 핵 억지가 가능했던 것은 여러 정치적·기술적·상황적 배경 때문이다. 남아시아, 중동 등 지역에는 그런 배경이 없는데 그 지역으로도 핵무기가 확산되고 있는 중이다."[125]

하지만 인도와 파키스탄의 지도자들은 핵전쟁의 영향에 대해 고심한 후 평화의 길을 택했다. 이는 미국과 소련이 과거에 밟았던 행보와 마찬가지였다. 인도와 파키스탄의 군사 관계를 다루는 한 전문가는 당시 상황을 이렇게 되짚었다. "순전히 현실적인 차원에서 남아시아의 핵무기는 양국이 전면전으로 치닫지 못하게 해 주었다. 그런 사태는 벌어질 수가 없었다. 위험이 너무나 크기 때문에 인도 아대륙의 두 나라는 감히 전면전을 벌일 엄두를 낼 수가 없었다."[126]

오늘날 유럽과 미국에는 핵무기를 보유한 북한, 핵무기 보유를 원하는 이란에 대한 우려가 팽배하다. 하지만 가장 강경한 전문가들조차 그 두 나라가 다른 핵무기 보유국과 같은 방식으로 행동할 것이라고 예상한다.

뉴멕시코주 로스앨러모스에 소재한 미국 핵무기 연구소의 전직 소장은 북한에 대해 다음과 같이 결론 내렸다. 북한은 "2017년 말보다 현재 그 위험도가 낮아진 상태다."[127]

북한의 미사일이 한국과 일본을 사거리에 두고 있는 것은 맞다. 또한 전문가들은 북한이 핵무기를 포기할 의향이 없다는 데 동의한다. 하지만 미국과 북한의 관계는 안정화되었다. 마치 미국과 소련 그리고 중국의 관계가 안정화되었던 것과 마찬가지다.

이스라엘은 1960년대부터 핵무장을 이룬 상태였으며 이란 또한 그 사실을 알고 있었다. 이란 정권은 때로 폭력적이고 잔인한 통치를 하지만 스스로를 위기에 빠뜨릴 자살행위를 하지는 않는다. 조지타운대학교 정치학자 매슈 크로닉Matthew Kroenig은 이란의 현 상태를 이렇게 설명한다. "핵무기와 테러 집단은 모두 거의 70년 가까이 존재해 왔다. 하지만 국가가 테러 조직에 핵무기를 제공한 사례는 현재까지 없다. … 이란 또한 비슷한 경로를 밟을 것으로 보인다."[128]

1945년 이후 국제정치 분야의 전문가들은 대체로 그 분야의 거목인 케네스 월츠Kenneth Waltz의 주장, 인류가 핵무기를 폐기할 수 있으리라는 이상은 "환상"에 지나지 않는다는 주장에 동조해 왔다. 만약 두 나라가 핵무기를 폐기한 후 다시 전쟁에 돌입한다고 해 보자. 두 나라는 "미친 듯한 속도로 다시 핵무장"할 것이다.[129]

"인류가 그 봉인을 해제하는 방법을 알아 버린 지금 원자력 에너지를 우리의 삶에서 악마처럼 쫓아낼 수 있을 항구적 방법은 없다." 로버트 오펜하이머가 아이젠하워 대통령을 위해 작성한 1952년 보고서에서 내린 결론이다. "한쪽이나 다른 쪽이 결국 원자폭탄을 만들고 사용할 가능성이 존재하는 한 전면전이 발생할 가능성은 낮다."[130]

　이런 주장은 핵무기 폐기론자들 사이에서도 발견된다. 앨버트 아인 슈타인과 영국의 철학자 버트런드 러셀은 1955년 공동으로 다음과 같은 글을 발표했다. "평화 시기에 수소폭탄을 사용하지 말자는 협약을 맺는 것은 전쟁이 벌어지고 나면 전혀 고려의 대상이 되지 않을 것이다. 만약 한쪽이 수소폭탄을 만들었고 다른 쪽은 그렇지 않다면 핵무기를 가진 쪽이 못 가진 쪽에 대해 승리를 거두는 것은 당연한 일일 것이기 때문이다."[131]

　오늘날 핵무기가 사라질 수 있다고 믿는 미국인은 전체 인구 중 25 퍼센트에 지나지 않는다.[132]

　1945년 7월 16일 세계 최초의 원자폭탄 실험이 성공한 후 《뉴욕타임스》의 기자는 원자폭탄의 아버지 로버트 오펜하이머에게 심경을 물었다. 오펜하이머는 대답했다. "아직 군대에 갈 나이가 안 된 수많은 소년들이 이 폭탄 덕분에 목숨을 건질 겁니다."[133]

　그리고 히로시마와 나가사키에 원자폭탄이 투하됐다. 오펜하이머는 그 후 이렇게 말했다. "원자폭탄은 너무나 끔찍한 무기입니다. 이제 전쟁은 불가능해졌습니다."[134]

9

신재생 에너지가
자연을 파괴한다

Apocalypse Never

태양광이 유일한 길이다?

2015년 봄 테슬라 CEO 일론 머스크Elon Musk는 수백여 명의 지지자와 초대받은 손님들을 앞에 두고 무대에 올랐다. 우레와 같은 박수가 쏟아졌다. 그는 입을 열었다. "나는 오늘 밤 이 세상이 돌아가는 방식, 에너지가 지구 곳곳으로 전달되는 방식을 근본적으로 전환하자고 이야기하려 합니다."

머스크는 대기 중 이산화탄소 농도가 솟구치는 그래프를 보여 주며 말했다. "지금 우리가 이러고 있습니다. 나쁘죠. 많이 나쁩니다. 멍청한 짓을 하다 죽은 사람에게 주는 다윈상Darwin Award을 우리가 집단 수상할 게 아니라면 우리는 힘을 모아 뭔가 해야 합니다."

사람들은 웃음을 터뜨렸고 머스크는 미소를 지었다. 그리고 말을 이어 나갔다. "우리는 이미 편리한 핵융합 원자로를 가지고 있습니다. 하늘에 떠 있는 태양이 그것이죠. 따로 신경 쓰거나 손쓸 필요가 없어요. 내버려 둬도 잘 작동합니다. 매일 떠서 경이로울 정도로 많은 에너지를 생산합니다."

머스크는 태양광 발전소 건설 부지 문제 또한 걱정할 필요가 없다고 말했다. "미국의 모든 화석 연료 발전소를 없애기 위해 새로 요구되는 땅은 거의 없습니다. 정말 얼마 안 되죠. 대부분의 태양광 발전기는 지붕 위에 건설될 테니까요. 새로운 장소를 물색하고 땅을 들어 엎을 필

지구를 위한다는 착각

요가 없습니다. 그냥 이미 지어진 집과 건물의 옥상으로 올라가면 되는 겁니다."

머스크의 발언은 계속됐다. "자, 분명 이런 문제가 있습니다. 해가 언제나 화창하게 빛나지는 않죠. 우리 모두 아는 사실입니다. 그러니 이 문제는 해결될 필요가 있습니다. 낮에 생산된 에너지를 저장해 둘 곳이 필요해요. 그래야 밤에 전기를 쓸 수 있죠. 그리고 낮에도 전력 생산량은 여건에 따라 달라지니까요. 새벽이나 저녁보다 한낮에 더 많은 에너지가 생산됩니다. 그러니 에너지 생산을 고르게 유지하고 밤에 쓸 수 있도록 넉넉히 저장해 두는 게 중요합니다."

머스크는 이 대목에서 테슬라의 신제품을 소개했다. 차고 벽면에 걸어 두는 배터리인 파워월Powerwall이었다. 머스크는 테슬라가 만든 배터리와 태양광 패널로 저렴하고 안정적인 전기 공급이 가능해진다고 주장했다. 에너지 공급이 불안정하고 가격이 비싼 외진 곳에서도 잘 작동할 것이라고 장담했다.

"실제로 우리는 유선전화가 휴대폰으로 대체되던 것과 비슷한 일을 경험하게 될 거라고 나는 생각합니다. 유선전화가 보급된 지역은 천천히 대체됐지만 애초에 유선전화가 깔려 있지 않던 외진 곳에서는 휴대폰이 단번에 보급되었죠. 처음부터 유선전화가 필요하지도 않게 된 겁니다. 외딴 지역이나 섬에 사는 사람들은 태양광 패널과 테슬라 파워월을 함께 설치하고 나면 전력 공급망에 대해서는 아예 신경 끄고 살 수 있을 겁니다."

머스크에 따르면 파워팩 1억 6000만 개만 설치하면 태양광으로 미국 전체에 전기를 공급할 수 있다. 9억 개를 설치하면 전 세계가 태양광으로 에너지를 얻을 수 있다.[1]

머스크는 말했다. "전 세계 모든 에너지를 신재생 에너지로, 특히 태양광으로 만들어 낼 수 있습니다. 내가 말한 이 방법, 태양광과 배터리, 이것이 유일한 길입니다. 나는 그렇게 알고 있고, 그걸 실현하기 위해 일할 겁니다."

연단을 내려오는 머스크의 등 뒤로 우레와 같은 박수가 쏟아졌다.[2]

신뢰할 수 없는
신재생 에너지

태양광 패널과 배터리로 온 세상의 에너지를 공급한다는 꿈. 나 또한 그 꿈에 영감을 받았다. 그래서 나는 뉴 아폴로 프로젝트New Apollo Project를 옹호했다. 오늘날의 그린 뉴딜보다 앞서 2002년부터 시작된 신재생 에너지 육성 프로그램이었다. 우리가 스마트폰을 통해 전에 없던 혁명적인 힘을 손에 넣게 되었듯이 태양광 패널과 배터리를 통해 마찬가지로 혁명적인 힘을 얻을 수 있으리라고 나는 희망했다.

현실은 그렇게 흘러가지 않았다. 왜였을까?

　　　　　　　　　　　　　　지구를 위한다는 착각

테슬라 파워월의 수요는 천천히 증가했다. 그 수치를 두고 한 시장 분석가는 이렇게 언급했다. "테슬라의 에너지 저장 사업이 배터리의 공급 증가 때문에 시작된 것인지, 아니면 가정용 에너지 저장 시스템에 대한 수요가 늘어났기 때문에 시작된 것인지 분명치 않다." 실제로 주택 소유주들 사이에 파워월의 수요가 늘어났다는 증거는 매우 희박했다.[3]

테슬라 파워월을 구입하고 설치하는 비용은 1만 달러가 넘는다. 태양광 패널 설치에는 또 별도로 1만~3만 달러가 들어간다.[4] 헬렌과 나는 매달 전기 요금으로 100달러가량을 내고 있다. 테슬라에서 제시하는 시스템을 갖추고 본전을 뽑으려면 최소한 200개월 또는 약 17년 이상의 기간이 걸린다는 뜻이다.

태양광 패널과 배터리를 통해 투자 비용을 생각보다 빨리 회수하는 일이 불가능하지는 않을 것이다. 하지만 태양광 패널이 생산하는 전력은 세월이 흐를수록 약해진다. 그래서 태양광 패널의 수명은 20~25년 정도로 잡는 것이 일반적이다. 게다가 헬렌과 내가 다른 집으로 이사 가기라도 하면 우리는 투자한 돈을 되찾을 길이 없다. 은퇴 자금을 벌고 아껴도 모자랄 판에 이렇게 불투명한 투자를 해야 할 이유가 대체 어디 있단 말인가?

더 중요한 문제가 있다. 이토록 비싼 태양광 패널과 배터리가 어떻게 수파르티 또는 훨씬 가난한 베르나데테에게 에너지 대안이 될 수 있단 말인가?

설령 누군가 대신 비용을 지불해 설치해 준다 한들 충분한 전기를 공급받을 수 있으리라는 보장은 없다. 우간다에서 헬렌과 나는 태양광 패널과 배터리 설비를 갖춘 친환경 숙박 시설에 머문 적이 있다. 하지만 하루 종일 구름 낀 날이 단 하루 지났을 뿐인데 숙소의 배터리는 바닥이 났고 우리는 노트북, 카메라, 휴대폰 등 여러 장비를 충전하지 못해 애를 먹어야 했다. 우리가 숙소 관리자에게 전기가 더 필요하다고 하자 그는 사하라 이남 아프리카의 소상공인이라면 누구나 택하는 방식으로 대응했다. 소형 디젤 발전기에 시동을 걸었던 것이다.

그럼에도 불구하고 에너지 분석가들은 신재생 에너지에 판돈을 걸고 있다. 미국 정부는 2050년이 되면 미국 내 전력 생산에서 신재생 에너지가 차지하는 비중이 천연가스보다 커질 것으로 추산한다. 세계적으로는 2018년 전력 생산의 28퍼센트를 차지한 신재생 에너지는 2050년이면 거의 50퍼센트에 이르게 될 것이라고 한다.[5]

하지만 이 숫자들은 잘못된 정보를 전달하고 있다. 2018년 전 세계적으로 신재생 에너지가 1차 에너지원 중 차지하는 비중이 11퍼센트에 달했던 것은 사실이지만 그중 64퍼센트(다시 말해 전체 1차 에너지원 중 7퍼센트)는 수력 발전 댐에서 나온 것이다.[6] 그런데 대부분의 댐은 선진국에 세워져 있다. 가난한 개발도상국의 댐 건설은 부유한 나라에서 온 환경주의자들에게 종종 가로막히기 때문에 더욱 그렇다.

신재생 에너지에 대한 열광에도 불구하고 2018년 기준으로 태양광과 풍력이 1차 에너지원에서 차지하는 비중은 고작 3퍼센트에 지나지 않는다. 지열 발전은 그보다 더 작은 0.1퍼센트에 불과하며, 조력 발전의

지구를 위한다는 착각

비중은 너무 작아서 측정조차 불가능할 지경이다.[7]

하지만 배터리 가격이 급격히 낮아진다면 태양광과 풍력이 날개를 달 날이 곧 오지 않을까?

배터리 가격이 낮아지고 있는 것은 사실이다. 하지만 그 변화는 점진적이다. 근본적이고 급진적인 변화는 이루어지고 있지 않다. 지난 수십 년간 배터리의 소재는 니켈-카드뮴에서 리튬-이온으로 바뀌었고 그 결과는 환상적이었다. 그로 인해 무선전화, 휴대폰, 노트북 등 여러 무선 전자 기기가 가능해졌다. 심지어 전기차까지 그 영향에 포함된다. 하지만 리튬-이온 전지가 전력망 내의 저렴한 전력 저장 공간을 제공해 주지는 못한다.

테슬라의 가장 유명한 배터리 프로젝트만 봐도 그렇다. 테슬라는 오스트레일리아에 시간당 129메가와트의 출력을 내는 리튬 배터리 저장 센터를 건설하겠다고 발표했다. 그 정도라면 7500가구에 4시간 동안 예비 전력을 제공할 수 있다.[8] 하지만 오스트레일리아 가구 수는 총 900만이고 1년은 8760시간이다.

세계에서 거장 큰 리튬 배터리 에너지 저장소는 캘리포니아주 에스콘디도Escondido에 있다. 하지만 용량은 2만 4000가구에 4시간 전기를 공급할 수 있는 수준에 지나지 않는다.[9] 미국에는 1억 3400만 가구가 살고 있다.

미국 전력망에 연결되어 있는 모든 집과 사무실, 공장을 4시간 동안 유지하기 위해서는 에스콘디도에 세워진 것과 같은 규모의 에너지

저장 센터를 1만 5900개 더 지어야 한다. 비용으로 따지면 8940억 달러에 달한다.[10]

풍력 에너지는 간헐적으로 생산된다. 그렇기에 풍력 에너지가 전력 체계 속에서 늘어나면 늘어날수록 그 비용은 더욱 높아진다는 것이 여러 연구를 통해 확인되어 왔다. 가령 독일의 경우 풍력이 전체 전력의 20퍼센트를 차지할 때 전력망을 유지하는 데 들어가는 비용은 60퍼센트가 늘어난다. 풍력이 40퍼센트에 달하게 되면 전력망 유지 비용은 100퍼센트 상승할 것으로 전망된다.[11]

바람은 불다가 멈추기 마련이다. 그럴 때를 대비해 풍력 발전소는 반드시 예비용 발전소를 갖추고 있어야 하는데 대부분은 천연가스 발전소가 그 역할을 한다. 풍력 발전소는 건설과 유지 비용뿐 아니라 상대적으로 외진 곳에 건설되기 마련이어서 전력망과 연결하기 위해 송전선을 더 가설해야만 한다. 풍력은 근본적으로 인간이 통제할 수 없는 자연 현상에 따라 발전량이 오르내린다. 그것을 안정화하기 위해 추가 설비와 인력이 필요하다.

기후와 에너지 과학자 집단의 연구에 따르면, 미국이 태양광과 풍력으로 전환할 때 대륙 단위의 기상 현상과 계절 변화를 고려할 경우 배터리 에너지 저장소의 설치와 운영 비용으로 23조 달러 이상이 필요할 것이라고 한다.[12] 참고로 2019년 미국의 GDP는 22조 달러다.

이게 말이 되는 이야기일까? 2018년 AP와 시카고대학교가 공동으로 실시한 설문 조사에 따르면 57퍼센트의 미국인은 기후 변화에 맞

지구를 위한다는 착각

서 싸우기 위해 한 달에 1달러의 돈을 지불할 용의가 있는 것으로 드러났다. 한 달에 40달러를 낼 생각이 있는 사람은 23퍼센트, 100달러를 낼 용의가 있는 사람은 16퍼센트에 지나지 않았다. 43퍼센트는 한 푼도 쓸 생각이 없었다.[13]

태양광과 풍력은 매일 그리고 계절에 따라 발전량이 달라진다. 심지어 신재생 에너지를 가장 열렬히 옹호하는 이들조차 배터리로는 이 문제를 해결할 수 없음을 인정하고 있다. 그래서 다른 에너지 저장 기법을 물색하는 중이다.

100퍼센트 신재생 에너지로 공급하는 방안 중 가장 큰 영향을 미친 것은 스탠퍼드대학교 교수 마크 제이컵슨Mark Jacobson이 내놓은 안이다. 그는 대부분의 신재생 에너지 공급 방안들이 미국 전력망에 투입되는 에너지 중 3분의 1만을 신재생 에너지로 바꾸려 한다고 지적한다.

전기뿐 아니라 모든 에너지를 대상으로 한 제이컵슨의 제안은 이렇다. 현존하는 수력 발전 댐들을 일종의 거대한 배터리처럼 전환해 사용하는 것이다. 해가 비치고 바람이 불 때는 남아도는 막대한 전력을 경우에 따라 상류로 물을 퍼 올리는 데 쓰거나, 아니면 그저 많은 시간 동안 강물의 흐름 자체를 거의 완전히 막아 놓는다. 그렇게 함으로써 많은 에너지를 저장할 수 있다. 물은 필요할 때까지 저장 가능하므로 전기가 부족할 때면 하류로 물을 흘려보내 그 에너지로 발전기를 돌린다.[14]

제이컵슨의 연구와 제안은 미국의 여러 주에서 받아들여졌다. 에너지 계획의 토대가 된 것이다. 그렇게 영향을 받은 사람 중 가장 유명한

이가 바로 2016년 민주당 대선 후보 경선에 나온 상원 의원 버니 샌더스였다.[15]

하지만 2017년 일단의 과학자들은 제이컵슨의 제안이 현실적으로 불가능한 가정에 기대고 있다는 점을 지적했다. 현존하는 수력 발전 용량을 즉시 10배나 늘려야 했기 때문이다. 미국 에너지부와 주요 연구들에 따르면 수력 발전의 실제 잠재력은 제이컵슨의 제안에 훨씬 미치지 못한다. 수력 발전 용량을 급격하게 늘리지 않는 한 100퍼센트 신재생 에너지로 모든 에너지를 공급할 수 있다는 제이컵슨의 주장은 현실성이 없다.[16]

신재생 에너지 사업의 글로벌 리더 격인 캘리포니아주조차 댐을 에너지 저장소로 활용하기 위해 에너지 공급 네트워크를 확충하는 방안은 고려 대상으로 삼고 있지 않다. 우리는 합당한 용도의 댐과 저수지가 필요하다. 그리고 그러한 시설조차 값비싼 것일 수밖에 없다. 댐으로 물을 저장하면 발전 외에도 농업용수나 도시 생활용수 등 쓸 곳이 많다. 게다가 캘리포니아의 강과 저수지 물은 부족하고 변동이 심하다. 그래서 댐에 저장해 둔 물은 그러한 다른 목적에 활용하는 데서 더욱더 귀중한 자원이다.

태양광 에너지를 저장할 대규모 시설이 없는 지금 캘리포니아는 값비싼 비용을 지불하고 있다. 초과 생산되는 전기가 전력망에 흘러 들어가면 문제가 생길 수 있기 때문에 지극히 화창한 날에는 태양광 발전소에서 생산되는 전기를 아예 차단하거나 다른 주에 오히려 돈을 주면서

자신들의 전기를 써 달라고 요청해야 하는 처지다.[17]

태양광과 풍력에서 남는 전기를 사용해 수소를 만드는 방법을 개발하기 위해 독일은 수십억 달러를 투자하고 있다. 그렇게 만든 수소를 저장해 두었다가 나중에 연소시키거나 연료 전지로 에너지를 생산하는 데 활용할 계획이다.[18]

하지만 그 계획은 경제성이 없다는 사실이 갈수록 드러나고 있다. "사업 관점에서 볼 때 가치가 없는 일이다." 2019년 《슈피겔Der Spiegel》이 유망해 보였던 수소 저장 프로젝트에 대해 보도하면서 내린 결론이었다. "풍력을 전기로 바꾸고, 전기를 수소로 전환하고, 수소를 메탄으로 바꾸는 등의 과정에서 효율성은 40퍼센트 이하로 내려간다. 지속가능한 비즈니스 모델이라 보기 어렵다."[19]

설령 더 많은 에너지 저장이 가능하다 한들 에너지를 저장하고 재사용하는 것이 에너지의 가격을 비싸게 만든다는 점은 여전하다. 낮은 가격의 전기 공급 가능 여부는 대부분 규모의 경제에 따라 결정된다. 효율적인 발전소를 짓고 전력망을 통해 손실을 최소화해 에너지를 전달함으로써 생산자와 소유자를 연결하기에 가능한 일이다. 비록 지금도 어느 정도의 에너지 저장 시스템은 존재하지만 저장 시간은 기껏해야 몇 분 정도에 지나지 않는다. 신재생 에너지처럼 며칠이나 몇 주씩 에너지를 저장할 필요가 없다. 에너지는 형태 변환을 거치며 손실을 감수할 수밖에 없다. 전기를 이용해 댐에 물을 퍼 올릴 때, 배터리에 전기를 저장할 때, 수소 가스로 만들 때, 그리고 그렇게 저장된 에너지를 다시 전기로 만들 때 막대한 물리적·경제적 비용이 들어갈 수밖에 없다. 거대 석유 가스 기업들은 배터리로 전력망을 완전히 뒷받침할 수는 없음을 잘 알고 있다. 그러니 태양광 또는 풍력 시설이 대대적으로 들어선다면 그 불안정성을 감당하기 위해 더 많은 가스 발전소가 세워져야 하는 것은 필연적인 일이다. 가스 발전소는 상대적으로 쉽게 켜고 끌 수 있어 날씨 변화에 대응할 수 있기 때문이다.

프랑스의 사례를 살펴보자. 프랑스는 지난 10년간 330억 달러를 들여 태양광과 풍력 발전소를 건설하고 전력망에 추가했다.[20] 하지만 지금 프랑스는 전에 없이 많은 원자력과 천연가스 발전소를 가동하고 있다. 게다가 전기 요금은 더 올랐고 전력 생산 과정에서 발생하는 탄소 역시 더욱 많아졌다.[21]

엑손모빌, 로열 더치 쉘, 셰브런, BP, 토탈. 이 다섯 회사는 시가 총액 기준으로 세계에서 가장 큰 5대 석유 가스 회사다. 이들은 2016년에서 2019년 사이 신재생 에너지와 여러 기후 관련 벤처 사업을 로비하고 홍보하는 데 10억 달러를 투자했다.[22]

이 기업들은 글로벌 엘리트들을 대상으로 삼아 공항과 트위터에다 광고 폭격을 퍼부었다. "천연가스는 신재생 에너지의 완벽한 파트너입니다." 노르웨이의 석유 가스 재벌인 스타토일Statoil에서 내건 공항 광고의 내용이다.[23] "신재생 에너지와 #천연가스 그 환상의 조합을 알아봅시다"라고 쉘은 트위터 광고를 내보냈다.[24]

2017년 기후학자 제임스 핸슨James Hansen의 초청으로 나는 독일 뮌헨에서 열린 유엔기후변화회의에 참석할 수 있었다. 비행기에서 내려 공항에 처음 발을 디뎠을 때 나를 반겨 준 것은 프랑스의 석유 가스 기업인 토탈의 광고판이었다. 토탈은 말하고 있었다. "진심으로 태양광을 추구하며" 또한 "진심으로 천연가스를 추구한다"고.[25]

신재생 에너지가
야생 동물을 죽인다

"내가 어릴 때인 1960년대에는 지구가 정말 정말 더러운 곳이었어요." 리사 리노스Lisa Linowes가 말했다. "강은 완전 구정물이었죠. 사람들은 거리에 그냥 쓰레기를 버렸고요. 그때는 환경주의자라는 말이 길거리에서 쓰레기를 줍고 다니는 사람이라는 말과 거의 다를 바 없었어요. 나는 그 시절부터 강경한 환경주의자였죠."[26]

리노스는 한평생 환경 운동에 몸 바쳐 온 활동가이며 풀뿌리 운동의 리더다. 리노스는 북아메리카와 유럽에서 날로 늘어만 가는 풍력 발전소 건설을 반대하는 조직을 이끌고 있다. 우리의 인터뷰는 2019년 말에 이루어졌다. 리노스는 풍력 발전소가 새와 박쥐의 생태에 미치는 영향에 대한 과학적 연구를 검토하는 작업을 막 끝낸 참이었다.

2002년 리노스는 남편과 함께 뉴햄프셔에 땅을 샀다. 그리고 얼마

지나지 않아 마을 인근에 풍력 발전소가 들어설 예정이라는 것을 알게 되었다. "난 그때만 해도 다른 사람들과 비슷하게 생각했죠. '풍력? 바람에 무슨 문제가 있겠어?'"[27]

"신재생 에너지가 화석 연료보다 낫고, 신재생 에너지가 널리 사용되지 않는 건 석유 가스 기업들이 신재생 에너지를 시장에서 몰아내기 때문이다. 우리는 이런 생각을 주입받아 왔죠." 리노스가 말했다. "하지만 이제 우리는 그 풍력 발전소라는 게 얼마나 거대한 규모로 지어지는지, 경관과 환경에 어떤 영향을 미치는지 알게 되었습니다. 맞설 수밖에 없었죠."[28]

리노스와 이웃들은 풍력 발전소가 천연가스 발전소에 비해 거의 450배나 많은 땅이 필요하다는 것 역시 알게 되었다.[29]

뉴잉글랜드의 작은 마을에 사는 500여 명의 주민들 역시 풍력 발전소에 대해 같은 생각을 하고 있다는 사실을 리노스와 남편은 곧 알아차렸다.

"하지만 상대를 이기려면 해야 할 일이 참 많았어요. 공동체를 규합해야 하고, 법에 대해 공부해야 하고, 상대의 법적 허점을 공략해야 하고, 설득력 있는 주장을 짜내야 했죠."[30]

여러 국가에서 풍력 발전기는 박쥐의 생태를 위협하는 가장 큰 요인이라는 것을 리노스는 일찌감치 알게 되었다. 풍력 발전기는 박쥐의 서식지를 망가뜨릴 뿐 아니라 박쥐에게 흰 코 증후군white-nose syndrome이라는 질병을 일으키기 때문이었다. "풍력 발전 업계는 이 사실을 알고

지구를 위한다는 착각

있었어요. 하지만 풍력 발전 설비를 구동하면서 발생하는 박쥐들의 희생을 최소화하려 하지 않았습니다." 리노스가 말했다. "그 결과 이 지역에 사는 여러 박쥐들이 멸종 위기로 향하고 있어요. 심지어 5년 전만 해도 여기저기 박쥐가 참 많았죠. 특히 늙은이박쥐hoary bat가 많이 살았습니다. 하지만 지금은 그 수가 대폭 줄어들었어요."[31]

흰 코 증후군은 치명적인 곰팡이성 감염병으로 텍사스 같은 일부 지역은 최근에야 그 영향권 아래 들어갔다. 그런 지역의 경우 풍력 발전기는 박쥐의 생태를 가장 크게 위협하는 유일한 요소다. "철 따라 이동하는 나무박쥐tree bat의 사망을 불러와 개체 수를 감소시킨 요인으로 풍력 터빈과 비슷한 영향을 미친 것은 지금까지 기록된 적 없다"라고 한 과학자는 지적하고 있다.[32]

또한 풍력 발전기는 철새가 서식하고 이동하는 넓은 영역을 점령했고, 그에 따라 멸종 위기에 몰려 보존 가치가 높은 대형 조류들에게 가장 큰 위협 중 하나가 되고 있다.[33]

리노스는 말했다. "미국흰두루미whooping crane만 해도 그렇습니다. 풍력 발전 업계는 이 두루미들의 서식지까지 발전기를 더 설치하고 싶어 해요."

"야생 미국흰두루미는 현재 235마리만 남아 있습니다. 유전자풀이 매우 제한된 종이죠. 경험에 비추어 볼 때 근친 교배가 이루어지지 않고 다양성을 확보하려면 최소 1000마리의 개체가 필요한데 말이에요."

풍력 발전은 검독수리golden eagle, 대머리독수리bald eagle, 가시올빼미burrowing owl, 붉은꼬리말똥가리red-tailed hawk, 황무지말똥가리Swainson's hawk, 아메리카황조롱이American kestrel, 흰꼬리솔개white-tailed kite, 송골매 peregrine falcon, 북아메리카대초원매prairie falcon를 비롯한 여러 조류들에게도 위협이다. 특히 풍력 발전의 확산으로 인해 미국 서부에서는 검독수리의 개체가 위험한 수준까지 줄어들고 있다.[34]

풍력 발전 업계에서는 풍력 발전에 희생당하는 새보다 고양이에게 죽는 새가 더 많다고 주장한다. 하지만 고양이가 사냥하는 것은 주로 참새, 울새, 어치처럼 작고 흔한 새인 반면 풍력 발전기는 매, 독수리, 부엉이, 콘도르처럼 이미 위태로울 뿐 아니라 덩치가 크고 재생산 속도가 느린 종을 위험에 빠뜨린다.[35]

실제로 풍력 발전기는 지난 수십여 년 동안 새롭게 출현해 여러 중요한 새들을 위협하는 가장 심각한 요인이다. 대형 조류는 풍력 발전기에서 돌아가는 거대한 날개에 대응할 만한 진화상 여유를 갖지 못했다. 리노스는 이 현실을 이렇게 설명한다. "새들은 수백 년이 넘는 세월 동안 특정한 경로를 오가며 살아가도록 진화해 왔습니다. 갑자기 그 길목에 풍력 발전기를 세워 놓고 새들이 알아서 적응하라는 건 말도 안 되는 일이죠. 그건 가능한 일이 아닙니다."

대형 조류는 소형 조류보다 다음 세대를 낳고 기를 때까지 훨씬 더 많은 시간과 에너지가 필요하다. 따라서 풍력 발전기 때문에 죽으면 전체 개체 수에 더 큰 타격을 입을 수밖에 없다. 가령 검독수리는 한 번에 고작 새끼 한두 마리를 키우고 1년에 한 번 이하로 알을 낳는다. 반면 울

지구를 위한다는 착각

새처럼 흔한 새들은 1년에 두 번씩 알을 낳고 산란기마다 3~7마리의 새끼를 키운다.

풍력 발전기는 야생 환경이 풍부하지만 경제적으로는 낙후된 개발도상국에서 훨씬 더 큰 악영향을 미칠 수 있다.

과학자들은 독일이 재정 지원을 해 건설된 케냐의 풍력 발전소에서 희생될 수 있는 조류의 숫자를 계산해 보았다. 단 한 곳의 풍력 단지로 인해 수백여 마리의 멸종 위기 독수리들이 죽게 될 터였는데, 그 풍력 단지가 철새들의 주요 이동 경로에 자리 잡고 있기 때문이었다. 한 생물학자는 이렇게 한탄했다. "취약한 조류의 생명을 위협한다는 기준에서 볼 때 그곳은 내가 아프리카에서 본 풍력 단지 중 세 손가락에 꼽힐 정도로 나쁜 위치에 자리 잡고 있었다."[36]

풍력 발전 업자들은 어떻게 대응하고 있을까. 에너지 업계의 상투적 대응 방식을 반복하고 있다. 비참한 운명에 놓인 동물들을 대변한다고 간판을 내걸고 있는 단체들과 접촉해 보상금을 지불하는 식이다. 문제 자체를 회피하고 있는 셈이다.[37]

독일만큼 신재생 에너지에 전폭적인 투자를 한 나라도 없다. 지난 20년간 독일은 이른바 '에너지 전환Energiewende'에 총력을 기울였다. 원자력과 화석 연료를 버리고 신재생 에너지로 이행하겠다는 것이었다. 미디어 그룹 블룸버그Bloomberg의 에너지 전문가들 분석에 따르면 독일은 2025년까지 신재생 에너지와 관련 기반 시설에 5800억 달러를 투자할 예정이다.[38]

그런데 그 많은 돈을 투자했음에도 독일이 풍력, 태양광, 바이오매스로 생산하는 전력은 전체 발전량 중 42퍼센트에 지나지 않는다. 반면 2019년 프랑스는 전체 전력의 71퍼센트를 원자력에서 얻고 있다. 풍력과 태양광은 독일 전체 발전량의 34퍼센트를 차지하는데 같은 용량의 천연가스 발전 시설이 예비용으로 건설되어 있다.[39]

독일은 2014년부터 2019년까지 매년 320억 유로를 신재생 에너지에 투입했다. GDP의 1퍼센트에 해당하는 거액이다. 미국에서 같은 규모의 투자를 했다면 매년 2000억 달러를 써야 한다는 뜻이다. 그런 투자를 해 태양광과 풍력의 발전 비중을 18퍼센트에서 34퍼센트까지 끌어 올릴 수 있었다.[40]

그러나 2019년 세계 최대 컨설팅 그룹 매킨지는 독일의 에너지 전환이 경제와 에너지 수급에 심대한 위협을 가했다는 보고서를 발표했다. "기후 변화 대응, 공급 안정, 경제적 효율이라는 에너지 산업의 세 꼭짓점 모두에서 문제점이 나타나고 있다."[41]

2019년 7월 독일 전력망은 사흘에 걸친 정전을 겪었다. 독일은 전력망을 안정시키기 위해 인접 국가로부터 전기를 수입해 와야 했다. "전력 공급 측면의 문제는 앞으로 더욱 까다로워질 것으로 보인다." 매킨지의 판단이다.

신재생 에너지에 소비자들이 지불해야 하는 비용은 하늘 높은 줄모르고 치솟았다. 2007년 이래 신재생 에너지로 인해 독일의 전기 요금은 50퍼센트 늘어났다.[42] 2019년 독일의 전기 가격은 유럽 평균에 비해

지구를 위한다는 착각

45퍼센트나 높다.

미국에서도 이야기는 비슷하게 흘러갔다. 신재생 에너지에 대한 시카고대학교 보고서의 저자들은 이렇게 썼다. "종합해 보면 이 논문에서 살펴본 29개 주의 소비자들은 전기 요금으로 1252억 달러를 추가 지불했다. 신재생 에너지 전환 정책이 없었다면 지불할 이유가 없었을 돈이다."[43] 신재생 에너지 의존 비중이 높은 캘리포니아의 경우 2011년 이후 미국의 다른 주에 비해 6배나 빠른 속도로 전기 요금이 치솟는 것을 경험해야 했다.[44]

게다가 신재생 에너지가 가진 근본 문제를 해결할 수 있는 기술적 해법은 등장하지 않았다. 태양광과 풍력이 점점 더 비싸지는 이유는 크게 두 가지다. 첫째, 간헐적 에너지라서 그것을 뒷받침해 줄 같은 용량의 발전 설비가 필요하기 때문이다. 둘째, 에너지 밀도가 낮아서 더 많은 토지와 송전선, 발전 시설이 필요하기 때문이다.

다시 말해 근본적으로 신재생 에너지의 문제는 기술로 해결 가능한 것이 아니다. 자연의 섭리를 거스를 수 없는 게 문제다.

그러니 신재생 에너지 설비의 물리적 존재 때문에 각 지역의 환경주의자들이 반발하고 나서는 것은 당연한 일이다. 독일은 총 7700킬로미터의 새로운 송전선을 설치해야 할 판인데 그중 8퍼센트만이 완공되었다. 2019년 신재생 에너지 설비와 송전 시설의 건설 속도는 급격히 떨어지고 있는 중이다.[45]

다른 나라들도 독일의 전철을 밟고 있다. 2018년 전 세계적으로 신재생 에너지의 성장 추세가 멈췄다. 2001년 이후 처음 있는 일이었다.[46] 물리적·환경적·경제적 이유를 놓고 볼 때 신재생 에너지가 계속 성장하기는 어려울 것이라고 회의적인 시각을 보이는 이들이 많다. 그중에는 독일의 시사 주간지 《슈피겔》도 포함되어 있다. 2019년 《슈피겔》은 "풍력 발전 붐은 끝났다"라고 결론 내렸다.[47]

친환경 에너지
유토피아 건설이라는 꿈

존 에츨러John Etzler라는 사람이 있었다. 그는 1833년 자신의 유토피아적 구상을 담은 책을 한 권 펴냈다. 《일하지 않고 자연과 기계의 힘으로 모든 이가 도달할 수 있는 낙원The Paradise within the Reach of all Men, without Labor, by Powers of Nature and Machinery》이라는 그 책은, 신재생 에너지만으로 풍요로운 사회를 유지할 수 있다는 구상을 담은 첫 출판물이었다.

에츨러는 오늘날의 신재생 에너지 옹호론자들과 다를 바 없는 열정을 지닌 채 집요한 태도로 계획을 세우고 설명했다. 태양광 발전소를 집중적으로 건설하고, 거대한 풍력 발전 단지를 짓고, 바람이 안 불고 해가 뜨지 않을 때를 대비해 에너지를 저장할 댐을 만들어야 한다고 제안했다. "나는 10년 안에 낙원을 만들 수 있는 방법을 보여 줄 것을 약속한다. 인간의 삶에 필요한 모든 요소를 모든 이에게 대단히 풍족하게 제공할 수 있는 그런 곳 말이다."[48]

태양광과 풍력은 신뢰할 수 없는 간헐적 에너지다. 에츨러는 그런 반발에 대비해 논리를 마련했다. "언제나 태양이 빛나지는 않는다고, 밤이 오거나 구름이나 안개가 낀 날씨가 태양을 방해한다고 반론을 제기할 것이다." 에츨러는 나중에 쓰기 위해 펌프를 이용해 물을 상류에 퍼올려 놓거나, 시계태엽 같은 장치를 만들어 감아 두는 식으로 에너지를 저장할 수 있다고 주장한다. "그러므로 태양이 가려지는 것은 … 중요하지 않다."[49]

신재생 에너지 유토피아를 향한 에츨러의 광적이고 유별난 집착은 에이머리 로빈스나 마크 제이컵슨 같은 요즘 사람들의 그것과 너무 닮아서 다소 께름칙한 기분마저 든다. 가령 에츨러는 높이 60미터에 폭 1.6킬로미터에 달하는 거대한 돛을 만들어 풍력 발전을 하자고 제안했다. 그의 설명에 따르면 그 돛을 정확한 각도로 펼치기만 하면 9제곱미터당 1마력의 에너지를 뽑아낼 수 있다. 마치 오늘날의 신재생 에너지 옹호론자들이 풍력 발전소나 태양광 발전소를 옹호할 때 땅에 미치는 영향이 크지 않으며, 사람들이 신재생 에너지를 통해 "자연 착취" 산업을 벗어날 수 있다고 말하는 것처럼, 에츨러 역시 자신의 풍력, 수력, 태양광 기계 장치가 "그 어떤 추가 자원 소비 없이" 작동할 것이라고 주장했다.

하지만 환경주의자였던 헨리 데이비드 소로Henry David Thoreau의 생각은 달랐다. 그는 에츨러의 꿈을 실현하기 위해 소비되는 토지 면적을 보고 질색한 후 비꼬듯이 되물었다. "이 사람은 꽃 색깔과 새 노랫소리를 향상시킬 순 없었을까? 아예 스스로 신이 되는 건 어땠을까?"[50]

소로는 걱정할 필요 없었다. 에츨러의 아마 우수하리라 예상한 풍력과 수력 쟁기(바람을 이용해 축을 중심으로 돌아갔기 때문에 그는 "위성"이라 불렀다)는 대단히 비실용적임이 명명백백하게 드러나 폐기되고 말았다. 곧 에츨러의 유토피아적인 공동체도 해산의 길을 걷게 되었다.[51]

세월이 흐르면서 사람들은 태양광에서 에너지를 뽑아내는 방법을 점점 더 정교하게 발전시켜 나갔다. 1911년 어떤 발명가는 오목거울을 이용해 태양광을 모아 엔진을 구동하는 기구를 만들어 냈다. 물론 실제로 사용하기에는 너무나 비쌌지만 말이다.[52] 1912년 이집트에는 태양광을 이용해 물을 퍼 올리는 펌프가 설치되었다. 하지만 석유를 쓰는 편이 훨씬 저렴하고 쉬웠다.[53] 1941년 이전까지 마이애미주의 모든 가구 중 절반가량은 태양열을 이용해 물을 덥혔다. 하지만 그 설비는 고장이 너무 잘 났기 때문에 1970년대에 이르면 훨씬 신뢰도 높은 에너지원인 천연가스로 대체되었다.[54]

태양열 주택의 절정기는 1940년대였다. 신재생 에너지에 대한 인기가 높아졌고 트루먼 대통령도 거기에 영향받아 특별 위원회를 구성했다. 위원회 위원장은 CBS 방송국의 CEO가 맡았으며, 그리하여 1975년까지 총 1300만 호의 태양열 주택이 건설되었다. 하지만 결국 그 이상주의적 꿈은 실현 불가능한 것으로 판명되고 말았다.[55]

지구를 위한다는 착각

2차 세계대전이 끝난 후 많은 지식인들이 신재생 에너지로 유지되는 유토피아의 꿈을 이어 나갔다. 독일 철학자 마르틴 하이데거Martin Heidegger는 1954년 인간이 자연으로부터 소외되는 현상을 끝내려면 인간 사회가 신뢰성이 낮은 신재생 에너지를 써야 한다고 주장했다. 그는 많은 양의 물을 저장함으로써 사람이 필요할 때마다 전력을 생산할 수 있는 수력 발전소를 비난했다. 대신에 하이데거는 풍차를 예찬했다.[56]

1962년 미국의 사회주의자이자 작가인 머레이 북친Murray Bookchin은 근교 지역으로 확장해 나가는 도시를 "암"과 같다고 격분을 쏟아 냈다. 반면 신재생 에너지는 도시와 대지가 "인간과 자연의 융합"을 이룰 수 있게 해 주는 기회를 제공한다며 찬사를 늘어놓았다. 북친은 자신의 제안이 지니는 함의를 잘 알고 있었다. "문화적 고립과 사회적 정체라는 이미지, 역사 발전이 퇴행해 중세나 고대의 농경 사회로 돌아가는 듯한 인상을 주게 될 것이다." 하지만 그는 자신의 주장이 퇴행적이지도 종교적이지도 않다고 강조했다.[57]

반핵 운동가인 배리 커머너 역시 비슷하게 신재생 에너지가 현대 문명 또는 "테크노스피어technosphere"를 "에코스피어ecosphere"와 조화시킬 수 있는 열쇠로 본다. 커머너는 유럽녹색당European Greens이 처음 제안하고 이후 알렉산드리아 오카시오-코르테스 의원이 2019년 발의한 그린 뉴딜의 초안을 잡은 사람이다. 커머너는 "주요 산업, 농업, 에너지, 교통 시스템의 대대적인 재설계"에서 신재생 에너지 기반의 저에너지 구조가 핵심이라고 생각한다.[58]

커머너의 사고방식은 어디서 많이 들어 본 이야기 같다. 농부들은 유기농을 택해야 한다거나, 우리는 바이오 연료 등 바이오 에너지를 사용해야 한다거나, 사람들이 더 작은 차를 타고 다녀야 한다거나, 집과 건물의 에너지 효율을 더 높여야 한다거나, 플라스틱 사용을 줄여야 한다거나 하는 그 모든 이야기와 비슷한 맥락이다.[59] 그는 대체 에너지를 비롯한 여러 기술의 발전을 위해 군대에서 쓰는 것과 같은 조달 방식을 동원해야 하며 공공 지원금이 투입되어야 한다고 주장한다. 가령 태양광 발전을 위한 패널에 보조금이 들어가야 한다는 식이다.[60]

신재생 에너지 옹호론자들은 신재생 에너지가 화석 연료와 원자력을 대체할 수 있다고 주장한다. 1976년 에이머리 로빈스는 《포린어페어스Foreign Affairs》 기고문에서 신재생 에너지의 장벽은 "주로 기술적인 것이 아니라 사회적이고 윤리적인 것"이라고 주장했다. 그의 생각은 에흘러와 크게 다르지 않았다. 신재생 에너지의 신뢰성에 대한 우려 문제를 무시해 버렸다. "태양광과 풍력을 저장하기는 쉽다. 적절한 규모를 갖추고 대부분의 최종 사용자 수요에 맞는 에너지를 공급하면 된다." 그는 "물을 탱크에 저장하거나, 돌을 높은 곳에 올려 두거나, 소금을 융해시켜 놓거나, 풍력을 압축 공기로 만드는 등" 낮은 수준의 기술력으로도 에너지 저장 문제를 해결할 수 있다고 주장한다.[61]

로빈스의 정책 모형은 거의 모든 미국 환경 단체의 정책 의제가 되었다. 시에라클럽부터 환경보호기금에 이르기까지 미국에서 가장 큰 환경 자선 단체들과 미국 대통령을 역임한 빌 클린턴, 버락 오바마, 2020

지구를 위한다는 착각

년 민주당 대선 후보 경선에 나온 모든 주요 인물들 또한 마찬가지였다.

신재생 낭비 에너지

2013년 봄 태양광으로 전력을 얻는 비행기 '솔라 임펄스Solar Impulse'가 미국을 가로질렀다. "연료 없는 깨끗한 비행이 가능하다는 것을 입증했다"라고 언론은 보도했다.[62] 샌프란시스코에서 출발한 비행기는 피닉스를 거쳐 댈러스와 세인트루이스를 경유해 워싱턴 DC에 도착했다. 한 언론은 헤드라인에서 "태양의 힘으로 날아갈 수 있다면 누가 연료를 필요로 할까?"라는 질문을 던졌다.[63]

하지만 솔라 임펄스 역시 저밀도 에너지의 숙명적인 굴레를 벗어날 수는 없었다. 솔라 임펄스의 두 날개 폭은 한 번에 500명의 승객을 태우고 1시간에 1000킬로미터를 날아가는 보잉 747과 맞먹을 정도로 넓었다.[64] 그러나 솔라 임펄스의 승객은 단 한 사람, 파일럿뿐이었다. 1시간에 100킬로미터도 채 날지 못했다. 미국을 횡단하는 데 두 달이 걸린 건 그 때문이었다.

태양광의 에너지 밀도는 낮다. 그래서 태양광 발전소는 넓은 면적이 필요하고 환경에 큰 영향을 미칠 수밖에 없다. 이는 세계에서 가장 햇살이 찬란하게 비추는 그곳 캘리포니아에서도 마찬가지다. 캘리포니아의 가장 유명한 태양광 단지인 아이밴파Ivanpah는 캘리포니아에 지어진 마지막 원자력 발전소인 디아블로캐니언에 비해 450배나 넓은 땅을 차지하고 있다.[65]

태양광 패널의 효율이 높아지고 풍력 터빈의 크기와 발전량이 개선될 수는 있다. 하지만 태양광과 바람이 지니는 물리적 한계를 뛰어넘을 수는 없다. 풍력 터빈의 최대 효율은 59.3퍼센트에 지나지 않는다. 이것은 이미 100년 전부터 과학자들 사이에 잘 알려져 있던 사실이다.[66] 태양광 패널이 아무리 발전한다 해도 1제곱미터당 50와트 이상 전력을 생산할 수는 없다. 반면 천연가스와 원자력 발전소의 에너지 밀도는 1제곱미터당 2000~6000와트 사이를 오간다.[67]

태양광 단지를 늘려 나갈 때는 다른 산업 시설을 확장할 때와 마찬가지 제약을 받을 수밖에 없다. 건설 지역의 야생 환경을 통째로 들어내야 한다는 뜻이다. 아이밴파 발전소를 짓기 위해 건설업자들은 환경학자들을 고용해야만 했다. 건설 예정지에 살고 있는 멸종 위기 사막거북을 지키기 위해서였다. 거북들을 굴에서 꺼내어 픽업트럭 짐칸에 싣고 옮겨 가 우리에 가둬 두었는데 거기서 많은 거북들이 죽고 말았다.[68]

태양광 패널과 풍력 터빈은 또한 생산 과정에서 더 많은 자원을 소비한다. 폐기하는 과정에서 버려지는 자원 역시 더 많을 수밖에 없다. 태양광 패널을 설치할 때는 원자력 발전소에 비해 시멘트, 유리, 콘크리트, 강철 등의 자원을 16배나 많이 소비하며[69] 300배나 많은 폐기물을 만들어 낸다.[70]

태양광 패널에는 납을 비롯한 유독성 물질이 포함되어 있다. 많은 경우 이런 물질은 패널 자체를 분해하지 않는 한 제거할 수 없다. 태양광 발전소 설치 업계에서 잔뼈가 굵은 어떤 이는 2017년 업계 매체인 《솔라파워월드Solar Power World》와 가진 인터뷰에서 이렇게 말했다. "나는 1976년 이래로 태양광 업계에서 일해 왔습니다. 늘 죄책감이 남아 있죠. 내가 건설에 참여한 태양광 패널만 수백만 장이 넘는데 이제 그것들이 노후화되고 있어요."[71]

현재 캘리포니아는 태양광 패널을 일반 쓰레기와 분리해 처리하는 방안을 검토하고 있다. 그렇다면 지금은 다른 쓰레기와 같이 매립하고 있다는 걸까? 그렇다. 하지만 분리해 처리해야만 한다. 전문가들은 태양광 패널이 "파괴되어 유독성 물질이 토양을 오염시킬 수 있으므로 다른 쓰레기와 함께 매립하는 것은 추천하지 않는다"라고 결론 내렸다.[72]

태양광 설비 업체 입장에서 보자면 폐패널 재활용은 매력이 없다. 새 패널을 구입하는 것이 훨씬 더 저렴하기 때문이다. 이 문제를 연구한 과학자들은 2017년 "값진 금속이나 물질이 없기에 태양광 패널 재활용은 경제적 손실을 불러온다"라고 말했다.[73] 한 중국인 전문가 역시 태양광 패널 재활용의 경제성에 대해 같은 결론을 내렸다. "만약 재활용 공장이 모든 절차를 준수하며 작업한다면 재활용품은 새로운 원자재로 만든 새 물건보다 비싸진다."[74]

2016년 이후 수많은 태양광 업체가 파산했다.[75] 태양광 업체가 파산하면 그 부담은 공공의 몫으로 돌아간다. 태양광 발전 폐기물을 관리, 수

거, 재활용, 폐기하는 것은 사회 전체의 부담이 된다.[76]

　가난한 개발도상국들은 대개 밀려드는 태양광 쓰레기에 대처할 능력이 없다고 많은 전문가들이 지적하고 있다. 역사적으로 볼 때 부유한 나라들은 가난한 개발도상국들에 자신들의 쓰레기를 보내 왔고 태양광 폐기물 역시 예외가 아니다. 가난한 국가들의 환경 부담을 더욱 늘리는 셈이다.[77]

　중국의 몇몇 태양광 패널 재활용 업자들의 태도를 보면 우려는 더욱 커진다. 《사우스차이나모닝포스트South China Morning Post》의 보도에 따르면 "중국 태양광 재활용 업체의 한 판매 관리자는 중국의 태양광 쓰레기를 처리할 수 있는 더 나은 방법을 찾았다. '우리는 그 쓰레기를 중동 지역에 판매합니다. 중동 고객들은 그 패널이 완전한 게 아니고 새것도 아니라는 걸 알지만 개의치 않습니다. 그냥 싸니까 좋아하죠.'"[78]

　유엔환경계획에 따르면 전자 폐기물 중 60~90퍼센트가 가난한 나라에 수출되고 매립되는데 이 과정은 불법적으로 이루어진다. 유엔환경계획이 밝혀낸 바에 따르면 "수천여 톤의 전자 쓰레기를 중고 물품이라고 허위로 분류한 후 선진국에서 개발도상국으로 수출한다. 다 쓴 배터리를 플라스틱이나 혼합 고철이라고 분류하거나, 브라운관과 컴퓨터 모니터를 고철이라고 분류하는 식이다."[79]

　2019년 《뉴욕타임스》에 실린 기사를 읽어 보자. "해당 지역에서 태양광 에너지 붐이 일면서 지붕에 설치하는 태양광 패널과 더불어 납 축전지와 리튬 배터리의 소비가 급증했다. 이와 같은 전자 폐기물은 유독한 화학 물질 유출로 인해 환경과 지하수에 피해를 끼칠 수 있다. 또한 재활용품을 손으로 분류하는 이들에게도 해를 끼칠 수 있다."[80]

도시는 응축된 에너지가 필요하다. 오늘날 인류는 건물, 공장, 도시에 공급하는 전력보다 에너지 밀도가 1000배 높은 연료에 의존하고 있다. 그러므로 에너지 밀도가 낮은 신재생 에너지의 사용이 늘어나는 것은 자연 보호에만 해로운 일이 아니다. 인류 문명을 지키고 유지하는 데도 걸림돌이 될 수밖에 없다.

모든 사람이 오직 신재생 에너지에만 의존해 살아간다고 해 보자. 그 경우 인류는 문명을 유지하기 위해 지금보다 100배에서 1000배나 넓은 땅을 사용해야 한다. 에너지 분석가인 바츨라프 스밀Vaclav Smil은 이 점을 이렇게 설명한다. "화석 연료와 신재생 에너지의 에너지 밀도의 차이 때문에, 화석 연료를 사용하지 않으면서 에너지 밀도를 유지할 수 있는 방법은 원자력 발전뿐이며 오직 그것만이 시장에서 검증받은 대안이라 할 수 있다."[81]

집집마다 자그마한 태양광 패널을 올려놓는 것만으로 미국 전체의 에너지 문제를 해결할 수 있다는 일론 머스크의 주장은 그럼 대체 뭘까? 완전히 엉뚱한 소리다.

시간과 계절에 상관없이 지금 미국에서 사용하는 것과 같은 양의 전력을 태양광으로 생산하는 데 필요한 대지의 면적은 머스크가 주장한 것보다 훨씬 넓다. 머스크는 필요한 대지 면적을 40퍼센트가량 낮게 계산했다. 설령 태양광 패널이 생태학적으로 가치가 높고 민감한 애리조나주의 소노란사막Sonoran Desert 같은 가장 햇살 좋은 곳에 최고의 조건으로 설치된다 해도, 일론 머스크가 말한 태양광 단지는 메릴랜드주에 필적하는 넓은 땅이 필요하다.[82]

머스크는 저장해야 할 에너지의 양에 대해서도 잘못된 정보를 제공하고 있었다. 사막에 건설하는 태양광 단지는 가을과 겨울 몇 달 동안 최고 출력의 5분의 2 정도밖에 생산하지 못한다. 하지만 미국의 전체 에너지 소비 중 절반가량이 추운 계절에 집중적으로 소비되고 있다.[83]

머스크의 꿈을 실현하려면 미국의 한 해 전체 전력 소비량의 10퍼센트에 달하는 400테라와트시의 전력을 배터리에 담아 6개월간 저장해야 한다. 이게 구체적으로 어떤 상황일까? 리튬 배터리의 현재 가격을 놓고 볼 때 188조 달러가 든다는 소리다.[84]

이 막대한 비용 지출을 막기 위해 대신 태양광 발전 단지의 크기를 30퍼센트 늘리는 것으로 대응한다고 해 보자. 그 경우 태양광 단지는 약 4만 6600제곱킬로미터에 달하게 되는데 이는 메릴랜드주와 코네티컷주 면적을 모두 합친 것과 거의 비슷하다. 이렇게 해야만 7조 5000억 달러를 들여 "고작" 16테라와트시의 전력만 저장하면 된다[85]는 머스크가 주장한 결론에 최대한 근접하게 된다.

머스크는 또한 에너지 저장 시설이 겨우 2.6제곱킬로미터의 면적만을 차지한다고 주장했다.[86] 하지만 캘리포니아주 에스콘디도에 있는 최신식 에너지 저장 시설을 보면 120메가와트시 용량의 배터리 시설이 약 4800제곱미터의 부지를 차지하고 있다. 머스크의 주장대로 16테라와트시의 에너지를 저장하는 배터리 시설이라면 면적은 약 650제곱킬로미터가 된다.

지금까지 우리는 오직 전기만을 놓고 계산기를 두드려 보았다. 만약 우리가 전기 외의 다른 에너지까지 모두 신재생 에너지로 충당하려든다면 필요한 공간의 면적은 상상 가능한 범위를 벗어나게 된다. 가령지금 미국에서 소비되는 모든 에너지를 신재생 에너지원에서 생산한다면 미국 전체 국토의 25~50퍼센트를 에너지 생산에만 써야 할 것이다.[87] 반면 오늘날의 에너지 시스템은 미국 전체 국토의 고작 0.5퍼센트만을 사용하면서 미국 전역에 필요한 에너지를 공급하고 있다.[88]

단순한 진실을 직시할 필요가 있다. 태양광 패널과 풍력 터빈은 그것을 건설하고, 생산된 에너지를 저장하는 데 투자한 만큼의 에너지를 생산해 내지 못한다.

한 선구적 연구에 따르면 독일의 경우 원자력 발전소와 수력 발전댐은 각각 건설할 때 투입한 에너지의 75배, 35배를 생산해 낸다. 하지만 태양광, 풍력, 바이오매스는 각각 건설할 때 투입한 에너지의 1.6배, 3.9배, 3.5배만을 생산할 뿐이다.[89] 반면 석탄, 가스, 석유 같은 화석 연료는 가동에 필요한 에너지의 약 30배를 되돌려 준다.[90]

산업혁명은 석탄의 에너지 밀도가 나무보다 훨씬 높기 때문에 가능했다. 같은 원리로 에너지 밀도가 훨씬 낮은 태양광과 풍력으로는 오늘날의 고에너지 도시 산업 사회와 문명을 지탱할 수 없다. 그리고 앞서 살펴보았듯이 신재생 에너지를 옹호하는 몇몇 활동가들은 현대 산업 사회와 문명을 불가능하게 하는 것이 자신들의 목표라고 공공연하게 이야기해 왔다.

2019년 특종 보도에서 《슈피겔》은 독일의 신재생 에너지 전환 계획이 완전히 잘못된 방향으로 나아가고 있음을 폭로했다.[91] 하지만 그 보도에는 부정확한 면이 있었다. 신재생 에너지가 실패하는 건 현대 산업 사회를 살아가는 사람들이 그것을 원치 않기 때문이다. 아무리 낭만적인 성격이라 한들 근대 이전의 생활방식으로 돌아가고 싶어 하는 사람은 없다.

저밀도 에너지가
불러오는 생태 재앙

신재생 에너지가 원자력의 대안으로 떠오른 1970년대 이후로 100퍼센트 신재생 에너지로 에너지를 공급하겠다는 계획이 여럿 등장했다. 그 계획들은 대체로 태양이 밝게 비추지 않고 바람이 불지 않을 때면 바이오매스를 태워 화력 발전을 한다고 전제하는 공통점이 있었다. 바이오매스는 유럽의 신재생 에너지 계획의 핵심 요소로 자리 잡았다. 영국의 드랙스Drax 같은 거대한 석탄 화력 발전소에서 석탄 대신 목재 펠릿을 태워 발전을 하기 시작한 것이다. 그런 목재 펠릿은 대체로 미국의 숲에

지구를 위한다는 착각

서 생산되거나 독일에서 식량 대신 연료용 작물 농사를 지어 만들어 낸 것을 영국으로 수입해 왔다.

하지만 환경주의자들은 2008년 이후 바이오매스와 바이오디젤을 버렸다. 그것이 얼마나 환경에 해로운지 그제야 이해하기 시작했기 때문이다.

나무를 연료로 사용하는 1000메가와트급 바이오매스 발전소를 70퍼센트 가동률로 유지하려면 매년 3364제곱킬로미터의 숲을 베어 내야 한다.[92] 미국에서 소비하는 전기 중 10퍼센트만을 목재 연료 바이오매스로 충당한다 해도 텍사스주만큼 넓은 숲이 필요하다.

바이오매스와 바이오디젤을 생산하기 위해서는 땅이 필요하다. 기존 농지에 연료용 작물을 심거나 농지를 숲으로 바꾸어야 한다. 그러면 어딘가 숲을 헐어 농지로 만드는 결과를 낳을 수밖에 없고 이는 탄소 배출의 증가로 이어진다. 바이오 에너지가 환경에 미치는 영향에 대한 기존의 논의는 이와 같은 측면을 도외시했다. 이렇게 새로운 농지를 만들거나 숲을 없애는 등의 과정에서 발생하는 탄소 배출까지 감안하면 그냥 화석 연료를 사용할 때보다 바이오매스와 바이오디젤을 사용할 때 더 많은 탄소가 발생한다.[93]

오늘날 과학자들은 옥수수를 길러서 에탄올을 만들어 연료로 사용하면 원유를 채굴해 가솔린으로 만들 때보다 2배 가까운 온실가스를 배출하게 된다고 지적한다. 심지어 더 지속가능한 바이오디젤 원료로 오래도록 각광받았던 스위치그래스마저 가솔린에 비해 50퍼센트나 많은

온실가스를 배출한다.[94]

바이오 연료는 에너지 효율이 낮다. 그래서 생산 과정에서 더 많은 땅이 필요하다. 이것이 문제의 핵심이다. 만약 미국에서 소비되는 모든 가솔린을 옥수수에서 추출한 에탄올로 바꾼다면 현재 미국 농지 전체보다 50퍼센트 더 큰 땅을 마련해 그곳에 에탄올용 옥수수 농사만 지어야 한다.[95]

콩에서 추출하는 바이오 연료가 그중 가장 효율성이 높지만 이 경우에도 석유보다 450~750배 많은 땅이 필요하다. 가장 성능이 좋은 바이오 연료는 브라질에서 널리 사용되고 있는 사탕수수 원료 에탄올인데 이것 역시 석유와 같은 양의 에너지를 얻으려면 400배 이상의 땅이 필요하다.[96]

나는 2002년 '뉴 아폴로 프로젝트'의 공동 창립자로 이름을 올렸다. 우리는 셀룰로오스 에탄올을 "개선된 바이오 연료"로 보고, 그것이 결정적인 변화를 불러올 수 있을 것이라고 생각했다. 그렇지 않았다. 셀룰로오스 에탄올의 에너지 밀도는 브라질의 사탕수수 에탄올과 별반 다를 게 없었다.[97] 바이오 연료 실험은 실패로 돌아갔다. 2009년에서 2015년까지 미국의 납세자들은 그 실패한 실험에 240억 달러라는 막대한 돈을 쏟아부었다.[98]

정부가 풍력 프로젝트를 막거나 풍력 발전 단지의 위치나 운영 방식을 바꾸라고 요구하는 일은 거의 없다. 풍력 발전기로 인해 얼마나 많은 새와 박쥐가 죽고 있는지 밝히라고 풍력 발전 업자들에게 요구하는

지구를 위한다는 착각

일도 벌어지지 않는다. 심지어 풍력 발전 업자들은 새의 죽음에 대한 데이터에 대중이 접근하지 못하도록 소송을 제기하기까지 했다.[99]

과학자들은 풍력 발전기에 의한 새의 죽음이 과소평가되고 있을 가능성을 제기한다. 코요테 같은 포식 동물이 사체를 빨리 먹어 치울 뿐 아니라 사체가 수색 반경 바깥에 떨어질 가능성이 적지 않기 때문이다.[100] 한 과학자는 2018년 이렇게 썼다. "최근 나는 심하게 다친 검독수리 두 마리를 발견했다. 그 새들은 발견 직후 죽었다. 두 마리 모두 풍력 발전기로 인한 새의 죽음을 연구하기 위한 최대 수색 범위 바깥에서 발견되었다. 수색 반경 내에서는 이 두 마리가 남긴 어떤 흔적도 찾을 수 없었다."[101]

이렇듯 풍력 발전이 환경에 미치는 영향에 대한 주류 연구 방식은 새의 죽음을 과소평가하는 쪽으로 짜여 있다. 앞서 인용한 과학자에 따르면 "교통사고 사망자가 고속도로에서 조금 떨어진 곳에서 발견될 경우 고속도로에서 교통사고를 당한 후 그곳까지 온 것은 아니므로 고속도로 교통사고 사망자가 아니라는 식"이다.[102]

풍력 발전 업자들은 철새보호법Migratory Bird Treaty Act, 멸종위기종보호법Endangered Species Act, 대머리독수리검독수리보호법Bald and Golden Eagle Protection Act을 위반할 경우 자진 신고하도록 되어 있다. 오직 하와이주만이 독립적인 기관이 새와 박쥐의 죽음에 대한 자료를 수집해 대중이 원하면 언제든 공개하도록 법으로 규정하고 있는 실정이다.[103]

이러한 현실을 《뉴욕타임스》는 다음과 같이 보도하고 있다. "미국 어류야생동물관리국U.S. Fish and Wildlife Service은 풍력 발전 업자들에게 독수리를 죽여도 좋다는 면허를 발급한 것이나 다름없다. 풍력 발전기에 목숨을 잃은 조류 숫자를 마음대로 축소 보고할 수 있게 되었기 때문이다."[104]

정부가 풍력 발전 업자에게 건설 예정지를 딴 곳으로 옮겨 환경에 끼칠 영향을 줄이라고 요구하는 경우가 드물게 있기는 하다. 그러나 그럴 때도 실효성 있는 강제력이 부과되지 않기 때문에 효과는 미미하다고 과학자들은 지적한다. 그런 요구마저 없을 경우 풍력 발전 업자들은 약속을 지키지 않을 뿐 아니라 때로는 숫제 거짓말을 하기까지 한다.

버지니아주에 있는 에이팩스 클린 에너지Apex Clean Energy는 2017년 뉴욕발전위원회New York Electric Generation Siting Board에 참석해 그들이 설립 예정인 풍력 발전소 부지에는 검독수리 둥지가 발견된 바 없다고 주장했다.[105] 하지만 이후 에이팩스 측은 검독수리의 둥지 위로 헬리콥터를 띄워 올렸다. 그런 행동은 독수리에게 직접적인 위협을 가하는 짓이었다. 지역 환경 운동가인 리사 리노스는 이렇게 말했다. "에이팩스는 독수리가 살고 있는 둥지를 파괴했습니다."[106]

풍력 발전 업계는 의도적으로 박쥐의 죽음에 대한 조사를 방해하고 있었다. 리노스는 말했다. "풍력 발전 단지에서 박쥐들이 얼마나 죽고 있는지 2003년 무렵까지는 거의 조사조차 이루어지지 않았어요. 웨스트버지니아주에 있는 한 풍력 발전 시설에 연구자들이 방문하기 전까지 말이죠. 풍력 발전기 주변을 돌아다니던 연구자들은 인근에 흩어져 있는 박쥐의 사체 잔해들을 발견했어요. 그 사실을 안 발전소장은 연구자들을 발전소 밖으로 쫓아내고 문을 잠가 버렸죠."[107]

의도적으로 풍력 발전기를 멈춰 세워 발전 감축curtailment을 하면 새, 박쥐, 곤충의 희생을 줄일 수 있다. 하지만 풍력 발전 단지 개발 업자들 중 기꺼이 그런 선택을 하는 사람은 찾아보기 어렵다. 금전적 손해를 보는 일이기 때문이다. 미국국립재생에너지연구소U.S. National Renewable Energy Laboratory에서 내놓은 한 연구에 따르면 현재 발전 감축은 미국 전체 풍력 발전량의 5퍼센트에도 채 미치지 못한다.[108]

게다가 발전 감축만으로는 조류와 박쥐의 죽음을 막아 내기에 충분하지 않다. 한 과학자의 보고서에 따르면 "실제로 붉은꼬리말똥가리의 사망률은 조사 기간 3년 중에서 50퍼센트의 풍력 터빈이 아예 가동조차 하지 않았던 시점에 가장 높았다."[109] 그 과학자는 이 주제와 관련해 가장 많이 연구된 캘리포니아주 앨터몬트패스Altamont Pass 풍력 발전 단지를 "굴올빼미burrowing owl(가시올빼미)와 검독수리의 개체 수 급락 구멍"이라고 일컫는다.[110]

2018년 독일의 주요 연구 기관에서 일하는 한 과학자가 충격적인 연구를 발표했다. 독일은 곤충 전반의 개체 수가 크게 감소하는 현상을 겪고 있는데 상업용 풍력 발전기가 거기에 상당한 원인을 제공하고 있다는 것이었다. 독일항공우주센터Deutsches Zentrum für Luft- und Raumfahrt의 프란츠 트리프Franz Trieb 박사가 내놓은 중요한 논문에 따르면 "수백만 년이 넘도록 곤충들이 이동 경로로 사용해 온 바람길에 풍력 단지가 들어서고 있다."[111]

　이는 과학자들이 지난 30여 년간 세계 각 지역을 대상으로 조사한 결과와 같다. 풍력 발전기의 풍차 날과 기기에 곤충의 사체가 잔뜩 끼어 있었기 때문이다. 2001년 연구자들은 풍력 발전기에 낀 곤충 사체로 인해 발전 효율이 50퍼센트까지 떨어질 수 있다고 지적했다.[112]

　트리프 박사의 결론은 다음과 같다. "풍력 발전소가 독일에서 비행 곤충에게 미치는 영향을 대략 보수적으로 추산해 보면 약 1조 2000억 마리의 다양한 곤충이 죽고 있다. 이는 개체 수의 폭락을 촉발하는 요인이 될 수 있다."

　바람을 타고 영국 남부와 독일을 오가는 곤충의 개체 수를 비교해 보면 충격적인 결과가 나온다. 매년 영국 남부에서 독일로 건너간 곤충들 중 3분의 1이 죽고 있다. 과학자들은 이러한 현상이 "매년 조 단위의 곤충이 죽고 있다는 것을 보여 준다"라고 지적한다.

　곤충은 철새처럼 먼 지역을 떠돌아다닌다. 그러므로 독일의 풍력 단지가 미치는 영향은 독일에만 국한될 수 없다. "칠성무당벌레Coccinella septempunctata나 작은멋쟁이나비Vanessa cardui처럼 수백 수천 킬로미터를 날아 유럽과 아프리카로 향하는 곤충들에게도 영향을 미친다."[113]

　곤충 무리는 먼 거리를 이동할 때 특정한 기류를 사용한다. 그리고 풍력 발전기는 그런 기류를 활용할 수 있는 높이로 건설된다. 오클라호마주에서 곤충의 비행을 연구한 과학자들은 곤충들이 150~250미터 상공에서 가장 높은 밀도를 보인다는 사실을 알아냈다.[114] 그런데 오클라호마는 풍력 발전이 가장 성행하고 있는 지역 중 하나로, 거대한 풍력 발전기는 대부분 지상에서 60~220미터 사이에 건설된다.

게다가 풍력 발전으로 인해 곤충이 죽는 시점은 곤충의 번식에 가장 중요하고 취약한 시기와 겹친다. 보고서에 따르면 "곤충은 산란기를 앞두고 활동이 많아진다. 장거리 이동을 하며 재생산을 하는데 그 직전에 죽게 된다면 곤충 군집의 개체 수에 더욱 치명적인 타격을 줄 수밖에 없다."[115]

미국과 유럽에서는 곤충의 개체 수가 크게 줄어드는 현상이 관측되고 있다. 일반적으로 언론은 기계화, 산업화된 농업을 이 문제의 원인으로 지목한다. 하지만 이런 선진국들의 경우 농업에 쓰이는 토지의 면적은 지난 20여 년간 계속 줄어들어 왔다. 대신 늘어난 게 있다면 풍력 발전기다.[116]

나는 트리프 박사에게 이메일을 보내 인터뷰를 요청했다. 이런 회신이 돌아왔다. "안타깝지만 나는 이 주제에 대해 어떤 인터뷰도 할 수 없습니다." 나는 트리프 박사가 속한 연구소 대변인에게 왜 트리프 박사의 인터뷰를 허용하지 않는지 물어보았다. 그러자 대변인은 몇 가지 조항을 제시하며 이렇게 답했다. "이 주제에 대해 독일항공우주센터와 트리프 박사는 어떠한 논평도 할 수 없습니다. 양해해 주시기 바랍니다."[117]

바람길은 새와 곤충의 것

지역 환경 운동가 리사 리노스는 이상한 사실을 발견했다. 야생 생태계를 지키기 위해 싸우다 보면 미국에서 가장 큰 환경 단체들과 대립하는 일이 적잖이 벌어졌던 것이다.

가령 시에라클럽은 이런 잘못된 주장을 하고 있다. "풍력 발전기는 조류의 죽음을 야기하는 주요 원인과 거리가 멀다."[118] 천연자원보호협회는 5대호 연안에 대규모 풍력 발전 단지가 들어서는 것을 환영하고 있다. 정작 지역 야생 동물 전문가들, 조류 관찰자들, 환경주의자들은 반대하고 있는데 말이다. 5대호는 세계에서 가장 중요한 철새 도래지로 보호받아야 마땅하다는 것이 그들의 주장이다.[119]

환경보호기금 역시 풍력 발전 업계가 제시한 잘못된 정보를 퍼뜨리고 있다. "풍력 발전에 희생되는 새는 건물에 부딪히거나 고양이에게 잡혀 죽는 새보다 훨씬 적으며, 풍력 발전에 의한 새의 죽음은 기술적으로 해결 가능하고 이미 노력을 기울이고 있다."[120]

이 세 단체는 입을 모아 뉴욕주에 급속히 확산 중인 풍력 발전 단지를 옹호하고 있다. 그 풍력 발전 단지가 검독수리에게 직접적인 위협이 되건 말건 아랑곳하지 않는다.[121]

리노스는 환경주의자로서 자신의 원칙을 지켰다. "무슨 이유가 됐건 나는 포기할 수 없었어요. 누가 봐도 잘못된 일이잖아요. 풍력 발전 업계는 계속 똑같은 소리만 반복하면서 사람들에게 잘못된 정보를 퍼뜨리고 있었습니다." 지난 몇 년간 분위기가 달라졌다. 더 많은 환경 운동가와 생태학자가 리노스의 편에 섰다. 신재생 에너지에 반대하게 된 것이다. 2012년 미국환경보호청의 과학자문위원회Science Advisory Board는 유럽연합 산하 유럽환경청European Environment Agency에 보낸 공개서한에서 바이오 에너지가 "탄소 중립적"이지 않다고 결론 내렸다. 90명 이상의 주요 과학자들이 그 내용에 동의했다.[122]

2013년 미국의 야생 동물 보호 당국이 환경주의자들을 격분하게 만드는 일이 발생했다. "멸종 위기에 처한 캘리포니아 콘도르를 위협하거나 죽게 한 혐의"가 있음에도 정부는 풍력 발전 사업자들을 기소하지 않기로 한 후 그 사실을 풍력 사업자들에게 통보했던 것이다.[123]

조류 보호 단체 오듀본Audubon의 대변인은 그 소식을 듣고 이렇게 말했다. "그토록 많은 돈과 노력을 들여 콘도르의 개체 수를 늘리고 안정화하기 위해 애써 왔던 연방 정부가 동시에 콘도르를 죽이도록 방치하고 있다. 우스꽝스러운 일이다."[124]

과학자들은 저밀도 에너지가 토지 이용에 미치는 영향에 대해 충분히 이해하고 있다. "풍력이나 태양광 같은 신재생 에너지는 현실 세계에서 다양한 문제와 맞닥뜨린다. 규모 확장이 어렵고, 비용이 높으며, 자원과 토지 사용이 많다." 75명의 보전생물학자들이 2014년 발표한 공개서한의 내용 중 일부다.[125]

또한 그해 캘리포니아 모하비사막에 세워진 22억 달러짜리 아이밴파 태양광 발전소에 자문을 제공했던 한 보전생물학자는 《하이컨트리뉴스High Country News》 인터뷰에서 이렇게 말했다. "사막거북을 이주시키는 계획이 실패로 돌아가리라는 건 모든 사람이 알던 사실입니다. 불도저 앞에서 울부짖고 도망가는 동물들, 뭉개지는 선인장들을 보고 있노라면 사막에 거대한 태양광 발전 단지를 짓는 게 좋은 프로젝트가 아니라는 건 누구나 알 수 있는 일이죠."[126]

이듬해 생물학자들은 모하비사막에 건설될 또 다른 거대 태양광 발전소에 반대하며 맞서 싸웠다. 그 발전소는 "큰뿔양의 생존에 종지부를 찍을 수 있다. 발전소와 함께 건설되는 15번 고속도로가 큰뿔양의 이동 경로를 끊어 놓을 것이기 때문이다."[127]

2015년 소설가이며 조류 애호가인 조너선 프랜즌Jonathan Franzen은 기후 변화 대응이라는 명목 아래 자연을 훼손하는 행위에 대해 물음표를 던졌다. 《뉴요커》에 기고한 글에서 그는 말했다. "미래의 멸종을 막기 위해서라면 탄소 배출을 줄이는 것만으로는 충분하지 않다. 우리는 지금 당장 야생 조류의 생명을 지켜야만 한다."[128]

미국조류보호협회American Bird Conservancy의 한 과학자는 몇 주 후 언론 인터뷰에서 이렇게 말했다. "풍력 발전기는 미국의 새들을 위협하는 요인 중 가장 빠르게 증가하고 있습니다. 게다가 풍력 발전 업계가 주와 연방 규제를 최소화하고 중요한 환경 규제를 무력화하기 위해 막후에서 힘을 쓰고 있어요. 가령 풍력 업계는 철새보호법을 자신들의 의무가 아닌 권고 조항으로 만들고자 하는데 그럴 경우 정부 규제는 완전

지구를 위한다는 착각

히 무력화되고 맙니다."[129]

박쥐를 연구하는 과학자들이 경보를 울리기 시작한 지는 이미 15년이 더 되었다. 2005년 주요 박쥐 과학자들은 풍력 발전기가 서식지를 옮겨 다니는 박쥐 종들에게 위협이 된다고 연방 규제 기관을 향해 경고했다.[130] 2017년 한 연구팀은 풍력 발전소가 계속 늘어날 경우 철새처럼 이동하는 늙은이박쥐는 멸종할 수 있다고 경고했다.[131]

한편 독일에서는 바람이 많아 대규모 풍력 단지가 건설되어 있는 북부와 산업 시설이 몰려 있는 남부를 연결하는 송전선의 건설이 계속 난항을 겪고 있다. 지역 주민들과 환경주의자들의 반대 운동이 성공을 거두고 있기 때문이다. 매킨지의 보고서에 따르면 "2019년 1분기에 건설된 송전선은 고작 1087킬로미터로 예정된 3600킬로미터에 턱없이 미치지 못한다. 이런 추세라면 2020년 완공 목표는 2037년에도 이루기 힘들 것이다."[132]

《슈피겔》은 2019년 이 현상과 관련해 이렇게 보도했다. "정치인들은 시민들의 저항을 두려워한다. 풍력 발전 산업은 지금껏 그런 저항에 맞닥뜨린 적이 없었다."

신재생 에너지를 통해 탄소 배출을 줄이고자 시도한 모든 사례 가운데 독일이 가장 성공적이라는 점을 지적해 둘 필요가 있다. 앞에서 살펴보았듯이 버몬트주는 탄소 배출량을 25퍼센트 절감한다는 목표 달성에 실패했을 뿐 아니라, 오히려 1990년에서 2015년 사이 탄소 배출량이 16퍼센트 늘어나는 대실패를 경험했다. 이는 버몬트주가 원전을 폐쇄했

기 때문만은 아니다. 신재생 에너지가 대안으로 부적절하기 때문이다.[133]

버몬트양키 원자력 발전소의 폐쇄 이후 버몬트주 전체를 통틀어 새로 지어진 풍력 단지는 단 하나, 디어필드윈드프로젝트Deerfield Wind Project뿐이다. 추가 계획은 없다.[134] 디어필드윈드포르젝트 역시 완공되는 데 2009년부터 2017년까지 긴 시간이 걸렸다. 버몬트주 리즈버러 Readsboro 인근에 세워질 이 거대한 풍력 단지가 "취약한 상태에 놓인 흑곰 서식지의 한복판에 자리 잡고 있다"는 사실이 밝혀졌기 때문이다.[135]

버몬트양키 원전을 폐쇄해 발생한 전력 손실을 감당하기 위해서는 디어필드 규모의 풍력 단지를 56곳이나 지어야 할 것이다. 그런데 버몬트양키 원전은 미국 전역에서 당시 가동 중이던 원전 중 가장 규모가 작은 축에 속했다. 버몬트주는 언젠가 버몬트양키 원전을 폐쇄해 발생한 전력 손실을 '깨끗한 에너지'로 채울 수 있을 것이다. 지금 추세라면 아마 2104년 무렵이 되겠지만 말이다.[136]

자연산 선호 오류와 스타벅스 법칙

에너지 밀도와 전력 밀도가 높을수록 연료가 환경에 미치는 부담은 줄어들고 낮을수록 환경에 미치는 부담이 커진다는 것은 너무나 명백한 사실이다. 모든 환경학 교실에서 배워야 마땅한 내용이다. 그러나 유감스럽게도 현실은 그렇지 않다.

그 원인은 심리적이기도 하고 이념적이기도 한데, '자연적인 것이 좋다appeal to nature'는 낭만적 오류가 바로 그것이다. 이런 오류에 빠질 경우 사람들은 신재생 에너지가 화석 연료나 우라늄보다 더 자연적이라고 착각한다. 그리고 자연적일수록 환경에 더 이롭다고 잘못 생각한다.

거북 껍질이나 상아, 야생 연어나 방목해 기른 소고기 같은 "자연산" 제품에 대해 사람들이 품고 있는 이미지를 떠올려 보면 금방 이해가 될 것이다. 사람들은 플라스틱 같은 "인공" 재료보다 "자연산"을 선호한다. 마찬가지로 사람들은 태양광과 풍력, 연료용 나무 같은 "자연산" 에너지를 화석 연료나 원자력보다 더 낫다고 지레짐작하는 경향이 있다.

아울러 풍력 에너지를 옹호하는 사람들은 풍력 발전소 인근에 살지 않는다는 점도 생각해 봐야 한다. 풍력 터빈이 얼마나 시끄러우며 고요한 평화를 깨뜨리는지 몸소 경험하지 않는 이들이 그것을 옹호하고 있는 것이다.

경제적으로 윤택한 사람들이 자신들의 거주지 근처에 풍력 단지가 들어서는 것을 가장 심하게 반대한다. 가령 2017년 매사추세츠주 남동부 코드곶 지역의 상류층 주민들은 130개 풍력 발전기로 구성된 풍력 단지를 건설하려던 풍력 발전 업체를 몰아냈다. 업체 측은 이미 1억 달러를 투입한 상태였지만 그들의 반발을 이겨 낼 수 없었다.[137]

2009년 《비즈니스위크》는 다음과 같이 보도했다. "풍력 단지 건설에는 이른바 '스타벅스 법칙Starbucks Rule'이 적용되는 것으로 보인다. 풍력 업자들은 스타벅스가 중심가에 있을 만큼 잘사는 지역으로부터 최소한 50킬로미터는 떨어진 곳에 입지를 선정해야 한다. 그보다 가까우면 극심한 님비NIMBY 현상에 가로막히게 된다. 누구도 80미터 높이에 달하는 풍력 터빈들이 늘어선 단지가 자기 집 주변 경관을 해치는 걸 원치 않기 때문이다."[138]

지구를 위한다는 착각

10

환경주의자와 친환경 사업의
겉과 속

Apocalypse Never

기후 변화
부정론자들의 돈줄

2019년 여름 한 싱크 탱크가 기금 모금을 위한 자선 파티를 열었다. 워싱턴 DC에 소재한 연구 단체들과 로비 단체들이 흔히 하는 일이었다. 파티는 HBO의 인기 드라마 〈왕좌의 게임Game of Thrones〉을 콘셉트로 삼았다. 주최 측은 워싱턴에 존재하는 수많은 싱크 탱크 중 가장 강경하게 기후 변화를 부정하는 단체로 잘 알려진 기업경쟁연구소Competitive Enterprise Institute였다.

　도널드 트럼프는 대통령에 당선된 후 기업경쟁연구소 이사인 마이런 이벨Myron Ebell을 대통령직 인수위원회의 미국환경보호청 인수팀 책임자로 임명했다. 트럼프 본인부터가 2015년에 기후 변화를 사기라고 한 적이 있는 사람이었다. 이듬해 《워싱턴포스트》와 가진 인터뷰에서는 이렇게 말하기도 했다. "날씨 변화는 있다고 생각해요. 하지만 인간이 만들어 낸 기후 변화는 별로 믿지 않습니다."[1]

　1998년 이벨은 '더 냉정한 사고 연대Cooler Heads Coalition'라는 조직을 발족하는 데 참여했다. 화석 연료 기업들이 자금을 대는 그 모임은 "지구 온난화의 신화를 해체하는 것"을 목표로 삼았다. "기후학의 불확실함"을 대중이 알게 되는 그 순간 자신들의 목표는 달성될 것이라고 이벨은 자신만만한 태도를 보였다.[2]

　　　　　　　　　　지구를 위한다는 착각

《뉴욕타임스》는 〈왕좌의 게임〉 자선 파티 초청자 명단을 입수해 공개했다. 그리하여 사상 최초로 기업경쟁연구소의 돈줄이 누구인지 드러나게 되었다.

《뉴욕타임스》는 다음과 같이 보도했다. "기후 변화 부정론자들을 누가 후원하고 있는지 확인하기는 쉽지 않다. 그런 활동은 대부분 비영리 단체에 의해 이루어지는데, 비영리 단체는 후원자 명단을 밝혀야 할 의무가 없기 때문이다. 그러므로 본지가 입수한 이 자선 파티의 초청자 명단은 기후학 연구 결과를 부정하는 싱크 탱크의 후원자가 누구인지 어렴풋이 가늠할 수 있는 실마리를 제공해 준다."[3]

기업경쟁연구소의 후원자 명단에 화석 연료를 팔아 돈을 버는 기업들이 다수 포함되어 있었다는 것은 그리 놀랄 일이 아니었다. 그들은 자신들의 돈벌이에 방해가 되는 규제를 없애고 싶어 할 이윤 동기를 가지고 있었다. 《뉴욕타임스》에 따르면 "정유와 석유화학 업체들은 자동차 연비 기준을 낮추기 위해 총력을 기울였다. 그것은 오바마 정권의 핵심 기후 정책 중 하나였다."[4]

화석 연료 사업을 하는 기업 중 대중을 기만하고 기후 변화 관련 입법을 무력화하는 일에서 엑손모빌을 따라올 회사는 없었다. 외부로 유출된 사내 문건에 따르면 엑손모빌은 화석 연료 사용으로 지구 온난화가 발생할 수 있다는 것을 1970년대부터 알고 있었다. 하지만 엑손모빌은 그 사실을 대중에게 알리고 경고하는 대신 기후 변화 회의론을 퍼뜨리는 단체에 수천만 달러를 기부해 왔다. 사람들에게 과학적 결론이 모

호하다는 인상을 주기 위해서였다.[5]

이 사실이 알려지자 분노한 사람들은 SNS에서 '#엑손은알고있었다' 캠페인을 벌였다. 그 캠페인을 이끌었던 지도자 중 한 사람은 언론 인터뷰에서 이렇게 말했다. "우리가 집에 난방을 하고 자동차로 아이를 학교에 데려다줘서 이런 기후 변화의 혼란 속에 빠져든 게 아니었어요. 거대 석유 회사들이 우리가 기후 변화의 원인을 제공한다고 생각하게 만든 겁니다. 막대한 힘을 가진 소수의 기업들이 자기네가 파는 상품 때문에 무슨 일이 벌어지는지 알면서도 의도적으로 계속 무시하고 뻔뻔하게 사람들을 속여 왔던 게 문제의 본질입니다. 우리는 거기에 희생당한 겁니다."[6]

화석 연료의 판매에 이해관계가 걸린 기업들이 로비를 벌여 정치를 타락시키고 지구를 병들게 해 왔다는 것이다. 그런데 만일 그게 사실이라면, 왜 환경 운동가들 역시 그런 회사들로부터 막대한 후원금을 받고 있는 걸까?

위선으로 일군 환경 운동

2020년 1월 중순 민주당 대선 후보 경선이 한창일 때였다. "피트는 화석 연료 억만장자의 돈을 받았다"라고 적힌 팻말을 든 기후 활동가들이 등장했다. 경선 후보 중 한 사람인 피트 부티지지Pete Buttigieg를 겨냥한 것이었다.

"화석 연료 기업의 경영진으로부터 돈을 받아 온 후보가 있다는 사실에 우리는 매우 큰 우려를 표하는 바입니다." 항의 시위를 조직한 그리핀 싱클레어-윈게이트Griffin Sinclair-Wingate가 말했다. "우리는 기후 변화 문제를 진지하게 고민하는 젊은이들로서 기후 변화가 우리 삶을 위협하는 심각한 문제라는 걸 잘 알고 있습니다. 우리는 화석 연료 기업의 경영진으로부터 후원금을 받는 대통령을 원치 않습니다."

부티지지는 방어적인 태도로 대응했다. "나는 화석 연료 기부금 반대 서약을 한 사람입니다." 그러자 싱클레어-윈게이트는 부티지지가 "화석 연료 인프라 프로젝트에 투자하는 기업의 대표인 크레이그 홀Craig Hall과 함께 와인 저장소 또는 와인 창고에서 모금 행사를 했다"라고 되받아쳤다.[7]

싱클레어-윈게이트는 누구일까? 그는 언론 인터뷰에서 자신을 뉴햄프셔청년운동New Hampshire Youth Movement의 대변인이라고 소개했다. 하지만 그는 350.org의 유급 활동가이기도 했다. 350.org는 환경 운동가 빌 매키번이 이끄는 유명 환경 단체다.[8] 그리고 나중에 밝혀졌다시피 350.org 역시 "화석 연료 억만장자"로 대통령 선거에 뛰어들었던 톰 스타이어Tom Steyer의 후원을 받고 있었다.[9]

스타이어의 자산 중 상당 부분, 어쩌면 대부분은 화석 연료에서 나왔다. 그는 석탄, 석유, 천연가스에 투자해 큰 부를 쌓은 사람이었다. 스타이어의 회사인 패럴론 캐피털 매니지먼트Farallon Capital Management는 "인도네시아 석탄 산업의 핵심과도 같다"라고 《뉴욕타임스》는 2014년 보도했다. 스타이어의 업계 동료에 따르면 패럴론은 "그간 간과되어 왔던 부문에 자금줄을 터 주었고, 그리하여 인도네시아의 석탄 산업은 큰 성장을 이루게 되었다."[10]

앞서 살펴본 바와 같이 나무 대신 석탄을 연료로 사용하는 것은 환경에 이로울 수 있다. 특히 인도네시아처럼 가난한 개발도상국이라면 인간과 환경 모두의 진보에 유익한 결과를 낳는다. 하지만 350.org 같은 단체가 자기네는 화석 연료 자금을 받으면서 남들이 그런다고 비난하는 것은 부적절한 일이다. 게다가 거짓말까지 한다면 그 부적절함은 더욱 심각해진다.

2019년 7월 스타이어가 대선 출마의 뜻을 밝히자 350.org의 창립자 빌 매키번과 시에라클럽 사무총장 마이클 브룬Michael Brune은 일제히 찬사를 늘어놓았다. 매키번은 트위터에서 스타이어를 "기후 챔피언"이라 부르면서 "스타이어가 갓 제시한 기후 정책은 정말 끝내준다!"라는 말까지 덧붙였다.[11] 브룬의 트윗도 비슷했다. "@톰스타이어는 오랜 세월 기후 운동의 리더로 활약해 왔다. 기후 챔피언이 대통령 후보 경선에 뛰어들다니 정말 기쁘다."[12]

하지만 다수의 민주당원과 환경 운동가들은 생각이 달랐다. 누군가는 이렇게 말했다. "제발 이 사람 좀 내려가라고 하자. 엄청난 돈 낭비임."[13] 한 트위터 사용자는 매키번에게 이런 트윗을 날렸다. "빌, 스타이

지구를 위한다는 착각

어에 대한 지지 의사가 정말 진지한 거라면 당신이 기후 변화에 진지한 사람이라고 믿어 줄 사람은 없을 거예요."[14]

스타이어가 만든 자선 단체인 톰캣자선기금TomKat Charitable Trust의 국세청 신고 자료에 따르면 해당 단체는 2012년, 2014년, 2015년에 각각 25만 달러를 350.org에 기부했다. 스타이어는 아마 2013년, 2016년, 2017년, 2018년, 2019년, 2020년에도 350.org에 같은 액수를 기부했을 것이다.

이렇게 생각할 만한 이유가 있다. 350.org의 연례 보고서에는 스타이어의 자선 재단인 톰캣재단TomKat Foundation 또는 그가 꾸린 조직인 넥스트젠아메리카NextGen America에 대한 감사 인사가 2013년 이후 끊임없이 등장하고 있기 때문이다.[15] 2018년 350.org는 거의 2000만 달러에 달하는 예산을 가진 조직이 되어 있었다.[16]

스타이어는 대통령 후보 경선에 나서기 위해 2억 5000만 달러를 썼다. 2013년 이후 주요 연방 선거에 영향력을 행사하기 위해 쓴 돈만 해도 2억 4000만 달러 이상일 것으로 추산된다. 또한 스타이어는 2012년부터 시에라클럽, 천연자원보호협회, 미국진보센터Center for American Progress, 환경보호기금 등에 기부해 왔다.[17]

매키번은 어떤 생각일까. 2014년 《워싱턴포스트》와 한 인터뷰에서 매키번은 스타이어가 화석 연료에 투자해 큰돈을 벌었다는 사실에 대해 "개의치 않습니다"라고 말했다. 스타이어는 다른 분야에도 투자할 것임을 약속했기 때문이라는 것이다.[18]

《워싱턴포스트》 인터뷰 기사는 스타이어가 매키번의 환경 단체 후원자라는 것을 적시하지 않았다. 그저 이렇게 표현했을 뿐이다. "환경주의자 매키번은 본인의 전도유망한 사업 분야를 기꺼이 포기한 스타이어가 찬사를 받을 만한 사람이라고 말했다. 그리고 화석 연료를 가장 극렬히 반대하는 많은 운동가들이 언젠가부터 화석 연료 업계로부터 혜택을 받아 왔다고 말했다."[19]

2014년 7월 스타이어는 《워싱턴포스트》와 인터뷰를 했다. 그는 화석 연료에 투자한 자신의 포트폴리오를 그달 말까지 바꿀 것이라고 말했다.

하지만 2014년 8월 《뉴욕타임스》는 스타이어의 대변인 말을 통해 그가 여전히 화석 연료에 투자하고 있다고 밝혔다. "패럴론은 여전히 탄소 배출 산업에 투자하고 있으며 [스타이어의] 측근들은 스타이어가 자산을 매각할지 여부에 대한 답변을 거부했다. 패럴론의 창업자로서 가지고 있는 지위를 유지해 달라는 요청에 따른 것으로 보인다."[20]

그런데 그 기사에서 스타이어의 측근은 이런 소식도 전했다. "스타이어는 패럴론의 투자에 적극 개입하지 않고 있다. 회사 측은 그의 투자가 어느 정도 규모인지는 밝히지 않았다."

스타이어는 자신의 투자처에 대해 5년간이나 모호한 입장을 유지했다. 2019년 7월 스타이어는 ABC 뉴스와 가진 인터뷰에서 이렇게 말했다. "보세요, 우리는 경제의 모든 부문을 대상으로 투자를 합니다. 그중에는 화석 연료도 포함되어 있고요. 하지만 화석 연료가 미국과 전 세

지구를 위한다는 착각

계의 환경과 사람들에게 어떤 영향을 미치는지 깨닫고 난 후 나는 달라졌어요. 나는 그런 분야에 대한 투자를 중단했습니다. 사업에서 손을 뗀 거죠."[21]

하지만 몇 주 후 선거 운동 과정에서 그 문제에 대해 입장을 밝히라는 압력이 커지자 스타이어는 화석 연료 투자에서 "아직 정리되지 않은 게 남아 있을 수 있다"는 식으로 말을 바꾸었다. 《블룸버그뉴스Bloomberg News》가 밝혀낸 바에 따르면 실상은 조금 남아 있는 정도가 아니라 여전히 수백만 달러를 석탄 채굴, 석유 파이프라인, 석유와 천연가스 프래킹 등에 투자하고 있었다.[22]

이걸 문제라고 할 수 있을까? 기업경쟁연구소 같은 기후 변화 회의론 단체가 화석 연료 업계의 돈을 받아 기후 변화 대응 운동을 방해하고 있는데, 350.org 같은 환경 단체가 화석 연료 업계의 투자를 받아 그에 맞서는 운동을 한다면 결국 이이제이 아닐까?

그렇지 않다. 350.org, 시에라클럽, 천연자원보호협회, 환경보호기금 같은 단체들은 화석 연료 억만장자들의 후원금을 받고 있을 뿐 아니라, 미국 최대의 탄소 중립 전력 공급원인 원자력을 죽이는 일에도 앞장서고 있기 때문이다.[23]

이해관계로 얽힌 환경 단체의 민낯

매키번은 미국에서 가장 영향력 있는 환경 운동가 중 한 사람이다. 그리고 앞서 살펴본 것처럼 그는 버몬트주의 원자력 발전소 폐쇄를 옹호한 인물이다. 그 결과 버몬트주는 탄소 배출량을 25퍼센트 줄이는 대신 도리어 16퍼센트 늘리는 결과를 빚고 말았다.

하지만 원자력 발전소를 폐쇄하고 대신 화석 연료 발전소를 세우게 만든 환경주의자가 매키번 한 사람뿐일 리는 없다. 천연자원보호협회, 환경보호기금, 시에라클럽 같은 모든 주요 환경 단체들은 미국에서 원자력 발전소를 추방하는 일에 앞장서 왔다. 동시에 그들은 천연가스 회사나 신재생 에너지 회사로부터 돈을 받거나 그런 기업들에 투자해 왔다. 원자력 발전소가 문을 닫고 대신 천연가스 발전소가 세워지면 이익을 볼 수밖에 없는 이들과 돈으로 얽힌 사이인 것이다.

탈원전을 추진하면 그 경쟁 상대인 화석 연료와 신재생 에너지 기업들은 수지맞는 장사를 할 수 있다. 원자력 발전소가 생산하는 전력량이 워낙 많기 때문이다. 10년간 인디언포인트Indian Point 원자력 발전소가 올린 수익은 80억 달러에 달했다. 40년이라면 320억 달러를 가뿐히 찍을 수 있다. 원전이 문을 닫는다는 것은 이 막대한 돈이 천연가스와 신재생 에너지 기업으로 흘러들어 간다는 말과 같다.[24]

시에라클럽, 천연자원보호협회, 환경보호기금은 원자력 발전소를 폐쇄하고 화석 연료 발전소를 세우면서 그 위에 신재생 에너지의 꽃단장을 하는 일에 1970년대부터 열중해 왔다. 에너지 효율을 높이고 신재생 에너지를 더 육성하면 원자력뿐 아니라 화석 연료도 필요하지 않은 세상을 만들 수 있다고 세부 보고서를 만들어 정책 결정자와 언론인, 대중을 상대로 유포해 왔다. 하지만 우리가 지금까지 살펴본 바와 같이 원자력 발전소가 문을 닫거나 건설되지 않을 때마다 그 자리는 화석 연료를 태우는 발전소의 몫으로 돌아갔다.[25]

시에라클럽재단은 태양광 에너지 기업들로부터 직접 후원금을 받고 있다. 시에라클럽재단을 거쳐 간 인물들의 명단 또한 화려하기 그지 없다. 국제 금융 기업 바클리스Barclays의 신재생 에너지 투자 은행 대표, 테슬라 자회사인 솔라시티SolarCity의 이사와 감사, 선런Sunrun의 창업자 겸 CEO, 그 외 다양한 태양광 업계 관계자들의 이름을 찾아볼 수 있다.[26]

환경보호기금의 이사진과 자문 위원 명단 역시 석유, 가스, 신재생 에너지 기업의 투자자와 경영자 명단과 상당수 겹친다. 핼리버턴Halliburton, 선런, 노스웨스트 에너지Northwest Energy 등 다양한 기업을 찾아볼 수 있다.[27]

세계 최대 자산 운용 기업인 블랙록BlackRock은 6600만 달러의 "탈화석 연료 인덱스 펀드"를 만들었는데 그 과정에서 천연자원보호협회 또한 한몫했다. 그런데 그 펀드의 투자처는 사실상 천연가스 회사에 쏠려 있었다. 아울러 2014년 재정 보고서에서 천연자원보호협회는 4개의

각기 다른 신재생 에너지 사모펀드에 800만 달러 가까운 돈을 투자하고 있다고 밝혔다.[28]

2015년 환경주의자들이 모인 웹사이트에서 나온 반응 중 하나를 읽어 보자. "환경주의자가 [천연자원보호협회의] 지분 구성을 살펴본다면 의심의 눈초리를 보내지 않을 수 없을 것이다. 핼리버턴이 1200주, 세계 최대 해양 시추 회사인 트랜스오션Transocean이 500주, 발레로 에너지Valero Energy가 700주다. 마라톤 오일Marathon Oil, 필립스 66Phillips 66, 다이아몬드 오프쇼어 드릴링Diamond Offshore Drilling도 천연자원보호협회의 주주 명단에 올라 있다."[29]

1969년 '지구의 벗'이 창립할 때 기부한 사람 중에는 석유 회사 애틀랜틱 리치필드Atlantic Richfield의 소유주인 유전 개발 업자 로버트 앤더슨Robert Anderson이 껴 있다. 그는 지구의 벗이 출범할 때 막대한 돈을 기부했는데 2019년 기준으로 환산하면 약 50만 달러에 해당한다. 지구의 벗을 만든 데이비드 브라워의 전기 작가는 의문을 던졌다. "유전 개발 업자의 기부금을 받다니 데이비드 브라워는 뭘 하고 있었던 것일까?"[30] 답은 뻔했다. 브라워는 석유와 천연가스 기업들 및 투자자들로부터 돈을 받아 신재생 에너지를 옹호하면서 원자력 발전소 폐쇄가 환경에 도움이 된다는 식으로 녹색 씻김굿을 해 주는, 이후 수많은 환경 단체들이 걷게 된 길을 선구적으로 개척하고 있었던 것이다.

천연자원보호협회는 심지어 엔론Enron이 환경 단체에 수십만 달러의 기부금을 뿌릴 때 앞장서서 돕기도 했다. 1997년 천연자원보호협회의 임원 랠프 캐버너Ralph Cavanagh는 "환경 보호에서 우리는 엔론을 믿을 만한 상대로 여긴다"라고 말했다.[31] 당시 엔론 경영진은 투자자들을 상대로 전설적인 사기극을 벌이던 중이었는데, 결국 2001년 회계 부정이 탄로 나 파산하고 만다.[32]

환경보호기금과 천연자원보호협회의 변호사들과 로비스트들이 2009년부터 2011년까지 한 일도 주목할 만하다. 그들은 복잡한 탄소배출권 거래제cap-and-trade를 법제화하고 홍보하는 일에 앞장섰다. 그 결과 그들의 돈줄이 되는 주요 후원자들은 탄소배출권 시장에서 1조 달러에 달하는 금전적 이득을 누릴 수 있었다.[33]

환경 보호 활동가들이 늘 하는 말이 있다. 기후 변화 회의론자들은 화석 연료 기업의 막대한 후원금을 받고 있고, 그리하여 자신들의 목소리는 늘 묻혀 버린다는 것이다. 정말일까? 그런 주장이 사실인지는 쉽게 확인 가능하다. 모든 비영리 단체는 예산을 대중에게 공개해야 할 의무가 있기 때문이다.

기후 활동가들은 기후 회의론자들보다 압도적인 자금력을 과시하고 있다. 미국에서 가장 큰 환경 단체인 환경보호기금과 천연자원보호협회의 연간 예산을 합치면 3억 8400만 달러에 이른다. 하지만 기후 변화 회의론 단체 중 가장 큰 기업경쟁연구소와 하트랜드연구소Heartland Institute의 연간 예산은 합쳐 봤자 1300만 달러에 미치지 못한다. 두 환경 단체의 예산 3억 8400만 달러는 엑손모빌이 기후 변화 회의론자들에게 지난 20년간 후원한 금액 전부를 합친 것보다 큰 돈이다.[34]

헤리티지재단Heritage Foundation(연간 8700만 달러),[35] 미국기업연구소 American Enterprise Institute(연간 5900만 달러),[36] 케이토연구소Cato Institute(연간 3100만 달러)[37] 등 기후 정책을 비판하고 반대하는 다른 단체를 합치면 이야기가 달라진다는 반론이 제기될 수 있다. 하지만 이 세 거대 보수 싱크 탱크는 모두 인류의 활동이 기후 변화의 원인이 된다는 것을 인정하고 있다. 물론 그 기후 변화에 대응하는 방식에서는 입장이 다르지만 말이다. 심지어 미국기업연구소는 탄소세뿐 아니라 정부 주도의 청정 에너지 연구 개발에도 동의하고 있다.[38]

게다가 진보 싱크 탱크들 역시 신재생 에너지에 찬성하며 원자력에 반대하고 있다. 2018년 기준으로 연간 예산 10억 달러인 국제자연보호협회The Nature Conservancy와 연간 예산 4400만 달러인 미국진보센터 등이 대표적이다.[39]

원자력을 프래킹하다

2016년 봄, 엘리자베스 워런Elizabeth Warren(매사추세츠주 상원 의원으로 2020년 민주당 대선 후보 경선에 출마하기도 했다)은 정치 후원금 모금 행사에 참석하기 위해 시카고로 향했다. 워런은 일리노이주의 대표적인 환경 단체인 환경법정책센터Environmental Law and Policy Center가 주최한 후원금 모금 만찬에서 연설을 할 예정이었다. 환경법정책센터의 창립자인 하워드 러너Howard Learner는 민주당 인사들과 친분이 돈독한 사람이었다. 러너는 2007년부터 2008년까지 오바마 대통령의 에너지 환경 고위 보좌관으로 일한 바 있었다.[40] 워런과 함께 일리노이주 상원 의원인 딕 더블린Dick Durblin도 연사로 내정되어 있었다.

당시 일리노이주 정부는 풍력과 태양광 발전 업체에 이미 제공하고 있던 보조금의 일부를 떼어 원자력 발전소에 주는 입법을 추진 중이었다. 그것을 막는 것이 환경법정책센터의 목표였다. 러너는 오래도록 반핵 운동에 앞장서 온 인물이었다. 1980년대 이래 최소 30여 년간 새 원전 건설은 가로막고 현존하는 원전은 없애자고 주장해 왔다.

"새 천연가스 발전소가 건설되면 다들 기뻐하죠." 이렇게 말하며 러너는 가스 발전소 건설로 인해 새 일자리가 생긴다고 주장했다.[41] 하지만 심지어 그 주장마저 사실과 달랐다. 평균적인 규모의 원전 건설은 약 1000명의 고용을 창출하는 반면 비슷한 규모의 가스 발전소 건설은 50명 이하 인력으로 가능하기 때문이다.

원자력 발전소 폐쇄는 천연가스 및 신재생 에너지 회사와 그 투자자들에게 희소식일 수밖에 없다. 그러니 원자력 발전소를 죽이는 일에 앞장서 온 환경법정책센터가 그로 인해 직접적인 이익을 얻는 관련 사업자들을 만찬에 초대한 것은 전혀 놀랄 일이 아니었다. 초대받은 사람들은 실로 기꺼이 모금에 참여할 테니 말이다.

초청 명단에서 가장 눈여겨볼 만한 이름은 인베너지Invenergy였다.

천연가스와 산업용 풍력 발전소를 복합 개발하는 기업이었다. 인베너지 입장에서 보자면 환경법정책센터에 후원금을 낼 이유는 일리노이 원전 폐쇄 말고도 더 있었다. 그 무렵 인베너지는 일리노이주 의회를 대상으로 집요한 로비를 펼치며 신재생 에너지 확대 정책을 밀어붙이고 있었기 때문이다.

2012년 2월 시에라클럽의 새 사무총장이 《타임》의 인터뷰 요청에 응했다. 그는 고해의 시간을 가졌다. 시에라클럽은 천연가스 투자자이자 프래킹 기술 개발의 선구자인 오브리 매클렌던Aubrey McClendon에게 2500만 달러 이상의 돈을 받아 왔던 것이다.[42] 시에라클럽의 전 사무총장은 매클렌던과 함께 주기적으로 미국 전역을 돌아다니며 천연가스의 환경적 혜택을 홍보해 왔다.[43] 새 사무총장 마이클 브룬은 시에라클럽이 매클렌던과 맺어 온 관계를 비판하며 앞으로 더 이상 천연가스 업계 관련자들로부터 기부금을 받지 않겠다고 선언했다.

《타임》 보도에 따르면 브룬은 2010년 사무총장에 올라 "천연가스 업계의 기부금이 시에라클럽에 들어오고 있다는 사실을 알게 되었을 때 그것이 시에라클럽의 명성에 누를 끼칠 수 있음을 깨달았다." 그래서 그는 앞으로는 더 이상 천연가스 업계의 기부금을 받지 말자고 주장했다. 브룬은 당시를 돌이켜 보며 쉽지 않았지만 올바른 결정이었다고 이야기했다. "그 기부금은 우리 단체의 한 해 예산 중 4분의 1에 해당했습니다. 그냥 집어던질 수 있을 만한 돈은 아니었지요. 하지만 우리는 그래야만 했습니다. 분명한 이유가 있었습니다."[44]

지구를 위한다는 착각

《타임》기자가 물었다. "천연가스 업계와 손을 끊자는 결정이 내려진 지 1년 반도 더 되었는데" 어째서 그걸 공개적으로 말하는 사람은 브룬 한 사람뿐인가? 인터뷰 기사의 한 문단을 읽어 보자.

오바마 대통령은 최근 새해 국정 연설에서 천연가스와 석유 시추 사업의 밝은 미래를 예찬한 바 있다. 가스 채굴 사업이 "일자리를 창출하고 트럭과 공장에 더 깨끗하고 저렴한 에너지를 제공함으로써 우리는 환경과 경제 사이에서 양자택일할 필요가 없게 될 것"이라고 했던 것이다. 브룬은 이런 분위기 속에서 주저할 수밖에 없었다고 이야기했다.[45]

어느 정도는 설득력이 있다. 하지만 브룬이 하필이면 우파 성향의 시사 주간지 《타임》을 찾아가 인터뷰를 했다는 점을 눈여겨봐야 한다. 그전까지 시에라클럽 회원 중 프래킹에 반대하는 이들은 좌파 언론의 문을 두드렸다. 워싱턴 DC에 소재한 《기업범죄리포터Corporate Crime Reporter》의 기자인 러셀 모키버Russell Mokhiber는 시에라클럽이 프래킹 기업들로부터 기부금을 받았다는 제보를 받고 사실인지 확인하고자 이메일을 보냈다. 그가 쓴 기사를 보자.

시에라클럽 대변인인 매기 카오Maggie Kao가 이메일을 보내 왔다. 화요일에 보낸 메일에서 카오는 이렇게 밝혔다. "우리는 어떠한 천연가스 기업으로부터도 일절 돈을 받지 않으며 앞으로도 받지 않을 것입니다."나는 답장을 보냈다. "현재 기부금을 받지 않으며 앞으로도 받지 않을 거라는 말씀은 알겠습니다. 하지만 지금까지 가스 기업인 체서피크 Chesapeake로부터 받아 온 기부금이 있지 않습니까?"

화요일에 회신을 보냈지만 수요일, 목요일이 다 지나도록 답신은 오지 않았다. 목요일 밤이 되어서야 카오의 이메일이 왔다. "좋습니다. 미 동부 시각 오후 7시 30분에 브룬 씨와 통화하시면 되겠습니다."

그런데 카오는 한마디를 덧붙였다. "이 일과 관련한 기사가 《타임》에 막 실렸으니 확인하십시오." … 여기서 드러나듯이 시에라클럽은 이 이야기가 《기업범죄리포터》에 실리는 것을 원치 않았다.[46]

하지만 마이클 브룬이 사무총장에 취임한 이후로도 시에라클럽은 천연가스 이해관계자들로부터 계속 기부금을 받아 왔다. 오히려 브룬은 천연가스 이해관계자들로부터 받는 기부금을 대폭 끌어올렸다. 가령 시에라클럽은 2020년 대선 민주당 경선 후보이며 뉴욕 주지사를 역임한 블룸버그 미디어 그룹의 소유주 마이클 블룸버그Michael Bloomberg로부터 1억 1000만 달러를 받았는데, 블룸버그는 천연가스에 대대적인 투자를 하고 있는 사람이다.[47]

내가 이 사실을 트위터에 올리자 몇몇 사람들이 반론을 제기했다. 블룸버그는 워낙 부자라서 천연가스뿐 아니라 다른 온갖 것에 투자하고 있다고 말이다. 게다가 블룸버그는 기후 변화에 신경 쓰고 있으며 그래서 석탄 화력 발전소를 천연가스 발전소로 대체하는 방안을 모색하고

지구를 위한다는 착각

있다고도 덧붙였다. 석탄을 천연가스로 대체하는 것까지는 나도 찬성하는 바다.

그러나 그렇다고 기후 변화에 반대한다면서 천연가스 업계의 돈을 받는 것이 정당화될 수는 없다. 블룸버그는 오브리 매클렌던, 톰 스타이어, 엑손모빌과 다를 바 없는 이해관계자다. 시에라클럽이나 350.org는 엑손모빌의 돈을 받는 단체를 비난하면서 자신들은 블룸버그의 돈을 받고 있다. 이런 행태를 한마디로 위선이라고 한다.

이런 위선적 행태를 보고 있노라면 또 다른 의문이 생긴다. 탈원전 운동을 벌이는 환경 단체들은 대체 언제부터 석유와 가스 업계의 돈을 받아 온 것일까?

어느 주지사의
추악한 탈원전 전쟁

1979년 7월 1일 캘리포니아 해안의 한 외딴 비행장에 3만여 명의 사람들이 모여들었다. 잭슨 브라운, 보니 레잇, 그레이엄 내시 등 여러 팝 스타가 참여한 "반핵 콘서트"가 열렸기 때문이다. 얼마 전 개봉한 블록버스터 영화 〈차이나 신드롬〉의 반핵 메시지가 퍼져 나가던 가운데, 영화 개봉 후 12일 만에 스리마일섬 원전 사고가 터지면서 그 여파 속에 콘서트가 치러지고 있었다.

당시 캘리포니아 주지사였던 41세의 제리 브라운Jerry Brown 역시 그 콘서트에 참석했는데, 무대에 올라 연설할 기회를 달라고 주최 측에 요청했다. 주최 측은 주지사가 진심인지 의심하며 1시간가량 붙잡아 두고 질문 공세를 펼쳤다. 결국 그들은 주지사가 진심으로 탈원전을 추구하는 사람이라고 판단 내리고 그를 무대 위로 올려 보냈다.

무대에 선 브라운 주지사는 콘서트에 온 젊은이들을 한껏 추켜세웠다. 브라운은 거기 모인 젊은이들이 "권력에 맞서는 민중의 승리, 지구를 지키기 위한 새로운 힘"을 상징한다고 말했다. 그리고 청중에게 공개적으로 약속했다. "여러분의 뜻을 원자력규제위원회가 무시한다면 나는 혼자서라도 방방곡곡 찾아다니며 탈원전을 설득해 낼 것입니다."[48]

브라운 주지사는 1분 넘게 기립박수를 받았다. 그의 연설은 이런 구호로 마무리되었다. "디아블로 원전 반대! 디아블로 원전 반대! 디아블로 원전 반대!" 콘서트가 열린 곳은 샌루이스어비스포카운티였는데, 그 지역 신문인 《텔레그램-트리뷴Telegram-Tribune》의 1면 머리기사 제목은 다음과 같았다. 〈브라운 주지사 집회에 자극받아 디아블로 원전에 반대하다〉.[49]

콘서트장에 온 브라운 주지사를 주최 측 관계자들은 처음에는 싸늘한 시선으로 바라보았다. 그런 사실과 신문 헤드라인을 놓고 보면 마치 애초에 원전에 대해 별다른 입장이 없었던 브라운 주지사가 그 콘서트를 계기로 반핵 운동에 동참하게 된 것처럼 보인다. 하지만 실상은 그렇

　　　　　　　　　　　지구를 위한다는 착각

지 않았다. 브라운은 이미 오랫동안 은밀하게 반핵 운동을 이끌어 온 인물 중 하나였기 때문이다.

그 콘서트가 열리기 3년 전인 1976년 반핵 단체들은 투표 운동을 벌이고 있었다. 브라운의 정치적 동료 한 사람이 제시한 법안에 대한 찬성 운동이었다. 핵폐기물 저장고가 만들어지기 전까지 새로운 원자력 발전소를 건설할 수 없게 하는 것이 그 법의 핵심이었다. 캘리포니아주 전력 관리 당국이 법안에 반대하고 나서자 브라운 주지사는 한층 더 급진적인 투표 운동을 벌이겠다며 위협했다. 결국 전력 관리 당국은 굴복하고 말았다. 법안이 주 의회를 통과하자 주지사는 서명을 했다.

같은 해 천연가스와 전력 공급 회사인 샌디에이고 가스 앤드 일렉트릭San Diego Gas & Electric이 선데저트Sundesert라는 이름의 원전 프로젝트를 추진하기 시작하자 브라운은 자신의 영향력이 닿는 단체들을 동원해 공격하기 시작했다. 캘리포니아에너지위원회California Energy Commission에 포진한 브라운의 동지들은 향후 캘리포니아의 전력 수요가 석유와 석탄에 의해 충족되어야 한다고 주장했다. 브라운의 영향력 아래 있던 캘리포니아대기자원위원회California Air Resources Board 역시 캘리포니아에너지위원회를 지원 사격하고 나섰다. "환경에 피해를 주지 않으면서 캘리포니아 전역에 신규 화석 연료 발전소를 건설하는 일은 가능하다"라는 결론을 내린 것이다.[50]

반대하는 사람이 없지는 않았다. 캘리포니아에너지위원회의 한 위원이 사퇴 의사를 밝혔다. 그는 위원회가 의도적으로 부당하게 향후 전력 수요를 과소평가하고 있다고 지적했다. 위원회는 에너지 효율적인 건물과 설비, 제품이 도입되면 에너지 수요가 대폭 줄어들 것이라는 지나치게 낙관적인 생각을 품고 있었다. 사임한 위원은 브라운과 그의 동료들이 "의도적으로 캘리포니아주의 원자력 발전을 가로막고 있다"라고 비난했다.[51]

원자력 발전이 수십 년간 저렴한 무공해 전기를 제공할 수 있으리라 생각했던 다른 민주당원들 역시 브라운의 행태에 분개했다. 주 의회 소속 한 의원은 선데저트 원전을 무산시키려는 브라운의 행동이 "주지사 본인의 이해관계에 맞춰져 있다"라고 지적했다. "이런 정책을 통해 우리 주가 얻을 수 있는 게 무엇인지 도저히 알 수가 없다."[52]

브라운은 본인의 업적을 뿌듯해했다. 선데저트 원전 건설 중단이 반핵 활동가들의 업적으로 인정받자 그는 기자에게 이렇게 자랑했다. "선데저트 발전소 건설을 막은 사람이 납니다."[53] 1976년에서 1979년 사이 브라운과 그의 동료들은 수많은 원전 건설 계획을 좌초시켰다. 만약 그때 계획된 원전이 모두 건설되었다면 지금쯤 캘리포니아는 전력 생산에서 거의 완전한 탄소 제로 상태에 도달할 수 있었을 것이다.[54]

제리 브라운은 왜 이렇게 열성적으로 반핵 운동에 몰두했던 걸가. 대부분의 사람들은 지극히 이념적인 이유 때문이라고 생각한다. 어쨌거나 브라운은 핵무기 반대와 기후 변화 대응 운동을 함께 해 나간 환경주의자였으니 말이다.[55]

그러나 진실은 훨씬 복잡하고 추잡하다.

지구를 위한다는 착각

제리 브라운의 아버지 에드먼드 '팻' 브라운Edmond "Pat" Brown은 1959년부터 1967년까지 캘리포니아 주지사를 지낸 인물이었다. 그런 그에게 1960년대 말 인도네시아 정부가 국가 소유 석유 회사 페르타미나Pertamina의 자본 확충recapitalization(자본 구조 재조정)을 도와 달라고 요청했다. 인도네시아는 막 끔찍한 내전에서 벗어난 참이었고 팻 브라운은 월스트리트와 연줄이 깊었다. 이 전임 주지사는 인도네시아 정부를 위해 130억 달러를 끌어왔는데 2020년 물가로 따지면 1000억 달러가 넘는 거금이었다.

브라운의 노고에 보답하기 위해 페르타미나는 그에게 인도네시아산 석유를 캘리포니아에 독점 판매할 수 있는 권리를 주었다. 그 무렵부터 캘리포니아에서는 석유의 불꽃이 활활 타오르기 시작했다. 교통뿐 아니라 발전 분야에서도 석유를 에너지원으로 쓰기 시작한 것이다. 인도네시아산 석유는 미국산 석유에 비해 황의 함량이 낮았다. 천식 등을 유발하는 오염 물질인 이산화황을 덜 발생시킨다는 장점이 있었다. 그 무렵 캘리포니아는 이산화황 배출에 관한 새로운 규제를 도입했다. 브라운 일가가 독점 수입하는 인도네시아산 석유가 시장을 독점할 수 있는 길을 열어 준 것이다.

지역 언론 《새크라멘토비Sacramento Bee》의 전 칼럼니스트 댄 월터스Dan Walters는 브라운 일가의 인도네시아산 석유 커넥션을 밝혀낸 장본인이다. 나는 그를 통해 팻 브라운의 딸인 캐슬린 브라운이 팻의 재산 중 일부를 상속받았다는 사실까지 확인할 수 있었다. 하지만 제리 브라운이 재산을 상속받았는지는 확인되지 않았다.

그렇지만 제리 브라운은 주지사 취임 후 본인 일가의 캘리포니아 석유 사업 독점을 지키기 위해 너무나 눈에 보이는 행보를 이어 나갔다. 브라운은 선거 운동 본부장이었던 톰 퀸Tom Quinn을 캘리포니아대기자원위원회 의장으로 임명했다. 세계 5대 석유 가스 회사 중 하나인 셰브런은 당시 캘리포니아에 정유 시설을 건설하고자 했다. 만약 그 정유 시설이 완성되면 알래스카산 석유가 캘리포니아 시장으로 들어올 것이고 브라운 일가의 석유 사업과 직접 경쟁하게 될 터였다. 캘리포니아대기자원위원회는 규제를 강화했고 셰브런은 정유소 건설을 포기했다. 브라운 일가의 석유 독점은 이렇게 지켜질 수 있었다. 동시에 제리 브라운의 또 다른 심복인 리처드 몰린Richard Maullin은 캘리포니아에너지위원회 의장이 되었다. 그는 캘리포니아주 전력망이 원자력을 버리고 석유를 더 많이 사용하는 방향으로 압력을 행사했다.[56]

다음 단계는 게티 오일Getty Oil의 최고위 투자 매니저 중 한 사람을 캘리포니아주 고등법원에 판사로 꽂아 넣는 것이었다. 게티 오일 출신 판사는 아버지 브라운과 아들 브라운의 주지사 선거에서 정치적 기여를 톡톡히 해냈다. 그리고 이 판사는 석유로 쌓아 올린 게티 가문의 재산이 세금 폭탄을 맞지 않도록 보호해 주는 법의 통과를 위해 백방으로 노력했다. 이 판사의 이름은 빌 뉴섬Bill Newsom으로 그의 아들인 개빈 뉴섬 Gavin Newsom은 현재 캘리포니아 주지사로 재임 중이다.[57]

1976년 국유 석유 회사 페르타미나의 사장을 맡고 있던 인도네시

지구를 위한다는 착각

아군 장성이 축출됐다. 그가 저질러 온 대규모 비리가 적발되었기 때문이다. 게다가 1970년대 초 유가 폭등 상태에서 많은 대출을 받았던 페르타미나는 유가가 안정되면서 부도 위기에 직면했고 대출을 해 준 여러 미국 은행들도 위기를 맞이해야 했다. 그러자 곧 브라운 부자는 캘리포니아 남부에 천연가스 터미널을 짓자고 로비를 벌이기 시작했다. 인도네시아산 천연가스를 수입하고 처리할 시설이 필요하다는 것이었다. 《새크라멘토비》의 전직 기자 월터스는 이렇게 지적했다. 그 터미널은 "페르타미나의 심각한 자금난을 완화해 줄 수 있었을 것이다. 그리고 간접적으로는 페르타미나에 수십억 달러를 빌려주었던 미국 은행들에 구제 금융을 제공하는 효과가 있었을 것이다."[58]

제리 브라운의 파이프라인은 멕시코까지 확장되었다. 브라운은 카를로스 부스타만테Carlos Bustamante와 비즈니스 계약을 맺었다. 부스타만테는 멕시코의 유력 석유 가스 가문의 수장으로, 《뉴욕타임스》는 1979년 탐사 보도 끝에 이 사실을 1면에 보도했다. 《뉴욕타임스》에 따르면 부스타만테는 브라운에게 선거 자금을 제공했다.[59]

브라운은 바하칼리포르니아Baja California주에 짓기로 예정되어 있는 발전소를 승인해 달라고 멕시코 대통령에게 요구했던 사실을 인정했다. 그 발전소가 건설되면 샌디에이고 가스 앤드 일렉트릭 회사에 전력을 제공할 수 있을 터였다. 부스타만테는 샌디에이고 가스 앤드 일렉트릭의 로비스트로 일했을 뿐 아니라 해당 발전소의 자금 지원 계획을 입안한 주요 투자자였으며, 심지어 발전소가 세워질 부지마저 그의 땅이었다.

1979년 FBI(미국연방수사국)는 제리 브라운이 1974년 주지사 선거 당시 부스타만테가 낸 후원금을 제대로 신고하지 않았다는 혐의에 대한 수사에 착수했다. 《뉴욕타임스》의 보도에 따르면 FBI는 "부스타만테로부터 받은 미신고 기부금이 상당하다고 제보한 민주당 정치인들과 사업가들의 증언을 확보했다." "부스타만테와 브라운 사이에 오갔던 거래의 세부 사항을 포함하고 있다고 알려진 제보 내용에 따르면, 부스타만테의 사업에 직접적인 이득이 될 만한 가스와 석유 계약들이 여러 건 포함되어 있었다."[60]

1978년 샌디에이고 가스 앤드 일렉트릭은 문제의 프로젝트를 포기했다. "부적절한 지급 수단"으로 활용될 수 있기 때문이라고 회사 측 변호사는 입장을 밝혔다. 하지만 부패 연루 가능성 탓에 프로젝트가 취소된 지 얼마 지나지 않아 제리 브라운이 이끄는 주 정부는 부스타만테 일가와 또 다른 석유 가스 프로젝트를 추진하고 나섰다. 이렇듯 브라운 일가의 권력은 제대로 규제받은 적이 없었다.[61]

제리 브라운은 1983년 주지사 경력을 마무리 지었다. 그는 그때까지 반핵 운동을 이어 나갔고 천연가스를 옹호했다. 그로부터 7년 후 제리 브라운의 측근인 밥 멀홀랜드Bob Mulholland와 베티나 레드웨이Bettina Redway는 캘리포니아주 새크라멘토 인근에 건설 예정이던 랜초세코 Rancho Seco 원자력 발전소의 건설을 중단하는 결의안을 통과시켰다. 브라운이 두 번째 임기 당시 중단시키려고 했지만 끝내 이루지 못했던 소원을 대신 해결해 준 것이다.[62]

얼마 후 민주당 캘리포니아 지부 의장이 된 브라운은 멀홀랜드를 정치국장에 임명하며 노고를 치하했다. 레드웨이의 남편인 마이클 피커 Michael Picker는 브라운의 최측근 보좌관이 되었으며 훗날 캘리포니아에 마지막으로 남은 두 원전을 폐쇄하는 과정에서 핵심 역할을 수행하게 된다.[63]

캘리포니아주의
뿌리 깊은 정경 유착

팻 브라운이 화석 연료 업체로부터 돈을 받은 첫 민주당 정치인은 아니었다. 앨 고어 부통령의 아버지 앨 고어 시니어는 테네시주 상원 의원이었는데, 1972년 재선 도전에 실패했다. 그는 그 후 옥시덴털 퍼트롤리엄Occidental Petroleum 산하 석탄 발전소에서 일자리를 얻었다. 앨 고어 시니어는 훗날 그 결정을 이렇게 표현했다. "이제 공직의 울타리를 벗어나 들판에 풀을 뜯으러 나가게 되었으니 기왕이면 잘 자란 풀을 뜯으러 간 것이다."[64]

상원 의원을 거쳐 부통령이 된 앨 고어 주니어 역시 같은 회사와 이해관계로 얽혀 있었다. 고어는 부통령 재임 당시 그 회사에 전화를 걸어 5만 달러의 후원금을 받았는데 이는 작은 스캔들로 비화했다.[65]

비영리 탐사 보도 NGO 공공청렴센터Center for Public Integrity는 석탄 산업이 진폐증에 걸린 광부들의 소송을 막기 위해 벌였던 공작을 밝혀 냄으로써 2014년 풀리처상을 수상했다. 바로 이 공공청렴센터가 앨 고 어와 옥시덴털의 관계를 파헤쳤다.

공공청렴센터가 2000년 1월 발표한 보고서에 따르면 "앨 고어가 1992년 여름 민주당 대선 부통령 후보가 된 후 옥시덴털은 여러 민주당 위원회와 단체에 47만 달러가량을 간접적으로 후원했다."[66]

보고서에 따르면 옥시덴털의 회장은 흔히 '링컨 베드룸Lincoln Bedroom'이라 불리는 백악관 손님방에서 1박을 한 지 이틀 후 민주당 전국위원회에 10만 달러의 기부금을 보냈다. 옥시덴털의 회장은 또한 1994년 보리스 옐친 러시아 대통령이 백악관을 방문했을 때 열린 파티 에 초대받았다. 그보다 앞서 옥시덴털 회장은 빌 클린턴 정부의 상무부 장관과 함께 러시아로 가서 무역 문제를 해결하는 데 일조했다.[67]

고어는 2013년 개인적으로도 화석 연료 진영에서 나온 돈을 챙겼 다. 그는 다른 이와 함께 소유하고 있던 커런트 TVCurrent TV를 카타르의 국영 방송인 알 자지라Al Jazeera에 매각한 것이다. 카타르는 석유 수출국 이며 1인당 탄소 발자국이 가장 큰 나라로 꼽힌다. 그런데 고어는 고작 한 해 전 "인류 문명의 미래를 지키기 위해" "우리는 비싸고 더러운 석유 에 대한 의존을 줄여야 한다"라고 주장했다.[68]

커런트 TV를 매각하면서 고어가 받은 돈은 1억 달러로 알려져 있 다.[69] 그런데 기후 활동가라는 사람들은 그 사실을 알고도 그다지 개의치 않는 듯하다. 고어가 카타르와 거래를 했다는 이야기를 전해 들은 한 기후 정치 활동가는 《워싱턴포스트》에 이렇게 말했다. "내가 볼 때 활동 가들은 그렇게 화가 나거나 하지 않았습니다. 개인적으로는 고어가 좋은 거래를 했다고 생각해요."[70] 실제로 그 거래는 알 자지라보다는 앨 고어에게 이득이었던 것 같다. 알 자지라는 2013년부터 2016년까지 미국 지국을 운영했지만 시청률이 워낙 낮아 문을 닫고 말았기 때문이다.[71]

2011년부터 2019년까지 제리 브라운은 캘리포니아 주지사로서 세 번째, 네 번째 임기를 보냈다. 그 기간 동안 그의 여동생인 캐슬린 브라운은 미국 최대 천연가스 기업 중 하나이자 샌디에이고 가스 앤드 일렉트릭 회사의 모기업이기도 한 셈프라 에너지Sempra Energy의 중역으로 있었다.

이번에도 브라운은 적극적으로 석유와 가스 기업의 이익을 위해 힘을 썼다. 2011년 그는 주 정부 규제 관리자 2명을 해고했다. 그 관리자들이 캘리포니아의 수질 보호를 위해 프래킹에 대한 연방 규제를 집행한 것이 이유였다.[72] 2013년 퍼시픽 가스 앤드 일렉트릭 컴퍼니의 로비스트가 보낸 이메일이 공개되었다. 그 이메일에서 로비스트는 브라운 주지사가 캘리포니아공공설비위원회California Public Utilities Commission에다 퍼시픽 가스 앤드 일렉트릭 컴퍼니의 신규 천연가스 화력 발전소를 승인하라고 지시했다고 밝혔다.[73]

그 이듬해에 브라운은 캘리포니아주 정부의 석유가스지열자원과에 지시를 내렸다. 본인이 개인적으로 소유하고 있는 토지에 석유와 가스가 매장되어 있는지 그리고 자신에게 권리가 있는지 알아보라는 지시였다. 그 부서는 51쪽에 달하는 보고서를 작성했다. 위성 사진까지 첨부된 그 보고서에 따르면 브라운의 목장 주변에는 석유와 가스가 매장되어 있었다. 이는 개인적 이익을 위해 정부 자원을 부당하게 활용한 사례였지만 캘리포니아의 지역 신문 기자들과 언론인들은 그리 심각하게 다루지 않았다.[74]

2015년 셈프라 에너지가 소유한 천연가스 저장 시설인 알리소캐니언Aliso Canyon에서 엄청난 유출 사고가 발생해 인근 주민들이 대거 피난 가는 일이 있었으나 브라운은 그 일 역시 유야무야 덮고 지나갔다. 2016년 당시 캐슬린 브라운은 캘리포니아에 석유와 가스 관련 토지 4제곱킬로미터, 석유와 부동산 기업인 포리스터 그룹Forestar Group의 주식 74만 9000달러 상당을 보유하고 있었다. 한편 포리스터 그룹은 포터랜치 Porter Ranch와 인접한 3제곱킬로미터의 땅을 소유하고 있었는데, 문제는 그 위치가 알리소캐니언 유출 사고 현장과 맞닿은 곳이었다는 점이다. 캐슬린 브라운은 당시 신재생 에너지 투자 회사인 리뉴 파이낸셜Renew Financial의 이사였고, 그 회사는 캘리포니아주가 지급하는 막대한 신재생 에너지 보조금으로 직접적인 혜택을 받고 있었다.[75]

알리소캐니언 유출 사고 이후 브라운 주지사는 사고 원인을 비밀로 하기 위해 노력했다. 진보 반핵 운동 단체인 컨슈머워치독Consumer Watchdog에 따르면 "가스 유출을 막기 위한 노력이 몇 달째 이어지고 있는 가운데 브라운 주지사는 사고 원인과 폐쇄 여부에 대한 조사를 모두 비밀로 하라고 행정 명령을 내렸다."[76]

2011년 이래 주지사로서 세 번째와 네 번째 임기를 보내는 동안 제리 브라운과 그의 동지들은 1970년대부터 벌인 반핵 전쟁을 이어 나갔다. 그들은 캘리포니아주의 원전을 닫기 위해 애를 썼는데 가장 먼저 공격 대상이 된 것이 샌디에이고카운티의 샌오노프레San Onofre 원자력 발전소였다.

2013년 2월 브라운이 임명한 대리인과 캘리포니아공공설비위원회 의장인 마이클 피비Michael Peevey는 폴란드에서 업무를 겸한 휴양 여행을 즐기던 중 샌오노프레 원전을 소유한 회사인 서던 캘리포니아 에디슨 Southern California Edison의 고위 임원과 만났다.[77] 피비는 그 자리에서 샌오노프레 원자력 발전소 폐쇄를 위한 거래를 제안했다.《로스앤젤레스 타임스》보도에 따르면 그렇다. 폐쇄 결정의 구실은 발전소의 낡은 증기 발생기steam generator들의 교체가 제대로 이루어지지 않았다는 것이었다.

증기 발생기들은 새로 구입하면 되는 설비였다. 구입과 설치 비용은 10억 달러 미만으로 해결할 수 있었다. 기존의 증기 발생기들의 비용도 8억 달러 미만이었다. 그런데 피비는 증기 발생기를 교체하는 대신 서던 캘리포니아 에디슨의 임원을 만나 발전소를 닫아 버리라고 했다. 대신 피비는 캘리포니아공공설비위원회를 통해 전기 요금을 높여 줄 수 있다고 제안했다.

원전 조기 폐쇄를 대가로 전기 사용자들에게 33억 달러의 요금을 더 물리겠다는 소리였다. 투자자들 역시 14억 달러의 추가 비용을 지불

해야 할 상황이었다.[78]

이 계략은 먹혀들었다. 샌오노프레 원자력 발전소는 영구 폐쇄되었다. 대신 그 전력을 충당하기 위해 천연가스 발전소가 들어섰고 캘리포니아의 탄소 배출은 전기 요금과 함께 수직 상승했다.[79]

2014년 11월 캘리포니아주와 연방 수사 기관들이 캘리포니아공공설비위원회의 사무실을 급습했다. 샌오노프레 원자력 발전소의 조기 폐쇄와 관련해 조사를 하고 범죄 혐의가 있는지 알아보기 위해서였다. 그런데 당시 캘리포니아주 법무부 장관이던 카멀라 해리스Kamala Harris가 수사를 중단 또는 지연시켰다. 캘리포니아공공설비위원회는 브라운 주지사 측에서 보내온 60통이 넘는 이메일의 제출을 거부했다.[80]

캘리포니아공공설비위원회의 문제는 거기서 멈추지 않았다. 2010년 9월 샌브루노San Bruno에서 퍼시픽 가스 앤드 일렉트릭 컴퍼니의 파이프라인이 폭발하면서 8명이 목숨을 잃는 사고가 발생했다. 범죄 혐의를 찾기 위한 수사가 진행되었는데, 2014년 캘리포니아공공설비위원회의 법률팀은 위원회 측 사람들이 관련된 증거를 없앴을 수 있음을 시인했다.

캘리포니아주 의회는 2016년 8월 캘리포니아공공설비위원회의 개혁 법안을 통과시켰다. 하지만 마지막 순간에 브라운의 심복 마이클 피커에 의해 가로막히고 말았다고 《로스앤젤레스타임스》와 《샌디에이고 유니언트리뷴San Diego Union Tribune》은 전했다.[81]

캘리포니아주 고등법원 판사 어니스트 골드스미스Ernest Goldsmith

는 캘리포니아공공설비위원회를 향해 샌오노프레 원자력 발전소의 폐쇄 과정에서 피커가 어떤 역할을 했는지 밝혀야 한다고 강력히 촉구했다. 골드스미스 판사는 선언했다. "이것은 심각한 사안이다. 캘리포니아의 납세자들에게 이는 결코 사소한 일이 아니다. [8명이 사망한] 샌브루노 폭발 사고가 사소한 일이 아니었듯이 뭔가 큰일이 벌어지고 있다면 그 내막은 드러나야만 한다. 저간의 일이 드러났을 때 끔찍하게 고통스러울 수도 있겠지만 우리는 묵묵히 올바른 일을 해야 할 것이다."[82]

수사의 칼날이 드리워져 있는 그 순간에도 캘리포니아공공설비위원회는 캘리포니아주에 남아 있는 최후의 원전을 폐쇄하기 위한 발걸음을 멈추지 않았다. 디아블로캐니언 원자력 발전소가 그것이었다. 이번에도 등장인물은 비슷했다. 샌오노프레 원전 폐쇄에 관여한 같은 인물과 집단이 개입해 있었다. 핵심 반핵 단체 중 하나인 '원자력 안전을 원하는 미국인들Americans for Nuclear Responsibility'의 대표 존 지스먼John Geesman은 브라운의 보좌관으로 오래 일했을 뿐 아니라 캘리포니아에너지위원회 의장을 역임한 인물이었다. 그러니 그가 신재생 에너지 옹호론자라는 점은 새삼스러운 일이 아니다. 샌오노프레 원전 폐쇄 공작을 벌일 당시 캘리포니아공공설비위원회 의장이던 피비는 지스먼에게 힘을 써 달라고 특별히 부탁했다.[83]

친환경은 인터넷보다
더 큰 사업 기회

앨 고어는 2006년에 개봉한 다큐멘터리 영화 〈불편한 진실An Inconvenient Truth〉로 아카데미 장편 다큐멘터리상과 노벨상을 수상하는 영광을 거머쥐었다. 동시에 신재생 에너지는 거대한 산업으로 급부상했다. 같은 해 구글과 아마존에 초기 투자를 한 것으로 유명한 벤처 투자자 존 도어 John Doerr는 지구 온난화에 관한 TED 강연을 하면서 울부짖었다. "나는 정말 두렵습니다. 우리가 살아남을 수 있을 것 같지 않아요."

그러나 위기는 곧 기회의 다른 이름이었다. 도어가 한 말을 보더라도 그렇다. "친환경 기술, 친환경 지향적인 기술은 인터넷보다 더 큰 기회입니다. 21세기 최대의 경제적 기회가 될 수도 있습니다."[84]

앞서 말했다시피 나 또한 진보적 관점에서 민주당 친화적인 노동 환경 정책 패키지인 뉴 아폴로 프로젝트를 입안한 사람이다. 오카시오-코르테스 하원 의원이 발의한 그린 뉴딜의 선구자 격이라 할 수 있다. 나와 함께 뉴 아폴로 프로젝트를 제안한 동료들은 에너지 효율을 높이고, 신재생 에너지를 확대하며, 전기차를 보급하는 등 여러 기술 발전을 촉진하기 위해 3000억 달러가 필요하다고 보았다.[85]

2007년 우리의 노력은 결실을 거두었다. 당시 민주당 대통령 후보였던 버락 오바마가 우리의 제안을 받아들인 것이다. 2009년부터 2015

　　　　　　　　　　　　지구를 위한다는 착각

년까지 미국 정부는 우리가 토대를 놓은 그린 뉴딜 정책에 1500억 달러를 투입했으며 경기 부양 차원에서 900억 달러를 추가 투입했다.[86]

경기 부양을 위해 투입된 자금은 골고루 돌아가지 않았다. 오바마 대통령과 민주당 그리고 민주당의 기부자들 주변에 고였다고 표현하는 것이 정확할 듯하다. 오바마 정권의 재정 위원회 위원 중 적어도 10명, 그리고 그의 선거 자금 모금책 중 최소 10만 달러 이상을 모아 온 12명 이상이 205억 달러의 경기 부양 대출 자금 중 164억 달러의 혜택을 차지했던 것이다.

세계 최초로 럭셔리 하이브리드 차량을 만들었던 회사 중 하나인 피스커Fisker는 연방 정부로부터 5억 2900만 달러를 대출받았다. 존 도어는 피스커의 주요 투자자 중 한 사람이었다. 그러나 피스커는 납세자들에게 1억 3200만 달러의 부담만을 남긴 채 결국 파산하고 말았다.[87]

오마바 선거 운동에서 자금책을 맡았던 이들이 연방 정부 대출 프로그램을 좌우하고 있었다. 2011년 3월 미국회계감사원U.S. Government Accountability Office은 보고서를 제출했다. 연방 정부 대출 프로그램의 진행 과정이 "자의적"이며 최초로 대출 승인을 받은 18건 중 단 한 건도 제대로 된 서류를 갖추지 않았다는 내용이었다.

테슬라나 피스커 같은 전기차 회사들은 각각 거의 5억 달러에 가까운 돈을 받았지만 그 실적에 대한 평가는 이루어지지 않았다. 회계감사원은 에너지부의 문제를 지적했다. "에너지부는 지원자들을 일관성 있게 대하지 않았다. 특정 지원자에게 우호적이었고 다른 지원자에게는 불이익을 주었다."[88]

그러나 이 대출은 오바마 행정부와 연줄이 깊게 닿아 있는 정치 자금 기부자들이 일자리 창출은 하지 않으면서 받아간 수많은 지원금 중 일부에 지나지 않는다. 가장 유명한 사례를 들어 보자. 에너지부는 녹색 투자라는 명목으로 5억 7300만 달러를 솔린드라Solyndra라는 태양광 기업에 제공했는데, 솔린드라의 소유주는 오바마 선거 운동 자금 모집원 중 한 사람이었던 억만장자 조지 카이저George Kaiser였다.

솔린드라는 누구도 투자하려 들지 않는 회사였다. 솔린드라의 태양광 패널은 너무나 비쌌기 때문이다. 에너지부 직원 중 제정신을 가지고 있던 누군가가 그 점을 지적했다. 하지만 그의 의견은 무시당했고 대출 승인이 떨어졌다.

녹색 경기 부양책에서 가장 큰 이득을 본 이들은 억만장자들이었다. 일론 머스크, 존 도어, 조지 카이저, 비노드 코슬라Vinod Khosla, 테드 터너Ted Turner, 팻 스트라이커Pat Stryker, 폴 튜더 존스Paul Tudor Jones가 바로 그 주인공이었다. 비노드 코슬라는 오바마 선거 운동 당시 "인도 정책 팀"을 이끌었을 뿐 아니라 민주당 재정의 주요 원천이기도 했다. 그가 보유한 기업들은 오바마 정권 들어 3억 달러 이상을 받았다.[89]

그러나 연방 정부의 경기 부양 자금에 존 도어만큼 큰 혜택을 본 사람은 없었다. 그가 운용한 그린테크Greentech 포트폴리오는 27개의 기업으로 구성되어 있었는데 그중 절반 이상인 16개 회사가 정부로부터 대출을 받거나 어려운 승인을 따냈다. 한 탐사 보도 기자는 이 점을 지적

지구를 위한다는 착각

했다. "에너지부에 대출 및 지원 신청을 한 기업들의 심사 합격률이 10 퍼센트 내외라는 점을 놓고 볼 때 도어가 투자한 기업들의 성적은 충격적이다. 도어는 정치에 200만 달러를 투자해 지금까지 그가 거둔 것 중 최고의 투자 성과를 올렸다."[90]

2017년 테슬라는 천연자원보호협회, 환경보호기금, 시에라클럽과 연합해 캘리포니아에 남은 유일한 원자력 발전소인 디아블로캐니언 원전을 폐쇄하라고 캘리포니아 정부에 강력히 요구했다. 그 원전이야말로 캘리포니아에 단 하나 남은 탄소 제로 청정 에너지 발전원이라는 것은 그들이 알 바 아니었다. 테슬라는 속내가 뻔히 드러나는 성명을 발표했다. 원전을 폐쇄하고 대신 (테슬라의) 태양광 패널과 (테슬라의) 배터리로 대체해야 한다고 말이다. 캘리포니아주 정부는 목소리를 높여 준 테슬라에 2019년 말 6700달러짜리 테슬라 파워월 배터리 가격의 절반을 보조해 주는 것으로 보답했다.[91]

앞서 톰 스타이어나 마이클 블룸버그의 사례에서 살펴보았듯이 이타적으로 보이는 환경 자선 사업가가 지지하는 일에는 이익에 대한 추구가 종종 숨어 있다.

시체인지재단Sea Change Foundation의 경우를 살펴보자. 이 재단은 미국진보협회, 시에라클럽, 천연자원보호협회, 환경보호기금, 참여과학자 모임 등 탄소배출권 거래제를 옹호하는 단체에 2007년부터 2012년까지 1억 7300만 달러가 넘는 돈을 후원했다.[92] 시체인지재단의 배후에는 벤처 투자자 너새니얼 사이먼스Nathaniel Simons가 있었다. 이 재단의 공동 설립자인 사이먼스는 2009년 이후 연방 정부로부터 대출을 받거나 지원금을 타 내거나 계약을 따낸 7개 기업에 투자한 인물이었다.[93] 록펠러 패밀리펀드Rockefeller Family Fund 보고서에 따르면 사이먼스는 "사실상 탄소배출권 거래제 정책 추진에 투자한 것이다."[94] 사이먼스 부부는 그 법안을 밀어붙이기 위해 로비스트를 고용했다.[95]

2010년대는 스탠퍼드대학교의 토목환경공학 교수 마크 제이컵슨이 열렬히 신재생 에너지의 경제성을 옹호하고 다닌 시절이었다. 이른바 신재생 에너지만으로 인류에게 필요한 모든 에너지를 충당할 수 있으며 원자력뿐 아니라 화석 연료조차 필요하지 않음을 입증하는 일에서 제이컵슨의 활약상은 반핵 운동가 에이머리 로빈스뿐 아니라 환경보호기금, 천연자원보호협회 등 여러 단체들을 무색하게 하기에 충분했다.

2016년 나는 그와 UCLA(캘리포니아대학교 로스앤젤레스캠퍼스)에서 토론을 벌였다. 디아블로캐니언을 포함해 현존하는 원전들을 닫고 대신 신재생 에너지로 대체하는 것이 더 저렴하다고 제이컵슨은 주장했다.[96] 그런데 당시 제이컵슨은 프리코트에너지연구소Precourt Institute for Energy의 수석 연구원 자격으로 토론에 참석했다. 이 연구소의 명칭은 석유 가스 업계의 거물이자 세계 최대 석유 가스 서비스 기업 중 하나인 핼리버턴의 이사 제이 프리코트Jay Precourt의 이름에서 따왔다. 그리고 프리코트에너지연구소 이사회는 석유, 가스, 신재생 에너지 분야의 주요 투자자들로 구성되어 있다. 그러니 이보다 더 직접적인 이해관계를 상상하기란 쉽지 않다.[97]

유일하고 실질적인 희망이
사라지게 놔둘 것인가

2018년 애리조나주는 한 법안의 지지 여부를 묻는 주민 투표를 실시했다. 이 법안은 표면적으로는 신재생 에너지 육성을 목표로 했지만, 실제로는 애리조나주의 유일한 원자력 발전소인 팰로버디Palo Verde 원전의 조기 폐쇄가 목표였다. 팰로버디 원전이 폐쇄된다면 미국은 단일 시설로는 가장 큰 탄소 제로 청정 에너지 공급원을 잃게 될 터였다.

법안이 통과되면 팰로버디 원전 사업자는 발전을 신재생 에너지뿐 아니라 천연가스로 대폭 대체해야 했고 이는 탄소 배출의 증가로 이어질 수밖에 없었다. 결국 유권자들은 이 법안을 거부했다. 30퍼센트만이 법안에 찬성했고 70퍼센트는 반대했다. 압도적인 승리였다.

이 법안의 배후에는 톰 스타이어가 있었다. 법안을 밀어붙이는 데 2300만 달러를 들였지만 통과만 되면 개인적으로 큰 이득을 볼 수 있었다. 하지만 스타이어가 이 사안의 이해관계자라는 사실을 지적하는 주요 언론은 별로 없었다.[98]

그 무렵 주요 언론들은 화석 연료 이해관계자들, 특히 엑손모빌과 석유 재벌인 코크 형제Koch brothers 등이 정치 자금을 동원해 정치권에 영향력을 행사한다고 비난하면서 대학들에 화석 연료 업계에 대한 투자를 중단하라고 요구하고 있었다. 하지만 같은 시기에 350.org, 시에라클럽, 천연자원보호협회, 환경보호기금 같은 환경 단체들은 스타이어나 블룸버그처럼 화석 연료로 떼돈을 버는 억만장자들의 후원금을 받고 있었다.[99]

언론은 수십여 년에 걸쳐 엑손모빌, 코크 형제, 기후 변화 회의론자들을 악마로 묘사해 왔다. 하지만 스타이어나 블룸버그 같은 화석 연료 억만장자들과 그들의 돈을 받는 환경주의자들에게는 거의 무제한으로 면죄부를 발급해 왔다. 스타이어와 블룸버그가 선의로 그런 일을 하는 것이라면 코크 형제도 선의로 그런 활동을 하는 것일지 모른다. 이해관계는 이해관계일 뿐이다. 그 사람의 이념이나 지지 정당이 무엇이냐에 따라 똑같은 행위를 두고 판단이 달라질 수는 없다.

350.org 창립자 빌 매키번과 시에라클럽 사무총장 마이클 브룬은 스타이어가 대통령직에 도전하기 위해 1억 달러를 쓰겠다고 하자 환호하며 찬사를 보냈다. 스타이어는 그 돈을 TV와 페이스북 광고에 쏟아부어 대선 후보 경선 무대에 설 자격을 샀다.[100] 스타이어와 블룸버그는 도합 7억 5000만 달러를 2020년 대통령 선거 운동에 쏟아부었다.

스타이어와 그의 장학생들 사이 관계보다 "대가성 거래pay-to-play" 관계를 더 잘 보여 주는 경우는 상상하기 힘들다. 이것은 워싱턴 정치가 돌아가는 방식을 냉소적으로 바라볼 수밖에 없게 만드는 전형적인 사례다. 그리고 언론 매체의 이중 잣대가 적나라하게 드러나는 본보기다.

만약 스타이어를 비롯한 신재생-화석 연료 투자자들이 목적을 달성한다고 해 보자. 현재 미국의 전력 중 거의 20퍼센트를 공급하는 남아 있는 99기의 원전을 모두 없애 버린다고 말이다. 그 경우 그들은 막대한 금전적 이득을 얻겠지만 탄소 배출은 하늘 꼭대기까지 치솟을 것이다. 2050년까지 탄소 배출을 제로로 만들겠다는 목적을 달성할 수 있는 유일하고도 실질적인 희망 역시 사라지고 말 것이다.

만약 그런 일이 벌어진다면 스타이어는 인류 역사상 대단한 업적을 남긴 인물로 길이 기억될 것이다. 환경을 앞세워 더 깨끗한 에너지를 몰아내고 탄소 배출을 늘리는 데 그 누구보다 혁혁한 기여를 한 억만장자로 남을 수 있을 테니까.

11

힘 있는 자들이
가장 좋은 해결책에 반대한다

Apocalypse Never

가진 자들의
초호화판 환경 놀이

2019년 기후 변화에 맞서 무언가 해야 한다는 목소리가 커지면서 세계에서 가장 부유하고 힘 있는 사람들이 반응하기 시작했다.

그해 7월 말 구글은 기후 변화 대응이라는 명분 아래 이탈리아에서 셀레브리티들과 기후 활동가들이 모이는 자리를 마련했다. 리어나도 디캐프리오, 스텔라 매카트니, 케이티 페리, 해리 스타일스, 올랜도 블룸, 브래들리 쿠퍼, 프리앙카 초프라Priyanka Chopra, 닉 조너스, 다이앤 본 퍼스텐버그Diane von Furstenberg 등이 한자리에 모여, 자신들의 명성을 지렛대로 삼아 사람들의 행동을 바꿀 수 있는 방법이 무엇일지 활발하게 의견을 주고받았다고 한다.

그들 중 일부는 이미 기후 변화에 맞서 무언가를 실천하고 있었다. 케이티 페리는 유니세프를 위한 홍보 영상을 찍었고, 디캐프리오는 환경 다큐멘터리의 내레이터로 출연했다. 그 행사에서 초대받은 손님들에게 기후 위기에 대해 설명하는 역할은 해리 왕자Prince Harry가 맡았는데 그는 인스타그램에 자신의 맨발 사진을 올리며 이런 설명을 덧붙였다. "이 지구에 살고 있는 약 77억 명 사람들의 모든 선택, 모든 행동, 모든 발걸음이 세상을 바꾼다."[1]

회합이 벌어진 장소는 이탈리아의 시칠리아, 좀 더 정확히 말하면

지구를 위한다는 착각

베르두라 리조트Verdura Resort였다. 5성급 리조트인 베르두라는 모나코공국 전체보다 넓으며 테니스 코트 6개, 골프 코스 3개, 수영장 4개에 축구장까지 갖추고 있다. 그렇게 세계적으로 손색없는 장소가 제공되었지만 많은 참가자들은 바닷가에 떠 있는 호화요트superyacht에 머무는 쪽을 택했다. 행사가 열린 첫날 밤 40대의 개인 제트기가 리조트에 착륙했고 주말이 끝나기 전까지 70여 대 이상이 더 착륙할 예정이었다.

"이렇게 흥청망청한 야단법석은 본 적이 없어요." 누군가 영국의 타블로이드 신문인 《더선The Sun》의 취재에 답하며 한 이야기다. "그들을 위해 모든 게 준비되어 있었죠. 너무너무 화려했어요."[2] "그들은 자신들이 그곳에 오기 위해 막대한 양의 화석 연료를 허공에 뿌려 댔다는 사실을 신경조차 쓰지 않는 것 같았습니다. 쓸데없이 많은 수행원들을 거느린 채 헬리콥터나 슈퍼카를 타고 와서는 세상을 구하자는 설교를 늘어놓았죠."[3]

2주쯤 지나 그 행사와 관련한 논란이 잦아들기 시작했을 때, 해리 왕자와 그의 아내이며 서식스 공작부인인 메건 마클Meghan Markle 그리고 둘 사이에서 갓 태어난 아기가 여행길에 올랐다고 언론이 보도했다. 그들은 우선 스페인의 이비사를 거쳐 몇 주 후 프랑스의 니스로 향했는데 전용기를 타고 움직였다.[4] 런던에서 니스까지 이코노미석을 타면 232파운드(306달러)로 충분하지만 전용기를 이용하면 2만 파운드(2만 9000달러)까지 치솟는다.[5] 해리 왕자의 전 경호원 중 한 사람이 말했다. "솔직히 위선적이죠. 기후 변화가 얼마나 끔찍한 결과를 가져올지 떠벌이면서 전용 제트기를 타고 세계를 돌아다니다니."[6]

BBC의 계산에 따르면 왕자 가족이 이비사에서 니스까지 비행한 것 만으로 평균적인 영국인이 한 해 배출하는 전체 탄소량보다 6배나 많은 탄소를 배출한 것으로 나타났다. 레소토 같은 아프리카 국가의 평균적 인 주민이 한 해 배출하는 탄소량과 비교하면 100배나 된다. 참고로 해 리 왕자는 고등학교 졸업 후 대학에 들어가기 전까지 1년간 여행이나 다른 일을 하며 지내는 '갭 이어gap year'를 레소토에서 보냈다.[7]

해리와 메건의 친구들이 두둔하고 나섰다. "언론에 요청하고 싶다. 이 무의미하고 진실하지 않은 암살 행위를 중단하라고." 엘턴 존의 말이 다. "세상을 좀 더 나은 곳으로 만들고자 하는데 이런 식으로 공격당하 는 기분이 어떨지 상상해 봐요." 엘런 디제너러스Ellen DeGeneres도 힘을 보탰다.[8]

하지만 진짜 문제는 따로 있다. 셀레브리티들이 고에너지 소비 생 활을 과시하는 게 문제가 아니다. 본인들은 그런 삶을 즐기면서 남들에 게는 에너지 소비를 줄이는 것이 올바른 삶인 양 떠벌리는 게 문제다. 어떤 평범한 영국인이 말한 것처럼 "이제 우리한테 어떻게 살라고 설교 그만하고 당신들이 모범을 보이며 살아라."[9]

2006년 앨 고어 역시 같은 문제로 비판받았지만 친환경 주택으로 개조했다는 AP 보도 덕분에 그다지 난처한 처지에 몰리지는 않았다. 그 렇지 않았다면 테네시주 내슈빌의 방 20개짜리 저택에서 평균적인 내슈 빌 주민보다 12배나 많은 에너지를 쓰고 살면서도 기후 문제를 해결하

지구를 위한다는 착각

려면 "우리는 우리의 삶의 방식을 바꿔야 한다"라고 주장할 수는 없었을 테니 말이다.[10]

가난한 나라의 성장을
가로막는 환경주의자들

이런 위선적인 행태를 보며 많은 환경 운동가들이 분노한 것은 당연한 일이다. 2016년 10대 환경 운동가 그레타 툰베리는 엄마에게 이렇게 말했다고 한다. "정말로 환경을 위하는 셀레브리티 단 한 사람만 이름을 대 보세요! 단 한 사람도 비행기를 타고 사치스럽게 전 세계를 돌아다니는 걸 포기하지 않잖아요!"[11]

하지만 툰베리가 곧 깨달았듯이, 비행기를 타고 사치스럽게 세계를 돌아다니지 않는 것이 반드시 탄소 배출량을 획기적으로 줄일 수 있다는 뜻은 아니다.

2019년 8월 툰베리는 유럽에서 뉴욕까지 배를 타고 갔다. 탄소 배출 없는 삶의 모범을 보이기 위해서였다. 하지만 툰베리가 신재생 에너지 요트를 타고 대서양을 횡단한 일은 비행기보다 4배나 많은 탄소를 배출했다. 이유는 간단했다. 이 항해에는 배를 몰 사람들이 필요했고 그 사람들은 다시 비행기를 타고 집에 돌아가야 했기 때문이다.[12]

가장 진정 어린 환경주의자라 해도 막대한 양의 에너지를 쓰면서 살아가게 되는 이유는 간단하다. 그 환경주의자들은 부유한 나라에서 자기 주변 사람들과 비슷한 생활 수준을 누리며 살고 있기 때문이다. 그들은 자동차와 비행기를 타고 다니고 다양한 음식을 먹고 상당한 양의 에너지가 필요한 집에 산다.

앞서 살펴본 것처럼 '에너지 도약'은 현실 속에서 벌어지지 않는다. 1인당 국민 소득은 1인당 에너지 소비와 거의 정확하게 정비례한다. 에너지를 적게 쓰는 부유한 국가도 없고 에너지를 많이 쓰는 가난한 나라도 없다. 물론 유럽인은 평균적으로 미국인에 비해 에너지를 적게 쓰는 편이지만 그것은 유럽인이 환경주의의 미덕을 가슴에 새긴 채 살아가기 때문이 아니다. 그보다는 인구 밀도가 높은 탓에 자동차보다 기차나 지하철을 많이 타고 다니기에 벌어지는 일이다.[13]

게다가 선진국의 에너지 소비는 전반적으로 꾸준히 증가해 왔다. 전기를 비롯해 난방, 취사, 교통에 사용되는 1차 에너지 사용량을 합해 보면 유럽의 경우 1966년에는 1만 2500와트시를 사용했으나 2018년에는 2만 3500와트시를 사용했다. 같은 기간 북아메리카 지역의 1차 에너지 사용량 역시 1만 7000와트시에서 3만 3000와트시로 늘어났다.[14]

물론 지난 10년간 선진국의 1인당 에너지 소비가 완만하게 줄어든 것은 사실이다. 하지만 그것은 에너지 효율이 높아져서도 아니고 환경 보호 담론의 영향력이 커진 덕분도 아니다. 에너지를 대량으로 소비하는 제조업이 중국 등으로 이전한 영향이다.[15]

지구를 위한다는 착각

중국에서 수입해 오는 제품에 "내재된" 탄소 배출을 포함해 계산하면 1990년부터 2014년까지 미국의 탄소 배출은 9퍼센트가 아니라 17퍼센트 늘어났다. 같은 기간 영국의 탄소 배출은 27퍼센트 줄었지만 수입 제품에 "내재된" 탄소 배출을 함께 계산하면 11퍼센트 줄어들었다.[16]

환경주의자들은 부유한 국가에서는 에너지 소비를 억제해 경제 발전을 가로막을 정도로 정치적 영향력을 행사하지 않아 왔다. 하지만 약하고 가난한 나라에 대해서는 지난 50년간 에너지 소비를 억제해 경제 발전을 가로막기에 충분한 권력을 휘둘러 왔다. 현재 세계은행은 수력 발전, 화석 연료, 원자력처럼 저렴하고 신뢰성 있는 에너지원에 지원하던 자금을 태양광과 풍력처럼 비싸고 신뢰도가 떨어지는 에너지원 쪽으로 돌려 투입하는 중이다. 2019년 10월 유럽투자은행European Investment Bank은 가난한 나라에 화석 연료 발전소를 짓기 위한 일체의 자금 지원을 2021년부로 중단한다고 발표했다.[17]

부유한 나라의 환경주의자들이 콩고 같은 나라의 가난을 초래하는 근본 원인은 아니지만 최소한 책임은 있다. 가난하고 낙후된 지역 사람들이 산업화와 개발의 혜택을 받지 못하도록 그 길에 들어서는 것을 어렵게 만들고 있는 것은 분명하기 때문이다.

1976년 남아프리카공화국 출신 28세 백인 청년 존 브리스코John Briscoe가 방글라데시로 향했다. 인종 분리 정책이 시행되던 남아공에서 성장기를 보낸 브리스코는 모국의 극단적인 인종 차별과 싸우면서 급진 좌파가 되었다. 하버드대학교에서 환경공학으로 박사 학위를 딴 뒤 방글라데시에 간 그는 자신이 배운 기술을 이용해 사람들을 가난에서 구하고자 했다. 브리스코가 도착한 곳은 1년 중 3분의 1에 가까운 기간 동안 홍수로 몇 미터씩 물에 잠기는 한 마을이었다. 주민들은 질병과 기아에 시달리고 있었고 평균 수명은 채 50세가 되지 않았다.[18]

하지만 브리스코는 마을 근처에 제방을 짓겠다는 계획에 반대했다. 그 제방이 있으면 매년 범람하는 물을 막고 관개 시설을 확충할 수 있을 터였다. 하지만 당시 확고한 마르크스주의자였던 브리스코가 볼 때 그 제방은 부자들의 손에 더 많은 부를 집중시키는 수단에 지나지 않았다.

22년 후 브리스코는 그 마을을 다시 방문했다. 그는 자신의 눈을 의심할 수밖에 없었다. 마을은 풍요로워졌다. 아이들은 학교에 다니고 있었고 누더기가 아닌 제대로 된 옷을 입고 있었다. 평균 수명은 70세에 달할 정도로 높아졌다. 여성들은 더 독립적인 삶을 살고 있었고 시장에는 활기와 먹을거리가 넘쳐났다.

브리스코는 무엇이 이 마을을 바꿔 놓았느냐고 사람들에게 물어보았다. 사람들의 대답은 한결같았다. "제방이 생겼거든요!" 브리스코가 마을을 떠난 후 1980년대에 세워진 제방이 해법이었다. 홍수를 막아 주었고 물을 효과적으로 통제할 수 있게 되었다. 그것 말고 다른 요인은 뭐가 있느냐고 묻자 사람들은 새로 지어진 다리를 지목했다. 시장에 오갈 때 들어가는 시간이 대폭 줄어들었기 때문이다. 자신들의 삶이 긍정적으로 바뀐 건 이런 거대한 토목 공사 덕분이라고 현지 주민들은 말하고 있었다.

지구를 위한다는 착각

브리스코는 생각을 바꿀 수밖에 없었다. 2011년 한 인터뷰에서 그는 자신의 심경을 이렇게 털어놓았다. "물론 인프라 건설은 가난 구제의 충분조건이 아니죠. 하지만 필요조건이라는 사실은 거의 확실했습니다!"[19] 브리스코는 한마디 덧붙였다. "오늘날 모든 선진국은 수력 발전용으로 개발할 수 있는 하천의 70퍼센트 이상을 개발한 상태입니다. 아프리카는 그 잠재력의 3퍼센트밖에 개발하지 못했고요."[20]

세계은행의 목적은 가난한 나라의 경제 개발을 돕기 위해 금융을 제공하는 것이다. 2차 세계대전 이후 20여 년간 세계은행은 댐, 도로, 전력망 등 기본적인 현대 사회 인프라 구축에 필요한 돈을 개발도상국에 빌려주었다. 댐 건설 같은 것은 리스크가 낮은 투자다. 일단 지어 놓으면 꾸준히 안정적으로 전기를 생산할 수 있고 그 전기를 판매해 수익을 올리고 나랏빚을 갚을 수 있기 때문이다. 브라질의 전력망 중 상당수가 이렇듯 세계은행 금융 지원을 받은 것으로 12개의 수력 발전소가 브라질의 밤을 밝히고 있다.[21]

그러나 1980년대 후반 들어 세계자연기금이나 그린피스 같은 환경단체들이 목청을 높이기 시작하면서 유엔은 전적으로 다른 개발 모델을 개발도상국에 제시하기 시작했다. 이름하여 "지속가능한 개발"이었다. 이 새로운 모델에 따르면 가난한 개발도상국은 댐 같은 대규모 전력 인프라 대신 소규모 신재생 에너지를 계속 사용해야만 했다. 세계은행 역시 곧 유엔의 길을 따랐다.

1990년대에 이르자 세계은행의 금융 지원 가운데 인프라 구축에 투입되는 돈은 고작 5퍼센트에 지나지 않게 되었다. 브리스코는 이렇게 설명한다. "수자원 인프라는 발전의 수단이자 경제 성장의 선결 조건이다. 그런데 이미 기반 시설을 갖추고 있는 부유한 나라들이 작당해 그런 사업을 완전히 뒷전으로 밀어내 버렸다."[22]

가난한 나라의 인프라 구축에 반대하는 선진국

유엔은 가난한 나라가 에너지를 많이 쓰지 않고도 부유해질 수 있다는 발상을 퍼뜨리는 선봉에 섰다. 모든 부유한 나라가 걸어 온 현실과 극명히 대조되는 길이었지만 개의치 않았다. 가난한 나라가 '에너지 도약'을 통해 경제 성장을 이룰 수 있다는 이런 생각은 쉘에서 근무했던 경제학자 아르튀르 판 벤텀에 의해 허구임이 폭로되었다.

1987년 유엔은 《우리 공동의 미래Our Common Future》라는 책을 출간했다. 내용을 살펴보면 가난한 나라에서 목재 연료를 과잉 사용하는 문제에 관해 입에 발린 말을 하고 있다.[23] "에너지의 효율적 사용을 재고하고 신재생 에너지를 개발하는 과정을 꾸준히 반복하는 것은 전통적인 연료 사용을 억누르는 데 도움을 줄 수 있을 것이다. 이는 개발도상국이 성장 잠재력을 개발하는 데서 가장 필요한 일이다."[24]

하지만 이런 주장을 뒷받침할 근거는 어디에도 없다. 그 반대 결론을 향하는 증거만 차고 넘쳐난다. 이미 우리는 신재생 에너지로는 산업 혁명을 이룰 수 없었다는 사실을 확인했다. 산업화 이전 사회는 저에너지 사회였다. 석탄은 산업화 이전의 인류를 유기농 태양 에너지 경제로부터 해방시켰다. 이 책이 나온 1987년까지 화석 연료가 아닌 신재생 에너지와 에너지 효율을 통해 가난에서 벗어난 나라는 단 한 곳도 없었다.

경제 성장을 위해 화석 연료가 필요하다는 사실은 선진국 사람들에게 전혀 놀랄 일이 아닐 것이다. 《우리 공동의 미래》의 주저자인 그로 할렘 브룬틀란Gro Harlem Brundtland이라면 더욱 잘 알고 있었을 것이다. 노르웨이 총리를 역임한 사람으로서, 이 책을 쓰기 고작 10여 년 전 노르웨이가 북해 유전의 개발을 통해 세계 최대 부국 중 하나로 성장한 일을 경험했을 테니 말이다.[25]

1998년 브라질의 한 에너지 전문가는 나무 연료를 계속 사용하면서도 더 효율적인 풍로를 이용함으로써 에너지 도약을 이룰 수 있다고, 그러면 화석 연료와 원자력 모두를 피할 수 있다고 주장했다.[26]

2년 후 유엔 산하 두 기구에서 비슷한 맥락의 언급을 내놓았다. 과거에는 가난 탈출이 "(분변, 지푸라기, 땔감 등) 단순한 바이오매스 연료를 버리고 액체나 기체 연료를 이용해 취사와 난방을 하고 전기를 생산하는 것"을 의미했다면, 오늘날의 빈국에서는 "목재 연료로부터 단숨에 신재생 에너지로 향하는 에너지 도약"을 이룰 수 있다고 말이다.[27]

이는 환경 자선 단체, NGO, 유엔 산하 기구 등의 귀를 솔깃하게 하기에 충분했다. 그 결과 옛날에는 가난한 나라의 인프라 투자로 향했을 법한 금융 지원이 에너지 도약 실험에 투입되기 시작했다.

유엔과 환경 단체들은 자신들이 가난한 나라를 돕고 있다고 주장했다. "산업 사회가 겪었던 시행착오를 피하도록 해 준다"라고 유엔개발계획United Nations Development Programme, UNDP은 설명했다.[28]

인프라를 건설하고 제조업을 시작하는 등의 과정을 밟지 않는 것을 정당화하기 위해 부패와의 전쟁이 동원되기도 했다. 하지만 세계은행 이코노미스트 출신 힌 딘에 따르면 최신 연구를 종합해 볼 때 그런 주장은 설득력이 부족하다.

"아프리카가 일단 부패 척결을 하고 경제 개발을 하는 게 가능할까요? 유럽의 정치인들과 관료들이 그럴 수 있고 그래야만 한다고 생각하면 많은 아프리카 국가들의 발전 전략은 그 방향으로 수립될 겁니다." 가난한 나라에는 일단 공장을 지어야 한다는 지론을 가지고 있는 힌 딘은 나와 마주 앉은 자리에서 이야기했다. "세상에 그런 식으로 경제 성장을 이룬 나라는 단 하나도 없지만 전혀 개의치 않을 겁니다."[29]

기후 변화가 엘리트층의 관심사로 떠오른 1990년대부터 선진국은 가난한 국가의 값싼 에너지 공급, 농업 산업화, 현대식 인프라 구축에 필요한 금융 지원을 축소하기 위해 더욱 애쓰고 있다.

2014년 버몬트주 상원 의원 패트릭 레이히Patrick Leahy와 하원세출위원회House Committee on Appropriations 소속 민주당 의원들은 가난한 국가의 수력 발전소 건설을 돕는 미국의 개발 자금 지원을 축소하는 일에 착수했다. 그런 댐을 지으면 강의 생태계에 "부정적인 영향"을 줄 수 있다는 이유였다.

존 브리스코는 분노했다. "레이히 상원 의원이 그렇게 수력 발전소가 싫다면 버몬트주의 전기부터 먼저 차단해 진정성을 보여야 할 것이다."[30]

그해 《뉴욕타임스》는 이런 보도를 내놓았다. 독일의 영향으로 인해 "한때 자국에 석탄 화력 발전소를 지어 국민에게 전기를 공급하고자 했던 가난한 국가들이 지금은 화석 연료를 건너뛰고 청정 에너지 전력망을 구축할 수 있을지 논의하기 시작했다."[31]

유럽 국가들은 가난한 나라들을 대상으로 바이오 에너지를 적극적으로 홍보하고 있다. 내가 르완다의 수도 키갈리Kigali에 처음 방문한 것은 2014년 12월이었다. 나는 네덜란드 대사관에서 주최한 파티에 참석했다. 인간 배설물에서 추출한 가스를 취사용 연료로 사용할 수 있게 하는 프로젝트를 홍보하기 위한 파티였다. 그 프로젝트에는 독일도 재정 지원을 하고 있었다.[32]

2017년 유엔식량농업기구의 삼림국장인 에바 뮐러Eva Müller는 이런 주장을 했다. "목재 연료는 화석 연료보다 환경에 부담을 덜 준다. 숯을 포함하면 현재 전 세계 재생 에너지 공급량 중 40퍼센트를 차지하고 있다. 이는 태양광, 수력, 풍력을 합친 양과 같다."[33]

가난한 국가에 화석 연료와 수력 발전소 등으로 저렴한 에너지를 공급하는 방안에 대해 모든 환경주의자가 반대하는 것은 아니다. 선진국을 부유하게 만들어 준 기술을 가난한 개발도상국에는 도입하지 못하도록 가로막는 행동은 비윤리적이다. 내 경험에 따르면 선진국에 사는 환경주의자 상당수가, 아니 어쩌면 대부분이 이 생각에 동의하고 있다.

하지만 서구 NGO와 유엔 산하 기구의 지도부는 생각이 다른 것 같다. 기후변화정부간협의체 보고서의 저자들 중 상당수 역시 마찬가지다. 그들은 지난 20여 년간 선진국의 공적 자금과 사적 기부금이 저렴한 에너지로 향하는 것을 가로막고 대신 값비싸고 신뢰도가 떨어지는 신재생 에너지에 투입되도록 유도해 왔다.

2018년 기후변화정부간협의체는 보고서에서 이렇게 주장했다. 댐, 천연가스 발전소, 원자력 발전소 같은 중앙 집중식 에너지원을 버리고 태양광 패널과 배터리 같은 탈중앙 집중식 에너지원을 택함으로써 가난한 국가들은 에너지 도약을 이룰 수 있다고. 하지만 이 보고서에는 에너지 도약이 불가능하다는 사실을 폭로한 판 벤텀이나 다른 경제학자들의 연구는 인용되지 않았다.[34]

2019년 독일 환경 단체 우르게발트Urgewald를 비롯한 다수의 NGO들은 거대한 수력 발전 댐이나 화석 연료 발전 시설에 대한 자금 지원을 줄이고 소규모 풍력과 태양광 등 신재생 에너지에 자금을 지원하라고 세계은행에 요구하는 시위를 벌였다.[35]

존 브리스코는 파란만장한 인생의 황혼을 향해 가는 지금, 서구 선진국 환경 단체들이 이른바 "지속가능한 개발" 실험을 빙자해 가난한 나라의 인프라 구축에 투입되어야 할 자금을 뜯어 가는 것을 보며 전에 없던 분노에 사로잡혀 있다. 그가 쓴 글을 보자. "부유한 국가의 NGO들과 정치인들이 자기네 나라는 절대 걷지 않았던 길을 가라고 가난한 국가들을 부추기는 것을 나는 무수히 목격해 왔다."[36]

선진국 사람들은 대체 왜 이러는 걸까?

맬서스, 처칠, 히틀러가 초래한
인류 역사의 비극

1793년 영국 철학자 윌리엄 고드윈William Godwin은 《정치적 정의와 그것이 일반 미덕과 행복에 미치는 영향에 관한 고찰An Enquiry Concerning Political Justice and Its Influence on General Virtue and Happiness》을 출간했다. 그 책에서 고드윈은 정치 혁명이 아닌 인간 이성이 진보의 핵심이라고 주장했다. 우리는 정념을 비롯해 자기 자신을 통제하고 사회를 더 나은 곳으로 만들 수 있는 독특한 능력을 가지고 있다고, 시간이 흐르면서 그러한 이성주의의 힘으로 인류의 고통을 대폭 줄여 나갈 수 있을 것이라고 고드윈은 주장했다.[37]

이듬해 프랑스 귀족이자 수학자인 콩도르세 후작Marquis de Condorcet은 인류의 무한한 진보에 대한 예견을 담은 책을 출간했다. 《인간 정신 진보의 역사적 개관Esquisse d'un tableau historique des progrès de l'esprit humain》

이라는 그 책을 통해 콩도르세는 그가 "사회과학"이라 이름 붙인 분야의 선구자가 되었다. 콩도르세는 신기술을 이용해 인류가 더 좁은 땅에서 더 많은 식량을 생산하고, 그리하여 더 많은 인구를 부양할 수 있는 미래를 제시했다. 또한 그는 식량 부족을 줄이기 위해 두 나라가 서로 무역을 하는 것이 바람직하다고 보았다. 과학과 이성이 인간 진보를 도울 수 있다는 생각이 그 책의 근간에 자리 잡고 있었다.[38]

고드윈과 콩도르세는 모두 오늘날 우리가 계몽주의라 부르는 사상의 일면을 보여 준다. 또한 두 사람 모두 "휴머니스트"라고 할 수 있다. 그들은 이성을 사용하는 능력을 지닌 인간이 특별하다고 믿었다. 이들은 인간이 신의 선택을 받아 세상을 다스릴 권한을 부여받았다는 유대교-기독교식 사고방식을 세속화했던 셈이다.

봉건 군주제가 자본주의와 민주주의에 자리를 내주면서 계몽적 휴머니즘은 지배적인 정치 이데올로기로 자리 잡았다. 콩도르세는 이런 미래를 예견했다. "이 전부를 놓고 볼 때 기술과 인류의 발전은 극히 작은 땅을 이용해 아주 많은 인구를 부양하는 일을 가능케 할 것이다."[39]

토머스 로버트 맬서스Thomas Robert Malthus라는 경제학자는 이런 계몽적 낙관주의가 마음에 들지 않았다. 그래서 그는 30대 초반의 나이에 고드윈과 콩도르세를 논박하기 위한 책을 펴냈다. 1798년 출간한 《인구론An Essay on the Principle of Population》이 그것이다.

맬서스는 인류의 진보가 지속가능하지 않다고 보았다. 식량은 산술급수적으로(1, 2, 3, 4 같은 식으로) 늘어나는 데 반해 인류는 기하급수적으로(2, 4, 8, 16 같은 식으로) 번식한다는 것이 그의 주장이었다. 그러므로 진보는 필연적으로 인구 과잉과 기근으로 이어질 수밖에 없을 터였다. "따라서 가난한 이들의 삶은 훨씬 나빠질 수밖에 없으며, 그들 중 다수는 심각한 고통을 겪게 될 것이다. 인구 증가의 힘은 지구가 제공할 수 있는 인구 부양력을 훨씬 능가한다. 그러니 인류는 어떤 형태로건 평균 수명보다 이른 죽음을 맞이하게 된다."[40]

본인이 무슨 소리를 하는지 독자들이 혹시 이해하지 못할까 봐 걱정했던지, 맬서스는《인구론》2판을 찍으며 이런 인상적인 구절을 덧붙여 놓았다.

이미 남들이 차지한 세상에 태어난 사람은 자신에게 필요한 것을 부모로부터 충분히 얻지 못한다면, 그리고 사회가 그의 노동력을 필요로 하지 않는다면 최소한의 식량을 요구할 권리조차 없으며, 사실상 자신이 발 디딘 곳에 남아 있을 자격조차 없다."[41]

고드윈은 피임처럼 "인구 증가를 통제할 수 있는 다양한 방법이 존재한다"라고 지적하면서, 맬서스가 불가피하다고 이야기한 대기근을 인간 사회는 얼마든지 피할 수 있다고 주장했다.[42] 또한 기술 발전은 적은 땅에서 더 많은 식량을 생산하는 게 가능케 해 줄 터였다.[43]

맬서스는 사람들이 피임하지 않을 것이라는 주장을 넘어 피임을 하지 말아야 한다고 대응했다. 왜일까? 피임은 "비자연적"이기 때문이라는 것이다.[44] 맬서스에 따르면 대기근을 피할 수 있는 유일한 방법은 오랜 금욕뿐이었다. 결혼을 늦게 하고 아이를 조금 낳는 것만이 해법이었다. 인구가 폭발적으로 늘어나 기아가 닥칠 것이라고 주장하는 사람이 피임하지 않는 것을 인구 문제의 해법으로 내놓은 것이다.

맬서스는 가난한 이들을 걱정했지만 동시에 가난한 이들을 가난한 상태에 묶어 놓는 정책을 옹호했다. 그는 제조업보다 농업을 선호하는 귀족적인 지배 체제를 지지했으며, 육체노동을 하지 않는 귀족으로서 누리는 전원생활의 우월성을 주장했다.[45]

어떤 이들은 맬서스가 저 유명한 책을 너무 일찍 썼다고 옹호한다. 산업혁명이 식량 생산을 근본적으로 바꿔 놓으리라 예상하기에는 이른 시점이었다는 것이다. 맬서스가 성인이던 시절은 역사가들이 말하는 "발전된 농업 경제" 체제였다. 여전히 사회는 재생 에너지, 즉 나무 연료와 물레방아에 의존하던 시절이었다. "인구 대다수가 빈곤에 빠져 있는 것"은 불가피한 물리적 현실이었다.[46]

하지만 18세기 영국의 재생 에너지 기반 경제의 암울함은 고드윈이나 콩도르세 같은 휴머니스트들의 꿈을 가로막지 못했다. 그들은 단지 배고픔을 종식시키는 차원을 넘어 인류 보편의 번영을 추구했다. 세상이 암울한 곳이라는 증거는 도처에 널려 있었다. 맬서스가 살아 있는 동안 식량 생산량은 그다지 늘지 않았다. 1800년부터 1850년까지 영국의 농지는 4만 4500제곱킬로미터에서 5만 9000제곱킬로미터로 늘어났지만 농촌의 기아 현상은 더욱 심해졌다.[47]

1845년 곰팡이성 전염병이 퍼져 아일랜드의 감자 농사를 망쳐 놓았다. 훗날 '아일랜드 대기근'으로 불리는 사건의 시작이었다. 1845년부터 1849년까지 아일랜드인 100만 명이 굶어 죽고 100만 명 이상이 아일랜드를 떠났다.

지금도 사람들은 아일랜드 대기근의 원인을 감자 농사의 실패에서만 찾는 경향이 있다. 하지만 그 기근이 닥쳐온 기간에도 아일랜드는 영국으로 식량을 수출하고 있었다. 심지어 소고기까지 수출했다. 아일랜드 농부들은 소작료를 내기 위해 심지어 아이들이 굶어 죽는 와중에도 돼지를 팔아야 하는 처지에 내몰려 있었다.[48]

영국의 엘리트들이 볼 때 아일랜드인이 겪는 기아와 고통은 그들의 운명이었다. 아일랜드인에게는 도덕적인 자제력이 부족하기 때문에 기근을 겪고 있다는 것이었다. 《이코노미스트》는 "마치 사육장 속의 토끼처럼 모든 이들이 결혼하고 자식을 낳도록 부추길 우려가 있다"면서 아일랜드인의 임금을 높이는 것이 위험할 수 있다고 경고하기도 했다.[49]

《이코노미스트》와 영국 엘리트들은 반세기 전 맬서스가 제시한 사고방식을 답습하는 중이었다. 이미 맬서스는 아일랜드의 인구 폭증을 비난하면서 저렴한 식량을 그 원인으로 지적했다. "이 영양가 있는 뿌리[감자]는 [아일랜드] 사람들의 무지와 야만성과 맞물려 아일랜드의 산업과 현존 자원이 감당할 수 있는 수준 이상으로까지 결혼을 부추기고 말았다."[50]

맬서스가 볼 때 아일랜드의 문제는 궁극적으로 인구 과잉이었다.

"아일랜드에는 영국에 비해 훨씬 무한한 인구가 들어찰 것이고 그것은 아일랜드의 천연자원에 큰 영향을 미칠 것입니다. 아일랜드 인구의 대다수는 아일랜드에서 쓸려 나가야 합니다."[51]

영국의 권력자들이 타국에서 벌어지는 기아를 정당화하기 위해 맬서스의 논리를 동원한 사례는 아일랜드 대기근에서 끝나지 않았다. 1876년부터 1880년까지 인도 총독을 지낸 영국인은 인도 인구가 "그 땅에서 생산되는 곡식이 늘어나는 속도보다 더 빨리 증가하는 경향이 있다"라고 주장했다.[52] 그러고는 "생산량과 인구 증가의 한계에 도달했다"라고 언급했다.[53]

수만여 명의 인도인들이 기아로 죽어 가고 있을 때 그 인도 총독은 "빅토리아 여왕의 인도 여황 즉위식에 돈을 물 쓰듯 퍼부었다"라고 한 역사학자는 지적한다. "불워-리턴Robert Bulwer-Lytton 총독 정권의 기아 구제책은 히틀러가 부헨발트Buchenwald 강제수용소에서 수용자들에게 제공했던 것보다 열량이 더 낮았다."[54]

1942년과 1943년에 인도는 영국의 전쟁 물자로 식량과 공산품을 생산해 제공하면서 식량 부족에 시달렸다. 식량을 수입하면 그 위기를 완화할 수 있었지만 처칠 총리는 인도에 식량 수입을 허용하지 않았다.

왜였을까? "처칠과 그의 핵심 참모들의 맬서스식 사고방식에서 답의 대부분을 찾아야 한다"라고 역사가 로버트 메이휴Robert Mayhew는 결론 내린다. 처칠은 이런 잘못된 주장을 하고 있었다. "인도인은 토끼처럼 번식하며 전쟁에는 아무 기여도 하지 않으면서 우리에게 매일 100만 파운드의 부담을 주고 있다."

1942년부터 1943년까지 벵골 지방에서는 기근으로 300만 명이 죽었다. 아일랜드 대기근의 3배에 달하는 사망자였다. 처칠의 그러한 결정은 이 대량 기아와 사망에 부분적으로 영향을 미쳤다.[55]

맬서스의 제자는 처칠만이 아니었다. 아돌프 히틀러 역시 맬서스로부터 영감을 받았다. "토지의 생산량은 제한된 범위 내에서 늘어나며 특정 수준 이상 늘어날 수 없다."《나의 투쟁Mein Kampf》중 한 대목이다. 하지만 맬서스와 달리 히틀러는 그 한계를 극복할 수 있다고 믿었다. 다른 나라를 침략해 땅을 빼앗으면 되는 것이다.

역사학자 메이휴는 이러한 결론에 도달한다. "맬서스의 작업과 20세기 역사의 가장 참혹하고 끔찍한 몇몇 장면 사이에는 분명하고도 직접적인 관련이 있다."[56]

진보 좌파의 이념이 된
맬서스주의

20세기 초 미국의 테네시강 유역은 오늘날의 콩고와 무척 닮은 곳이었다. 삼림 파괴가 가속화되고 있었고 토양 유실로 인해 작황은 날로 나빠져만 갔으며 말라리아가 창궐했다. 적절한 의료 혜택을 누리는 사람은 소수에 지나지 않았다. 배관과 전기를 갖춘 집에 사는 사람도 얼마 없었다.

1차 세계대전이 그 지역에 활기를 불어넣어 주었다. 탄약 공장을 가동하기 위해 테네시강에 댐을 짓는 계획이 의회 승인을 받았기 때문이다. 하지만 댐이 완공되기 전에 전쟁이 끝나 버렸다. 이미 납세자의 세금 4000만 달러가 투입된 프로젝트를 헨리 포드가 500만 달러에 사겠다고 나섰다. 진보적인 성향의 공화당 상원 의원 조지 노리스George Norris가 앞장서서 포드의 제안에 반대했다.

노리스는 상원 농업위원회 소속이었고 영향력이 적지 않은 인물이었다. 그는 빈자들의 곤궁에 공감했고 주기적으로 테네시강 유역을 방문했다. 가난한 농부들의 움막에서 함께 자고 오는 일도 잦았다. 노리스는 테네시강 유역의 농업 현대화 프로젝트에 재정 지원을 해 달라고 10여 년간 연방 정부를 설득했다.

1933년 노리스는 기어이 의회와 새로 당선된 프랭클린 D. 루스벨트 대통령을 설득해 테네시강유역개발공사Tennessee Valley Authority 설립을 이끌어 냈다. 테네시강유역개발공사는 댐을 짓고 비료 공장을 만들고 관개 시설을 도입했다. 또한 어떻게 해야 소출을 늘릴 수 있는지 농부들을 교육시켰으며 나무를 심었다.

치러야 할 대가가 없지 않았다. 2만여 가구가 원래 살던 곳을 떠나 새로운 곳에 정착해야 했다. 이장하거나 수몰된 묘지만 7000여 개에 이르렀다.[57] 워낙 넓은 지역이 물에 잠겨 버렸기 때문이다.

하지만 이것은 그 결과 얻게 된 경제 성장에 비하면 작은 희생이었다. 단지 테네시강 유역뿐 아니라 미국 전체의 경제 성장에 큰 힘이 되었던 것이다. 저렴한 전기와 경제 성장으로 인해 자연환경이 복원될 수 있었다. 비료를 통해 유실되었던 토양이 다시 비옥해졌다. 더 적은 땅에서 더 많은 소출을 낼 수 있게 된 농부들은 남는 땅에 나무를 심었다. 시간이 흐르면서 테네시강 유역의 숲이 되돌아왔다.

그러나 산업화와 농업 현대화에 반대하는 움직임이 자생적으로 발생하기 시작했다. 심지어 연방 정부가 테네시강유역개발공사를 출범시키기 전부터 그랬다.

로즈 장학생으로 뽑혀 영국 유학을 갔다 온 테네시 출신의 시인 존 크로 랜섬John Crowe Ransom은 1930년 출간된 유명한 공동 문집《나는 이곳에 서리I'll Take My Stand》맨 처음에 실린 에세이에서 이렇게 썼다. "사회는 인간이 자연과 명예로운 평화를 지키는 대신 자연과 끝없이 전쟁을 벌이는 운명에 처해 있다는 이상한 관념에 사로잡혀 있다. 게다가 미국만큼 그런 사고방식이 폭력적으로 드러나는 곳도 없다."[58]

랜섬과 그의 동료들은 "남부 농본주의자들Southern Agrarians"로 불렸다. 그들은 도시를 혐오하고 산업이 환경과 사람에 미치는 영향을 근심했다. 농기계, 포장도로, 실내 배관 등을 "현대 산업 사회의 질병"이라고 선언했다.

밴더빌트대학교 교수이자 시인이었던 랜섬은 가난한 소작농들과 퍽 다른 관점에서 세상을 바라보았다. 말라리아와 기아에 시달리던 테네시강 유역 주민들에게 그들이 자연과의 조화 속에 살고 있어서 좋으냐고 물어보면 다들 아니라고 했을 것이다. 랜섬과 남부 농본주의자들을 비판하는 사람들은 그 무리를 일컬어 "타자기 농사꾼들typewriter agrarians"이라고 비아냥거렸다. 이는 마치 오늘날 상위 중산층upper middle class 진보주의자들을 "라떼 리버럴스latte liberals"라고 부르는 것과 비슷한 화법이다.

맬서스와 뒤를 이어 나타난 맬서스주의자들 그리고 랜섬까지, 이들은 모두 사회적으로나 정치적으로나 보수주의자들이었다. 맬서스는 산아 조절에 반대했다. 피임을 신의 뜻에 어긋나는 행위로 본 것이다. 또한 그는 가난한 이들을 구제하기 위한 사회 복지 프로그램에도 반대했다. 복지는 빈자를 자포자기하게 만든다는 이유였다. 맬서스의 사고방식을 동원해 자신들의 판단과 행동을 정당화하던 영국인들 모두가 보수주의자들이었다.

반면 사회주의자들과 좌파들은 맬서스를 증오했다. 마르크스와 엥겔스는 맬서스를 "인류의 오점"이라고 불렀다. 마르크스와 엥겔스가 볼 때 맬서스는 회피 가능한 상황을 불가피한 것 또는 "자연스러운" 것으로 만들어 버렸다.[59] 미국의 진보 사상가 헨리 조지Henry George는 1879년 출간한 《진보와 빈곤Progress and Poverty》에서 맬서스를 불평등의 옹호자라며 공격했다. "맬서스는 어떤 이들은 다른 이들에 비해 살아남고 존재할 수 있는 권리를 더 강하게 갖는다는 가정을 그럴듯한 논리로 포장했고, 그래서 지배 계급 사이에서 큰 인기를 누렸다."[60]

그런데 2차 세계대전이 끝나고 난 후 이상한 일이 벌어졌다. 맬서

지구를 위한다는 착각

스주의가 우파 이념에서 좌파 이념으로 바뀌어 환경주의의 탈을 쓴 좌파 정치 운동이 시작된 것이다. 동시에 우파 정치 진영에서는 자유지상주의, 친기업주의, 자유시장 보수주의의 형태를 띤 반맬서스주의가 퍼져 나갔다.

기세등등하던 맬서스주의에 대한 반론 중 일부는 좌파 진영에서 나왔다. 사회주의자로 시민권 운동 리더인 베이어드 러스틴Bayard Rustin은 1979년《타임》인터뷰에서 환경주의자들을 이렇게 평가했다. "자신들만 옳다고 주장하는 엘리트, 경제 성장을 낮추거나 없애자고 말하는 신맬서스주의자들…. 그들은 흑인 하층 계급, 빈민가 프롤레타리아, 농촌 흑인들을 영구적인 빈곤에 묶어 두려는 사람들입니다."[61]

하지만 맬서스주의에 대한 저항 대부분은 우파 정치 진영에서 나왔다. 맬서스주의에 경도된 환경주의를 비판한 사람 중 가장 대표적인 인물은 경제학자 줄리언 사이먼Julian Simon으로 "천연자원은 유한하지 않다"라고 주장한 것으로 잘 알려져 있다. 또한 그는 아이를 낳으면 단지 먹여야 할 입이 늘어날 뿐 아니라 생산과 소비의 주체 또한 늘어난다고 언급했다.[62] 사이먼의 이러한 관점은 좌파와 진보주의자가 아니라 보수주의자와 자유지상주의자, 싱크 탱크, 언론으로부터 널리 환영받았다.

왜 이렇게 된 걸까?

구명보트의 윤리학:
일부는 죽게 내버려 둬야 한다

1948년 윌리엄 보그트William Vogt라는 환경주의자가 《생존을 향한 길 Road to Survival》이라는 책을 썼다. 베스트셀러가 된 이 책은 9개 언어로 번역되었으며 《리더스 다이제스트》에 연재되기도 했다.[63] 이 책에서 보그트는 가난한 나라의 인구 폭증, 특히 인도의 인구 증가에 대해 경고 어린 분노를 내뱉었다. "영국제국의 일부가 되기 전까지 인도에는 1억 명이 안 되는 인구가 살고 있었던 것으로 추산된다." 그의 책을 인용해 보자.

> 인도 인구는 질병, 기근, 싸움으로 억제되었다. 매우 짧은 기간 안에 영국은 분쟁을 중재하고 관개 시설을 건설하고 식량 저장 수단을 제공하고 기아 시기에는 식량을 수입함으로써 기근을 없애는 데 크게 기여했다. … 경제 여건과 위생 상태가 "개선"되자 인도인들은 자기네에게 익숙한 방식을 좇아 마치 바닷속의 대구처럼 번식해 갔다. … 성적 유희는 인도의 국민 스포츠다.[64]

의료인은 "최대한 많은 이를 최대한 오래 생존하게 해야 할 의무"를 지니고 있다. 보그트는 그런 생각이 마음에 들지 않았다.[65] 그런 짓을

지구를 위한다는 착각

하는 의료인은 "고통을 늘리고" 있을 뿐이라고 보았다.[66] 그는 고대 그리스에서 그랬던 것처럼 "영아 살해, 이민, 식민지 건설" 등을 통해 인구를 "의도적으로 줄이는" 모델이 더 낫다고 주장했다.[67]

보그트는 현대 사회의 해법을 제시했다. "기술적으로 뒤처진 나라를 보호하려면 자원 착취에 대한 국제적 통제가 필수적이다. … 유엔과 관련 기관은 조직 간 경계를 넘어서는 환경 위원회를 구성해 인간과 필수 환경 사이의 관계에 대한 모든 유엔 활동의 영향력을 분석하고 평가해야 한다."[68]

영국 엘리트들과 마찬가지로 미국 지도자들과 엘리트들은 이런 맬서스주의식 발상을 흔쾌히 받아들였다. 1965년 사상 최초로 TV로 생중계된 새해 국정 연설에서 린든 존슨 대통령은 "세계 인구의 폭발적 증가와 갈수록 심해지는 세계의 자원 부족"을 가장 중요한 지구적 과제로 명시했다. 그는 "인구 조절"이 필요하다고 역설했다.[69]

《뉴욕타임스》는 존슨의 주장에 반발했다. 존슨의 맬서스주의가 나쁘다는 게 아니라 충분하지 않기 때문이다. 존슨은 "맬서스주의의 망령이 떠도는 세상, 맬서스가 상상했던 것보다 훨씬 더 끔찍한 세상이 현실로 다가오고 있다"라면서도 경제 성장이 유의미하고 가능하다고 주장했다. 《뉴욕타임스》는 사설을 통해 그런 생각을 비판했다.[70]

같은 해 《사이언스》에 한 논문이 게재되었다. 캘리포니아대학교 샌타바버라캠퍼스의 생물학자 개릿 하딘Garrett Hardin이 쓴 〈공유지의 비극Tragedy of the Commons〉이었다. 논문에서 하딘은 무절제한 번식으로 인해 환경 붕괴가 불가피하게 벌어진다고 주장했다. 그런 비극을 피할 수 있는 유일한 방법은 '상호 강제mutual coercion'뿐이며 모든 사람이 동의 아래 서로 비슷한 수준의 희생을 해야 한다고 했다.[71]

환경 운동 지도자 가운데 많은 이들이 맬서스주의를 받아들였다. 1968년 시에라클럽 초대 사무총장 데이비드 브라워는 《인구 폭탄The Population Bomb》이란 책을 읽고 큰 영감을 받았다. 스탠퍼드대학교 생물학자 폴 얼릭Paul Ehrlich이 쓴 그 책은 세계가 곧 대량 기아 사태에 직면할 것이라는 주장을 담고 있었다. "인류 전부를 먹여 살리기 위한 전쟁은 끝났다. 인류는 패배했다. 지금 당장 어떤 급박한 대책을 취하건 1970년대와 1980년대를 거치며 수억 명의 사람들이 굶어 죽을 것이다."[72]

앞선 시대의 맬서스, 보그트와 마찬가지로 얼릭 역시 개발도상국의 가난한 사람들의 번식을 특히 염려했다. 델리의 공항에 내려 택시를 타고 자신이 묵을 시내의 호텔로 향하며 얼릭은 창밖으로 보이는 인도인들을 마치 생물학자가 동물을 묘사할 때와 같은 시선으로 묘사했다. "먹는 사람들, 씻는 사람들, 자는 사람들 … 대변과 소변을 보는 사람들. 사람들, 사람들, 사람들, 사람들."[73]

〈투나잇 쇼〉의 진행자 조니 카슨Johnny Carson은 얼릭을 여섯 번이나 초대했고 《인구 폭탄》이 300만 부 이상 팔려 나가는 데 기여했다.[74]

맬서스주의는 1970년대에 점점 더 첨예해졌다. 캘리포니아대학교 생물학자 개릿 하딘은 〈구명보트의 윤리학: 가난한 이를 돕는 것에 반대하는 사례Lifeboat Ethics: The Case Against Helping the Poor)라는 에세이에서 이렇게 주장했다. "우리는 그 어떤 구명보트건 인원의 한계가 있다는 사실을 인식해야만 한다."

하딘은 구명보트로 달려드는 사람들을 떼어내는 장면을 상상하고 있었다. 만약 그들을 떼어내지 않는다면 달려드는 사람들뿐 아니라 이미 보트에 타고 있던 사람들까지 모두 죽게 될 것이다.

하딘의 말을 들어 보자. "우리가 얼마나 인도주의적인 의도를 품고 있건 간에, 해외의 의료나 영양 지원을 통해 인도인의 생명이 구제될수록 살아남은 이들과 후손들의 삶의 질은 떨어진다."[75]

가장 명망 높은 학술 기관들이 달려들어 이런 맬서스주의식 사고방식을 주류로 만들어 버렸다. 1972년 로마클럽Club of Rome이라는 NGO가 발행한 보고서 《성장의 한계The Limits to Growth》는 지구가 생태 붕괴의 위기에 직면해 있다고 결론 내렸다. 《뉴욕타임스》는 이 보고서를 1면 기사로 다루었다.

《성장의 한계》는 이렇게 선언했다. "인구와 산업 역량이 급격하게 통제 불가능한 위축을 겪는 것이 가장 가능성 높은 결과라 할 수 있다." 문명의 붕괴는 "사회가 성장과 '진보'에 지금과 같이 매몰되어 있는 한 피할 수 없는 암울한 전망이다."[76]

남부 농본주의자들처럼 생태학자 배리 커머너와 물리학자 에이머리 로빈스는 산업화가 해롭다고, 따라서 우리는 가난한 나라들이 경제성장을 하지 못하게 막아서 그들을 보호해야 한다고 주장했다.[77]

이들의 생각이 모두 같지는 않았다. 맬서스주의자였던 얼릭과 대외적으로는 사회주의자를 자처하던 커머너는 인구와 가난에 대해 의견 충돌을 보였다. 커머너는 식량 위기의 원인으로 가난을 지목했지만 얼릭에게 가난이란 인구 과잉의 문제였다. 커머너는 산업자본주의가 환경 파괴의 원인이라 본 반면 얼릭은 사람이 너무 많아서 환경이 파괴된다는 입장이었다.[78]

이러한 갈등은 얼릭을 비롯한 맬서스주의자들이 사회주의자들의 사고방식을 받아들이면서 해결되었다. 부유한 나라들은 지금껏 가난한 나라들에 경제 개발을 위한 보조금을 지급해 왔는데, 그런 돈이 인프라 건설 같은 분야에 쓰이지 않게 하면 된다는 데 합의가 이루어졌다. 이렇게 씨앗이 뿌려진 사고방식은 훗날 유엔에 의해 "지속가능한 개발"이라는 이름으로 꽃피게 된다.[79]

사회주의와 맬서스주의가 백년가약을 맺은 가운데 에이머리 로빈스 또한 자신의 몫을 해냈다. 로빈스는 에너지 사용을 줄이고 에너지를 희소하게 만들어야 한다는 본인의 입장을 "소프트 에너지soft energy" 미래라는 낭만적인 관점으로 포장해, 부자 나라에는 있는 인프라를 가난한 나라가 갖지 못하도록 초석을 다졌다. 그는 1976년 《포린어페어스》에 실린 1만 3000자 분량의 에세이에서 가난한 개발도상국에는 거대한 규모의 발전소를 짓는 대신 작은 규모의 에너지 공급 체계를 도입해야 한다고 역설했다.[80]

뉴딜 시대와 그 이전까지만 해도 거대한 발전소와 거기서 나오는 전기는 진보의 상징으로 여겨졌다. 손으로 옷을 빠는 등의 노역으로부터 사람을 해방시키고 나무를 태우는 화로가 아닌 깨끗한 취사의 대안을 제공해 주었기 때문이다. 반면 로빈스는 전기를 권위주의의 상징으로 보았다. 사람들의 권한을 빼앗고 소외시킨다는 것이었다. "전기가 보급되는 세상에서 우리는 자신의 삶을 유지하는 힘을 어딘가에서 받아와야 한다. 하지만 그 힘은 자신과 같은 수준의 사회 집단이 운영하는 친숙하고 이해할 수 있는 기술로부터 나오지 않는다. 우리와는 딴 세상에서 사는 관료화된 기술 엘리트들이 운영하는 낯설고 멀고 통제할 수 없는 그래서 어쩌면 굴욕감을 주는 기술로부터 비롯된다. 그 엘리트들은 우리에 대해 전혀 아는 바가 없다."[81]

20세기의 맬서스주의자들은 맬서스주의에 중요한 수정을 가했다. 맬서스는 인구 과잉이 식량 부족과 기아를 야기할 것이라고 경고했다. 반면에 1960년대와 1970년대의 맬서스주의자들은 풍부한 에너지가 인구 과잉을 낳고, 환경 파괴로 이어지며, 결국 사회가 붕괴할 것이라고 경고했다.

얼릭과 로빈스가 원자력 에너지에 반대한 이유 역시 마찬가지였다. 원자력이 너무나 풍부한 에너지를 저렴하게 생산하기 때문이었다. "설령 원자력이 깨끗하고, 안전하고, 경제적이며, 연료 공급 또한 원활하고, 사회적으로 유익하다 해도 여전히 매력적인 에너지원이 아니다. 원자력 에너지와 그로 인한 경제는 우리를 정치적으로 가두어 놓을 것이기 때문이다."[82]

이렇듯 환경주의자들이 환경의 이름으로 외쳐 온 주장의 이면에는 인간에 대한 매우 어두운 관점이 자리 잡고 있다. 로빈스는 이렇게 말했다. "저렴하고 깨끗하고 풍부한 에너지원을 발견한다면 그것은 우리 모두에게 재앙과도 같을 것이다."[83] 얼릭도 같은 생각이었다. "사실 이 시점에 사회에 저렴하고 풍부한 에너지를 공급하는 것은 도덕적으로 옳지 않다. 그것은 마치 어리석은 어린아이의 손에 기관총을 쥐여 주는 것과 마찬가지다."[84]

맬서스식 인구 폭발과
기아 만연은 틀렸다

"트리아지triage"라는 의학 용어가 있다. 병원에 도착하는 환자를 증세의 심각도와 회복 가능성 등에 따라 분류하는 체계다. 과학자 폴 얼릭과 존 홀드런John Holdren은 인류에게도 트리아지가 필요하며, 그리고 어떤 사람들은 죽게 내버려 두어야 한다고 믿었다. 그들은 이렇게 썼다. "트리아지 개념에서 세 번째 집단은 치료 여부와 무관하게 죽을 사람들이다. … [1967년에 《1975년 대기근!Femine 1975!》을 출간한] 패덕 형제Paddocks는 무엇보다 인도가 이 범주에 속할 것이라고 느꼈다. 오늘날에는 방글라데시가 더 확실한 사례다."[85]

세계는 모든 가난한 나라들의 개발 열망을 지원할 만큼 충분한 에너지를 확보할 수 없을 것이라고 얼릭과 홀드런은 주장했다. "저개발 국가의 농업 현대화 계획 대부분은 에너지 밀도가 높은 농업 관행의 도입을 요구한다. 북아메리카나 서유럽처럼 비료와 농약의 사용을 대폭 늘리고 트랙터를 포함한 여러 농기계를 활용하고 관개 시설을 확충하고 수송망을 늘리는 것이다. 이 모든 변화에는 대대적인 화석 연료의 투입이 필요하다."[86]

그들은 더 나은 방법이 있다고 생각했다. "중장비와 공장제 비료 및 살충제에 대한 의존을 줄이고 인간 노동력의 사용을 대폭 늘리는" 것이 해법이었다. 이런 노동 집약 농업은 "서구식 에너지 집약 농업에 비해 환경에 미치는 영향이 훨씬 적을 것"이라고 그들은 주장했다.[87] 다시 말해 그들이 내세우는 "대안 농법의 비밀"이란 결국 가난한 나라의 소농들이 계속 소농으로 살아가도록 하는 것이었다.

맬서스주의자들은 가난한 나라에 저렴한 에너지가 공급되고 현대적인 농경 기술이 보급되는 것에 반대하면서 이를 정당화하기 위해 좌파, 사회주의 용어를 빌려다 썼다. 이름하여 "재분배redistribution"였다. 가난한 나라들은 발전할 필요 없고 부유한 나라들이 덜 소비하면 된다는 말이었다.

얼릭과 홀드런은 1977년 공저한 교과서에서 2000년이면 전 지구의 인류가 70억 명에 달할 것이라며, 그 모든 인구를 먹여 살릴 수 있는 방법은 부유한 국가 시민들이 고기와 유제품을 덜 소비하는 것뿐이라고 주장했다.[88] 앞서 살펴보았듯이 이 주장은 2019년 기후변화정부간협의체에 의해 반복되고 있다. 두 사람은 이렇게 썼다. "선진국의 식량을 전례 없는 규모로 가난한 국가로 이송할 수 없다면 [저개발 국가에서] 기아로 사망하는 비율은 이후 수십 년 동안 높아질 가능성이 크다."[89]

1977년 얼릭과 홀드런은 "모든 천연자원의 개발, 관리, 보존, 분배"에 대한 국제적인 통제를 제안했다.[90] 많은 환경 단체와 유엔 기구가 오늘날 그 길을 걷고 있다. 기후 변화 대응과 생태 보호란 이름 아래 개발도상국의 에너지와 식량 정책을 통제하고자 한다.

루스벨트 대통령이 테네시강유역개발공사를 설립한 지 약 반세기가 흐른 1980년 민주당은 그동안 유지해 온 에너지에 대한 태도를 정반대로 뒤집었다. 풍부한 에너지가 아닌 희소한 에너지의 편에 선 것이다. 1930년 민주당은 사람들을 가난에서 구하려면 저렴한 에너지와 식량이 필수라는 것을 알고 있었다. 하지만 1980년 지미 카터 대통령의 민주당 정권은 "성장의 한계" 가설을 수용했다.

"만약 현재 추세가 이어진다면 2000년의 세계는 지금보다 … 훨씬 더 혼란스럽고 취약한 곳이 될 것이며 … 세계인은 현재 우리보다 여러 모로 빈곤한 상태에 놓일 것이다."《미국 대통령에게 제출하는 글로벌 2000 리포트The Global 2000 Report to the President of the United States》를 작성한 특별 위원회 저자들은 이렇게 주장했다.[91]

하지만 인구 과잉의 공포는 서서히 잦아드는 중이었다. 사실 인구학자들은 세계 인구 증가율이 1968년에 정점을 찍고 하락하고 있음을 이미 알고 있었다. 1972년《네이처》편집장은 다음과 같은 예상을 내놓았다. "1970년대와 1980년대의 문제는 기근과 굶주림이 아니라 역설적이게도 과잉 생산되는 식량을 해결할 최선의 방법을 찾는 일이 될 것이다." 그는 인구 폭발과 대량 기아에 대한 공포 선동을 이렇게 평가했다. "이는 마치 선진국 이외 지역 사람들을 깔보며 가르치려 드는 신식민지주의처럼 보인다."[92]

다른 이들 역시 그러한 생각에 동의했다. 한 인구학자는 인구 폭발이 아니라 "헛소리 대폭발"이 문제라고 꼬집었다.[93] 유엔식량농업기구에서 일했던 덴마크 경제학자 에스터 보저럽Ester Boserup은 역사적 자료를 검토한 끝에 인구가 늘어남에 따라 사람들은 그 인구를 부양할 수 있을 만한 식량을 생산하게 된다는 것을 발견했다. 이는 심지어 산업혁명 이전에도 마찬가지였다. 맬서스는 틀렸다.[94] 인도 경제학자 아마르티아 센Amartya Sen은 1981년 출간한 책에서 기근이 식량 부족보다는 전쟁, 정치적 억압, 식량 '분배' 체계 붕괴 때문에 발생한다는 것을 보여 주었다. 기근은 식량 생산이 아니라 체제의 문제인 것이다. 센은 1998년 노벨 경제학상을 수상했다.[95]

1987년 인구학자들은 전 세계에서 매년 새로 태어나는 인구가 정점에 달했다고 발표했다. 7년 후 유엔에서는 가족계획을 주제로 한 마지막 회의가 열렸다. 더는 인구 폭발을 걱정할 필요가 없다는 뜻이었다. 1996년부터 2006년 사이 유엔이 가족계획에 쓰는 예산은 50퍼센트 줄어들었다.[96]

1963년 두 경제학자가《희소성과 성장Scarcity and Growth》이라는 책을 펴냈다. 곧 널리 영향력을 발휘하게 된 그 책에서 저자들은 원자력의 힘을 긍정적으로 평가했다. 천연자원에는 희소성과 한계가 있다는 경제학의 고전적인 가설은 틀렸다. 원자력이 등장했기 때문이다. "천연자원의 가용성에 절대적인 한계가 있다는 관념은 시간이 흐르면서 자원의 개념 정의가 급격히 변화하자 성립하기 어려워졌다."[97]

1950년대와 1960년대의 정책 결정자, 언론인, 환경 보호 운동가, 교육 기관에서 일하는 엘리트들은 모두 알고 있던 사실이었다. 원자력은 사실상 무한대의 에너지를 공급할 수 있고, 무한대의 에너지가 있다면 무한대의 식량과 물을 얻을 수 있다. 이 과정을 화석 연료 없이 해낼 수 있다. 해수를 담수화하면 물을 얻을 수 있다. 공기에서 질소를, 물에서 수소를 분리해 결합시키면 화석 연료 없이 비료를 만들 수 있다. 대기 중의 이산화탄소를 포집해 인공 탄화수소를 만들거나 물을 분해해 수소 가스를 만들면 화석 연료 없이 교통수단을 운용할 수 있다.

일부 선각자들은 이러한 가능성을 일찍이 예견하고 있었다. 과학자들이 핵분열에 성공하기 30여 년 전인 1909년 일이다. 피에르 퀴리와 마리 퀴리의 라듐 발견에 영감을 받은 한 미국 물리학자는 원자력 에너지에 기반한 사회의 꿈을 담은 책을 펴냈다. 베스트셀러가 된 그 책에는 원자력의 엄청난 에너지 밀도로 인해 전 세계가 막대한 혜택을 볼 수 있다는 내용이 담겨 있었다.[98]

원자력은 무한대의 비료, 담수, 식량보다 더 중요한 의미를 담고 있었다. 그 모든 것을 공해 물질 배출 없이 얻을 수 있다는, 다시 말해 환경에 미치는 부담을 혁신적으로 줄일 수 있다는 뜻이었다. 그러니 원자력은 맬서스주의자들에게 또는 에너지와 비료와 식량이 제한되어 있다고 주장하고 싶은 이들에게 골칫거리가 아닐 수 없었다.

그래서 일부 맬서스주의자들은 기발한 주장을 하기 시작했다. 원자력이 '너무나' 저렴한 에너지를 '너무나' 풍부하게 공급하는 것, 그게 바로 문제라는 것이었다.

시에라클럽 사무총장이 디아블로 원자력 발전소에 반대하며 한 말을 들어 보자. "만약 이 발전소가 제공하는 에너지 때문에 이 나라의 인구가 향후 20년간 2배로 늘어난다면 [캘리포니아의] 아름다운 풍광은 파괴되고 말 것이다."[99]

나아가 그들은 원자폭탄에 대한 공포를 조장했다. 영국 철학자 버트런드 러셀은 이렇게 주장했다. "인구 과잉으로 가난과 빈곤이 세상에 만연하는 것은 수소폭탄 전쟁을 유발하는 가장 큰 원인이 될 것이다."[100] 그들은 개발도상국의 인구 성장을 "인구 폭탄"이라 불렀다. 얼릭이 자신의 책에 《인구 폭탄》이란 제목을 붙인 것은 자연스러운 선택이었다.

얼릭과 홀드런은 원자력 발전소 사고가 원자폭탄보다 더 나쁜 영향을 미칠 수 있다고 주장했다. "거대한 원자로는 긴 수명의 방사성 물질을 히로시마에 떨어진 원자폭탄보다 1000배 이상 많이 지니고 있다."[101] 원자력 발전소가 원자폭탄보다 1000배 더 위험할 수 있다는 인상을 주기 위한 표현이었다.

그들은 잘못된 인상을 심어 주고 있었다. 원자로는 폭탄처럼 터질 수 없다. 사용하는 핵연료가 충분히 "농축"되어 있지 않기 때문이다. 하지만 원자력 반대론자들은 원자로와 원자폭탄을 같은 것인 양 뒤섞어서 이야기했다. 이는 맬서스주의 환경주의자들의 주된 전략이었다.

그러한 화법은 유엔 보고서들뿐 아니라 이후 30여 년간 기후변화 정부간협의체가 발행한 보고서들에서 관행이 되었다. 가령 유엔에서 1987년에 책으로 발간한 보고서 《우리 공동의 미래》는 원자력을 안전하지 않다고 공격하면서 원자력의 활용 확대에 강력히 반대했다.[102]

여기서 우리는 한 가지 패턴을 관찰할 수 있다. 맬서스주의자들이 경고음을 울린다. 자원이 부족해지고 환경 문제가 발생한다는 것이다. 그러면서 동시에 그 문제를 해결할 수 있는 명백한 기술적 해법에도 반대한다.

홀드런과 얼릭은 비료 사용을 늘리고 농업을 기계화함으로써 가난한 국가가 빈곤에서 벗어날 수 있다는 현실을 부정하고 싶어 했다. 그렇기에 그들은 화석 연료의 희소성을 강조해야만 했다. 마찬가지로 오늘날의 기후 활동가들은 탄소 배출을 줄일 수 있는 최선의 선택지인 천연가스와 원자력을 공격한다. 그래야 자신들의 환경 종말론을 유지할 수 있기 때문이다.

지구를 위한다는 착각

인구 폭탄이 실패하자
기후 폭탄을 들고 나오다

세계 인구 증가율이 정점을 찍고 내려오고 있다는 것이 분명해지자 맬서스주의자들은 다른 길을 모색하기 시작했다. 인구 과잉과 자원 고갈 대신 기후 변화를 빌미로 종말론 공포 몰이를 벌여 나간 것이다.

스탠퍼드대학교의 명망 있는 기후학자 스티븐 슈나이더Stephen Schneider는 존 홀드런과 폴 얼릭의 맬서스주의를 수용했다. 그리고 두 사람을 초청해 자신이 지도하는 과학자들을 교육시켰다.

슈나이더는 그때 일을 이렇게 회고했다. "존은 인구, 자원, 환경 문제에서 당시 누구보다 신뢰할 만한 작업을 하고 있었다. 그의 강연은 [미국대기연구센터National Center for Atmospheric Research의] 과학자들이 기후 변화의 큰 그림에 일찌감치 눈을 뜨도록 해 주었다."[103]

슈나이더는 홀드런뿐 아니라 환경보호기금의 공동 설립자 중 한 사람인 조지 우드웰George Woodwell과도 협업해 나갔다. 슈나이더는 1976년 미국과학진흥협회American Association for the Advancement of Science가 주최한 회의에서 "인류가 통제 불능 수준으로 늘어나고 있으며 위험하고 지속 불가능한 방식으로 기술과 제도를 사용하고 있다는 것"을 우드웰이 입증했다고 말했다.[104]

슈나이더는 종말론적인 어휘로 기후 변화를 묘사해 언론의 관심을 끌었다. "우리의 논의는 강단을 넘어 세상에 영향을 미치기 시작했다." 이는 그의 친구였던 폴 얼릭의 책이 대성공을 거둔 덕분이기도 했다. 슈나이더는 이렇게 회고했다. "1977년 여름 나는 조니 카슨이 진행하는 쇼[CBS 〈투나잇 쇼〉]에 네 번이나 출연했다."[105]

1982년 자칭 "생태경제학자ecological economist"들이 스웨덴 스톡홀름에 모여 강령을 발표했다. 인간의 활동은 자연에 의해 주어진 강력한 제약 조건 아래 성립한다는 것이 그들의 주장이었다. "생태경제학자들은 자신들이 신맬서스주의자들과는 다르다고 주장했다. 신맬서스주의자들과 달리 자원이 아닌 체제에 초점을 맞추고 있다는 것이 그 근거였다." 한 환경주의 역사가는 이렇게 평가했다. "그들은 식량, 광물, 에너지가 고갈되는 것에 초점을 맞추지 않았다. 대신 생태경제학자들은 생태적 임계ecological thresholds라는 개념을 도입하고 거기에 주목했다. 그 임계를 넘어설 만큼 과부하가 걸리면 시스템이 붕괴할 수 있다는 것이었다."[106]

이 생태경제학은 기후변화정부간협의체나 다른 과학 연구 단체에서 인용하는 주류 환경경제학environmental economics과 혼동하면 안 된다. 생태경제학자들의 논의는 선진국의 자선 단체와 환경 단체 지도자들에게 환영받았다. 퓨자선신탁The Pew Charitable Trusts, 매카서재단MacArthur Foundation을 비롯한 여러 자선 단체들이 생태경제학자들에게 많은 지원을 제공했다. 앨 고어, 빌 매키번, 에이머리 로빈스 등 환경 운동 지도자들 역시 생태경제학자들의 연구에 지지를 표했다.[107]

맬서스주의식 사고방식을 대중화하는 데 가장 큰 기여를 한 사람이

지구를 위한다는 착각

라면 단연 빌 매키번일 것이다. 1989년 그가 펴낸《자연의 종말The End of Nature》은 기후 온난화에 대한 대중적 인식을 환기시킨 최초의 단행본이었다. 그 책에서 매키번은 인류가 지구에 미치는 영향을 논하면서 1970년대에 얼릭과 커머너가 개발한 맬서스주의식 프로그램을 해법으로 제시했다. 경제 성장을 멈춰야 한다. 부유한 국가는 농업 중심 경제로 복귀해야 하고, 그들이 가진 부를 가난한 국가에 이전함으로써 현재의 빈곤국이 산업화 없이 빈곤에서 벗어날 수 있도록 도와야 한다. 전 지구의 인구는 1억 명에서 20억 명 사이로 줄어들어야 마땅하다.[108]

그보다 불과 몇 년 전에 맬서스주의자들은 화석 연료가 곧 고갈된다며 에너지 소비에 제한을 가해야 한다고 요구했다. 이제 그들은 대기 자체가 희소한 자원이라고 주장하고 나섰다. 1998년 매키번은 그러한 입장을 이렇게 설명했다. "어떤 물건이 고갈되고 있는 게 아니다. 과학자들이 '흡수원sink'이라고 부르는 게 고갈되고 있는 것이다. [온실가스] 흡수원은 우리의 엄청난 식욕으로 인해 발생하는 부산물이 쌓이는 공간이다. 지상의 쓰레기 매립지와는 다르다(우리는 세계가 멸망할 때까지 일회용 기저귀를 사용할 수 있을 테고 어딘가에는 일회용 기저귀를 버릴 곳이 있을 것이다). 그건 바로 대기 중의 쓰레기 매립지에 해당하는 것이다."[109]

21세기가 되자 스탠퍼드대학교의 기후학자 스티븐 슈나이더는 과학자라기보다 환경 운동가로 더 잘 알려지게 되었다. 2007년 기후변화 정부간협의체 보고서의 작성에 참여한 그는 자신의 역할에 대해 이렇게 설명했다. "나는 종종 국가적 이해관계가 지구적 이해관계를 압도하는 모습을 보며, 지금 여기의 사안들이 장기적인 지속가능성을 뒤덮어 버리는 모습을 보며 역겨운 기분에 사로잡혔다. 그럴 때마다 나는 내가 '환경 종말의 다섯 기사five horsemen of the environmental apocalypse'라 부르는 것들을 떠올렸다. 무지, 탐욕, 현실 부정, 부족주의tribalism, 근시안적 사고방식이 그것이다."[110]

환경주의자들은 수력 발전소를 지어 홍수를 통제하는 데 반대하기 위한 새로운 핑곗거리로 기후 변화를 재발견했다. 실제로는 댐이야말로 가장 절실한 기후 변화 대응책인데 말이다. 남아프리카공화국의 환경공학자 존 브리스코가 말했다시피 "[기후 변화에 대한] 적응은 80퍼센트가 물 관리에서 좌우된다."[111]

서구의 환경 단체들이 3세계의 물 부족을 일으키는 원인임을 보여주는 증거가 여럿 있다고 브리스코는 지적했다.

2011년 브리스코는 이렇게 말했다. "지난해 벌어진 식량 위기를 생각해 봅시다. 비탄에 젖어 울부짖는 NGO들의 목소리가 언론을 뒤덮었죠. 구호 단체들은 개발도상국의 농업을 돕기 위해 더 많은 힘을 즉시 모아 달라고 요청했습니다. 하지만 그들은 자신들이 그 식량 위기를 키워 왔다는 사실을 언급하지 않았어요."[112]

"얼마나 많은 NGO들이 개발도상국의 관개 시설 확충 프로젝트를 공개적으로 반대하거나 물밑에서 압력을 넣었습니까. 농업 현대화 프로젝트가 시작되려 할 때마다 '그건 가난한 사람들을 위한 게 아니고 환경을 파괴한다'라며 반대했던 게 누구인가요." 브리스코는 말했다. "구호

지구를 위한다는 착각

단체들은 공식 개발 보조금 중 관개 시설 개선에 투입되는 돈이 1980년만 해도 20퍼센트에 달했지만 식량 위기가 닥친 2005년에는 3퍼센트로 줄어들었다는 이야기는 전혀 하지 않아요."[113]

콩고에는 그랜드잉가댐 건설 프로젝트가 추진 중이다. 이 일에 반대하고 있는 한 NGO는 그리 잘 알려져 있지 않지만 만만치 않은 영향력을 과시한다. 이름하여 '인터내셔널리버스International Rivers'로 캘리포니아주 버클리에 본부를 두고 있다. 아마 이름을 들어 본 사람은 많지 않을 것이다. 하지만 인터내셔널리버스는 1985년 설립된 이래 217건의 댐 공사를 저지했다. 대부분은 개발도상국에 건설될 예정이던 댐이었다. 인터내셔널리버스의 홈페이지에 들어가 보면 이런 내용이 적혀 있다. "숲이 지구의 허파라면 강은 틀림없이 지구의 동맥이다."[114]

하지만 《워싱턴포스트》 기자 서배스천 맬러비Sebastian Mallaby가 2003년 발견한 바에 따르면 인터내셔널리버스는 우간다 현지 상황을 심각하게 왜곡해 전달하고 있었다.

우간다에는 그들이 건설을 막고자 하는 댐이 세워질 예정이었다. 인터내셔널리버스 직원은 맬러비에게 우간다 현지인들이 댐 건설에 반대하고 있다고 이야기했다. 하지만 맬러비가 직접 현지인과 대화하고 싶다고 요청하자 그 직원은 그런 행동을 할 경우 우간다 정부와 갈등이 생길 수 있다며 만남을 주선하지 않았다. 결국 맬러비는 현지 사회학자를 고용해 통역을 맡기고 현지인들을 인터뷰했다.

맬러비의 기사를 읽어 보자. "이후 3시간에 걸쳐 우리는 다양한 현지 마을 주민들을 인터뷰했고 한결같은 대답을 들었다. 댐을 지으면 사람들에게 넉넉한 재정 지원이 약속되는 터라 주민들은 기꺼이 댐 건설을 받아들이고 이주할 준비를 하고 있었다. … 수몰 지역 바깥에 사는 사람들만이 댐 건설에 반대하고 있었다. 댐 건설로 인해 자신들이 직접 받는 혜택이 없다는 데 화가 난 것이다. 수몰 지역 바깥 사람들에게는 넉넉한 보상금이 지급되지 않았고 그래서 그들은 수몰 지역 사람들을 질시했다."[115]

나 또한 개발도상국을 돌아다니며 비슷한 인터뷰 경험을 해 왔다. 칼레브 카반다 같은 콩고 사람들은 비룽가국립공원 댐 건설에 열광했으며, 르완다 사람들 또한 댐이 건설되면 전기를 쓸 수 있다는 사실에 환호했다.

그렇다면 인터내셔널리버스는 왜 댐 건설에 반대하는 것일까? 댐을 지으면 수상 레포츠인 래프팅을 즐길 수 없다는 것이 이유 중 하나다. "바토카협곡Batoka gorge에 댐이 지어지면 협곡 물이 엄청나게 불어나 세계 최고의 래프팅 명소인 빅토리아폭포 지역 급류를 삼켜 버릴 것이다"라고 인터내셔널리버스는 한탄했다. 전 세계 래프팅 애호가들이 연대해 이 댐 건설에 반대하고 있다.[116]

인터내셔널리버스를 비롯한 여러 NGO들과 비슷한 정서를 지닌 학자들이 있다. 이런 학자들은 태양광이나 풍력 같은 불안정한 전력 공급원이 수력 발전처럼 저렴하고 신뢰성 높은 에너지원보다 바람직하다는 내용의 연구를 발표한다. 2018년 캘리포니아대학교 버클리캠퍼스의 연구자들은 잉가댐을 짓기보다 태양광 패널과 풍력 발전기 그리고 천연가스 발전소를 이용하는 것이 더 저렴할 것이라는 연구를 발표했다.[117]

하지만 지금껏 수많은 빈곤국의 도시화, 산업화, 개발은 댐 건설과 함께 시작되었다. 이유는 간단하다. 댐은 저렴한 비용으로 건설 가능하며, 안정적인 에너지를 공급해 주고, 건설과 운용 방식이 간단할 뿐 아니라 100년 또는 그 이상 지속가능하기 때문이다.[118] 콩고가 안전하고 평화롭고 좋은 나라가 되는 것은 콩고에 잉가댐이 건설된다는 말과 크게 다르지 않을 것이다.

계획대로 완성된다면 잉가댐은 대단히 높은 에너지 밀도를 지니게 된다. 따라서 환경에 미치는 영향은 전 세계의 다른 댐보다 적을 수밖에 없다.[119] 잉가댐은 스위스의 댐들에 비해 3배나 높은 에너지 밀도를 지니도록 설계되었다.[120] 반대로 말하자면 스위스 곳곳에 지어진 댐들은 잉가댐보다 환경에 3배나 큰 부담을 주고 있다. 스위스와 캘리포니아에는 100년 넘게 강을 틀어막은 채 저렴하고 풍부한 전기를 안정적으로 생산하고, 식수와 농업용수를 제공하며, 홍수를 예방해 주는 수많은 댐이 들어서 있다. 그런데 인터내셔널리버스는 그런 댐들을 파괴하자고 주장하지는 않는다.[121]

세계 최고 극빈층을 상대로 한
신재생 에너지 실험

환경을 걱정하는 셀레브리티들이 시칠리아에 모여 에너지를 펑펑 쓰는 파티를 즐겼다. 이 희극적 상황을 영국의 타블로이드 신문들이 대서특필하자 일각에서는 그들의 위선을 무지 탓으로 돌렸다. 트위터에 올라온 어떤 촌평을 보자. "그들은 지구 온난화를 신경 쓴 게 아니다. 남들이 자신을 어떻게 보느냐, 다음에는 어떤 영화에서 어떤 역할을 받을 수 있느냐, 대중에게 환경을 걱정하는 사람이란 인상을 심어 줄 수 있느냐의 문제였을 뿐이다. … 위선자들. 이들은 환경 운동이라는 '장난감'을 절대 포기하지 않을 것이다."[122]

하지만 자신들이 위선적 행동을 한다는 걸 과연 셀레브리티들이 전혀 몰랐을까. 제트기를 타고 다니면 막대한 탄소를 배출한다는 건 너무나 뻔한 상식이다. 실제로 그들은 자신들이 떳떳하지 않다는 걸 알았던 듯하다. 엘턴 존은 해리와 메건이 배출한 탄소에 상응하는 탄소배출권을 구입했다. 한편 그레타 툰베리 측에서는 비행기보다 배로 여행하는 것이 탄소 배출을 더 늘린다는 비판에 대해 "애초에 그 여행을 떠나지 않았다면 온실가스 배출은 훨씬 적었을 것"이라고 인정했다.[123]

셀레브리티들이 위선적인 행태를 보이며 불협화음을 빚는 이유를 설명할 수 있는 방법이 하나 있다. 제트기를 타고 전 세계를 돌아다니며 기후 변화에 대해 설교를 늘어놓는 이들은 사실 불협화음을 일으키는 게 아닐 수 있다. 오히려 이들은 일관성 있게 자신들의 특별한 지위를 뽐내고 있는 것이다. 위선이란 궁극적인 권력 과시 행위 중 하나다. 평범한 사람들이 지켜야 할 일관성 같은 건 지킬 필요가 없음을 보여 주기 때문이다.

물론 해리 왕자 부부나 그레타 툰베리 같은 이들이 '위선적으로 내 지위를 과시해야지'라고 마음먹고 행동하지는 않았을 것이다. 하지만 해리 왕자 부부가 '앞으로는 비행기를 타지 않겠다'고 서약하는 일 따위는 벌어지지 않았다. 그레타 툰베리 역시 해외여행을 다닌다.

환경주의자들의 경우는 어떨까? 가난한 나라가 경제적으로 발전할 권리를 지켜 주어야 한다고 말할 때 그들은 진심일까? 어쩌면 그럴 수도 있다.

2019년 1월 툰베리는 가난한 나라의 경제 개발 필요성을 인정하는 입에 발린 소리를 했다. 하지만 그해 9월에는 말을 바꿨다. "대멸종을 앞두고 있는 지금 우리는 온통 돈 이야기만을 하며 영원한 경제 성장의 신화에 사로잡혀 있습니다."[124]

하지만 경제 성장이야말로 환경 보호다. 인도네시아의 수파르티를 가난에서 구해 내고 고래의 멸종을 막은 것이 바로 경제 성장이다. 콩고가 안전하고 평화로운 나라가 된다면 베르나데테에게도 희망이 생길 것이다. 경제가 성장해야 사람들을 자연재해로부터 보호해 줄 기반 시설을 갖출 수 있다. 이는 기후 변화와 상관없는 필수 조건이다. 경제 성장 덕분에 스웨덴은 부유한 나라가 되었고 툰베리 역시 넉넉한 경제 여건에서 성장할 수 있었다. 경제 성장이 없다면 그레타 툰베리 같은 인물은 나올 수 없다고 해도 과언이 아닐 것이다.

2016년 나는 강연을 하기 위해 인도로 향했다. 행사가 열리기 전에 도착해 잠시 여행을 즐겼다. 델리에서 가장 큰 쓰레기 처리장 근처에 살며 쓰레기를 줍는 이들과 인터뷰를 했다. 또 원자력 발전소 인근 마을을 방문했다. 콜카타의 자다푸르대학교 경제학과 교수 조야슈리 로이 Joyashree Roy와 함께 농촌을 방문해 인터뷰를 진행하기도 했다. 로이 교수는 기후변화정부간협의체 보고서의 저자 중 한 사람이다.

조야슈리와 나는 공통 관심사 덕분에 친해졌다. 고기를 먹지 않거나 에너지 효율이 높은 전자 기기를 사용해 절약한 돈을 다른 곳에다 쓰면 궁극적으로 더 많은 에너지 사용을 초래할 수 있다는 논리가 그것이었다. 조야슈리는 본인이 연구하고 있는 지역 공동체로 나를 안내했다.

조야슈리는 나를 한 가난한 동네로 데려갔다. 그곳에서는 한낮에도 어두운 집 안을 태양광을 이용해 밝히는 실험이 벌어지고 있었다. 지붕에 구멍을 뚫고 플라스틱병을 끼워 넣어 산란하는 빛으로 집 안을 밝히는 이른바 '채광daylighting' 방식이었는데 서구에서는 널리 긍정적인 반응을 얻고 있었다. 조야슈리가 내 소감을 물었다. 나는 서구 NGO들이 판잣집 천장에 플라스틱병을 끼워 놓고는 뭔가 대단한 일을 한 것처럼 으쓱거리는 게 모욕적으로 느껴진다고 답했다. 조야슈리 또한 같은 생각이었다.

지구를 위한다는 착각

이와 같은 저에너지 실험에 대한 비판은 날로 커지고 있다. 2013년 미국 정부는 탄자니아의 전기 보급을 위한 "파워 아프리카Power Africa" 프로젝트를 지원했다. 그 일환으로 오바마 대통령은 변형 축구공으로 드리블을 하고 헤딩을 했다. '사킷Soccket'이라는 그 축구공은 30분 정도 가지고 놀면 내부의 충전기가 작동해 3시간 동안 LED 전구를 켤 수 있게 해 주는 물건이었다. "아프리카대륙의 모든 마을에 이 공이 깔린 모습을 상상해 보세요." 오바마는 열광했다. 하지만 사킷의 가격은 99달러로 일반적인 콩고인의 한 달 월급보다 비싼 물건이었다. 10달러만 내면 드리블을 할 필요 없고 성능이 훨씬 뛰어난 전등을 살 수 있다. 어떤 면에서 보건 사킷 같은 저에너지 실험 제품은 아프리카의 산업화에 필요한 에너지를 제공할 수 없을 터였다.[125]

2년 후 한 인도 마을의 이야기가 전 세계 뉴스를 장식했다. 태양광 패널과 배터리를 중심으로 이루어진 이른바 "마이크로-그리드micro-grid"에 반대하는 시위가 벌어졌기 때문이다. 그린피스는 세계에서 가장 빈곤한 이들이 태양광과 배터리를 이용해 에너지 도약을 이루어야 하며 그것이 더 우월한 모델이라 주장하고 있었으나 주민들의 생각은 달랐다. 신재생 에너지는 안정적이지 않았고 가격만 비쌌기 때문이다. "우리는 진짜 전기를 원한다, 가짜 전기 물러가라!" 마을 사람들은 지역 정치인을 향해 소리쳤다. 아이들의 손에도 같은 내용의 팻말이 들려 있었다. 그들이 말하는 "진짜 전기"란 안정된 전력망을 통해 전달되는, 대체로 석탄 화력 발전소에서 생산하는 전기를 뜻했다.[126]

조야슈리는 공식적인 자리보다 시골 현장에서 더 빛나는 사람이었다. 그전까지 나는 조야슈리를 환경 관련 업무로만 만나 왔기에 교양 있고 진지한 태도만 보았다. 하지만 도시를 벗어나자 조야슈리는 활달하고 개방적이며 따뜻한 면모를 드러냈다. 우리가 방문한 마을 중에는 식수가 오염되어 주민들이 비소 중독을 앓고 있는 곳이 있었다. 조야슈리는 식수 정화 체계를 갖추기 위해 지역 주민들과 함께 애쓰고 있었다.

조야슈리는 2018년 기후변화정부간협의체 특별 보고서인 《섭씨 1.5도 지구 온난화Global Warming of 1.5°C》 중 5장 〈지속가능한 개발, 가난 구제 그리고 불평등 감소Sustainable Development, Poverty Eradication and Reducing Inequalities〉의 총괄 주저자coordinating lead author로 참여했다. 평균 기온 상승 폭을 산업혁명 이전 대비 1.5도 이내로 묶어 둘 방안을 모색한 보고서였다.

나는 그 보고서의 5장이 원자력에 대한 부정적 편견에 사로잡혀 있다고 비판하는 칼럼을 두 번에 걸쳐 쓴 바 있었다. 조야슈리가 총괄한 해당 장은 이렇게 말하고 있었다. "원자력 에너지는 핵 확산의 위험을 높이고, (물 사용 등에서) 환경에 부정적인 영향을 미치며, 화석 연료를 대체할 경우 인간의 건강에 혼합 효과mixed effect를 미칠 수 있다."[127]

2019년 나는 조야슈리가 반핵주의자라고 생각하지는 않았기에 그 보고서의 5장에 대해 전화로 문의했다. 조야슈리는 해당 장이 기존 학술 논문의 영향 아래 작성되었다고 대답했다. "신재생 에너지를 좋은 것으로 기술하는 논문은 수천여 편이 쌓여 있는 반면에 원자력을 긍정적으로 묘사한 논문은 2편밖에 없었죠. 신재생 에너지에 대해서는 광범위한 공감대가 형성된 반면 원자력에 대해서는 그렇지 않다는 뜻으로 받아들일 수밖에요. 태양광과 풍력이라고 해서 좋은 면만 있겠어요? 하지만 그 점을 지적한 논문은 매우 드뭅니다."[128]

나는 질문의 강도를 좀 더 높여 보았다. 왜 조야슈리는 현실을 알면서 에너지 도약이 가능한 것처럼 보고서에 적어 놓았을까? 조야슈리는 에너지 도약이라는 개념 자체는 긍정적으로 받아들였다. 하지만 심지어 인도의 최빈곤층마저 에너지 소비를 줄여야 한다고 주장하는 이들에 대해서는 불만을 토로했다. "사회과학 분야의 연구자로서 그런 주장은 도저히 받아들일 수가 없어요." 나는 되물었다. "세계에서 가장 취약한 계층을 상대로 에너지 실험을 하는 현실에 대한 말씀이신 거죠?"

"맞아요." 조야슈리가 말했다. "맞아요, 맞아요. 정말 맞아요. 맞아요." 조야슈리는 웃으며 답했지만 목소리 한편에는 분노가 서려 있었다.

12

왜 우리는 가짜 환경 신을
숭배하게 되었나

Apocalypse Never

북극곰이
우리에게 전하는 이야기

2017년 연말 《내셔널지오그래픽》의 유튜브 채널에 동영상 하나가 업로드되었다. 비쩍 마른 북극곰이 느리게 움직이는 모습을 담은 영상이었다. 슬픈 음악과 함께 자막이 흘러나왔다. "기후 변화는 이런 것입니다." 사진작가와 영화제작자 두 사람이 그해 7월에 촬영한 장면이었는데 지금까지 조회 수가 250만 뷰에 달한다.[1]

그 동영상을 본 사람 중에는 학생 기후 활동가인 그레타 툰베리도 포함되어 있었다. 2019년 봄 툰베리는 이렇게 말했다. "지금보다 어렸을 때 학교에서 선생님들이 동영상을 보여 줬어요. 바다에 떠다니는 플라스틱병, 굶주린 북극곰, 그런 것들 말이죠."[2]

기후 변화는 북극곰에게 가장 큰 위협이라고 과학자들은 2017년 결론 내렸다. 북극의 얼음이 매년 4퍼센트씩 녹아 없어지기 때문이다. "하지만 기후 변화 부정론자들에 따르면 북극곰들은 잘 살고 있다고 한다."《뉴욕타임스》의 보도에 따르면 그렇다. "북극곰의 개체 수가 극적으로 줄어들 것이라는 예측은 현실화되지 않았다는 것이 기후 변화 부정론자들의 주장이다."[3]

지난 40여 년간 기후 변화 부정론자들은 화석 연료 기업의 돈을 받아 대중을 호도해 왔다. 마치 담배 회사의 돈을 받은 과학자들이 흡연과 암의 관계에 대해 대중을 호도해 온 것과 마찬가지다. 하버드대학교의 과학사 연구자인 나오미 오레스케스Naomi Oreskes와 에릭 콘웨이Erik Conway가 2001년 출간한 《의혹을 팝니다Merchants of Doubt》에서 주장한 내용이다. 이 책의 영향력은 실로 대단했다. 화석 연료 이해관계자들의 재정 지원을 받는 우파 싱크 탱크들이 퍼뜨린 기후 변화 회의론이 정치권에 영향을 미쳐 기후 변화 대응을 가로막고 있다는 주장을 펼 때 가장 많이 인용되는 출처 중 하나였다.[4]

오레스케스와 콘웨이에 따르면 기후 변화 회의론의 역사에서 결정적인 시점은 1983년이었다. 그해 미국국립과학원은 기후 변화에 대한 최초의 자체 주요 보고서를 발간했다.

"《변화하는 기후: 이산화탄소평가위원회 보고서Changing Climate: Report of the Carbon Dioxide Assessment Committee》는 사실 2개의 보고서로 이루어져 있었다. 자연과학자들이 5개 장을 썼는데 인간 활동으로 인한 기후 변화의 영향을 세부적으로 다루었다. 그리고 기후 변화와 탄소 배출에 대해 다룬 2개 장은 경제학자들이 담당했다. 경제학자들은 같은 문제에 대해 상당히 다른 관점을 제시했다. 보고서의 결론은 자연과학자들이 아니라 경제학자들의 시각에 좀 더 기울어 있었다."[5]

미국국립과학원은 정책 결정자들에게 올바른 과학 정보를 제공하는 것을 목표로 1863년 미국 정부가 만든 단체다. 오레스케스와 콘웨이는 바로 그 기구를 우파들이 가로챘다고 주장했다.

오레스케스와 콘웨이가 볼 때 미국국립과학원에서 이산화탄소평가

위원회 위원장을 맡은 윌리엄 니런버그William Nierenberg는 정치적 보수주의자로서 기상학자 존 페리John Perry 같은 과학자들의 목소리를 묵살해 버렸다. "그 문제는 여전히 남아 있다. 페리의 관점이 타당했을지언정 [경제학자] 토머스 셸링Thomas Schelling의 관점이 정치적으로 더 큰 호응을 얻었다. 실제로 그것은 향후 30여 년간 기후 회의론자들이 반복하게 될 주장의 원형을 제공했다. … 우리는 아무런 제약 없이 계속 화석 연료를 태우면서 이주와 적응으로 기후 변화에 대응할 수 있다는 발상이었다." 그들은 셸링의 주장을 다음과 같이 비판했다. "이는 마치 암에 걸린 환자를 앞에 두고 치료비가 너무 비쌀 뿐 아니라 향후 환자가 암으로 죽는 게 나쁘지 않다고 볼 수도 있으니 암을 치료하지 않겠다고 주장하는 것과 마찬가지였다."[6]

하지만 경제학자 셸링이 기후 변화에 대해 내놓았던 주장은 담배 업계가 흡연과 암의 관계를 부정했던 것과는 전혀 달랐다. "암으로 죽는 게 나쁘지 않다"는 식의 주장을 한 것도 전혀 아니었다. 사실 셸링은 탄소 배출로 인해 지구의 평균 기온이 올라가고 있으며 그것이 해로울 수 있다는 사실을 인식하고 있었다.

셸링의 관점은 그저 에너지 소비를 줄이지 말자는 것이었다. 에너지 소비를 제한하면 기후 변화에 오히려 악영향을 미칠 수 있다고 이야기했을 뿐이었다. 이와 같은 관점은 당시나 지금이나 주류 학계의 상식에 부합한다. 실제로 그의 관점은 기후변화정부간협의체 보고서 중 기후 난민에 대한 논의의 중심에 자리 잡았고 유엔식량농업기구 등 여러 과학 단체에 두루 수용되었다.

토머스 셸링은 담배 산업에 영혼을 판 과학자들과 비교할 만한 인물이 아니었다. 그는 20세기 사회과학 분야에서 가장 탁월한 인물 중 한 사람으로 꼽힌다. 하버드대학교 교수였던 그는 핵전쟁 방지부터 인종 차별 철폐까지 거의 모든 분야에 광범위하게 쓰이는 게임 이론game theory의 개척자로서 2005년 노벨 경제학상을 수상했다.

보고서의 결론을 요약한 사람 역시 오레스케스와 콘웨이의 주장과는 달리 "경제학자들의 편을 든" 인물이 아니었다. 그는 다름 아닌 제시 오스벨이었다. 앞서 살펴보았듯이 오스벨은 1970년대에 빈의 국제응용시스템분석연구소에서 체사레 마르케티와 함께 에너지 전환에 대한 연구를 수행한 전문가였다. 또한 기후 변화에 관한 연구로 2018년 노벨상을 수상한 예일대학교의 윌리엄 노드하우스와 논문을 공저한 경력이 있었다.[7]

한마디로 요약하자면 《변화하는 기후》 보고서의 작성에 우익이나 기후 변화 회의론자들은 개입한 바 없다. 《뉴욕타임스》는 그 보고서의 가치를 얼마나 높게 평가했던지 총 4쪽에 달하는 결론 요약을 전문 게재하기까지 했다. 오스벨, 노드하우스, 셸링이 정초한 논의의 토대는 이후 기후변화정부간협의체의 과학적·분석적 연구의 토대가 되었다.[8]

심지어 과학자 존 페리마저 오레스케스와 콘웨이의 입장에 반대했다. 그들이 보고서 작성 과정과 내용을 너무나 납작하게 요약했다는 것이었다. 2007년 오레스케스에게 페리는 이런 이메일을 보냈다. "당신은 위원회에 참여한 이들 중 일부가 결론에 동의하지 않는다고 주장하고 있습니다만, 나는 단 한 사람이라도 동의하지 않은 내용은 보고서에 포함하도록 허락하지 않았음을 밝힙니다."[9]

페리는 한마디를 덧붙였다. "내게는 당신이 1983년의 보고서를 2007년의 관점에서 평가하고 있다고 여겨집니다. 니런버그는 광범위하고 정력적인 연구 프로그램을 강력히 지지했으며 그것은 널리 환영받았습니다. 또한 내 기억으로는 즉각적인 정책 조치에서 그가 취한 중도적이고 부드러운 태도에 대해 심한 불만을 표한 이는 없었습니다."[10]

하지만 오레스케스와 콘웨이는 자신들이 만들어 낸 서사에 대한 페리의 반발에 아랑곳하지 않았다.

그럼 북극곰 문제는 어땠을까? 그 문제라면 "기후 변화 회의론자"들이 맞았다. 북극곰의 개체 수가 심각하게 줄어드는 일은 현실에서 발생하지 않았다. 굶주린 북극곰 영상을 촬영한 사람들 스스로가 그 사실을 인정할 수밖에 없었다.

"개별 동물의 죽음과 기후 변화 사이의 연관성은 거의 불분명하다. …《내셔널지오그래픽》은 자막을 너무 과하게 붙였다." 영상 촬영자 중 한 사람은 이렇게 말하며 책임을 회사 측에 떠넘기려 했다. 그러나 이들이 탐험에 나섰던 가장 큰 목적은 기후 변화 때문에 북극곰이 죽어 간다는 것을 보여 주는 데 있었다. "야생 동물에게 미치는 [기후 변화의] 영향을 다큐멘터리로 기록하는 건 쉽지 않은 일이었다."[11] 하지만 그들의 프로젝트가 쉽게 진행되지 않았던 건 북극곰이 굶어 죽고 있다는 아무런

지구를 위한다는 착각

증거가 없었기 때문이다.

북극곰은 19개의 하위집단subpopulation으로 분류된다. 그중 두 하위
집단의 개체 수는 늘었고, 네 하위집단은 줄어들었고, 다섯 하위집단은
일정하게 유지되고 있으며, 나머지 여덟 하위집단은 전혀 파악이 되지
않은 상태다. 전반적인 추세를 제대로 알 수 없는 상황이다.[12]

북극의 얼음 면적이 줄어들어 북극곰의 개체 수가 줄어들고 있을
가능성을 부정할 수는 없다. 하지만 설령 그렇다 해도 더 큰 영향을 미
치는 요인들이 늘 존재한다. 가령 사냥이 그렇다. 1963년부터 2016년까
지 사냥당한 북극곰은 약 5만 3500마리다. 오늘날 남아 있는 북극곰은
2만 6000여 마리로 추산되는데 그 2배에 달하는 수치다.[13]

화석 연료 업계의 돈을 받은 기후 변화 부정론자들이 북극곰에 대
해 잘못된 정보를 유포하고 있다는 증거는 어디에도 없다. 북극곰이 위
험하다고 호들갑을 떠는 사람들에게 가장 비판적인 사람은 캐나다 동
물학자 수전 크록퍼드Susan Crockford다. 자신은 화석 연료 업계로부터 돈
한 푼 받은 적 없으며, 인간 활동으로 인해 기후 변화가 벌어지고 있다
는 것 역시 부정하지 않는다고 크록퍼드는 내게 말했다.[14]

이처럼 북극곰에 관한 정보는 오류투성이다. 이는 기후 변화와 관
련해 사람들이 하는 이야기가 과학과는 전혀 무관하다는 사실을 정확하
게 알려 준다.[15]

기후 정치가 과학을 위협한다

리처드 톨Richard Tol은 네덜란드에서 대학을 다닐 때 그린피스와 지구의 벗에 동시에 가입해 있었다. 기후 변화에 대해 근심하던 그는 1997년 경제학 박사 학위를 받은 뒤 당시 한창 떠오르던 분야인 기후변화경제학economics of climate change에 발을 담갔다. 그리고 학업에 몰두한 끝에 그 분야에서 가장 많이 인용되는 경제학자가 되었다.

영국 서식스대학교 교수로 부임한 톨은 1994년 창립된 지 얼마 되지 않은 기후변화정부간협의체에 관여하게 되었다. 그는 과학, 이주, 적응이라는 세 워킹 그룹working group 모두에서 중요한 역할을 맡았다.

톨은 이산화탄소를 비롯한 온실가스가 지구 온도를 높이고 있다는 주장을 확립한 팀의 일원으로서 명성을 쌓았다. 훗날 그는 이렇게 회고했다. "우리는 인간 활동과 기후 변화를 통계적으로 보여 준 최초의 연구 집단이었다."[16] 톨은 평범한 경제학 교수처럼 보이지 않는 타입이었다. 몇 년 전 런던에서 처음 만났을 때 그는 티셔츠를 바지 밖으로 빼 입고 트렌치코트를 걸치고 있었다. 머리카락과 수염은 마치 만화에서 감전된 사람을 묘사할 때처럼 삐죽삐죽 솟아 있었다.

톨은 2012년 기후변화정부간협의체의 기후 변화에 관한 다섯 번째 보고서 중 한 장의 소집 주저자convening lead author로 임명되었다. 그의 연구 업적이 동료들로부터 널리 인정과 존중을 받고 있음을 보여 주는 명

예로운 일이었다. 그는 이 보고서의 〈정책 결정자를 위한 요약Summary for Policymakers〉 초안을 쓰는 팀에 배속되었다. 흔히 언론인, 정치인 그리고 일반 소식통은 기후변화정부간협의체 보고서 중 오직 그 요약문만 읽기 마련이다.

요약문 저자들은 숱한 연구를 이해한 후 핵심 메시지를 44쪽으로 요약해야 하는 책임을 진다. 톨은 말했다. "정치권과 언론은 그중 몇 문장만 읽는다는 걸 다들 안다."[17] "그 때문에 각 장 저자들 사이에 알력 다툼이 생긴다. '내가 연구한 주제가 최악이야, 그러니까 이게 표제가 되어야 해' 하는 식으로 말이다."

톨에 따르면 보고서 요약문 초고의 메시지는 우리가 이 책에서 콩고 문제를 다룰 때 접근했던 방식과 동일했다. "기후 변화의 영향이라고 걱정하는 것 중 다수는 실제로는 관리 부실과 저개발 때문에 생겨난 증상이다."[18]

하지만 여러 유럽 국가 출신 대표자들은 보고서가 경제 개발이 아닌 탄소 배출 감소에 초점을 맞추기를 원했다. "기후변화정부간협의체는 어떤 면에서 보면 과학 단체지만 또 어떤 면에서는 정치 단체이기도 하다." 톨은 당시 상황을 이렇게 설명했다. "정치 단체로서 기후변화정부간협의체가 해야 할 일은 온실가스 배출 감소를 정당화하는 것이다."

보고서 요약문은 일본 요코하마에서 한 주 내내 진행된 회의 끝에 작성되었다. "참여자 중 일부는 학자들이었고 학자가 아닌 사람들도 있었다." 톨은 말했다. "가령 아일랜드 대표자는 기후 변화가 '지옥으로 가는 고속도로'를 열 것이라는 표현을 넣고 싶어 했다. 내가 볼 때 그건 록 밴드 AC/DC의 노래 제목일 뿐이지 이런 보고서에 쓰일 만한 표현은 아니었다."[19]

톨의 저항에도 불구하고 2년 후 기후변화정부간협의체는 과학이 용인할 수 있는 것 이상의 종말론적인 표현을 담은 〈정책 결정자를 위한 요약〉을 승인했다. "기후변화정부간협의체의 표현은 … '위험이 없지 않으나 관리 가능하다'는 입장에서 '우리는 모두 죽게 될 거야'로 옮겨갔죠." 톨은 그러한 전환을 이렇게 설명했다. "최근의 연구 성과를 최대한 정확하게 요약하는 작업을 하고 있었는데 … 갑자기 질병, 죽음, 기근, 전쟁이라는 묵시록의 네 기사가 등장한 거죠."[20]

톨은 그 요약문에서 핵심적인 정보가 빠졌다고 주장했다. "요약문은 더 나은 품종을 심고 관개 시설을 개선하면 수확량이 늘어난다는 것을 생략했다. 해수면 상승이 가장 취약한 국가에 미치는 영향은 언급했지만 평균 수치에 대해서는 거론하지 않았다. 기온이 높아져서 생기는 부담과 충격에는 충분한 방점을 찍었지만 최저 기온이 높아지면서 사람들의 부담이 줄어드는 것은 간과했다. 가난의 덫, 폭력적 갈등, 대규모 이주에 대해 경고했지만 본문에 등장하고 있는 다양한 지원책은 요약문에 없었다. 물론 언론은 그 요약문을 보고 훨씬 더 과장했다."[21]

기후변화정부간협의체가 〈정책 결정자를 위한 요약〉에서 기후 변화의 영향력을 과장한 것은 처음 있는 일이 아니었다. 2010년 기후변화정부간협의체는 2035년이 되면 히말라야의 빙하가 모두 녹아 버릴 것이라고 했지만 이는 잘못된 요약이었다. 그 빙하에 식수와 농업용수를 의존하는 사람들은 총 8억 명에 이른다. 기후변화정부간협의체는 환경 양치기들의 말에 따라 그 사람들에게 잘못된 경고를 보냈던 것이다.

그 후 얼마 지나지 않아 4명의 과학자가 《사이언스》에 공개서한을 보내 기후변화정부간협의체 해당 요약문의 오류를 지적했다. "이는 극히 당황스럽고 위험한 일이다. 정상적인 과학 출판의 규정을 따랐더라면 피할 수 있었을 일이다. 신뢰성 있는 동료들의 검토를 받는 과정이 반드시 뒤따라야 한다."[22]

콜로라도대학교에서 기후 변화와 자연재해를 연구하는 전문가인 로저 펠키 주니어 역시 비슷한 현상을 목격했다. 기후변화정부간협의체 보고서 저자들이 자신들의 영향력을 늘리기 위해 과학적 엄밀성을 희생해 가며 연구를 과장하고 있었던 것이다.

"펠키는 이 주장에 대해 뭐라고 합니까?" 한번은 기후변화정부간협의체가 내놓은 기후 변화와 자연재해에 대한 주장을 두고 외부 검토자가 물었다. 기후변화정부간협의체 관계자의 답변은 이랬다. "나는 펠키가 동의한다고 생각합니다." 하지만 펠키는 동의하지 않았다. 아니 기후변화정부간협의체는 펠키에게 물어보지조차 않았다. 펠키는 이렇게 말했다. "기후변화정부간협의체는 보고서에 잘못된 정보를 포함시켰다. 그런 다음 잘못된 정보가 담겨 있다는 사실을 지적한 검토자들에게 조작한 답변을 보냈다. 그런 식으로 허위 사실을 보고서에 싣는 걸 정당화한 것이다."[23]

펠키와 다른 과학자들의 기후변화정부간협의체 비판은 반향을 불러일으켰다. 이러한 반발에 어느 정도 힘입어 기후변화정부간협의체의 정책과 절차를 검토하는 독립 단체가 필요하다는 목소리가 세계 각국 환경부 장관들에게 퍼져 나갔다. 이는 국제학술원위원회InterAcademy Council의 설립으로 이어졌다. 각국 학술원의 국제 협력 기구가 마련된 것이다. 국제학술원위원회는 기후변화정부간협의체 보고서의 질을 높일 수 있는 권고안을 마련했다. 가령 학계의 검토를 받는 학술지에 게재되지 않은 연구를 보고서에 넣고자 할 때 지켜야 할 기준 같은 것을 제안했다.[24]

그러나 기후변화정부간협의체는 보고서 요약문과 언론용 보도자료에 계속 종말론적인 내용을 담았다. 또한 기후변화정부간협의체 보고서 참여자들과 주요 저자들 역시 해수면 상승이 "관리 불가능해진다"라거나 "다수의 곡창 지대가 동시에 위기에 처할 수 있다"라는 등 종말론적인 주장에 힘을 실어 주었다.[25] 리처드 톨이 지적했듯이 언론인들이 거기서 한술 더 뜬 것은 물론이다. 시스템 자체가 과장 쪽으로 기울어 버린 것이다.

제시 오스벨은 기후학이 정치적으로 변하고 있다는 것을 일찌감치 알아챈 사람 중 하나다. 그는 미국국립과학원이 1983년 발행한 보고서 《변화하는 기후》를 위해 에너지 수요, 수송, 탄소 배출을 예측하는 방법을 개척한 뒤 기후변화정부간협의체 창립에 기여한 인물이다. 그런 오스벨이 이렇게 말했다. "예상 가능한 일이 벌어졌어요. 기회주의자들이

지구를 위한다는 착각

몰려든 겁니다. 1992년부터 나는 기후 관련 회의에 나가지 않았어요."[26]

리처드 톨도 마찬가지 길을 걸었다. 기후변화정부간협의체가 〈정책 결정자를 위한 요약〉에 과장된 표현을 넣고 있는 데 항의하는 뜻으로 그 조직에서 나왔다. "내 생각은 간단했습니다. 이건 신뢰할 수 없는 요약이라는 거였죠. 나는 기후변화정부간협의체 의장인 크리스 필드Chris Field에게 그 문제에 대해 이야기하고 조용히 물러났어요."[27]

이 책은 기후 변화가 종말론적 결과를 낳을 것이라는 주장에 반대하는 기후변화정부간협의체를 비롯한 여러 단체가 수집한 과학적 자료를 소개하면서 시작했다. 기후변화정부간협의체 보고서에 반영되어 있는 과학적 합의는 우리가 확인했듯이 톨의 관점과 일치한다. "기후 변화의 영향이라고 걱정하는 것 중 다수는 실제로는 관리 부실이나 저개발 때문에 생겨난 증상이다."[28]

이제 우리는 진짜 질문을 던져 볼 때가 되었다. 과거의 나를 포함해 수많은 사람들이 어떻게 이토록 잘못된 생각을 하게 되었을까? 어째서 기후 변화가 북극곰뿐 아니라 인류의 종말을 불러올 것이라고 믿게 된 것일까?

우리는 그 대답을 어느 정도 알고 있다. 기후변화정부간협의체 보고서의 과학적 기반 자체는 대체로 건전하다. 하지만 〈정책 결정자를 위한 요약〉과 언론 보도자료, 보고서 저자들의 성명과 언론 인터뷰 등이 문제다. 그것들은 이념적 동기를 가지고 과장하는 경향을 보인다. 중요한 맥락을 함부로 생략한다.

우리가 살펴본 바와 같이 기후변화정부간협의체 보고서 저자들과 언론 보도자료는 해수면 상승을 "관리 불가능하다"라고 주장한다. 세계 식량 공급은 풍비박산 날 위기에 처해 있고, 채식을 하면 탄소 배출을 대폭 줄일 수 있으며, 가난한 나라들은 신재생 에너지를 도입해 부유해질 수 있고, 원자력 에너지는 위험하다고 말한다.

언론 매체 역시 기후 변화와 환경 문제에 대한 대중적 오해에 큰 책임이 있다. 그들은 종말론적인 표현과 분위기를 앞세우면서 중요한 국제적·역사적·경제적 맥락을 소거해 버린다. 적어도 1980년대 이후 주요 매체들은 기후 변화 문제를 과장된 방식으로 보도해 왔다.《뉴욕타임스》나《뉴요커》같은 엘리트 매체들은 거기서 한발 더 나아가 이미 반세기 전에 거짓임이 탄로 난 맬서스주의식 이념과 과대망상을 곧이곧대로 퍼뜨려 왔다.

기후변화정부간협의체를 비롯한 여러 과학 조직들은 언론용 보도자료를 만들면서 중요한 사실들을 빼놓거나 분명하게 말하지 않는다. 그런 식으로 대중의 인식을 호도한다. 지난 수십 년 동안 자연재해로 인한 사망 피해가 급격히 줄어들었다는 사실을 말하지 않는다. 인류는 계속 변화한 환경에 적응해 나갈 것이며, 따라서 그 피해는 더 줄어들 것이라는 사실 역시 말하지 않는다. 세계 곳곳에서 벌어지는 화재의 발생 빈도와 피해를 좌우하는 가장 큰 요인은 기후 변화가 아니다. 그보다는 사람들이 숲 가까운 곳에 사는 것, 그리고 나무를 연료로 쓰는 것이 훨씬 더 큰 영향을 미친다. 하지만 이런 이야기를 분명하게 말하지 않는다.

식량 생산량은 기후 변화가 아니라 비료, 농기계, 관개 시설에 좌우된다는 사실 역시 그들은 침묵으로 감추고 있을 뿐이다.

누가 로저 펠키 주니어를 모함했나?

2015년 초 애리조나주 하원 의원인 라울 그리핼버Raúl Grijalva가 콜로라도대학교 총장에게 편지를 보냈다. 이 대학교 교수인 로저 펠키 주니어가 화석 연료 업계로부터 돈을 받았을 수 있다는 내용이었다.

그리핼버는 펠키가 화석 연료 업계의 돈을 받았다는 증거는 단 하나도 제시하지 않았다. 하지만 기후 변화에 회의적인 다른 과학자들이 화석 연료 발전 업계로부터 돈을 받았다고 언급하며 펠키 역시 마찬가지일 수 있다고 지적했다.

그리핼버는 총장에게 온갖 것을 요구했다. 펠키가 의회에서 진술한 내용, 정부에 증언한 내용 등을 초안까지 내놓으라고 했다. 또한 펠키의 연구비 출처를 모두 서류로 밝히라고 요구했다.[29]

그리핼버는 편지에서 이렇게 썼다. 엑손모빌은 과거에 한 과학자에게 돈을 건넨 사실과 관련해 "허위 또는 잘못된 정보를 제공했을 수 있으며, 만약 사실이라면 이것은 단발적 사안이 아닐 수 있습니다." 그는

이 편지를 본인의 웹사이트에 올리고 기자들에게 배포했다.[30]

펠키를 향한 그리핼버의 공격은 언론을 통해 널리 퍼졌다. 사람들은 펠키가 엑손모빌로부터 은밀하게 자금 지원을 받아 왔다는 인상을 품게 되었다. 그리핼버가 공격한 과학자는 펠키만이 아니었다. 의회에서 기후 변화에 대해 증언한 다른 과학자들 역시 목표였다. 그는 총 6개 대학교 총장들에게 편지를 보냈다.

진보 진영에서 펠키를 공격한 건 처음 있는 일이 아니었다. 2008년까지 거슬러 올라갈 수 있는데, 거대한 진보 싱크 탱크인 미국진보센터에서 7명의 저자가 150편 이상의 블로그 게시물을 올려 펠키를 공격했다. 그들은 펠키를 "기후 변화 회의론의 끝판왕"이자 "출세를 노리는 잔재주꾼"이라고 몰아갔다.[31]

미국진보센터 대변인은 이런 말까지 했다. "로저 펠키는 자연재해와 기후 변화에 대해 연구하고 글을 쓰는 이들 사이에서 유일하게 가장 논란이 많고 틀렸다고 판명 난 인물이다."[32]

미국진보센터는 언론에 영향력을 행사해 펠키를 기후 변화 회의론자로 몰아가기에 충분한 힘이 있었다. 2010년 《포린폴리시Foreign Policy》는 〈기후 회의론에 대한 FP 가이드The FP Guide to Climate Skeptics〉라는 제목의 기사에서 펠키를 두고 이렇게 말했다. "기후변화정부간협의체 보고서에 실린 그래프들에 의문을 제기한 일 때문에 펠키는 기후 변화 '부정론자'라는 혐의를 받고 있다."[33]

자신이 조사 대상이 되었음을 안 펠키는 〈나는 '조사'를 받고 있다I

am under 'investigation')라는 제목의 글을 본인 홈페이지에 올렸다. "모든 논의를 시작하기에 앞서 이 점을 분명히 해 두도록 하자. 나는 그 어떤 화석 연료 기업이나 이해단체로부터도 신고되거나 신고되지 않은 자금 지원을 받은 적이 없다. 전혀 없다."[34]

2014년 1월 미국진보센터의 창립자인 존 포데스터John Podesta는 백악관에 입성했다. 기후 변화 정책과 홍보를 총괄하기 위해서였다. 그는 2009년 녹색 경기 부양책을 총괄하고 탄소배출권 거래제를 법제화하는 과정을 이끈 인물이기도 했다. 포데스터가 임명된 지 며칠 후 오바마 행정부의 수석 고문이자 백악관 과학기술정책실White House Office of Science and Technology 실장이 된 존 홀드런이 포데스터에게 이런 이메일을 보냈다. "대통령의 기후 변화 의제와 관련해 당신과 함께 일하기를 기대하고 있습니다."[35]

2014년 2월 홀드런은 상원위원회에 출석했다. 바로 전해에 펠키가 증언을 했던 위원회였다. 한 상원 의원이 홀드런에게 지난번 펠키가 했던 증언에 대해 물었다. 홀드런은 펠키의 연구가 "주류 과학계의 의견을 대변하고 있지 않습니다"라고 답했다. 며칠 후 홀드런은 백악관 홈페이지에 3000단어 분량의 글을 올렸다. 펠키가 의회에서 한 증언이 "잘못되었으며" "주류 과학계의 시각을 반영하지 않았다"라고 비판하는 내용이었다.[36]

하지만 2015년 라울 그리핼버가 펠키에게 한 공격은 도를 넘어선 짓이었다. 심지어 대부분의 활동가 과학자들이나 언론인들마저 부당하다고 여겼다. 펠키를 대상으로 한 조사에 대해 영국 학술지《네이처》는 이런 사설을 내놓았다. "이미 발표된 과학적 연구에 대해 정치인들이 불편함을 느끼고 외부로부터 힘을 가해 영향력을 행사하려는 이런 행태는 모든 학자뿐 아니라 대중에게도 섬뜩한 메시지를 전달한다."[37]

미국기상학회American Meteorological Society도 공개 성명을 발표했다. "특정 연구자들을 지목해 부적절한 자금 지원을 받았다는 인상을 주면서 공개적으로 공격해 연구의 과학적 신빙성을 문제 삼는 것은 모든 학계 연구자들에게 섬뜩한 메시지를 전달하는 행위다."[38]

결국 그리핼버는 한발 물러섰다. 적어도 부분적으로는 자신의 입장을 철회할 수밖에 없었다. 펠키의 모든 것을 공개하라는 자신의 요구가 "지나쳤다"고 한 기자와 가진 인터뷰에서 인정한 것이다. "자금 출처에 대해 답변을 들은 이상 나머지 사항들은 부차적이고 또 불필요하다고 생각합니다."[39]

당시 다른 대학 총장들은 그리핼버의 요구를 무시했지만 콜로라도 대학교 총장만은 받아들였다. 그는 펠키에 대한 조사를 진행했다. 펠키의 말이 맞았다. 그는 화석 연료 관련 기업으로부터 그 어떤 자금 지원도 받은 적이 없었다.[40]

펠키를 추락시키고자 했던 이 공격은 화석 연료 업계의 돈을 받는 싱크 탱크가 기후 전문가를 상대로 벌인 가장 대담하고 효과적인 공격 중 하나로 역사에 기록될 것이다. 대체 그들은 왜 그랬을까?

이런 공격이 벌어진 이유는 다양한 각도에서 설명이 가능하다. 일

지구를 위한다는 착각

단 미국진보센터 기부자들의 이해관계를 따져 볼 필요가 있다. 앞서 살펴보았듯이 미국진보센터는 2009년에서 2010년 사이 오바마 정권의 녹색 경기 부양 프로그램을 전반적으로 관장했을 때, 그리고 탄소배출권 거래제를 법제화하려고 시도했을 때 신재생 에너지와 천연가스 업계의 기부금을 받고 있었다.

또한 정치적인 문제로도 해석이 가능하다. 몇몇 이들은 셸키에 대한 인격 살인이 민주당, 진보 진영, 환경 운동 진영 지도자들 사이에 만연해 있던 신념에서 비롯되었다고 내게 말했다. 그들은 기후 변화가 지금 당장 큰 영향을 미치고 있으며 엄청난 재앙을 낳고 있다고 자신들이 주장할 수 있어야 한다고 믿었다. 그래야 신재생 에너지에 보조금을 지급하고 화석 연료에 더 많은 세금을 매기는 법안을 통과시킬 수 있고, 부동층의 표심을 잡아 세를 규합해 선거에서 이길 수 있었기 때문이다.

하지만 그 시기를 직접 겪으면서 나는 셸키에게 가해진 부당한 박해가 돈과 정치 권력 문제를 훨씬 넘어서서 벌어지는 일처럼 느껴졌다. 그것은 그야말로 '마녀사냥'을 연상케 했다. 1950년대에 조지프 매카시 Joseph McCarthy 상원 의원이 과학자들과 예술가들을 빨갱이로 몰아 처벌한 광기 어린 사건처럼 말이다. 셸키를 희생양으로 몰아간 그 행위는 다분히 종교적이었다. 종말론적 환경주의에는 바로 그런 종교적 성격이 짙게 깔려 있다.

사이버네틱스와 생태학,
그리고 새로운 가짜 신의 탄생

2019년 빌 매키번의 새 책이 나왔다. 《폴터: 휴먼 게임의 위기, 기후 변화와 레버리지Falter: Has the Human Game Begun to Play Itself Out?》라는 그 책에서 그는 기후 변화가 "인류가 지금까지 경험해 본 가장 큰 도전"이라고 주장했다.[41]

이것은 매우 강력한 주장이다. 매키번이 미국에서 가장 유명한 환경 저술가 중 한 사람이자 가장 영향력 있는 환경 운동 지도자라는 점에서 더욱 그렇다. 그는 《뉴요커》와 《뉴욕타임스》에 글을 기고하고 있으며, 그가 만든 환경 운동 단체 350.org는 매년 4000만 달러의 예산을 집행하는 거대 조직이다. 그는 언론인, 상하원 의원, 대통령 후보, 수백만 명의 미국인에게 존경받는 인물이다. 그러니 그의 주장은 진지한 검토의 대상이 되어야 마땅하다.[42]

앞서 살펴본 것처럼 가난한 나라들까지 포함해 전 세계에서 극단적인 자연재해로 인한 사망과 피해는 지난 한 세기에 걸쳐 90퍼센트 줄어들었다. 만약 매키번의 주장이 사실이라면 이런 장기적이고 유익한 추세는 지금 당장 급격하게 뒤집혀야 마땅하다.[43]

게다가 매키번의 주장이 사실이라면 기후 변화가 불러온 위기는 흑사병보다 더 심각한 도전으로 판명 나야 할 것이다. 흑사병으로 죽은 사

지구를 위한다는 착각

람은 약 5000만 명으로 당시 유럽 전체 인구의 절반에 해당한다. 인류가 겪어 온 엄청난 재난은 그뿐이 아니다. 지금까지 전염병으로 수천만 명 이상이 죽었다. 세계대전과 홀로코스트로 인해 죽은 사람은 1억 명이 넘는다. 2차 세계대전 이후의 전쟁과 독립 운동 그리고 핵무기 확산은 어떤가. '아프리카 세계 전쟁'으로 불리는 2차 콩고전쟁으로 죽은 사람만 400만 명 이상이다.

현재진행형인 수많은 위기와 도전은 또 어떤가. 아직 세상에는 10억 명 이상이 극빈 상태에서 살아간다. 그들에게 더 나은 삶을 제공해야 하지 않을까. 그런 이들이 사는 곳은 대부분 제조업이 경제에서 극히 작은 부분만 차지하고 있다. 또한 중동과 아프리카에서는 지금도 수만여 명의 사상자를 내는 크고 작은 분쟁이 벌어진다. 기후 변화가 큰 문제인 것은 맞다. 하지만 이런 문제들보다 더 크고 심각한 문제인가.

빌 매키번은 기후 변화를 자신의 주제로 삼기 이전부터 종말론적인 세계관을 가지고 있었다. 1971년 열한 살 때 매키번은 아버지가 체포되는 광경을 목격했다. 그의 아버지는 매사추세츠주 렉싱턴 시내 잔디밭에 모여 '전쟁에 반대하는 베트남전쟁 참전 용사회Vietnam Veterans Against the War'를 옹호하는 시위를 벌이고 있었다. 매키번의 어머니에 따르면 아들은 "경찰이 자신을 아버지와 같이 체포하지 않아서 격분했다."[44] 훗날 매키번은 원자력 에너지 반대 운동을 하면서 최루탄 맛을 보았다.

하버드를 졸업한 매키번은 "좌파가 옳다는 믿음이 커져 가는 것을 느꼈다"라고 회고한다.[45] 그는 《뉴요커》 필자인 작가 조너선 셸Jonathan

Schell의 영향을 받았다. 셸은 인류가 핵무기를 없애거나 멸종하거나 양자택일의 기로에 서 있다고 주장하는 책을 여러 권 썼다. 1989년 매키번이 《자연의 종말》을 쓸 때 동원한 논리 역시 마찬가지였다. 종말론적 결말을 불러오는 원인을 핵전쟁에서 기후 변화로 바꿨을 뿐이다.

매키번은 현대 사회가 영성의 문제를 겪고 있다고 말했다. 자본주의적 산업화를 겪으며 인류는 자연과 접점을 상실했다는 것이다. 《자연의 종말》에서 그는 이렇게 말했다. "우리는 이제 더 이상 우리를 우리보다 더 큰 무언가의 일부라고 상상하지 못한다. 이것이 모든 문제의 근원이다."[46]

미국 심리학자이자 철학자였던 윌리엄 제임스William James는 20세기 초에 출간한 책에서 종교를 다음과 같이 정의했다. "보이지 않는 질서, 우리의 궁극적인 선에 따라 우리 스스로를 다잡아야 한다는 믿음."[47] 독일 출신 신학자 폴 틸리히Paul Tillich는 신념 체계와 도덕적 가치관까지 포함하는 더 넓은 종교 개념을 제시했다. 환경주의자들에게는 바로 자연이 우리를 거기에 맞춰 다잡아야 하는 보이지 않는 질서다.

지금까지 이 책을 통해 우리는 과학이 입증하는 사실이 아니라 자연에 대한 직관적 견해에 근거해 환경 문제를 둘러싼 다양한 행동, 기술, 정책을 지지하는 경우를 살펴보았다. 이런 직관적 견해는 '자연적인 것이 좋다'는 오류에 빠지기 십상이다.

'자연적인 것이 좋다' 오류는 가령 거북 껍질, 상아, 야생 어류, 유기농 비료, 나무 연료, 태양광 발전 단지 같은 것을 "자연"의 산물로 여긴

지구를 위한다는 착각

다. 그러면서 그런 "자연적인" 것이 화석 연료에서 추출한 플라스틱, 양식 어류, 화학 비료, 원자력 발전소처럼 "인공적인" 것보다 더 친환경적이며 인류에게 좋다고 본다.

이런 생각은 두 가지 측면에서 오류라고 할 수 있다. 첫째, 인공적인 것 역시 자연적인 것만큼이나 자연적이다. 다만 상대적으로 최근에 만들어졌을 뿐이다. 둘째, 더 오래된 "자연적인" 것을 좋아하면 지구와 인간 모두에 "나쁘다". 만일 우리가 바다거북, 코끼리, 야생 어류를 보호하고자 한다면 자연적인 것은 결코 "좋지 않다".

우리는 자연에 대해 이와 같은 배경 문화와 무의식적 사고를 품고 있다. 내 경험에 따르면 이 오류와 편견은 대단히 강력하다. 신재생 에너지와 유기농이 자연과 풍광에 더 큰 해를 끼친다는 것을 입증하는 증거가 수없이 많지만 그 사실을 받아들이고 싶어 하지 않는 환경 운동가들을 많이 만나 봤기 때문에 하는 말이다. 그들은 "자연적인" 것은 그 자체로 환경에 이롭다는 관념에 사로잡혀 있다.

자연을 바라보는 비합리적 사고방식은 환경학에 지속적으로 스며들어 왔다. 1940년대에 생태학이라는 분야를 만들고자 한 과학자들이 있었다. 그들의 지적 기반은 사이버네틱스cybernetics(인공두뇌학), 즉 자기 통제 시스템self-regulating system에 대한 학문이었다. 2차 세계대전 동안 대공 미사일 체계를 개발하는 데 기여한 그 학문이 생태학의 토대였던 것이다. 사이버네틱스는 가령 냉각수가 일정 온도 이하로 내려가면 가열하고 너무 뜨거워지면 냉각하도록 자동 조절하는 기구인 서모스탯

thermostat(온도조절기) 등에 적용되었다.

생태학은 처음부터 자연을 일종의 서모스탯처럼 바라보는 시각의 영향을 받은 것이다. 자연 역시 사람이 개입하지 않으면 스스로 조화와 평형에 도달할 것이라고 여기게 되었다. 마치 서모스탯이 너무 뜨거워진 냉각수를 알아서 식히듯이, 자연은 그 은혜롭고 지속적인 자기 통제 시스템을 통해 도를 넘어서는 생물종과 환경을 탈락시키거나 도입해 균형을 맞출 터였다. 자연이란 인간이 개입하지 않아도 온전히 작동하는, 알아서 잘 맞물려 돌아가는 시스템으로 여겨졌다.

하지만 "자연"이 과연 그런 것일까? 자연은 자기 통제 시스템이 아니다. 실제 자연은 지속적으로 큰 변화를 겪는다. 새로운 종이 탄생하고 멸종한다. 단일하고 완전한 "시스템"이 있지 않으므로 붕괴하지도 않는다. 자연은 그저 식물, 동물, 그리고 다른 온갖 유기체가 뒤섞여 있는 상황일 뿐이고, 계속 변화한다. 우리 인간은 가령 아마존 열대우림 같은 특정한 생물 조합을 다른 생물 조합보다 더 선호할 수 있다. 하지만 어떤 생물 조합이 다른 생물 조합, 가령 농장이나 사막보다 더 낫거나 나쁘다고 말할 수 있는 근거는 어디에도 없다.[48] 이는 우리가 "기후"라 부르는 것에 대해서도 마찬가지다. 가령 30년 같은 특정한 기간을 두고 어떤 지역이나 지구 전체 같은 범위를 설정한 후 그 시공간 속에서 어떤 날씨가 얼마나 많이 있었는가를 따지는 것이 기후의 전부일 뿐이다.

기후와 지구 생태계에서 벌어지는 현상은 대체로 점진적이고 순차적이다. 기온과 해수면이 높아지는 현상 또한 마찬가지다. 갑자기 빙하

지구를 위한다는 착각

가 모두 녹아내리고 통제 불가능한 화재가 모든 숲을 태워 버리는 식으로, 0 아니면 1이라는 식으로 작동하지 않는다. 종말론적 표현을 사용하는 과학자들과 활동가들은 빙하가 녹거나, 해양 조류의 순환이 바뀌거나, 돌이킬 수 없는 삼림 파괴가 일어날 것이라는 이야기를 즐겨 한다. 그런 사건은 점진적으로 발생하는 변화의 합보다 훨씬 큰 종말론적 결과를 낳는다고 이야기한다. 하지만 그 복잡한 불확실성 속에서 왜 하필 자신들이 제시하는 종말론적 시나리오가 벌어지게 되는지는 분명한 설명을 제시하지 못한다.

과학자들은 사이버네틱스의 개념을 빌려와 자연을 자기 통제 시스템으로 묘사했다. 하지만 섬세한 균형 위에 존재하는 자연이라는 개념은 경험적 사실에 근거한 것이 아니다. 차라리 신플라톤주의Neoplatonism라고 보아야 할 것이다. 환경철학자 마크 서고프Mark Sagoff는 이렇게 설명한다. "현대 생태학의 공통된 관념, 가령 '모든 것은 연결되어 있다' 같은 주장은 자연을 바라보는 신플라톤주의의 관점을 연상시킨다. 신플라톤주의는 자연을 모든 종이 딱 맞게 얽혀 있는 메커니즘으로 본다."[49]

일부 생태학자들은 자신들이 무의식적으로 의도치 않게 근본적으로 종교적인 관념을 과학에 개입시키고 있다는 사실을 자각하고 있었다. 한 생태학자의 고백이다. "나는 자연을 대하는 우리의 태도와 인간의 해석을 좌우하는 현대 생태학 이론이 [유대교-기독교 전통의] 천지창조 논의에 기반해 있음을 납득할 수 있었다. 스스로 모든 것을 알고 있는 창조주가 있고 … 쓸모없는 생명은 없으며 모든 것이 서로 연결되어 있다는 사고방식 등이 그렇다."[50]

자연을 상호 연결된 체계로 바라본다면 그 이면에는 붕괴라는 개념이 자리 잡게 된다. 이것이 바로 에드워드 윌슨의 종-면적 모델의 근간에 깔려 있는 종말론적 관념의 근원이다. 종-면적 모델을 제시하면서 생물 멸종이 인류 멸종으로 이어진다고 주장했을 때 과학자들은 과학이 아니라 《성경》 첫 권과 마지막 권을 되풀이하고 있었다. 《성경》은 에덴 동산, 그리고 오만에 빠져 아담과 이브가 낙원에서 추방당하는 〈창세기〉에서 시작해 인간 타락의 궁극적인 결과로 세계가 종말을 맞이하는 〈요한계시록〉으로 끝난다.

환경주의는
어떻게 종교가 되었나

오늘날의 환경주의는 일종의 세속 종교다. 기성 종교색이 옅은 고학력층을 위한 신흥 종교인 셈이다. 신도들은 주로 선진국과 일부 개발도상국에 거주하는 상위 중산층으로 이루어져 있다. 환경주의는 신도들에게 개인적으로 또 집단적으로 새로운 인생의 목적을 제공한다. 환경주의는 좋은 사람과 나쁜 사람, 영웅과 악당을 구분할 수 있는 기준이 되어 준다. 또한 환경주의는 과학의 이름으로 설파되는데, 따라서 지적인 권위

까지 확보하고 있다.[51]

신흥 세속 종교로서 환경주의와 자매품 격인 채식주의는 유대교-기독교 전통과 양가적인 관계를 맺고 있다. 한 측면에서 보자면 유대교-기독교 전통으로부터 완전히 단절한 듯도 하다. 일단 환경주의자들은 대체로 교회에 다니지 않거나 다니더라도 신앙심이 깊은 사람이라고 하지 않는 경향이 있으니 말이다. 게다가 환경주의자들은 인간이 지구를 다스리고 지배할 권리가 있으며 그래야 한다는 생각에 반대한다.[52]

하지만 다른 쪽에서 보자면 종말론적 환경주의는 신의 자리를 자연으로 대체했을 뿐인 일종의 유대교-기독교 계열 종교다. 유대교-기독교식 사고방식에서 인간의 문제란 우리가 신의 뜻을 제대로 따르지 않았기 때문에 발생한다. 종말론적 환경주의의 사고방식에서 인간의 문제란 우리가 자연의 뜻을 따르지 않았기 때문에 발생한다. 유대교-기독교 전통에서 성직자는 신의 뜻과 율법을 해석할 수 있는 권력을 지니며 무엇이 옳고 그른지 결정할 수 있다. 종말론적 환경주의의 전통에서는 과학자가 그런 역할을 맡는다. 툰베리와 다른 이들이 늘 하는 말이 있지 않은가. "여러분, 과학자들의 말에 귀를 기울이세요."[53]

이 현상을 면밀히 연구한 한 학자의 결론에 따르면 대부분의 환경주의자들은 자신들이 유대교-기독교 신화를 반복하고 있다는 사실을 자각하지 못한다. 유대교-기독교 신화와 도덕 체계가 서구 문화에 워낙 깊숙이 뿌리박혀 있기 때문이다. 환경주의자들은 이미 무의식의 기반에 깔려 있는 유대교-기독교 신화를 의도치 않게 되풀이한다. 비록 자연과

과학이란 세속 언어의 외양을 뒤집어쓰고 있지만 말이다.[54]

이런 현상을 처음 접하고 15년쯤 공부하고 나자 나는 세속적인 사람들이 왜 종말론적 환경주의에 끌리는지 알게 되었다. 종말론적 환경주의가 유대교-기독교 또는 다른 종교에서 제공하는 것과 같은 심리적이고 영적인 욕구를 충족시켜 주기 때문이었다. 종말론적 환경주의는 사람들에게 삶의 목적을 제공해 준다. 세계를 기후 변화로부터 구하기 위해, 또는 다른 환경 재앙을 막아내기 위해 뭔가 희생하고 노력해야 한다고 요구한다. 그리하여 사람들은 어떤 영웅 서사 속의 주인공이 될 수 있다. 잠시 뒤에 살펴보겠지만 어떤 학자들은 이러한 삶의 서사는 우리가 삶의 의미를 찾는 데 필요하다고 믿는다.

게다가 종말론적 환경주의는 과학과 이성적 담론에 친숙한 이들에게도 안도감을 준다. 기성 종교와 달리 미신과 환상에 기대고 있지 않다는 인상을 주기 때문이다. 이 분야의 주요 학자 중 한 사람은 이렇게 언급한다. "제도화된 기독교 계열 종교에 회의적이지만 삶에서 더 넓은 의미의 종교적 의미를 원하는 이들에게 환경주의가 세속화된 종교로서 매혹적으로 다가오리라는 데는 의심의 여지가 없다."[55]

종교는 잘못이 없다. 때로 종교는 대단히 훌륭한 일을 해낸다. 오랜 세월 종교는 사람들에게 삶의 의미와 목적을 제공해 왔다. 특히 인생에서 겪는 수많은 시련과 도전을 이겨내야 할 때 중요한 역할을 해 왔다. 종교는 긍정적이고, 친사회적이고, 윤리적인 행동을 하게 하는 길잡이가 되어 줄 수 있다.

　　　　　　　　　　　　　　　　　　지구를 위한다는 착각

심리학자 조너선 하이트Jonathan Haidt는 이렇게 말한다. "(비록 나는 무신론자며 그 존재를 의심하지만) 신이 존재하건 존재하지 않건 … 미국의 종교인들은 비종교인들보다 더 행복하고, 더 건강하며, 더 오래 살고, 더 관대하게 자선을 베푸는 경향이 있다."[56]

새로 탄생한 환경 종교는 어떨까. 점점 더 종말론적으로 향하고, 파괴적인 성향을 보이며, 자승자박에 빠진다는 문제점을 드러내고 있다. 환경 종교의 신도들은 상대방을 악마로 몰아붙이는 성향을 보이며, 많은 경우 위선적이기까지 하다. 그들은 모국과 외국의 발전과 번영을 가로막기까지 한다. 기성 종교에 몸담고 싶지는 않지만 종교적 가치를 열망하는 이들이 원하는 더 깊은 심리적·실존적·영적 욕구를 충족시켜주는 대신 그저 불안과 우울만을 퍼뜨리고 있다.

불안은 환경주의를 잠식한다

임박한 종말을 믿는다는 것은 무슨 의미일까. 한 학자는 그 심리 상태를 이렇게 정리한다. 그것은 "지금까지 받아들여 온 현실이 급작스러운 변환을 맞이한다는 것, 오래도록 존속해 온 제도와 삶의 방식이 파괴된다는 것을 믿는 것"이다.[57]

그런데 이는 어떤 면에서 보자면 과학혁명과 산업혁명, 두 차례 세계대전, 냉전의 종말에 이르는 모든 과정에서 지금까지 벌어져 왔고 앞으로도 벌어질 일이다.

과학은 우리 자신을 비롯한 세계를 이해하기 위한 지적 노력이다. 지난 수천 년간 종교는 과학을 억눌러 왔다. 철학자 프랜시스 베이컨은 물리학을 통해 세계를 이해해야 한다고 주장한 근대 물리학의 시조 격인 인물이지만 그마저 1605년에 이런 글을 남겼다. "도덕의 범위를 벗어난 지식의 추구는 위험하다."

중세 시대에 플라톤과 아리스토텔레스를 비롯한 고대 그리스 로마의 고전들이 재발견되었다. 서구 사상가들은 우선 그것을 기독교 사상과 융합했다. 하지만 시간이 흐르면서 지적 활동의 초점은 자연 세계의 이해로 옮겨 갔다. 그리하여 이른바 과학혁명으로 향하게 되었다. 물론 과학이 갓 걸음마를 떼던 시절 과학자들은 자신들이 신의 섭리를 밝히기 위해 과학을 연구한다고 이야기했지만, 사실은 그것이 선할지 악할지 알지 못한 채 지식을 추구했다. 그리고 자신들이 연구한 자연의 법칙이 자신들의 신앙심이 독실한지 여부와 무관하게 동일하게 작동한다는 사실을 목격했다.

계몽주의 시대에 철학자들은 도덕과 정치에 대해서도 물리학과 같은 방식의 이성적 접근과 해석을 하려 들었다. 이른바 "세속적 휴머니즘 secular humanism"의 시대였다. 인간은 특별한 존재라는 관념을 유대교-기독교 전통에서 빌려오되 신, 사후 세계 같은 종교를 이루는 핵심 요소는 버렸다. 대신에 선한 목적을 이루기 위한 과학과 이성의 사용을 강조했

지구를 위한다는 착각

다. 정치적으로는 모든 인간이 근본적으로 평등한 존재라는 관념을 믿었다.

하지만 도덕성에 "객관적" 기준이 없다는 사실이 금방 분명해졌다. 이미 1800년대에 철학자들은 우리의 이기적 필요와 변화하는 역사적·사회적 맥락에 따라 우리가 "선하다"고 믿는 것이 결정된다는 점을 지적했다. 도덕은 시간, 장소, 사회적 위치에 따라 상대적이라는 뜻이었다. 1920년대 유럽 철학자들은 도덕적 판단이 경험적으로 정당화될 수 없으며, 특별한 내용이 없는 따라서 의미가 없는 감정의 표현일 뿐이라고 주장했다. 주어진 특정한 상황 속에서 어떤 사람들은 기뻐하거나 슬퍼한다. 그것만으로는 무엇이 옳은지 그른지 결정할 수 없다.[58]

2차 세계대전이 끝난 후 미국과 유럽의 주요 대학들과 학자들은 선과 도덕 같은 내용을 가르치기를 거부했다. 그런 것들은 비과학적이며 따라서 교육할 가치가 없다고 보았기 때문이다. 한 역사가는 당시 지성계의 합의를 이렇게 전한다. "이성의 기준으로 보면 삶에는 아무런 목적이나 의미가 없다. 과학은 지성인이 실천할 수 있는 유일하게 타당한 활동이지만, 한편으로 과학은 불가피하게 기술로, 궁극적으로는 끔찍한 원자폭탄으로 이어진다."[59]

그 역사가의 해석을 더 들어 보자. "인문학자들은 과학이 문명을 위협한다고 하고, 과학자들은 과학 발전을 멈추는 것은 불가능하다고 한다. 그들의 말을 종합해 보면 인류에게는 희망이 남아 있지 않다." 그 결과 "절망의 문화"가 탄생하고 말았다고 그는 주장한다.[60]

이러한 도덕적 신념의 붕괴 속에서 수십 년에 걸쳐 떠오른 종말론적 환경주의는 국제적인 변화와 위기가 진행되는 가운데에서 분명하게 제 목소리를 드러냈다. 1970년 인구 폭발의 공포가 정점에 달했을 때 미국에서는 베트남전쟁 반대 열기로 뜨거운 와중에 '지구의 날Earth Day' 행사가 처음으로 시작되었다. 1983년 냉전의 긴장감이 최고조에 달했을 때 런던 하이드파크에서는 30만 명 이상이 운집한 반핵 시위가 열렸다. 그리고 1990년대 초 냉전이 끝나자 기후 변화가 새로운 종말론적 위협의 소재로 급부상했다.

소련이 해체되자 서구인들은 부정적인 에너지를 쏟아부으며 자신들의 정체성을 찾을 수 있는 대상, 즉 '외부의 적'을 잃고 말았다. 프랑스 에세이스트 파스칼 브뤼크네르Pascal Bruckner는 《종말론의 광기Le Fanatisme de l'apocalypse. Sauver la Terre, punir l'Homme》에서 이렇게 말했다. "갈등에서 유일한 승자가 된다는 것은 이전까지는 상대에게 쏟아부었던 모든 비난이 스스로에게 집중된다는 뜻이다."[61]

2016년 영국과 미국에서는 유권자들이 선거를 통해 기존의 국제 질서를 거부해 버렸다. 그리고 기후 양치기들은 한층 더 극렬해져 갔다.

최근까지도 환경주의는 신재생 에너지에 기반을 둔 저에너지 농업 빈곤 사회로 돌아가는 것을 어떤 이상적인 유토피아의 모습으로 제시하고 있었다. 그런데 어느 날 별다른 설명도 없이 환경 운동 지도자들은 기후 변화로 인해 세상이 망할 거라는 시나리오가 아닌 다른 이야기에 초점을 맞추기 시작했다. 유럽과 미국의 환경주의자들이 그린 뉴딜이라는 깃발을 내걸고 신재생 에너지가 탄소 배출을 줄여 줄 뿐 아니라 고소득의 좋은 일자리를 늘리고, 경제 불평등을 해소하며, 공동체의 삶의 질을 높여 준다는 소리를 하기 시작한 것이다.

하지만 여전히 환경주의의 대세는 긍정보다 부정에 맞춰져 있다. 사랑, 용서, 친절을 이야기하는 대신 오늘날의 환경 종말론자들은 공포, 분노, 그리고 멸종을 피할 수 없다는 조바심을 조장하고 있다.

멸종저항이 지하철 점거 시위를 벌이기 한 주 전 나는 우연찮게 런던에 가 있었다. 트라팔가광장에서 몇 블록 떨어진 호텔에 묵었는데 광장은 이미 2주 전부터 텐트를 치고 노숙 시위를 벌이는 수백여 명의 활동가로 붐비고 있었다.

멸종저항 활동가들의 사회경제적 지위와 이념은 내가 1990년대 말 캘리포니아 북부에서 미국삼나무(세쿼이아) 원시림 보호 운동을 하며 만났던 '어스퍼스트!Earth First!'(지구가 먼저다!)의 활동가들과 놀라우리만치 닮아 있었다. 그들은 거의 모두 상위 중산층 출신의 고학력 백인이었다. 차이가 있다면 멸종저항의 세계관이 어스퍼스트!보다 훨씬 죽음에 집착하고 있다는 것 정도였다.

런던 패션 위크가 벌어지던 중 멸종저항 활동가들은 관을 끌고 나타났다. 대문자로 "죽음"이란 단어가 적힌 커다란 배너가 나부꼈다. 검은 상복을 입은 여성들, 얼굴은 유령처럼 하얗게 입술은 피처럼 새빨갛게 칠한 채 시뻘건 가운을 입고 침묵시위를 벌이는 활동가들이 눈에 띄었다.

멸종저항이 이렇게 죽음에 집착하는 모습을 보며 나는 불편했다.

그래서 미국에 돌아온 후《원자폭탄 만들기》의 저자인 친구 리처드 로즈를 찾아갔다. 그와 나는 그해 초 죽음에 대해 이야기를 나눈 적 있었다. 그래서 나는 그의 반응이 궁금했다. 멸종저항이 시위를 할 때 이렇게까지 죽음의 상징에 매달리는 걸 그는 어떻게 생각할까.

로즈가 내게 물었다. "베커Ernest Becker가 쓴《죽음의 부정The Denial of Death》알죠? 퓰리처상을 받은 책."

나는 안다고 대답했다. 인류학자 어니스트 베커에 따르면 모든 사람은 어느 정도는 영원불멸을 원한다. 종교적이건 비종교적이건 상관없다. 자신의 일부가 영원히 남기를 바라는 것이다.

인간은 자신이 죽는 존재라는 것을 매우 어린 나이에 깨닫는다는 점에서 특별한 존재라고 베커는 생각한다. 우리는 죽음 앞에서 마땅히 공포를 느낀다. 우리에게는 강력한 생존 본능이 있으니 말이다. 하지만 지나친 죽음의 공포로 인해 삶이 망가지기 전에 건강한 사람들은 그 공포를 억누른다. 죽음의 공포 중 대부분을 무의식의 영역으로 밀어내는 것이다.[62]

우리는 이 기저의 공포를 이겨내기 위해 심리적 방어 기제를 동원한다. 베커가 "불멸 프로젝트immortality project"라고 부르는 이것을 통해 우리는 자신의 일부가 죽음 이후에도 남을 것이라는 느낌을 얻고자 한다. 많은 사람들은 아이를 낳고 손주를 보면서 불멸의 기분을 느낀다. 다른 이들은 예술을 창작하고, 사업을 하고, 글을 쓰고, 공동체 활동을 하면서 불멸을 느낀다. 자신이 죽더라도 이런 것은 남을 테니 말이다.

우리는 무의식중에 스스로를 그러한 불멸 프로젝트의 주인공으로 여긴다. "마법적이건, 종교적이건, 원초적이건, 세속적이건, 과학적이건, 문명적이건 그 영웅의 성격이 무엇인지는 상관없다. 그러한 영웅 시스템이 여전히 신화적인 차원에서 작동한다는 사실이 중요하다. 사람들은 그런 영웅 시스템 속에서 이 우주 속의 자신이 특별한 가치를 지닌다는 원초적 감정을 획득한다. 무언가를 만들어 내는 궁극적 유용함, 흔들리지 않는 의미를 발견하게 되는 것이다."[63]

기후 운동 역시 같은 효능을 지니고 있다. 세라 러넌이 내게 한 말을 들어 보자. "멸종저항에서 활동하면 용맹한 사람이 될 수 있는 기회를 얻죠." 멸종저항의 자이언 라이츠는 한 연구 결과를 제시했다. "기후 운동에 참여하는 아이는 기후 변화를 알면서 아무것도 하지 않는 아이에 비해 더 나은 정신 건강 상태를 보여 줍니다." 그레타 툰베리 역시 활동가로 나서면서 우울증에서 벗어났다. 툰베리는 아빠에게 자신의 기분을 이렇게 설명했다. "마치 밤이 지나고 낮이 된 것 같아요. 믿을 수 없는 변화가 벌어졌어요."[64]

환경주의와 채식주의에 내포된 이상주의는 많은 찬양을 받는데, 특히 청소년들과 청년들에게 인기가 많다. 채식주의자들의 사고방식과 신념을 연구한 이탈리아 심리학자들은 채식주의자들이 "동물을 비롯해 지구 행성 전체에 미래를 선사하려는 의지"를 대변한다고 결론 내렸다.[65]

하지만 또한 채식주의를 택하는 이들은 평균보다 높은 실존적 불안에 사로잡혀 있다. 이탈리아 심리학자들의 말을 더 들어 보자. "죽음에 대한 공포는 각 개인들에게 내재되어 있다기보다 채식주의로 표현되는 환경주의 윤리 자체에 내포되어 있다고 볼 수 있다."[66]

어니스트 베커가 볼 때 죽음의 공포를 과장하는 것은 더 깊은 곳에 자리 잡고 있는, 많은 경우 무의식적으로 깔려 있는 삶에 대한 불만을 드러내 준다. 죽음에 과도하게 집착하는 우리는 결국 제대로 된 삶을 살고 있지 못하다는 걸 두려워하는 것이다. 나쁜 관계에 묶여 있고, 가족과 동료들과 친구들의 지지를 받지 못하며, 커리어에서 성공하지 못하고 있다는 그런 느낌 말이다.

내 경우가 딱 그랬다. 20여 년 전 나는 기후 변화의 종말론적 세계관에 푹 빠져 있었다. 이제는 말할 수 있다. 기후 변화에 대해 내가 느끼던 과도한 불안은 사실 나 자신의 삶에 대한 불안과 불행을 반영하는 것이었다. 기후 변화에 대해 또는 자연환경의 현재 상황에 대해 내가 할 수 있는 일이 거의 없다는 사실이 그런 불안을 더욱 증폭시켰다.

미국에서건 유럽에서건 주로 사춘기나 그 이후 연령대에서 환경 종말론에 빠져드는 경우가 많다는 것은 우연일 수 있지만 주목해 볼 만한 가치가 있다. 미국이나 유럽에서 그 나이대는 불안, 우울, 자살 등이 전반적으로 솟구치는 연령대와 일치하기 때문이다.[67] 미국의 10대 중 70퍼센트는 불안과 우울증을 주요 문제라고 답하고 있다.[68]

베커에 따르면 우리 각자의 개인적 삶이 고통스럽고 어렵다는 사실을 받아들이기란 쉽지 않다. 그래서 우리는 외부의 악마를 찾아 전쟁을 벌이려 든다. 그런 싸움 속에서 우리는 영웅이 된 것 같은 기분을 느끼

지구를 위한다는 착각

며, 남의 눈에 띄고, 인정을 받고, 사랑을 획득해 불멸에 도달하는 듯한 느낌을 받게 되는 것이다.

기후 종말론이
마음을 병들게 한다

기후 종말론에 휘둘리는 사람들과 달리, 기후 종말론을 설파하는 사람들의 동기는 죽음에 대한 공포만으로 설명할 수 없다. 우리 대부분은 자신의 죽음에 대해 생각하고 싶어 하지 않지만 어떤 이들은 죽음에 관해 이야기할 때 오히려 흥분을 느낀다. 마야 달력에 예언된 세계 종말이라던가, 2000년이 되면서 컴퓨터 오류로 세계가 멸망할 것이라던 Y2K 소동이라던가, 기후 변화 같은 주제가 바로 그런 예다.

《원자폭탄 만들기》의 저자 리처드 로즈는 내게 이렇게 말하며 웃음을 터뜨렸다. "세계가 멸망할지 모른다고 말하는 사람들은 공포와 열망이 뒤섞인 이상한 감정에 사로잡혀 있어요. 다들 두려운 적이 나타나 자신들을 가장 처참하게 박살내 주기를 바라는 거죠. 그렇지 않나요?"

로즈 스스로도 그런 열망에 휩싸인 적이 있었다. 어린 시절 그는 원자폭탄이 날아와 자신의 집과 고향을 모두 날려 버리는 공상에 사로잡히곤 했다. 어릴 때 그는 학대받고 굶주리며 자랐다. 이 이야기는 그가

1990년에 펴낸 회고록 《세계의 구멍A Hole in the World》에 실려 있다.[69]

"[핵전쟁을 다룬] 영화 〈그날 이후The Day After〉가 TV에서 방영되던 때[1983년] 기억나요? 촬영지가 내 고향 미주리주 캔자스시티 근처였어요. 난 그때 거기서 살고 있었죠. 그 영화를 처음 봤을 때가 아직 생생해요." 로즈가 말했다.

"캔자스시티를 겨냥한 핵미사일이 지평선 너머로 날아올 때 나는 두 가지 기분을 동시에 느꼈죠. '와, 세상에! 핵미사일이 캔자스시티를 박살 내 버릴 거야!' 하지만 동시에 '하느님 맙소사, 정말 끔찍해!'" 로즈는 여기까지 말하고 웃음을 터뜨렸다. "알죠? 그런 양가적인 감정."[70]

로즈가 어린 시절 고향이 핵폭탄에 파괴되는 환상에 사로잡혔던 건 그럴 만한 이유가 있었다. 하지만 이 정도로 납득할 만한 사연을 지닌 환경 종말론자는 드물다. 그렇다면 인류 문명 또는 인간 자체에 대한 증오심이 환경 종말론의 배후에 깔려 있다고 볼 수도 있지 않을까?

"환경 운동에는 칼뱅주의적 경향이 있어요." 로즈가 말했다. "이 세상은 악으로 가득한 곳이고 멸망하는 게 낫다, 그래야 신의 왕국이 도래하듯 자연의 왕국이 올 것이다, 이런 거죠."

환경 문제를 가장 걱정한다는 사람들이 그 문제를 가장 잘 해결할 수 있는 기술에 찬성하기는커녕 오히려 열렬히 반대하면서 비료나 홍수 통제, 천연가스와 원자력 발전소 등을 공격한다. 기후 종말론을 문명 혐오자들의 무의식적 환상의 일종이라고 본다면 이런 모순은 설명 가능해진다.

지구를 위한다는 착각

멸종저항이 거리에 관을 끌고 나와 교통을 막고 지하철을 세우고 난리를 친 지 2주 후 많은 영국인들은 완전히 질려 버렸다. 한 영국 칼럼니스트는 일갈했다. "우리는 더 이상 이런 자들이 만들어 낸 난장판 속에서 살고 싶지 않다. 이건 상위 중산층의 죽음 숭배 놀이일 뿐이다."[71]

"나는 여러분이 패닉에 빠지기를 바랍니다." 2019년 1월 스위스 다보스에 모인 세계 지도자들을 향해 그레타 툰베리가 말했다.[72] "기후와 생태계가 무너지는 데 반대하는 일이, 인류를 돕고자 하는 일이 법을 어기는 것이라면 그 법이야말로 무너져야 할 것이다." 그해 10월 툰베리가 트위터에 쓴 내용이다.[73]

이틀 뒤 런던에서 멸종저항 시위대 2명이 지하철 차량 위에 올라가 운행을 방해했다. 분노한 통근객들은 시위대 한 사람을 걸어차고 두들겨 패기 시작했다. 다른 시위대 한 사람이 그 장면을 영상으로 찍었다.

나는 그 장면을 보고 충격을 받아 여러 차례 돌려보았다. 볼 때마다 통근객들이 마음만 먹으면 저 두 사람을 죽일 수도 있었겠다는 생각이 들었다. 군중들은 갑작스럽고 통제 불가능한 두려움에 사로잡혀 극도로 돌발적인 행동을 하고 있었다. 한마디로 완전히 패닉에 빠져 있었다.

나는 세라 러넌에게 전화를 걸어 런던 지하철 사건에 대한 불만을 털어놓았다. 러넌의 답변은 이런 식이었다. 멸종저항 덕분에 영국 총선을 앞둔 시점에서 기후 변화가 연이어 뉴스에 보도되지 않았느냐고.

이는 러넌이 텔레비전 인터뷰에서 했던 변명과 같았다. 〈디스 모닝〉의 한 공동 진행자가 러넌에게 물었다. 멸종저항은 그 지하철 사건

이후 예정되었던 시위를 취소한 상태인데 그건 "이번에 뭔가 잘못했다고 시인하는 것 아닌가요?"[74]

"본질적으로 보자면 우리가 잘못했다고 생각하지는 않습니다." 러넌이 대답했다. "오늘 나는 이 스튜디오에 앉아 있고 우리 멸종저항은 〈디스 모닝〉에 지난 열흘 동안 세 번이나 출연했어요. 우리가 그런 소동을 벌였기 때문에 이 방송에 나올 수 있었고…."

"그래서 그런 일을 했다고요?" 진행자 중 한 사람이 질문했다.

"전철을 막아 세웠고, 덕분에 〈디스 모닝〉에 출연하게 되었다고요?" 다른 진행자가 물었다. 그의 목소리에는 분노가 스며 있었다.

"안 그랬다면 〈디스 모닝〉에 나올 일은 분명히 없었을 거예요." 러넌은 다소 주춤한 기색으로 대답했다. "하지만 우리가 굉장히 큰 소동을 벌이고 불편하게 만들지 않으면 사람들은 우리에게 발언권을 주지 않을 겁니다."

러넌은 에마 바넷이 진행하는 BBC의 〈뉴스나이트〉에 출현했을 때는 고함을 질러 댔다. "아뇨! 우리는 기다려 왔다고요! 우리는 자본주의가 제대로 작동하기를 30년이나 기다려 왔지만 아무것도 제대로 되지 않았어요!"

러넌은 진행자를 향해 말했다. "그리고 에마 씨, 당신은 집에 가면 아이들을 보며 이런 생각을 하겠죠. '지금 우리가 알고 있는 세상이 저 애들이 컸을 때 그대로 유지될 확률은 50 대 50일 거야.'" 러넌은 또 다른 카메라를 쳐다보며 발언을 이어 갔다. "집에서 이 방송을 보시는 분

지구를 위한다는 착각

들, 여러분도 마찬가지일 겁니다."[75]

2019년 9월 뉴욕의 유엔 본부에서 연설할 때 툰베리 역시 비슷한 분노를 쏟아냈다. "이건 완전히 잘못된 일입니다. 나는 여기 있으면 안 됩니다. 나는 바다 건너편에서 학교에 가 있어야 해요. 그런데 여러분은 젊은이들에게 희망을 품고 계신가요?" 툰베리는 거의 고함을 질렀다. "어떻게 감히 그럴 수 있나요!"[76]

영국 철학자 고 로저 스크루턴Roger Scruton은 분노의 정치학에 대해 깊게 고찰했다. 그는 분노의 정치학이 어떤 면에서는 가치가 있고 필요하다고 믿었다. "분개resentment는 정치체body politic에서 고통이 육체에 대해 하는 역할을 한다." 스크루턴에 따르면 "그것을 느끼는 것은 나쁘다. 하지만 그것을 느낄 수 있는 능력은 좋은 것이다. 그것을 느낄 수 없다면 우리는 살아남지 못할 것이기 때문이다."[77]

문제는 "분개가 특정한 목표를 잃고 사회 전체로 향할 때"라고 스크루턴은 주장한다. 그 시점에서 분개는 "실존적 태도"가 되어 버린다. 이는 "현존하는 구조 내에서 협상을 하기 위한 것이 아니라 모든 권력을 거머쥠으로써 구조 자체를 파괴하기 위한 것이다. … 내가 볼 때 그러한 태도는 심각한 사회적 무질서를 초래하는 핵심 요인이다." 스크루턴이 말하는 이런 태도를 다른 말로 표현하면 허무주의(염세주의)다.[78]

러넌이나 툰베리 같은 사람으로부터 처음 기후 변화라는 주제를 접하게 된 청소년이나 젊은이가 있다고 해 보자. 그들은 아마 기후 변화가 어떤 의도적인 사악한 행위의 결과라고 여기게 될 것이다. 하지만 실상은 전혀 그렇지 않다. 정반대다. 탄소 배출은 에너지 소비의 부산물이다. 그리고 에너지 소비는 사람들이 자신과 가족을 부양하고, 사회를 가난에서 구하고, 인간의 존엄성을 성취하는 데 필수적이다. 이런 현실과 무관하게 환경 종말론자에게 배운 대로 누군가 악의로 기후를 망가뜨린다고 믿는다면 분노에 가득 차게 되는 건 당연한 일일 것이다.

하지만 그런 분노에 휩쓸려 있는 한 외로움은 커질 수밖에 없다. 러넌도 《스카이뉴스》 인터뷰에서 그 사실을 인정했다. "기후 변화에 대해 공부하면 가족이나 친구들과 멀어지는 경향이 있어요. 비행기를 즐겨 타고 주말마다 고기를 먹는 가족이나 친구들과 멀어지는 건 정말이지 힘든 일이죠."[79]

문제는 사람들이 기후 활동가들을 바보 취급한다는 것이다. 사람들은 여전히 경제 성장을 걱정하고, 고기를 먹고, 비행기와 자동차를 타고 다니니 말이다. 러넌은 묻는다. "기후 활동가인 여러분이 일종의 새로운 청교도처럼 보이는데 사람들이 여러분에게 귀를 기울일까요?"[80]

그 결과 기후 종말론이 심리적으로 도움이 된다는 일부 기후 지도자들과 활동가들의 주장과 달리, 기후 양치기들 스스로를 포함해 점점 더 많은 사람들이 기후 종말론으로 인해 정서적 고통을 겪고 있다는 증거가 속속 등장하고 있다.

17세 영국 소녀 로런 제프리Lauren Jeffrey는 멸종저항의 시위 이후 자신이 불안을 심하게 느끼고 있다는 사실을 깨달았다. "지난 10월에 나는 내 또래의 시위대가 외치는 구호들을 들으면서 정말 불편했어요. '뭔가

　　　　　　　　　　지구를 위한다는 착각

를 하기엔 너무 늦었다' '더는 미래가 없다' '우리는 기본적으로 망했다' '포기해야 한다' 같은 소리들 말이에요."[81]

툰베리 또한 그랬다. 엄마와 함께 플라스틱 쓰레기, 북극곰, 기후 변화에 대한 영상들을 본 후 툰베리는 우울증과 섭식장애가 심해졌다. "그래서 열한 살 때 병에 걸렸습니다. 우울증에 걸렸죠. 말하기를 거부하고 먹지도 않았어요. 두 달 만에 10킬로그램이 빠졌죠. 나중에 아스퍼거증후군, 강박장애, 선택적함구증 진단을 받았습니다."[82]

20여 년 전 나도 그랬다. 나는 환경 종말론적인 책과 기사를 읽고 슬픔에 빠졌고 불안에 잠식됐다. 시민권 운동의 역사를 읽고 나서 느꼈던 감정과는 너무나 달랐다. 시민권 운동은 사랑의 정치와 정신에 헌신하는 이야기였다. 분노로 가득한 이야기가 아니었다.

기후와 환경에 대한 독서가 내 정서에 이런 악영향을 미친다면 환경 운동이란 것이 과연 성공할 수 있을까 하는 의심이 들었다. 그로부터 고작 몇 년 후 나는 에너지, 기술, 자연환경 등에 대한 환경 운동의 주장에 의문을 제기하며 스스로 공부하기 시작했다.

이제 와서 보면 내가 환경 문제를 접하며 느꼈던 슬픔은 나 자신의 슬픔을 엉뚱한 곳에 투사한 것이었다. 하지만 실제로는 비관주의에 빠질 이유보다 낙관적인 생각을 품을 이유가 더 많았다.

통상적인 기준의 대기 오염의 경우 선진국에서는 이미 50년 전에 정점을 찍었다. 다른 나라들에서도 조만간 최고치를 찍은 후 개선될 것이다.

육류 생산에 사용되는 토지 면적 역시 줄어들고 있다. 선진국에서는 그리하여 숲이 늘어나고 있으며 야생 생태계가 복원되는 중이다.

가난한 나라들이 기후 변화를 막기 위해 경제 개발을 하지 말아야 할 이유는 어디에도 없다. 극단적인 자연재해로 인한 사망은 꾸준히 줄어들고 있다.

육류 생산 과정에서 벌어지는 잔인한 행태 역시 감소 중이며 앞으로 계속 줄어들어야 한다. 또한 우리가 더 나은 기술을 받아들인다면 고릴라, 펭귄 같은 멸종 위기종의 서식지는 더 많이 확보될 수 있고, 그에 따라 야생 동물들 역시 더 번성할 수 있을 것이다.

우리가 해야 할 일이 아무것도 없다는 말이 아니다. 할 일은 많다. 문제는 그 방향이다. 현재의 긍정적인 흐름을 더욱 키워 나가야 한다. 저에너지 농경 사회로 돌아가자는 퇴행적 움직임으로 지금까지 이룩한 발전을 되돌리려 해서는 안 된다.

그래서 나는 기후 변화와 삼림 파괴, 멸종 등을 둘러싼 분노와 공포 조장을 지적하는 것이다. 우리는 그런 환경 운동이 키우고 있는 슬픔과 고독에 주목해야 한다. 그런 환경 운동의 많은 부분은 잘못되었다. 해소할 길 없는 불안을 퍼뜨리고, 사람들을 무기력하게 만드는 이념을 유포하며, 실재하는 증거를 호도하거나 부정하고 있기 때문이다.

환경 휴머니즘의 길

나를 포함해 이성을 중시하는 많은 환경주의자들은 종말론적 환경주의의 종교적 열광에 경각심을 느껴 왔다. 그래서 과학과 종교 사이에 한층 더 확실한 선을 긋고 거리를 유지할 필요가 있었다. 과학자들이 개인적 가치관과 연구에서 다루는 사실을 엄격하게 구분해야 하듯이 말이다.

로저 스크루턴 같은 철학자는 우리가 "서로 합의하고 공유할 수 있는 정의의 관념에 따라 갈등을 해결하는" 세상을 목표로 삼아야 한다고 주장한다. 또한 "제도를 설립하고 유지하기, 사람들이 협력을 통해 삶을 풍요롭게 할 수 있는 다양한 방안 모색하기, 전통을 존중하고 책임의 영역을 분명히 하기" 등을 해법으로 제시한다.[83]

하지만 이런 이성적인 기획이 성공할 수 있을지는 스크루턴 본인부터가 회의적이다. 퇴행적 좌파regressive left 세력이 보여 주는 종말론적 성향은 퍽 강력하기 때문이다. 그는 이렇게 말한다. "분명 우리가 다루고 있는 주제는 종교적 욕구, 우리 '인간이라는 종'에 내재된 욕구다. 우리는 이성적인 생각을 전혀 할 필요가 없는, 절대적인 고독도 없고 인간성을 증명할 필요도 없는 집단에 소속되기를 갈구한다. 우리 고통의 완화되지 않는 본성이 근절될 수 있기를 바란다."[84]

따라서 과학과 종교의 경계를 뚜렷이 하려는 시도는 실패로 돌아갈 수밖에 없을 것이다. 환경 종말론자들은 의미와 목적을 추구하는 인간의 깊은 욕구를 들쑤시고 있지만, 환경 이성주의자들은 그런 방법을 동원하지 않고 있기 때문이다.

그러므로 우리는 이성주의를 넘어서 휴머니즘을 다시 포용해야 한다. 인간의 특수성을 긍정하고, 인류 문명과 인류 자체를 증오하는 맬서스주의와 환경 종말론에 맞서야 한다. 과학자든 언론인이든 활동가든 환경 휴머니스트로서 우리는 보편적인 인류 복지와 환경 진보라는 초월적인 도덕적 목적에 먼저 확고히 헌신해야 한다. 이성적인 판단과 논박은 그다음 일이다.

프랜시스 베이컨은 진리 추구가 도덕과 균형을 찾아야 한다고 주장했다. 그 주장을 할 때 그는 《성경》에 나오는 사도 바울의 말을 인용했다. "지식은 교만하게 하며 사랑은 덕을 세우나니."(〈고린도전서〉 8장 1절) 베이컨은 지식 탐구의 경계를 세우자고 말한 것이 아니었다. 그보다는 과학자들 스스로가 최선의 도덕적 태도를 갖추고 올바른 지향성을 가져야 한다고 요청한 것이다. 베이컨은 과학을 "바로잡아 주는 향신료"가 "박애(또는 사랑)"라고 했다.[85]

이는 기후 변화가 종말론적인 결과를 불러올 것이며 따라서 에너지 소비를 대대적으로 줄이는 것과 같은 즉각적이고 급진적인 변화를 추구해야 한다는 활동가, 언론인, 기후변화정부간협의체 과학자, 그리고 다른 환경 양치기들을 대할 때 우리가 마음에 품고 있어야 할 태도다. 우리는 그들의 활동이 인류에 대한 사랑 또는 사랑에 가까운 무엇에서 비롯하고 있는지, 아니면 반대로 어두운 동기에서 비롯하고 있는지 따져

지구를 위한다는 착각

볼 필요가 있을 것이다.

내가 이 글을 쓰고 있는 지금도 베르나데테는 콩고에서 난민으로 떠돌아다니고 있다. 베르나데테와 그의 남편은 납치 또는 그보다 더 끔찍한 일을 당할 위기에 놓여 있다. 또한 베르나데테는 다른 이를 위해 일해야만 한다. 베르나데테로서는 인간적인 존엄한 삶을 누리고 있지 못하다고 느낄 법한 상황이다.

내가 이 책에서 계속 베르나데테 이야기를 꺼내는 데는 이유가 있다. 우리 모두는, 특히 선진국에 사는 우리는 오늘날 당연한 것으로 여기며 누리는 문명 생활에 감사해야 한다는 사실을 잊지 말아야 한다. 또한 우리는 환경 종말론자들의 주장을 균형 잡힌 시각으로 대하고, 인류가 도달한 풍요의 과실을 여전히 누리지 못하는 이들을 향한 공감과 연대 의식을 끌어올려야 한다는 사실을 잊지 말아야 한다.

이건 정말 중요한 이야기다. 환경 종말론자들이 퍼뜨리는 논의는 부정확할 뿐 아니라 비인간적이다. 인간이 생각 없이 자연을 파괴하고 있다는 말은 옳지 않다. 기후 변화, 삼림 파괴, 플라스틱 쓰레기, 멸종 등은 근본적으로 우리의 탐욕과 오만이 초래한 결과가 아니다. 우리 인류가 더 나은 삶을 추구하기 위해 경제를 발전시키는 가운데 발생하는 부작용일 따름이다.

환경 휴머니즘의 핵심 가치를 밝힐 때가 됐다. 부유한 나라들은 가난한 나라들의 경제 개발을 부정하지 말고 반드시 도와야 한다. 특히 부유한 나라들은 지금 당장 가난한 개발도상국들에 채운 개발과 에너지 생산의 제약이란 족쇄를 풀어야 한다. 자신들은 고밀도 에너지를 쓰면서 빈곤국들은 저밀도 에너지를 쓰도록 강요하는 것, 자신들이 가난을 떨쳐 내고 풍요를 이룬 길에 개발도상국이 들어서지 못하게 막는 것은 위선적일 뿐 아니라 비윤리적이다. 개발의 길에 늦게 들어서는 나라일수록 산업화를 이루기는 더욱 어려워진다.

좋은 소식이 있다. 아프리카 국가를 포함해 많은 개발도상국에는 저렴한 수력 발전소를 세울 수 있는 자연 조건이 갖추어져 있고 천연가스 역시 활용 가능하다. 하지만 만일 가난한 개발도상국에서 석탄이 최적의 선택지라면 부유한 서구 국가들은 그 선택 역시 지지해야만 한다.

앨버틴지구대는 인류 진화의 요람이다. 그런 만큼 모든 인류에게 큰 의미가 있는 지역이다. 진화상으로 볼 때 우리 인류와 사촌 격인 멸종 위기에 처한 마운틴고릴라가 사는 만큼 더욱 중요하다. 그러나 고릴라를 보호하는 데는 성공했지만 앨버틴지구대 지역의 자연 보호 노력은 대부분 실패해 왔다. 안보를 보장하는 군대도 없고 경제 개발도 이루어지지 않았기 때문이다.

그랜드잉가댐을 지어 저렴한 수력 전기를 생산하면 남아프리카 일대에 풍부한 에너지를 공급할 수 있다. 공장을 세워 가동하면 인구 대다수를 차지하는 비숙련 농부를 도시 주민으로 탈바꿈시킬 수 있다. 콩고 이외 지역에서 이런 계획에 반대하는 사람들은 대부분 환경 종말론자들이다. 환경 휴머니스트들은 그런 자들에게 맞서 목소리를 내야 한다.

서구는 콩고에 막대한 빚을 지고 있다. 콩고에서 나온 팜유 덕분에 고래는 멸종을 면할 수 있었다. 하지만 콩고인들은 여전히 고통에 시달린다. 벨기에는 식민지를 건설한 후 국가를 세웠지만 1960년대 초 아무런 대책 없이 떠나 버렸다. 그 이후로 콩고는 길고 끔찍한 방황의 길을 걸었다. 냉전 시기 미국도 소련도 콩고에는 관심을 기울이지 않았다.

냉전이 끝나고 난 후 유엔과 서구 국가들의 개입이 시작되었다. 하지만 그들은 점점 더 격화되던 콩고 동부의 폭력 사태를 진압하지 못했다. 콩고의 내분 상태를 유지해 자신들의 영향력을 유지하려는 르완다의 셈법이 그 내전의 배후에 깔려 있다고 많은 전문가들은 믿고 있다. 그렇다면 일단 르완다가 손을 떼도록 했어야 하지 않을까. 내가 인터뷰한 다수의 전문가들은 지적했다. 1994년 르완다의 인종 학살을 막지 못했다는 죄책감과 르완다가 다시 내전 상태에 돌입할지 모른다는 두려움 때문에 서구는 르완다의 행태 변화를 요구하지 못했다고.

그러므로 환경주의자들과 환경 휴머니스트들은 해당 지역의 안정을 회복해야 한다고 주장할 이유가 있다. 그곳 주민들은 수십 년에 걸친 끝이 보이지 않는 혼란 속에서 고통받아 왔다.

2020년 초 나는 구글 번역기의 도움을 빌려서 인도네시아의 수파르티와 페이스북 채팅을 주고받았다.

"네, 나는 여전히 그 집에 살고 있어요." 수파르티가 말했다. 2016년 수파르티는 페이스북을 통해 남편을 만나 결혼했다. 남편은 샤프 반도체에서 일하고 있었고 수파르티는 결혼 후 곧 임신했다. "딸의 출산 예정일은 1월 18일이었는데 일이 좀 꼬였어요. 결국 1월 30일에 제왕절개를 받을 수밖에 없었죠."

딸을 낳기까지 과정은 험난했다. "병원을 네 군데나 돌아다녔는데 의사가 없다는 거예요. 음력설을 앞둔 시점이었거든요. 결국 의사가 있는 병원을 찾았고 바로 제왕절개를 했어요."(인도네시아는 무슬림이 다수를 이루는 국가지만 의사는 대부분 화교며, 화교는 음력설을 전후로 긴 휴가를 갖는 것이 일반적이다-옮긴이)

100년 전이었다면 어땠을까. 수파르티의 운명은 훨씬 나쁜 방향으로 흘러갔을 것이다.

수파르티가 말했다. "정말이지 감사한 일이에요. 딸이 건강하게 잘 태어났으니까요. 나흘 뒤에 직장으로 돌아가 일하기 시작했고요."

수파르티는 여전히 그 초콜릿 공장에서 일하고 있다. 월급과 함께 직급도 높아졌다. 이제는 공장의 전산 시스템 관리에 참여하고 있다. 2015년에는 초콜릿을 붓고 있던 수파르티가 이제는 포장과 라벨링의 중요 과정을 관할하고 있다.

"애는 넷이면 좋겠어요. 딸 둘, 아들 둘." 수파르티가 말했다. "신께 감사하게도 부모님 두 분 모두 건강하시고, 형제자매도 다들 잘 지내요. 나는 행복해요. 남편이 착하고 너그러워서 얼마나 좋은지 몰라요."

수파르티는 페이스북을 통해 두 장의 사진을 보내 주었다. 하나는 남편과 본인의 사진, 또 하나는 밝은 분홍색 히잡을 쓰고 있는 어린 딸의 사진이었다. 아이의 작은 얼굴에 큰 미소가 한가득했다.

우리에게는
'그린 뉴클리어 딜'이 필요하다

언론에는 환경 문제를 끊임없이 선정적으로 부풀리는 기자와 저널리스트. 편집인이 있다. 그들은 자신들의 그런 행위가 공정하고 정확한 소식을 전달하는 데 헌신하려는 직업적 소명, 그리고 긍정적인 영향력을 발휘해 더 나은 세상을 만드는 데 헌신하려는 개인적 소망과 과연 일치하는지 잘 생각해 봐야 할 것이다. 나는 언론계에서 일하는 이런 숨은 환경 활동가들이 자신들의 보도 행태를 바꿀 가능성에 대해서는 회의적이다. 하지만 소셜 미디어 덕분에 전통적인 언론 기관 바깥에서 불어닥친 경쟁이 환경 저널리즘에 새로운 경쟁력을 부여하고 보도 기준의 질을 높일 수 있으리라 기대한다.

환경 저널리즘의 질을 높이기 위해서는 몇 가지 기본적인 사실부터 분명히 해야 한다. 에너지 밀도는 환경에 대한 피해를 좌우하는 핵심 요소다. 그래서 나무 대신 석탄을 연료로 쓰는 것은 환경에 도움이 되는 반면 천연가스나 원자력 대신 석탄을 쓰는 것은 환경에 해롭다. 천연가스는 석탄을 대체할 때는 좋은 연료지만 우라늄의 자리를 뺏는다면 나쁜 연료가 된다. 인류 문명이 요구하는 에너지를 공급하면서 동시에 인류가 환경에 미치는 부담을 줄여 나갈 수 있는 에너지원은 오직 원자력뿐이다. 생선을 포함한 식량 생산에서 에너지 밀도를 높이면 인간이 환경에 가장 큰 영향을 미치는 행위인 농업의 피해를 최소할 수 있다.

원자력에 대한 오해를 바로잡을 필요가 있다. 원자력은 선한 의도로 탄생한 것이다. 악한 의도에서 나오지 않았다. 과학자들의 생각 없는 실수에서 비롯한 것도 아니다. 핵무기는 전쟁을 막고 끝내기 위해 개발되었다. 지금도 그런 역할을 하고 있으며 그런 면에서는 긍정적이라고 볼 수 있다. 미국과 선진국들은 1950년대에 내걸었던 "평화를 위한 원자력"의 기치를 "그린 뉴클리어 딜Green Nuclear Deal"이란 이름으로 다시 선포해야 한다. 기후 변화 대응뿐 아니라 다양한 이유를 고려할 때 반드시 필요한 일이다.

그러기 위해 우리는 원자력 발전소뿐 아니라 핵무기 역시 지금 여기 존재하는 현실이라는 사실을 받아들여야 한다. 우리는 핵무기를 단번에 없앨 수 없다. 이는 1945년 이래 모든 전문가들이 이해하고 있는 현실이다. 핵무기를 없애기 위한 시도는 재앙에 가까운 쓸데없는 갈등으로 치닫곤 했다. 미국과 영국이 2003년 이라크를 침공했던 것이 대표적인 사례다.

핵무기의 지속적인 존재는 핵무기가 종말은 아니더라도 최소한 도시들, 심지어 문명까지 파괴할 잠재력을 가지고 있음을 우리에게 상기시킨다. 우리가 지각 있는 인간이라면 그러한 핵무기는 상당한 불안을 불러일으킬 수밖에 없다. 그것을 "실존적 불안"이라 부르기로 하자. 우리는 이러한 불안을 관리할 수 있는 더 나은 방법을 찾아야만 한다. 핵무기의 존재를 직시하는 것, 그리하여 우리가 멸망할 수 있고 죽을 수밖에

지구를 위한다는 착각

없는 존재임을 직시하고 받아들이는 것, 이것이 불안을 잠재우는 데 도움이 될 것이다.

리처드 로즈와 내가 죽음에 대해 대화를 나눈 건 멸종저항의 런던 시위를 본 후가 처음이 아니었다. 그보다 몇 달 전 점심을 먹고 난 후 나는 문득 핵무기의 의미에 대한 이야기를 꺼냈다. 핵무기가 계속 존재한다는 사실로부터 살아 있음을 느끼고 감사하는 마음이 든다고 말이다.

로즈는 답했다. "마치 '메멘토 모리memento mori'라는 격언을 듣는 것 같군요."

"맞아요!" 나는 그가 '메멘토 모리'를 언급하자 뭔가 딱 들어맞는 기분을 느꼈다. 라틴어로 '죽음을 기억하라'는 뜻을 지닌 격언이다. 자신이 언젠가 죽을 수밖에 없는 존재임을 상기함으로써 삶에 대해 감사하는 마음을 가지라는 뜻이다.

흔히 메멘토 모리는 해골로 상징된다. 유럽의 중세와 르네상스 시대 명화를 보면 곧잘 등장하는 해골이 바로 메멘토 모리의 상징이다. 흑사병의 시대를 거친 후 메멘토 모리의 해골은 더욱 자주 등장하게 되었다.[86]

우리는 대량 멸종을 메멘토 모리로 받아들일 수 있지 않을까?

어니스트 베커의 책을 읽고 영감을 받은 심리학자들은 실험을 했다. 불안을 달래기 위한 행위와 그 결과를 알아보기 위한 실험이었다. 심리학자들은 피실험자들에게 본인이 당장 죽는 장면을 떠올려 보라고 했다. 그러자 피실험자들은 앞으로 어떻게 살아갈지 자신의 삶에 대해 불안감을 느꼈다. 반대로 본인이 언젠가는 죽을 것이라고 상상해 본 후 자신의 삶을 돌아보라고 했다. 그랬더니 피실험자들은 삶에 감사하는 마음을 느끼고 삶을 소중히 여겼으며 자기 주변 사람들에게 더 큰 사랑을 드러냈다.[87]

연구자로서 또는 관광객으로서 가난한 개발도상국을 방문해 현실을 직시한 뒤 내가 느끼는 감정 또한 그와 똑같다. 환경 분야 과학자와 언론인, 활동가는 인도네시아나 콩고 같은 나라 사람들이 겪는 일상의 고통에 관해 그들과 더 많은 대화를 나눌 필요가 있다. 그러면 모든 새로운 환경 문제에서 세계의 종말을 주장하거나 패닉에 빠질 일이 좀체 없을 것이다.

모두를 위한 자연과 번영 이루기: 우리의 불멸 프로젝트

2017년 초 나는 캘리포니아주 버클리의 상가를 임대했다. 전해에 창립한 새로운 연구 활동 조직인 '환경진보Environmental Progress' 사무실을 내기 위해서였다. 이전 세입자는 이제는 유행이 지나가 버린 패스트패션 매장이었다.

나는 버클리의 그 상가가 마음에 들었다. 캘리포니아주 버클리는

지구를 위한다는 착각

원자력 에너지의 발명가들, 원자력 반대자들, 그리고 시에라클럽의 윌 시리 같은 원자력 옹호자들의 고향이다. 우리는 시리가 일을 중단한 곳에서 일을 시작하기로 선택했다. 또한 나는 그저 연구하고 글을 쓰는 차원을 넘어 풀뿌리 활동, 실질적인 옹호 운동을 하고 싶었다.

사무실은 커다란 단일 공간으로 이루어져 있었다. 천장이 높고 창문들이 여러 개 나 있었다. 2층에는 폭 1.5미터인 개방형 발코니가 벽을 따라 죽 설치되어 있어 위에서 큰 공간을 한눈에 내려다볼 수 있었다. 발코니 난간은 나무와 황동으로 만들었고 바닥은 콘크리트 재질이었다.

버클리 시내 중심가에 원자력을 옹호하는 NGO가 있다는 건 그 존재만으로 사람들을 불편하게 만들 수 있는 일이다. 그래서 우리는 차분하면서도 방문객을 환영하는 분위기를 내고자 노력했다.

탁 트인 공간을 연출하기 위해 우리는 지저분하게 튀어나온 나무보들을 잘라 다듬고 창문과 황동 난간 살대를 제외한 모든 곳을 하얀색으로 칠했다. 헬렌은 바닥을 칠하고 위에 광택제까지 발랐다. 마치 바다처럼 평온한 분위기가 만들어졌다. 제대로 되었다. 대로를 걷다가 이곳에 들어오는 사람들은 평화롭고 개방적인 분위기에 호의를 갖게 될 터였다. 우리가 원자력을 옹호하는 단체라는 걸 알기 전까지는 말이다.

환경진보의 본부가 상가에 자리 잡은 관계로 우리는 무언가 물건을 팔아야만 하는 처지가 되고 말았다. 그래서 1950년대와 1960년대의 우라늄 유리 보석이나 "평화를 위한 원자력" 도장 같은, 원자력에 대한 호의가 남아 있던 시절을 떠올리게 하는 기념품을 팔기 시작했다.

발코니는 갤러리로 탈바꿈했다. 내가 세계 각지를 돌아다니며 찍은 사진들을 전시했다. 환경진보가 사람들의 삶을 어떻게 바꿔 놓을 수 있는지 보여 주는 사진들이었다. 개코원숭이가 고구마를 훔쳐 먹은 밭 앞에서 찍은, 화가 난 듯도 하고 자부심을 느끼는 듯도 한 베르나데테의 사진이 전시되었다. 모나리자 같은 미소를 띤 채 입에 꽃을 물고 있는 아기 고릴라의 사진도 있었다. 우리가 비룽가국립공원 댐을 방문하면서 만난 스페인 출신의 엔지니어 다니엘과 그의 손을 잡고 있는 칼레브의 사진도 빠질 수 없었다. 쓰지는 않지만 뿌듯함을 느끼며 가지고 있는 재봉틀 옆에서 찍은 수파르티의 사진도 전시되었다. 내가 찍지 않은 사진은 단 하나 디아블로캐니언 원자력 발전소의 사진뿐이었다.

2층에 있는 내 사무실은 발코니와 1층 사무 공간이 한눈에 들어오는 위치였다. 그곳에 헬렌은 1933년부터 1934년까지 열린 시카고 세계박람회 포스터를 걸었다. 대공황이 한창일 때 열린 박람회의 포스터였지만 그 속에는 긍정적인 세계관이 가득 담겨 있었다. 적어도 오늘날 대부분의 환경주의자들보다는 훨씬 긍정적으로 세상을 바라보고 있었다.

박람회의 주제는 기술을 통한 진보, 박람회의 이름은 "진보의 세기"였는데 시카고시 건립 100주년을 기념하기 위한 것이었다. "과학은 발견하고, 산업은 적용하며, 인간은 적응한다." 이 구호는 오늘날 우리가 기후 변화에 적응하고 대응하는 과정에도 완벽하게 맞아떨어질 터였다. 박람회는 "민주주의와 제조업에 기초한 기술과 진보, 유토피아, 완벽한 세상"을 축하했다. 모두를 위한 번영과 진보의 성취를 완벽하게 담아낸

지구를 위한다는 착각

모토였다.[88]

자연에 도움이 되는가. 인류를 번영케 하는가. 이것이 우리의 연구를 좌우하며 그 밖에는 아무것도 없다. 우리의 목적이 옳은지 그른지는 과학으로 판단할 일이 아니다. 마운틴고릴라를 보호할지 여부를 과학으로 결정하지 않는 것과 마찬가지다. 우리가 할 수 있는 일은 사람들에게 베르나데테와 수파르티의 사진을 보여 주고, 그들의 이야기를 들려주고, 그리하여 가장 곤궁한 이웃들에 대한 관심을 끌어내는 것뿐이다.

직원들과 내가 한자리에 모일 때 우리의 사고 틀을 이루는 이미지는 야생이 살아 숨 쉬는 세상인 동시에 인류가 번영을 누리는 고에너지 세상이다. 이 이미지는 인간적이면서 자연적이고, 이성적이면서 도덕적이고, 물질적이면서 영적인 목표에 헌신하는 우리 모습을 그대로 반영한다. 모든 조사와 연구는 어떤 궁극적인 가치에 봉사해야 한다고 우리는 믿는다. 우리가 추구하는 궁극적인 가치는 인류를 향한 사랑 그리고 자연을 향한 사랑이다.

사무실 단장이 끝나 갈 무렵 나는 문득 깨달았다. 우리는 우리가 신성하게 여기는 목표를 형상화한 곳, 일종의 지성소를 만들고 있었다. 모두를 위한 자연과 번영은 우리가 지향하는 초월적인 도덕적 목적이다. 환경진보는 우리가 추진하는 "불멸 프로젝트"다.

우리가 자연을 보호하는
가장 간단명료한 이유

2015년 베르나데테가 개코원숭이에게 고구마를 도둑맞은 현장을 보여
준 지 며칠 지나지 않아 헬렌과 나는 멸종 위기의 마운틴고릴라를 직접
구경할 기회를 얻었다.

우리는 비룽가국립공원 내에 위치한 에마뉘엘 드 메로데의 리조트
에 묵었다. 아직도 전란이 끊이지 않은 그곳에서 우리는 맛있는 음식을
먹고 침팬지들과 콜로부스원숭이colobus monkey들이 뛰노는 열대우림 속
에서 잠들었다. 종말론적 참상 속의 에덴동산이었다.

고릴라를 보기 위해 기관총으로 무장한 비룽가국립공원 경비대가
우리를 지프차에 태운 채 길을 나섰다. 그런 다음 걸어서 한때 영장류
서식지였던 소 방목장을 지나쳤다. 우리는 농부들이 집에서 나와 우리
에게 웃으며 손을 흔드는 마을을 지났다. 방목장은 거의 공원의 경계까
지 확장되어 있었다. 인구가 늘어나면 토지 수요 역시 따라서 늘어난다
는 것을 보여 주는 사례다.

고릴라는 눈보다 코로 먼저 알아볼 수 있었다. 고릴라의 냄새는 독
특했다. 마치 스컹크의 분비물과 짙은 향수를 섞은 듯한 아주 강한 특유
의 체취가 풍겼다. 우리가 고릴라를 쳐다보자 고릴라도 우리를 마주 보
았다. 실버백 고릴라를 처음 본 순간 우리는 말문을 잃어버렸다. 내 카메

라에서 셔터 소리가 울리자 그 고릴라는 원치 않는다는 듯이 으르렁거렸다. 혼자 있기를 원하는 듯했다. 가이드 역시 고릴라를 이제 그만 내버려 두자고 말했다. 우리와 고릴라의 만남은 그렇게 마무리되었다.

헬렌과 나는 한 주 뒤 옆 나라인 우간다로 가 고릴라를 구경할 수 있을 만한 곳을 찾았다. 콩고에서와 마찬가지로 고릴라 서식지에 가려면 가난한 농부들이 사는 마을을 통과해야 했다. 마을은 이미 국립공원의 경계까지 들어서 있었다. 국립공원의 야생 동물들이 농작물을 훔쳐 먹는 것을 감내하며 살아가는 사람들이다. 우리가 우간다에서 처음 만난 고릴라 역시 그랬다. 보이지 않는 국립공원의 경계선을 넘어와 한 농부의 땅에 있는 나무에서 무언가를 따 먹고 있었다. 두 번째로 발견한 고릴라는 거대한 실버백 고릴라였는데 콩고에서 만난 고릴라보다는 우리가 웅성대면서 카메라로 시끄럽게 사진을 찍어 대도 잘 참아 주었다.

드디어 우리는 새끼 고릴라를 눈에 담을 수 있었다. 어미가 몇 미터 떨어진 곳에 있었다. 새끼가 근처에서 놀고 있어서인지 어미는 미소를 띤 채 평화롭게 우리를 바라보았다. 마치 우리 두 사람이 하나의 영장류 공동체에 속한 존재처럼 느껴졌다. 과학자들은 동물을 바라볼 때 의인화하지 말라고 경고한다. 하지만 고릴라를 우리의 친척으로 생각하지 않는 건 불가능한 일이다. 특히 그 고릴라가 우리를 바라보며 미소 짓고 있다면 더욱 그렇다.

야생에서 고릴라를 만나는 사람들은 경이로움, 행복, 놀라움, 약간의 공포까지 온갖 감정을 한꺼번에 느끼게 된다. 1774년 아프리카 해안에 도착해 선원들과 함께 처음으로 고릴라를 본 선장은 이런 기록을 남겼다. "경이롭고도 두려운 자연의 산물이 사람처럼 똑바로 서서 걷고 있다." 이 선장은 그 후로 오랫동안 감동과 흥분에 휩싸인 목소리로 그 이야기를 하고 또 했을 것이다.[89]

왜 인간이 마운틴고릴라 같은 멸종 위기종에 신경을 써야 할까. 과학자들은 그러한 관심이 인간 스스로에게 이익이 된다는 식으로 설명해왔다. 하지만 그건 충분한 설명이 되지 못한다. 마운틴고릴라가 멸종한다 한들 인류에게 물질적 손해는 없다. 다만 우리는 영적으로 더욱 빈곤한 존재가 될 것이다.

다행히 우리 모두는 알고 있다. 우리가 마운틴고릴라를, 노란눈펭귄을, 바다거북을 구하려는 건 인류 문명이 그 일에 달려 있다고 믿기 때문이 아니다. 우리는 더 단순한 이유로 동물들을 살리고자 한다. 바로 우리가 그들을 사랑하기 때문이다.[90]

지구를 위한다는 착각

기후 소식은 생각보다 훨씬 좋다

원자력 발전소를 살리는 것만큼 우리의 불멸 욕구를 충족시켜 주는 일은 그리 많지 않다. 아마 원자력 에너지 자체가 불멸에 가깝다고 볼 수 있기 때문일지 모른다. 현재 우리가 하고 있듯이 지금으로부터 1000년이 지난 미래에도 인류는 여전히 똑같은 장소에서 원자력 발전소를 가동해 전기를 생산할 수 있다. 오늘날 원자력 발전소는 80년까지 거뜬히 작동하며, 필요한 부품을 교체하며 잘 정비한다면 100년 넘게 운용이 가능하다. 체사레 마르케티의 타자기가 그랬던 것처럼, 잘 지어진 원자력 발전소는 우리가 핵융합이라는 다음 단계 기술에 도달해 새로운 발전을 시작할 때까지 제 몫을 해낼 것이다.

그래서 2016년부터 2020년까지 나는 세계 각지를 돌아다니며 환경 휴머니스트들을 만나 원자력 발전소 살리기 운동을 전개해 나갔다. 효과가 있었다. 몇 년 전만 해도 원자력을 그저 선택지 중 하나로 받아들였던 여러 곳에서 이제는 기후 변화에 맞서기 위한 필수 요소로 여기고 있으니 말이다.

2019년 나는 동료들과 함께 전 세계 30개 이상 도시에서 동시다발적으로 원자력 지지 시위를 벌였다. 우리는 그레타 툰베리의 '청소년 기후 행동Student Strike for the Climate'을 모델로 삼았다. 그레타 툰베리가 스웨덴 의회 앞에서 했듯이 여러 곳에서 한두 사람으로 시작하는 방식이었다. 우리는 사람들에게 아주 간단한 부탁을 했다. "원자력을 위해 일어나 주십시오Stand-up for Nuclear." 독일의 여러 광장에서, 한국의 여러 기차역 밖에서, 미국의 여러 대학 캠퍼스에서 친원자력 활동가들은 탁자에 올라서서 정보가 담긴 유인물을 나눠 주거나 비디오를 상영하는 등 다양한 활동으로 원자력을 둘러싼 괴담을 격퇴했다. 아이들에게 풍선을 나눠 주고 얼굴에 페인트로 그림을 그려 준 사람들도 많았다.

2019년 12월 프랑스 국경에서 40분 거리인 독일 필리프스부르크 Philippsburg 원자력 발전소 근처에 120명의 사람들이 모여들었다. 독일, 폴란드, 스위스, 오스트리아, 네덜란드, 체코 등 다양한 곳에서 온 이들은 독일 정부가 그 원전을 강제로 조기 폐쇄하는 데 반대하며 항의 시위를 벌였다. 2019년 말 독일의 친원전 운동 지도자인 비외른 페터스Bjorn Peters의 말처럼 "원자력 에너지를 향한 대중의 인식이 변화하고 있다"는 증거였다.

지구를 위한다는 착각

원자력 에너지를 지키는 일은 2보 전진하고 1보 후퇴한 상황이다. 캘리포니아주는 디아블로캐니언 원전을, 뉴욕주는 인디언포인트 원전을 조기 폐쇄하는 계획을 추진 중이다. 지금까지 약 600만 명에게 저렴한 무탄소 에너지를 공급해 왔지만 천연자원보호협회, 환경보호기금, 시에라클럽, 350.org 같은 단체가 영향력을 행사해 사라질 위기에 놓였다. 하지만 점점 더 많은 사람이 그런 결정이 얼마나 어리석은 짓인지 실상을 깨닫고 있으며, 원자력 기술에 대한 생각 또한 바뀌고 있다.

이 책 출간을 위한 조사와 집필 과정에서 나는 전혀 예상치 못한 분야에서 원자력을 지지하는 이들을 만나는 기쁨을 누릴 수 있었다. 그 중에는 내 입장에 의문을 품거나 전혀 동의하지 않는 사람들마저 있었다. 독일의 바다거북 전문가인 크리스티네 피게너가 그랬다. 해양 생물을 위해 플라스틱 제품, 특히 빨대를 쓰지 말자는 운동을 촉발시킨 피게너였지만 원자력을 지지한다고 내게 말했다. "세상사가 그렇게 흑백으로 나누어지는 것 같지는 않더라고요"라면서 말이다. 심지어 멸종저항의 자이언 라이츠 역시 생각을 바꿨다. 과학자 친구가 원전의 안전성에 대해 설명해 준 후 입장을 바꿀 수 있었다고 했다. "난 이렇게 말했죠. '내가 들어 온 것과는 다른 이야기인데.' 그러자 과학자 친구가 그랬어요. '사람들이 하는 말이라고 다 믿지는 마.' 그래서 찾아봤더니 친구 말이 옳더라고요. 데이터에 따르면 원전은 안전했어요. 그리고 태양광 패널과 배터리로는 에너지 수요를 맞출 수 없다는 것도 알게 되었고요."[1]

또한 몇몇 사람들은 기후 변화에 대한 자신들의 관점을 더 온건한

쪽으로 바꾸고 있는 듯하다.《2050 거주불능 지구》라는 환경 종말론 책을 2019년 펴냈을 때만 해도 데이비드 월러스-웰스는 "이 문제는 당신이 생각하는 것보다 훨씬, 훨씬 더 나쁘다"라고 했다. 하지만 2019년 12월에는 "기후에 대한 소식은 생각보다 나을 수 있다. 적어도 내가 생각했던 것보다는 훨씬 좋다"라고 했다.[2] 월러스-웰스는 콜로라도대학교 교수 로저 펠키 주니어를 비롯한 사람들의 연구를 근거로 들었다. 기후변화정부간협의체에서 내놓은 시나리오 중 높은 석탄 사용 시나리오인 이른바 대표농도경로 8.5(RCP8.5)의 타당성이 극히 떨어진다는 내용이었다. 기후 변화는 산업화 이전과 비교해 평균 기온 3도 상승 이하에서 멈출 것이라고 펠키는 예상했고, 월러스-웰스 역시 수긍했다.[3]

2020년 1월 나는 기후변화정부간협의체의 초청을 받아 차기 보고서의 검토자로 임명되었다. 내가 기후변화정부간협의체의 연락을 받은 건 이번이 처음은 아니었다. 나는 2018년에 기후변화정부간협의체 보고서가 원자력과 신재생 에너지 각각에 대해 편향적인 태도를 취하고 있다고 비판했는데, 그러자 보고서 주저자 중 한 사람이 검토자로 참여해 달라고 했다. 당시는 거절했지만 이번에는 참여하기로 했다.

또한 2020년 1월에는 기후학의 현황에 대해 의회에서 증언을 했다. 20년이 넘는 세월 동안 기후 변화에 대한 견해는 기후 변화를 부정하는 사람들과 기후 변화를 과장하는 사람들로 양극화되었다고 나는 지적했다. 양쪽의 극단주의 모두를 배격하려는 일부 과학자, 언론인, 활동가가 마침내 등장한 것은 실로 기쁜 일이다. 하원 과학우주기술위원회House

Committee on Science, Space, and Technology 소속 의원 중 기후 변화를 부정하는 사람은 아무도 없었다. 대부분은 우리가 기후 변화 문제의 해결을 위해 무언가 해야 한다고 생각한다고 말했다.

환경 휴머니즘은 결국 환경 종말론을 이겨 낼 것이라고 나는 믿는다. 대다수 사람들은 번영과 자연을 동시에 원하기 때문이다. 자연을 위해 번영을 희생해야 한다고 믿는 이들은 극소수다. 사람들은 단지 자연을 지키면서 동시에 풍요로워질 수 있는 방법에서 혼란을 겪고 있을 뿐이다. 몇몇 환경주의자들은 자신들이 내세우는 의제대로 따르면 녹색 성장을 이룰 수 있다고 주장하지만 아무런 근거가 없다. 오히려 현실 증거는 유기농, 저에너지, 신재생 에너지에 기초한 세상이 사람과 환경 모두에 더 좋기는커녕 더 나쁠 것이란 사실을 보여 준다.

물론 몇몇 환경 양치기들은 앞으로도 공론장에서 주요 인사로 활약할 것이다. 하지만 그들의 영향력이 지금처럼 계속 크게 남아 있을 이유는 없다. 세계의 시스템이 변하고 있다. 변화는 새로운 위기지만 동시에 새로운 기회다. 새로운 도전과 직면하기 위해서는 패닉이 아닌 정반대 감정이 필요하다. 타인에 대한 돌봄, 침착함, 그리고 감히 말하자면 사랑이 필요하다. 우리가 극단주의자들을 내면으로부터 이해하고 존중함으로써 그들을 더 온건한 길로 끌어올 수 있다고 나는 믿는다. 그러한 노력을 통해 우리는 모든 이들을 위한 초월적인 도덕적 목적에 한발 더 가까이 다가설 수 있을 것이다. 심지어 환경 종말론자들마저 속으로는 믿고 있는, "모두를 위한 자연과 번영"이라는 가치 말이다.

에필로그 **559**

감사의 말

사랑과 지지를 보내 준 가족에게 먼저 감사를 전한다. 이 책을 나의 큰 기쁨인 두 아이 호아킨과 케스트럴에게 바친다. 또한 부모님 로버트 셸런버거와 주디스 그린, 그리고 아내의 부모님 낸시 오브라이언과 돈 오브라이언께 감사의 말씀을 드린다. 나는 당신들을 통해 타인에 대한 사랑, 지구에 대한 애정, 나 자신을 돌보는 법을 배웠다. 내가 자연을 사랑하고 정의와 책임에 대해 알게 된 것은 모두 그분들 덕분이다. 나의 가장 친한 친구이자 아내인 헬렌 지현 리는 언제나 내 작업을 꼼꼼히 살펴봐 주고 내게 꼭 필요한 비판적 조언을 아끼지 않는 최고의 동반자다. 나의 형제와 처가 식구인 킴 셸런버거, 리치 밸러밴, 줄리 오브라이언, 제프 옥슨퍼드, 마크 오브라이언과 지나 오브라이언에게도 감사한다.

지구를 위한다는 착각

　나는 여러 훌륭한 동료들의 지원을 받는 행운을 누렸다. 하퍼콜린스 출판사의 부사장 에릭 넬슨은 내가 어떤 책을 쓰고 싶어 하는지 깨달음을 주었다. 롭 사토리와 니나 마도니아 오슈먼은 한결같은 모습으로 내 편이 되어 주었다. 나는 환경진보의 직원인 매디슨 체르윈스키, 마크 넬슨, 패리스 와인스, 알렉산드라 게이츠, 에밋 페니, 제민 데사이, 시드 배가, 게이브리얼 해이, 그리고 마크 슐레이바크에게 감사한다. 그들은 나를 위해 지적이고 비판적이며 성실한 연구자, 팩트체커fact-checker, 편집자로서 최선을 다해 주었다. 이 모든 이들이 없었다면 나는 이 책을 쓸 수 없었을 것이다.

　2016년 환경진보를 설립한 이후로 나는 충직한 이사진과 후원자들에게 큰 도움을 받아 왔다. 프랭크 배튼, 빌 버딩거, 존 크래리, 폴 데이비스, 케이트 히턴, 스티브 커시, 로스 코닝스타인, 마이클 펠리자리, 짐 슈워츠, 배릿 워커, 맷 윈클러, 크리스틴 제이츠 덕분에 우리 환경진보는 사실에 입각한 연구와 활동을 할 수 있었다.

　마지막으로 이 책을 위해 기꺼이 귀한 시간을 내준 이들에게 인사를 전해야겠다. 샤리파 누르 아이다, 케빈 앤더슨, 제시 오스벨, 파스칼 브뤼크네르, 척 캐스토, 힌 딘, 케리 이매뉴얼, 크리스티네 피게너, 크리스 헬먼, 아나 파울라 헨켈, 로라 제프리, 칼레브 카반다, 마이클 케버너, 존 켈리, 줄리 켈리, 아네터 란야우, 클레어 레이먼, 티머시 렌턴, 마이클 린드, 자이언 라이츠, 리사 리노스, 세라 러넌, 앨러스테어 맥닐리지, 앤드루 맥아피, 수디프 무코파디아이, 마이클 오펜하이머, 앤드루 플럼프

터, 로저 펠키 주니어, 헬가 레이너, 리처드 로즈, 조야슈리 로이, 마크 서
고프, 세라 소여, 로라 시, 마미 베르나데테 세무타가, 무아드 스리피, 수
파르티, 다나카 노부오, 제럴딘 토머스, 톰 위글리에게 감사드린다.

지구를 위한다는 착각

옮긴이의 말

마이클 셸런버거는 《타임》이 2008년 선정한 '환경 영웅'이다. 어린 시절부터 다양한 운동에 투신해 경력을 쌓아 왔다. 기후변화정부간협의체 보고서의 검토자로 초빙될 만큼 활동과 전문성을 인정받고 있다. 이 책을 읽어 보면 알 수 있겠지만 수많은 환경 운동가, 과학자와 직접 연락하며 팩트 체크가 가능한 환경 운동의 '인사이더'이기도 하다.

하지만 그가 쓴 이 책은 여느 환경 서적들과 매우 다르다. 이 책은 "지금 당장 실천에 나서지 않으면 온 인류가 절멸할 것이다" 같은 식으로 우리를 겁주지 않는다. "지금 채식하지 않는 당신은 기후 변화의 공범이며 유죄"라는 식으로 죄책감을 자극하지 않는다. 기후 변화는 현실이며 우리 인류는 환경을 보호하기 위해 더욱 노력해야 하지만, 그 목적을 이루기 위해서는 지금과 같은 '환경 종말론'으로부터 벗어나야 한다는 것이 이 책의 취지다.

마침 우리에게는 북한이라는 영원한 화두가 있다. 그러니 기후 변화에 대해 최근 쏟아져 나온, 특히 미국 진보 진영에서 펴낸 온갖 책들은 잠시 잊고 차분하게 생각해 보자. 환경 보호라는 측면에서 볼 때 대한민국이 더 우월할까, 아니면 북한이 더 우월할까? '녹색'이란 기준에서 북한이 우리보다 낫다고 할 사람은 아무도 없을 것이다. 주민들이 연료로 때기 위해 나무를 몽땅 베어 모든 산이 민둥산이고, 거리에는 먼지와 매연이 가득하며, 비가 조금만 많이 오면 홍수가 나는 북한은 최악의 환경 위기를 겪고 있는 나라니 말이다.

우리와 북한의 차이는 국민 대다수가 의존하고 있는 1차 에너지원의 차이에서 나온다. 앞서 말했듯 북한은 여전히 많은 주민이 난방과 취사를 위해 나무를 땔감으로 사용한다. 숯을 연료로 쓸 수 있도록 차량을 개조해 운행하고 있다는 소식도 전해 온다. 반면 우리는 박정희 시대부터 본격적으로 태백과 정선 등에 탄광을 개발하면서 대대적인 식목 사업을 벌였다. 연탄가스를 마시고 죽거나 다치는 사고가 종종 벌어지긴 했지만, 나무를 땔감으로 사용하던 시절보다는 온 국민이 상대적으로 안전하고 따스한 삶을 살 수 있게 되었다. 이후 경제가 더 성장하면서 석탄에서 석유로, 석유에서 천연가스로 1차 에너지원이 전환하고 있는 추세다. 그 밑바탕에는 이승만 시절부터 과감하게 추진된 원자력 정책이 깔려 있었다. 산업화에 필요한 에너지를 저렴하고 풍부하게 공급

지구를 위한다는 착각

할 수 있게 된 덕분에, 2차 세계대전 이후 식민지에서 벗어난 그 어떤 나라보다 빠르고 확실한 경제 성장을 이룰 수 있었던 것이다.

환경을 지키기 위해서는 북한이 아니라 한국의 길을 가야 한다. 제조업을 통해 경제를 성장시키고, 댐을 지어서 전기를 얻고, 공장에서 제품을 만들어 수출해야 한다. 이렇게 선순환 구조가 만들어지면 사람들 스스로가 더 깨끗한 환경을 원하게 된다. 물론 그 과정에서 사회 변화로 인한 진통이 없지는 않다. 그러나 지금 우리가 알고 있는 모든 선진국은 같은 과정을 거쳐서 경제적 풍요와 깨끗한 환경을 둘 다 얻었다. 그렇게 경제가 어느 반열에 오르고 생산성이 증가하면 농업에 투입되는 토지 또한 줄어들기 때문에 숲의 면적이 늘어난다. 높은 에너지 밀도를 통해 생산성을 증대시키는 것, 사람은 더 좁은 곳에 모여 활기차게 살고 더 많은 땅을 자연의 품으로 돌려주는 것, 그것이 현실 속에서 달성 가능한 환경주의의 길이다.

이 책의 취지 역시 그렇다. 후진국에 선진국이 될 수 있는 길을 열어 주자는 것이다. 후진국일수록 경제에서 농업의 비중이 높고, 더 많은 사람이 도시 외 지역에 퍼져 살아간다. 그들이 도시에 모여 사는 시민이 될 때 농지는 다시 늪과 숲이 되어 자연의 영역이 커질 수 있다. 이는 보편적인 인권과 풍요의 차원에서 보더라도 바람직하고 당연한 일이다. 모든 사람은 자신과 미래 세대를 위해 자신의 삶을 더 나은 방향으로 개척할 수 있는 권리를 지녀야 마땅하니 말이다.

그런데 문제가 있다. 주로 서구 선진국에 사는 '양심적 시민'들이 환경주의의 이름으로 잘못된 판단과 선택을 하고 있는 것이다. 그들은 경제 성장을 통한 환경주의를 거부한다. 풍요로운 삶을 통해, 더 나은 인프라 구축을 통해 많은 이들에게 안정된 삶의 기반을 제공하는 것을 '구시대적 사고방식'이라고 매도한다. 각 지역의 필요와 여건에 따라 댐을 짓고 때로는 제방을 건설하는 대신, 그 모든 걸 헐어 버리고 '자연'의 품으로 돌아가는 것만이 인류가 행복해질 수 있는 길이라고 완고하게 주장하고 또 믿는다.

물론 그들은 자신들이 누리는 풍요는 순순히 포기할 생각이 없다. 스위스에 사는 환경주의자라면, 잘 따져보면 그다지 환경에 도움이 되지도 않는 '에코백'을 들고 다니는 번거로움 정도는 감수할 것이다. 하지만 스위스에 지어진 댐과 수력 발전소를 모두 파괴하고 지금부터 나무를 땔감으로 삼으라고 한다면 동의할 사람은 아무도 없을 것이다. 자신들은 이미 얻은 문명의 이기를 충분히 누리고 있으면서, 덕분에 지난 1000년 또는 100년 전보다 훨씬 깨끗하고 안전한 환경 속에 살아가면서, 후진국의 댐 건설을 가로막는 이기적인 행태가 환경주의라는 이름으로 포장되어 만연하고 있는 것이다.

이 책은 바로 그 지점에서 특별한 가치를 지닌다. 현대 환경주의의 위선과 모순을 표면적으로 비판하는 차원을 넘어서고 있기 때문이다. 마치 자신은 손끝에 물 한 방울 안 묻히면서 '어머니의 희생과 헌신'을 예찬하는 중년 남성처럼, 선진국 환경주의자들은 자신들이 절대 살지 않을 가혹한 삶의 여건을 후진국 주민에게 사실상 강요하고 있다. 그

지구를 위한다는 착각

내면에는 현대 산업 사회, 특히 원자력에 대한 삐뚤어진 공격심이 자리 잡고 있다는 것이 셸런버거의 통찰이다. 과학적으로, 이성적으로, 논리적으로 따져 본다면 탄소 배출을 줄이기 위해 우리가 택할 수 있는 유일한 방법은 원자력 발전의 활용을 높이는 것임에도 불구하고, 그들은 '기후 재앙과 맞서는 나'라는 자아도취에 빠져 앞뒤가 맞지 않는 요구를 하고 있다.

무턱대고 산업 사회를 비판하고, 현대 문명을 거부하고, 그 정점이라 할 수 있는 원자력에 대한 반감을 퍼붓는 것만으로 올바른 환경주의자가 될 수 있다는 관념의 근원은 어디에 있을까. 셸런버거에 따르면 1960년대까지만 해도 환경주의자들은 원자력 에너지를 적극적으로 포용하고 있었다. 국내에도 알려져 있을 만큼 세계적인 영향력을 가진 환경 단체 시에라클럽의 회장이었던 윌 시리가 대표적이다. 그는 여러 군데에 석탄 화력 발전소를 짓는 것보다는 한곳에 대용량의 원자력 발전소를 짓는 것이 환경에 이롭다는 것을 알고 디아블로캐니언 원전 건설에 찬성했다. 2차 세계대전의 참상을 몸소 겪은 이들일수록 평화를 위한 원자력의 꿈에 기꺼이 동참하고 있었다.

1970년대부터 상황이 달라지기 시작했다. 풍요 속에서 성장하면서 원자폭탄에 대한 공포를 주입받은 베이비부머가 성인이 되고 사회에 진출하면서 담론의 지형도가 바뀐 것이다. 베이비부머 중심의 환경 운동은 원자폭탄과 원자력 발전을 구분하지 않았다. 일부러 대중의 혼동을 불러일으켰다.

문화계로 진출한 베이비부머는 영화, 드라마 등 다양한 매체를 통해 원자력에 대한 공포와 혐오를 부추겼다. 배우 제인 폰다가 직접 제작자로 나선 반핵 영화 〈차이나 신드롬〉이 대표적이다. 공교롭게도 이 영화가 개봉한 직후 스리마일섬 원전 사고가 터지면서 미국의 반원자력 정서는 돌이킬 수 없이 고착화되고 말았다.

여기까지는 어느 정도 잘 알려진 사실이다. 셸런버거의 고발은 거기서 멈추지 않는다. 이 책은 미국 진보 운동의 일원으로서 오래도록 활동해 온 저자의 양심 선언문이기도 하다. 미국 부통령을 역임한 앨 고어는 지구 온난화에 대한 경각심을 고취하는 환경 운동과 그 활동을 내용으로 삼아 제작된 다큐멘터리 영화 〈불편한 진실〉로 잘 알려진 인물이다. 그런데 이런 그가 아버지와 함께 2대에 걸쳐 석탄 회사의 로비를 받아 왔으며, 자신이 만든 방송국을 세계 최대 탄소 배출국인 카타르에 매각했다. 또 뉴욕 주지사를 지낸 마이클 블룸버그는 기후 변화에 반대한다면서 자신의 투자 포트폴리오에는 화석 연료 기업들이 빠지는 법이 없다. 캘리포니아 주지사를 역임한 제리 브라운 역시 원전 반대 운동을 주도해 온 인물이지만 정작 그 자신은 화석 연료 업체를 사실상 소유하고 있다.

미국 민주당에는 진보의 가면을 쓴 채 자기네 이해관계에 따라 원자력을 몰아내야 하는 인사가 두루 포진해 있다. 환경주의로 화석 연료를 포장하는 '그린 워싱green washing'인 셈이다. 미국의 진보 진영은 화석 연료 업계가 저지르는 그린 워싱의 방조자 또는 공범이다.

지구를 위한다는 착각

다행히 세상의 분위기가 달라지고 있다. 특히 트럼프의 임기가 4년으로 끝나고 바이든 행정부가 들어서고 있는 2021년 현재 상황이 그렇다. 이제 미국 민주당은 좀 더 책임 있는 자세로 환경 문제를 대하지 않을 수 없기에, 이전과 같이 '환경 양치기'들의 목소리에 무턱대고 힘을 실어 주지는 않는 모습이다. 가령 여전히 큰 영향력을 행사하고 있는 오바마 전 대통령은 2021년 2월 6일 트위터에 〈대규모 식물 멸종이 불가피하다는 주장은 과장되었다Inevitable Planetary Doom Has Been Exaggerated〉라는 《디애틀랜틱》 기사를 링크하며 이런 코멘트를 남겼다.

"기후 변화는 우리 모두에게 실재하는 위협이지만 무기력과 공포에 사로잡힌다고 해서 해결되지는 않는다. 우리가 계속 희망을 품고 긴급하게 그 도전에 맞서 싸우는 일을 꾸준히 실천할 때 우리는 변화를 만들어 낼 수 있다."

2020년 1월 발행된 《2050 탄소 중립 유럽연합 보고서Road to EU Climate Neutrality by 2050》 역시 마찬가지다. 네덜란드와 체코를 예시로 삼아 각 에너지원의 필요 면적, 비용 등을 평가 분석한 이 보고서에서 유럽연합은 "원자력은 신재생 에너지만큼 기후 효율적일 뿐 아니라 매우 적은 면적을 사용하고, 훨씬 저렴하며, 부작용이 적다는 것을 확인"했다고 밝혔다. 2050년까지 탄소 중립을 달성하기 위해서는 원자력을 활용하지 않을 수 없다는 당연한 진리를 공식적으로 인정한 셈이다.(https://roadtoclimateneutrality.eu/Energy_Study_Full.pdf)

지금 당장 우리가 모든 문명을 포기해야 한다고, 석탄 화력 발전소만이 아니라 원자력 발전소까지 모두 폐쇄하고 태양광 패널과 풍력 터빈만으로 에너지 수요를 충당해야 한다고 주장하는 사람이 한국에도 적지 않다. 그런 주장은 현실 적합성이 떨어질 뿐 아니라 곧 시대에 뒤떨어진 주장이 되고 말 상황임을 알아 둘 필요가 있다.

셸런버거는 환경주의가 '길 잃은 영혼들'이 목적 없는 삶의 공허함을 달래기 위해 뛰어드는 분야가 되었고 그리하여 많은 논의가 어긋나 버렸다고 지적한다. 이는 결코 만만하게 볼 문제가 아니다. 하지만 더 많은 사람이 기후 변화와 탄소 중립 달성을 진지하게 바라보기 시작한다면 결국 문제는 순리대로 해결될 수밖에 없다. 현재 인류가 동원할 수 있는 가장 크고 확실한 탄소 중립 에너지원은 원자력뿐이기 때문이다. 우리는 그 힘으로 이 위기를 잘 헤쳐나갈 수 있을 것이다.

이 책을 옮긴 나 역시 환경주의와 에너지 문제에 관심이 많았지만 2008년 무렵만 해도 원자력 발전에 반대하는 입장이었다. 신재생 에너지를 개발하고 효율을 높이면 해결할 수 있는 문제라고 여겼다. 하지만 2017년 생각을 바꾸었다. 원자력은 내가 알던 것처럼 위험하지 않았다. 다른 발전원과 비교하면 황당하리만치 안전했다. 게다가 신재생 에너지는 아무리 개선된다 한들 태양광과 풍력이라는 에너지원이 지니는 한계를 극복할 수 없는 것이었다. 한국에, 더 나아가 인류에 더 많은 에너지가 필요하다는 사실 또한 자명했다. 이처럼 사실 관계가 바뀌었으므로 나는 입장을 바꾸었다.

2017년 대통령의 탈원전 정책을 신문 지면을 통해 공식적으로 비판한 나는 그 칼럼 때문에 약 10여 년간 인연을 맺어 왔던 어느 신문의 필자 자리를 잃게 되었다. 20대 중반부터 함께했던 인연이었기에 단지 일거리 하나가 사라지는 데서 그치지 않고 진정으로 마음이 아프고 정서적인 충격이 컸다. 하지만 몇 번을 돌이켜 보아도 나는 같은 상황에서 같은 지면을 통해 같은 말을 할 것이다. 그것이 옳기 때문이다.

탈원전에 반대해 칼럼 지면을 잃고 난 후 마이클 셸런버거와 인연이 닿았다. 그해 8월 국회의원회관에서 다른 사람들과 섞여 인사를 주고받은 뒤 10월에는 따로 만나서 깊은 대화를 나누었다. 이세돌 선수가 알파고와 대국을 펼친 역사의 현장, 광화문 포시즌스 호텔의 1층 커피숍이었다. 그는 내 경험을 '영웅의 경로Hero's path'로 그려 볼 수 있지 않겠느냐고 했다. 천진난만한 진보주의자로서 이른 나이에 글솜씨를 인정받아 신문에 칼럼을 쓰게 되었지만 진보가 과학과 대립할 때 과학의 편을 들고 그 대가를 치른 후 다시 부활하는 나의 '영웅 서사'를 그려야 하지 않겠느냐는 조언이었다.

"지금 한 이야기는 조지프 캠벨의 책에 나오는 것 같은데 맞느냐"라고 나는 되물었다. 셸런버거는 반색을 하며 기뻐했다. 나는 그가 하이데거를 인용해 썼던 글도 재미있게 읽었다고 대답했고, 그렇게 우리는 약 2시간에 걸쳐 니체, 하이데거, 루마니아 종교학자 미르체아 엘리아데 등에 대해 이야기를 나누었다. 전혀 예상치 못했던 상대와 모국어가 아닌 영어로, 한국의 탈원전 정책이 아닌 인간 보편의 정신에 대한 철학적 담론을 주고받는 것은 정말이지 신선한 경험이었다.

이 책의 마지막 장이 환경 문제를 넘어 철학을 다루는 것은 그러므로 필연적인 일이다. 오늘날 기후 변화와 환경주의의 쟁점은 '과학적'이라기보다 '철학적'인 것이기 때문이다.

대중에게 널리 알려진, 대세를 이루는 환경주의는 기후 종말론에 입각해 있다. 기후 종말론자들은 우리가 문명을 이루고 살아가는 사실 자체를 거부하고 싶어 한다. 어떤 대안이 있느냐고 물어보면 제대로 된 답변을 하지 못한다. 하지만 자연을 숭배하고 자연에 복종하는 것만이 올바른 길이라는 '정답'을 이미 머릿속에 새겨 놓고 있는 상태다. 그들은 자신의 완전무결함 또는 결백을 늘 입증하고 싶어 한다. 그래서 수백만 년 넘게 인류가 유지해 온 통상적인 식습관에 대해서조차 죄책감을 느끼며 그것을 다른 이들에게도 전염시킨다.

반면 셸런버거는 환경 휴머니즘을 이야기한다. 인간이 스스로를 위해 더 나은 삶의 여건을 만들고, 경제를 발전시키고, 밀도가 높은 에너지원을 쓰는 것은 인간 스스로에게 이로울뿐더러 궁극적으로는 자연을 보호하는 결과를 낳는다는 것이다. 그와 같은 통찰에는 어떤 겸손이 깔려 있다. 우리가 문명을 이루고 살아가야 하는 사람이며, 동시에 다른 생명체를 먹어야 살아남을 수 있는 동물임을 겸허히 인정하는 것이기 때문이다. 우리가 인간으로서, 동물로서 정직하게 스스로의 입지와 한계를 인정하고 그럼에도 불구하고 최선을 다할 때 우리는 더 나은 세상을 만들 수 있다. 이것이 바로 환경 휴머니즘이며, 나 또한 그런 의미에서 환경 휴머니스트라고 생각한다.

환경을 지키고자 하는 마음을 품고 있는 이들에게 진심으로 호소하고 싶다. 우리의 환경주의는 사람을 혐오하고, 스스로에게 불필요한 고통과 고생을 강요하며, 늘 끊이지 않는 마음의 짐을 끌어안고 사는 자학 행위와는 달라야 하지 않을까. 비행기를 타지 않겠다고 선언하며 배를 타고 스웨덴에서 뉴욕까지 왔지만 더 많은 탄소를 배출하게 된 그레타 툰베리의 사례가 잘 말해 주다시피, 죄책감으로 스스로를 옭아매는 것은 실용적인 차원에서 보더라도 무의미하고 바람직하지 않다. 셸런버거는 밝은 웃음으로 자신과 자연을 사랑하는 환경주의, 건강하게 잘 먹고 활발하게 경제생활을 하며 이웃을 돕는 그런 환경 휴머니즘을 제안한다. 물론 최종 판단은 독자 여러분의 몫이다.

이 책은 내 인생의 책 중 하나다. 앞서 설명한 이유로 인해 심지어 출간되기 전부터 내게는 그런 의미를 지닐 수밖에 없었다. 이 책을 직접 우리말로 옮길 수 있는 기회를 준 부키 출판사에 각별한 감사의 말을 전한다.

기후 변화와 환경 문제에 관심 있는 모든 사람들, 성인만이 아니라 특히 앞으로 지구와 인류를 책임질 청년과 청소년에게 이 책이 힘과 용기를 불러일으키는 좋은 길잡이가 되기를 진심으로 바란다.

옮긴이의 말

주

프롤로그

1   Damien Gayle, "Avoid London for Days, Police Warn Motorists, amid 'Swarming Protests,'" *The Guardian*, November 21, 2018, https://www.theguardian.com.

2   Savannah Lovelock and Sarah Lunnon, interviewed by Sophie Ridge, *Sophie Ridge on Sunday*, Sky News, October 6, 2019, https://www.youtube.com/watch?v=ArO_-xH5Vm8.

3   Cameron Brick and Ben Kenward, "Analysis of Public Opinion in Response to the Extinction Rebellion Actions in London," Ben Kenward (website), April 22, 2019, http://www.benkenward.com/XRSurvey/AnalysisOfPublicOpinionInResponseToTheExtinctionRebellionActionsInLondonV2.pdf.

4   "International Poll: Most Expect to Feel Impact of Climate Change, Many Think It Will Make Us Extinct," YouGov, September 14, 2019, https://yougov.co.uk.

5   Ben Kenward, "Analysis of Public Opinion in Response to the Extinction Rebellion Actions in London, April 2019," April 20, 2019, https://drive.google.com/file/d/1dfKFPVghcb4-b9peTyCgR3pu84_8OjGR/view.

6   Mattha Busby, "Extinction Rebellion Protesters Spray Fake Blood on to Treasury," *The Guardian*, October 3, 2019, https://www.theguardian.com.

7   "Provisional UK Greenhouse Gas Emissions Statistics 2018," Department for Business, Energy & Industrial Strategy, March 28, 2019, https://www.gov.uk/government/statistics/provisional-uk-greenhouse-gas-emissions-national-statistics-2018. "Historical Electricity Data: 1920

to 2018," Department for Business, Energy & Industrial Strategy, July 25, 2019, https://www.gov.uk/government/statistical-data-sets/historical-electricity-data. 영국 정부가 제공한 탄소 배출과 전력 생산에 대한 자료를 근거로 계산해 보면 영국 발전소의 전력 생산 단위당 탄소 배출은 2000년에서 2018년 사이 50퍼센트 감소했다.

8   Sarah Lunnon, interviewed by Phillip Schofield and Holly Willoughby, *This Morning*, ITV, October 17, 2019, https://www.youtube.com/watch?v=ACLmQsPocNs.

9   Ibid.

10 Ibid.

11 Ibid.

12 "Protesters Dragged off DLR Train as Extinction Rebellion Delay Commuters in London," *The Guardian*, October 17, 2019, https://www.theguardian.com. *The Telegraph*, "Commuters Turn on Extinction Rebellion as Protesters Target the Tube," YouTube, October 17, 2019, https://www.youtube.com/watch?v=9P1UXYS6Bmg.

1장

1   Coral Davenport, "Major Climate Report Describes a Strong Risk of Crisis as Early as 2040," *New York Times*, October 7, 2018, https://www.nytimes.com.

2   Chris Mooney and Brady Dennis, "The World Has Just over a Decade to Get Climate Change Under Control, U.N. Scientists Say," *Washington Post*, October 7, 2018, https://www.washingtonpost.com.

3   Christopher Flavelle, "Climate Change Threatens the World's Food Supply, United Nations Warns," *New York Times*, August 8, 2019, https://www.nytimes.com.

4   Ibid.

5   Gaia Vince, "The Heat Is On over the Climate Crisis. Only Radical Measures Will Work," *The Guardian*, May 18, 2019, https://www.theguardian.com.

6   Robinson Meyer, "The Oceans We Know Won't Survive Climate Change," *The Atlantic*, September 25, 2019, https://www.theatlantic.com.

7   Stefan Rahmstorf, Jason E. Box, Georg Feulner et al., "Exceptional Twentieth-Century Slowdown in Atlantic Ocean Overturning Circulation," *Nature Climate Change* 5 (2015): 475–80, https://doi.org/10.1038/nclimate2554.

8   S. E. Chadburn, E. J. Burke, P. M. Cox et al., "An Observation-Based Constraint on Permafrost Loss as a Function of Global Warming," *Nature Climate Change* 7 (2017): 340–44, https://doi.org/10.1038/nclimate3262.

9   Robinson Meyer, "The Oceans We Know Won't Survive Climate Change," *The Atlantic*, September 25, 2019, https://www.theatlantic.com.

10 Richard W. Spinrad and Ian Boyd, "Our Deadened, Carbon-Soaked Seas," *New York Times*, October 15, 2015, https://www.nytimes.com. John Ross, "Ex-judge to Investigate Controversial Marine Research," *Times Higher Education*, January 8, 2020.

11 "Top 20 Most Destructive California Fires," California Department of Forestry and Fire Pro-

tection, August 8, 2019, https://www.fire.ca.gov/media/5511/top20_destruction.pdf.

12 Natacha Larnaud, "'This Will Only Get Worse in the Future': Experts See Direct Line Between California Wildfires and Climate Change," CBS News, October 30, 2019, https://www.cbsnews.com.

13 Leonardo DiCaprio (@LeoDiCaprio), "이렇게 산불이 심해지는 건 기후 변화와 기록적인 가뭄 때문이다. 피해자 돕기와 화재 구호는 정치 싸움의 대상이 되어서는 안 된다." Twitter, November 10, 2018, 3:32 p.m., https://twitter.com/leodicaprio/status/1061401158856687616.

14 Alexandria Ocasio-Cortez (@AOC), "기후 변화는 이런 모습일 수밖에 없다. 공화당은 기후 변화에 대한 과학자들의 경고를 과장이라며 조롱하기 바쁘다. 하지만 주위를 둘러보라, 기후 변화의 충격은 이미 시작되었다. 탄소 배출을 절반으로 줄이기 위해 주어진 시간은 10년뿐이다. 만약 해내지 못한다면 상황은 훨씬 더 나빠질 것이다. #그린뉴딜," Twitter, October 28, 2019, 6:09 a.m., https://twitter.com/aoc/status/1188805012631310336.

15 Farhad Manjoo, "It's the End of California as We Know It," *New York Times*, October 30, 2019, https://www.nytimes.com.

16 Scott Neuman, "Enormous 'Megafire' in Australia Engulfs 1.5 Million Acres," NPR, January 10, 2020, accessed January 15, 2020, https://www.npr.org. "Fathers, son, newlyweds: Nation mourns 29 lives lost to bushfires," *Daily Telegraph*, January 22, 2020, https://www.dailytelegraph.com.au.

17 David Wallace-Wells, *The Uninhabitable Earth: Life After Warming* (New York: Crown Publishing Group, 2019), 16.

18 Pat Bradley, "Leading Environmentalist Reacts to Latest IPCC Report," WAMC, October 9, 2018, https://www.wamc.org/post/leading-environmentalist-reacts-latest-ipcc-report.

19 Coral Davenport, "Major Climate Report Describes a Strong Risk of Crisis as Early as 2040," *New York Times*, October 7, 2018, https://www.nytimes.com.

20 Guardian News, "'I Want You to Panic': 16-Year-Old Issues Climate Warning at Davos," YouTube, January 25, 2019, https://www.youtube.com/watch?v=RjsLm5PCdVQ.

21 William Cummings, "'The World Is Going to End in 12 Years if We Don't Address Climate Change,' Ocasio-Cortez says," *USA Today*, January 22, 2019, https://www.usatoday.com.

22 Andrew Freedman, "Climate Scientists Refute 12-Year Deadline to Curb Global Warming," Axios, January 22, 2019, https://www.axios.com.

23 Ibid.

24 V. Masson-Delmonte, Panmao Zhai, Hans-Otto Pörtner et al., eds, *Global Warming of 1.5°C. An IPCC Special Report on the the Impacts of Global Warming of 1.5°C above Preindustrial Levels and Related Global Greenhouse Gas Emission Pathways, in the Context of Strengthening the Global Response to the Threat of Climate Change, Sustainable Development, and Efforts to Eradicate Poverty*, Intergovernmental Panel on Climate Change, 2018, https://www.ipcc.ch/site/assets/uploads/sites/2/2019/06/SR15_Full_Report_High_Res.pdf.

25 Liz Kalaugher, "Scientist or Climate Activist—Where's the Line?" *Physics World*, September 20, 2019, https://physicsworld.com/a/climate-scientist-or-climate-activist-wheres-the-line.

26 Kerry Emanuel (climate scientist, MIT) in discussion with the author, November 15, 2019.

27 Andrew Freedman, "Climate Scientists Refute 12-Year Deadline to Curb Global Warming,"

Axios, January 22, 2019, https://www.axios.com.

28 Hannah Ritchie and Max Roser, "Global Deaths from Natural Disasters," Our World in Data, accessed October 25, 2019, https://ourworldindata.org/natural-disasters. Data published by EMDAT (2019): OFDA/CRED International Disaster Database, Université Catholique de Louvain – Brussels – Belgium. 각 데이터는 해당 연도 첫 해부터 마지막 해까지 10년 단위로 합산한 것이다.

29 Giuseppe Formetta and Luc Feyen, "Empirical Evidence of Declining Global Vulnerability to Climate-Related Hazards," *Global Environmental Change* 57 (July 2019): article 101920, https://doi.org/10.1016/j.gloenvcha.2019.05.004.

30 "Sea Level Change: Scientific Understanding and Uncertainties," in *Climate Change 2013: The Physical Science Basis*, edited by Thomas F. Stocker, Dahe Quin, Gian-Kasper Plattner et al., Intergovernmental Panel on Climate Change, 2013, https://www.ipcc.ch/site/assets/uploads/2018/03/WG1AR5_SummaryVolume_FINAL.pdf, 47 – 59.

31 네덜란드 서부의 간척지인 자위드플라스폴더Zuidplaspolder는 해수면보다 6.76미터 낮다. 기후변화 정부간협의체의 중간 수준 시나리오(RCP4.5)에 따르면 1990년부터 2200년까지 해수면은 39센티미터 상승할 것으로 예상된다.

32 "Bangladesh Delta Plan 2100," Dutch Water Sector, May 20, 2019, https://www.dutchwatersector.com/news/bangladesh-delta-plan-2100; "Deltaplan Bangladesh," Deltares, https://www.deltares.nl/en/projects/deltaplan-bangladesh-2.

33 Jon. E. Keeley (U.S. Geological Survey scientist) in discussion with the author, November 4, 2019; Jon. E. Keeley and Alexandra Syphard, "Different historical fire – climate patterns in California," *International Journal of Wildland Fire* 26, no. 4 (January 2017): 253, https://doi.org/10.1071/ WF16102.

34 Alexandra D. Syphard, John E. Keeley, Anne H. Pfaff, and Ken Ferschweiler, "Human Presence Diminishes the Importance of Climate in Driving Fire Activity Across the United States," *Proceedings of the National Academy of Sciences of the United States of America* 114, no. 52 (December 2017): 13750 – 55, https://doi.org/10.1073/pnas.1713885114.

35 Alexandria Symonds, "Amazon Rainforest Fires: Here's What's Really Happening," *New York Times*, August 23, 2019, https://www.nytimes.com.

36 Timothy D. Clark, Graham D. Raby, Dominique G. Roche et al., "Ocean Acidification Does Not Impair the Behaviour of Coral Reef Fishes," *Nature* 557 (2020): 370 – 75, https://doi.org/10.1038/s41586-019-1903-y. John Ross, "Ex-judge to Investigate Controversial Marine Research," *Times Higher Education*, January 8, 2020.

37 *The Future of Food and Agriculture: Alternative Pathways to 2050*, Food and Agriculture Organization of the United Nations, 2018, http://www.fao.org/3/I8429EN/i8429en.pdf, 76 – 77.

38 Eric Holt-Giménez, Annie Shattuck, Miguel Altieri, et al., "We Already Grow Enough Food for 10 Billion People and Still Can't End Hunger," *Journal of Sustainable Agriculture* 36, no. 6 (2012): 595 – 98, http://dx.doi.org/10.1080/10440046.2012.695331. *The Future of Food and Agriculture: Alternative Pathways to 2050*, 82.

39 *The Future of Food and Agriculture: Alternative Pathways to 2050*, 76 – 77.

40 IPCC, "Mitigation Pathways Compatible with 1.5°C in the Context of Sustainable Devel-

opment", In *Global Warming of 1.5°C.* An IPCC Special Report. 2018. Nordhaus, William. "Projections and Uncertainties About Climate Change in an Era of Minimal Climate Policies."*American Economic Journal*: Economic Policy, 2018, 10(3): 333 – 360.

41 바로 옆에 "콩고공화국Republic of the Congo"이라는 더 작은 나라가 있어서 일부 전문가들은 "DRC"라는 영어 약칭을 사용한다. 하지만 많은 콩고민주공화국 사람들은 자기네 나라를 그저 "콩고"라고 부른다.

42 2차 콩고전쟁과 그 영향에 대해 더 자세히 알고 싶다면 다음을 참고하라. David Van Reybrouck, *Congo: The Epic History of a People* (New York: HarperCollins, 2010); Gérard Prunier, *Africa's World Wars: Congo, the Rwandan Genocide, and the Making of a Continental Catastrophe* (Oxford, UK: Oxford University Press, 2010), 338.

43 "Democratic Republic of the Congo Travel Advisory," U.S. Department of State, Bureau of Consular Affairs, January 2, 2020, https://travel.state.gov/content/travel/en/traveladvisories/traveladvisories/democratic-republic-of-the-congo-travel-advisory.html.

44 "Access to Electricity (% of Population): Congo, Rep., Congo, Dem. Rep," World Bank Group, https://data.worldbank.org.

45 *Africa Energy Outlook: A Focus on Energy Prospects in SubSaharan Africa* (Paris: International Energy Agency, 2014), 32.

46 Pauline Bax and Williams Clowes, "Three Gorges Has Nothing on China-Backed Dam to Power Africa," Bloomberg, August 5, 2019, https://www.bloomberg.com.

47 Katharine J. Mach, Caroline M. Kraan, W. Neil Adger et al., "Climate as a Risk Factor for Armed Conflict," *Nature* 571 (2019): 193 – 97, https://doi.org/10.1038/s41586-019-1300-6.

48 "세계적으로 볼 때 중간 또는 높은 수준의 토지 황폐화는 분쟁 증가와 관련이 있다. 심각한 수준의 물 부족 역시 분쟁 증가와 관련 있다. 하지만 위험의 상대적 증가는 매우 작다. 토지 황폐화가 심화되면 분쟁 위험은 1퍼센트에서 2~4퍼센트 상승한다." Hedrik Urdal, "People vs. Malthus: Population Pressure, Environmental Degradation and Armed Conflict Revisited," *Journal of Peace Research* 42 (2005): 417 – 34, https://doi.org/10.1177/0022343305054089. Clionadh Raleigh and Henrik Urdal, "Climate Change, Demography, Environmental Degradation and Armed Conflict," *Environmental Change and Security Programme* 13 (2008 – 2009): 27 – 33, https://doi.org/10.1016/j.polgeo.2007.06.005.

49 Michael Oppenheimer, Bruce C. Glavovic, Jochen Hinkel et al., "Sea Level Rise and Implications for Low-Lying Islands, Coasts and Communities," in *IPCC Special Report on the Ocean and Cryosphere in a Changing Climate, Intergovernmental Panel on Climate Change*, 2019, https://www.ipcc.ch/site/assets/uploads/sites/3/2019/11/08_SROCC_Ch04_FINAL.pdf, 321 – 445.

50 Clionadh Raleigh and Henrik Urdal, "Climate Change, Demography, Environmental Degradation and Armed Conflict," *Environmental Change and Security Programme* 13 (2008 – 2009): 27 – 33, https://doi.org/10.1016/j.pol geo.2007.06.005.

51 David Van Reybrouk, *Congo: An Epic History of a People* (New York: HarperCollins, 2014).

52 World Bank, "GDP (current US$)-Congo, Dem. Rep.," World Bank, accessed January 15, 2020, https://data.worldbank.org.

53 Ibid.

54 Peter Jones and David Smith, "UN Report on Rwanda Fuelling Congo Conflict 'Blocked by US,'" *The Guardian*, June 20, 2012, https://www.theguardian.com.

55 Tom Wilson, David Blood, and David Pilling, "Congo Voting Data Reveal Huge Fraud in Poll to Replace Kabila," *Financial Times*, January 15, 2019, https://www.ft.com.

56 Myles Allen and Sarah Lunnon, interviewed by Emma Barrett, *Newsnight*, BBC, aired October 10, 2019, on BBC.

57 Sarah Lunnon (Extinction Rebellion spokesperson) in discussion with the author, November 26, 2019.

58 Gaia Vince, "The Heat Is On over the Climate Crisis. Only Radical Measures Will Work," *The Guardian*, May 18, 2019, https://www.theguardian.com.

59 Sarah Lunnon (Extinction Rebellion spokesperson) in discussion with the author, November 26, 2019.

60 Johan Rockström (director of the Potsdam Institute for Climate Impact Research) in discussion with the author, November 27, 2019.

61 Ibid.

62 Ibid.

63 Ibid.

64 Hans van Meijl et al., "Comparing impacts of climate change and mitigation on global agriculture by 2050," *Environmental Research Letters* 13, no. 6 (2018), https://iopscience.iop.org/article/10.1088/1748-9326/aabdc4/pdf.

65 "이는 토지 기반의 기후 변화 대응이 식량 생산에 동원 가능한 토지를 줄이고, 식량 공급 잠재력을 떨어뜨리며, 그에 따라 식량 가격이 상승하기에 벌어지는 일이다." Cheikh Mbow et al., "Chapter Five: Food Security," in V. Masson-Delmotte et al., eds., *Climate Change and Land: An IPCC special report on climate change, desertification, land degradation, sustainable land management, food security, and greenhouse gas fluxes in terrestrial ecosystems* (IPCC, 2019), https://www.ipcc.ch/site/assets/uploads/2019/11/SRCCL-Full-Report-Compiled-191128.pdf.

66 FAO, *The Future of Food and Agriculture–Alternative Pathways to 2050* (Rome: United Nations, 2018), accessed December 16, 2019, http://www.fao.org/global-perspectives-studies/food-agriculture-projections-to-2050/en.

67 Roger Pielke, Jr., "I Am Under Investigation," *The Climate Fix* (blog), February 25, 2015, https://theclimatefix.wordpress.com/2015/02/25/i-am-under-investigation.

68 Roger Pielke, Jr., *The Climate Fix: What Scientists and Politicians Won't Tell You About Global Warming* (New York: Basic Books, 2011), 162.

69 Laurens M. Bouwer, Ryan P. Crompton, Eberhard Faust et al., "Confronting DisasterLosses," *Science* 318 (December 2007): 753, https://www.researchgate.net/publication/5871449_Disaster_management_Confronting_disaster_losses. Peter Höppe and Roger Pielke, Jr., eds., "Workshop on Climate Change and Disaster Losses: Understanding and Attributing Trends and Projections," May 25–26, 2006, Hohenkammer, Germany, https://sciencepolicy.colorado.edu/research_areas/sparc/research/projects/extreme_events/munich_workshop/ccdl_workshop_brochure.pdf.

70 Roger Pielke, Jr., *The Climate Fix: What Scientists and Politicians Won't Tell You About Global Warming*, 171.

71 Jessica Weinkle, Chris Landsea, Douglas Collins, et al., "Normalized Hurricane Damage in the Continental United States 1900 – 2017," *Nature Sustainability* 1 (2018): 808 – 813, https://doi.org/10.1038/s41893-018-0165 – 2; Roger Pielke, Jr., *The Climate Fix: What Scientists and Politicians Won't Tell You About Global Warming*, 171.

72 Roger Pielke, Jr., *The Climate Fix: What Scientists and Politicians Won't Tell You About Global Warming*, 171.

73 펠키는 다음 두 연구를 인용해 이렇게 주장했다. Thomas Knutson, Suzana J. Camargo, Johnny C. L. Chan et al., "Tropical Cyclones and Climate Change Assessment: Part I: Detection and Attribution," *American Meteorological Society*, October 2019, https://journals.ametsoc.org/doi/pdf/10.1175/BAMS-D-18-0189.1, and "2019 Atlantic Hurricane Season," National Hurricane Center and Central Pacific Hurricane Center, https://www.nhc.noaa.gov/data/tcr. Roger Pielke, Jr., "When Is Climate Change Just Weather? What Hurricane Dorian Coverage Mixes Up, on Purpose," *Forbes*, September 4, 2019, https://www.forbes.com.

74 Roger Pielke, Jr., *The Climate Fix: What Scientists and Politicians Won't Tell You About Global Warming*, 170 – 172.

75 Roger Pielke, Jr., "My Unhappy Life as a Climate Heretic," *Wall Street Journal*, December 2, 2016, https://www.wsj.com.

76 Christopher B. Field, Vicente Barros, Thomas F. Stocker et al., eds., *Managing the Risks of Extreme Events and Disasters to Advance Climate Change Adaptation: Special Report of the Intergovernmental Panel on Climate Change*, Intergovernmental Panel on Climate Change, https://www.ipcc.ch/site/assets/uploads/2018/03/SREX_Full_Report-1.pdf, 9.

77 Roger Pielke, Jr., *The Climate Fix: What Scientists and Politicians Won't Tell You About Global Warming*, 175.

78 Roger Pielke, Jr., "Disasters Cost More than Ever—but Not Because of Climate Change," FiveThirtyEight, March 19, 2014, https://fivethirtyeight.com.

79 Roger Pielke, Jr., *The Climate Fix: What Scientists and Politicians Won't Tell You About Global Warming*, 174.

80 Roger Pielke, Jr., "Disasters Cost More than Ever—but Not Because of Climate Change."

81 Ibid.

82 Robinson Meyer, "The Oceans We Know Won't Survive Climate Change," *The Atlantic*, September 25, 2019, https://www.theatlantic.com.

83 Michael Oppenheimer (IPCC author) in discussion with the author, December 26, 2019.

84 Ibid.

85 Ibid.

86 Ibid.

87 Ibid.

88 "Project Information Document (PID) Concept Stage: DRC—Growth with Governance in the Mineral Sector," Report no. AB3834, World Bank, March 24, 2009, http://documents.worldbank.org/curated/en/341011468234300132/pdf/Project0Inform1cument1Concept-

0Stage.pdf. Ernest Mpararo, "Democratic Republic of the Congo," Transparency International, 2018, https://www.transparency.org/country/COD. 콩고의 역사, 식민 지배와 탈식민지화의 영향에 대해 알고 싶다면 다음을 참고하라. Van Reybrouck, *Congo*. 콩고는 국제투명성기구가 발표하는 부패인식지수Corruption Perceptions Index, CPI에서 180개국 중 161위를 차지하고 있다(순위가 낮을수록 부패가 심하다).

89 "Top 20 Deadliest California Wildfires," California Department of Forestry and Fire Protection, September 27, 2019, https://www.fire.ca.gov/media/5512/top20_deadliest.pdf.

90 Jon E. Keeley and Alexandra D. Syphard, "Twenty-first Century California, USA, Wildfires: Fuel-Dominated vs. Wind-Dominated Fires," *Fire Ecology* 15, article no. 24, July 18, 2019, https://doi.org/10.1186/s42408-019-004 1-0.

91 Jon E. Keeley and Alexandra D. Syphard, "Historical Patterns of Wildfire Ignition Sources in California Ecosystems," *International Journal of Wildland Fire* 27, no. 12 (2018): 781–99, https://doi.org/10.1071/WF18026.

92 Jon. E. Keeley (U.S. Geological Survey scientist) in discussion with the author, November 4, 2019.

93 Ibid.

94 Ibid.

95 Ibid.

96 Ibid.

97 David Packham, interviewed by Andrew Bolt, *The Bolt Report*, Sky News Australia, November 11, 2019, https://www.youtube.com/watch?v=E6RrgBrb6R8.

98 S. Ellis, P. Kanowski, and R.J. Whelan, "National Inquiry on Bushfire Mitigation and Management," University of Wollongong Research Online, March 31, 2004, https://ro.uow.edu.au. Luke Henrique-Gomes, "Bushfires death toll rises to 33 after body found in burnt-out house near Moruya," *Guardian*, January 24, 2020, https:// www.theguardian.com. "Bushfire—Southeast Victoria," Australia Institute for Disaster Resilience, https://knowledge.aidr.org.au/resources/bushfire-south-east-victoria. Bernard Teague, Ronald McLeod, and Susan Pascoe, *Final Report Summary*, Victorian Brushfires Royal Commission, 2009. http:// royalcommission.vic.gov.au/finaldocuments/summary/PF/VBRC_Sum mary_PF.pdf. "Black Friday bushfires, 1939," Australia Institute for Disaster Resilience, https://knowledge.aidr.org.au/resources/bushfire-black-friday-victoria-1939.

99 Lauren Jeffrey (British YouTuber) in discussion with the author, December 3, 2019.

100 Dan McDougall, "'Ecological grief': Greenland residents traumatised by climate emergency," *Guardian*, August 12, 2019, https://www.theguardian.com; Mary Ward, "Climate anxiety is real, and young people are feeling it," *Sydney Morning Herald*, September 20, 2019, https://www.smh.com.au.

101 Susan Clayton et al., "Mental Health and Our Changing Climate: Impacts, Implications, and Guidance," American Psychological Association and ecoAmerica, March 2017, https://www.apa.org/news/press/releases/2017/03/mental-health-climate.pdf.

102 Reuters, "One in five UK children report nightmares about climate change," March 2, 2020.

103 Sonia Elks, "Suffering Eco-anxiety over Climate Change, Say Psychologists," Reuters, Septem-

ber 19, 2019, https://www.reuters.com.

104 Rupert Read, "How I Talk with Children About Climate Breakdown," YouTube (video), August 18, 2019, https://youtu.be/6Lt0jCDtYSY.

105 Zion Lights, interviewed by Andrew Neil, *The Andrew Neil Show*, BBC, aired October 10, 2019, on BBC, https://www.youtube.com/watch?time_continue=7&v=pO1TTcETyuU&feature=emb_logo.

106 Lauren Jeffrey, "An Open Letter to Extinction Rebellion," YouTube (video), October 21, 2019, https://www.youtube.com/watch?v=iyYPLkWV3l0.

107 Peter James Spielmann, "UN Predicts Disaster if Global Warming Not Checked," Associated Press, June 29, 1989, https://apnews.com.

108 Roger Pielke, Jr., "The Uninhabitable Earth—Future Imperfect," *Financial Times*, March 8, 2019, https://www.ft.com.

109 Allyson Chiu, "'It Snuck up on Us': Scientists Stunned by 'City-Killer' Asteroid That Just Missed Earth," *Washington Post*, July 26, 2019, www.washingtonpost.com.

110 Nick Perry, "Death toll from New Zealand volcano rises to 21 as victim dies from injuries nearly two months later," *Independent*, January 29, 2020, https://www.independent.co.uk.

111 "'Stealth Transmission' Fuels Fast Spread of Coronavirus Outbreak," Mailman School of Public Health at Columbia University, February 26, 2020, https://www.mailman.columbia.edu/public-health-now/news/stealth-transmission-fuels-fast-spread-coronavirus-outbreak.

112 Kerry Emanuel (climate scientist, MIT) in discussion with the author, November 15, 2019.

113 International Energy Agency, "Global CO2 Emissions in 2019," February 11, 2020. European Commission, "Progress Made in Cutting Emissions," accessed March 2, 2020. Carbon Brief, "Analysis: Why US carbon emissions have fallen 14% since 2005," August 15, 2017. BP Energy Data, 2019.

114 USA emissions from EIA, "US Carbon dioxide emissions from energy consumption (from 1973)," EIA, accessed February 1, 2020, https://www.eia.gov/environment/data.php. UK emissions from UK Department for Business, Energy and Industrial Strategy, "National Statistics: Provisional UK Greenhouse Gas Emissions National Statistics 2018," UK government website, March 28, 2019, https:// www.gov.uk/government/statistics/provisional-uk-greenhouse-gas-emis sions-national-statistics-2018.

115 Justin Ritchie (@jritch), "이 점을 염두에 놓고 보면 국제에너지기구가 모델링한 오늘날의 세계 에너지 체제를 전제할 때 기존 생각과 달리 이번 세기가 끝날 무렵 평균 기온은 2도 정도 상승할 것으로 보인다. 트윗 타래: 5/11" Twitter, November 18, 2019, 9:37 a.m., https://twitter.com/jritch/status/1196482584710004736.

2장

1 Leonardo DiCaprio (@leonardodicaprio), "#Regram #RG @rainforest alliance: 지구의 허파가 불타고 있다." Instagram photo, August 22, 2019, https://www.instagram.com/p/B1eBsWDlfF1/?utm_source=ig_web_button_share_sheet. Cristiano Ronaldo (@cristiano), "아

마존 열대우림은 전 세계 산소의 20퍼센트 이상을 생산한다. 벌써 3주 넘게 불길에 휩싸여 있다. 지구를 구할 책임은 우리 모두에게 있다. #prayforamazonia," Twitter, August 22, 2019, https://twitter.com/Cristiano/status/1164588606436106240?s=20. 언론인들 역시 아마존을 지구의 허파로 묘사한다. 가령 CNN 기자인 수전 스큐티Susan Scutti는 "아마존은 오늘날 산소의 주요 공급처"라고 말했다. "Here's What We Know About the Fires in the Amazon Rainforest," CNN, August 24, 2019, https://www.cnn.com.

2 Alexandria Symonds, "Amazon Rainforest Fires: Here's What's Really Happening," *New York Times*, August 23, 2019, https://www.nytimes.com.

3 Max Fisher, "'It's Really Close': How the Amazon Rainforest Could SelfDestruct," *New York Times*, August 30, 2019, https://www.nytimes.com.

4 Symonds, "Amazon Rainforest Fires: Here's What's Really Happening."

5 Franklin Foer, "The Amazon Fires Are More Dangerous than WMDs," *The Atlantic*, August 24, 2019. Alexander Zaitchik, "Rainforest on Fire," *The Intercept*, July 6, 2019, https://the-climatecenter.org/rainforest-on-fire.

6 Emmanuel Macron, "우리의 집이 불타고 있다. 문자 그대로. 지구 산소의 20퍼센트를 생산하는 아마존 열대우림이 불타고 있는 것이다. 국제적 위기다. G7 정상회담 멤버들께 요청한다. 앞으로 이틀간 이 위기에 대해 토론합시다! #ActForTheAmazon," Twitter, August 22, 2019, 12:15 p.m., https://twitter.com/emmanuelmacron/status/1164617008962527232.

7 Kendra Pierre-Louis, "The Amazon, Siberia, Indonesia: A World of Fire," *New York Times*, August 28, 2019, https://www.nytimes.com.

8 "Communication to the Committee on the Rights of the Child in the Case of *Sacchi et al. v. Argentina et al.*," September 23, 2019, https://childrenvsclimatecrisis.org/wp-content/uploads/2019/09/2019.09.23-CRC-communication-Sacchi-et-al-v.-Argentina-et-al-2.pdf.

9 "Land Use," Food and Agriculture Organization of the United Nations, http://www.fao.org/faostat/en/#data/RL.

10 Jane Brody, "Concern for the Rainforest Has Begun to Blossom," *New York Times*, October 13, 1987, https://timesmachine.nytimes.com.

11 Michael Shellenberger, "An Interview with Founder of Earth Innovation, Dan Nepstad," Environmental Progress, August 25, 2019, http://environmentalprogress.org/big-news/2019/8/29/an-interview-with-founder-of-earth-innovation-dan-nepstad.

12 Yadvinder Malhi, "Does the Amazon Provide 20% of Our Oxygen?" August 24, 2019, http://www.yadvindermalhi.org/blog/does-the-amazon-provide-20-of-our-oxygen.

13 Doyle Rice, "What Would the Earth Be Like Without the Amazon Rainforest?," *USA Today*, August 28, 2019, https://www.usatoday.com.

14 Valerie Richardson, "Celebrities Get Fact-Checked After Sharing Fake Photos of Amazon Rainforest Fire," *Washington Times*, August 26, 2019, https://www.washingtontimes.com.

15 "Aerial View of the Taim Ecological Station on Fire," *Baltimore Sun*, March 29, 2013, http://darkroom.baltimoresun.com.

16 Niraj Chokshi, "As Amazon Fires Spread, So Do the Misleading Photos," *New York Times*, August 23, 2019, https://www.nytimes.com.

17 "PRODES-Amazônia," Instituto Nacional de Pesquisas Espaciais, November 18, 2019, accessed December 16, 2019, http://www.obt.inpe.br/OBT/assuntos/programas/amazonia/prodes.

18 "Monitoramento dos Focos Ativos por Países," Queimadas Instituto Nacional De Pesquisas Espaciais, January 1, 2020, http://queimadas.dgi.inpe.br/queimadas/portal-static/estatisticas_paises.

19 Michael Shellenberger, "An Interview with Founder of Earth Innovation, Dan Nepstad," Environmental Progress, August 25, 2019, http://environmentalprogress.org/big-news/2019/8/29/an-interview-with-founder-of-earth-innovation-dan-nepstad.

20 Luke Gibson, Tien Ming Lee, Lian Pin Koh et al., "Primary Forests Are Irreplaceable for Sustaining Tropical Biodiversity," *Nature*, no. 478 (2011): 378 – 381, https://doi.org/10.1038/nature10425.

21 *Years of Living Dangerously*, season 2, episode 4, "Fueling the Fire," directed by Jon Meyersohn and Jonathan Schienberg, *National Geographic*, November 16, 2016.

22 Michael Williams, *Deforesting the Earth: From Prehistory to Global Crisis, an Abridgment* (Chicago: University of Chicago, 2006), 87, 106.

23 2018년 독일의 1인당 탄소 배출은 10.0톤으로, 이는 8280만 명의 독일인이 8억 3000만 톤의 이산화탄소를 배출하고 있기 때문이다. 브라질의 2억 1100만 인구는 2018년 아마존의 삼림 개간과 화재를 포함해 20억 톤의 이산화탄소를 배출했는데, 이는 1인당 9.5톤에 해당한다. 독일 자료는 다음을 참고하라. German Federal Environmental Agency, "Indicator: Greenhouse gas emissions," Umwelt Bundesamt, https://www.umweltbundesamt.de/en/indicator-greenhouse-gas-emissions. 브라질 자료는 다음을 참고하라. "Total Emissions," SEEG Brazil, accessed February 2, 2020, http://plataforma.seeg.eco.br/total_emission.

24 N. Andela, D. C. Morton, L. Giglio et al., "A human-driven decline in global burned area," *Science* 356, no. 6345 (June 30, 2017): 1356 – 1362, https://doi.org/10.1126/science.aal4108. Xiao Peng Song, M. C. Hansen, S. V. Stehman et al., "Global land change from 1982 to 2016," *Nature*, no. 560 (August 8, 2018): 639 – 643, https://doi.org/10.1038/s41586-018-0411-9.

25 Food and Agriculture Organization of the United Nations. FAO, "FAOSTAT Statistical Database," FAOSTAT, accessed January 15, 2020, http://www.fao.org/faostat/en/#data. 1995년부터 2015년까지 유럽의 삼림 지대는 17만 제곱킬로미터 이상 증가했다. 벨기에, 네덜란드, 스위스, 덴마크의 면적을 모두 합치면 약 15만 6000제곱킬로미터다.

26 Alex Gray, "Sweden's forests have doubled in size over the last 100 years," *World Economic Forum*, December 13, 2018, https://www.weforum.org/agenda/2018/12/swedens-forests-have-been-growing-for-100-years.

27 Jing M. Chen, Weimin Ju, Philippe Ciais et al., "Vegetation Structural Change Since 1981 Significantly Enhanced the Terrestrial Carbon Sink," *Nature Communications* 10, no. 4259 (October 2019): 1 – 7, https://www.nature.com/articles/s41467-019-12257-8.pdf.

28 "최근 식량 가격이 상승했음에도 불구하고 삼림 파괴가 괄목할 정도로 줄어든 것은 농업의 밀도를 높임으로써 천연 수목을 보존하고자 하는 정책이 성공을 거두었음을 보여 주는 지표라고 할 수 있다." Alberto G. O. P. Barretto, Göran Berndes, Gerd Sparovek, and Stefan Wirsenius,

"Agricultural Intensification in Brazil and Its Effects on Land-Use Patterns: An Analysis of the 1975 – 2006 Period," *Global Change Biology* 19, no. 6 (2013): 1804 – 1815, https://doi.org/10.1111/gcb.12174.

29 Jing M. Chen et al., "Vegetation structural change since 1981 significantly enhanced the terrestrial carbon sink," *Nature Communications* 10, no. 4259 (October 2019): 1 – 7, https://www.nature.com/articles/s41467-019-12257 – 8.pdf.

30 Ibid.

31 Jon Lloyd and Graham D. Farquhar, "Effects of Rising Temperatures and Carbon Dioxide on the Physiology of Tropical Forest Trees," *Philosophical Transactions of the Royal Society* 363, no. 1498 (February 2008): 1811 – 1817, https://doi.org/10.1098/rstb.2007.0032.

32 Sean M. McMahon, Geoffrey G. Parker, and Dawn R. Miller, "Evidence for a Recent Increase in Forest Growth," *Proceedings of the National Academy of Sciences of the United States of America* 107, no. 8 (February 2010): 3611 – 3615, https://www.ncbi.nlm.nih.gov/pmc/articles/PMC2840472.

33 Alex Gray, "Sweden's Forests Have Doubled in Size over the Last 100 Years," *World Economic Forum*, December 13, 2018, https://www.weforum.org/agenda/2018/12/swedens-forests-have-been-growing-for-100-years.

34 111개국을 대상으로 한 중요 연구에 따르면 기온과 노동 생산성 사이의 부정적 관계는 통계적으로 뚜렷하게 확인된다. 실제로 연구자들은 어떤 나라의 기후 수준은 전체 노동 생산성을 설명하는 데서 두 번째로 중요한 요소임을 발견했다. 그보다 앞서는 가장 중요한 요소는 해당 국가가 이미 개발되었는지 여부였다. Kemal Yildirim, Cuneyt Koyuncu, and Julide Koyuncu, "Does Temperature Affect Labor Productivity: Cross-Country Evidence," *Applied Econometrics and International Development* 9, no. 1 (2009): 29 – 38, https://www.researchgate.net/profile/Cuneyt_Koyuncu/publication/227410116_Does_Temperature_Affect_Labor_Productivity_Cross-Country_Evidence/links/0a85e53467d19369e8000000/Does-Temperature-Affect-Labor-Productivity-Cross-Country-Evidence.pdf.

35 Pedro Renaux, "Poverty Grows and Poor Population in 2017 Amounts to 54.8 Million," Agência IBGE, December 6, 2018, https://agenciadenoticias.ibge.gov.br/en/agencia-news/2184-news-agency/news/23316-poverty-grows-and-poor-population-in-2017-amounts-to-54-8-million.

36 "Amazon Tribes," Survival International, accessed January 2, 2020, https://www.survivalinternational.org/about/amazontribes.

37 "Brazilian Indians," Survival International, accessed January 2, 2020, https://www.survivalinternational.org/tribes/brazilian.

38 Linda Rabben, "Kayapo Choices: Short-Term Gain vs. Long-Term Damage," *Cultural Survival Quarterly Magazine*, June 1995, https://www.culturalsurvival.org/publications/cultural-survival-quarterly/kayapo-choices-short-term-gain-vs-long-term-damage.

39 Michael Williams, *Deforesting the Earth: From Prehistory to Global Crisis, an Abridgment*, Ibid., 21 – 23.

40 Ibid., 19.

41 Christopher Sandom et al., "Global late Quaternary megafauna extinctions linked to humans,

not climate change," *Proceedings of the Royal Society B, Biological Sciences* 281, no. 1787 (2014), https://doi.org/10.1098/rspb.2013.3254/.

42 Michael Williams, *Deforesting the Earth: From Prehistory to Global Crisis, an Abridgment*, Ibid., 24–26.

43 Ibid., 25–29.

44 J. A. J. Gowlett, "Discovery of Fire by Humans: A Long and Convoluted Process," *Philosophical Transactions of the Royal Society B* 371, no. 1696 (June 2016), http://dx.doi.org/10.1098/rstb.2015.0164.

45 Ibid.

46 Michael Williams, *Deforesting the Earth: From Prehistory to Global Crisis, an Abridgment*, 146.

47 Keith Thomas, *Man and the Natural World: Changing Attitudes in England, 1500–1800* (Oxford University Press, 1983), 192. 한 역사가는 영국의 동물을 다음과 같이 분류한다. "길들이거나 없애 버려야 할 야생 동물, 유용한 목적으로 부려 먹을 가축, 정서적 만족을 위해 귀여워할 반려 동물."

48 Michael Shellenberger, "An Interview with Founder of Earth Innovation, Dan Nepstad," Environmental Progress, August 25, 2019, http://environmentalprogress.org/bignews/2019/8/29/an-interview-with-founder-of-earth-innovation-dan-nepstad.

49 "Brazil and the Amazon Forest," Greenpeace, accessed January 20, 2020, https://www.greenpeace.org/usa/issues/brazil-and-the-amazon-forest. Michael Shellenberger, "An Interview with Founder of Earth Innovation, Dan Nepstad," Environmental Progress, August 25, 2019, http://environmentalprogress.org/big-news/2019/8/29/an-interview-with-founder-of-earth-innovation-dan-nepstad.

50 Michael Shellenberger, "An Interview with Founder of Earth Innovation, Dan Nepstad."

51 Ibid.

52 John Briscoe, "Infrastructure First? Water Policy, Wealth, and Well-Being," Belfer Center, January 28, 2012, https://www.belfercenter.org/publication /infrastructure-first-water-policy-wealth-and-well-being.

53 John Briscoe, "Invited Opinion Interview: Two Decades at the Center for World Water Policy," *Water Policy* 13, no. 2 (February 2011): 151, https:// doi.org/10.2166/wp.2010.000.

54 John Briscoe, "Infrastructure First? Water Policy, Wealth, and Well-Being."

55 Rhett Butler, "Greenpeace Accuses McDonald's of Destroying the Amazon," Mongabay, April 7, 2006, https://news.mongabay.com.

56 Michael Shellenberger, "An Interview with Founder of Earth Innovation, Dan Nepstad."

57 Ibid.

58 Ibid.

59 Ibid.

60 Ibid.

61 Ibid.

62 David P. Edwards et al., "Wildlife-Friendly Oil Palm Plantations Fail to Protect Biodiversity Effectively," *Conservation Letters* 3 (2010): 236–42, https://doi.org/10.1111/j.1755-263X.2010.00107.x.

63 Michael Shellenberger, "An Interview with Founder of Earth Innovation, Dan Nepstad."

64 Dave Keating, "Macron's Mercosur Veto—Are Amazon Fires Being Used as a Smokescreen for Protectionism?," *Forbes*, August 23, 2019, https://www.forbes.com.

65 Ibid.

66 Ibid.

67 "Jair Bolsonaro to Merkel: Reforest Germany, Not Amazon," Deutsche Welle, August 15, 2019, https://www.dw.com/en/jair-bolsonaro-to-merkel-reforest-germany-not-amazon/a-50032213.

68 "Brazil's Lula Blasts Rich Nations on Climate," Reuters, February 6, 2007, https://www.reuters.com.

69 "분석에 따르면 농업의 집약도가 높은 지역(주로 브라질의 남부와 남동부)에서, 농경지와 목초지 모두의 토지 사용 집약도 증가는 농경지와 목초지의 집중화와 상관관계를 보인다. 또는 농경지가 늘어나는 것은 목초지가 줄어드는 것과 맞물리기에, 어떤 경우건 전체 농경지는 안정화되고 집중되는 경향을 보인다. 반대로 새로운 땅을 개척해 농사를 짓는 지역(즉 브라질의 중부와 북부 아마존 삼림 지대)는 토지 이용 증가가 농경지의 확장과 상관관계를 보인다. 이러한 관찰은 다음 가설을 지지한다. (1) 기술 발전은 농경 개척 지대의 확장을 불러올 유인을 제공한다. (2) 농부들은 토지가 제한된 자원일 때만 농토 확장 속도를 줄인다. 1960년대 이래 토지 사용에 대한 조사는 농업 용지의 확장이 브라질 내륙(중서부 세라두)을 향해 점진적으로 벌어지고 있음을 보여 준다." Barretto et al., "Agricultural Intensification in Brazil and Its Effects on Land-Use Patterns: An Analysis of the 1975 – 2006 Period."

70 Bernardo B. N. Strassburg, Agnieszka E. Lataweic, Luis G. Barioni et al., "When Enough Should Be Enough: Improving the Use of Current Agricultural Lands Could Meet Production Demands and Spare Natural Habitats in Brazil," *Global Environmental Change* 28 (September 2014): 84 – 97, https://doi.org/10.1016/j.gloenvcha.2014.06.001.

71 Philip K. Thornton and Mario Herrero, "Potential for Reduced Methane and Carbon Dioxide Emissions from Livestock and Pasture Management in the Tropics," *Proceedings of the National Academy of Sciences of the United States of America* 107, no. 46 (November 2010): 19667 – 72, https://doi.org/10.1073/pnas.0912890107.

72 Michael Shellenberger, "An Interview with Founder of Earth Innovation, Dan Nepstad."

73 Juliana Gil, Rachael Garrett, and Thomas Berger, "Determinants of Crop-Livestock Integration in Brazil: Evidence from the Household and Regional Levels," *Land Use Policy* 59, no. 31 (December 2016): 557 – 568, https://doi.org/10.1016/j.landusepol.2016.09.022.

74 LaMont C. Cole, "Man's Ecosystem," *BioScience* 16, no. 4 (April 1966): 243 – 48, https://doi.org/10.2307/1293563/. Wallace S. Broecker, "Man's Oxygen Reserves," *Science* 168, no. 3939 (June 1970), 1537 – 38, https://doi.org/10.1126/science.168.3939.1537. 월러스 브로커는 다음 문장으로 논문을 끝내고 있다. "부디 대중 언론이 스스로 만든 유령을 쫓아내기를 바란다." 산소 공급 문제와 관련해 이와 같은 역사가 있었음을 내게 가르쳐 준 마크 서고프 Mark Sagoff에게 감사한다.

3장

1 Christine Figgener, "Sea Turtle with Straw up Its Nostril—'NO' TO PLASTIC STRAWS," YouTube, August 10, 2015, https://www.youtube.com/watch?v=4wH878t78bw.

2 Ibid.

3 Michael A. Lindenberger, "How a Texas A&M Scientist's Video of a Sea Turtle Soured Americans on Drinking Straws," *Dallas Morning News*, July 19, 2018, https://www.dallasnews.com.

4 Hilary Brueck, "The Real Reason Why So Many Cities and Businesses Are Banning Plastic Straws Has Nothing to Do with Straws at All," *Business Insider*, October 22, 2018, https://www.businessinsider.com.

5 Sophia Rosenbaum, "She Recorded That Heartbreaking Turtle Video. Here's What She Wants Companies like Starbucks to Know About Plastic Straws," *Time*, July 17, 2018, https://time.com.

6 Jenna R. Jambeck, Roland Geyer, Chris Wilcox et al., "Plastic Waste Inputs from Land into the Ocean," *Science* 347, no. 6223 (February 2015): 768–771, http://doi.org/10.1126/science.1260352.

7 Christine Figgener (sea turtle biologist) in discussion with the author, November 6, 2019.

8 Chris Wilcox, Melody Puckridge, Gamar A. Schuyler et al., "A Quantitative Analysis Linking Sea Turtle Mortality and Plastic Debris Ingestion," *Scientific Reports* 8 (September 2018): article no. 12536, https://www.nature.com/articles/s41598-018-30038-z.pdf. Chris Wilcox, Nicholas J. Mallos, George H. Leonard et al., "Using Expert Elicitation to Estimate the Impacts of Plastic Pollution on Marine Wildlife," *Marine Policy* 65 (March 2016): 107–14, https://doi.org/10.1016/j.marpol.2015.10.014.

9 Christine Figgener (sea turtle biologist) in discussion with the author, November 6, 2019.

10 Leandro Bugoni, L'igia Krause, and Maria Virgínia Petry, "Marine Debris and Human Impacts on Sea Turtles in Southern Brazil," *Marine Pollution Bulletin* 42, no. 12 (December 2001): 1330–1334, https://doi.org/10.1016/S0025-326X(01)00147-3.

11 Chris Wilcox, Melody Puckridge, Gamar A. Schuyler et al., "A Quantitative Analysis Linking Sea Turtle Mortality and Plastic Debris Ingestion."

12 Iliana Magra, "Whale Is Found Dead in Italy with 48 Pounds of Plastic in Its Stomach," *New York Times*, April 2, 2019, https://www.nytimes.com. Matthew Haag, "64 Pounds of Trash Killed a Sperm Whale in Spain, Scientists Say," *New York Times*, April 12, 2018, https://nytimes.com. Daniel Victor, "Dead Whale Found With 88 Pounds of Plastic Inside Body in the Philippines," *New York Times*, March 18, 2019.

13 Seth Borenstein, "Science Says: Amount of Straws, Plastic Pollution Is Huge," Associated Press, April 21, 2018, https://apnews.com.

14 Michelle Paleczny, Edd Hammill, Vasiliki Karpouzi, and Daniel Pauly, "Population Trend of the World's Monitored Seabirds, 1950–2010," *PLOS ONE* 10, no. 6 (June 2015): e0129342, https://journals.plos.org/plosone/article/file?id=10.1371/journal.pone.0129342&type=printable.

15 Laura Parker, "Nearly Every Seabird on Earth Is Eating Plastic," *National Geographic*, September 2, 2015, https://www.nationalgeographic.com.

16 Seth Borenstein, "Science Says: Amount of Straws, Plastic Pollution Is Huge."

17 Chris Wilcox, Erik Van Sebille, and Britta Denise Hardesty, "Threat of Plastic Pollution to Seabirds Is Global, Pervasive, and Increasing," *Proceedings of the National Academy of Sciences of the United States of America* 112, no. 38 (August 2015): 11899 – 904, https://doi.org/10.1073/pnas.1502108112.

18 Claudia Giacovelli, Anna Zamparo, Andrea Wehrli et al., *SingleUse Plastics: A Roadmap for Sustainability*, United Nations Environment Programme, 2018, https://wedocs.unep.org/bitstream/handle/20.500.11822/25496/singleUsePlastic_sustainability.pdf?sequence=1&isAllowed=y, 12.

19 Susan Freinkel, *Plastics: A Toxic Love Story* (New York: Houghton Mifflin Harcourt, 2011), 7 – 8.

20 Roland Geyer, Jenna R. Jambeck, and Kara Lavender Law, "Production, Use, and Fate of All Plastics Ever Made," *Science Advances* 3, no. 7 (July 19, 2017): e1700782, http://advances.sciencemag.org/content/3/7/e1700782.

21 Jambeck et al., "Plastic Waste Inputs from Land into the Ocean."

22 Ibid.

23 W. C. Li, H. F. Tse, and L. Fok, "Plastic Waste in the Marine Environment: A Review of Sources, Occurrence and Effects," *Science of the Total Environment* 566 – 567 (2016): 333 – 49, http://dx.doi.org/10.1016/j.scitotenv.2016.05.084.

24 L. Lebreton, B. Slat, F. Ferrari et al., "Evidence That the Great Pacific Garbage Patch Is Rapidly Accumulating Plastic," *Scientific Reports*, 2018, no. 8 (March 22, 2018), article no. 4666, https://doi.org/10.1038/s41598-018-22939-w.

25 Christine Figgener (sea turtle biologist) in discussion with the author, November 6, 2019.

26 Ibid.

27 "Facts and Figures About Materials, Waste and Recycling," Environmental Protection Agency, October 30, 2019, accessed January 2, 2019, https://www.epa.gov/facts-and-figures-about-materials-waste-and-recycling/plastics-material-specific-data#PlasticsTableandGraph.

28 Changing the Way We Use Plastics, European Commission 2018, https://ec.europa.eu/environment/waste/pdf/pan-european-factsheet.pdf.

29 Christine Figgener (sea turtle biologist) in discussion with the author, November 6, 2019.

30 Mike Ives, "China Limits Waste. 'Cardboard Grannies' and Texas Recyclers Scramble," *New York Times*, November 25, 2017, https://www.nytimes.com.

31 Mike Ives, "Recyclers Cringe as Southeast Asia Says It's Sick of the West's Trash," *New York Times*, June 7, 2019, https://www.nytimes.com.

32 Ibid.

33 Motoko Rich, "Cleansing Plastic from Oceans: Big Ask for a Country That Loves Wrap," *New York Times*, June 27, 2019, https://www.nytimes.com.

34 Roland Geyer et al., "Production, use, and fate of all plastics ever made," *Science Advances* 3, no. 7 (July 19, 2017), http://advances.sciencemag.org/content/3/7/e1700782.

35 Christine Figgener (sea turtle biologist) in discussion with the author, November 6, 2019.

36 Harvey Black, "Rethinking Recycling," *Environmental Health Perspectives* 103, no. 11 (1995):

1006 – 1009, https://www.ncbi.nlm.nih.gov/pmc/articles/PMC1519181/pdf/envh-per00359-0034-color.pdf.

37 Benjamin Brooks, Kristen Hays, and Luke Milner, *Plastics recycling: PET and Europe lead the way*, Petrochemicals special report (S&P Global Platts, September 2019), https://www.spglobal.com/platts/plattscontent/_assets/_files/en/specialreports/petrochemicals/plastic-recycling-pet-europe.pdf.

38 Daniel Hoornweg and Perinaz Bhada-Tata, *What a Waste: A Global Review of Solid Waste Management*, World Bank Urban Development Series, Knowledge Papers no. 15, March 2012, https://openknowledge.worldbank.org/bitstream/handle/10986/17388/68135.pdf?sequence=8&isAllowed=y/, 46.

39 Jambeck et al., "Plastic Waste Inputs from Land into the Ocean."

40 Marcus Eriksen, Laurent C. M. Lebreton, Henry S. Carson et al., "Plastic Pollution in the World's Oceans: More than 5 Trillion Plastic Pieces Weighing over 250,000 Tons Afloat at Sea," *PLOS ONE* 9, no. 12 (December 10, 2014): e111913, https://journals.plos.org/plosone/article/file?id=10.1371/journal.pone.0111913&type=printable. 제목에 드러나 있다시피 논문 저자들은 큰 덩어리와 미세플라스틱을 합해 바다에 버려진 전체 플라스틱 쓰레기를 5조 개 정도로 추산한다. 무게로는 26만 9000톤가량이다.

41 Ibid.

42 Ibid.

43 Ibid.

44 Collin P. Ward, Cassia J. Armstrong, Anna N. Walsh, Julia H. Wash, and Christopher M. Reddy, "Sunlight Converts Polystyrene to Carbon Dioxide and Dissolved Organic Carbon," *Environmental Science Technology Letters* 6, no. 11 (October 10, 2019): 669 – 674, https://doi.org/10.1021/acs.estlett.9b00532.

45 "Sunlight Degrades Polystyrene Faster than Expected," National Science Foundation, October 18, 2019, https://www.nsf.gov/discoveries/disc_summ.jsp?cntn_id=299408&org=NSF&from=news.

46 Collin P. Ward, "Sunlight Converts Polystyrene to Carbon Dioxide and Dissolved Organic Carbon."

47 Ibid.

48 Emily A. Miller, Loren McClenachan, Roshikazu Uni et al., "The Historical Development of Complex Global Trafficking Networks for Marine Wildlife," *Science Advances* 5, no. 3 (March 2019): eaav5948, http://dx.doi.org/10.1126/sciadv.aav5948.

49 Martha Chaiklin, "Imports and Autarky: Tortoiseshell in Early Modern Japan," in *Luxury and Global Perspective: Objects and Practices, 1600–2000*, edited by Bernd-Stefan Grewe and Karen Hoffmeester (Cambridge, UK: Cambridge University Press, 2016), 218 – 21, 230, 236.

50 Ibid.

51 Stephanie E. Hornbeck, "Elephant Ivory: An Overview of Changes to Its Stringent Regulation and Considerations for Its Identification," *AIC Objects Specialty Group Postprints* 22 (2015): 101 – 22, http://resources.conservation-us.org/osg-postprints/wp-content/uploads/sites/8/2015/05/osg022-08vII.pdf.

52 Ibid.

53 "Ivory: Where It Comes From, Its Uses and the Modes of Working It," *New York Times*, August 14, 1866, https://timesmachine.nytimes.com.

54 Ibid.

55 Ibid.

56 "The World's Ivory Trade," *New York Times*, July 23, 1882, https://timesmachine.nytimes.com.

57 Ibid.

58 Ibid.

59 Chaiklin, "Imports and Autarky: Tortoiseshell in Early Modern Japan."

60 Freinkel, *Plastics: A Toxic Love Story*.

61 Terri Byrne, "Ivoryton's Keys Are Musical," *New York Times*, December 25, 1977, https://timesmachine.nytimes.com.

62 Susan Freinkel, "A Brief History of Plastic's Conquest of the World," *Scientific American*, May 29, 2011, https://www.scientificamerican.com.

63 Christine Figgener (sea turtle biologist) in discussion with the author, November 6, 2019.

64 세계자연보전연맹에 따르면, "(코리네박테리움Corynebacterium 종 박테리아가 일으키는) 디프테리아성 구내염, 기존에는 피오르드랜드펭귄Fiordland penguin에게만 있다고 알려진 루코사이토준 타와키Leucocytozoon tawaki 혈액 기생충 등 질병이 새끼들의 죽음을 야기해 일부 노란눈펭귄 군집의 개체 수에 상당 기간 문제를 일으키고 있는 것으로 보인다. ⋯ 인간, 특히 번식지를 방문하는 통제되지 않는 관광객이 일으키는 소란 등 폐해가 노란눈펭귄의 에너지 균형energy budget, 체중, 생존에 부정적인 영향을 미치고 있다." "Yellow-Eyed Penguin, *Megadyptes antipodes*," IUCN Red List of Threatened Species 2018, BirdLife International, 2018, http://dx.doi.org/10.2305/IUCN.UK.2018-2.RLTS.T22697800A132603494.en.

65 "Southern Royal Albatross, *Diomedea epomophora*," IUCN Red List of Threatened Species 2018, BirdLife International, 2018, http://dx.doi.org/10.2305/IUCN.UK.2018-2.RLTS.T22698314A132641187.en.

66 Thomas Mattern, "New Zealand's Mainland Yellow-Eyed Penguins Face Extinction Unless Urgent Action Taken," University of Otago, May 17, 2017, https://www.otago.ac.nz/news/news/otago648034.html.

67 P. E. Michael, R. Thomson, C. Barbraud et al., "Illegal Fishing Bycatch Overshadows Climate as a Driver of Albatross Population Decline," *Marine Ecology Progress Series* 579 (September 2017): 185–99, http://dx.doi.org/10.3354/meps12248.

68 Bugoni et al., "Marine Debris and Human Impacts on Sea Turtles in Southern Brazil."

69 Christine Figgener (sea turtle biologist) in discussion with the author, November 6, 2019.

70 A. Abreu-Grobois and P. Plotkin (IUCN SSC Marine Turtle Specialist Group), "Olive Ridley, *Lepidochelys olivacea*," IUCN Red List of Threatened Species 2008, BirdLife International, http://dx.doi.org/10.2305/IUCN.UK.2008.RLTS.T11534A3292503.en.

71 Nathaniel L. Bindoff, William W. L. Cheung, James G. Kairo et al., "Changing Ocean, Marine Ecosystems, and Dependent Communities," in *IPCC Special Report on the Ocean and Cryosphere in a Changing Climate*, Intergovernmental Panel on Climate Change, 2019, https://

www.ipcc.ch/site/assets/uploads/sites/3/2019/11/09_SROCC_Ch05_FINAL-1.pdf.

72 *The State of World Fisheries and Aquaculture: Meeting the Sustainable Development Goals*, Food and Agriculture Organization of the United Nations, 2018, http://www.fao.org/3/I9540EN/i9540en.pdf, vii.

73 "Sharks," IUCN Red List of Threatened Species, https://www.iucnredlist.org/search?query=sharkspercent20&searchType=species. Sandra Altherr and Nicola Hodgins, *Small Cetaceans, Big Problems: A Global Review of the Impacts of Hunting on Small Whales, Dolphins and Porpoises*, Pro Wildlife, Animal Welfare Institute, and Whale and Dolphin Conservation, November 2018, https://awionline.org/sites/default/files/publication/digital_download/AWI-ML-Small-Cetaceans-Report.pdf.

74 Christine Figgener (sea turtle biologist) in discussion with the author, November 6, 2019.

75 Sophia Rosenbaum, "She Recorded That Heartbreaking Turtle Video. Here's What She Wants Companies like Starbucks to Know About Plastic Straws," *Time*, July 17, 2018, https://time.com.

76 Christine Figgener (sea turtle biologist) in discussion with the author, November 6, 2019.

77 Rebecca L. C. Taylor, "Bag Leakage: The Effect of Disposable Carryout Bag Regulations on Unregulated Bags," *Journal of Environmental Economics and Management* 93 (January 2019): 254–71, https://doi.org/10.1016/j.jeem.2019.01.001.

78 Bjørn Lomborg, "Sorry, Banning Plastic Bags Won't Save Our Planet," *The Globe and Mail*, June 20, 2019, https://www.theglobeandmail.com.

79 Eriksen et al., "Plastic Pollution in the World's Oceans: More than 5 Trillion plastic Pieces Weighing over 250,000 Tons Afloat at Sea."

80 탄산음료에 대해서는 다음을 참고하라. Franklin Associates, *Life Cycle Inventory of Three Single-Serving Soft Drink Containers*, report prepared for PET Resin Association, 2009, http://www.petresin.org/pdf/FranklinLCISodaContainers2009.pdf. 전반적인 개괄은 다음을 참고하라. "This Material, or That?," *Packaging Digest*, March 11, 2015, http://www.packagingdigest.com/beverage-packaging/material-or.

81 Christine Figgener (sea turtle biologist) in discussion with the author, November 6, 2019.

82 Frida Røyne and Johanna Berlin, "The Importance of Including Service Life in the Climate Impact Comparison of Bioplastcs and Fossil-Based Plastics," Research Institutes of Sweden, Report no. 23, 2018, http://ri.diva-portal.org/smash/get/diva2:1191391/FULLTEXT01.pdf.

83 전 과정 평가lifecycle assessment에 따르면 엔진 부품 수납함의 경우 일반 플라스틱으로 만들면 현재 개발 중인 바이오플라스틱보다 6배 긴 수명을 지닐 수 있다고 한다. Ibid.

84 Christine Figgener (sea turtle biologist) in discussion with the author, November 6, 2019.

85 [사탕수수나 옥수수 등으로 만드는 바이오플라스틱인] "PLA(polylactic acid)와 TPS(thermoplastic starch)가 분해되면 매립할 때보다 다음 7개 범주에서 더 큰 영향을 미친다. 스모그, 산성화, 발암 물질, 비발암 물질, 호흡기 영향, 환경 독성, 화석 연료 고갈." Troy A. Hottle, Melissa M. Bilec, and Amy E. Landis, "Biopolymer Production and End of Life Comparisons Using Life Cycle Assessment," *Resources, Conservation and Recycling* 122 (July 2017): 295–306, https://doi.org/10.1016/j.resconrec.2017.03.002.

86 Kunnika Changwichan, Thapat Silalertruksa, and Shabbir H. Gheewala, "Eco-Efficiency Assessment of Bioplastics Production Systems and End-of-Life Options," *Sustainability* 10, no. 4 (March 2018): 952, https://doi.org/10.3390/su10040952.

87 Daniel Posen, Paulina Jaramillo, Amy E. Landis, and W. Michael Griffin, "Greenhouse Gas Mitigation for U.S. Plastics Production: Energy First, Feedstocks Later," *Environmental Research Letters* 12, no. 3 (December 2017), https://doi.org/10.1088/1748-9326/aa60a7.

88 Christine Figgener (sea turtle biologist) in discussion with the author, November 6, 2019.

89 Marydele Donnelly, "Trade Routes for Tortoiseshell," State of the World's Sea Turtles (SWOT), Report Volume 3, February 1, 2008, https://www.seaturtlestatus.org/articles/2008/trade-routes-for-tortoiseshell. Associated Press, "Japan Agrees to End Endangered Hawksbill Turtle Imports After '92," *Los Angeles Times*, June 19, 1991, https://www.latimes.com.

90 Tina Deines, "Endangered hawksbill turtle shell trade is much bigger than scientists ever suspected," *National Geographic*, March 27, 2019, https://www.nationalgeographic.com.

91 Christine Figgener (sea turtle biologist) in discussion with the author, November 6, 2019.

92 "World's Biggest Producer of Plastic to Curtail Its Use," *Bloomberg News*, January 19, 2020, https://www.bloomberg.com.

4장

1 Elizabeth Kolbert, *The Sixth Extinction: An Unnatural History* (New York: Henry Holt & Company, 2014), 266-267.

2 "World Is 'on Notice' as Major UN Report Shows One Million Species Face Extinction," UN News, May 6, 2019, https://news.un.org/en/story/2019/05/1037941. "UN Report: Nature's Dangerous Decline 'Unprecedented'; Species Extinction Rates 'Accelerating,'" Sustainable Development Goals, May 6, 2019, https://www.un.org/sustainabledevelopment/blog/2019/05/nature-decline-unprecedented-report.

3 "UN Report: Nature's Dangerous Decline 'Unprecedented.'"

4 Ibid.

5 Kolbert, *The Sixth Extinction*.

6 Luke J. Harmon and Susan Harrison, "Species Diversity Is Dynamic and Unbounded at Local and Continental Scales," *American Naturalist* 185, no. 5 (2015): 584-93, https://doi.org/10.1086/680859. 또한 다음을 참고하라. Thomas J. Stohlgren, John D. Barnett, and John T. Kartesz, "The Rich Get Richer: Patterns of Plant Invasions in the United States," *Frontiers in Ecology and the Environment* 1, no. 1 (2003): 11-14, https://doi.org/10.2307/3867959. 과학자들은 "심지어 생물종 간의 상호 작용 그리고 경쟁과 자원 공급의 영향이 가장 극심한 공간적으로 적은 규모에서조차 새로운 종에 대한 공동체의 개방성은 압도적으로 유지된다"는 것을 보여 주는 증거가 있음을 수십 년간 알고 있었다. 이에 대한 최근의 논의로는 다음을 참고하라. Rubén G. Mateo, Karel Mokany, and Antoine Guisan, "Biodiversity Models: What If Unsaturation Is the Rule?," *Trends in Ecology & Evolution* 32, no. 8 (2017): 556-66, https://doi.org/10.1016/j.tree.2017.05.003.

7   Fangliang He and Stephen P. Hubbell, "Species – Area Relationships Always Overestimate Extinction Rates from Habitat Loss," *Nature* 473 (2011): 368 – 371, https://doi.org/10.1038/nature09985.

8   Dov F. Sax, Steven D. Gaines, and James Brown, "Species Invasions Exceed Extinctions on Islands Worldwide: A Comparative Study of Plants and Birds," *The American Naturalist* 160, no. 6 (2002): 766 – 783, https://doi.org/10.1086/343877.

9   Chris D. Thomas, "Rapid Acceleration of Plant Speciation During the Anthropocene," *Trends in Ecology & Evolution* 30, no. 8 (2015): 448 – 455, https:// doi.org/10.1016/ j.tree.2015.05.009.

10 Kolbert, *The Sixth Extinction*, 186.

11 Ibid., 186 – 187.

12 Mark Sagoff, "Welcome to the Narcisscene," *Breakthrough Journal* no. 9 (Summer 2018), https://thebreakthrough.org/journal/no-9-summer-2018/welcome-to-the-narcisscene.

13 The IUCN Red List of Endangered Species, https://www.iucnredlist.org.

14 Ibid.

15 지난 1억 년간 해양 생물 속의 숫자는 2000개에서 5500개로 늘어났다. 속은 종보다 상위 분류다. 해양 생물의 화석은 더 단단해 연구가 용이하기 때문에 과학자들은 그것을 이용해 지구의 생물학적 역사와 멸종 전반에 대해 연구한다. J. J. Sepkoski, "A Compendium of Fossil Marine Animal Genera," *Bulletins of American Paleontology* 363 (2002): 1 – 560.

16 Ibid.

17 Peter Brannen, "Earth Is Not in the Midst of a Sixth Mass Extinction," *The Atlantic*, June 13, 2017, https://www.theatlantic.com.

18 *Protected Planet Report 2018*, United Nations Environment Programme, 2018, https://livereport.protectedplanet.net/pdf/Protected_Planet_Report_2018.pdf.

19 Marine Deguignet, Diego Juffe-Bignoli, Jerry Harrison et al., *2014 United Nations List of Protected Areas*, United Nations Environment Programme, 2014, www.unep-wcmc.org.

20 A. J. Plumptre, S. Ayebare, D. Segan et al., "Conservation Action Plan for the Albertine Rift," Wildlife Conservation Society and Its Partners, 2016, http://conservationcorridor.org/cpb/Plumptre_et_al_2016.pdf, 12.

21 "Living Planet Index," 2018, Zoological Society of London and WWF, www.livingplanetindex.org.

22 Hannah Behrendt, Carole Megevand, and Klas Sander, "Deforestation Trends in the Congo Basin: Reconciling Economic Growth and Forest Protection," Working Paper 5, "Wood-Based Biomass Energy," Regional Commission in Charge of Forestry in Central Africa, April 2013, https://www.profor.info/sites/profor.info/files/Biomass%20Energy_Sectoral%20Report_Final%5Bweb%5D_may13_0.pdf.

23 Mark Jenkins, "Who Murdered the Virunga Gorillas?," *National Geographic*, July 2008, www.nationalgeographic.com.

24 Ibid.

25 Ibid.

26 Holly Dranginis, "Congo's Charcoal Cartel," *Foreign Affairs*, May 12, 2016, https://www.

foreignaffairs.com.

27 Behrendt et al., "Deforestation Trends in the Congo Basin," 1.

28 Sophie Lewisohn, "Virunga: Preserving Africa's National Parks Through People-Centred Development," Capacity4dev, European Union, April 3, 2018, https://europa.eu/capacity4dev/articles/virunga-preserving-africas-national-parks-through-people-centred-development. Amy Yee, "The Power Plants That May Save a Park, and Aid a Country," *New York Times*, August 30, 2017, https://www.nytimes.com.

29 Andrew Plumptre (senior scientist, Africa Program, Wildlife Conservation Society) in discussion with the author, February 10, 2015, and November 6, 2019.

30 Michael J. Kavanagh (journalist) in discussion with the author, November 29, 2014.

31 Abe Streep, "The Belgian Prince Taking Bullets to Save the World's Most Threatened Park," *Outside*, November 5, 2014, https://www.outsideonline.com.

32 Ibid.

33 Jeffrey Gettlemen, "Oil Dispute Takes a Page from Congo's Bloody Past," *New York Times*, November 15, 2014, https://www.nytimes.com.

34 George Schaller, *The Year of the Gorilla* (Chicago: University of Chicago Press, 1988), 3.

35 Ibid., 8.

36 Paul Raffaele, "Gorillas in Their Midst," *Smithsonian*, October 2007, https:// www.smithsonianmag.com.

37 Andrew J. Plumptre et al., "Conservation Action Plan for the Albertine Rift" (unpublished report for Wildlife Conservation Society and its partners, 2016), 5, 7.

38 "내가 1990년대 중반부터 2000년대 초까지 국제고릴라보존프로그램IGCP에서 일할 때 콩고의 분쟁에 대해 들었던 내용은 온통 탐욕과 천연자원을 약탈하고자 하는 사람들에 대한 것뿐이었죠. 다른 쪽에서는 불만과 르완다의 분쟁에 대해서만 이야기하고 있었어요. 박사 후 과정을 거치며 나는 양쪽 모두 분쟁에 영향을 미치고 있지만 결국은 불만에서 비롯했다는 결론에 도달할 수 있었어요." Michael Shellenberger, "Violence, the Virungas, and Gorillas: An Interview with Conservationist Helga Rainer," Breakthrough Institute, November 20, 2014, https://thebreakthrough.org/issues/conservation/violence-the-virungas-and-gorillas.

39 Mark Dowie, *Conservation Refugees: The Hundred Year Conflict Between Global Conservation and Native Peoples* (Cambridge, MA: MIT Press, 2009), xxi.

40 Mahesh Rangarajan and Ghazala Shahabuddin, "Displacement and Relocation from Protected Areas," *Conservation and Society* 4, no. 3 (September 2006): 359, https://www.conservationandsociety.org.

41 Mark Dowie, *Conservation Refugees: The Hundred Year Conflict Between Global Conservation and Native Peoples*.

42 Ibid., xxvi.

43 Sammy Zahran, Jeffrey G. Snodgrass, David G. Maranon et al., "Stress and Telomere Shortening Among Central Indian Conservation Refugees," *Proceedings of the National Academy of Sciences of the United States of America* 112, no. 9 (March 3, 2015): E928–E936, https://doi.org/10.1073/pnas.1411902112.

44 A. J. Plumptre, A. Kayitare, H. Rainer et al., "The Socio-economic Status of People Living

near Protected Areas in the Central Albertine Rift," *Albertine Rift Technical Reports* 4 (2004), https://www.researchgate.net/publication/235945000_Socioeconomic_status_of_people_in_the_Central_Albertine_Rift, 28.

45 Alastair McNeilage (primatologist, Wildlife Conservation Society) in discussion with the author, February 5, 2015.

46 Plumptre et al., "The Socio-economic Status of People Living near Protected Areas in the Central Albertine Rift," 98.

47 Michael Shellenberger, "Postcolonial Gorilla Conservation: An Interview with Ecologist Sarah Sawyer," Breakthrough Institute, November 19, 2014, https://thebreakthrough.org/issues/conservation/postcolonial-gorilla-conservation.

48 Ibid.

49 Andrew Plumptre (senior scientist, Africa Program, Wildlife Conservation Society) in discussion with the author, November 6, 2019.

50 "2019-2020 Gorilla Tracking Permit Availability Uganda/Rwanda," Kisoro Tours Uganda, https://kisorotoursuganda.com/2019-2020-gorilla-tracking-permit-availability-uganda-rwanda. 우간다의 고릴라 관광은 상대적으로 저렴한 600달러 정도다.

51 Michael Shellenberger, "Postcolonial Gorilla Conservation: An Interview with Ecologist Sarah Sawyer," https://thebreakthrough.org/issues/conservation/violence-the-virungas-and-gorillas.

52 Plumptre et al., "The Socio-economic Status of People Living near Protected Areas in the Central Albertine Rift," *Albertine Rift Technical Reports* 4 (2004): 116, https://albertinerift.wcs.org.

53 Alastair McNeilage (primatologist, Wildlife Conservation Society) in discussion with the author, February 5, 2015.

54 Andrew Plumptre (senior scientist, Africa Program, Wildlife Conservation Society) in discussion with the author, February 10, 2015, and November 6, 2019.

55 Michael Shellenberger, "Violence, the Virungas, and Gorillas: An Interview with Conservationist Helga Rainer."

56 Andrew Plumptre et al., "The Socio-economic Status of People Living near Protected Areas in the Central Albertine Rift," 25.

57 Michael Shellenberger, "Postcolonial Gorilla Conservation: An Interview with Ecologist Sarah Sawyer."

58 Andrew Plumptre (senior scientist, Africa Program, Wildlife Conservation Society) in discussion with the author, February 10, 2015.

59 Andrew Plumptre (senior scientist, Africa Program, Wildlife Conservation Society) in discussion with the author, November 6, 2019.

60 Ibid.

61 Ibid.

62 한 환경 저널리스트는 이렇게 쓰고 있다. "이전까지 전통적인 무기를 이용해 공동체에 필요한 사냥을 하던 현지인들은 추방되고 나면 총을 구입해 자신들의 기존 사냥터로 다시 들어간다. 그리고 더 많은 '숲고기' 또는 야생 동물 고기를 얻기 위해 같은 사냥감을 더 많이 잡아 소비하거나 거래하기 시작한다." 2003년 카메룬에서는 "가난과 궁지에 몰린 난민들이 야생 동물 보호 지역에 침

지구를 위한다는 착각

입해 자신들의 천연자원을 스스로 약탈했다." Dowie, *Conservation Refugees*, xxvi – xxvii.

63 Andrew Plumptre (senior scientist, Africa Program, Wildlife Conservation Society) in discussion with the author, February 10, 2015.

64 Andrew Plumptre (senior scientist, Africa Program, Wildlife Conservation Society) in discussion with the author, November 6, 2019.

65 Shannon Sims, "After Violence, Congo's Virunga National Park Closes for the Year," *New York Times*, June 14, 2018, https://www.nytimes.com.

66 Jason Burke, "Ranger Killed Weeks After Reopening of Virunga National Park," *The Guardian*, March 8, 2019, www.theguardian.com.

67 Mamy Bernadette Semutaga, interviewed by Caleb Kabanda, December 11, 2019.

68 Sunil Nautiyal and Harald Kaechele, "Fuel Switching from Wood to LPG Can Benefit the Environment," *Environmental Impact Assessment Review* 28, no. 8 (November 2008): 523 – 32, https://doi.org/10.1016/j.eiar.2008.02.004.

69 Alastair McNeilage (primatologist, Wildlife Conservation Society) in discussion with the author, February 5, 2015.

70 Ibid.

71 Ibid.

72 Ibid.

73 Ibid.

74 Ibid.

75 Ibid.

76 Michael J. Kavanagh (journalist) in discussion with the author, November 29, 2014.

77 Amy Yee, "The Power Plants That May Save a Park, and Aid a Country," *New York Times*, August 30, 2017, https://www.nytimes.com.

78 Ibid.

79 *SubSaharan Africa: Macro Poverty Outlook*, World Bank Group, October 2019, http://pubdocs.worldbank.org/en/720441492455091991/mpo-ssa.pdf, 222.

80 "History of Hoover," Arizona Power Authority, accessed January 20, 2020, http://www.powerauthority.org/about-us/history-of-hoover.

5장

1 Elizabeth Paton, "Extinction Rebellion Takes Aim at Fashion," *New York Times*, October 6, 2019, https://www.nytimes.com.

2 Olivia Petter, "Extinction Rebellion: 'Why We're Targeting London Fashion Week," *The Independent*, September 12, 2019, https://www.independent.co.uk.

3 Elizabeth Paton, "Extinction Rebellion Takes Aim at Fashion," *New York Times*, October 6, 2019, https://www.nytimes.com.

4 Ibid.

5 XR Boycott Fashion, "On Friday 26th of July, we wrote to the British Fashion Council begging them to cancel London Fashion Week," Facebook, August 4, 2019, https://www.facebook.com/XRBoycottFashion/posts/113234513352496?__tn__=K-R.

6 "Pulse of the Fashion Industry," Global Fashion Agenda, Boston Consulting Group and Sustainable Apparel Coalition, 2019, accessed October 26, 2019, https://www.globalfashionagenda.com/pulse-2019-update.

7 Elizabeth Paton, "Extinction Rebellion Takes Aim at Fashion."

8 Sarah Anne Hughes, "Greenpeace Protests Barbie at Mattel Headquarters," *Washington Post*, June 8, 2011, https://www.washingtonpost.com.

9 Ibid.

10 Steven Greenhouse, "Nike Supports Women in Its Ads but Not Its Factories, Groups Say," *New York Times*, October 26, 1997, https://www.nytimes.com.

11 Jeff Ballinger, "Nike, Sexual Harassment and the 'Corporate Social Responsibility' Racket: How the Company Shut Down the *New York Times*," *Washington Babylon*, November 9, 2017, https://washingtonbabylon.com.

12 Ibid.

13 "Statement on 2019 Copenhagen Fashion Summit," Union of Concerned Researchers in Fashion, May 5, 2019, accessed October 26, 2019, http://www.concernedresearchers.org/ucrf-on-2019-copenhagen-fashion-summit. 또한 다음을 참고하라. 한 멸종저항 활동가는 이렇게 말한다. "몇몇 브랜드의 변화는 극히 피상적일 뿐이라고 우리는 보고 있습니다." Paton, "Extinction Rebellion Takes Aim at Fashion."

14 Syarifah Nur Aida (journalist, Ipeh) in discussion with the author, June 8, 2015.

15 Suparti (factory worker) in discussion with the author, June 8-9, 2015.

16 Ibid.

17 Xiaoping Liu, Guohua Hu, Yimin Chen et al., "High-Resolution Multitemporal Mapping of Global Urban Land Using Landsat Images Based on the Google Earth Engine Platform," *Remote Sensing of Environment* 209 (May 2018): 227-39, https://doi.org/10.1016/j.rse.2018.02.055.

18 Christopher D. Elvidge, Benjamin T. Tuttle, Paul C. Sutton et al., "Global Distribution and Density of Constructed Impervious Surfaces," *Sensors* 7, no. 9 (2007): 1962-79, https://dx.doi.org/10.3390%2Fs7091962.

19 유엔식량농업기구는 유럽, 아시아, 북아메리카, 카리브해 유역에서는 숲이 돌아오고 있는 반면 중앙아메리카, 남아메리카, 아프리카, 오세아니아 지역은 여전히 삼림 파괴가 이루어지고 있다고 본다. 1990년대 이래 전 세계적으로 삼림 파괴율은 절반 가량으로 줄어들었다. 재조림reforestation 사업이 가속화하면서 매년 파괴되는 삼림 면적은 7만 3000제곱미터에서 3만 3000제곱미터로 감소했다. "Data," FAO.

20 "Data," Food and Agriculture Organization of the United Nations, http:// www.fao.org/faostat/en/#data, Russell Warman, "Global Wood Production from Natural Forests Has Peaked," *Biodiversity and Conservation* 23, no. 5 (2014): 1063-78, https://doi.org/10.1007/s10531-014-0633-6.

21 유엔식량농업기구는 농경지와 영구 작물 농지의 면적이 2050년까지 거의 일정하게 유지될 것으로 예상한다. 이 주제에 대해서는 다음 보고서에 자세히 설명되어 있다. Nikos Alexandratos and

Jelle Bruinsma, "World Agriculture Towards 2030/2050: The 2012 Revision," ESA Working Paper no. 12-03, Agricultural Development Economics Division, Food and Agriculture Organization of the United Nations, June 2012, http://www.fao.org/3/a-ap106e.pdf.

22 유엔식량농업기구에 따르면 전 세계적으로 1인당 칼로리 생산량은 1961년 2196킬로칼로리에서 2013년 2884킬로칼로리로 늘어났다. 1961년부터 2013년까지 세계 인구가 31억 명에서 72억 명으로 늘어난 것을 감안해 보면 세계 식량 생산량은 3배로 늘어난 셈이다. 반면에 같은 기간 농업 용지는 4500만 제곱킬로미터에서 4800만 제곱킬로미터로 증가했을 뿐이다. "Data," FAO.

23 Ibid.

24 Ibid.

25 *Changes in Farm Production and Efficiency: A Summary Report*, United States Department of Agriculture, Statistical Bulletin 233 (Washington, DC: USDA, 1959), 12-13.

26 A. Bala, "Nigeria," Global Yield Gap and Water Productivity Atlas, http:// www.yieldgap. org/en/web/guest/nigeria. Nikolai Beilharz, "New Zealand farmer sets new world record for wheat yield," ABC News, April 3, 2017, https://www.abc.net.au. Matthew B. Espe, Haishun Yang, Kenneth G. Cassman et al., "Estimating Yield Potential in Temperate High-Yielding, Direct-Seeded US Rice Production Systems," *Field Crops Research* 193 (July 2016): 123-32, https://doi.org/10.1016/j.fcr.2016.04.003. 비록 밀과 같은 몇몇 작물의 평균 수확량이 정체되어 있는 것처럼 보이지만 증가시킬 수 있는 여지는 여전히 남아 있다. 2017년 뉴질랜드의 한 농부는 오스트레일리아 평균의 8배, 세계 평균의 5배나 많은 밀을 수확해 사람들을 놀라게 했다.

27 FAO, *The future of food and agriculture—Alternative pathways to 2050* (Rome: Food and Agriculture Organization of the United Nations, 2018), 76-77.

28 Nathaniel D. Mueller, James S. Gerber, Matt Johnston et al., "Closing Yield Gaps Through Nutrient and Water Management," *Nature* 490 (2012): 254-57, https://doi.org/10.1038/nature11420.

29 Deepak K. Ray, "Increasing Global Crop Harvest Frequency: Recent Trends and Future Directions," *Environmental Research Letters* 8 (2013), https://iopscience.iop.org/article/10.1088/1748-9326/8/4/044041/pdf.

30 Luis Lassaletta, Gilles Billen, Bruna Grizzetti et al., "50 Year Trends in Nitrogen Use Efficiency of World Cropping Systems: The Relationship between Yield and Nitrogen Input to Cropland," *Environmental Research Letters* 9, no. 10 (October 2014), https://doi.org/10.1088/1748-9326/9/10/105011.

31 Ibid.

32 "Changes in Erosion 1982-1997," U.S. Department of Agriculture, January 4, 2001, https://www.nrcs.usda.gov/wps/portal/nrcs/detail/soils/ref/?cid=nrcs143_013911. 수확량에 대한 유엔식량농업기구의 자료를 보면 1982년부터 1997년까지 미국의 주요 곡물 수확량은 모두 늘어났음을 알 수 있다. "Data," FAO.

33 Suparti (factory worker) in discussion with the author, June 8-9, 2015.

34 James C. Riley, "Estimates of Regional and Global Life Expectancy, 1800- 2001," *Population and Development Review* 31, no. 3 (2005), 537-543, accessed January 16, 2020, www.jstor.org/stable/3401478. "World Population Prospects 2019: Highlights," United Nations, accessed January 14, 2020, https://www.un.org/development/desa/publications/

world-population-prospects-2019-highlights.html.

35 Max Roser, Hannah Ritchie, and Bernadeta Dadonaite, "Child and Infant Mortality," Our World in Data, November 2019, https://ourworldindata.org/child-mortality. 논문 저자들은 1800년부터 1960년까지 세계 추이를 갭마인더Gapminder의 국가별 영아 사망률과 인구 추이에 근거해 추산했다. 해당 시기 각 추산 값은 인구를 반영한 세계 평균으로 계산되었다. 2017년 영아 사망률은 2019년 세계은행 자료를 참고했다.

36 Steven Pinker, *Enlightenment Now: The Case for Reason, Science, Humanism, and Progress* (New York: Penguin Publishing Group, 2019), 86–87.

37 "PovcalNet: An Online Analysis Tool for Global Poverty Monitoring," World Bank Group, accessed October 29, 2019, http://iresearch.worldbank.org/PovcalNet/home.aspx.

38 Max Roser, Hannah Ritchie, and Esteban Ortiz-Ospina, "World Population Growth," Our World In Data, May 2019, accessed January 16, 2020, https://ourworldindata.org/world-population-growth.

39 Ibid.

40 1990년 자료: U.N. Food and Agriculture Organization, "Undernourishment around the world," *The State of Food Insecurity in the World, 2006* (Rome: FAO, 2006), http://www.fao.org/3/a0750e/a0750e02.pdf. 2018년 자료: FAO, "Suite of Food Security Indicators," FAOSTAT, accessed January 28, 2020, http://www.fao.org/faostat/en/#data/FS.

41 Emanuela Cardia, "Household Technology: Was It the Engine of Liberation?," Society for Economic Dynamics, *2008 Meeting Papers* no. 826, https://EconPapers.repec.org/RePEc:red:sed008:826.

42 Benjamin Friedman, *The Moral Consequences of Economic Growth* (New York: Vintage, 2005). Steven Pinker, *The Better Angels of Our Nature: Why Violence Has Declined* (New York: Penguin, 2012).

43 Syarifah Nur Aida (Ipeh) (journalist) in discussion with the author, June 8, 2015.

44 Adam Smith, *The Wealth of Nations* (New York: Penguin, 1982), 109–110.

45 Michael Lind, *Land of Promise: An Economic History of the United States* (New York: Harper, 2012).

46 Ibid.

47 Margaret McMillan, Dani Rodrik, and Claudia Sepulveda, "Structural Change, Fundamentals, and Growth: A Framework and Case Studies," NBER Working Paper 23378, National Bureau of Economic Research, May 2017, https://www.nber.org/papers/w23378.pdf, 10.

48 Dani Rodrik, "New Technologies, Global Value Chains, and the Developing Economies," Pathways for Prosperity Commission Background Paper 1, September 2018, https://drodrik.scholar.harvard.edu/files/dani-rodrik/files/new_technologies_global_value_chains_developing_economies.pdf, 7.

49 Robert Gellately and Ben Kiernan, *The Specter of Genocide: Mass Murder in Historical Perspective* (Cambridge, UK: Cambridge University Press, 2003), 290–91.

50 "Corruption Perceptions Index 2019," Transparency International, https://www.transparency.org/cpi2019.

51 "GDP per Capita (Current US$)—Indonesia," World Bank Group, https://data.worldbank.

org/indicator/NY.GDP.PCAP.CD?locations=ID.

52 Art Kleiner, "The Man Who Saw the Future," *Strategy + Business*, February 12, 2003, https://www.strategy-business.com.

53 Michael Shellenberger, "Leapfrog or Backfire?" interview with Arthur van Benthem, The Breakthrough Institute, November 18, 2014, https://thebreakthrough.org.

54 Ibid.

55 Ibid.

56 Ibid.

57 Roger Fouquet and Peter Pearson, "The Long Run Demand for Lighting: Elasticities and Rebound Effects in Different Phases of Economic Development," *Economics of Energy and Environmental Policy* 1, no. 1 (2012): 83 – 100, https://doi.org/10.5547/2160 – 5890.1.1.8.

58 Shellenberger, "Leapfrog or Backfire?"

59 William D. Nordhaus, "Do Real-Output and Real-Wage Measures Capture Reality? The History of Lighting Suggests Not," in *The Economics of New Goods*, edited by Timothy F. Bresnahan and Robert J. Gordon (Chicago: University of Chicago Press, 1996), 27 – 70, https://www.nber.org/chapters/c6064.pdf. Roger Fouquet and Peter J. G. Pearson, "Seven Centuries of Energy Services: The Price and Use of Light in the United Kingdom (1300 – 2000)," *The Energy Journal* 27, no. 1 (January 2006): 139 – 77, https://doi.org/10.2307/23296980.

60 1인당 에너지 소비는 국제에너지기구 자료를 참조했다. 콩고와 인도네시아의 1인당 1차 에너지 총공급량은 2017년 자료, 미국의 경우는 2018년 자료다.

61 "Household Air Pollution and Health," World Health Organization, May 8, 2018, https://www.who.int/news-room/fact-sheets/detail/household-air-pollution-and-health.

62 Eric Johnson, "Charcoal versus LPG grilling: A Carbon-Footprint Comparison," *Environmental Impact Assessment Review* 29 (November 2009): 370 – 78, https://doi.org/10.1016/j.eiar.2009.02.004.

63 *The Potential Air Quality Impacts from Biomass Combustion*, Air Quality Expert Group, 2017, https://uk-air.defra.gov.uk/assets/documents/reports/cat11/1708081027_170807_AQEG_Biomass_report.pdf, 37, 38.

64 Vaclav Smil, *Power Density: A Key to Understanding Energy Sources and Uses* (Cambridge, MA: MIT Press, 2015), 403.

65 "Energy Sources Have Changed Throughout the History of the United States," Today in Energy, U.S. Energy Information Administration, July 3, 2013, https://www.eia.gov/todayinenergy/detail.php?id=11951.

66 Vaclav Smil, *Power Density*.

67 FAO, "Data," FAOSTAT, accessed January 27, 2020, http://www.fao.org/faostat/en/#data. 수력, 화석 연료, 원자력 발전에 대해서는 다음을 참고하라. Vaclav Smil, Power Density, 210. 유엔식량농업기구 통계 데이터베이스 FAOSTAT에 따르면 지표면 중 37퍼센트, 또는 얼어붙지 않는 땅의 41퍼센트가 농경에 사용되고 있다.

68 미국 와이오밍주와 오스트레일리아는 1제곱미터당 1만 5000와트의 에너지를 생산한다. 이는 온대 기후 숲의 나무 연료에서 생산되는 에너지가 1제곱미터당 0.6와트에 지나지 않는 것과 비교된다. 다음을 참고하라. Vaclav Smil, *Power Density*.

69 영국 숲의 에너지 밀도는 1제곱미터당 0.2와트고 지푸라기 등 농업 부산물의 에너지 밀도는 0.05 와트인데 반해, 와이오밍주 석탄 광산의 에너지 밀도는 1제곱미터당 1만 1000와트다. 다음을 참고하라. Vaclav Smil, *Power Density*.

70 Vaclav Smil, *Power Density*.

71 Ibid.

72 Jennifer Lee, "When Horses Posed a Public Health Hazard," City Room(blog), *New York Times*, June 9, 2008, https://cityroom.blogs.nytimes.com/2008/06/09/when-horses-posed-a-public-health-hazard.

73 Vaclav Smil, *Power Density*.

74 Xiliang Hong et al., "Exergoenvironmental Evaluation for a Coal-Fired Power Plant of Near-Zero Air Pollutant Emission," *Applied Thermal Engineering* 128 (January 5, 2018), https://doi.org/10.1016/j.applthermaleng.2017.08.068. Danilo H. D. Rocha et al., "Exergoenvironmental analysis of a ultra-supercritical coal-fired power plant," *Journal of Cleaner Production* 231 (September 10, 2019): 671–682, https://doi.org/10.1016/j.jclepro.2019.05.214. Jingwei Chen et al. "Thermodynamic and environmental analysis of integrated supercritical water gasification of coal for power and hydrogen production," *Energy Conversion and Management* 198 (October 15, 2019): 1–12, https://doi.org/10.1016/j.enconman.2019.111927.

75 David Hosanky, s.v. "Flue gas treatment," *Encyclopaedia Britannica*, June 27, 2014, accessed January 16, 2020, https://www.britannica.com/technology/flue-gas-treatment.

76 United States Environmental Protection Agency, "Air Quality—National Summary," July 8, 2019, accessed March 25, 2020, www.epa.gov.

77 Hannah Ritchie and Max Roser, "Energy," Our World in Data, July 2018, https://ourworldindata.org/energy.

78 Dani Rodrik, "An African Growth Miracle?," *Journal of African Economies* 27, no. 1 (December 9, 2016), 10–27, https://doi.org/10.1093/jae/ejw027.

79 Aisha Salaudeen, "Ethiopia's Garment Workers Make Clothes for Some of the World's Largest Clothing Brands but Get Paid the Lowest," CNN, May 13, 2019, https://www.cnn.com.

80 Rodrik, "An African Growth Miracle?"

81 Ibid.

82 Ibid.

83 Hinh Dinh (former World Bank economist) in discussion with the author, February 21, 2016.

84 Kerry Emanuel (MIT climate scientist) in discussion with the author, November 15, 2019.

85 Suparti (factory worker) in discussion with the author, June 8–9, 2015.

6장

1 John P. Rafferty, "Titanosaurs: 8 of the World's Biggest Dinosaurs," *Encyclopaedia Britannica*, https://www.britannica.com/list/titanosaurs-8-of-the-worlds-biggest-dinosaurs.

2   Lance E. Davis, Robert E. Gallman, and Karin Gleiter, *In Pursuit of Leviathan: Technology, Institutions, Productivity, and Profits in American Whaling* (Chicago: University of Chicago Press, 1997), 21.

3   Neil Pyenson, *Spying on Whales: The Past, Present, and Future of Earth's Most Awesome Creatures* (New York: Penguin, 2018), 176.

4   Nguyen Van Vinh, "Vietnamese Fisherman Worship Whale for Safety," Reuters, June 22, 2007, https://www.reuters.com.

5   "Vietnamese Fishermen Drag Giant Whale Carcass Inland for Burial," Newsflare, May 29, 2019, https://www.newsflare.com/video/296461/animals/vietnamese-fishermen-drag-giant-whale-carcass-inland-for-burial.

6   Andrew Darby, *Harpoon: Into the Heart of Whaling* (Cambridge, MA: Hachette Books, 2009), 106.

7   George Francis Dow, *Whale Ships and Whaling: A Pictorial History* (New York: Dover Publications, 2013), 7.

8   John E. Worth, "Fontaneda Revisited: Five Descriptions of Sixteenth-Century Florida," *The Florida Historical Quarterly* 73, no. 3 (January 1995): 339 – 352, https://www.jstor.org/stable/30150454.

9   Davis et al., *In Pursuit of Leviathan*.

10   Johan Nicolay Tønnessen and Arne Odd Johnsen, *The History of Modern Whaling* (Berkeley: University of California Press, 1982), 129.

11   Taylor Kate Brown, "Hunting Whales with Rowing Boats and Spears," BBC, April 26, 2015, https://www.bbc.com.

12   Glover Morrill Allen, *The Whalebone Whales of New England* (Boston: Printed for the Society with Aid from the Gurdon Saltonstall Fund, 1916), 161.

13   Walter S. Tower, *A History of the American Whale Fishery* (Philadelphia: University of Pennsylvania, 1907), 50.

14   Davis et al., *In Pursuit of Leviathan*.

15   Johan Nicolay Tønnessen and Arne Odd Johnsen, *The History of Modern Whaling* (Berkeley: University of California Press, 1982), 129.

16   "Development of the Pennsylvania Oil Industry," National Historic Chemical Landmark, American Chemical Society, 2009, https://www.acs.org/content/acs/en/education/whatischemistry/landmarks/pennsylvaniaoilindustry.html.

17   "Samuel Kier," Pennsylvania Center for the Book, 2007, accessed December 5, 2019, https://www.pabook.libraries.psu.edu/literary-cultural-heritage-map-pa/bios/Kier__Samuel_Martin.

18   In 1845. W. S. Tower, *A History of the American Whale Fishery* (Philadelphia, PA: University of Pennsylvania, 1907), 127.

19   "Development of the Pennsylvania Oil Industry."

20   Davis et al., *In Pursuit of Leviathan*, 355 – 63. 석유가 고래기름을 대체하지 않았다면 석탄 가스가 대체했을 수도 있다. 뉴욕, 보스턴, 뉴올리언스, 필라델피아의 기업들은 1800년대 초 영국의 기술을 모방해 석탄으로 수소 가스를 생산해 가정용 조명 연료로 공급했다. 역사가들은 "석탄은

고래기름보다 저렴했다"라고 언급하지만 석탄으로 만든 수소 가스는 고래기름에는 없는 다른 문
제점을 지니고 있었다. 시간이 흐르면서 그 문제를 해결할 수 있었을지 모르지만, 그 무렵 등장한
석유는 대부분의 지역에서 고래기름과 석탄 가스 둘 다에 비해 더 저렴하고 나은 대안을 제공했
다. 소나무 송진에서 추출하는 테레빈유를 정제해 만든 캄펜camphene 역시 일부 지역에서 고래기
름의 경쟁자로 떠올랐다. 또 다른 곳에서는 돼지기름이 저렴하면서도 같은 품질을 보증하는 대체
제로 여겨졌다. 짧은 기간이나마 미국의 등대는 향유고래의 기름 대신 돼지기름을 사용했다. 하
지만 결국은 석유가 대체제로 떠올라 시장을 지배하기에 이른다. 역사가들은 다음과 같이 결론
내린다. "드레이크가 유전을 뚫기 직전 포경 산업은 이미 위축되고 있었다." 설령 그렇다 한들 큰
그림을 놓고 보자면 역사가들의 관점은 지난 160여 년간 크게 달라지지 않았다. "대규모 석유 산
업의 탄생은 미국 포경 산업의 죽음을 뜻했다." 랜스 데이비스Lance E. Davis와 공저자들의 관점은
학계의 합의된 시각이다. "윤활유와 조명용 연료로서 고래기름은 석유에 시장을 잠식당하고 있었
다. 그 외 다른 용도에서는 식물성 기름, 특히 목화씨유와 아마씨유에 밀려나는 추세였다."

21 "Grand Ball Given by Whales," *Vanity Fair*, April 20, 1861.

22 Davis et al., *In Pursuit of Leviathan*, 516.

23 Ibid., 514.

24 Ibid., 498–499, 522. "저임금, 자금 동원의 용이함, 다른 사업 분야의 부재로 인해 노르웨이
    인들은 고래를 남획했다. 미국인들은 고임금, 자금 동원의 어려움, 대체 산업을 향한 열기 때문
    에 국내 경제로 눈을 돌렸다." Johan Nicolay Tønnessen and Arne Odd Johnsen, *The History of
    Modern Whaling* (Berkeley: University of California Press, 1982), 12. 여기서도 같은 논점이
    확인된다. "미국의 경우 포경 산업을 되살릴 만한 유인이 없었다."

25 Ibid., 508.

26 Ibid., 11.

27 "New Butter Substitute," *New York Times*, August 4, 1918, https://www.nytimes.com. 1929년
    과학자들은 마가린 제조 공정을 개선해 거의 고래기름만으로 마가린을 만들 수 있을 정도에 도
    달했다. Davis et al., *In Pursuit of Leviathan*, 503.

28 Tønnessen and Johnsen, *The History of Modern Whaling*, 529.

29 Walter Sullivan, "Extinction of Blue Whale Feared," *New York Times*, May 18, 1959, https://
    www.nytimes.com.

30 Ibid.

31 "Whaler Tells of Industry Shift from Oil to Production of Food," *New York Times*, May 12,
    1968, https://www.nytimes.com.

32 Viktoria Schneider and David Pearce, "What Saved the Whales? An Economic Analysis of
    20th Century Whaling," *Biodiversity and Conservation* 13 (2004): 453–562, https://doi.
    org/10.1023/B:BIOC.0000009489.08502.1a.

33 Ibid.

34 Ibid.

35 Tønnessen and Johnsen, *The History of Modern Whaling*, 136.

36 Viktoria Schneider and David Pearce, "What Saved the Whales? An Economic Analysis of
    20th Century Whaling."

37 Davis et al., *In Pursuit of Leviathan*, 512.

38 Linus Blomqvist, Ted Nordhaus, and Michael Shellenberger, *Nature Unbound: Decoupling for*

Conservation, The Breakthrough Institute, 2015, accessed December 5, 2019, 29, https://s3.us-east-2.amazonaws.com/uploads.thebreak through.org/legacy/images/pdfs/Nature_Unbound.pdf.

39 Schneider and Pearce, "What Saved the Whales? An Economic Analysis of 20th Century Whaling." 이 논문을 쓴 경제학자들은 환경 규제의 영향이 여전히 한몫했다고 강조한다. "국제적 합의의 영향력은 제한되어 있지만 국내 정책이 환경 쿠즈네츠 곡선Environmental Kuznets Curve을 '통과'하는 방법으로서 잠재력이 있음을 보여 주는 증거는 아주 많다."(환경 쿠즈네츠 곡선은 경제 발전 초반에는 환경이 나빠지지만 경제가 일정 수준 이상 성장하면 환경이 다시 좋아진다는 가설이다-옮긴이)

40 J. C. Fisher and R. H. Pry, "A Simple Substitution Model of Technological Change," *Technological Forecasting and Social Change* 3 (1971-72): 75-88, https://doi.org/10.1016/S0040-1625(71)80005-7.

41 Cesare Marchetti, "A Personal Memoir: From Terawatts to Witches," *Technological Forecasting and Social Change* 37, no. 4 (1990): 409-414, https://doi.org/10.1016/0040-1625(90)90049-2.

42 Ibid.

43 C. Marchetti and N. Nakićenović, *The Dynamics of Energy Systems and the Logistic Substitution Model*, International Institute for Applied Systems Analysis, December 1979, http://pure.iiasa.ac.at/id/eprint/1024/1/RR-79-013.pdf.

44 Marchetti, "A Personal Memoir: From Terawatts to Witches."

45 Cesare Marchetti, "Primary Energy Substitution Models: On the Interaction Between Energy and Society," *Technological Forecasting and Social Change* 10, no. 4 (1977): 345-56, https://doi.org/10.1016/0040-1625(77)90031-2.

46 Marchetti and Nakićenović, *The Dynamics of Energy Systems and the Logistic Substitution Model*.

47 Michael Williams, *Deforesting the Earth: From Prehistory to Global Crisis, An Abridgment* (Chicago: University of Chicago Press, 2006), 162.

48 Marchetti, "Primary Energy Substitution Models."

49 Richard Rhodes, *Energy: A Human History* (New York: Simon & Schuster, 2018).

50 Cesare Marchetti, "Primary Energy Substitution Models."

51 LNG(액화천연가스)는 54MJ/kg(메가줄/킬로그램)의 에너지를 가지지만 천연가스를 액화하기 위해서는 상당한 에너지가 필요하다. Smil, *Power Density*, 13.

52 Ibid., 13, 122. 화석 연료들의 탄소와 수소 구성비는 다음 논문이 원래 출처다. Nebojša Nakićenović, "Freeing Energy from Carbon," *Daedalus* 125, no. 3 (Summer 1996), 95-112, http://pure.iiasa.ac.at/id/eprint/4850/1/RR-97-04.pdf. 일반적으로 천연가스는 메탄, 에탄, 프로판으로 구성되어 있다. 땅에서 추출되는 메탄은 천연가스의 73~95퍼센트를 차지하며 35MJ/kg의 에너지를 생산한다. 석탄은 25MJ/kg의 에너지를 생산한다.

53 Nebojša Nakićenović, "Freeing Energy from Carbon," 99.

54 Tyler Hodge, "EIA Forecasts Slower Growth in Natural Gas-Fired Generation While Renewable Energy Rises," Today in Energy, U.S. Energy Information Administration, January 16, 2020, https://www.eia.gov/todayinenergy/detail.php?id=42497.

55 *BP Statistical Review of World Energy 2019*, 68th Edition, BP, June 2019, https://www.bp.com/

content/dam/bp/business-sites/en/global/corporate/pdfs/energy-economics/statistical-review/ bp-stats-review-2019-full-report.pdf. "Access to Clean Cooking," SDG7: Data and Projections, International Energy Agency, November 2019, https://www.iea.org/reports/sdg7-data-and-projections/access-to-clean-cooking. *Energy Access Outlook 2017*, International Energy Agency, October 2017, https://webstore.iea.org/download/direct/274. 2018년 석탄은 1차 에 너지원 중 27퍼센트를 차지했다. 마르케티가 예상했던 4퍼센트를 훨씬 웃도는 수치다. 천연가스 는 24퍼센트를 차지했으며 마르케티가 예상했던 65퍼센트를 훨씬 밑돈다. 원자력은 4퍼센트를 공급했는데 이는 마르케티가 예상했던 10퍼센트에 미치지 못하는 수치다.

56 Ibid.

57 *Gasland*, written and directed by Josh Fox, HBO, 2010.

58 Ian Urbina, "Regulation Lax as Gas Wells' Tainted Water Hits Rivers," *New York Times*, February 26, 2011, https://www.nytimes.com.

59 State of Colorado Oil and Gas Conservation Commission, Department of Natural Resources, *Gasland* (Denver: Department of Natural Resources, June 2013), accessed January 15, 2020, https://www.energyindepth.org/wp-content/uploads/2018/02/GASLAND-DOC.pdf.

60 Ibid.

61 kwashnak, "The Famous Burning Well of Colfax—Louisiana Historical Markers," Waymarking, accessed November 8, 2019, https://www.waymarking.com/waymarks/WM8XQ8_The_Famous_Burning_Well_of_Colfax.

62 Phelim McAleer, Ann McElhinney, and Magdalena Segieda, dirs., *FrackNation* (Ann and Phelim Media, 2013), quoted in Forrest M. Mims III, "How flaming tap water ignited the fracking controversy: Gasland vs. FrackNation," *The Quad*, September 18, 2018, https://thebestschools.org/magazine/flaming-tap-water-fracking-controversy-gasland-fracknation.

63 Forrest M. Mims III, "How flaming tap water ignited the fracking controversy: Gasland vs. FrackNation."

64 Bill McKibben, "Bad News for Obama: Fracking May Be Worse Than Coal," *Mother Jones*, September 8, 2014, https://www.motherjones.com; Bill McKibben, "The Literal Gaslighting That Helps America Avoid Acting on the Climate Crisis," *New Yorker*, October 9, 2019, https://www.newyorker.com.

65 Paulina Jaramillo, "Landfill-Gas-to-Energy Projects? Analysis of Net Private and Social Benefits," *Environmental Science and Technology* 39, no. 19 (2005): 7365–7373, https://doi.org/10.1021/es050633j.

66 Anil Markandya and Paul Wilkinson, "Electricity Generation and Health," *The Lancet* 370, no. 9501 (September 15, 2007): 979–90, https://doi.org/10.1016/S0140-6736(07)61253-7.

67 Bridget R. Scanlon, Robert C. Reedy, Ian Duncan et al., "Controls on Water Use for Thermoelectric Generation: Case Study Texas, US," *Environmental Science & Technology* 47, no. 19 (2013): 11326–34, https://doi.org/10.1021/es4029183.

68 BP Energy Economics, "BP Statistical Review of World Energy 2019, 68th Edition," BP, June 2019, accessed January 16, 2020, https://www.bp.com/content/dam/bp/business-sites/en/global/corporate/pdfs/energy-economics/statistical-review/bp-stats-review-2019-full-report.pdf: Perry Lindstrom, "Carbon dioxide emissions from the US power sector have declined 28% since 2005," EIA, October 29, 2018, https://www.eia.gov/todayinenergy/detail.php?id=37392.

69 Sophie Dejonckheere, Mari Aftret Mørtvedt, and Eilif Ursin Reed, "Methane: A Climate Blind Spot?," Center for International Climate Research, March 25, 2019, https://www.cicero.oslo.no/en/posts/klima/methane-a-climate-blind-spot. Zeke Hausfather, "Bounding the Climate Viability of Natural Gas as a Bridge Fuel to Displace Coal," *Energy Policy* 86 (November 2015): 286 – 94, https://doi.org/10.1016/j.enpol.2015.07.012. Adam Voiland, "Methane Matters," National Air and Space Association, https://earthobservatory.nasa.gov/features/MethaneMatter. Gunnar Mhyre and Drew Shindell, "Anthropogenic and Natural Radiative Forcing," in *Climate Change 2013: The Physical Science Basis*, Intergovernmental Panel on Climate Change, 2013, 659 – 740, http://www.climatechange2013.org/images/report/WG1AR5_Chapter08_FINAL.pdf. 대기 중으로 유출되는 메탄 분자 대부분은 10년 내로 분해된다. 반면 대부분의 이산화탄소는 수 세기 동안 대기 속에서 살아남는다. 결국 일각에서 주장하듯 미국환경보호청의 추산보다 많은 메탄이 미국에서 유출되고 있다고 해도, 기후 온난화에 메탄 유출이 미치는 영향은 석탄 대신 천연가스를 사용함으로써 얻을 수 있는 혜택에 비하면 상대적으로 작다고 봐야 할 것이다.

70 Kevin Begos, "EPA Methane Report Further Divides Fracking Camps," *Yahoo! News*, April 28, 2013, https://news.yahoo.com.

71 JenAlyse Arena, "Coal production using mountaintop removal mining decreases by 62% since 2008," U.S. Energy Information Association, July 7, 2015, https://www.eia.gov/todayinenergy/detail.php?id=21952.

72 Appalachian Voices, "Ecological Impacts of Mountaintop Removal," accessed January 16, 2020, http://appvoices.org/end-mountaintop-removal/ecology.

73 Editorial Board, "The dirty effects of mountaintop removal mining," *Washington Post*, October 21, 2014, https://www.washingtonpost.com.

74 Richard Schiffman, "A Troubling Look at the Human Toll of Mountaintop Removal Mining," Yale Environment 360, November 21, 2017, https://e360.yale.edu/features/a-troubling-look-at-the-human-toll-of-mountaintop-removal-mining.

75 석유의 평균적인 에너지 밀도는 이보다 훨씬 낮다. 이라크의 유전 지대는 고작 제곱미터당 5000 와트의 에너지 밀도를 지니고 있다. 하지만 이 에너지 밀도는 오스트레일리아의 석탄 광산에 비해 여전히 2배나 높다. 물론 유전의 성격은 다양하기에 어떤 유전은 제곱미터당 100와트 정도의 낮은 에너지 밀도만을 지니기도 한다. 캐나다 앨버타주의 천연가스정은 대체로 제곱미터당 2300 와트의 에너지 밀도를 지니는 반면 네덜란드의 천연가스정은 1만 6000와트의 에너지 밀도를 지닌다. LNG(액화천연가스) 시설은 제곱미터당 4600와트의 에너지 밀도를 지니는 반면 재기화 시설regasification terminal의 에너지 밀도는 놀랍게도 6만 와트에 달한다. Smil, *Power Density*, 197.

76 Chris Mooney, "Why We're Still So Incredibly Confused About Methane's Role in Global Warming," *Washington Post*, May 2, 2016, https://www.washingtonpost.com.

77 "Our salmon," AquaBounty, accessed October 6, 2019, https://aquabounty.com/our-salmon.

78 "Sustainable," AquaBounty, accessed February 2, 2020, https://aquabounty.com/sustainable.

79 "FDA Has Determined That the AquAdvantage Salmon Is as Safe to Eat as Non-GE Salmon," U.S. Food and Drug Administration, January 19, 2016, https://www.fda.gov/consumers/consumer-updates/fda-has-determined-aquadvantage-salmon-safe-eat-non-ge-salmon.

80 FAO, "The State of World Fisheries and Aquaculture," FAO, 2016, accessed January 16, 2020, http://www.fao.org/3/a-i5555e.pdf.

81 UNEP-WCMC, IUCN, and NGS, *Protected Planet Report 2018* (Cambridge, UK: Gland, Switzerland; and Washington, D.C.: UNEP-WCMC, IUCN, and NGS, 2018), https://livereport.protectedplanet.net/chapter-2.

82 FAO, "The State of World Fisheries and Aquaculture," FAO, 2016, accessed January 16, 2020, http://www.fao.org/3/a-i5555e.pdf.

83 Richard Waite et al., "Improving Productivity and Environmental Performance of Aquaculture," World Resources Institute, June 2014, accessed January 16, 2020, https://www.wri.org/publication/improving-aquaculture.

84 FAO, "The State of World Fisheries and Aquaculture" FAO, 2016, accessed January 16, 2020, http://www.fao.org/3/a-i5555e.pdf/; FAO, "The State of World Fisheries and Aquaculture," FAO, 2014, accessed January 16, 2020, http://www.fao.org/3/a-i3720e.pdf.

85 U.S. Soybean Export Council, "Aquaculture Is Fastest Growing Food Production Sector, According to FAO Report," July 16, 2018, accessed January 15, 2020, https://ussec.org/aquaculture-fastest-growing-food-production-sector-fao-report.

86 Martin Heller and Center for Sustainable Systems, University of Michigan, *Food Product Environmental Footprint Literature Summary: LandBased Aquaculture*, State of Oregon Department of Environmental Quality, September 2017, https://www.oregon.gov/deq/FilterDocs/PEF-Aquaculture-FullReport.pdf.

87 Fong Yang Looi et al., "Creating Disease Resistant Chickens: A Viable Solution to Avian Influenza?" *Viruses* 10, no. 10 (October 2018): 561, https://doi.org/10.3390/v10100561; Bruce Y. Lee, "Can Gene Editing Stop the Bird Flu? Here Is the Latest With Chickens," *Forbes*, June 5, 2019, https://www.forbes.com.

88 William Robert Irvin et al., letter to Margaret A. Hamburg, M.D., Commissioner of Food and Drugs, FDA, "Re: Draft Environmental Assessment and Preliminary Finding of No Significant Impact Concerning a Genetically Engineered Atlantic Salmon," April 26, 2013, https://www.nrdc.org/sites/default/files/hea_13042901a.pdf.

89 Center for Food Safety, "FDA approves first genetically engineered animal for human consumption over the objections of millions," Center for Food Safety, November 19, 2015, https://www.centerforfoodsafety.org/press-releases/4131/fda-approves-first-genetically-engineered-animal-for-human-consumption-over-the-objections-of-millions.

90 Sustainable Business, "Whole Foods, Trader Joe's say no to genetically modified fish" GreenBiz, March 21, 2013, https://www.greenbiz.com.

91 Alister Doyle, "Mangroves under threat from shrimp farms: UN," Reuters, November 14, 2012, https://www.reuters.com.

92 Michael Shellenberger, "Victory for Frankenfish and for Mother Earth," *USA Today*, November 19, 2015, https://www.usatoday.com.

93 Ibid.

94 AquaBounty, "Ask your supermarket to stock GMO salmon," AquaBounty, March 20, 2019, accessed October 8, 2019, https://aquabounty.com/ask-your-supermarket-to-stock-gmo-salmon.

95 Jesse Ausubel (environmental scientist) in discussion with the author, November 6, 2019.

96 Richard Rhodes, "Yale Environment 360: Why nuclear power must be a part of the energy solution," *Anthropocene Institute*, July 19, 2018, https://www.anthropoceneinstitute.com/2018/07/yale-environment-360-why-nuclear-power-must-be-part-of-the-energy-solution.

97 R.B. Allen, "Backward into the future: The shift to coal and implications for the next energy transition," *Energy Policy* 50 (2012): 17–23, https://doi.org/10.1016/j.enpol.2012.03.020.

98 Jesse Ausubel (environmental scientist) in discussion with the author, November 6, 2019.

99 Robert C. Rocha, Jr., Phillip J. Clapham, and Yulia Ivaschenko, "Emptying the Oceans: A Summary of Industrial Whaling Catches in the 20th Century," *Marine Fisheries Review* 76 (March 2015): 46, https://dx.doi.org/10.7755/MFR.76.4.3.

100 Walter Sullivan, "Extinction of Blue Whale Feared," *New York Times*, May 18, 1959, https://www.nytimes.com.

7장

1 Jonathan Safran Foer, *Eating Animals* (New York: Little, Brown, 2009), 3.

2 Isabelle Gerretsen, "Change food production and stop abusing land, major climate report warns," CNN, August 8, 2019, https://www.cnn.com.

3 Jen Christensen, "To help save the planet, cut back to a hamburger and a half per week," CNN, July 17, 2019, https://www.cnn.com.

4 Quirin Schiermeier, "Eat Less Meat: UN climate-change report calls for change to human diet," *Nature*, August 8, 2019, https://doi.org/10.1038/d41586-019-02409-7.

5 Ibid.

6 Cheikh Mbow et al., "Food Security," in Valerie Masson-Delmont et al. (eds.), *Climate Change and Land: An IPCC special report on climate change, desertification, land degradation, sustainable land management, food security, and greenhouse gas fluxes in terrestrial ecosystems*, IPCC, 2019, accessed January 21, 2020, https://www.ipcc.ch/srccl.

7 Abigail Abrams, "How Eating Less Meat Could Help Protect the Planet From Climate Change," *Time*, August 8, 2019, https://time.com.

8 Katia Dmitrieva, "The Green New Deal Progressives Really Are Coming For Your Beef," Bloomberg, March 13, 2019, https://www.bloomberg.com.

9 Livestock, Dairy, and Poultry Outlook, LDP-M-299, U.S. Department of Agriculture, Economic Research Service, May 16, 2019.

10 Jen Christensen, "To help save the planet, cut back to a hamburger and a half per week,"

CNN, July 17, 2019, https://www.cnn.com.

11 Foer, *Eating Animals*: "Why Go Organic, Grass-Fed and Pasture-Raised?" Meat Eater's Guide to Climate Change Health, Environmental Working Group, 2011, accessed January 21, 2020, www.ewg.org/meateatersguide.

12 Cheikh Mbow et al., "Food Security," in *Climate Change and Land: An IPCC special report on climate change, desertification, land degradation, sustainable land management, food security, and greenhouse gas fluxes in terrestrial ecosystems* (IPCC, 2019), 487.

13 Janina Grabs, "The rebound effects of switching to vegetarianism. A microeconomic analysis of Swedish consumption behavior," *Ecological Economics* 116 (2015): 270-279, https://doi.org/10.1016/j.ecolecon.2015.04.030.

14 Cheikh Mbow et al., "Food Security," in *Climate Change and Land: An IPCC special report on climate change, desertification, land degradation, sustainable land management, food security, and greenhouse gas fluxes in terrestrial ecosystems* (IPCC, 2019), 487. "지금까지 하던 대로" 할 경우 전 세계 온실가스 배출량은 2050년이면 연간 86기가톤에 이를 것이다. 농업에서 배출되는 온난화 오염 물질은 연간 11.6기가톤에 달할 것이다. 모든 인류가 100퍼센트 비건을 택할 경우 연간 8.1기 가톤의 온실가스 배출이 줄어들 것이다.

15 Gidon Eshel, "Environmentally Optimal, Nutritionally Sound, Protein and Energy Conserving Plant Based Alternatives to US Meat," *Nature: Scientific Reports* 9, no. 10345 (August 8, 2019), https://doi.org/10.1038/s41598-019-46590-1.

16 Elinor Hallström et al., "Environmental impact of dietary change: A systematic review," *Journal of Cleaner Production* 91 (March 15, 2015), https://doi.org/10.1016/j.jclepro.201y4.12.008. 채식으로 줄어드는 온난화 물질 배출량은 최대 540킬로그램으로 추산되었는데, 선진국의 평균 이산화탄소(Annex I) 배출량은 12.44톤이다.

17 Robin R. White and Mary Beth Hall, "Nutritional and greenhouse gas impacts of removing animals from US agriculture," *Proceedings of the National Academy of Sciences* 114, no. 48 (2017), https://doi.org/10.1073/pnas.1707322114.

18 Janina Grabs, "The rebound effects of switching to vegetarianism. A microeconomic analysis of Swedish consumption behavior," *Ecological Economics* 116 (2015): 270-279, https://doi.org/10.1016/j.ecolecon.2015.04.030.

19 FAO, "Livestock Primary," FAOSTAT, http://www.fao.org/faostat/en/#data/QL.

20 Foer, *Eating Animals*, 129.

21 FAO, "Land Use," FAOSTAT, accessed January 27, 2020, http://www.fao.org/faostat/en. 정확하게 말하면 142만 제곱킬로미터다.

22 FAO, *World Livestock: Transforming the livestock sector through the Sustainable Development Goals* (Rome: FAO, 2018), Licence: CC BY-NC-SA 3.0 IGO, http://www.fao.org/3/CA1201EN/ca1201en.pdf.

23 Charles Stahler, "How many people are vegan?" Vegetarian Resource Group, based on March 7-11, 2019, Harris poll, accessed December 31, 2019, https://www.vrg.org/nutshell/Polls/2019_adults_veg.htm; Kathryn Asher et al., "Study of Current and Former Vegetarians and Vegans: Initial Findings, December 2014," Humane Research Council and Harris International, accessed October 30, 2019, https://faunalytics.org/wp-content/uploads/2015/06/

Faunalytics_Current-Former-Vegetarians_Full-Report.pdf.

24 FAO, "Land Use," FAOSTAT, accessed January 27, 2020, http://www.fao.org/faostat/en.

25 A. Shepon et al., "Energy and Protein Feed-to-Food Conversion Efficiencies in the US and
    Potential Food Security Gains from Dietary Changes," *Environmental Research Letters* 11, no. 10
    (2016): 105002, https://doi.org/10.1088/1748-9326/11/10/105002. 소고기의 단백질 전환
    효율은 2.5퍼센트, 돼지는 9퍼센트, 가금류는 21퍼센트다.

26 Vaclav Smil, *Should We Eat Meat? Evolution and Consequences of Modern Carnivory* (Oxford: John
    Wiley & Sons, Ltd., 2013), 92. 미국에서 실내 양계가 시작되었던 1925년에 닭이 다 자라기
    까지는 112일이 걸렸다. 1960년에 이르면 절반 정도 시간에 체중이 3분의 1가량 더 많은 닭을 길
    러 낼 수 있었다. 2017년 실내에서 기르는 닭은 48일 만에 다 자라고 1925년에 비해 체중이 2배
    나 많이 나간다.

27 FAO, "Data," FAOSTAT, http://www.fao.org/faostat/en/#data/RL, cited in Frank Mitloeh-
    ner, "Testimony before the Committee on Agriculture, Nutrition and Forestry US Senate,"
    May 21, 2019, accessed November 3, 2019, https://www.agriculture.senate.gov/imo/media/
    doc/Testimony_Mitloehner_05.21.2019.pdf.

28 Foer, *Eating Animals*, 196.

29 Ibid.

30 Durk Nijdam, Geertruida Rood, and Henk Westhoek, "The price of protein: Review of land
    use and carbon footprints from life cycle assessments of animal food products and their substi-
    tutes," *Food Policy* 37 (2012): 760-770, https://doi.org/10.1016/j.foodpol.2012.08.002.

31 David Gustafson et al., "Climate adaptation imperatives: Global sustainability trends
    and eco-efficiency metrics in four major crops—canola, cotton, maize, and soybeans,"
    International Journal of Agricultural Sustainability 12 (2014): 146 – 163, https://doi.
    org/10.1080/14735903.2013.84 6017.

32 Durk Nijdam, Geertruida Rood, and Henk Westhoek, "The price of protein: Review of land
    use and carbon footprints from life cycle assessments of animal food products and their substi-
    tutes," *Food Policy* 37 (2012): 760-770, https://doi.org/10.1016/j.foodpol.2012.08.002.
    "실외에서 1킬로그램의 소고기를 생산하면 실내에서 같은 양의 소고기를 생산할 때보다 3~4배
    많은 온실가스를 배출한다."

33 C.D. Lupo, D. E. Clay, J. L. Benning, and J. J. Stone, "Life-Cycle Assessment of the Beef
    Cattle Production System for the Northern Great Plains, USA," *Journal of Environment Quality*,
    42(5), 1386, doi:10.2134/jeq2013.03.0101.

34 M. de Vries, C. E. van Middelaar, and I. J. M. de Boer, "Comparing environmental impacts
    of beef production systems: A review of life cycle assessments," *Livestock Science* 178 (August
    2015): 279-288, https://doi.org/10.1016/j.livsci.2015.06.020.

35 Foer, *Eating Animals*, 95-96.

36 Nina Teicholz, *The Big Fat Surprise: Why Butter, Meat and Cheese Belong in a Healthy Diet* (New
    York: Simon & Schuster, 2014), 1.

37 Ibid.

38 Ibid., 3.

39 Ibid., 2.

40   William R. Leonard, J. Josh Snodgrass, and Marcia L. Robertson, "Effects of brain evolution on human nutrition and metabolism," *Annual Review of Nutrition* 27 (2007): 311 – 327, https://doi.org/10.1146/annurev.nutr.27.061406.093659.

41   Teicholz, *The Big Fat Surprise: Why Butter, Meat and Cheese Belong in a Healthy Diet*, 1.

42   Marshall E. McCollough, *Optimum Feeding of Dairy Animals: For Milk and Meat* (Athens: University of Georgia Press, 1973), 64 – 92.

43   Temple Grandin, "Avoid Being Abstract When Making Policies on the Welfare of Animals," in *Species Matters: Humane Advocacy and Cultural Theory*, edited by Marianne DeKoven and Michael Lundblad (New York: Columbia University Press, 2010), 206.

44   Roman Pawlak, Scott James Parrott, Sudha Raj et al., "How Prevalent Is Vitamin B$_{12}$ Deficiency Among Vegetarians?," *Nutrition Reviews* 71, no. 2 (February 2013): 110 – 17, https://doi.org/10.1111/nure.12001.

45   Matthew B. Ruby, "Vegetarianism. A blossoming field of study," *Appetite* 58 (2012): 144, https://doi.org/10.1016/j.appet.2011.09.019.

46   "What Percentage of Americans Are Vegetarian?" Gallup, 2018; Ruby, "Vegetarianism. A blossoming field of study," 144; Maria Chiorando, "'Mind-Blowing' Rates of Vegans and Vegetarians Are Young People, Says New Poll," *PlantBased News*, March 14, 2018

47   Ruby, "Vegetarianism. A blossoming field of study," 144.

48   Ines Testoni, "Representations of Death Among Italian Vegetarians: Ethnographic Research on Environment, Disgust and Transcendence," *European Journal of Psychology* 13, no. 3 (August 2017): 378 – 395, https://doi.org/10.5964/ejop.v13i3.1301.

49   Foer, *Eating Animals*, 143.

50   Ibid.

51   Nathanael Johnson, "Temple Grandin Digs In on the Practical Side of What Animals Want," *Grist*, July 22, 2015, https://grist.org.

52   Ibid.

53   David Bianculli, "Temple Grandin: The Woman Who Talks to Animals," NPR, February 5, 2010, https://www.npr.org.

54   Foer, *Eating Animals*, 196.

55   Johnson, "Temple Grandin digs in on the practical side of what animals want."

56   Bianculli, "Temple Grandin: The Woman Who Talks to Animals."

57   Temple Grandin, "Behavioral Principles of Livestock Handling," *Applied Animal Science* 5, no. 2 (December 1989): 1 – 11, https://doi.org/10.15232/S1080-7446(15)32304-4. Foer, Eating Animals, 158.

58   Temple Grandin, "Avoid Being Abstract When Making Policies on the Welfare of Animals," in *Species Matters: Humane Advocacy and Cultural Theory*, edited by Marianne DeKoven and Michael Lundblad (New York: Columbia University Press, 2010), 195 – 217.

59   Foer, *Eating Animals*, 230, 256.

60   Johnson, "Temple Grandin digs in on the practical side of what animals want."

61   Foer, *Eating Animals*, 213.

62   Ibid.

63 Temple Grandin and Catherine Johnson, *Animals Make Us Human: Creating the Best Life for Animals* (Boston: Houghton-Mifflin Harcourt, 2009), 297.

64 Tom Levitt, "Jonathan Safran Foer: If You Care About Climate Change, Cut Out Meat," *Huffington Post*, October 3, 2019, https://www.huffpost.com.

65 Foer, *Eating Animals*, 189–96.

66 Gary Taubes in discussion with the author, November 1, 2019.

67 Foer, *Eating Animals*, 211.

68 Ibid., 192.

69 Ibid., 189–190.

70 Michael Pollan, *The Omnivore's Dilemma: A Natural History of Four Meals* (New York: Penguin, 2007), 361–362.

71 Foer, *Eating Animals*, 97.

72 Robert DuBroff and Michel de Lorgeril, "Fat or fiction: The diet-heart hypothesis," *British Medical Journal: EvidenceBased Medicine*, May 29, 2019, https://doi.org/10.1136/bmjebm-2019-111180.

73 Mi Ah Han, Dena Zeraatkar, Gordon H. Guyatt et al., "Reduction of Red and Processed Meat Intake and Cancer Mortality and Incidence: A Systematic Review and Meta-analysis of Cohort Studies," *Annals of Internal Medicine* 171, no. 10 (October 2019): 711–20, https://doi.org/10.7326/M19-0699. Dena Zeraatkar, Mi Ah Han, Gordon H. Guyatt et al., "Red and Processed Meat Consumption and Risk for All-Cause Mortality and Cardiometabolic Outcomes: A Systematic Review and Meta-analysis of Cohort Studies," *Annals of Internal Medicine* 171, no. 10 (October 2019): 703–10, https://doi.org/10.7326/M19-0655.

74 Aaron E. Carroll, "The Real Problem with Beef," *New York Times*, October 1, 2019, https://www.nytimes.com.

75 Smil, *Should We Eat Meat? Evolution and Consequences of Modern Carnivory*, 147. 이 차이는 중요하다. "돼지고기에서 신진대사를 통해 단백질로 전환할 수 있는 에너지는 최대 45퍼센트인 반면 지방으로 전환할 수 있는 에너지의 효율은 최대 70퍼센트에 달한다."

76 Ibid., 132; U.S. Food and Drug Administration, "Steroid Hormone Implants Used for Growth in Food-Producing Animals," FDA, July 23, 2019, https://www.fda.gov/animal-veterinary/product-safety-information/steroid-hormone-implants-used-growth-food-producing-animals.

77 David S. Wilkie et al., "The Empty Forest Revisited," *Annals of the New York Academy of Sciences* 1223, no. 1 (2011): 120 –128, https://doi.org/10.1111/j.1749-6632.2010.05908.x.

78 John E. Fa, Carlos A. Peres, and Jessica J. Meeuwig, "Bushmeat Exploitation in Tropical Forests: An Intercontinental Comparison," *Conservation Biology* 16 (2002): 232–237, https://doi.org/10.1046/j.1523-1739.2002.00 275.x.

79 World Health Organization, "Availability and changes in consumption of meat products," accessed January 23, 2020, https://www.who.int/nutrition/topics/3_foodconsumption/en/index4.html.

80 John E. Fa, Carlos A. Peres, and Jessica J. Meeuwig, "Bushmeat Exploitation in Tropical Forests: An Intercontinental Comparison," *Conservation Biology* 16, no. 1 (January 2002):

232 – 37, https://doi.org/10.1046/j.1523-1739.2002.00275.x.

81 Annette Lanjouw in discussion with the author, November 21, 2014.

82 세계 평균적으로 닭고기는 1킬로그램당 14제곱미터의 땅이 필요하며, 돼지고기는 17제곱미터, 소고기는 43제곱미터가 필요하다. Fa, et al., "Bushmeat Exploitation in Tropical Forests"; 5 million tons of bushmeat extracted in the Congo and Amazon basins: Emiel V. Elferink and Sanderine Nonhebel, "Variations in Land Requirements for Meat Production," *Journal of Cleaner Production* 15, no. 18 (2007): 1778 – 86, https://doi.org/10.1016/j.jclepro.2006.04.003.

83 Ricardo Grau, Nestor Gasparri, and T. Mitchell Aide, "Balancing Food Production and Nature Conservation in the Subtropical Dry Forests of NW Argentina," *Global Change Biology* 14, no. 5 (2008): 985 – 97, https://doi.org/10.1111/j.1365-2486.2008.01554.x.

84 Foer, *Eating Animals*, 263.

85 Ibid., 197.

86 Matthew B. Ruby, "Vegetarianism. A blossoming field of study," 142.

87 Foer, *Eating Animals*, 9.

88 Ibid., 198.

89 Ingrid Newkirk, "Temple Grandin: Helping the Animals We Can't Save," PETA, February 10, 2010, accessed October 12, 2019, https://www.peta.org/blog/temple-grandin-helping-animals-cant-save.

8장

1 Atsushi Komori, "Think Tank Puts Cost to Address Nuke Disaster up to 81 Trillion Yen," *Asahi Shimbun*, March 10, 2019, http://www.asahi.com/ajw/articles/AJ201903100044.html.

2 David Keohane and Nathalie Thomas, "EDF Increases Hinkley Point C Nuclear Plant Costs," *Financial Times*, September 25, 2019, http://www.ft.com.

3 Darrell Proctor, "Georgia PSC Backs Additional Costs for Vogtle Nuclear Project," *Power Magazine*, February 19, 2019, https://www.powermag.com/georgia-psc-backs-additional-costs-for-vogtle-nuclear-project.

4 "Olkiluoto 3 Reactor Delayed Yet Again, Now 12 Years Behind Schedule," *Uutiset*, December 23, 2019, https://yle.fi; Jussi Rosendahl and Tuomas Forsell, "Areva's Finland Reactor to Start in 2019 After Another Delay," Reuters, October 9, 2017, https://www.reuters.com.

5 Ran Fu, David Feldman, and Robert Margolis, "US Solar Photovoltaic System Cost Benchmark: Q1 2018," National Renewable Energy Laboratory, September 2018, https://www.nrel.gov/docs/fy19osti/72399.pdf. Ryan Wiser and Mark Bolinger, *2018 Wind Technologies Market Report*, US Department of Energy, 2018, https://www.energy.gov/sites/prod/files/2019/08/f65/2018%20Wind%20Technologies%20Market%20Report%20Summary.pdf.

6 IAEA, *Power Reactor Information System [PRIS]*, IAEA, accessed January 31, 2020, https://www.iaea.org/resources/databases/power-reactor-information-system-pris. 1979년 이전 원자

로 건설 기간은 미국의 경우 5.8년, 프랑스의 경우 6.7년이었다. 1979년 이후에는 원자로 건설에 각 12.5년, 14년이 소요되고 있다.

7   Gerry Thomas (professor of clinical pathology at Imperial College, London, and founder of the Chernobyl Tissue Bank) in discussion with the author, July 31, 2017.

8   United Nations Scientific Committee on the Effects of Atomic Radiation, *Sources and Effects of Ionizing Radiation, Vol. II* (New York: United Nations, 2011), 149, https://www.unscear.org/unscear/publications.html.

9   "Firefighter fatalities in the United States," U.S. Fire Administration, accessed January 16, 2020, https://apps.usfa.fema.gov/firefighter-fatalities.

10   "Evaluation of Data on Thyroid Cancer in Regions Affected by the Chernobyl Accident," United Nations Scientific Committee on the Effects of Atomic Radiation, https://www.unscear.org/unscear/publications.html, v.

11   Elisabeth Cardis and Maureen Hatch, "The Chernobyl Accident—an Epidemiological Perspective," *Clinical Oncology* 23, no. 4 (May 2011): 251–60, https://doi.org/10.1016/j.clon.2011.01.510.

12   *Chernobyl*, episode 1, "1:23:45," directed by Johan Renck, HBO, May 6, 2019.

13   "Health Effects of the Chernobyl Accident: An Overview," World Health Organization, April 2006, https://www.who.int/ionizing_radiation/chernobyl/backgrounder/en.

14   "Fact Sheet: Biological Effects of Radiation," Office of Public Affairs, United States Nuclear Regulatory Commission, 2003, http://akorn.com/documents/pentatate/about_radiation/02_Fact_Sheet_on_Biological_Effects_of_Radiation_NRC.pdf.

15   Richard Pallardy, "Deepwater Horizon Oil Spill," *Encyclopaedia Britannica*, https://www.britannica.com/event/Deepwater-Horizon-oil-spill.

16   Kate Larsen, "PG&E Receives Maximum Sentence for 2010 San Bruno Explosion," ABC 7 News, January 26, 2017, https://abc7news.com.

17   Laura Smith, "The deadliest structural failure in history killed 170,000—and China tried to cover it up," Timeline, August 2, 2017, https://timeline.com. Justin Higginbottom, "230,000 Died in a Dam Collapse That China Kept Secret for Years," Ozy, February 17, 2019, https://www.ozy.com.

18   "Pedestrian Safety: A Road Safety Manual for Decision-Makers and Practitioners," United Nations Road Safety Collaboration, https://www.who.int/roadsafety/projects/manuals/pedestrian. "World Statistic," International Labour Organization, https://www.ilo.org/moscow/areas-of-work/occupational-safety-and-health/WCMS_249278/lang—en/index.htm. "Ambient Air Pollution: Health Impacts," World Health Organization, https://www.who.int/airpollution/ambient/health-impacts. "Global Status Report on Road Safety 2018," World Health Organization, https://www.who.int/violence_injury_prevention/road_safety_status/2018.

19   Jemin Desai et al., "Nuclear Deaths," Environmental Progress, February 2020, https://environmentalprogress.org/nuclear-deaths.

20   Vaclav Smil, *Power Density: A Key to Understanding Energy Sources and Uses* (New York: The MIT Press, 2015), 149.

21   "Ambient (outdoor) air pollution," World Health Organization, May 2, 2018, https://www.

who.int/news-room/fact-sheets/detail/ambient-(outdoor)-air-quality-and-health.

22 Anil Markandya and Paul Wilkinson, "Electricity Generation and Health," *Lancet* 370, no. 9591 (2007): 979–990, https://doi.org/10.1016/S0140-6736(07)61253-7.

23 Pushker Kharecha, "Prevented Mortality and Greenhouse Gas Emissions from Historical and Projected Nuclear Power," *Environmental Science & Technology* 47, no. 9 (2013): 4889–4895, https://doi.org/10.1021/es3051197.

24 Stephen Jarvis, Olivier Deschenes, and Akshaya Jha, "The Private and External Costs of Germany's Nuclear Phase-Out" Working Paper 26598, National Bureau of Economic Research (NBER), Cambridge, MA, December 2019, https://doi.org/10.3386/w26598.

25 "GDP (Current US$)," World Bank Group, accessed October 15, 2019, https://data.worldbank.org/indicator/NY.GDP.MKTP.CD.

26 산업용과 가정용 전기 가격 출처는 유럽연합통계국Eurostat의 2019년 자료다. 2018년 상반기 프랑스의 가정용 전기는 1킬로와트시당 0.1746달러로 독일의 가정용 전기가 1킬로와트시당 0.2987달러인 것과 대조된다. 2018년 상반기 프랑스의 산업용 전기는 1킬로와트시당 0.1174 달러, 독일은 1킬로와트시당 0.1967달러였다. 프랑스와 독일의 전력 생산과 탄소 배출에 대해서는 다음 자료를 참고하라. Mark Nelson, "German Electricity Was Nearly 10 Times Dirtier than France's in 2016," Environmental Progress, http://environmentalprogress.org/bignews/2017/2/11/german-electricity-was-nearly-10-times-dirtier-than-frances-in-2016.

27 Mark Nelson and Madison Czerwinski, "With Nuclear Instead of Renewables, California and Germany Would Already Have 100% Clean Electricity," Environmental Progress, September 11, 2018, http://environmentalprogress.org.

28 *Projected Costs of Generating Electricity, 2015 Edition*, International Energy Agency, Nuclear Energy Agency, and Organisation for Economic Co-operation and Development, 2015, https://www.oecd-nea.org/ndd/pubs/2015/7057-proj-costs-electricity-2015.pdf. 전력 생산 비용은 운영, 연료, 폐기물, 탄소 배출 비용의 합으로 구성된다.

29 Mark Nelson et al., "Power to Decarbonize," Environmental Progress, 2017, last updated 2019, accessed October 24, 2019, http://environmentalprogress.org/the-complete-case-for-nuclear. 2019년 업데이트에서 전력 생산은 BP 에너지 데이터BP Energy Data를. 태양광과 풍력 투자는 블룸버그뉴스 에너지 파이낸스 데이터Bloomberg New Energy Finance data를 참고했다.

30 U.S. Government Accountability Office, "Disposal of High-Level Nuclear Waste," GAO, accessed January 31, 2020, https://www.gao.gov/key_issues/disposal_of_highlevel_nuclear_waste/issue_summary.

31 BP Energy Economics, "BP Statistical Review of World Energy 2019, 68th Edition," BP, June 2019, accessed January 16, 2020, https://www.bp.com/content/dam/bp/business-sites/en/global/corporate/pdfs/energy-economics/statistical-review/bp-stats-review-2019-full-report.pdf. 나는 이 책에서 지열/바이오매스를 제외한 신재생 에너지, 원자력, 수력을 탄소 배출 제로 에너지원으로 간주한다. 이러한 에너지원은 전 세계 1차 에너지원 중 1995년에는 13퍼센트, 2018년에는 15퍼센트를 차시했다.

32 "Climate Change in Vermont: Emissions and Goals," State of Vermont, https://climatechange.vermont.gov/climate-pollution-goals. "Title 10: Conservation and Development, Chapter 023, Air Pollution Control," 10 V.S.A. § 578, passed 2005, amended 2007, Vermont Gen-

eral Assembly, https://legislature.vermont.gov/statutes/section/10/023/00578.

33 Kristin Carlson, "Green Mountain Power Is First Utility to Help Customers Go Off-Grid with New Product Offering," Green Mountain Power, December 20, 2016, https://greenmountainpower.com/news/green-mountain-power-first-utility-help-customers-go-off-grid-new-product-offering.

34 "ACEEE 2018 State Energy Efficiency Scorecard," American Council for an Energy-Efficient Economy, October 4, 2018, https://aceee.org/press/2018/10/aceee-2018-state-energy-efficiency.

35 "Vermont Greenhouse Gas Emissions Inventory Update: Brief, 1990–2015," Vermont Department of Environmental Conservation Air Quality and Climate Division, June 2018, https://dec.vermont.gov/sites/dec/files/aqc/climate-change/documents/_Vermont_Greenhouse_Gas_Emissions_Inventory_Update_1990-2015.pdf, 3.

36 Bill McKibben, July 12, 2012 (2:53 p.m.), comment on Yes Vermont Yankee, "Carbon Dioxide and Nuclear Energy: The Great Divide and How to Cross It," July 11, 2012, https://yesvy.blogspot.com/2012/07/carbon-dioxide-and-nuclear-energy-great.html?showComment=1342119234685#c9098175907964102387.

37 Bill McKibben, email correspondence with the author, January 31, 2019. Nadja Popovich, "How Does Your State Make Electricity?," New York Times, December 24, 2018, https://www.nytimes.com.

38 Robert Walton, "New England CO2 Emissions Spike After Vermont Yankee Nuclear Closure," Utility Dive, February 6, 2017, https://www.utilitydive.com.

39 "Green New Deal Overview" (draft), Office of Rep. Alexandria Ocasio-Cortez, https://assets.documentcloud.org/documents/5729035/Green-New-Deal-FAQ.pdf. 이 문서는 나중에 〈그린 뉴딜 FAQ〉라는 이름으로 AOC의 웹사이트에 실린 문서의 초안이다. "Green New Deal FAQ," Office of Rep. Alexandria Ocasio-Cortez, February 5, 2019, Internet Archive, https://web.archive.org/web/20190207191119/https://ocasio-cortez.house.gov/media/blog-posts/green-new-deal-faq. 더 자세한 사항은 다음을 참고하라. Jordan Weissman, "Why the Green New Deal Rollout Was Kind of a Mess," Slate, February 8, 2019, https://slate.com.

40 Greta Thunberg, "On Friday March 15th 2019 well over 1,5 million students school striked for the climate in 2083 places in 125 countries on all continents," Facebook post, March 17, 2019, https://www.facebook.com/732846497083173/posts/on-friday-march-15th-2019-well-over-15-million-students-school-striked-for-the-c/793441724356983.

41 Kerry Emanuel (climate scientist, MIT) in discussion with the author, November 2019.

42 Anne Van Tyne, interview with Kathleen Goddard Jones, "Defender of California's Nipomo Dunes, Steadfast Sierra Club Volunteer," in Sierra Club Nationwide II, 1984, https://digitalassets.lib.berkeley.edu/roho/ucb/text/sierra_club_nationwide2.pdf, 27.

43 Ann Lage, interview with William E. Siri, "Chapter XIII—Science and Mountaineering: Global Adventures, Interview 9, May 1, 1977," in Reflections on the Sierra Club, the Environment and Mountaineering, 1950s–1970s (Berkeley, CA: Regional Oral History Office, Bancroft Library, University of California, 1979), 228–250, accessed January 17, 2020, https://archive.org/details/reflectsierraclub00siririch.

44 Ibid., 25.

45 Ibid. 이 참고 도서에서 디즈니에 대한 이야기는 80~91쪽, 그랜드캐니언에 대한 이야기는 52~69쪽, 레드우드국립공원에 대한 이야기는 40~48쪽에 나온다.

46 Ibid., 93.

47 Ibid., 94.

48 Ibid., 97.

49 William Siri, quoted in Thomas Raymond Wellock, *Critical Masses: Opposition to Nuclear Power in California, 1958–1978* (Madison: University of Wisconsin Press, 1998), 74.

50 Lage, interview with William E. Siri, 105 – 106.

51 Wellock, *Critical Masses: Opposition to Nuclear Power in California, 1958–1978*, 81.

52 J. Robert Oppenheimer, "Atomic Weapons and American Policy," *Bulletin of the Atomic Scientists* 9, no. 6 (July 1953): 203.

53 Stephen Ambrose, *Eisenhower Volume II: The President* (New York: Simon & Schuster, 2014), 132.

54 Ibid., 132 – 133.

55 Ibid., 133.

56 Ibid., 133.

57 Ibid., 135.

58 Ibid., 135.

59 Ibid., 135.

60 Isaiah 2:4, *The Bible: New Revised Standard Version*, National Council of Churches, 1989, 550.

61 Ambrose, *Eisenhower Volume II: The President*, 147.

62 Ibid., 147.

63 Dwight D. Eisenhower, "United Nations Address," December 8, 1953.

64 Ibid.

65 Ibid. 원문에서 "힘"은 "Powers"라고 첫 글자가 대문자로 강조되어 있다.

66 Ibid.

67 Thomas Raymond Wellock, *Critical Masses: Opposition to Nuclear Power in California, 1958–1978* (Madison: The University of Wisconsin Press, 1998), 37.

68 Joseph J. Mangano, Jay M. Gould, Ernest J. Sternglass et al., "An Unexpected Rise in Strontium-90 in US Deciduous Teeth in the 1990s," *Science of The Total Environment* 317, nos. 1 – 3 (December 2003): 37 – 51, https://doi.org/10.1016/s0048-9697(03)00439-x.

69 Emma Brown, "A Mother Who Took a Stand for Peace," *Washington Post*, January 24, 2011, https://www.washingtonpost.com.

70 Linus Pauling et al., "An Appeal by American Scientists to the Governments and People of the World" (petition to the United Nations), January 15, 1958, https://profiles.nlm.nih.gov/spotlight/mm/catalog/nlm:nlmuid-101584639X78-doc.

71 Sheldon Novick, *The Electric War: The Fight over Nuclear Power* (San Francisco: Sierra Club Books, 1976), 22.

72 Tom Turner, *David Brower: The Making of the Environmental Movement* (Berkeley, CA: University of California Press, 2015), 109.

73 Wellock, *Critical Masses: Opposition to Nuclear Power in California, 1958–1978*, 37.

74 Ibid., 47.

75 Joel W. Hedgpeth, "Bodega Head—a Partisan View," *Bulletin of the Atomic Scientists* 21, no. 3 (March 1965): 2–7, https://doi.org/10.1080/00963402.196 5.11454771.

76 Wellock, *Critical Masses: Opposition to Nuclear Power in California, 1958–1978*, 47.

77 Spencer R. Weart, *The Rise of Nuclear Fear* (Cambridge, MA: Harvard University Press, 2012), 192.

78 Ibid., 190.

79 Madison Czerwinski, Environmental Progress, "Nuclear Power Archive," 2020, http://environmentalprogress.org/nuclear-power-archive.

80 "Ohio EPA Celebrating 40 Years: Air Quality," Ohio Environmental Protection Agency, accessed January 17, 2020, https://epa.ohio.gov/40-Years-and-Moving-Forward/Air-Pollutants.

81 Czerwinski, "Nuclear Power Archive."

82 Wyndle Watson, "Shippingport Plant Gets Up-and-Atom Backing," *Pittsburgh Press*, May 26, 1970.

83 Michael Shellenberger, "Why the War on Nuclear Threatens Us All," Environmental Progress, March 28, 2017, http://environmentalprogress.org/big-news/2017/3/28/why-the-war-on-nuclear-threatens-us-all.

84 "AEC Board Gives Okay to Building Power Plant," *The Evening Review*, March 25, 1971, accessed January 17, 2020, https://www.newspapers.com/clip/39460528/the_evening_review.

85 Pat Norman, "Nader Forecasts Rocky Rejection," *Akron Beacon Journal*, October 15, 1974.

86 Wellock, *Critical Masses: Opposition to Nuclear Power in California, 1958–1978*, 105. "Fallout Fatal to 400,000 Babies, Physicist Says," *Greenville* [South Carolina] *News*, July 28, 1969, https://www.newspapers.com/image/189098668.

87 *The China Syndrome*, directed by James Bridges, featuring Jane Fonda, Jack Lemmon, and Michael Douglas (Culver City, CA: Paramount Pictures, 1979).

88 *The Simpsons*, season 4, episode 12, "Marge and the Monorail," directed by Rich Moore, written by Conan O'Brien, aired January 14, 1993, on Fox; The Simpsons, season 2, episode 4, "Two Cars in Every Garage and Three Eyes on Every Fish," directed by Wesley Archer, written by Sam Simon and John Swarzwelder, aired November 1, 1990, on Fox.

89 Sheldon Novick, *The Electric War: The Fight over Nuclear Power* (San Francisco: Sierra Club Books, 1976), 194.

90 "Electric Power Consumption (kWh per Capita)—United States, 1960–2014," IEA/OECD, 2014, https://data.worldbank.org/indicator/EG.USE.ELEC.KH.PC?locations=US. "Population and Housing Unit Estimate Tables," United States Census Bureau, https://www.census.gov.

91 Novick, *The Electric War*, 315.

92 Amory B. Lovins, "Energy Strategy: The Road Not Taken?," *Foreign Affairs*, October 20, 1976, 86, https://www.foreignaffairs.com.

93 Wellock, *Critical Masses: Opposition to Nuclear Power in California, 1958–1978*, 112.

94 Richard Halloran, "Carter Has Long Focused on Need to Curb Use of Energy," *New York Times*, July 14, 1979.

95 Richard D. Lyons, "Public Fears Over Nuclear Hazards Are Increasing," *New York Times*, July 1, 1979, https://www.nytimes.com.

96 Bruce Larrick, "Nuclear Rules Bother Edison's Rogers," *Akron Beacon Journal*, October 22, 1979.

97 James F. McCarty, "Promises of 'Clean Smoke' Assuage the Fears," *Cincinnati Enquirer*, December 8, 1985.

98 Czerwinski, "Nuclear Power Archive."

99 Wellock, *Critical Masses: Opposition to Nuclear Power in California, 1958–1978*, 83.

100 Ibid., 41.

101 Ibid., 46.

102 Ruth Teiser and Catherine Harroun, *Conversations with Ansel Adams* (Berkeley: University of California Press, 1978), https://archive.org/details/convanseladams00adamrich, 616.

103 Brad Lemley, "Loving on Nuclear Power," *Washington Post*, June 29, 1986, https://www.washingtonpost.com/archive.

104 Wellock, *Critical Masses: Opposition to Nuclear Power in California, 1958–1978*, 136.

105 "Nuclear Energy: Nuclear Power Is Dirty, Dangerous and Expensive. Say No to New Nukes," Greenpeace, accessed January 17, 2020, https://www.greenpeace.org/usa/global-warming/issues/nuclear; "Nuclear Free Future," Sierra Club, accessed January 17, 2020, https://www.sierraclub.org/nuclear-free; "Nuclear Power," Union of Concerned Scientists, accessed January 17, 2020, https://www.ucsusa.org/energy/nuclear-power.

106 "Sharp World Wide Drop in Support for Nuclear Energy as 26% of New Opponents Say Fukushima Drove Their Decision," Ipsos Public Affairs, June 20, 2011, https://www.ipsos.com/sites/default/files/news_and_polls/2011-06/5265.pdf; "Nine in Ten Adults Agree That Solar Energy Should Be a Bigger Part of America's Energy Supply in the Future," Ipsos Public Affairs, September 28, 2012, https://www.ipsos.com/sites/default/files/news_and_polls/2012-09/5795.pdf.

107 Evelyn J. Bromet, "Mental Health Consequences of the Chernobyl Disaster," *Journal of Radiological Protection* 32, no. 1 (2012): N71–N75. https://doi.org/10.1088/0952-4746/32/1/n71. Menachem Ben-Ezra, Yuval Palgi, Yechiel Soffer, and Amit Shrira, "Mental Health Consequences of the 2011 Fukushima Nuclear Disaster: Are the Grandchildren of People Living in Hiroshima and Nagasaki During the Drop of the Atomic Bomb More Vulnerable?," *World Psychiatry* 11, no. 2 (June 2012), https://doi.org/10.1016/j.wpsyc.2012.05.011.

108 Linda E. Ketchum, "Lessons of Chernobyl: SNM Members Try to Decontaminate World Threatened by Fallout," *Journal of Nuclear Medicine* 28, no. 6 (1987): 933–942, http://jnm.snmjournals.org/content/28/6/933.citation.

109 Bromet, "Mental health consequences of the Chernobyl disaster."

110 Matthew J. Neidell, Shinsuke Uchida, and Marcella Veronesi, "Be Cautious with the Precautionary Principle: Evidence from Fukushima Daiichi Nuclear Accident" Working Paper 26395,

National Bureau of Economic Research (NBER), Cambridge, MA, October 2019, https://doi.org/10.3386/w26395.

111 "Stress-Induced Deaths in Fukushima Top Those from 2011 Natural Disasters," *The Mainichi*, September 9, 2013, Internet Archive, https://web.archive.org/web/20130913092840/http://mainichi.jp/english/english/newsselect/news/20130909p2a00m0na009000c.html. Molly K. Schnell and David E. Weinstein, "Evaluating the Economic Response to Japan's Earthquake," Policy Discussion Paper 12003, Research Institute of Economy, Trade and Industry, February 2012, https://www.rieti.go.jp/jp/publications/pdp/12p003.pdf.

112 James Conca, "Shutting Down All of Japan's Nuclear Plants After Fukushima Was a Bad Idea," *Forbes*, October 31, 2019, https://www.forbes.com; Justin McCurry, "Fukushima disaster: First residents return to town next to nuclear plant," *The Guardian*, April 10, 2019, https://www.theguardian.com; WHO, *Health risk assessment from the nuclear accident after the 2011 Great East Japan Earthquake and Tsunami* (Geneva, Switzerland: WHO, 2013), https://apps.who.int/iris/bitstream/handle/10665/78218/9789241505130_eng.pdf.

113 Robin Harding, "Fukushima Nuclear Disaster: Did the Evacuation Raise the Death Toll?," *Financial Times*, March 10, 2018, https://www.ft.com.

114 "Relative Radioactivity Levels," Berkeley RadWatch, 2014, accessed January 17, 2020, https://radwatch.berkeley.edu/dosenet/levels; "Safecast Tile Map," Safecast, accessed January 17, 2020, http://safecast.org/tilemap/?y=37.449&x=141.002&z=10&l=0&m=0.

115 Masaharu Tsubokura, Shuhei Nomura, Kikugoro Sakaihara et al., "Estimated Association Between Dwelling Soil Contamination and Internal Radiation Contamination Levels After the 2011 Fukushima Daiichi Nuclear Accident in Japan," *BMJ Open* 6, no. 6 (June 29, 2016), https://bmjopen.bmj.com/content/bmjopen/6/6/e010970.full.pdf.

116 Michel Berthélemy and Lina Escobar Rangel, "Nuclear Reactors' Construction Costs: The Role of Lead-Time, Standardization and Technological Progress," *Energy Policy* 82 (July 2015): 118–30, https://doi.org/10.1016/j.enpol.2015.03.015.

117 Jessica R. Lovering, Arthur Yip, and Ted Nordhaus, "Historical Construction Costs of Global Nuclear Power Reactors," *Energy Policy* 91 (April 2016): 371–81, https://doi.org/10.1016/j.enpol.2016.01.011. 이 연구에서 다루는 원자로를 유형에 따라 묶을 때, 평균 단순 건설 비용 overnight capital cost, OCC(발전소의 하룻밤 건설 비용을 발전소가 공급할 수 있는 최대 순시 전력으로 나눈 값―옮긴이)은 가압 경수로가 가장 낮고, 중수로와 가스 냉각 원자로는 더 높으며, 나트륨 고속 냉각 원자로가 가장 비싸다. 이러한 가격 추세는 각 유형 원자로의 총 배치 수(가격이 낮을수록 더 많은 수가 배치되고 비쌀수록 더 적게 배치된다) 그리고 총 에너지 생산량(원자로 건설 비용이 더 쌀수록 더 많은 에너지를 생산한다) 모두와 상응한다.

118 Berthélemy and Rangel, "Nuclear Reactors' Construction Costs."

119 Adriana Brasileiro, "Turkey Point Nuclear Reactors Get OK to Run Until 2053 in Unprecedented NRC Approval," *Miami Herald*, December 5, 2019, https://www.miamiherald.com.

120 *Chernobyl*, episode 5, "Vichnaya Pamyat," directed by Johan Renck, HBO, June 3, 2019.

121 Michael Dobbs, *One Minute to Midnight: Kennedy, Khrushchev, and Castro on the Brink of Nuclear War* (New York: Vintage Books, 2009), 312.

122 Ibid., 344.

123 John Lewis Gaddis, *The Long Peace: Inquiries into the History of the Cold War* (New York: Oxford University Press, 1987), 230. 개디스의 강연은 1986년 논문으로 먼저 발표되었다. "The Long Peace: Elements of Stability in the Postwar International System," *International Security*, Spring 1986, 99 – 142.

124 Our World in Data, "Battle Related Deaths in State-Based Conflicts Since 1946," Our Worldin Data, https://ourworldindata.org/grapher/battle-related-deaths-in-state-based-conflicts-since-1946-by-world-region.

125 Devin T. Hagerty, *Nuclear Weapons and Deterrence: Stability in South Asia* (London: Palgrave Pivot, Cham, 2019), 94.

126 Dylan Matthews, "Meet the Political Scientist Who Thinks the Spread of Nuclear Weapons Prevents War," *Vox*, August 21, 2014, https://www.vox.com.

127 David Brunnstrom, "North Korea May Have Made More Nuclear Bombs, but Threat Reduced: Study," Reuters, February 11, 2019, https://www.reuters.com.

128 Matthew Kroenig, *A Time to Attack: The Looming Iranian Nuclear Threat* (New York: Palgrave Macmillan, 2014), 125 – 126.

129 Scott D. Sagan and Kenneth N. Waltz, "Is Nuclear Zero the Best Option?," *The National Interest*, no. 109 (September – October 2010): 88 – 96, https://fsi-live.s3.us-west-1.amazonaws.com/s3fs-public/Sagan_Waltz_-_National_Interest_-_The_Great_Debate.pdf.

130 Vannevar Bush, John S. Dickey, Allen W. Dulles et al., "Report by the Panel of Consultants of the Department of State to the Secretary of State: Armaments and American Policy," *Foreign Relations of the United States, 1952–1954*, vol. 2, part 2, *National Security Affairs*, document 67, January 1953, https://history.state.gov/historicaldocuments/frus1952-54v02p2/d67. Richard Rhodes, *Dark Sun: The Making of the Hydrogen Bomb* (New York: Simon & Schuster, 2012), 588.

131 Max Born, Percy W. Bridgman, Albert Einstein, Bertrand Russell et al., "Statement: The Russell-Einstein Manifesto," July 9, 1955, presented at the 1st Pugwash Conference on Science and World Affairs, Pugwash, Nova Scotia, 1957, https://pugwash.org/1955/07/09/statement-manifesto.

132 "CNN Poll: Public Divided on Eliminating All Nuclear Weapons," CNN, April 12, 2010, http://www.cnn.com.

133 Kai Bird and Martin J. Sherwin, *American Prometheus: The Triumph and Tragedy of J. Robert Oppenheimer* (New York: Vintage Books, 2006), 309.

134 Ibid., 317.

9장

1 Bryan Bishop and Josh Dzieza, "Tesla Energy Is Elon Musk's Battery System That Can Power Homes, Businesses, and the World," *The Verge*, May 1, 2015, https://www.theverge.com.

2 Tesla, "Tesla introduces Tesla Energy," YouTube, May 2, 2015, https://www.youtube.com/watch?time_continue=82&v=NvCIhn7_FXI&feature=emb_logo.

3   H. J. Mai, "Tesla Powerwall, Powerpack deployment grows 81% to 415 MWh in Q2," *Utility Dive*, July 30, 2019, https://www.utilitydive.com.

4   Andy Sendy, "Pegging the All-in, Installed Cost of a Tesla Powerwall 2," *Solar Reviews*, October 3, 2017, https://www.solarreviews.com; Sean O'Kane, "Tesla Launches a Rental Plan to Help Its Slumping Home Solar Panel Business," *The Verge*, August 19, 2019, https://www.theverge.com.

5   U.S. Energy Information Administration, *International Energy Outlook 2019 With Projections to 2050* (Washington, D.C.: EIA, September 2019), https://www.eia.gov/outlooks/ieo/pdf/ieo2019.pdf; U.S. Energy Information Administration, *Annual Energy Outlook 2020* (Washington, D.C.: EIA, January 2020), https://www.eia.gov/outlooks/aeo.

6   BP Energy Economics, "BP Statistical Review of World Energy 2019, 68th Edition," BP, June 2019, accessed January 16, accessed January 16, 2020, https://www.bp.com/content/dam/bp/business-sites/en/global/corporate/pdfs/energy-economics/statistical-review/bp-stats-review-2019-full-report.pdf. 2018년 신재생 에너지는 미국의 1차 에너지 중 7퍼센트, 유럽의 1차 에너지 중 16퍼센트를 차지했으며, 전체 전력 중에서는 각각 17퍼센트와 34퍼센트를 차지했다. 그중 수력 발전은 1차 에너지 중 2.8퍼센트와 7.1퍼센트, 전체 전력 중 6.5퍼센트와 15.7퍼센트를 차지했다. 바이오매스는 전체 1차 에너지 중 0.7퍼센트와 2.3퍼센트, 전체 전력 중 1.5퍼센트와 5.0퍼센트를 차지했다. 바이오 연료는 전체 1차 에너지 중 1.7퍼센트와 0.8퍼센트를 차지했다.

7   BP Energy Economics, *BP Statistical Review of World Energy 2019, 68th Edition* (London: BP, June 2019), accessed January 16, 2020, https://www.bp.com/content/dam/bp/business-sites/en/global/corporate/pdfs/energy-economics/statistical-review/bp-stats-review-2019-full-report.pdf. 태양광 에너지 수치는 위 자료를 참고했다. 국제에너지기구는 2018년 지열 발전량을 90테라와트시로 추산했다. 이 결과를 BP의 1차 에너지 환산법에 맞춰 계산하면 20.3MTOE(석유환산톤) 또는 2018년 세계 1차 에너지의 0.1퍼센트에 해당한다.

8   "Tesla Mega-battery in Australia Activated," BBC News, December 1, 2017, https://www.bbc.com.

9   Julian Spector, "California's Big Battery Experiment: A Turning Point for Energy Storage?," *The Guardian*, September 15, 2017, https://www.theguardian.com. 미국에너지정보청Energy Information Agency에 따르면 2018년 가정용 전기 사용자로 등록된 가구는 1억 3400만여 가구로 매년 총 1만 1000킬로와트시 또는 평균 1.25킬로와트시의 전력을 사용한다.

10   미국 에너지부는 2018년 1킬로와트를 4시간 공급하기 위해 필요한 리튬 배터리 시설의 가격을 1876달러로 추산했다. 2025년에는 시간당 1446달러로 23퍼센트 떨어질 것으로 예상한다. 에스콘디도 에너지 저장소는 30메가와트를 4시간 공급할 수 있는 시설이다. 미국에너지정보청은 2018년 4174테라와트시의 전기가 사용되었다고 보고했다. 1시간당 평균 47만 6600메가와트의 전기를 사용한 셈이다.

11   Falko Ueckerdt, Lion Hirth, Gunnar Luderer, and Ottmar Edenhofer, "System LCOE: What Are the Costs of Variable Renewables?," *Energy* 63 (2013): 61-75, https://doi.org/10.1016/j.energy.2013.10.072.

12   Matthew Shaner, "Geophysical Constraints on the Reliability of Solar and Wind Power in the United States," *Energy and Environmental Science* 11, no. 4 (2018): 914-25, https://doi.

org/10.1039/c7ee03029k.

13 "New Poll: Nearly Half of Americans Are More Convinced than They Were Five Years Ago That Climate Change Is Happening, with Extreme Weather Driving Their Views," Energy Policy Institute at the University of Chicago, January 22, 2019, https://epic.uchicago.edu/news/new-poll-nearly-half-of-americans-are-more-convinced-than-they-were-five-years-ago-that-climate-change-is-happening-with-extreme-weather-driving-their-views.

14 Ivan Penn, "The $3 Billion Plan to Turn Hoover Dam into a Giant Battery," *New York Times*, July 24, 2018, https://www.nytimes.com. 이 기사는 제이컵슨의 계획을 엄청난 규모로 확대한 양수식 수력 발전소 건설 계획을 묘사하고 있다.

15 2017년 마크 제이컵슨 교수와 버니 샌더스 상원 의원은 제이컵슨의 연구에 기반한 새로운 에너지 입법안을 《가디언》을 통해 발표했다. Bernie Sanders and Mark Jacobson, "The American People—Not Big Oil— Must Decide Our Climate Future," *The Guardian*, April 29, 2017, https://www.theguardian.com.

16 Christopher T. M. Clack, Steffan A. Qvist, Jay Apt et al., "Evaluation of a Proposal for Reliable Low-Cost Grid Power with 100% Wind, Water, and Solar," *Proceedings of the National Academy of Sciences of the United States of America* 114, no. 26 (June 27, 2017): 6722-27, https://doi.org/10.1073/pnas.1610381114. Chris Mooney, "A Bitter Scientific Debate Just Erupted over the Future of America's Power Grid," *Washington Post*, June 19, 2017, https://www.washingtonpost.com.

17 Ivan Penn, "California Invested Heavily in Solar Power. Now There's So Much That Other States Are Sometimes Paid to Take It," *Los Angeles Times*, June 22, 2017, https://www.latimes.com.

18 Vanessa Dezem, "Germany Plans Incentives to Boost Hydrogen in Energy Mix," Bloomberg, November 20, 2019, https://www.bloomberg.com.

19 Frank Dohmen, Alexander Jung, Stefan Schultz, and Gerald Traufetter, "German Failure on the Road to a Renewable Future," *Spiegel International*, May 13, 2019, https://www.spiegel.de.

20 "Annexe 6: Historique des charges de service public de l'électricité et de la contribution unitaire," Commission de Régulation de l'Énergie, http://www.cre.fr/documents/deliberations/proposition/cspe-2014/consulter-l-annexe-6-historique-des-charges-de-service-public-de-l-electricite-et-de-la-contribution-unitaire.

21 프랑스 전력공사 산하 전력 회사인 RTE는 2012년 이후 전력 생산을 시간 단위로 기록한 보고서를 발행했다. 그 속에는 연간 탄소 배출량의 계산에 활용할 수 있는 시간당 탄소 배출량이 포함되어 있었다. 2014년 이산화탄소 배출량은 41그램으로 최저치를 기록했지만 발생원의 비중을 보면 원자력 발전량이 줄어들고 천연가스, 풍력, 태양광 발전이 늘어났다는 사실을 확인할 수 있다.

22 "Big Oil's Real Agenda on Climate Change," InfluenceMap, March 2019, https://influencemap.org/report/How-Big-Oil-Continues-to-Oppose-the-Paris-Agreement-38212275958aa21196dae3b76220bddc.

23 Image of gas company Statoil's ad campaign at Brussels airport, Bellona, February 5, 2016, https://network.bellona.org/content/uploads/sites/3/2016/02/WP_20151022_008.jpg.

24 BP (@BP_plc), "우리의 천연가스는 신재생 에너지의 스마트 파트너입니다: http://on.bp.com/

possibilitieseverywhere #PossibilitiesEverywhere #NatGas," Twitter, January 27, 2019, 1:38 a.m., https://twitter.com/bp_plc/status/1089457584694685696.

25 Mike Shellenberger (@ ShellenbergerMD), "2017년 유엔 환경 회의 참석차 독일에 내리자마자 내가 본 것. 프랑스의 석유 가스 회사인 토탈의 광고판. 토탈은 말한다. "진심으로 태양광을 추구하며" "진심으로 천연가스를 추구한다"고." Twitter (text/image), March 28, 2019, 8:22 a.m., https://twitter.com/ShellenbergerMD/status/1111287183497789440.

26 Lisa Linowes (executive director, Wind Action Group) in discussion with the author, November 1, 2019.

27 Ibid.

28 Ibid.

29 John van Zalk and Paul Behrens, "The Spatial Extent of Renewable and Non-renewable Power Generation: A Review and Meta-analysis of Power Densities and Their Application in the U.S.," *Energy Policy* 123 (December 2018): 83–91, https://doi.org/10.1016/j.enpol.2018.08.023.

30 Lisa Linowes (executive director, Wind Action Group) in discussion with the author, November 1, 2019.

31 Ibid.

32 Paul M. Cryan, "Wind Turbines as Landscape Impediments to the Migratory Connectivity of Bats," *Journal of Environmental Law* 41 (May 2011): 355–70, https://www.lclark.edu/live/files/8520-412cryan.

33 Ana T. Marques, Carlos D. Santos, Frank Hanssen et al., "Wind Turbines Cause Functional Habitat Loss for Migratory Soaring Birds," *Journal of Animal Ecology* 89, no. 1 (2019): 1–11, https://doi.org/10.1111/1365-2656.12961.

34 Michael W. Collopy, Brian Woodridge, and Jessi L. Brown, "Golden Eagles in a Changing World," *Journal of Raptor Research* 51, no. 3 (2017): 193–96, https://doi.org/10.3356/0892-1016-51.3.193.

35 "Domestic Cat Predation on Birds and Other Wildlife," (Washington, D.C.: American Bird Conservancy), accessed January 27, 2020, http://trnerr.org/wp-content/uploads/2013/06/ABCBirds_predation.pdf; Shawn Smallwood and Carl Thelander, "Bird Mortality in the Altamont Pass Wind Resource Area, California," *Journal of Wildlife Management* 72, no. 1 (2008): 215–223, https://doi.org/10.2193/2007-032.

36 Adam Welz, "How Kenya's Push for Development is Threatening its famed wild lands," Yale School of Forestry & Environmental Studies, April 24, 2019, https://e360.yale.edu/features/how-kenyas-push-for-development-is-threatening-its-prized-wild-lands.

37 Ibid.

38 William Wilkes, Hayley Warren, and Brian Parkin, "Germany's Failed Climate Goals: A Wake-up Call for Governments Everywhere," Bloomberg, August 15, 2018, https://www.bloomberg.com.

39 "Annual Electricity Generation in Germany," Fraunhofer ISE, accessed January 10, 2020, https://www.energy-charts.de/energy.htm.

40 Frank Dohmen, "German Failure on the road to a renewable future," *Der Spiegel*, May 13,

2019, https://www.spiegel.de; "Annual Electricity Generation in Germany," Fraunhofer ISE, accessed January 10, 2020, https://www.energy-charts.de/energy.htm. 독일과 미국 간 GDP 환산은 OECD의 구매력 평가Purchasing Power Parity, PPP 데이터를 이용했다.

41 Fridolin Pflugmann, Ingmar Ritzenhofen, Fabian Stockhausen, and Thomas Vahlenkamp, "Germany's Energy Transition at a Crossroads," McKinsey & Company, November 2019, https://www.mckinsey.com/industries/electric-power-and-natural-gas/our-insights/germanys-energy-transition-at-a-crossroads.

42 "Electricity Prices for Household Consumers—Bi-annual Data (from 2007 Onwards)," Eurostat, December 1, 2019, https://appsso.eurostat.ec.europa.eu/nui/show.do?dataset=nrg_pc_204&lang=en. "Electricity Data Browser: Retail Sales of Electricity Annual," U.S. Energy Information Administration, https://www.eia.gov/electricity/data/browser.

43 Michael Greenstone and Ishan Nath, "Do Renewable Portfolio Standards Deliver?," Working Paper no. 2019-62, Energy Policy Institute at the University of Chicago, 2019, https://epic.uchicago.edu/wp-content/uploads/2019/07/Do-Renewable-Portfolio-Standards-Deliver.pdf. "Renewable Portfolio Standards Reduce Carbon Emissions—But, at a High Cost," Energy Policy Institute at the University of Chicago, April 22, 2019, https://epic.uchicago.edu/insights/renewable-portfolio-standards-reduce-carbon-emissions-but-at-a-high-cost.

44 "Electricity Data Browser: Retail Sales of Electricity," and "Electricity Data Browser: Revenue from Retail Sales of Electricity," U.S. Energy Information Administration, https://www.eia.gov/electricity/data/browser.

45 Dohmen, "German Failure on the road to a renewable future."

46 International Energy Agency, "Renewable capacity growth worldwide stalled in 2018 after two decades of strong expansion," May 6, 2019, https://www.iea.org/news/renewable-capacity-growth-worldwide-stalled-in-2018-after-two-decades-of-strong-expansion.

47 Dohmen, "German Failure on the road to a renewable future."

48 John Etzler, *The Paradise Within the Reach of All Men, Without Labor, by Powers of Nature and Machinery* (London: John Brooks, 1833), 1.

49 Ibid., 36.

50 Henry David Thoreau, "Paradise (to Be) Regained," 1843, in *The Writings of Henry David Thoreau*, vol. 4 (Cambridge, MA: Riverside Press, 1906), 283.

51 Steven Stoll, The Great Delusion: A Mad Inventor, Death in the Tropics, and the Utopian Origins of Economic Growth (New York: Farrar, Straus & Giroux, 2008), 14–15.

52 Alexis Madrigal, *Powering the Dream: The History and Promise of Green Technology* (Cambridge, MA: Da Capo Press, 2011), 124–125.

53 Ibid., 125.

54 Ibid., 87.

55 Ibid., 92–126.

56 Martin Heidegger, *The Question Concerning Technology and Other Essays* (New York & London: Garland Publishing Inc., 1954), 14.

57 Murray Bookchin, *The Murray Bookchin Reader* (Montreal: Black Rose Books, 1999), 18–19, 91.

58 Barry Commoner, *Making Peace with the Planet* (New York: New Press, 1992), 193.

59 Barry Commoner, *Crossroads: Environmental Priorities for the Future* (Washington, DC: Island Press, 1988), 146.

60 Ibid., 182.

61 Amory B. Lovins, "Energy Strategy: The Road Not Taken?," *Foreign Affairs*, October 20, 1976, 65 – 96, https://www.foreignaffairs.com.

62 Diane Tedeschi, "Solar Impulse Crosses America: Who Needs Fuel When the Sun Can Keep You Aloft?," *Air & Space*, June 19, 2013, https://www.airspacemag.com.

63 Ibid.

64 "Around the World in a Solar Airplane," Solar Impulse Foundation, https://aroundtheworld. solarimpulse.com/adventure. 2015년 다소 개선된 솔라 임펄스 2가 나왔다. 보잉 747과 동일한 가로 너비를 지닌 솔라 임펄스 2는 여전히 파일럿 외에 다른 승객을 태울 수 없었다.

65 "California," *Environmental Progress*, last updated August 12, 2019, http://environmentalprog-ress.org/california.

66 Gilbert Masters, "Wind Power Systems," in *Masters, Renewable and Efficient Electric Power Systems* (Hoboken, NJ: Wiley, 2004): 307 – 83, https://nature.berkeley.edu/er100/readings/Masters_2004_Wind.pdf.

67 Vaclav Smil, *Power Density: A Key to Understanding Energy Sources and Uses* (Cambridge, MA: The MIT Press, 2015), 52 – 57, 199.

68 Peter Laufer, "The Tortoise Is Collateral Damage in the Mojave Desert," *High Country News*, March 19, 2014, https://www.hcn.org/wotr/the-tortoise-is-collateral-damage-in-the-mo-jave-desert.

69 *Quadrennial Technology Review: An Assessment of Energy Technologies and Research Opportunities*, U.S. Department of Energy, 2015, https://www.energy.gov/sites/prod/files/2017/03/f34/quadrennial-technology-review-2015_1.pdf, 402.

70 Jemin Desai and Mark Nelson, "Are We Headed for a Solar Waste Crisis?," Environmental Progress, June 21, 2017, http://environmentalprogress.org/big-news/2017/6/21/are-we-headed-for-a-solar-waste-crisis.

71 Kelly Pickerel, "It's Time to Plan for Solar Panel Recycling in the United States," Solar Power World, April 2, 2018, https://www.solarpowerworldonline.com/2018/04/its-time-to-plan-for-solar-panel-recycling-in-the-united-states.

72 Nadav Enbar, "PV Life Cycle Analysis Managing PV Assets over an Uncertain Lifetime," slide presentation, Solar Power International, September 14, 2016, https://www.solarpowerinterna-tional.com/wp-content/uploads/2016/09/N253_9-14-1530.pdf, 20.

73 Idiano D'Adamo, Michela Miliacca, and Paolo Rosa, "Economic Feasibility for Recycling of Waste Crystalline Silicon Photovoltaic Modules," *International Journal of Photoenergy*, June 27, 2017, article no. 4184676, https://doi.org/10.1155/2017/4184676.

74 Stephen Cheng, "China's Ageing Solar Panels Are Going to Be a Big Environmental Problem," *South China Morning Post*, July 30, 2017, https://www.scmp.com.

75 Travis Hoium, "Solar Shake-up: Why More Bankruptcies Are Coming in 2017," The Motley Fool, April 18, 2017, https://www.fool.com. Travis Hoium, "Bankruptcies Continue in Solar

Industry," The Motley Fool, May 19, 2017, https://www.fool.com.

76 예컨대 태양광 패널 제조업체 솔린드라Solyndra의 파산으로 인해 캘리포니아 밀피태스의 에너지 저장소는 버려진 채 거대한 카드뮴 쓰레기 더미가 되고 말았다. 이 시설이 연방 대출 보증에 들어 있지 않았고, 또 부도 이전에 솔린드라가 별로 돈을 못 벌었기 때문이다. Dustin Mulvaney, *Solar Power: Innovation, Sustainability, and Environmental Justice* (Oakland: University of California Press, 2019), 83–84.

77 Daniel Wetzel, "Study Warns of Environmental Risks from Solar Modules," *Die Welt*, May 13, 2018, https://cloudup.com/c1xW_Mk$f85.

78 Cheng, "China's Ageing Solar Panels Are Going to Be a Big Environmental Problem."

79 "Illegally Traded and Dumped E-Waste Worth up to $19 Billion Annually Poses Risks to Health, Deprives Countries of Resources, Says UNEP Report," United Nations Environment Programme, May 12, 2015, https://www.unenvironment.org/news-and-stories/press-release/illegally-traded-and-dumped-e-waste-worth-19-billion-annually-poses.

80 Amy Yee, "Electronic Marvels Turn into Dangerous Trash in East Africa," *New York Times*, May 12, 2019, https://www.nytimes.com.

81 Smil, *Power Density: A Key to Understanding Energy Sources and Uses*, 205, 208.

82 이와 같은 주장은 그가 제안하는 발전소를 메스키트솔라Mesquite Solar와 비교함으로써 검증해 볼 수 있다. 메스키트솔라는 세계에서 가장 큰 태양광 발전소 중 하나로 북아메리카 소노란사막에 위치해 있다. 미국에너지정보국에 따르면 2018년 메스키트솔라 1, 2, 3호기는 10제곱킬로미터의 부지에서 1.15테라와트시의 전력을 생산했다. 같은 해인 2018년 미국이 생산한 전체 에너지는 4174.4테라와트시다. 이 모든 에너지 생산을 대체하기 위해서는 메스키트솔라 발전소 3636개에 해당하는 면적은 3만 6422.3제곱킬로미터가 필요하다. 참고로 메릴랜드주 전체 면적은 3만 2131 제곱킬로미터다.

83 미국에너지정보국에서 제공하는 메스키트솔라 태양광 발전소의 월간 발전량 자료를 통해 우리는 메스키트 발전소가 최대 출력을 내는 6개월과 최소 출력을 내는 6개월을 확인할 수 있다. 또한 그 값을 6개월간 미국 전체 발전량 중 최저치 및 최고치와 비교할 수 있다. 만약 3642개의 메스키트솔라 발전소를 지어 모든 전력을 충당한다면 발전량이 가장 저조했던 2018년 10월부터 2019년 3월까지 444테라와트시의 전력 부족이 발생했을 것이다. 이 부족분을 충당하기 위해 태양광 발전소를 30퍼센트 더 짓는다 해도 16테라와트시의 전기가 여전히 부족하다.

84 미국 에너지부는 2018년 리튬-이온 배터리 시설의 경우 4시간 동안 1킬로와트시의 전력을 제공하기 위해 459달러의 비용이 든다고 추산했다. K. Mongird, V. Foledar, V. Viswanathan et al., *Energy Storage Technology and Cost Characterization Report*, U.S. Department of Energy, July 2019, https://www.energy.gov/sites/prod/files/2019/07/f65/Storage%20Cost%20and%20Performance%20Characterization%20Report_Final.pdf.

85 Tesla, "Tesla Introduces Tesla Energy," YouTube, May 2, 2015, https://www.youtube.com/watch?time_continue=82&v=NvCIhn7_FXI&feature=emb_logo.

86 Victor Tangermann, "Elon Musk Is Talking About Powering All of America with Solar," *Futurism*, December 12, 2019, https://futurism.com.

87 Smil, *Power Density: A Key to Understanding Energy Sources and Uses*, 247.

88 Ibid., 247.

89 D. Weißbach, G. Ruprecht, A. Huke et al., "Energy Intensities, EROIs (Energy Returned on

지구를 위한다는 착각

Invested), and Energy Payback Times of Electricity Generating Power Plants," *Energy* 52 (April 2013): 210 – 21, https://doi.org/10.1016/j.energy.2013.01.029.

90 Ibid.

91 Dohmen et al., "German Failure on the Road to a Renewable Future."

92 나무 원료 바이오매스의 에너지 밀도에 대해서는 다음을 참고하라. van Zalk and Behrens, "The Spatial Extent of Renewable and Non-renewable Power Generation." 미국 전력 생산 자료는 미국에너지정보국에서 얻었다.

93 Nana Yaw Amponsah, Mads Troldborg, Bethany Kington et al., "Greenhouse Gas Emissions from Renewable Energy Sources: A Review of Lifecycle Considerations," *Renewable and Sustainable Energy Reviews* 39 (November 2014), 461 – 75, https://doi.org/10.1016/j.rser.2014.07.087.

94 Timothy Searchinger, Ralph Heimlich, R. A. Houghton et al., "Use of U.S. Croplands for Biofuels Increases Greenhouse Gases Through Emissions from Land-Use Changes," *Science* 319, no. 5867 (2008): 1238 – 40, https://doi.org/10.1126/science.1151861. Tiziano Gomiero, "Are Biofuels an Effective and Viable Energy Strategy for Industrialized Societies? A Reasoned Overview of Potentials and Limits," *Sustainability* 7 (2015): 8491 – 521, https://doi.org/10.3390/su7078491.

95 David Schaper, "Record Number of Miles Driven in US Last Year," NPR, February 21, 2017, https://www.npr.org. "How Much Gasoline Does the United States Consume?," U.S. Energy Information Administration, https://www.eia.gov/tools/faqs/faq.php?id=23&t=10. "How Much Ethanol Is in Gasoline, and How Does It Affect Fuel Economy?," U.S. Energy Information Administration, https://www.eia.gov/tools/faqs/faq.php?id=27&t=4. "Data," FAO, http://www.fao.org/faostat/en/#data/RL. 2017년 미국 운전자들이 자동차를 운행한 거리는 총 3조 2200억 마일(약 5조 1820억 킬로미터)이다. 미국의 차량 연비는 평균 1갤런당 24.9 마일(1리터당 약 10.6킬로미터)이다. 가솔린 1갤런(약 3.8리터)을 대체하기 위해서는 1.5갤런(약 5.7리터)의 에탄올 연료(E100)가 필요하다. 2017년 미국의 농경지 총면적은 3억 9600만 에이커 (약 160만 제곱킬로미터)인데, 모든 가솔린을 에탄올로 대체하기 위해서는 51퍼센트 더 늘어난 6억 5330만 에이커(약 264만 제곱킬로미터)의 농경지가 필요하다.

96 John van Zalk and Paul Behrens, "The spatial extent of renewable and nonrenewable power generation: A review and meta-analysis of power densities and their application in the US," *Energy Policy* 123 (2018): 83 – 91, https://doi.org/10.1016/j.enpol.2018.08.023.

97 Ibid., 83 – 91.

98 Jesse Jenkins, Mark Moro, Ted Nordhaus et al., *Beyond Boom & Bust: Putting Clean Tech on a Path to Subsidy Independence*, Breakthrough Institute, April 2012, https://s3.us-east-2.amazonaws.com/uploads.thebreakthrough.org/articles/beyond-boom-and-bust-report-overview/Beyond_Boom_and_Bust.pdf, 18.

99 Tom Jackson, "PacifiCorp Sues to Block Release of Bird-Death Data at Wind Farms," *Sandusky Register*, November 17, 2014, http://www.sanduskyregister.com.

100 Shawn Smallwood, "Bird and Bat Impacts and Behaviors at Old Wind Turbines at Foebay, Altamont Pass Wind Resource Area," California Energy Commission, November 2016, accessed January 17, 2020, https://ww2.energy.ca.gov/2016publications/CEC-500-2016-066/

CEC-500-2016-066.pdf.

101 Shawn Smallwood, letter to Fish and Wildlife Service, "Comments on the Updated Collision Risk Model Priors for Estimating Eagle Fatalities at Wind Energy Facilities," Center for Biological Diversity, August 17, 2018.

102 Ibid.

103 Michael Hutchins, "To Protect Birds from Wind Turbines, Look to Hawai'i's Approach," American Bird Conservancy, June 21, 2016, https://abcbirds.org/to-protect-birds-and-bats-from-wind-turbines-adopt-hawaiis-approach.

104 Joseph Goldstein, "A Climate Conundrum: The Wind Farm vs. the Eagle's Nest," *New York Times*, June 25, 2019, https://www.nytimes.com.

105 Clifford P. Schneider, pro se, "Motion for Dismissal for Fraud upon the Siting Board," *Application of Galloo Island Wind LLC for a Certificate of Environmental Compatibility and Public Need Pursuant to Article 10 to Construct a Wind Energy Project*, Case No. 15-F-0327, September 13, 2018, 2; Joseph Goldstein, "A Climate Conundrum: The Wind Farm vs. The Eagle's Nest," *New York Times*, June 25, 2019, https://www.nytimes.com.

106 Goldstein, "A Climate Conundrum."

107 Lisa Linowes (executive director, Wind Action Group) in discussion with author, November 6, 2019.

108 과학자들은 풍력 발전기의 출력 제어를 통해 박쥐의 치사율을 44퍼센트 또는 93퍼센트까지 줄일 수 있다는 사실을 발견했다. Edward B. Arnett, Manuela M. P. Huso, Michael R. Schirmacher, and John P. Hayes, "Altering Turbine Speed Reduces Bat Mortality at Wind-Energy Facilities," *Frontiers in Ecology and the Environment* 9, no. 4 (November 2010): 209-14, https://doi.org/10.1890/100103. Lori Bird, Jaquelin Cochran, and Xi Wang, *Wind and Solar Energy Curtailment: Experience and Practices in the United States*, National Renewable Energy Laboratory, March 2014, https://www.nrel.gov/docs/fy14osti/60983.pdf.

109 Smallwood, letter to Fish and Wildlife Service.

110 Shawn Smallwood, "Estimating Wind Turbine-Caused Bird Mortality," *Journal of Wildlife Management* 71, no. 8 (2007): 2781-91, https://doi.org/10.2193/2007-006.

111 Franz Trieb, "Study Report: Interference of Flying Insects and Wind Parks," Deutsches Zentrum für Luftund Raumfahrt, September 30, 2018, https://www.dlr.de/tt/Portaldata/41/Resources/dokumente/st/FliWip-Final-Report.pdf. Caspar A. Hallmann, Martin Song, Eelke Jongejans et al., "More than 75 Percent Decline over 27 Years in Total Flying Insect Biomass in Protected Areas," *PLOS ONE* 12, no. 10 (October 18, 2017): e0185809, https://doi.org/10.1371/journal.pone.0185809.

112 Trieb, "Interference of Flying Insects and Wind Parks."

113 Ibid.

114 Robert F. Contreras and Stephen J. Frasier, "High-Resolution Observations of Insects in the Atmospheric Boundary Layer," *Journal of Atmospheric and Oceanic Technology* 25 (2008): 2176-87, https://doi.org/10.1175/2008JTE CHA1059.1.

115 Trieb, "Interference of Flying Insects and Wind Parks."

116 U.S. Census of Agriculture, 2017. EU, "EU Agricultural Outlook 2017-2030," www.

ec.europa.eu.

117 Franz Trieb and Denise Nuessele (Institut für Technische Thermodynamik), email correspondence with the author, November 16, 2019, and November 19, 2019.

118 "Wind turbines and birds and bats," Sierra Club, accessed June 26, 2019, https://www.sierraclub.org/michigan/wind-turbines-and-birds-and-bats.

119 Susan Crosier, "A wind farm in the great lakes? Let's give it a twirl," NRDC, February 21, 2017, https://www.nrdc.org/stories/wind-farm-great-lakes-lets-give-it-twirl.

120 Stacy Small-Lorenz et al., "Can birds and wind energy co-exist?" *Energy Exchange* (blog), EDF, December 5, 2014, http://blogs.edf.org/energyexchange/2014/12/05/can-birds-and-wind-energy-co-exist.

121 Joseph Goldstein, "A Climate Conundrum: The Wind Farm vs. The Eagle's Nest," *New York Times*, June 25, 2019, https://www.nytimes.com.

122 Science Advisory Board, *Review of EPA's Accounting Framework for Biogenic CO₂ Emissions from Stationary Sources* (Washington, D.C.: United States Environmental Protection Agency, 2011), https://yosemite.epa.gov/sab/sabproduct.nsf/0/57B7A4F1987D-7F7385257A87007977F6/$File/EPA-SAB-12-011-unsigned.pdf.

123 Louis Sahagun, "Companies won't face charges in condor deaths," *Los Angeles Times*, May 10, 2013, https://www.latimes.com.

124 Ibid.

125 Barry Brook, "An Open Letter to Environmentalists on Nuclear Energy," Brave New Climate, December 15, 2014, https://bravenewclimate.com/2014/12/15/an-open-letter-to-environmentalists-on-nuclear-energy.

126 Peter Laufer, "The Tortoise Is Collateral Damage in the Mojave Desert," *High Country News*, March 19, 2014, https://www.hcn.org.

127 Thomas Lovejoy, "A Mojave Solar Project in the Bighorn's Way," *New York Times*, September 11, 2015, https://www.nytimes.com.

128 Jonathan Franzen, "Carbon Capture," *The New Yorker*, March 30, 2015, https://www.newyorker.com.

129 Michael Casey, "30,000 Wind Turbines Located in Critical Bird Habitats," CBS News, May 20, 2015, https://www.cbsnews.com.

130 *Wind Power: Impacts on Wildlife and Government Responsibilities for Regulating Development and Protecting Wildlife*, GAO Report to Congressional Requesters, GAO-05-906 (Washington, D.C.: GAO, September 2005), https://www.gao.gov/new.items/d05906.pdf.

131 W. F. Frick, E. F. Baerwald, J. F. Pollock et al., "Fatalities at Wind Turbines May Threaten Population Viability of a Migratory Bat," *Biological Conservation* 209 (May 2017): 172–77, http://doi.org/10.1016/j.biocon.2017.02.023.

132 Fridolin Pflugmann et al., "Germany's energy transition at a crossroads," McKinsey & Company, November 2019, https://www.mckinsey.com/industries/electric-power-and-natural-gas/our-insights/germanys-energy-transition-at-a-crossroads.

133 Vermont Department of Environmental Conservation Air Quality and Climate Division, *Vermont Greenhouse Gas Emissions Inventory Update: Brief 1990–2015*, June 2018, 3, https://dec.

vermont.gov/sites/dec/files/aqc/climate-change/documents/_Vermont_Greenhouse_Gas_Emis-sions_Inventory_Update_1990 - 2015.pdf.

134 "Preliminary Monthly Electric Generator Inventory," U.S. Energy Information Agency, Sep-tember 2019, https://www.eia.gov/electricity/data/eia860M.

135 Jim Therrien, "Long Awaited Deerfield Wind Turbines Go Online," *VT Digger*, December 30, 2017, https://vtdigger.org. Howard Weiss-Tisman, "After Agreement Over Bear Habitat, Deerfield Wind Project Will Move Forward," VPR, August 11, 2016, https://www.vpr.org.

136 미국에너지정보국의 일렉트릭 데이터 브라우저Electricity Data Browser에 따르면 버몬트주의 태양광 에너지 생산은 매년 50기가와트시씩 늘어났다. 디어필드가 2009년부터 2018년에 걸쳐 9기가와 트시의 풍력 발전 전기를 생산한 것을 합산하더라도, 버몬트양키 원자력 발전소를 폐쇄해 생기는 5000기가와트시의 전력 손실을 신재생 에너지로 충당하려면 현 추세를 놓고 볼 때 85년이 걸린 다. 하지만 2019년 11월까지 새로 도입된 상업용 태양광 프로젝트는 없으므로 지금 같은 추세로 태양광 발전소가 늘어날 것이라 볼 여지는 매우 희박하다.

137 Katharine Q. Seelye, "After 16 Years, Hopes for Cape Cod Wind Farm Float Away," *New York Times*, December 19, 2017, https://www.nytimes.com.

138 John Laumer, "US Wind Industry Follows 'Starbucks Rule' for Turbine Siting," *Treehugger*, October 15, 2009, https://www.treehugger.com.

10장

1 Brady Dennis, "Trump: I'm Not a Big Believer in Man-Made Climate Change," *Washington Post*, March 22, 2016, https://www.washingtonpost.com.

2 Priyanka Boghani, "Meet Myron Ebell, the Climate Contrarian Leading Trump's EPA Transi-tion," *Frontline*, PBS, November 14, 2016, https://www.pbs.org.

3 Tik Root, Lisa Friedman, and Hiroko Tabuchi, "Following the Money That Undermines Cli-mate Science," *New York Times*, July 10, 2019, https://www.nytimes.com.

4 Ibid.

5 "ExxonMobil Foundation & Corporate Giving to Climate Change Denier & Obstructionist Organizations," Greenpeace and Union of Concerned Scientists, 2014, https://www.ucsusa.org/sites/default/files/attach/2015/07/ExxonMobil-Climate-Denial-Funding-1998-2014.pdf.

6 Lee Wasserman, "Did Exxon Deceive Its Investors on Climate Change?," *New York Times*, Oc-tober 21, 2019, https://www.nytimes.com.

7 Jon Queally, "'Pete Takes Money from Fossil Fuel Billionaires': Climate Activists Disrupt Buttigieg Rally in New Hampshire," Common Dreams, January 17, 2020, https://www.com-mondreams.org/news/2020/01/17/pete-takes-money-fossil-fuel-billionaires-climate-activ-ists-disrupt-buttigieg-rally.

8 Griffin Sinclair-Wingate, LinkedIn, accessed February 1, 2020. https://www.linkedin.com/in/griffin-sinclair-wingate-6b1bba119.

9 Bill Allison and Tom Maloney, "Billionaire Candidate Steyer Admits to Carbon 'Dregs' from

지구를 위한다는 착각

His Hedge Fund Days," Bloomberg, September 20, 2019, https://www.bloomberg.com. 《포브스》는 2020년 1월 21일 톰 스타이어의 순자산이 16억 달러에 달한다고 추산했다. "Financial Data: 2018 Financials," 350.org, accessed January 30, 2020, https://350.org/2018-annual-report-financials.

10 Michael Barbaro and Coral Davenport, "Aims of Donor Are Shadowed by Past in Coal," *New York Times*, July 4, 2014, https://www.nytimes.com. Carol D. Leonnig, Tom Hamburger, and Rosalind S. Helderman, "Tom Steyer's Slow, and Ongoing, Conversion from Fossil-Fuels Investor to Climate Activist," *Washington Post*, June 9, 2014, https://www.washingtonpost.com.

11 Bill McKibben (@billmckibben), "@톰스타이어가 오래도록 기후 챔피언이란 것을 감안하면 중요하지만 놀랍지 않음. 24명의 민주당원 중 21명이 서명했음. 변화가 오고 있다!" Twitter, July 17, 2019, 5:06 p.m., https://twitter.com/billmckibben/status/1151644321453674501; Bill McKibben (@billmckibben), "@톰스타이어는 정치판의 그 누구보다 기후 정책에 초점을 맞춰 온 사람인만큼 그가 갓 제시한 기후 정책이 정말 끝내 준다는 건 놀랄 일이 아니다! #demunitytwitterproject," Twitter, July 25, 2019, 3:22 p.m., https://twitter.com/billmckibben/status/1154517342467969024.

12 Mike Brune (@bruneski), "@톰스타이어는 오랜 세월 기후 운동의 리더로 활약해 왔다. 기후 챔피언이 대통령 후보 경선에 뛰어들다니 정말 기쁘다. 민주당 후보들은 기후 변화를 막기 위해 대범한 공약들을 내놓아 국민에게 귀 기울이는 우리 후보들 대 국민을 위험에 빠뜨리는 트럼프라는 차이를 계속 부각해 보여 줘야 한다." Twitter, July 9, 2019, 8:54 a.m., https://twitter.com/bruneski/status/1148621407233937408. 그로부터 1주일 후 매키번은 키스톤 파이프라인Keystone Pipeline(미국과 캐나다 간 석유 파이프라인-옮긴이)에 반대하고 트럼프 탄핵에 수백만 달러를 쓰고 있다며 스타이어를 칭송하는 트윗을 올렸다. Bill McKibben (@billmckibben), "@톰스타이어가 거의 처음부터 #KXL을 공개적으로 반대했다는 사실은 주목할 가치가 있음." Twitter, August 20, 2019, 2:22 p.m., https://twitter.com/billmckibben/status/1163924331577184259; Bill McKibben (@billmckibben), "칭찬받아야 할 사람: @톰스타이어는 탄핵에 대한 국민적 지지를 이끌어 내기 위해 오래전부터 힘든 싸움을 해 왔다." Twitter, September 24, 2019, 3:34 p.m., https://twitter.com/billmckibben/status/1176626062559760384.

13 Eric Orts (@EricOrts), "제발 이 사람 좀 내려가라고 하자. 엄청난 돈 낭비임. 게다가 @제이인슬리JayInslee에 대해서는 왜 좋은 말을 한마디도 않는지? 여러분이 볼 때 너무 '실용적'인 후보라서?" Twitter, July 17, 2019, 8:51 p.m., https://twitter.com/EricOrts/status/1151700931765055489.

14 Daniel Payettte (@danielpayette), "빌, 스타이어에 대한 지지 의사가 정말 진지한 거라면 당신이 기후 변화에 진지한 사람이라고 믿어 줄 사람은 없을 거예요." Twitter, August 24, 2019, 7:37 p.m., https://twitter.com/danielpayette/status/1165453054637985795.

15 TomKat Charitable Trust, 990-PF IRS Form 990-PF, 2012, https://www.tomsteyer.com/wp-content/uploads/2019/08/2012_TFS_Tax_Returns_Public.pdf. TomKat Charitable Trust, IRS form 990-PF, 2014, https://www.tomsteyer.com/wp-content/uploads/2019/08/2014_TFS_Tax_Returns_Public.pdf. TomKat Charitable Trust, IRS form 990-PF, 2014, https://www.tomsteyer.com/wp-content/uploads/2019/08/2015_TFS_Tax_Returns_Public.pdf. "Financial Data: 2018 Financials," 350.org, https://350.org/2018-annual-report-financials.

16 "Financial Data: 2018 Financials," 350.org, https://350.org/2018-annual-report-financials.

17 TomKat Charitable Trust, IRS Form 990-PF, 2012, https://www.tomsteyer.com/wp-content/uploads/2019/08/2012 _TFS_Tax_Returns_Public.pdf; TomKat Charitable Trust, IRS Form 990-PF, 2014, https://www.tomsteyer.com/wp-content/uploads/2019/08/2014_TFS_Tax_Returns_Public.pdf. TomKat Charitable Trust, IRS Form 990-PF, 2015, https://www.tomsteyer.com/wp-content/uploads/2019/08/2015_TFS_Tax_Returns_Public.pdf. "Financial Data: 2018 Financials,"350.org, https://350.org/2018-annual-report-financials.

18 Carol D. Leonnig et al., "Tom Steyer's slow, and ongoing, conversion from fossil-fuels investor to climate activist," *Washington Post*, June 9, 2014, https://www.washingtonpost.com.

19 Ibid.

20 Michael Barbaro and Coral Davenport, "Aims of Donor Are Shadowed by Past in Coal," *New York Times*, July 4, 2014, https://www.nytimes.com.

21 ABC News, "'This Week' Transcript 7-14-19: Ken Cuccinelli, Sen. Amy Klobuchar, Tom Steyer," ABC News, July 14, 2019, https://abcnews.go.com.

22 Bill Allison and Tom Maloney, "Billionaire Candidate Steyer Admits to Carbon 'Dregs' from His Hedge Fund Days," Bloomberg, September 20, 2019, https://www.bloomberg.com.

23 TomKat Charitable Trust, IRS Form 990-PF, 2012, https://www.tomsteyer.com/wp-content/uploads/2019/08/2012_TFS_Tax_Returns_Public.pdf; TomKat Charitable Trust, IRS Form 990-PF, 2014, https://www.tomsteyer.com/wp-content/uploads/2019/08/2014_TFS_Tax_Returns_Public.pdf. TomKat Charitable Trust, IRS Form 990-PF, 2015, https://www.tomsteyer.com/wp-content/uploads/2019/08/2015_TFS_Tax_Returns_Public.pdf. "Financial Data: 2018 Financials,"350.org, https://350.org/2018-annual-report-financials. 블룸버그자선재단은 환경보호기금에 2012년부터 2017년까지 1380만 달러를 제공했다. Bloomberg Philanthropies, IRS Form 990-PF, 2011 – 2015, https://www.influencewatch.org/non-profit/bloomberg-family-foundation-bloomberg-philanthropies. Bloomberg Philanthropies, IRS Form 990-PF, 2016 – 2017, https://projects.propublica.org/nonprofits/organizations/205602483. 블룸버그자선재단은 2011년부터 2017년까지 시에라클럽에 9900만 달러를 제공했다. Bloomberg Philanthropies, IRS Form 990-PF, 2011 – 2015, https://www.influencewatch.org/non-profit/bloomberg-family-foundation-bloomberg-philanthropies. Bloomberg Philanthropies, IRS Form 990-PF, 2016 – 2017, https://projects.propublica.org/nonprofits/organizations/205602483. "Bloomberg Philanthropies Boosts Investment in Sierra Club to Retire U.S. Coal Fleet & Transition the Nation towards Clean Energy Sources," Bloomberg Philanthropies, April 8, 2015, https://www.bloomberg.org. 블룸버그자선재단은 2015년부터 2017년까지 천연자원보호협회에 560만 달러를 제공했다. Bloomberg Philanthropies, IRS Form 990-PF, 2011 – 2015, https://www.influencewatch.org/non-profit/bloomberg-family-foundation-bloomberg-philanthropies. Bloomberg Philanthropies, IRS Form 990-PF, 2016-2017, https://projects.propublica.org/nonprofits/organizations/205602483.

24 뉴욕주에 소재한 인디언포인트 원전 하나만으로 인근 200만 가구에 전력을 공급할 수 있으나 시에라클럽, 천연자원보호협회, 환경보호기금은 합심해 폐쇄하기 위해 달려들었다. 인디언포인트의 운영사는 매년 1메가와트시당 50달러 정도의 전기 요금을 받았고, 평균적인 뉴욕 주

민은 매년 8메가와트시가량의 전기를 사용했다. 국제원자력기구 자료에 따르면 인디언포인트는 매년 16테라와트시 이상의 전력을 생산했다. 뉴욕주의 전력 소비에 대해서는 미국에너지정보협회 자료, 전기 요금은 다음 자료를 참고했다. David B. Patton, Pallas LeeVanSchaick, Jie Chen, and Raghu Palavadi Naga, *2018 State of the Market Report for the New York ISO Markets*, New York Independent System Operator, May 2019, https://www.nyiso.com/documents/20142/2223763/2018-State-of-the-Market-Report.pdf/b5bd2213-9fe2-b0e7-a422-d4071b3d014b?t=1557775606716.

25 환경보호기금이 해 온 일의 역사에 대해서는 다음을 참고하라. David Roe, *Dynamos and Virgins* (New York: Random House, 1984).

26 "The Sierra Club Foundation Has a Bright Shining Conflict of Interest," Big Green Radicals, May 1, 2014, accessed February 2, 2020, https://www.biggreenradicals.com/the-sierra-club-foundation-has-a-bright-shining-conflict-of-interest. 2020년 초 시에라클럽은 이사진 구성을 바꾸었다.

27 Michael Shellenberger, "Environmental Defense Fund," Environmental Progress, 2018, http://environmentalprogress.org/edf.

28 Michael Shellenberger, "NRDC," Environmental Progress, April 4, 2018, http://environmentalprogress.org/nrdc.

29 Clayton Aldern, "Looking for a Fossil-Free Investment Fund? Check the Fine Print," *Grist*, December 8, 2015, https://grist.org.

30 Tom Turner, *David Brower: The Making of the Environmental Movement* (Berkeley, CA: University of California Press, 2015), 161.

31 Sharon Beder, "How Environmentalists Sold Out to Help Enron," PR Watch, 2003, accessed January 19, 2020, https://www.prwatch.org.

32 Peter Bondarenko, "Enron Scandal," *Encyclopaedia Britannica*, accessed February 1, 2020, https://www.britannica.com/event/Enron-scandal.

33 Matt Taibbi, "The Great American Bubble Machine," *Rolling Stone*, April 5, 2010, https://www.rollingstone.com.

34 *New Energy, New Solutions: Annual Report 2019, Environmental Defense Fund, 2019*, https://www.edf.org/sites/default/files/content/2019_EDF_Annual_Report.pdf. Natural Resources Defense Council, IRS Form 990, 2017, https://www.nrdc.org/sites/default/files/nrdc-2017-form-990.pdf. Sierra Club Foundation, IRS Form 990, 2018, https://www.sierraclubfoundation.org/sites/sierraclubfoundation.org/files/2018%20SCF%20990%20final%20signed%20Pub%20Disc.pdf. Competitive Enterprise Institute, IRS Form 990, 2017, https://cei.org/sites/default/files/CEI%20990%20FY%20ending%20Sept.%202018%20Public%20V.pdf. The Heartland Institute, IRS Form 990, 2018, https://www.heartland.org/_template-assets/documents/about-us/2017%20Form%20IRS%20990.pdf. 2019년 환경보호기금은 2억 200만 달러의 예산, 2억 1500만 달러의 자산을 보유하고 있었다. 천연자원보호협회는 1억 8200만 달러를 모금했으며 4억 1100만 달러의 자산을 보유하고 있었다. 2018년 기업경쟁연구소는 고작 700만 달러의 예산을 집행했으며 자산은 100만 달러에 불과했다. 하트랜드연구소의 예산은 600만 달러, 자산은 150만 달러에 지나지 않았다. Michael Shellenberger, "Exxon," Environmental Progress, April 2020, http://environmentalprogress.org/exxon.

35 The Heritage Foundation, "2018 Financial Statements," December 31, 2018, https://thf-reports.s3.amazonaws.com/Financial/2018_AnnualReport_Financials.pdf.

36 American Enterprise Institute, *2018 Annual Report*, 2018, https://www.aei.org/wp-content/uploads/2019/01/AEI-2018-Annual-Report.pdf.

37 Cato Institute, "Life Liberty the Pursuit of Happiness: 2018 Annual Report," https://www.cato.org/sites/cato.org/files/pubs/pdf/cato-annual-report-2018.pdf.

38 Steven F. Hayward, Mark Muro, Ted Nordhaus, and Michael Shellenberger, *Postpartisan Power*, AEI, Brookings, and Breakthrough Institute, 2010, https://www.politico.com/pdf/PPM170_post-partisan_power-1.pdf, 8. Alex Brill and Alex Flint, "Carbon Tax Most Efficient in Tackling Climate Change," American Enterprise Institute, March 1, 2019, https://www.aei.org.

39 Center for American Progress, IRS Form 990, 2018, https://projects.propublica.org/nonprofits/organizations/300126510/201912639349301106/full; The Nature Conservancy, "Consolidated Financial Statements," June 30, 2019, https://www.nature.org/content/dam/tnc/nature/en/documents/TNC-Financial-Statements-FY19.pdf.

40 "Howard Learner, President and Executive Director," Staff, Environmental Law and Policy Center, accessed October 2, 2019, http://elpc.org/staff/howard-a-learner.

41 Edith Brady-Lunny, "Absent Legislative Action, Clinton Power Station Faces Dark Future," *Herald & Review*, April 24, 2016, https://herald-review.com.

42 Bryan Walsh, "Exclusive: How the Sierra Club Took Millions From the Natural Gas Industry—and Why They Stopped," *Time*, February 2, 2012, https://time.com.

43 Alleen Brown, "The Noxious Legacy of Fracking King Aubrey McClendon," *Intercept*, March 7, 2016, https://theintercept.com.

44 Bryan Walsh, "Exclusive: How the Sierra Club Took Millions From the Natural Gas Industry—and Why They Stopped."

45 Ibid.

46 Russell Mokhiber, "Sierra Club Tells Members—We Don't Take Money from Chesapeake Energy—When in Fact They Took $25 Million," Corporate Crime Reporter, February 2, 2012, https://www.corporatecrimereporter.com.

47 Derek Seidman, "Climate Summit Co-chair Michael Bloomberg Backs Fracking and Invests in Fossil Fuels," *Truthout*, September 11, 2018, https://truthout.org; Timothy Gardner, "Bloomberg's Charity Donates $64 Million to 'War on Coal,'" Reuters, October 11, 2017, https://www.reuters.com.

48 Carl Nelburger, "Rally Spurs Brown to Oppose Diablo," San Luis Obispo County *Telegram-Tribune*, July 1, 1979, https://static1.squarespace.com/static/56a45d683b0be33df885def6/t/5a81f84424a6941151341938/1518467142362/No-nukes-concert.pdf.

49 Ibid.

50 Thomas Wellock, *Critical Masses: Opposition to Nuclear Power in California, 1958–1978* (Madison: University of Wisconsin Press, 1992), 200.

51 Ibid., 200.

52 Ibid., 176.

53 Ibid., 176.

54 Madison Czerwinski, Environmental Progress, "Nuclear Power Archive," 2020, http://environmentalprogress.org/nuclear-power-archive.

55 Gayle Spinazze, "California Governor Jerry Brown to Join the Bulletin of the Atomic Scientists as Executive Chair," *Bulletin of the Atomic Scientists*, October 31, 2018, https://thebulletin.org/2018/10/california-governor-jerry-brown-to-join-the-bulletin-of-the-atomic-scientists-as-executive-chair.

56 Dan Walters, "The Brown Link to Indonesian Oil Firm," *Lodi NewsSentinel*, October 17, 1990, https://news.google.com/newspapers?nid=2245&dat=19901017&id=HhYzAAAAIBA-J&sjid=MTIHAAAAIBAJ&pg=4793%2C5589478.

57 Peter Bryne, "Bringing up Baby Gavin," *SF Weekly*, April 2, 2003, https://sfweekly.com.

58 Dan Walters, "The Brown Link to Indonesian Oil Firm."

59 Jeff Gerth, "Gov. Brown Supporting Projects That Aid a Mexican Contributor," *New York Times*, March 11, 1979, https://timesmachine.nytimes.com.

60 Ibid.

61 Ibid.

62 Mark A. Stein, "Utility to Ask Voters for 18-Month Rancho Seco Reprieve," *Los Angeles Times*, March 11, 1988, https://www.latimes.com.

63 Rob Nikolewski, "Regulators Vote to Shut Down Diablo Canyon, California's Last Nuclear Power Plant," *Los Angeles Times*, January 11, 2018, https://www.latimes.com.

64 Melinda Henneberger, "Al Gore's Petrodollars Once Again Make Him a Chip off the Old Block," *Washington Post*, January 8, 2013, https://www.washingtonpost.com.

65 "Al Gore Is Big Oil," *Washington Post*, September 29, 2000, https://www.washingtonpost.com.

66 Center for Public Integrity, "How the Gores, Father and Son, Helped Their Patron Occidental Petroleum," January 10, 2000, https://publicintegrity.org.

67 Ibid.

68 Brad Plumer, "Al Gore: 'The Message Still Has to Be About the Reality We're Facing,'" *Washington Post*, September 12, 2011, https://www.washingtonpost.com.

69 Emily Steel, "Al Gore Sues Al Jazeera over TV Deal," *New York Times*, August 15, 2014, https://www.nytimes.com.

70 Henneberger, "Al Gore's Petrodollars Once Again Make Him a Chip off the Old Block."

71 John Koblin, "Al Jazeera America to Shut Down by April," *New York Times*, January 13, 2016.

72. Alexei Koseff, "'It's Literally Drill, Baby, Drill': Did Jerry Brown's Climate Crusade Give Big Oil a Pass?," *Sacramento Bee*, September 13, 2018, https://www.sacbee.com.

73 Liza Tucker, "Brown's Dirty Hands," *Consumer Watchdog*, September 2017, https://www.consumerwatchdog.org/resources/BrownsDirtyHands.pdf.

74 Associated Press, "Gov. Jerry Brown Had State Workers Research Oil on Family Ranch," *Los Angeles Times*, November 5, 2015, https://www.latimes.com.

75 Tucker, "Brown's Dirty Hands."

76 Ibid.

77 *Times* Editorial Board, "Editorial: Does California Now Have a Utilities Regulator It Can Trust?," *Los Angeles Times*, June 29, 2016, https://www.latimes.com.

78 Elizabeth Douglas, "Outage at San Onofre May Cost Hundreds of Millions," *San Diego Union-Tribune*, June 14, 2012, https://www.sandiegouniontribune.com. Morgan Lee, "Nuclear settlement gets mixed reception," *San Diego UnionTribune*, June 16, 2014, https://www.sandiegouniontribune.com.

79 Liza Tucker, "Brown's Dirty Hands." Lucas Davis, "Too Big to Fail?," Energy Institute at Haas, March 31, 2014, https://energyathaas.wordpress.com/2014/03/31/too-big-to-fail.

80 Jeff McDonald, "Aguirre Pushing for Brown's Emails," *San Diego Union-Tribune*, November 13, 2015, https://www.sandiegouniontribune.com.

81 Tony Kovaleski, Liz Wagner, and Felipe Escamilla, "Attorneys Suggest Evidence Isn't Safe at CPUC amid Federal Investigation," NBC Bay Area, October 16, 2014, https://www.nbcbayarea.com.

82 Jaxon Van Derbeken, "Judge: Regulator Should Release Brown Emails on Nuclear Shutdown," SF Gate, November 28, 2018, https://www.sfgate.com.

83 Jeff McDonald, "San Onofre Plan Detail Under Scrutiny in Probe," *San Diego UnionTribune*, March 14, 2015, https://www.sandiegouniontribune.com.

84 John Doerr, "Salvation (and Profit) in Greentech," TED2007, March 2007, https://www.ted.com/talks/john_doerr_salvation_and_profit_in_greentech/transcript?language=en.

85 Michael Shellenberger and Adam Werbach, "It's the Oil Economy, Stupid," SF Gate, March 10, 2003, https://www.sfgate.com.

86 Michael Shellenberger et al., "Beyond Boom and Bust: Putting Clean Tech On a Path To Subsidy Independence," Brookings, April 12, 2012, https://bloomberg.com. Ira Boudway, "The 5 Million Green Jobs That Weren't," *Bloomberg Businessweek*, October 12, 2012, https://www.bloomberg.com.

87 Peter Schweitzer, *Throw Them All Out: How Politicians and Their Friends Get Rich off Insider Stock Tips, Land Deals, and Cronyism That Would Send the Rest of Us to Prison* (New York: Mariner Books, 2012), 96.

88 Frank Rusco, *Recovery Act: Status of Department of Energy's Obligations and Spending, Testimony Before the Subcommittee on Oversight and Investigations, Committee on Energy and Commerce, House of Representatives*, GAO-11-483T, 10 (Washington, D.C.: Diane Publishing, March 17, 2011).

89 Carol D. Leonnig and Joe Stephens, "Energy Dept. E-mails on Solyndra Provide New Details on White House Involvement," *Washington Post*, August 9, 2012, https://www.washingtonpost.com. Schweitzer, *Throw Them All Out*, 96.

90 Ibid.

91 "Reply Comments of Tesla, Inc. on Proposed Decision Approving Retirement of Diablo Canyon Nuclear Power Plant," August 11, 2016, Decision, http://docs.cpuc.ca.gov/PublishedDocs/Efile/G000/M201/K923/201923970.PDF; "California home battery rebate: Self-Generation Incentive Program (SGIP) explained," Energy Sage, December 6, 2019; https://news.energysage.com. 테슬라 측 변호사는 말했다. "태양열 발전과 결합된 에너지 저장

사업은 연방 세금 공제 혜택을 누릴 수 있다."

92 Lachlan Markay, "How Dem Moneyman Nat Simons Profits from Political Giving," *Washington Free Beacon*, November 4, 2014, https://freebeacon.com.

93 Ibid.

94 The World Watch Institute, *State of the World 2014: Governing Sustainability* (Washington, D.C.: Island Press, 2014), 121.

95 "LD-2 Disclosure Form," United States Senate, accessed January 3, 2020, https://soprweb. senate.gov/index.cfm?event=getFilingDetails&filingID=f87d42e3-8272-4c5d-914d-85198279ac67&filingTypeID=71; "LD-2 Disclosure Form," United States Senate, accessed January 3, 2020, https://soprweb.senate.gov/index.cfm?event=getFilingDetails&filingID=ff992139-85e1-48b5-86eb-c8ecfc42a083&filingTypeID=60.

96 David Colgan, "Renewable Energy Ignites Debate," UCLA Institute of the Environment and Sustainability, February 23, 2016, https://www.ioes.ucla.edu/article/renewable-energy-ignites-debate.

97 "Precourt Institute Energy Advisory Council," People, Precourt Institute, accessed January 6, 2020, https://energy.stanford.edu/people/precourt-institute-energy-advisory-council.

98 Howard Fischer, "Tom Steyer's PAC to Spend More Money Telling Arizona Voters About APS' Influence," *Arizona Daily Star*, May 14, 2019, https://tucson.com/tom-steyers-pac-to-spend-more-money-telling-arizona/article_12e594f0-73a1-5e67-9c1a-eb83a261a801.html.

99 스타이어가 만든 넥스트젠기후행동NextGen Climate Action은 환경보호기금에 2016년 5만 4000달러를 제공했다. NextGen Climate Action, IRS Form 990, 2017, https://projects.propublica.org/nonprofits/display_990/461957345/12_2017_prefixes_45-46%2F461957345_201612_990O_2017123015067289. 스타이어와 그의 아내 케이트 테일러는 시에라클럽을 위한 자선 만찬을 주최했다. 다음을 참고하라. "2017 Guardians of Nature Benefit," Sierra Club Lome Prieta, https://www.sierraclub.org/loma-prieta/benefit17. Todd Schifeling and Andrew Hoffman, "How Bill McKibben's radical idea of fossil fuel divestment transformed the climate debate," Conversation, December 11, 2017, https://theconversation.com/how-bill-mckibbens-radical-idea-of-fossil-fuel-divestment-transformed-the-climate-debate-87895. 블룸버그자선재단은 환경보호기금에 2012년부터 2017년까지 1380만 달러를 제공했다. Bloomberg Philanthropies, IRS Form 990-PF, 2011-2015, https://www.influencewatch.org/non-profit/bloomberg-family-foundation-bloomberg-philanthropies. Bloomberg Philanthropies, IRS Form 990-PF, 2016-2017, https://projects.propublica.org/nonprofits/organizations/205602483. Derek Seidman, "Climate Summit Co-Chair Michael Bloomberg Backs Fracking and Invests in Fossil Fuels," *Truthout*, September 11, 2018. TomKat Charitable Trust, IRS Form 990-PF, 2012, https://www.tomsteyer.com/wp-content/uploads/2019/08/2012_TFS_Tax_Returns_Public.pdf; TomKat Charitable Trust, IRS Form 990-PF, 2014, https://www.tomsteyer.com/wp-content/uploads/2019/08/2014_TFS_Tax_Returns_Public.pdf. TomKat Charitable Trust, IRS Form 990-PF, 2015, https://www.tomsteyer.com/wp-content/uploads/2019/08/2015_TFS_Tax_Returns_Public.pdf. "Financial Data: 2018 Financials," 350.org, https://350.org/2018-annual-report-financials. 블룸버그자선재단은 천연자원보호협회에 2015년부터 2017년까지 560

만 달러를 제공했다. Bloomberg Philanthropies, IRS Form 990-PF, 2011-2015, https://www.influencewatch.org/non-profit/bloomberg-family-foundation-bloomberg-philanthropies. Bloomberg Philanthropies, IRS Form 990-PF, 2016-2017, https://projects.propublica.org/nonprofits/organizations/205602483. 블룸버그자선재단은 시에라클럽에 2011년부터 2017년까지 990만 달러를 제공했다. IRS Form 990-PF, 2011-2015, https://www.influencewatch.org/non-profit/bloomberg-family-foundation-bloomberg-philanthropies. Bloomberg Philanthropies, IRS Form 990-PF, 2016-2017, https://projects.propublica.org/nonprofits/organizations/205602483. "Bloomberg Philanthropies Boosts Investment in Sierra Club to Retire U.S. Coal Fleet & Transition the Nation towards Clean Energy Sources," Bloomberg Philanthropies, April 8, 2015; https://www.bloomberg.org.

100 Bryan Anderson, "Did Tom Steyer Buy His Way into the Democratic Debate? How He Worked His way to the Stage," *Sacramento Bee*, October 15, 2019, https://www.sacbee.com.

11장

1 Neal Baker, Emily Smith, Ebony Bowden, and Grant Rollings, "HAZ-GREEN: Prince Harry 'Gives Barefoot Speech' at Google Climate Change Retreat to Celebs Who Flocked In on 114 Gas-Guzzling Jets and Super-yachts," *The Sun*, August 2, 2019, https://www.thesun.co.uk. "Climate change: Why have Prince Harry and Meghan been criticised for using a private jet?" BBC, August 20, 2019, https://www.bbc.co.uk.

2 Neal Baker, Emily Smith, Ebony Bowden, and Grant Rollings, "HAZ-GREEN: Prince Harry 'Gives Barefoot Speech' at Google Climate Change Retreat to Celebs Who Flocked In on 114 Gas-Guzzling Jets and Super-yachts," *The Sun*, August 2, 2019, https://www.thesun.co.uk.

3 Ibid.

4 "Climate Change: Why Have Prince Harry and Meghan Been Criticised for Using a Private Jet?," BBC, August 20, 2019, https://www.bbc.com.

5 Michael Hamilton, "DUMBO JET: 'Eco-warriors' Meghan Markle and Prince Harry Fly on Private Jet Again to France After Gas-Guzzling Ibiza Trip," *The Sun*, August 17, 2019, https://www.thesun.co.uk.

6 Ibid.

7 Reality Check Team, "Prince Harry and Private Jets: What's the Carbon Footprint?," BBC, August 20, 2019, https://www.bbc.com.

8 Suzy Byrne, "Ellen DeGeneres, Pink Join Elton John in Defending Prince Harry and Meghan Markle over Private Jet Drama: 'Imagine Being Attacked for Everything You Do,'" Yahoo! Entertainment, August 20, 2019, https://www.yahoo.com/entertainment.

9 Lynette (@Lynette55), "이제 우리한테 어떻게 살라고 설교 그만하고 당신들이 모범을 보이며 살아라. 한 달이 멀다 하고 개인 전세기 타고 다니는 짓 따위 그만. 당신들이 지금 그럴 수 있는 건 우리, 평범한 사람들 때문이다. 셀럽들과 왕족들 모두," Twitter, August 19, 2019, 2:09 p.m., https://twitter.com/Lynette55/status/1163558755583373312.

10 Associated Press, "Gore gets green kudos for home renovation," NBC News, December 13,

2007, http://www.nbcnews.com. Al Gore, *An Inconvenient Truth: The Planetary Emergency of Global Warming and What We Can Do About It* (Emmaus, PA: Rodale, 2006), 286.

11 Malena Ernman, "Malena Ernman on daughter Greta Thunberg: 'She was slowly disappearing into some kind of darkness,'" *The Guardian*, February 23, 2020, https://www.theguardian.com.

12 Agence-France Presse, "CO2 Row over Climate Activist Thunberg's Yacht trip to New York," France 24, August 18, 2019, https://www.france24.com/en/20190818-co2-row-over-climate-activist-thunberg-s-yacht-trip-to-new-york.

13 "Energy Use vs. GDP per Capita, 2015," Our World in Data, https://ourworldindata.org/grapher/energy-use-per-capita-vs-gdp-per-capita.

14 Hannah Ritchie and Max Roser, "Primary Energy Consumption by World Region" (table), "Energy," Our World in Data, July 2018, https://ourworldindata.org/energy.

15 2009년 발표된 한 연구에 따르면 중국에서 소비되는 에너지 중 12~17퍼센트는 수출품에 포함되는 것으로 밝혀졌다. Ming Xu, Braden Allenby, and Weiqiang Chen, "Energy and Air Emissions Embodied in China-US Trade: Eastbound Assessment Using Adjusted Bilateral Trade Data," *Environmental Science and Technology* 43, no. 9 (2009): 3378–84, https://doi.org/10.1021/es803142v. 1994년 발표된 한 연구에 따르면 미국, 영국, 일본, 독일, 프랑스, 캐나다 등 경제 규모 상위 6개국의 탄소 배출 가운데 13퍼센트는 공산품에 "포함"되어 있다. Andrew W. Wyckoff and Joseph M. Roop, "The Embodiment of Carbon in Imports of Manufactured Products: Implications for International Agreements on Greenhouse Gas Emissions," *Energy Policy* 22, no. 3 (1994): 187–94, https://doi.org/10.1016/0301-4215(94)90158-9. 미국의 1인당 에너지 소비는 1950년 2억 2700만 BTU(영국열량단위)에서 계속 상승해 2000년 3억 5000만 BTU로 정점을 찍고 2018년 3억 900만 BTU로 내려온 상태다. "Primary Energy Consumption," U.S. Energy Information Administration, https://www.eia.gov/totalenergy/data/monthly/pdf/sec1_17.pdf.

16 Zeke Hausfather, "Mapped: The World's Largest CO2 Importers and Exporters," *Carbon Brief*, July 5, 2017, https://www.carbonbrief.org.

17 Jillian Ambrose and Jon Henley, "European Investment Bank to Phase Out Fossil Fuel Financing," *The Guardian*, November 15, 2019, https://www.theguardian.com.

18 Sebastian Mallaby, *The World's Banker: A Story of Failed States, Financial Crises, and the Wealth and Poverty of Nations* (New York: Penguin, 2004), 336.

19 John Briscoe, "Invited Opinion Interview: Two Decades at the Center for World Water Policy," *Water Policy* 13, no. 2 (2011): 147–60, https://doi.org/10.2166/wp.2010.000.

20 Ibid.

21 Ibid.

22 John Briscoe, "Infrastructure First? Water Policy, Wealth, and Well-Being," Belfer Center, January 28, 2012, https://www.belfercenter.org/publication/infrastructure-first-water-policy-wealth-and-well-being.

23 "Report of the World Commission on Environment and Development: Our Common Future," Annex to U.N. General Assembly document A/42/427, ¶ 63 (1987), United Nations, http://www.un-documents.net/wced-ocf.htm.

24 Ibid.

25 Charles Recknagel, "What Can Norway Teach Other Oil-Rich Countries?," Radio Free Europe/Radio Liberty, November 27, 2014, https://www.rferl.org/a/what-can-norway-teach-other-oil-rich-countries/26713453.html.

26 José Goldemberg, "Leapfrog Energy Technologies," *Energy Policy* 26, no. 10 (1998): 729–41, https://sites.hks.harvard.edu/sed/docs/k4dev/goldemberg_energypolicy1998.pdf.

27 Mark Malloch Brown, Nitin Desai, Gerald Doucet et al., *World Energy Assessment: Energy and the Challenge of Sustainability*, United Nations Development Programme, 2000, https://www.undp.org/content/dam/aplaws/publication/en/publications/environment-energy/www-ee-library/sustainable-energy/world-energy-assessment-energy-and-the-challenge-of-sustainability/World%20Energy%20Assessment-2000.pdf, 22.

28 Ibid., 55.

29 Hinh Dinh (former World Bank economist) in discussion with the author, February 21, 2016.

30 John Briscoe, "Hydropower for Me but Not for Thee—with Two Postscripts," Center for Global Development, March 6, 2014, https://www.cgdev.org/blog/hydropower-me-not-thee.

31 Justin Gillis, "Sun and Wind Alter Global Landscape, Leaving Utilities Behind," *New York Times*, September 13, 2014, https://www.nytimes.com.

32 Ricci Shryock, "Rwanda's Prison System Innovates Energy from Human Waste," *VOA*, April 1, 2012, https://www.voanews.com.

33 Eva Müller, "Forests and Energy: Using Wood to Fuel a Sustainable, Green Economy," International Institute for Sustainable Development, March 21, 2017, http://sdg.iisd.org/commentary/guest-articles/forests-and-energy-using-wood-to-fuel-a-sustainable-green-economy.

34 Joyashree Roy et al., "Chapter Five: Sustainable Development, Poverty Eradication, and Reducing Inequalities," in *Global Warming of 1.5°C. An IPCC Special Report on the impacts of global warming of 1.5°C above preindustrial levels and related global greenhouse gas emission pathways, in the context of strengthening the global response to the threat of climate change, sustainable development, and efforts to eradicate poverty*, V. Masson-Delmonte et al., eds., (IPCC, 2018), 4–29, 4–59, 4–114, 4–117, https://www.ipcc.ch/sr15.

35 Heike Mainnhardt, "World Bank Group Financial Flows Undermine the Paris Climate Agreement," Urgewald, March 2019, https://urgewald.org/sites/default/files/World_Bank_Fossil_Projects_WEB.pdf.

36 Briscoe, "Hydropower for Me but Not for Thee—with Two Postscripts."

37 Robert J. Mayhew, *Malthus: The Life and Legacies of an Untimely Prophet* (Cambridge, MA: Harvard University Press, 2014), 43–45. Mark Philip, introduction to William Godwin, *An Enquiry Concerning Political Justice* (Oxford, UK: Oxford University Press, 2013), x–xxii.

38 콩도르세는 1782년 다음과 같이 썼다. "모든 세기는 앞선 세기 위에 새로운 계몽을 얹을 것이다. 이러한 진보는 무엇에 의해서도 가로막히거나 지체되지 않을 것이며, 우주가 멸망하는 것 외에 다른 한계를 모를 것이다." Ibid.

39 Ibid., 41.

40 Thomas Robert Malthus, *An Essay on the Principle of Population* (Oxford: Oxford University Press, 1993), 61.

41 Thomas Malthus, *Essay on the Principle of Population: The 1803 Edition* (New Haven, CT: Yale University Press, 2018), 417.

42 Robert J. Mayhew, *Malthus: The Life and Legacies of an Untimely Prophet* (Cambridge, MA: Harvard University, 2014), 45.

43 Godwin, *An Enquiry Concerning Political Justice*, 452.

44 Malthus, *An Essay on the Principle of Population*, 66.

45 Thomas Robert Malthus, *Observations on the Effects of the Corn Laws: And of a Rise or Fall in the Price of Corn on the Agriculture and General Wealth of the Country* (London: John Murray, 1915), 30.

46 Mayhew, *Malthus: The Life and Legacies of an Untimely Prophet*, 17.

47 Ibid., 17, 18.

48 Christine Kinealy, *The Great Irish Famine: Impact, Ideology, and Rebellion* (London: Palgrave, 2002), 105 – 111. 1846년 아일랜드는 300만 쿼트의 알곡과 가루 곡식, 그리고 73만 마리의 소와 가축을 영국에 수출했다.

49 Quoted in Fred Pearce, *The Coming Population Crash: And Our Planet's Surprising Future* (Boston: Beacon Press, 2010), 18.

50 Malthus, *An Essay on the Principle of Population: The 1803 Edition*, 265.

51 Thomas Malthus, letter to David Ricardo, 1817, in *Thomas Robert Malthus: Critical Assessments*, John Cunningham Wood, ed. (London: Routledge, 1994), 262.

52 John and Richard Strachey, *The Finances and Public Works of India* (London: K. Paul Trench & Company, 1882), 172.

53 The House of Commons of the United Kingdom, "Copy of Correspondence Between the Secretary of State for India and the Government of India, on the Subject of the Famine in Western and Southern India," in *Parliamentary Papers*, vol. 59, H.M. Stationery Office, 1878, 14.

54 Mayhew, *Malthus: The Life and Legacies of an Untimely Prophet*, 174.

55 Ibid., 177.

56 Ibid., 179 – 181.

57 "Valley of the Dams: The Impact & Legacy of the Tennessee Valley Authority," National Archives at Atlanta, accessed January 27, 2020, https://www.archives.gov/atlanta/exhibits/tva-displacement.html.

58 John Crowe Ransom, "Reconstructed but Unregenerate," in *I'll Take My Stand: The South and the Agrarian Tradition*, edited by Louis D. Rubin, Jr. (Baton Rouge: Louisiana State University Press, 1977), 1 – 27.

59 Mayhew, *Malthus: The Life and Legacies of an Untimely Prophet*, 141 – 143.

60 Henry George, *Progress and Poverty: An Inquiry Into the Cause of Industrial Depressions and of Increase of Want with Increase of Wealth. The Remedy.* (New York: D. Appleton and Company, 1881), 304.

61 William Tucker, *Progress and Privilege: America in the Age of Environmentalism* (New York: Anchor Press/Doubleday, 1982), 37.

62 Mayhew, *Malthus: The Life and Legacies of an Untimely Prophet,* 206, 208.

63 Ibid., 190.

64 William Vogt, *Road to Survival* (New York: William Sloane, 1948), 226‑227.

65 Ibid., 48.

66 Ibid.

67 Ibid., 58.

68 Ibid., 278.

69 Lyndon Baines Johnson, "State of the Union," January 4, 1965, https://millercenter.org/the‑presidency/presidential‑speeches/january‑4‑1965‑state‑union.

70 The New York Times Editorial Board, "Johnson vs. Malthus," *New York Times,* January 24, 1966, https://www.nytimes.com.

71 Mayhew, *Malthus: The Life and Legacies of an Untimely Prophet,* 199.

72 Paul Ehrlich, *The Population Bomb* (New York: Ballantine Books, 1969), xi.

73 Ibid., 15‑16.

74 Paul Ehrlich and Anne Ehrlich, "The Population Bomb Revisited," *The Electronic Journal of Sustainable Development* 1, no. 3 (2009), https://www.populationmedia.org/wp‑content/uploads/2009/07/Population‑Bomb‑Revisited‑Paul‑Ehrlich‑20096.pdf.

75 Garrett Hardin, "Lifeboat Ethics: The Case Against Helping the Poor," *Psychology Today,* September 1974.

76 Peter Passell, Marc Roberts, and Leonard Ross, "The Limits to Growth," [review] *New York Times,* April 2, 1972, https://www.nytimes.com.

77 Barry Commoner, *Crossroads: Environmental Priorities for the Future* (Washington, D.C.: Island Press, 1988), 146.

78 William Tucker, *Progress and Privilege* (New York: Anchor Press/Doubleday, 1982), 108, 109.

79 Ibid., 108, 109.

80 Amory B. Lovins, "Energy Strategy: The Road Not Taken?," *Foreign Affairs,* October 1976, 65‑96, https://www.foreignaffairs.com/articles/united‑states/1976‑10‑01/energy‑strategy‑road‑not‑taken.

81 Ibid.

82 Ibid.

83 The Mother Earth News Editors, "Amory Lovins: Energy Analyst and Environmentalist," *Mother Earth News,* November‑December 1977, https://www.motherearthnews.com/renewable‑energy/amory‑lovins‑energy‑analyst‑zmaz77ndzgoe.

84 Paul Ehrlich, "An Ecologists's Perspective on Nuclear Power," *F.A.S. Public Interest Report,* May‑June 1975, https://fas.org/faspir/archive/1970‑1981/May‑June1975.pdf, 3‑6.

85 Paul Ehrlich, John P. Holdren, and Anne Ehrlich, *Ecoscience: Population, Resources, Environment* (San Francisco, CA: W. H. Freeman and Company, 1977), 923.

86 Ibid., 350, 401.

87 Ibid., 350.

88 Ibid., 350.

89 Ibid., 350 – 351.

90 Ibid., 435.

91 Gerald O. Barney, ed., *Entering the TwentyFirst Century*, vol. 1 of *The Global 2000 Report to the President of the United States* (Washington, D.C.: Government Printing Office, 1980), 1.

92 David Stradling, ed., *The Environmental Moment: 1968–1972* (Seattle, WA: University of Washington Press, 2012), 131.

93 Ben Wattenberg, "The Nonsense Explosion," in *Image & Event: American Now*, ed. David L. Bicknell and Richard L. Brengle (New York: Meredith Corporation, 1971), 262.

94 Mayhew, *Malthus: The Life and Legacies of an Untimely Prophet*, 203 – 204.

95 Amartya Sen, *Poverty and Famines: An Essay on Entitlement and Deprivation* (Oxford: Oxford University Press, 1981).

96 Mayhew, *Malthus: The Life and Legacies of an Untimely Prophet*, 214.

97 Harold J. Barnett and Chandler Morse, *Scarcity and Growth* (London: Routledge, 1963), 7.

98 Frederick Soddy, *The Interpretation of Radium* (New York: G.P. Putnam's Sons, 1922).

99 Thomas R. Wellock, *Critical Masses: Opposition to Nuclear Power in California, 1958–1978* (Madison, WI: University of Wisconsin Press, 1992), 85.

100 Bertrand Russell, *Detente or Destruction, 1955 – 57* (London: Routledge, 2005), 328.

101 Ehrlich, Holdren, and Ehrlich, *Ecoscience: Population, Resources, Environment*, 445.

102 United Nations World Commission on Environment and Development, *Our Common Future, from One Earth to One World [Brundtland Report]* (Oxford and New York: Oxford University Press, 1987), https://sustainabledevelopment.un.org/content/documents/5987our-common-future.pdf.

103 Stephen H. Schneider, *Science As a Contact Sport* (Washington, D.C.: National Geographic, 2009), 39. 슈나이더는 이렇게 쓴다. "반대자들은 그들을 신맬서스주의자라고 불렀다." 이는 다소 중상모략처럼 느껴질 수 있으나 얼릭과 홀드런이 1977년 저작에서 맬서스주의식 사고를 노골적으로 지지한 것은 부인할 수 없는 사실이다.

104 Ibid., 65.

105 Ibid., 72.

106 Mark Sagoff, "The Rise and Fall of Ecological Economics," *Breakthrough Journal*, Winter 2012, https://thebreakthrough.org/.

107 Ibid.

108 Bill McKibben, *The Bill McKibben Reader: Pieces from an Active Life* (New York: Holt Paperbacks, 2008), 189.

109 Bill McKibben, "A Special Moment in History," *The Atlantic Monthly*, May 1998.

110 Schneider, *Science As a Contact Sport*, 193.

111 John Briscoe, "Invited Opinion Interview: Two decades at the center for world water policy," *Water Policy* 13, no. 2 (February 2011): 156, https://doi.org/10.2166/wp.2010.000.

112 John Briscoe, "Invited Opinion Interview: Two decades at the center for world water policy," *Water Policy* 13, no. 2 (February 2011): 150, https://doi.org/10.2166/wp.2010.000.

113 Ibid., 151.

114 International Rivers Network, "History and Accomplishments," International Rivers, accessed November 20, 2019, https://www.internationalrivers.org/history-accomplishments.

115 Sebastian Mallaby, *The World's Banker* (New York: Penguin, 2004), 7-8.

116 Yolanda Machena and Sibonginkosi Maposa, "Zambezi basin dam boom threatens delta," *World Rivers Review*, June 10, 2013, https://www.internationalrivers.org/world-rivers-review.

117 Ranjit Deshmukh, Ana Mileva, and Grace C. Wu, "Renewable energy alternatives to mega hydropower: A case study of Inga 3 for Southern Africa," *Environmental Research Letters* 13, no. 6 (June 5, 2018), https://iopscience.iop.org/article/10.1088/1748-9326/aabf60. International Rivers Network, "Inga 3: An Exclusive Development Deal for Chinese and European companies," International Rivers, October 17, 2018, https://www.internationalrivers. org/resources/press-statement-inga-3-an-exclusive-development-deal-for-chinese-and-european-companies; Ranjit Deshmukh, Ana Mileva, and Grace C. Wu, *Renewable Riches: How Wind and Solar Can Power DRC and South Africa* (Hatfield, South Africa: International Rivers, 2017), https://www.internationalrivers.org/sites/default/files/attached-files/ir_inga_re_report_2017_fa_v2_email_1.pdf.

118 "Hydropower," International Energy Agency, accessed November 20, 2019, https://www.iea. org/topics/renewables/hydropower. "수력 발전은 많은 장점을 지니고 있다. 신뢰할 수 있는 검증된 기술이며, 많은 에너지를 저장할 수 있고, 유지와 운영 비용이 매우 낮다. 또한 많은 수력 발전소는 홍수 조절, 관개, 운항, 담수 등을 제공한다."

119 수력발전소의 에너지 밀도는 1제곱미터당 0.4와트만큼 낮을 수도 있고(이집트의 낮은 사막 지형에 건설된 댐의 경우), 1제곱미터당 56와트로 높을 수도 있다(스위스의 고산 지대에 건설된 높은 댐의 경우). 큰 댐은 작은 댐에 비해 10배가량 토지 효율성이 높으며, 더 큰 저수지가 필요한 댐일수록 더 작은 저수지가 필요한 댐보다 토지 효율성이 떨어진다. Vaclav Smil, *Power Density: A Key to Understanding Energy Sources and Uses* (Cambridge, MA: MIT Press, 2016), 73.

120 잉가댐 건설에 반대하는 인터내셔널리버스는 잉가댐의 호수가 2만 2000헥타르(220제곱킬로미터)의 면적을 차지할 것이라고 주장한다. 잉가댐의 발전 용량을 39기가와트로 본다면 잉가댐은 1제곱미터당 177와트의 에너지 밀도를 갖게 된다. "Grand Inga Hydroelectric Project: An Overview," International Rivers, accessed February 1, 2020, https://www.internationalrivers.org/resources/grand-inga-hydroelectric-project-an-overview-3356.

121 버클리를 비롯한 샌프란시스코베이에어리어의 전력 공급은 오쇼니시댐O'Shaughnessy Dam에 크게 의존하고 있다. 오쇼니시댐은 헤치 헤치 프로젝트Hetchy Hetchy Project의 일환으로 1919년부터 1923년까지 건설되었다. *Hetch Hetchy Reservoir Site: Hearing on H.R. 7207, before the Committee on Public Lands*, 63rd Cong. (1913).

122 Alice Scarsi, "Prince Harry under fire for attending eco event packed with private jets," *Daily Express*, August 1, 2019, https://www.express.co.uk; Baker et al., "HAZ-GREEN: Prince Harry 'gives barefoot speech' at Google climate change retreat to celebs who flocked in on 114 gas-guzzling jets and superyachts."

123 Jost Maurin, "Thunbergs Segelreise in die USA Gretas Törn schädlicher als Flug," *Taz*, August 15, 2019, https://taz.de/Thunbergs-Segelreise-in-die-USA/!5615733.

124 Greta Thunberg, *No One Is Too Small to Make a Difference* (New York: Penguin, 2019), 96-99.

125 Ben Geman, "Obama: Power Africa Energy Plan a 'Win-Win,'" *The Hill*, July 2, 2013. Preeti Aroon, "Sorry, Obama, Soccer Balls Won't Bring Progress to Africa," *Foreign Policy*, July 2, 2013, https://foreignpolicy.com.

126 Gayathri Vaidyanathan, "Coal Trumps Solar in India," ClimateWire, *Scientific American*, October 19, 2015, https://www.scientificamerican.com/article/coal-trumps-solar-in-india.

127 Joyashree Roy et al., "Chapter 5: Sustainable Development, Poverty Eradication 3 and Reducing Inequalities," in V. Masson-Delmotte et al., eds., *Global Warming of 1.5°C. An IPCC Special Report on the impacts of global warming of 1.5°C above preindustrial levels and related global greenhouse gas emission pathways, in the context of strengthening the global response to the threat of climate change, sustainable development, and efforts to eradicate poverty* (IPCC, 2018), https://www.ipcc.ch/sr15.

128 Joyashree Roy (IPCC author) in discussion with the author, November 11, 2019.

12장

1 Cristina Mittermeier, "Starving-Polar-Bear Photographer Recalls What Went Wrong," *National Geographic*, July 26, 2018, https://www.nationalgeographic.com.

2 Jonathan Watts, "Greta Thunberg, Schoolgirl Climate Change Warrior: Some People Can Let Things Go. I Can't," *The Guardian*, March 11, 2019, https://www.theguardian.com.

3 Erica Goode, "Climate Change Denialists Say Polar Bears Are Fine. Scientists Are Pushing Back," *New York Times*, April 10, 2018, https://www.ny times.com. Roz Pidcock, "Polar Bears and Climate Change: What Does the Science Say?," *Carbon Brief*, July 18, 2017, https://www.carbonbrief.org.

4 Naomi Oreskes and Erik Conway, *Merchants of Doubt: How a Handful of Scientists Obscured the Truth on Issues from Tobacco Smoke to Global Warming* (New York: Bloomsbury, 2010). Claudia Dreyfus, "Naomi Oreskes Imagines the Future History of Climate Change," *New York Times*, October 12, 2014, https://www.nytimes.com. Melissa Block, "'Merchants of Doubt' Explores Work of Climate Change Deniers," NPR, March 6, 2014, https://www.npr.org. Justin Gillis, "Naomi Oreskes, a Lightning Rod in a Changing Climate," *New York Times*, June 15, 2015, https://www.nytimes.com. Timothy P. Scanlon, "A Climate Change 'Critic' with Ties to the Fossil Fuel Industry," *Washington Post*, December 24, 2015, https://www.washingtonpost.com.

5 Oreskes and Conway, *Merchants of Doubt*, 177.

6 Ibid., 175, 182, 176.

7 William Grimes, "Thomas C. Schelling, Master Theorist of Nuclear Strategy, Dies at 95," *New York Times*, December 14, 2016, https://www.nytimes.com; "The Sveriges Riksbank Prize in Economic Sciences in Memory of Alfred Nobel 2018," NobelPrize.org, https://www.nobelprize.org/prizes/economic-sciences/2018/nordhaus/facts. "William D. Nordhaus: Facts," The Nobel Prize, https://www.nobelprize.org/prizes/economic-sciences/2018/nordhaus/facts.

8 Nicolas Nierenberg, Walter R. Tschinkel, and Victoria J. Tschinkel, "Early Climate Change Consensus at the National Academy: The Origins and Making of *Changing Climate*," *Historical*

Studies in the Natural Sciences, 40, no. 3 (2010), https://www.bio.fsu.edu/~tschink/publications/HSNS4003_021.pdf, 318-49. Jesse H. Ausubel, *La liberazione dell'ambiente* (Roma: Di Renzo Editore, 2014), 19. "Excerpts from the Climate Report," *New York Times*, October 21, 1983, https://timesmachine.nytimes.com.

9   Oreskes and Conway, *Merchants of Doubt*, 348, 349.

10   Ibid., 341, 348, 349.

11   Mittermeier, "Starving-Polar-Bear Photographer Recalls What Went Wrong."

12   Polar Bear Study Group, "Summary of Polar Bear Population Status per 2019," 2019, http://pbsg.npolar.no/en/status/status-table.html.

13   Rachel Fobar, "Should Polar Bear Hunting Be Legal? It's Complicated," *National Geographic*, May 28, 2019, https://www.nationalgeographic.com.

14   Susan Crockford (zoologist) in discussion with the author, January 31, 2020.

15   "International Poll: Most Expect to Feel Impact of Climate Change, Many Think It Will Make Us Extinct," YouGov, September 14, 2019, https://yougov.co.uk.

16   Richard Tol, "IPCC Again," Richard Tol, April 24, 2014, http://richardtol.blogspot.com/2014/04/ipcc-again.html.

17   Ibid.

18   Ibid.

19   Richard Tol, "Why I resigned from the IPCC WGII," The Global Warming Policy Forum, April 26, 2014, https://www.thegwpf.com/richard-tol-why-i-resigned-from-the-ipcc-wgii.

20   Richard Tol, interview with Roger Harrabin, "In Conversation: Roger Harrabin and Richard Tol," *The Changing Climate*, BBC-TV, November 16, 2015.

21   Tol, "IPCC again."

22   J. Graham Cogley, Jeffrey S. Kargel, G. Kaser, and C. J. van der Veen, "Tracking the Source of Glacier Misinformation," *Science* 327, no. 5965 (2010): 522, https://doi.org/10.1126/science.327.5965.522-a. 《뉴욕타임스》의 로런 모렐로는 이렇게 썼다. "펠키는 자신이 조직한 회의를 위해 만든 백서를 강조하면서, 워킹 그룹 II가 기후 변화와 자연재해로 인한 금전적 피해 간의 관계에 대한 그의 연구를 잘못 전달하고 있다는 생각에 우려가 커졌다고 말했다. 궁극적으로 회의 참석자들은 기반이 되는 백서 내용과 정반대 결론을 내놓았다." Lauren Morello, "Climate Science Panel Apologizes for Himalayan Error," *New York Times*, January 21, 2010, https://www.nytimes.com.

23   Roger Pielke, Jr., *The Climate Fix: What Scientists and Politicians Won't Tell You About Global Warming* (New York: Basic Books, 2010), 176-78, 182. *Topics 2000: Natural Catastrophes—the Current Position*, Munich Re Group, https://www.imia.com/wp-content/uploads/2013/05/EP17-2003-Loss-Potential-of-Natural-Hazzards-sm.pdf.

24   Harold T. Shapiro, Roseanne Diab, Carlos Henrique de Brito Cruz, et al., *Climate Change Assessments: Review of the Processes and Procedures of the IPCC*, Committee to Review the Intergovernmental Panel on Climate Change, October 2010, http://reviewipcc.interacademycouncil.net/report/Climate%20Change%20Assessments,%20Review%20of%20the%20Processes%20&%20Procedures%20of%20the%20IPCC.pdf

25   Christopher Flavelle, "Climate Change Threatens the World's Food Supply, United Nations

Warns," *New York Times*, August 8, 2019, https://www.nytimes.com.

26 Nicholas Wade, "A Passion for Nature, and Really Long Lists," *New York Times*, April 25, 2011, https://www.nytimes.com.

27 Richard Tol, interview with Roger Harrabin, "In Conversation: Roger Harrabin and Richard Tol," *The Changing Climate*, BBC-TV, November 16, 2015.

28 Tol, "IPCC Again."

29 Raúl M. Grijalva, Ranking Member, House Committee on Natural Resources, letter to Bruce Benson, President, University of Colorado, February 24, 2015, https://naturalresources.house.gov/imo/media/doc/2015-02-24_RG%20to%20UoC%20re_climate%20research.pdf.

30 John Schwartz, "Lawmakers Seek Information on Funding for Climate Change Critics," *New York Times*, February 25, 2015, https://www.nytimes.com.

31 Roger Pielke, Jr., "Wikileaks and Me," Roger Pielke, Jr., November 14, 2016, https://rogerpielkejr.com/2016/11/14/wikileaks-and-me. Joe Romm, "Obama Science Advisor John Holdren Schools Political Scientist Roger Pielke on Climate and Drought," ThinkProgress, March 3, 2019, https://thinkprogress.org. Lindsay Abrams, "FiveThirtyEight's Science Writer Accused of Misrepresenting the Data on Climate Change," *The New Republic*, March 19, 2014, https://www.salon.com.

32 Joe Romm, "Why Do Disinformers like Pielke Shout Down Any Talk of a Link Between Climate Change and Extreme Weather?," ThinkProgress, June 23, 2009, https://thinkprogress.org/. Joe Romm, "Foreign Policy's 'Guide to Climate Skeptics' includes Roger Pielke," ThinkProgress, February 28, 2010, https://thinkprogress.org.

33 Christina Larson and Joshua Keating, "The FP Guide to Climate Skeptics," *Foreign Policy*, February 26, 2010, https://foreignpolicy.com.

34 Roger Pielke, Jr., "I Am Under Investigation," *The Climate Fix* (blog), February 25, 2015, https://theclimatefix.wordpress.com/2015/02/25/i-am-under-investigation.

35 John Holdren, email to John Podesta, January 5, 2014, WikiLeaks, https://wikileaks.org/podesta-emails/emailid/12098.

36 Congressional Record, Proceedings and Debates of the 113rd Congress, Second Session, vol. 160, part 3, 3977. John Holdren, "Drought and Global Climate Change: An Analysis of Statements by Roger Pielke Jr.," February 28, 2014, https://www.whistleblower.org.

37 "Gone Fishing," *Nature*, March 5, 2015, https://www.nature.com.

38 American Meteorological Society, letter to Raúl Grijalva, February 27, 2015.

39 Ben Geman and National Journal, "Grijalva: Climate Letters Went Too Far in Seeking Correspondence," *The Atlantic*, March 2, 2015, https://www.theatlantic.com.

40 Roger Pielke, Jr., (climate scientist) in discussion with the author, December 2019.

41 Dave Davies, "Climate Change Is 'Greatest Challenge Humans Have Ever Faced,' Author Says," NPR, April 16, 2019, https://www.npr.org.

42 "Financial Data: 2018 Financials," 350.org, accessed January 30, 2020, https://350.org/2018-annual-report-financials.

43 Giuseppe Formetta and Luc Feyen, "Empirical Evidence of Declining Global Vulnerability to Climate-Related Hazards," *Global Environmental Change* 57 (July 2019): 101920, https://

doi.org/10.1016/j.gloenvcha.2019.05.004. Hannah Ritchie and Max Roser, "Global Deaths from Natural Disasters," Our World in Data, https://ourworldindata.org/natural-disasters. Data published by EMDAT (2019): OFDA/CRED International Disaster Database, Université Catholique de Louvain – Brussels – Belgium. 1년 단위의 자료를 10년 단위로 합산했다.

44 Matthew C. Nisbet, "How Bill McKibben Changed Environmental Politics and Took on the Oil Patch," *Policy Options*, May 1, 2013, https://policyoptions.irpp.org.

45 McKibben, *The Bill McKibben Reader: Pieces from an Active Life*, 183.

46 Bill McKibben, *The End of Nature* (New York: Random House Trade Paperbacks, 2006), 71.

47 William James, *The Varieties of Religious Experience: A Study in Human Nature* (New York: Random House, 1994), 661.

48 Alston Chase, *A Mind for Murder: The Education of the Unabomber and the Origins of Modern Terrorism* (New York: W. W. Norton & Company, Inc., 2003), 320 – 322.

49 Mark Sagoff, "The Rise and Fall of Ecological Economics," *Breakthrough Journal* 2 (Fall 2011), https://thebreakthrough.org/journal/issue-2/the-rise-and-fall-of-ecological-economics.

50 Clarence J. Glacken, *Traces on the Rhodian Shore: Nature and Culture in Western Thought from Ancient Times to the End of the Eighteenth Century* (Berkeley: University of California Press, 1967), 423.

51 환경주의는 "서구" 바깥의 여러 나라에서도 지배적인 종교로 자리잡고 있다. 한국과 타이완의 경우 세속적인 외양을 띤 반핵 친신재생 에너지 환경주의자들이 기후 변화에 대한 종말론적 표현을 늘어놓는데, 이는 유럽녹색당이나 미국 민주당의 알렉산드리아 오카시오-코르테스 의원의 말과 거의 동일하다. Robert H. Nelson, *The New Holy Wars: Economic Religion Versus Environmental Religion in Contemporary America* (Philadelphia: Pennsylvania State University Press, 2010), xv.

52 Carl M. Hand and Kent D. Van Liere, "Religion, Mastery-over-Nature, and Environmental Concern," *Social Forces* 63, no. 2 (December 1984): 555 – 70, https://doi.org/10.2307/2579062. Mark Morrison, Roderick Duncan, and Kevin Parton, "Religion Does Matter for Climate Change Attitudes and Behavior," *PLOS ONE* 10, no. 8 (2015), https://doi.org/10.1371/journal.pone.0134868. James L. Guth, John C. Green, Lyman A. Kellstedt, and Corwin E. Smidt, "Faith and the Environment: Religious Beliefs and Attitudes on Environmental Policy," *American Journal of Political Science* 39, no. 2 (1995): 364 – 82, https://doi.org/10.2307/2111617. Paul Wesley Schultz and Lynette Zelezny, "Values as Predictors of Environmental Attitudes: Evidence for Consistency Across 14 Countries," *Journal of Environmental Psychology* 19, no. 3 (1999): 255 – 65, https://doi.org/10.1006/jevp.1999.0129. Bron Taylor, Gretel Van Wieren, and Bernard Zaleha, "The Greening of Religion Hypothesis (Part Two): Assessing the Data from Lynn White, Jr., to Pope Francis," *Journal for the Study of Religion, Nature and Culture* 10, no. 3 (2016), https://doi.org/10.1558/jsrnc.v10i3.29011. Paul Wesley Schultz, Lynnette Zelezny, and Nancy Dalrymple, "A Multinational Perspective on the Relation Between Judeo-Christian Religious Beliefs and Attitudes of Environmental Concern," *Environment and Behavior* 32, no. 4 (2000): 576 – 91, https://doi.org/10.1177/00139160021972676.

53 Oliver Milman and David Smith, "'Listen to the Scientists': Greta Thunberg Urges Congress

지구를 위한다는 착각

to Take Action," *The Guardian*, September 18, 2019, https://www.theguardian.com.

54 Robert H. Nelson, *The New Holy Wars* (Philadelphia: Pennsylvania State University Press, 2010), xv.

55 Ibid.

56 Jonathan Haidt, "Moral Psychology and the Misunderstanding of Religion," *Edge*, September 21, 2007, https://www.edge.org.

57 Michael Barkun, "Divided Apocalypse: Thinking About the End in Contemporary America," *Soundings: An Interdisciplinary Journal* 6, no.3 (1983): 258, https://www.jstor.org/stable/41178260.

58 Friedrich Nietzsche, *Beyond Good and Evil: Prelude to a Philosophy of the Future* (Cambridge, UK: Cambridge University Press, 2002). Friedrich Nietzsche, *On the Genealogy of Morality* (Cambridge, UK: Cambridge University Press, 2007). Chase, *A Mind for Murder: The Education of the Unabomber and the Origins of Modern Terrorism*, 203.

59 Chase, *A Mind for Murder*, 201.

60 Ibid., 205 – 206.

61 Pascal Bruckner, *The Fanaticism of the Apocalypse: Save the Earth, Punish Human Beings* (Boston: Polity Press, 2013), 19.

62 Ernest Becker, *The Denial of Death* (New York: Free Press, 1973).

63 Ibid., 5.

64 Zion Lights (Extinction Rebellion spokesperson), email correspondence with the author, January 4, 2020. Leslie Hook, "Greta Thunberg: 'All My Life I've Been the Invisible Girl,'" *Financial Times*, February 22, 2019, https://www.ft.com. Sarah Lunnon (Extinction Rebellion spokesperson) in discussion with the author, November 26, 2019.

65 Ines Testoni, Tommaso Gheller, Maddalena Rodelli et al., "Representations of Death Among Italian Vegetarians: Ethnographic Research on Environment, Disgust and Transcendence," *Europe's Journal of Psychology* 13, no. 3 (August 2017): 378 – 95, https://doi.org/10.5964/ejop.v13i3.1301.

66 Ibid., 378 – 395.

67 Rachel N. Lipari and Eunice Park-Lee, *Key Substance Use and Mental Health Indicators in the United States: Results from the 2018 National Survey on Drug Use and Health*, Substance Abuse and Mental Health Services Administration, U.S. Department of Health and Human Services, 2019, http://www.samhsa.gov/data/sites/default/files/cbhsq-reports/NSDUHNationalFindingsReport2018/NSDUHNationalFindingsReport2018.pdf. "Adolescent Mental Health in the European Union," World Health Organization Regional Office for Europe, Copenhagen, Denmark, http://www.euro.who.int/__data/assets/pdf_file/0005/383891/adolescent-mh-fs-eng.pdf?ua=1.

68 Jean M. Twenge, A. Bell Cooper, Thomas E. Joiner et al., "Age, Period, and Cohort Trends in Mood Disorder Indicators and Suicide-Related Outcomes in a Nationally Representative Dataset, 2005 – 2017," *Journal of Abnormal Psychology* 128, no. 3 (2019): 185 – 99, https://doi.org/10.1037/abn0000410. Juliana Menasce Horowitz and Nikki Graf, "Most US Teens See Anxiety and Depression as a Major Problem Among Their Peers," Pew Research

Center, February 20, 2019, https://www.pewsocialtrends.org/2019/02/20/most-u-s-teens-see-anxiety-and-depression-as-a-major-problem-among-their-peers.

69 Richard Rhodes, *A Hole in the World: An American Boyhood* (New York: Simon & Schuster, 1990).

70 Richard Rhodes (historian) in discussion with the author, November 12, 2019.

71 Brendan O'Neill, "The Madness of Extinction Rebellion," *Spiked*, October 7, 2019, https://www.spiked-online.com/2019/10/07/the-madness-of-extinction-rebellion.

72 Greta Thunberg, "'Our House Is on Fire': Greta Thunberg, 16, Urges Leaders to Act on Climate," *The Guardian*, January 25, 2019, https://www.theguardian.com.

73 Greta Thunberg, "기후와 생태계가 무너지는 데 반대하는 일이, 인류를 돕고자 하는 일이 법을 어기는 것이라면 그 법이야말로 무너져야 할 것이다. #ExtinctionRebellion," Twitter, October 15, 2019, 12:24 p.m., https://twitter.com/gretathunberg/status/1184188303295336448.

74 Sarah Lunnon, interviewed by Phillip Schofield and Holly Willoughby, *This Morning*, ITV, October 17, 2019, https://www.youtube.com/watch?v=ACLmQsPocNs.

75 Myles Allen and Sarah Lunnon, interviewed by Emma Barrett, *Newsnight*, BBC, October 10, 2019.

76 Thunberg, *No One Is Too Small to Make a Difference*, 96.

77 Roger Scruton, *Fools, Frauds and Firebrands: Thinkers of the New Left* (London: Bloomsbury Continuum, 2019), 15.

78 Ibid., 15.

79 Savannah Lovelock and Sarah Lunnon, interviewed by Sophy Ridge, *Sophy Ridge on Sunday*, Sky News, October 6, 2019, YouTube, https://www.youtube.com/watch?v=ArO_-xH5Vm8.

80 Ibid.

81 Lauren Jeffrey (British YouTuber) in discussion with the author, December 3, 2019.

82 Greta Thunberg, "School Strike for Climate—Save the World by Changing the Rules," TEDx-Stockholm, January 27, 2019, https://www.ted.com. Malena Ernman, "Malena Ernman on daughter Greta Thunberg: 'She was slowly disappearing into some kind of darkness,'" *The Guardian*, February 23, 2020.

83 Scruton, *Fools, Frauds and Firebrands*, 277, 283.

84 Ibid., 288.

85 Sir Francis Bacon, *The Advancement of Learning* (London, Paris, and Melbourne: Cassell & Sons, Ltd., 1893), https://www.gutenberg.org/files/5500/5500-h/5500-h.htm.

86 Jean Delumeau, *Sin and Fear: The Emergence of a Western Guilt Culture, 13th–18th Centuries*, translated by Eric Nicholson (New York: St. Martin's Press, 1990).

87 Brian L. Burke, "Two Decades of Terror Management Theory: A Meta-analysis of Mortality Salience Research," *Personality and Social Psychology Review* 14, no. 2 (2010): 155–195, https://doi.org/10.1177/1088868309352321.

88 "World's Fairs, 1933–1939," Encyclopaedia.com, December 9, 2019, https://www.Encyclopaedia.com/education/news-and-education-magazines/worlds-fairs-1933–1939.

89 사실 고릴라는 직립 보행할 수 있지만 대부분 손을 땅에 짚으면서 걸어 다닌다. 하지만 직립해 있을 때 고릴라가 주는 인상은 강력하다. 고릴라가 달려들 때 직립한다는 것이 한 가지 이유다.

George Schaller, *The Year of the Gorilla* (Chicago: Chicago University Press, 1988), 4.

90 이 점을 지적한 건 내가 처음이 아니다. 아마르티아 센은 이렇게 썼다. "우리 삶의 질은 점박이올빼미spotted owl의 멸종 여부에 거의 또는 전혀 영향받지 않는다. 하지만 우리는 우리 삶의 질과 무관하다는 이유로 점박이올빼미가 멸종하도록 내버려 둬서는 안 된다." Quoted in Mark Sagoff, *The Economy of the Earth: Philosophy, Law, and the Environment* (Cambridge, UK: Cambridge University Press, 2008), 2.

에필로그

1 Christine Figgener (sea turtle biologist) in discussion with the author, November 6, 2019. Zion Lights (Extinction Rebellion spokesperson) in discussion with the author, December 5, 2019.

2 David Wallace-Wells, "We're Getting a Clearer Picture of the Climate Future—and It's Not as Bad as It Once Looked," *New York*, December 20, 2019, http://nymag.com.

3 Roger Pielke, Jr., "In 2020 Climate Science Needs to Hit the Reset Button, Part One," *Forbes*, December 22, 2019, https://www.forbes.com.

찾아보기

지구를 위한다는 착각

지구를 위한다는 착각

지구를 위한다는 착각

지구를 위한다는 착각